教育部人文社会科学重点研究基地
山东师范大学齐鲁文化研究院重大项目

傳统先 全集

第四卷

张茂聪 主编

山东教育出版社
·济南·

图书在版编目（CIP）数据

傅统先全集．第四卷／张茂聪主编．—济南：山东教育出
版社，2023.12
ISBN 978-7-5701-2334-6

Ⅰ.①傅… Ⅱ.①张… Ⅲ.①社会科学—文集 Ⅳ.①C52

中国国家版本馆CIP数据核字（2023）第205881号

责任编辑：李 红 杜启朕
责任校对：任军芳
整体设计：邢 丽

FU TONGXIAN QUANJI
DI-SI JUAN

傅统先全集

第四卷 张茂聪 主编

主管单位：山东出版传媒股份有限公司
出版发行：山东教育出版社
　　　　　地址：济南市市中区二环南路2066号4区1号 邮编：250003
　　　　　电话：（0531）82092660 网址：www.sjs.com.cn
印　　刷：山东临沂新华印刷物流集团有限责任公司
版　　次：2023年12月第1版
印　　次：2023年12月第1次印刷
开　　本：787 mm×1092 mm 1/16
印　　张：36.75
字　　数：631千
定　　价：212.00元

（如印装质量有问题，请与印刷厂联系调换）印厂电话：0539-2925659

顾问委员会

时代与心境：傅统先先生的学术人生
（代前言）

　　2020年，是我国著名哲学家、教育学家，教育哲学学科重要奠基人之一傅统先先生（1910—1985年）诞辰110周年。先生于1932年毕业于上海圣约翰大学，曾受聘在暨南大学、正风文学院、东吴大学、圣约翰大学等院校任副教授、教授等职。1948年8月，赴哥伦比亚大学师范学院攻读哲学博士，师从美国社会改造主义的重要代表人物劳普（Raup，R.）。1950年获得博士学位后回国，1952年至1985年任职于山东师范学院（1981年更名为山东师范大学）教育系。先生的学术人生融哲学、教育学、心理学为一体。先生始终主张运用哲学的观点研究教育问题，提出哲学是思想，教育是行为，这是整个生活的两个方面。①先生对西方教育哲学中国化探索作出了重要贡献，尤其是对杜威学说、皮亚杰学说见解独到。翻译了杜威的《人的问题》《确定性的寻求：关于知行关系的研究》《经验与自然》等，译介了皮亚杰的《发生认识论》《儿童的道德判断》等著作。较早出版了《教育哲学讲话》《现代哲学之科学基础》《美学纲要》等专著，晚年与张文郁教授合著《教育哲学》一书。先生在《申报》《平论》《教育研究》等报刊上发表论文200余篇。先生在哲学、教育学领域作出的独特贡献，离不开其在求学和治学过程中坚定的以教育改造中国的教育理想、扎根于教育实践的行动和为中国教育事业奋

---

　　① 傅统先，张文郁.教育哲学讲话［M］.上海：世界书局，1947：18。

斗终身信念的支撑。

一、志存高远，战乱中求索教育救国

先生的一生一直为实现民族复兴，探索教育救国而努力。他亲历了上海的繁华、战乱与颓败。面对动荡时局，眼见大批的青年放纵自己、颓废不堪，强烈的家国情怀和民族忧患意识使先生较早地意识到人心问题才是根本问题。先生引导鼓励青年要在颓败空气中养成乐观态度，确立崇高理想，用一种战斗的精神达至最圆融完整的和平境界。①

（一）少怀大志，只身一人远赴上海求学

1910年，先生出生于湖南常德一个回族小商人家庭。先生少怀大志，立志成为教书先生，经常在游戏中扮演"小先生"的角色，为自己的卧室题名为"立志轩"。1925年，在母亲的鼓励下，只身从湖南常德辗转至上海求学，考入上海民立中学②。为了节省费用，借居于上海西门小桃园街清真寺内，因而受伊斯兰教影响颇深，早晚均做礼拜，听讲教义。此时期在先生心中埋下了泛神论的种子。1926年，先生转入当时上海最好的高中之一圣约翰大学附属高中。1928年高中毕业后，直接升入圣约翰大学。圣约翰大学在当时有"东方哈佛"之美誉，其师资配备、学术研究诸方面在当时亚洲乃至全球堪为一流，培养了张伯苓、陶行知、陈鹤琴等著名教育家。其间，先生主修哲学、辅修教育学，受到了严格的学术训练和西方哲学熏陶。先生学习刻苦认真，广泛涉猎了以黑格尔为主的西方近代哲学著作。大学四年级开始在学术上崭露头角，被聘为校刊《约翰年刊》英文部编辑，学报《约翰声》中文版主任、英文版编辑。在《约翰声》上发表《柏拉图的哲学》《关于易经的考据》等论文，并着手撰写《知识论纲要》一书。从圣约翰大学毕业后，先生因身患疾病未能直接参加工作，在家休养期间，潜心钻研哲学。为了解决认识论上的问题，先生曾跟随哲学家、佛学家蒋维乔学习佛学，结识了哲学家张东荪等人，这对其后来的学

---

① 傅统先.哲学与人生［M］.北京：首都经贸大学出版社，2012：自序。
② 梁自洁.山东现代著名社会科学家传：第1集［M］.济南：山东教育出版社，1991：285。

术道路产生了重要影响。在这一时期，先生翻译了《格式心理学原理》，撰写了《现代哲学之科学基础》《美学纲要》等著述。

（二）战乱中探索教育救国

1935年，先生病愈后到上海暨南大学附设实验学校任教，并积极推行"设计教学法"，先生从此与教育结下不解之缘。1937年，因上海"八·一三"抗战爆发，先生利用授课的机会，积极向学生宣传爱国主义思想，唤醒青年发扬民族主义精神。先生的爱国行动曾一度触怒日寇，不断受到日伪特务机关的恐吓。为免遭迫害，1939年8月，先生迁居于圣约翰大学校内，并受聘圣约翰大学讲师。同年翻译出版波林（Boring，E.）等著的《心理学》。1940年9月，在职进修圣约翰大学研究生院教育哲学硕士，1942年，先生以《从实在论角度重述唯心主义》论文获文学硕士学位。后因太平洋战争爆发，国内形势恶化，学校美籍教师相继离校回国，受校长沈嗣良邀请，先生于危难之际执掌圣约翰大学教育系。

教育救国依然是知识分子肩负的时代使命。面对学校教育和家庭生活失败的社会现实，先生力图以哲学复兴民族精神，出版大学国文教本《哲学与人生》，借以引导青年树立乐观的、积极的、现实的人生观，鼓舞青年直面困难不断求索，培植健全人格。他说："人生是奋斗的，我们要在奋斗中去求胜利。生活是变迁的、是痛苦的，但是在变迁的生活中，我们却找得到变迁的秩序条理，在痛苦中，我们却能求到愉快幸福。"[1]先生主张以教育改造社会，这种教育与传统教育截然不同，先生将之称为"新教育"。先生的"新"体现在：从行动中去求知识，再由知识来指导行为。以学校教育去领导社会风气，再以社会风气来推进学校教育。[2]先生对内立足中国现实，对外置身于世界文化融会发展的趋势之中探索教育改造中国之路。发表《与梁漱溟先生谈中国民族之前途》《以教育救中国》《如何使教育适应社会需要》和《中国文化之新精神》等文章，并以笔名"觚斋"发表《世界文化之分歧与会流》。在先生的视野

---

① 傅统先.哲学与人生［M］.北京：首都经贸大学出版社，2012：366。

② 傅统先.以教育救中国［J］.观察，1947（12）。

中，哲学和教育是一回事儿，哲学家予以社会生活一种适当的评价而建立社会的理想，教育家则执行哲学家所创立的社会理想[①]。

在国难深重的抗战时期，先生深感中国文盲太多，教育应肩负起扫除社会文盲、为社会服务的重任。先生在上课时动情地向学生讲："中国的文盲太多了，只要看曹家渡这一角就不知有多少，这些文盲的存在是圣约翰大学的耻辱，更是我们伟大的教育系的耻辱，假使在学校的附近有那么五六所的义务学校，由教育系同学主办，那么不出三年，包你可以把这一角的文盲全部扫除，这是圣约翰的光荣，更是我们教育家的光荣。"[②]于是，先生亲自带领教育系学生在苏家角附近创办康乐民众补习学校、中南中学、爱群小学、圣约翰大学附属中学等多所学校。这些学校的创办为推行"新教育"、扫除文盲、解决平民子弟上学问题起到了关键作用。

（三）为回族教育文化事业发展竭尽全力

先生是回族人，家族世代信奉伊斯兰教。早年先生借住在上海小桃园清真寺期间，大教长李先慧带领先生学习《古兰经》《天方典礼》《天方性理》等伊斯兰教的经典著作，促使先生萌生了对宗教哲学的浓厚兴趣。这段借宿生活奠定了先生在新中国成立前同伊斯兰教界的密切联系。1925—1926年，先生以读经班学员的身份参加了上海回教学会，跟随当时中国伊斯兰教界著名的大教长哈德成和达浦生学习经学。

大学期间，先生发表长文《追求中的真宰》，开始受到伊斯兰教界的关注。毕业之际，先生受上海伊斯兰经学研究社的邀请，为学员讲授自己撰写的《知识论纲要》一书。先生讲课的时间虽不长，但是对学员们却产生了深刻的影响。一方面，先生用黑格尔的绝对唯心主义思想加深了学员们对宗教思想的理解；另一方面，这些学员成为全国各伊斯兰教礼拜堂的重要阿訇和教长后，进一步扩大了先生的学术影响力。这一时期，先生为上海伊斯兰教的文化事业作出了卓有成效的贡献。1934年，先生与王义、鲁忠翔等穆斯林青年共同创办

---

① 傅统先.教育政治与哲学［J］.教育与文化（上海），1946（3）。
② 周福如.筹备中的康乐义务学校［J］.教育学报，1947（1）。

上海回族职业补习夜校，印发穆斯林刊物《改造》，发起成立中国回教文化协会，编辑出版《中国回教文化丛书》。1940年，受商务印书馆王云五约请出版《中国回教史》一书，蜚声伊斯兰学界。该书被称为民国时期与白寿彝《中国回教小史》、金吉堂《中国回教史研究》、马以愚《中国回教史鉴》齐名的中国回族史的代表成果①。白寿彝在其《中国回教小史》中说："中国回族史的研究是一门很艰苦的学问。研究这门学问的人，须具备几种语言上的工具，须理解回教教义和教法，须熟悉中国史料及阿拉伯文、波斯文、土耳其文中的记载，他不只要有这些言语文字上的资料，他更要懂得回教的精神，懂得中国回教人的心。"②白寿彝的话，可以说是代表许多人对先生《中国回教史》一书的看法。先生通过撰写《中国回教史》也对以往的偏激态度作了深刻反省。先生认识到，在一个有着多种宗教的社会中，任何一种宗教都不能单独存在。先生不主张各教之间彼此各立门户，而应跨越鸿沟，互相交流。诚然，早年先生是信奉伊斯兰教的，但先生并非偏执盲目，而是注意研究与分析世界各种宗教的起源与发展，强调宗教间的尊重与沟通，并通过学习哲学特别是杜威实用主义哲学后，先生逐渐从哲学的高度对待世界、自然、自我。

二、志趣卓然，孜孜探求新近之哲学

先生为学始于哲学。在先生看来，哲学能够指导人生。先生贯通中西，先后研究宗教哲学、黑格尔哲学、杜威哲学、马克思主义哲学。先生的很多思想理论就是建立在哲学的基础上的。

（一）转向黑格尔客观唯心主义哲学

如前所述，先生中学时期深受伊斯兰教泛神论的影响，萌生了对宗教哲学的浓厚兴趣。先生入读圣约翰大学后，对其哲学思想起着关键性作用的应属斯宾诺莎（Spinoza, B.）、黑格尔（Hegel, G.）。斯宾诺莎主张，"上帝不是一

① 王伏平.傅统先及其中国回教史［J］.回族研究，2007（1）。
② 白寿彝.中国回教小史［M］.上海：商务印书馆，1944：题记。

个人，而是自然本身或自然法则"①，这一哲学观正与先生当时所信奉的伊斯兰教泛神论相契合，并巧妙地构思了"把心灵和物质联结起来的实体或上帝，从而获得一种统一体"②的基本判断。在学习探索过程中，先生更进一步学习到黑格尔客观唯心主义哲学，专心钻研黑格尔的《逻辑学》《精神现象学》《历史哲学》等著作，并涉猎黑格尔学派罗伊斯（Royce，J.）的《现代哲学之精神》等。大学四年级时，先生已经阅读了大量的知识论著作，1933年出版第一本哲学著作《知识论纲要》，详细考察了依据论、直觉论、感觉论、理性论对于知识起源问题之认识。先生认为这些学说都不能解释知识之来源，因为"感觉给理性以原料张本，理性组织之，支配之。凡概念，知觉，感觉，官感，无一非心灵之活动。"③先生进而论述了实在论、代表论、新实在论、批判的实在论、观念论在知识价值问题上的观点。先生将这些学派划分为实在论与观念论两大阵营。实在论主张，"有一个外在的世界的存在，它是离开任何意识或任何心灵而独立存在的。"④先生趋于观念论的主张，他承认外界存在的实有，但是存在不能离开普遍心灵而独立。《知识论纲要》的出版，标志着先生的哲学思想从泛神论向黑格尔客观唯心主义的转折。

（二）探索科学与哲学之关系

先生是较早综合运用相对论、量子论、完形心理学等最新科学知识，从自然科学的角度论证黑格尔客观唯心主义的学者。先生潜心研究爱因斯坦（Einstein，A.）的《相对论原理》、罗素（Russell，B.）的《物质的分析》、弗洛伊德（Freud，S.）的《精神分析引论》等书。1934年，发表《新物理学中之宇宙观》《生机哲学在生物学上之基础》等系列文章，探讨哲学之物理学和生物学上的依据。在《新物理学中之宇宙观》的导言中江振声写道："其所作之《新物理学中之宇宙观》多根据于马克思威尔（Maxwell），鲍尔（Bohr）

---

① 贺麟.斯宾诺莎主义的宗教方面［J］.中国社会科学院研究生院学报，1986（2）。
② 同上。
③ 傅统先.知识论纲要［M］.上海：作家书屋，1933：280。
④ 同上。

等之原著。吾国学者对于相对论探讨甚多，而阐明量子论者尚寡。傅君斯作，实为介绍量子论之先声！言论独到，理论精深；而对于物质之波力论与新物理学对于哲学问题之新曙光，尤开明尽致！"[1]1936年，出版《现代哲学之科学基础》一书，先生认为："现代哲学和科学已发展到使双方互相契合、互相合作的地步，实则科学和哲学是相依为命的。科学愈发达，哲学之任务亦愈繁重。"[2]先生指出，相对论之于哲学，在消极方面打破了空时之绝对性与客观性，在积极方面建立了"空—时"之连续性[3]，新物理学之于哲学，打破了因果律之旧见解，采取了统计法的既然观念[4]。先生在综合论述的基础上以"科学之趋向于唯物欤唯心欤"为结束，指出科学的发展趋向于唯心论。

先生之所以研究科学与哲学之关系的问题，与当时思想界长期存在的"哲学消灭论"有着密切的关系。20世纪20年代，中国思想界掀起"科玄论战"，科学与哲学的关系成为辩论的核心内容。以胡适为代表的"科学派"主张由科学取代哲学。1929年，胡适在上海大同中学作题为"哲学的将来"的演讲，主张科学可以代替哲学。胡适说："科学不能解决的，哲学也休想解决。即使提出解决，也不过是一个待证的假设，不足于取信现代的人。故哲学家自然消灭，变成普通思想的一部分。"[5]他认为："将来只有一种知识，科学知识。将来只有一种知识思想的方法，科学证实方法。将来只有思想家，而无哲学家。"[6]张东荪等人则与胡适的观点相反，认为哲学不可能被科学所取代。1930年，张东荪在《哲学评论》上发表《将来之哲学》，1937年又在《东方杂志》上发表题为《哲学究竟是什么》的文章，认为科学再发达也不能代替和包办哲学，科学与哲学有着不同的性质，两者的研究范围也不同，"近代以后的哲学只限于认识论，因为认识论是科学所不能夺去的，所以和科学没有冲突。可见哲学自己

① 傅统先.新物理学中之宇宙观［J］.光华大学半月刊，1934（3）。
② 傅统先.现代哲学之科学基础［M］.上海：商务印书馆，1936：11。
③ 傅统先.现代哲学之科学基础［M］.上海：商务印书馆，1936：56。
④ 傅统先.现代哲学之科学基础［M］.上海：商务印书馆，1936：238。
⑤ 欧阳哲生.胡适文集（第12卷）［M］：北京：北京大学出版社，1998：295。
⑥ 同上。

的变化不仅是对于科学有所让步，并且是对于科学相求调和"①。言下之意，张东荪认为科学与哲学是相互合作，密不可分的。

先生的《现代哲学之科学基础》力辟科学发达会使"哲学店关门"之谬说，在当时理论界特别是哲学界产生了较大影响，成为"旧中国哲学界最早探讨科学哲学的著作"②，受到哲学家张东荪高度评价："我看了以为得未曾有。即在欧、美此种体裁之书亦尚未见。而以时代之需要论，此种书则决不可少。"③先生撰写该书的立场是论证黑格尔客观唯心主义，是反唯物论的，也随即参与了一场全国性的唯物辩证法论战。1934年10月，张东荪编著《唯物辩证法论战》一书，收录了先生的《辩证法唯物论批判》一文，该文长达3万余字，先生在考察唯物论发展史，列举新唯物论者及其代表作，阐述新唯物论理论形成的基础上，进而从一般方面和特殊方面对新唯物论展开批判。该著作还收录牟宗三、张东荪等人的文章，共14篇。张东荪在"弁言"中特别交代"除傅统先君外，其余都是按交稿顺序次第排列"④。仅此就足以判断这篇文章的重要地位。该书出版后，引起叶青等人关于感觉、意识、实践等问题的论争，并最终以辩证唯物论者获胜而结束，但有学者认为，"两种胜利多半只是组织上的胜利，而决不是全部哲学理论上的胜利"⑤。仔细考察先生对于辩证法唯物论的批判，我们就会发现，这一时期先生对于辩证法唯物论的拒斥，实是基于其已形成的唯心主义本体论、宇宙论、知识论的哲学体系而作出的学理性思考。从论战的立场和过程看，先生是站在反对唯物辩证法的立场。从积极意义看，在客观上推动了中国思想家尤其是马克思主义学者对相关问题的再思考，间接促进了马克思主义中国化的进程。对先生自身知识谱系而言，也为其后期转向杜威实用主义研究积淀了深厚的哲学基础。

① 张东荪.科学与哲学 [M].北京：商务印书馆，1999：157。
② 刘凌，吴士余.中国学术名著大词典 [Z].上海：汉语大词典出版社，2001：41。
③ 傅统先.现代哲学之科学基础 [M].上海：商务印书馆，1937：序言。
④ 张东荪.唯物辩证法论战 [M].北平：民友书局，1934：弁言。
⑤ 沈志远.苏俄哲学思潮之检讨载 [J].中山文化教育馆季刊，1934（1）。

三、学贯中西，西方教育中国化的传播者和辩护者

唯物辩证法论战结束后，先生的哲学思想逐渐从黑格尔客观唯心主义转向杜威实用主义。先生对杜威是服膺的，他在1947年出版的《教育哲学讲话》一书中指出："我们现在所需要的是气魄雄伟的大哲学家或教育家，他的理论是代表时代精神而领导着一般人向前走的，如杜威之在美国一样。"[①]

（一）杜威学说中国化的传播者

1948年8月，先生怀着对真理追求的热忱，远赴哥伦比亚大学师范学院攻读哲学博士。在此期间，先生跟从美国著名哲学家兰德尔（Randall，J.）和欧内斯特·内格尔（Nagel，E.）分别研学思辨哲学、逻辑与科学方法。在美国教育哲学家劳普指导下完成《形成道德判断的方法论——基于国际比较的视角》（*Method In Moral Judgement—An Intercultural Analysis*）的博士论文。该论文着重论述杜威道德判断与"美国学派"[②]道德判断之间的异同。先生研究认为："这种以道德判断方法为核心的教育思想的发展，既是西方文化传统的延续，又是一种分化。它延续了西方的传统，因为它承认智力和理论概括在判断的描述性方面的功能作用。它强调将促进共同利益作为民主理想的重要性，这一理想保证利益相关者的积极参与和分享。它与西方传统的不同之处在于，它将重点从智力和理论概括转向寻求道德判断的可靠性概括，寻求为培养具有规范判断能力的人而建立方法论。"[③]先生认为："'美国学派'的道德判断的方法论，实质上是对杜威学说的批判性发展，但是仍有自身的局限性，该学派尚未充分阐述个体如何在更迫切的承诺和更直接的人际关系中，使自己更接近理想

---

① 傅统先. 教育哲学讲话［M］. 上海：世界书局，1947：138。

② "美国学派"，以先生的导师劳普教授为核心，其成员包括进步主义现代实验主义者阿克斯特尔（Axtelle，G.），美国进步教育联谊会的主席贝恩（Benne，K.）等美国教育家。该学派主张，以"民主而不强迫的社群"（un-coerced community of persuasion）的理想作为道德判断充分性的保证。

③ Foo, Thoong-sien. Methods in Moral Judgment: An Intercultural Analysis［D］. New York: Teachers College, Columbia University, 1950: 5–6.

状态下的民主而不强迫的社群相关方面的方法论特征。"①。

　　与国内一般研究杜威哲学的学者相比，先生的独特之处是先生不仅在教学和研究中对杜威实用主义进行了长期的探索，在实践中宣扬杜威实用主义，还译介杜威哲学著作并发展了杜威教育学说。20世纪50年代起，中国学界掀起批判杜威思想运动，"反动"成为这一时期的话语主题，《杜威批判引论》《实用主义批判》《批判杜威的反动教育思想》等批判杜威学说的著作不断面世。先生也难免卷入这一政治狂潮之中，但先生坚守内心的信仰，专心于翻译杜威著作，主要包括商务印书馆在1960年出版的《经验与自然》和1964年出版的《自由与文化》，上海人民出版社在1965年出版的《确定性的寻求——关于知行关系的研究》，以及先生同邱椿合译出版的《人的问题》。尽管先生当时是受命作为内部批判西方资产阶级思想的资料而翻译杜威著作，具有"被动"的成分，但是在主动性上却促进了先生自己乃至整个学术界对杜威的研究。这个时期先生翻译的杜威系列著作，较早年翻译的著作，具有更加严密的逻辑性、更加深厚的学术性和更加广博的学科知识领域。许多学者对于这一时期先生之于杜威学术思想传播所作出的贡献给予了高度评价："要翻译杜威这样的大哲学家的作品，光懂语言是不够的，还要有西方哲学史的造诣，翻译者本人最好就是一个哲学家、思想家。这些条件，傅统先都是具备的。"②"傅统先翻译的杜威作品可谓信、达兼备，很难超越。"③杜威哲学著作的译介更加完善了先生的知识体系，又使先生对实用主义有着更为透彻的理解。

　　先生根据中国社会的实际情况，在批判我国形式教育、书本教育问题的基础上，继承和发展了杜威的教育思想。首先先生认为："教育是生长，是整个人格不断向真、向善、向美的生长"④。先生解释说，"杜威的'凡是不断发展，不断生长就是生命'这一表述过于宽泛，……似乎杜威所言不断发展，不

---

　　① Foo, Thoong-sien. Methods in Moral Judgment: An Intercultural Analysis［D］. New York: Teachers College, Columbia University, 1950: 45.

　　② 陆有铨，等.傅统先教授的学术人生［J］.教育学报.2010（5）。

　　③ 涂诗万.杜威教育思想的形成［M］.杭州：浙江教育出版社，2014：27。

　　④ 傅统先.全体性的哲学与教育［J］.学林，1941（8）。

断生长指向的是有机体，但是植物、动物和人类都是有机体，这三者在本质上是不同的"[1]。发展是人类所特有的，对植物与动物而言是没有意义的。因此，"教育是人类所特有的，教育不仅是生长，而且是整个人格的生长"[2]。先生进一步指出，"人格发展的最终目标是最真、最善、最美，是一种绝对的均衡协和状态……向真、向善、向美是人格发展的必然趋向"[3]。因此，教育是教人做事的。其次，关于杜威"学校即社会"的学说。在先生看来，学校与社会的关系并非仅是将学校办成雏形的社会，社会也是实施学校教育的延伸。他针对中国形式主义教育割裂学校与社会的弊病，主张把社会生活的方面，如政治组织、道德准则、经济结构等作为教育的材料，学生的学习应随时和社会事业相印证。因此，学校应指导学生通过参加社会调查等活动，体验都市和乡村的生活。在调查、观摩、实习的过程中，鼓励青年把自己所学的知识与经验投身到服务社会，改造社会中去。再次，先生认为以儿童为中心，反对教师的主导作用，这是错误的。教师是教学计划、教学大纲的执行者，在教学的过程中应发挥主导作用。儿童教育的目的是使其适应社会的需要，社会需要什么样的人才，儿童就应受怎样的教育，过怎样的生活。他进一步指出，儿童的教育应符合心理的程序，但是高深的知识应符合逻辑的程序。基于此，他主张小学教育应符合儿童的家庭和学校生活，中学教育应该与邻近的工厂、商店等发生联系，大学的教育应鼓励青年运用自己的所学投身到民间，帮助他们改善生活。

（二）为皮亚杰发生认识论辩护

先生对皮亚杰的研究用情颇深，有着自己透彻的理解。他是我国较早翻译皮亚杰《发生认识论》《儿童的道德判断》的学者，还翻译了皮亚杰的《儿童语言与思维》《教育科学与儿童心理学》等著作。一般人视皮亚杰为儿童心理学家、逻辑学家，而先生认为："与其说皮亚杰是儿童心理学家，还不如说他是一位发生认识论者，他之所以研究儿童知识的发生与发展是为了解决认识论上

---

① 傅统先.全体性的哲学与教育［J］.学林，1941（8）。

② 同上。

③ 同上。

人类知识之发生与发展的问题。皮亚杰花费了几十年的功夫来研究儿童对于世界、物理的因果关系、实体构造、空间、数目的起源和发展以及儿童的具体运算和形式运算的问题。"①

先生在《教育研究》（1979年第2、3、5期和1980年第1期）先后翻译发表了皮亚杰关于《发生认识论》的4次演讲稿。先生意识到学界对皮亚杰发生认识论存在不同程度的误解，又撰写了《试论皮亚杰的发生认识论》一文。一是驳斥美国内布拉斯加大学西格尔教授（Siegle，H.）的观点。西格尔认为，皮亚杰把"根据"一词在逻辑和心理学上的两种不同的含义混为一谈。先生在举例论证的基础上指出，皮亚杰并没有把逻辑和心理学混为一谈，而是企图把两者互相印证，综合利用。②二是同国内皮亚杰发生认识论的研究者进行商榷。在当时我国学界关于皮亚杰的争论主要表现为，有研究者认为皮亚杰的基本观点是唯心的。在先生看来，皮亚杰的发生认识论中确含有唯心主义的因素，然而皮亚杰的发生认识论与认知发展阶段理论从科学的角度证实了马克思主义认识论，包括感性认识与理性认识是辩证统一的关系，人的主观能动性，实践是检验真理的唯一标准等真理。

1982年，先生敏锐地意识到我国学界对皮亚杰结构主义的认识存在歧义，创造性地将皮亚杰学说同马克思主义认识论相结合，并以马克思主义学说为指导对皮亚杰的结构主义给予客观考量。在先生看来，皮亚杰的结构主义同其发生认识论一致，并非是唯心主义的，而是与马克思主义认识论有着异曲同工之处。先生认为，把皮亚杰的"适应"理解为一种被动地对外界的反应而不是一种能动地改造世界的行为，显然这是对皮亚杰理论的误解。在先生看来，皮亚杰对于"图式"以及由图式发展到具体运算结构，最后达到形式运算阶段的理解，不能和康德的先验范畴相比拟，皮亚杰的全部试验工作都是解决儿童思维发生和发展论。③

①	皮亚杰.儿童的道德判断［M］.济南：山东教育出版社，1984：序言。
②	傅统先.试论皮亚杰的发生认识论［J］.教育研究，1979（2）。
③	傅统先.试论皮亚杰的结构主义［J］.华东师范大学学报（哲学社会科学版），1982（6）。

四、东学启智，奠基中国教育哲学新范式

先生对杜威实用主义哲学的推崇是显而易见的，但对马克思主义哲学的深度研究则又对其思想起到了革新作用。在从杜威实用主义转向马克思主义哲学的过程中，先生始终尝试以哲学为指导研究教育问题，力图寻求适合中国国情的教育哲学，赋予中国教育发展之灵魂。先生在探索教育哲学建设的学术历程中，撰写《教育哲学讲话》《教育哲学》等著作，建构了其体系化的教育哲学思想。

（一）对教育哲学的深度阐释

先生认为准确把握教育哲学必须首先厘清什么是哲学、什么是教育及两者之间的关系。仅仅围绕本体论、宇宙论、知识论、价值论的问题进行哲学探究，枯燥且乏味。先生将哲学视为人生的指明灯，强调哲学与人生、生活息息相关。先生指出："哲学是以现实生活环境中所发生的重大问题为出发点，一方面参照科学的知识，艺术的直觉，宗教的信仰和生命的情欲，另一方面运用逻辑的推理，语言的表达，系统的融会，对于整个人生作一番通盘彻底的检讨和评价来求索一个合情合理的人生之道，树立一个十全十美的理想社会。"[①]那么教育到底是什么？如前所述，先生认为教育是整个人格向真、向善、向美的生长。先生在学习马克思主义哲学之后，更为明确地指出教育是培养人的活动。教育作为培养人的活动，主要是对人的世界观的塑形。在先生的视野中，人的培养离不开哲学。他认为："教育使哲学不落于空洞而使其切乎生活，哲学使教育不流于机械而使其活泼富有生气。"[②]教育哲学则是"运用哲学对教育事实进行评价，并依据评价树立教育理想过程的产物"[③]。在对这一问题探讨的过程中，先生始终将人作为教育的对象，彰显人性的真善美，展现了强烈的人文关怀。

---

① 傅统先.教育哲学讲话［M］.上海：世界书局，1947：18。

② 同上。

③ 傅统先，张文郁.教育哲学［M］.济南：山东教育出版社，1986：2。

（二）奠基以哲学研究教育问题的教育哲学研究范式

在《教育哲学讲话》一书中，先生运用历史研究法追溯教育哲学发展史；运用基础研究法寻求教育哲学的生物学、社会学、心理学基础；运用问题研究法研究教育中的哲学问题，探索教育本质、教育目的、教育方法、教材等教育根本问题；运用派别研究法分析自然主义教育哲学、唯心主义教育哲学、实验主义教育哲学。在先生和张文郁合著的《教育哲学》一书中，则采用哲学之教育应用，构建了价值论与教育、伦理学与道德教育、认识论与教学、美学与美育为核心的教育哲学研究框架，并兼采各派教育哲学之体系研究，奠基了我国以哲学分析教育问题的教育哲学研究范式。在先生的视域中，"教育哲学是哲学的一个分支学科，是一门用哲学来探讨教育理论和实践诸方面问题的学科"[①]。但同时先生进一步指出："教育哲学是教育研究上的一个分析和综合阶段，抽绎出教育学的一般理论，因此可以说它是教育学的一个分支学科。"[②]先生并没有将教育哲学研究问题囿于哲学问题或教育问题，因为在先生看来无论是有关于本体论、宇宙论等哲学问题，还是关于教育本质、教育目的等教育根本问题的探讨，他们是教育哲学中的理论问题和应用问题，都是教育哲学研究所应涉及的。这对当下研究教育问题，进行教育改革所应秉持何种理念颇有启发。

（三）确立以马克思主义为指导的教育哲学研究

先生曾明确提出："人民教师必须是一个马克思主义者。……人民教师必须继续不断地学习马克思、列宁主义的系统理论……从而对年青一代起着模范作用。"[③]并以之为工具对原有的哲学体系进一步修正。1979年，教育部召开第一次全国教育科学规划会议决定在教育系教学计划中恢复"教育哲学"课程，先生受教育部委托撰写《教育哲学》一书。但在20世纪80年代，教育界由于长期受"左"的思潮影响，如何重新阐述与定位杜威教育哲学思想？如何处理西

① 傅统先，张文郁.教育哲学［M］.济南：山东教育出版社，1986：1。
② 傅统先，张文郁.教育哲学［M］.济南：山东教育出版社，1986：6。
③ 傅统先.儿童品德教育讲话［M］.济南：山东人民出版社，1954：9。

方教育哲学同马克思主义哲学之间的关系？如何为国家培养德智体美劳全面发展的社会主义建设者和接班人？先生结合自身40余年的学术沉淀，鲜明地指出："引领中国教育哲学向前发展的是马克思主义哲学，在教育哲学领域，怎样运用马克思列宁主义和毛泽东思想来研究教育哲学，正确地阐明教育的本质和规律，指导教育的实践，这是我国教育科学研究工作者的一项重要任务。"[①]先生以辩证唯物主义和历史唯物主义哲学观为指导，对教育本质、教育目的和方法等问题进行研究，运用马克思主义价值观批判客观主义价值观、主观主义价值观、实验主义价值观，以此为基础一步讨论价值论与教育的关系。在关于人的价值与教育目的关系的分析中，以马克思关于人的全面发展观批判杜威的教育无目的论。在伦理学与道德教育讨论中，用马克思主义伦理学批判以康德和卢梭为代表的主内派的道德观、以边沁和弥尔等为代表的主外派的道德观、以斯金纳为代表的道德相对论、以杜威为代表的实验主义道德观，奠基了以马克思主义为指导的教育哲学研究之路。

五、耕身实践，力倡教育助益人的全面发展

先生从未离开过教育，青年时期奔走疾呼，探索教育救国，折射出一代知识分子忧国忧民的人格魅力；出国深造后，他毅然选择学成归国。回国后到苏州华东革命大学政治研究院接受思想改造，1952年2月被分配到山东师范学院。先生秉持教育兴国的理念，以高涨的热情扎根于教育事业，为祖国培养全面发展的建设人才，进行了诸多有益的探索，提出了富有先见性的教育理念。

（一）创建青年教师培养制度，促进教师专业发展

先生在执掌山东师范大学教育系期间，十分重视青年教师培养，积极探索以老带新的助教培养制度。一是指导青年教师学习苏联经验，改进教学方法。先生治学严谨又不失灵活。"傅统先老师的课，上得生动活泼，课堂上的大辩论，使我至今难忘。"[②]为了提高年轻教师的教学能力，使其熟练运用各种教

---

① 傅统先，张文郁.教育哲学［M］.济南：山东教育出版社，1986：14。
② 顾国华.文坛杂忆全编6［M］.上海：上海书店，2015：86。

学方法，先生要求教师必须根据教育目的、教学任务、学科性质、学生年龄、学校环境和设备条件选择合适的教学方法。先生指出，科学的教学方法必须符合社会主义、共产主义教育的目的，能使学生很容易地接受知识、学会本领，能唤起学生的自觉性和积极性，不仅要能保证学生掌握系统的知识、技能和熟练技巧，而且还要能够培养学生优秀的道德品质。[1]先生强调，教学方法必须是完成一定教学任务的手段，……脱离了教学目的和教学内容，单纯地追求教学方法，必然是不免流于形式主义。[2]这些主张，对于克服盲目学习苏联教学经验的教条主义发挥了积极的作用。二是指导青年教师进行科学研究。为祖国培养全面发展的社会主义新人，"依靠于教学质量的提高，而提高教学质量，除贯彻教学改革外，开展科学研究工作，有其决定的意义"[3]。在先生的支持与帮助下，教育系教师撰著了《谈谈怎样上课》《关于教育的本质》等一系列著述。这些著述奠基了山东师范大学优良的学术研究传统。

（二）对德育、劳动教育和美育有深度的思考

中华人民共和国成立以后，先生结合我国教育现状，着重从德育、劳动教育和美育进行了探讨。第一，先生认为，道德教育是全面发展教育最重要的组成部分。先生依据苏联教育经验，主张在培养儿童道德品质的过程中，遵循积极性与实践性的原则、连续性与系统性的原则、对学生严格要求和尊重学生人格相结合的原则等，灵活运用说服、示范、练习、奖励和惩罚等方法。第二，在《儿童品德教育讲话》中，阐述了教育必须与生产劳动相结合，认为教育与生产劳动相结合是实现人的全面发展的根本途径。1980年11月，先生受邀参加联合国教科文组织在巴黎召开的关于普通教育与生产劳动关系的专家会议，并作《中国的普通教育与生产劳动相结合》的报告。回国后，在《教育研究》上发表《谈谈生产劳动与普通教育相结合的几个问题》，系统阐述了对于教育与生产劳动相结合问题的看法。第三，美育是实现人的全面发展的重要组成部

① 傅统先.教学方法讲话［M］.济南：山东人民出版社，1954：6-8。
② 傅统先.教学方法讲话［M］.济南：山东人民出版社，1954：75-76。
③ 胡锡奎.国家过渡时期总任务与高等学校的科学研究工作［J］.科学通报，1954（5）。

傅统先全集

016

分。先生认为，美育能促进智力的发展，加深对科学知识的掌握。美育能够深刻地影响一个人的思想情感，有助于提高其社会主义思想觉悟和共产主义的道德品质。美育可以促进身体健康的发展。先生认识到，学校教育忽视美术课教学计划设计与实施，美术教师的地位尚未受到应有重视。先生根据我国美育在学校实施的实际情况，提出相应的改革建议，主张在学校里进行美育，不应只限于上几节音乐和美术课，可通过组织学生春游、露营或访问名胜古迹等课外活动，邀请职业艺术家到学校里执教艺术课等形式进行美育，同时应重视各种艺术之间的共通性等。可见，先生对全面发展教育的探索，不仅仅是简单的移植或模仿，而是对我国人才培养目的与需求的审慎思虑。

（三）教书育人，培养优秀后学

1956年，先生在工作计划中提出希望培养能够胜任高等师范学院教育学教学工作的高层次教师，这些教师能够掌握教育学全部教材知识、处理教材的方法、具备基本的教学经验和多种教学方式方法，将来能够独立从事前沿性教育科学研究。但因为其后不久的"整风"运动和"反右"运动，这些运动使国家培养高层次研究人才的计划搁浅。晚年，先生忍受病痛的折磨，凭借自己强烈的事业心和责任感，致力于教育学高端人才的培养，为我国培养了一批如陆有铨、魏贤超、张晓鹏、戚万学等优秀的教育学者。

先生尤其注重培养学生的爱国之情。先生晚年躺卧在病床上，还用深沉而有力的语气嘱托学生"读书！读书！再读书！效力祖国，造福人民！"。这份嘱托，令人动容。先生要求学生阅读教师所指定的参考书。它可以帮助学生深入理解和巩固教师在课堂上所讲授的内容；可以对于教师在课堂上所提出的重点进行比较全面的钻研，从而充实教材内容，扩大学生知识领域；学生通过独立阅读参考资料可以发展自己独立工作和独立思考的能力。[①]在先生看来，阅读参考书乃是帮助同学们更全面、更深入地掌握课上所学，而不是一种额外的负担。先生重视开阔学生的国际视野，亲自指导学生翻译《儿童的道德判断》

---

① 怎样阅读参考书.山东师院［N］.1955年12月10日。

《学习的条件》等西方经典著作，在翻译、校对和审阅的过程中精益求精。在先生的言传身教下，弟子们也尽自己所学，谨遵其"效力祖国，造福人民"的嘱托，为我国教育事业的发展贡献自己的学识与才干。

1979年春，先生当选为中国教育学会第一届理事会常务理事，兼任《教育研究》杂志的编辑委员。翌年，先生受联合国教科文组织邀请，出席了在法国巴黎召开的国际会议。先生以终身学习的姿态，紧跟时代脉搏，在晚年还密切关注国际学术前沿动态，负责通校、审阅、翻译了联合国教科文组织出版的《学会生存：教育世界的今天和明天》《世界电化教育概况：利用教育技术进行科学教育的新倾向》等。1985年3月2日，先生在上海辞世。12月，先生与陆有铨合译的罗伯特·姆·加涅（Gagne，R.）所著的《学习的条件》出版。次年，先生与张文郁合著的《教育哲学》出版。

先生立足于中国教育实践，站在学术发展的国际前沿，肩负教育家的责任与担当，集毕生之力置身于中国教育事业的发展。求学期间刻苦学习宗教哲学和黑格尔客观唯心主义哲学，催生其哲学研究生涯；在教书期间，深入钻研杜威实用主义哲学，并以之为参照，从哲学的高度探讨教育问题；留学归国后，先生以极高的热情学习马克思列宁主义、毛泽东思想，并以之为指导，不断反思、批判，逐步构建了自己的教育思想体系，对教育本质、教育价值、教育目的等教育根本问题深入研究。先生对德育、劳动教育、美育的见解可作为当下建设全面发展教育体系，指导学校和家庭教育的有益借鉴。先生严谨治学的精神、无私奉献的教育情怀，也永远值得我们学习与继承。

六、薪火相传，《傅统先全集》之大成

后学从未忘记先生在我国哲学界、教育界、伊斯兰教界作出的卓越贡献。《傅统先全集》收录先生的著作、论文、译著及遗作等，近600万字，分为著作、译著、论文三大卷别共12卷。

（一）著作卷别体系

第1卷，收录先生的先期哲学著作，包括《知识论纲要》①《现代哲学之科学基础》②《美学纲要》③。《知识论纲要》重在解决知识论中最为核心的问题：知识之起源与知识之价值。先生从黑格尔客观唯心主义的观点对不同认识论学派的学说进行批判与分析，特别论述了当时新兴的新实在论和批判的实在论。先生主张，绝对不知道的东西即无存在，凡存在都属于观念范围之内，自我、非我、大我乃实是存在的，这些都是观念的。《现代哲学之科学基础》是"旧中国哲学界最早探讨科学哲学的著作"，哲学家张东荪为该书作序。先生论述了科学在哲学上的意义，准确把握了科学与哲学之间的关系，系统阐明了当时最新自然科学知识。先生认为，科学与哲学同样是求宇宙的微妙。虽然科学能精确地深入分析宇宙各部的细微处，但是它的结果仍不外乎供给哲学以正确的资料，预备对宇宙的全盘作一批判的、综合的认识。科学注重于事实的实验，哲学偏重于理论的逻辑。若以精确的事实辅助逻辑，我们或可得一较为融贯的哲学。《美学纲要》是一部美学理论专著。先生在书中讨论了经验之完整性、美感经验之本质、美与自然、美与理活动、美感经验之特性、艺术的种类、艺术与生活等问题，逻辑结构严密，理论性较强，对于我国现代美学的发展有一定的影响。先生认为，在我们的生活中，少不了一种美感经验。假使它是奢侈品，这种奢侈品在我们的生活中，也是必需的，并试图从理论上解决中国艺术问题。通过本卷，可以从知识论、科学哲学、美学等不同角度感受先生的哲学智慧。

第2卷，收录先生的教育哲学著作，包括《教育哲学讲话》④《反动的实用主义教育思想批判》⑤《教育哲学》⑥。《教育哲学讲话》是先生在圣约翰大

① 傅统先.知识论纲要［M］.上海：作家书屋，1933。

② 傅统先.现代哲学之科学基础［M］.上海：商务印书馆，1936。

③ 傅统先.美学纲要［M］.上海：中华书局，1948。

④ 傅统先.教育哲学讲话［M］.上海：世界书局，1947。

⑤ 傅统先.反动的实用主义教育思想批判［M］.武汉：湖北人民出版社，1957。

⑥ 傅统先.教育哲学［M］.济南：山东教育出版社，1986。

学执教"教育哲学"时，根据教学经验撰写而成的。该书是先生构建中国话语体系的教育哲学作出的初步尝试，也是"教育哲学讲话丛书"的一种。先生认为，教育哲学可以说是教育事业的灵魂。教育应该符合社会状况，但是不应限于社会现有的需要。这就是说，教育的方向不能违反国策，但是它却又不应仅做政治的工具。教育往往又负有推进社会、改造国家的使命。教育哲学是在现实生活中所创造的一种理想，而这种理想要决定着我们将来生活的进展。《反动的实用主义教育思想批判》是先生为配合当时的全国性杜威批判运动所作，尽管"反动"一词贯穿始终，但从整体上看，是全面分析杜威实用主义教育之主体，也是基于杜威英文著作的详解。《教育哲学》是先生在改革开放后与张文郁共同编纂而成。先生力图运用马克思列宁主义的基本原理对教育领域中的重要问题进行科学分析，对西方教育哲学思想，特别是杜威实用主义教育哲学思想重新进行了客观评价。先生指出，"实事求是"和"实践是检验真理的唯一标准"，是马克思列宁主义的精髓。根据这个原理，对于一些基本理论，直接引用马克思主义经典著作来加以阐述，并尽可能地引用经过今中外实践（包括科学实验）证明具有一定科学性的教育理论研究资料。阅读本卷，不仅可以感受杜威在先生学术思想中所占的分量，更能体悟先生独特的教育哲学见解。

第3卷，收录先生的教育教学著述，包括《逻辑纲要》①《哲学概论工作手册》②《哲学与人生》③《教学方法讲话》④《儿童品德教育讲话》⑤《谈谈怎样教育子女》⑥。《逻辑纲要》是先生在大夏大学、光华大学等校执教"逻辑学"时编写的，体系严谨，逻辑清晰。《哲学与人生》是在《哲学概论工作手册》基础上完成的，全书以积极的人生态度，畅谈哲学与生活、人生之苦乐、人生之目的、人性之善恶等问题，字斟句酌，颇富哲理与韵味，具有强烈的人

① 傅统先.逻辑纲要［Z］.上海：大夏大学等及各大书局，1939。
② 傅统先.哲学概论工作手册［M］.上海：世界书局，1944。
③ 傅统先.哲学与人生［M］.上海：世界书局，1945。
④ 傅统先.教学方法讲话［M］.济南：山东人民出版社，1954。
⑤ 傅统先.儿童品德教育讲话［M］.济南：山东人民出版社，1954。
⑥ 傅统先.谈谈怎样教育子女［M］.济南：山东人民出版社，1956。

文关怀精神。先生认为，在人生里面，一切都是变化不停的。需要从来不会十分满足的，情绪从来不会绝对安定的，理想从来不会完全实现的。因此，我们的奋斗也就从来不会停止的，这就是人生。《教学方法讲话》《儿童品德教育讲话》《谈谈怎样教育子女》，是先生在山东师范学院教书期间，根据教学经验和苏联教育理论撰写而成。先生认为，人民教育的目的，是要培养年轻一代成为智、德、体、美、劳全面发展的新人，使其将来能自觉而积极地参加祖国的建设和保卫工作。因此，我们新中国的年轻一代，在学校求学的时期中，不但要掌握系统的知识、技能和熟练技巧，而且也要受到共产主义道德的教育。同时，教育子女是每个家庭的基本任务，是父母的社会责任，当然也是他们最为深切关怀的事情。这些著述语言简洁，寓意深刻。虽然主题繁多，但是无一不展现着先生严谨治学的教学态度，潜心求索的学术风范。

（二）译著卷别体系

第4卷，收录先生翻译的杜威（Dwey，J.）哲学著作，包括《经验与自然》①《确定性的寻求：关于知行关系的研究》②。杜威（1859—1952年），美国著名哲学家、教育家，实用主义主要代表之一。在《经验与自然》中，杜威提出他的实用主义哲学的基本观点，并把它称为"经验的自然主义"或"自然主义的经验论"。在《确定性的寻求：关于知行关系的研究》中，杜威研究了知与行的关系，强调知识具有实践的意义，指出理论与实践之间有着内在的联系，这种内在联系使得知识成为实现人类目的的工具和手段。

第5卷，收录先生翻译的杜威哲学著作，包括《人的问题》③《自由与文化》④。在《人的问题》中，杜威论述了教育与民主观念，思想的挑战，人性、科学与学术的关系，价值观与人的思维等问题。在《自由与文化》中，杜威以什么是自由为切入点，对自由问题、文化与人性的关系、美国背景、

---

① 杜威. 经验与自然［M］. 傅统先，译. 上海：上海人民出版社，1960。

② 杜威. 确定性的寻求：关于知行关系的研究［M］. 傅统先，译. 上海：上海人民出版社，1965。

③ 杜威. 人的问题［M］. 傅统先，译. 上海：上海人民出版社，1965。

④ 杜威. 自由与文化［M］. 傅统先，译. 北京：商务印书馆，2013。

集权主义经济与民主、民主与人性、科学与自由文化、民主与美国等问题进行了探讨。

第6卷，收录先生翻译的皮亚杰（Piaget, J.）著作，包括《儿童的语言与思维》①《儿童的道德判断》②。皮亚杰（1896—1980年），瑞士心理学家、哲学家和逻辑学家，发生认识论的创始人，被誉为心理学史上除了弗洛伊德以外的另一位"巨人"，他提出的发生认识论不仅是日内瓦学派的理论基础，也是对欧洲机能主义的重大发展。先生认为，与其说皮亚杰是儿童心理学家，还不如说他是一位发生认识论者，他之所以研究儿童知识的发生与发展是为了解决认识论上人类知识之发生与发展的问题。

第7卷，收录先生翻译的考夫卡（Koffka, K.）著作，包括《格式心理学原理》③。该书被列为大学丛书，是研究格式塔心理学的重要参考书。考夫卡（1886—1941年），美籍德裔心理学家，格式塔心理学的代表人物之一。先生认为，此书"娓娓动人，使人久听不倦。有时好像离题太远，然而其形散而神不散"。此书正好像一本《红楼梦》，任他说了许多家常琐事，然在读者的脑海里面总是深深地映有一个贾宝玉与林黛玉的影子。

第8卷，收录先生翻译的教育学与心理学著作，包括《心理学》④《世界电化教育概况》⑤。《心理学》是美国哈佛大学的波林（Boring, E.）、普林斯顿大学的兰费德（Langfeld, H.）和康奈尔大学的卫尔德（Weld, H.）共同编写而成。先生认为，《心理学》一书里面有许多新的材料术语是一般心理学教本中所找不到的，有许多近来实验所得的结果也没有人系统地归纳过。《世界电化教育概况》，介绍了如何运用电子计算机教学机器、电视、无线电以及多种媒介的综合系统进行有关生物、化学、物理与数学几方面的教学改革的新动

---

① 皮亚杰.儿童的语言与思维［M］.傅统先，译.北京：文化教育出版社，1980。
② 皮亚杰.儿童的道德判断［M］.傅统先，译.济南：山东教育出版社，1984。
③ 考夫卡.格式心理学原理［M］.傅统先，译.上海：商务印书馆，1937。
④ 波林等.心理学［M］.傅统先，译.上海：商务印书馆，1939。
⑤ 联合国教科文组织出版部.世界电化教育概况［M］.傅统先，译.上海：上海教育出版社，1979。

向，为推动20世纪80年代我国电化教育的兴起与发展作出了一定的贡献。

第9卷，收录先生翻译的教育学与心理学著作，包括《发生认识论》①《教育科学与儿童心理学》②《儿童的心理发展》③《学习的条件》④。《教育科学与儿童心理学》及《儿童的心理发展》是皮亚杰所著。《教育科学与儿童心理学》由《一九三五年以来的教育与教学》《新方法：新方法的心理学基础》两部分构成。《儿童的心理发展》一书收集了皮亚杰心理学研究的文章。皮亚杰精辟确切地说明了他对于适应、同化、顺应等术语的理解。先生认为这些解释和阐述都足以帮助我们正确理解皮亚杰理论。《学习的条件》是美国教育心理学家加涅所著。加涅（1916—2002年），美国当代教育心理学家，主要研究学习理论与教学设计。他着重运用认知心理学的理论观点，主要是运用信息加工模式来研究学习问题。

第10卷，收录先生翻译的哲学著作，包括《自然与生命》⑤《唯心哲学》⑥《现代哲学倾向》⑦。《自然与生命》是英国哲学家怀特海（Whitehead，A.）所著。该书被收入到王云五主编"万有文库"第二集。怀特海主张：自然界不可以静止的、死板的单独事物视之；自然界乃是一种生命的历程与活动；宇宙是一个前进不已的历程，它有意向与价值为其指导力。《唯心哲学》是英国哲学家亨黎（Hoernle，R.）所著。亨黎把唯心哲学归纳为四大派：精神多元论、精神一元论、批判的唯心论、绝对的唯心论。他认为，这四派是互相影响、互相融会的。《现代哲学倾向》是美国新实在论创始人拉·巴·培里（Perry，R.）所著。培里认为，唯物主义和唯心主义由于其对科学与宗教的偏颇态度，各有其本身不能克服的缺点。而实用主义和新实在论正是在反对传统哲学，并克服其缺点中形成起来的。

---

① 傅统先.发生认识论［J］.教育研究，1979（2）（3）（5）+1980（1）。
② 皮亚杰.教育科学与儿童心理学［M］.傅统先，译.北京：文化出版社，1981。
③ 皮亚杰.儿童的心理发展［M］.傅统先，译.济南：山东教育出版社，1982。
④ 加涅.学习的条件［M］.傅统先，译.济南：人民教育出版社，1985。
⑤ 怀特海.自然与生命［M］.傅统先，译.上海：商务印书馆，1937。
⑥ 亨黎.唯心哲学［M］.傅统先，译.上海：中华书局，1941。
⑦ 培里.现代哲学倾向［M］.傅统先，译.上海：商务印书馆，1962。

（三）论文等卷别体系

第11卷，收录先生在《申报》《约翰声》《教育研究》等刊物上发表的论文，此外，本卷还收录了其博士论文，该论文是在国内首次公开出版。其中包括早期的《新物理学之宇宙观》等，最晚的文章是发表于1982年的《试论皮亚杰的结构主义》[①]。先生将自身研究与民族复兴紧密相连，关注青年教育问题，发表了《青年的思想问题》[②]《大学生与哲学》[③]《上海青年的再教育》[④]等。先生认为，建设新的中国，必须建设新的文化，先生透彻分析了《中国人的自然观》[⑤]《中国人的社会观》[⑥]，探寻《中国文化的出路》[⑦]，主张《以教育救中国》[⑧]。先生关注培养全面发展的人，注重教育教学质量的提升，发表了《关于改进教育与教学的若干问题》[⑨]《谈谈生产劳动与普通教育相结合的几个问题》[⑩]等。文章按照时间顺序排列，通过阅读，既可以清晰厘清先生学术思想发展轨迹，又可以感悟先生治学视野之广阔。

第12卷，收录先生在《儿童教育》《山东师范学院校刊》等刊物上发表的译文、书评等。第1部分，为先生翻译的论文，先生始终关注国际前沿知识，研究西方教育学、心理学理论，先后翻译了《柏拉图的哲学》[⑪]《学习的电化论》[⑫]等。第2部分，为先生所作西书介绍、新著介绍等。第3部分，收录先生的宗教学及宗教哲学研究著述，包括《中国回教史》[⑬]《儒释道耶回五教基本一

① 傅统先.试论皮亚杰的结构主义［J］.华东师范大学学报（哲学社会科学版），1982（6）。

② 傅统先.青年的思想问题［J］.美商青年，1939（1）。

③ 傅统先.大学生与哲学［J］.教育杂志，1939（5）。

④ 傅统先.上海青年的再教育［J］.平论，1945（3）。

⑤ 傅统先.中国人的自然观［J］.平论，1945（5）。

⑥ 傅统先.中国人的社会观［J］.人之初月刊，1946（2）。

⑦ 傅统先.中国文化的出路［J］.平论，1945（1）。

⑧ 傅统先.以教育救中国［J］.观察，1947（12）。

⑨ 傅统先.关于改进教育与教学的若干问题［J］.教育研究，1981（5）。

⑩ 傅统先.谈谈生产劳动与普通教育相结合的几个问题［J］.教育研究，1981（7）。

⑪ 傅统先.柏拉图的哲学［J］.约翰声，1931（42）。

⑫ 傅统先.学习的电化论［J］.教育杂志，1936（4）。

⑬ 傅统先.中国回教史［M］.上海：商务印书馆，1940。

致性》①等。《中国回教史》奠基了先生在伊斯兰教研究领域的地位。该书对民国时期的中国伊斯兰教的组织、教育，《古兰经》的翻译，伊斯兰教刊物等作了较系统的阐述。卷末为了更为全面地把握先生的学术思想、了解先生的学术人生，收录关于研究和怀念先生的文章。

编纂《傅统先全集》，我们得到先生次子傅贻谷先生的授权，傅贻谷先生提供了大量图文及资料；得到先生之弟子陆有铨、魏贤超、张晓鹏，以及全国各地关注先生全集工作的专家学者的帮助。2020年，是先生诞辰110周年，也恰逢山东师范大学建校70周年，编纂工作也得到学校的高度重视。在此一并表示感谢！

2020年5月1日

① 傅统先.儒释道耶回五教基本一致性［M］.出版社不详，1940。

出版说明

一、傅统先（1910—1985年），笔名舺斋。回族，中国著名哲学家、教育学家，教育哲学学科的重要奠基人之一。他的著作散见于1928—1985年的国内外期刊、报纸和商务印书馆出版的图书等。本全集编入迄今为止收集到的傅统先的全部文章，包括著作、译著、讲义、论文（中英文）、遗作等。凡有作者署名的手稿，根据相关信息确认为作者所著者，与他人合著或合译的著作，均收录。晚年作者参加文本校对工作的译著不作收录。

二、本全集共12卷，按照相关研究主题进行分卷，并以时间顺序进行呈现。为更好地研究傅统先先生，本全集收录有关学者对于傅统先及其思想研究的论文，并节选部分著作中有关的述评。

三、原著（文）中的标题，为保持一致性，仅对一级标题的形式进行修改，其他标题的分层续码等均保持原貌。

四、书稿中收录的有些原著为繁体竖排。为使全书体例一致，也为了让更多青年读者了解傅统先先生的著作，遵照权威底本和多方编校意见，采用简体横排的形式，对底本的标点做了部分调整与补充，方便读者阅读。

五、本书原则上采用公元纪年。原著（文）中的纪年多系民国纪年，如廿一年（即公元1932年）。为便于区分与阅读，1949年10月1日以前的民国纪年，一律在日期前加"民国"二字。

六、因时代不同，某些字词的使用与现在有所不同。同时，由于写作习惯以及每篇文章的体例、格式等亦有不同，为保证内容的可读性、连续性，以及文字使用的规范性，我们在尊重并保持原著风格与面貌的基础上，进行了仔细编校，纠正讹误，统一体例，仅保留少数异体字。书中的"想像""叫做""原素"等词皆保留原貌。

七、原著（文）中的数字、译名、人名、地名等均保持原貌。

八、原著（文）中无标点、旧标点或标点错误的地方，根据需要作了规范化处理。

九、原著（文）中的脚注、文后注等均保持原貌。

十、原著（文）中的"的""地""得"均保持当时用词习惯。

十一、为方便研究者分析傅统先先生不同时期的学术表达方式和构词造句特点，保持了原著（文）中的话语表达和用词构句形式。

十二、原著（文）中难以辨认之处以"□"表示。

十三、为保持学术著作的完整性，尊重历史，所收录的部分著作、论文等涉及的学术观点是在当时的社会环境和学术环境下作者的观点，与现在不同，请读者阅读时注意批评。

目 录

经验与自然

原　序

　　这个新订本的出版，使我有可能完全重写第一部分并在全书中作几点小的修正。第一部分原来是想用来作为导言的。这个目的已经失败了；因为总的讲来，它比它所要导引的以后各部分更加专门而难读。在叙述的方式方面也可以说是模糊的，而且有一个重要的地方在思想上也是不清楚的。希望这次新写的形式既较为简单，也具有较大的连续性。假使现在是较好地完成了这个原来的意图，这大部分要归功于许多善意的批评者的帮助。我愿意特别感谢威斯康星大学的奥托教授（M. C. Otto）和哥伦比亚大学的拉特纳先生（Joseph Ratner）。

　　除第一部分完全修订之外，这个新版本提供了一个机会，可以在这序言中增加一个全书思想的提要，它是根据本书思想发展的顺序写下来的。这是旧版本中所没有的。这些观念的进程乃是受这样一个意愿所决定的，即要想把我们在处理一切真正的问题，即要从科学的复杂问题到日常生活中琐屑的或紧要的实际问题时都能发生效果的那种思想，应用到比较广泛的哲学领域中来。这种思想的经常任务，就是要在新旧题材之间建立有用的联系。假使不利用我们已有的观念和知识，我们就不能获得新的东西，甚至不能把它保持在心里，更谈不到理解它。但是正因为新的东西就是新的，它就不是已经具有和已经熟悉的东西的简单重复。当旧的东西被用来掌握和解释新的东西时，它便着上了新的颜色，具有了新的意义。在已占有的熟悉的东西和新题材中所呈现出来的特点之间的间隙、分歧愈大，则思考的负担愈大；新旧之间的距离就是衡量需要的思想的广度和深度的准绳。

　　无论在集体文化中或个人生活中，都发生着裂痕和冲突。现在，科学、现代工业和政治已经给予我们大量的材料，而这些材料是与西方世界所最珍贵的理智遗产和道德遗产不相合的，时常是不相容的。这就是我们现代思想上发生窘困和混乱的原因。它替当前的和未来的哲学提出了特殊的问题。每一种有意义的哲学都是处理这个问题的一种尝试；这个说法对它们似乎最不适用的那些学说，则是想用回避和闪躲的方式来弥补这个裂痕的尝试。在本书中我并不是要寻求新旧之间的调和。我想这样的企图也许会对于一个人的忠实信念和真诚有所损害。但是当我按照必要而运用许多旧信仰和旧观念去认识和理解新东西的时候，我也曾留意到对于这些旧信仰所要求的修改和变更。

我相信，本书中所提出的这个经验的自然主义的方法，给人们提供了一条能够使他们自由地接受现代科学的立场和结论的途径，而且是唯一的途径，虽然绝不会有两位思想家会以完全相同的式样在这条道路上旅行。这个途径一方面使我们能够成为一个真正的自然主义者，而另一方面仍然维护着许多已往所珍爱的价值，只要它们是经过了批判的澄清和增加了新的力量的。这个自然主义的方法，当它被一贯地遵循着的时候，毁坏了许多过去被珍爱过的东西；但是它摧毁它们是由于揭露了这些东西与事物本质的矛盾——这是始终伴随着它们的一个污点，它使它们除了情绪的安慰以外，根本丧失了效能。但是这个经验的自然主义的方法的主要意义并不是破坏性的；它勿宁说一个簸扬器。只有糠秕才被簸扬出去，虽然这些糠秕在过去也许曾经是被珍视过的。一个经验的方法对自然界是保持忠实的，它是无所"保存"的；它不是一种保险的设施，也不是一个机械的防腐剂。但是它鼓舞心灵，使它在新世界的惶惑的面前具有创造新理想和价值的勇气和生命力。

因此新的导言部分（第一部分）所讨论的是方法问题，特别是关于存在于经验与自然之间的关系问题。它指出了对于经验的信仰，而经验乃是被理智地用来作为揭露自然的真实面目的手段。它发现：自然和经验并不是仇敌或外人。经验并不是把人和自然界隔绝开来的帐幕；它是继续不断地深入自然的心脏的一个途径。在人类经验的特性中，没有一个指向不可知论的结论的指针，而相反地，自然本身却是不断地在揭露它自己。只要人们有这种机智和勇气去追随经验所固有的指导力量，经验中就有这种指导力量，而哲学的失败就是由于不信任经验中所固有的这种指导力量。

第二部分是说明我们的出发点，即在通常经验的事物本身中蕴藏着一种危难不定与安定一致的混合状态。安全的需要迫使人们紧紧抓住有规则的东西，以便使动荡不定的成分减少至最低程度而加以控制。在现实经验中，这是一种实际的活动，它之所以可能是由于人们对于重复和稳定的东西，对于事实和规律具有了知识。要深入经验的真正本质，就要进行这种实际的工作。但是哲学却时常用建立一种纯粹在理论上安全和稳定的办法来试图放弃这种实际的工作。在这里，我们指出了这种尝试对于传统哲学偏向于统一、永恒、普通而轻视多数、变易、特殊的影响，以及它对于创造"实质"这个传统的而为现代物理科学所推翻的概念所产生的后果。然后，我们再说明现代科学有着这样一种倾向，即用与某些功能相似而反复发生为特征的质的事情（qualitative events）去代替固定的实质这个古老的概念，而这种倾向乃是和朴素经验的态度是一致的；这两方面都指出物质与心灵这种观念不是指两种基本的和最后的实质，而是指在不同的关联中所呈现出来的事情的重要特性而已。

第三部分和第四部分讨论了哲学中一个突出的问题，即是关于一方面有规律、机械的一致性，而另一方面又有结果、目的、功用与享受的问题。我们指出：在实际经验中后者代表一系列变化的结果，在这种变化中所产生的后果或结果有着完满和满足的价值；我们也指出了：由于这种价值，便有一种使它们永远保持下去，让它们稳定下来和重复它们的倾向。然后又说明价值的基础与实现价值的努力都是在自然界的范围以内的，因为当我们认为自然是由许多事情构成而不是由许多实质构成时，它的特点就是具有许多历史过程（histories），即由始到终进行着的变化的连续。因此，在经验中发生着真正的开端和完成，这就是很自然的了。由于在这些历史过程中呈现着不稳定的和动荡的因素，因而结果和好处的获得也是不稳定的和瞬息无常的。唯一使它们比较稳定的途径，就是要具有控制在一个过程中间从头到尾所发生的变化的能力。当这些中间的环节被放在我们的控制之下时，它们无论从文字意义上或实际意义上说都成为一种手段了。当它们被我们在实际经验中所掌握的时候，它们便成了工具、技巧、机构等等。它们不是目的的仇敌而是执行的手段；它们也是区别真正的目的与仅仅是感情的、虚幻的理想的标准。

物理科学的职责就是要发现事物的那些性质与关系，而事物就借助于这些性质与关系而能够被用来作为工具；物理科学所要求揭露的，不是事物的内部本质，而只是事物间的那些相互联系，这些联系决定着后果，因而能被用为手段。事情的内在本质乃是作为事物被直接体验到的性质，在经验中显现出来的。这些性质和这种成为认识之对象的规律性的密切配合，乃至两相融合，乃是有理性指导的经验的特点，以区别于单纯偶然的和非批判的经验。

科学认识的对象是具有工具性的，这个概念便成为进一步（第五部分）讨论的重点了。日常经验所具有的那个特点已被哲学最有系统地忽视了，而这个特点是日常经验为社交沟通的结果所浸润的饱和程度。因为这个因素被否定了，于是有些人便不承认意义具有任何客观的效用性，而另一些人便把意义当做是一种从自然界以外闯入的神秘的东西。然而，例如，假使承认语言乃是社会合作和共同参与的工具，那末便在自然的事情（动物的声音、呼叫等待）和意义的发生和发展之间建立了它们的连续性。心灵被视为社会上交相作用的一种功能，而且被视为是自然的事情在彼此之间达到了最广泛和最复杂的交相作用的阶段上所具有的真正特性。具有反应意义和运用意义的能力，而不是仅仅反应物理的接触，这便构成了人与其他动物之间的区别；它是把人类提升到平常所谓理想的和精神的领域的中介。换言之，这种通过语言和其他工具在彼此沟通的影响下所进行的社会参与（social participation）便成为自然主义的一个环节，它排斥了那种通常认为必需把经验的对象分裂成为物理的和理想的两个世界的说法。

我们已经明白了：意义的社会性质形成了心灵坚实的内容。第六部分便从这一点过渡到把心灵作为个体的或"主观的"东西来加以考虑。现代思想不同于古代和中古思想的最突出的特点之一，就是它强调心灵乃是个人的，乃至是自私的，把它与自我等同起来。这个基本的但被误解了的事实和经验之间可以这样联系起来，即指出：现代文化不同于古代文化的特点，即在于它着重创导、发明和变异。因此，我们指出，心灵在它的个体方面就是对于那些附着在事物上面的意义与价值进行变更与改进的方法。这个特性又使我们回述到自然事情的特殊性、可变性、偶然性，因而它就与自然的事情衔接起来了。单就这个因素本身来讲是很费解的；它是用来说明偶然事故和不合理现象的。在人类历史上，它是长期地被这样对待着的；心灵的个体特征过去是被视为对常轨的叛离，被视为社会为了保护它自己必须加以反对的危害。因而便发生了风俗习惯的长期统治、顽固的保守主义以及仍然存在着的盲目顺从的制度和思想上的标准化。在某些专门研究的领域中，当人们承认有权力利用变异来作为新的观察、假设和经验的出发点时，这便是现代科学发展的开端。心灵从事于实验的习惯，不同于它的武断的习惯，而这种习惯的日益增长，乃是由于人们有了不断增长的能力来利用变异，而不是抑制变异以求达到建设性的目的。

生命，作为自然机体的一个特性，曾偶尔地与工具、语言和个体变异的发展相联系地被讨论过。而把它作为联系物理的自然与经验之间的一环来加以考虑，这就形成了有关于心身关系问题的题目（第七部分）。把自然和经验彼此分裂孤立开来，这就使得思惟、知识的效用性和有目的的动作的效用性，同身体之间的这个不可否认的联系，成为一个不能解决的秘密了。我们指出：恢复两者之间的连续性就消除了这个心身问题。所剩下的就是一个有机体，在它里面有着平常所谓感应的这一类的性质，而这是在那些组成无机物的事情中我们所感觉不到的；而且当有生物彼此交往而分享共同的、因而也是普遍的对象时，这个有机体就具有了显明的心理特性。我们也指出，自然与经验的连续性解决了许多问题，而当我们忽视这种连续性时，这些问题就只能变得更加繁难。

然后（在第八部分）我们把有生物的特性同行为和经验的意识方面相互联系起来，加以考虑。而所谓行为与经验的意识方面，乃是指当事情借助于有机的和社会的交相作用，在经验中实现出来时所具有的那种直觉的性质。在这里，提出了心灵与意识的区别和联系。在意义里面或在运用它们之中，当有些东西变成了可疑的时候，那些组合成为心灵的意义就变成了意识或观念、印象等等，而这种在疑问中的意义就需要重新组织。这个原理也说明了意识本身的对象所具有的那种结集于一个焦点上而又迅速转移的特性。一个敏感的和有生气的心灵生活因而就有赖于不断对于疑问的问题的察觉；当这种兴趣消逝的时候，意识便壅塞不流，变成局限而迟钝的了。

在艺术中，我们发现了：自然的力量和自然的运行在经验里面达到了最完备，因而是最高度的结合（第九部分）。艺术是一个生产过程，在这个过程中把原来在自然界较低层次上在一种不很规则的方式下所发生的一系列的事情加以调整，在一种企图求得圆满成就的计划中使自然的材料得以重新配合。当自然过程中的结局，它的最后终点，愈占有主导的地位和愈显著地被享受着的时候，艺术的"美"的程度就愈高。由于艺术的利用技术和工具，一切艺术都是有工具性的。我们指出：正常的艺术经验在事情的结果方面和工具方面之间求得较好的均衡，而这种较好的均衡状态是自然或经验的其他任何地方都见不到的。因此，艺术既代表经验的最高峰，也代表自然界的顶点。在这里也连带地批评了平常在艺术与科学之间那种截然分开的情形；我们主张：科学作为一种方法要比科学作为一个内容更加基本些，而科学的探讨乃是一种艺术，它既是控制（事物）的工具，同时也是作为一种纯粹心灵上的享受而成为终极的目的。

这样我又回到关于目的，或终结完满的后果以及对它们的愿望与追求的这个题目上来，因而引起了关于价值的本质的问题（第十部分）。价值是从自然主义观点被解释为事情在它们所完成的结果方面所具有的内在性质。如何控制事情的发展过程以求在终结时获得稳定的并倾向于创造其它价值的对象，这个问题便导致关于价值判断或评价的问题。把它们总括起来，就成了所谓批评。在这里我们又回到第一章的主题，着重指出，为了理性地控制经验，批评在经验各方面所具有的决定性的意义。于是哲学便成为关于批评的一种概括性的理论。它对于生活经验的终极价值就在于：它不断地准备了对于在经验的一切方面发现的各种价值（无论是关于信仰的、制度的、行动的或生产的）进行批评的工具。把自然与经验截然分开的传统思想，乃是我们对于诸现有的价值进行更有效的批评的主要障碍，而本书的目的就是要用连续性的观点来代替这个分裂自然与经验的传统观点。

约翰·杜威

1929年1月于纽约市

经验与哲学方法

本部分题名为《经验与自然》，就是想表明这里所提出的哲学或者可以称为经验的自然主义，或者可以称为自然主义的经验论；如果把"经验"按照它平常的含意来用，那末也可以称为自然主义的人文主义。

把人与经验同自然界截然分开，这个思想是这样地深入人心，有许多人认为把这两个词结合在一块儿用就似乎是在讲一个圆形的正方形一样。他们说，经验对于具有经验的人们来说是重要的，但是它的发生是太偶然、太零散了，以至在涉及自然界的本质时它就没有任何重要的意义了。在另一方面，他们又说，自然是完全和经验分开的。的确，按照某些思想家的看法，这个情况甚至还要坏些：他们认为经验不仅是从外面偶然赋加在自然身上的不相干的东西，而且它是把自然界从我们眼前遮蔽起来的一个帐幕，除非人能通过某种途径来"超越"这个帐幕。因此，某种非自然的东西，某种超经验的东西，用理性或直觉的方式就被介绍进来了。按照另一个相反的学派的看法，经验也有着同样坏的遭遇，他们把自然视为完全是物质的和机械的；他们要依据自然主义来建成一个关于经验的理论，因而也就贬低和否认了经验所特有的高贵而理想的价值。

我不知道有任何途径能够用辩论来回答这些相反的意见。这些相反的意见是一些从文字上产生的联想所引起的，而且是不能用争辩的方式来处理的。我们只能希望在全部讨论过程中把与"经验"和"自然"有关的意义揭露出来，因而使过去赋加在它上面的意义，假使幸运的话，在不知不觉中产生变化。假使我们使人们注意到：自然与经验还在另一种关联中和谐地存在一起，即在这种关联中，经验乃是达到自然、揭露自然秘密的一种方法和唯一的方法，且并在这种关联中，经验所揭露的自然（在自然科学中利用经验的方法）又被深化、丰富化，并指导着经验进一步地发展，那末这个变化过程也许会加速起来。

在自然科学中经验和自然是联合在一起的，而这种联合并没有被当做一件怪事；相反地，如果研究者要把他所发现的东西当做真正科学的东西来研究，那末他就必须利用经验的方法。当经验在可以明确规定的方式之下被控制着的时候，它就是导致有关自然的事实和规律的途径，这是科学研究者视为理所当然之事。他自由地运用推理和演算；没有这些，他是不能进行工作的。但是他努力使这类理论的探求要以直接经验到的材料为出发点和归结点。理论可以在其间夹入一段很长的推理过程，而其中大部分是离开直接经验的东西很远的。但是空悬着的理论的葛藤，其两端却都是依附在被观察到的材料的基柱上面的。而且这种被经验到的材料，无论对科学家而言，或对平常人而言都是一样的。平常人如果没专门的准备，就不能理解其间的推理过程。但是星辰、岩石、树木和爬行的动物在科学家和平常人双方的眼光中同样是经验的材料。

当我们讨论到经验对于建立一个关于自然的哲学理论的关系时，这些很平常的话便具有了重要的意义。它们指出：假使科学的研究是合理的，那末经验就不是自然界的无限浅薄的一层或它的前景，而能透入自然，达到它的深处，以至还可以扩大对它的掌握；经验向四面八方掘进，因而把原来蕴藏着的东西发掘了出来——正如矿工们把从地下掘出的宝藏高高地堆在地面上一样。假使我们不准备否认科学研究的一切有效性的话，那末这些事实对于这个关于自然与经验之关系的一般理论就具有一种不能忽视的价值。

例如有时有人主张：既然经验在我们的太阳系和地球历史中是比较晚出的，而且既然太阳和地球在广大的天空领域中只占有一个微小的地位，那末经验至多也只是自然界中的一个微不足道的偶然事件而已。没有一个忠实于科学结论的人会否认经验作为一种存在，乃是只有在一种高度特殊化的条件下才发生的事情，例如它是发生于一个有高度组织的生物中，而这种生物又需要有一个特殊的环境。没有证据证明无论在任何地方和任何时间都有经验。但是对于科学研究的诚意尊重也迫使人们承认：当发生了经验的时候，不管它在时间和空间上所占的地位是多么有限，它就开始占有自然的某一部分，而且这种占有的方式，使得自然领域的其他部分也因而成为可以接近的。

一位活在1928年的地质学家告诉我们许多不仅是在他出生以前发生的事情，而且在任何人类在地球上出现之前千百万年时发生的事情。他这样做，是根据已经成为现有经验材料的各种事物的。莱叶尔（Lyell）在地质学上的革命，就是由于他看出了：现在在水、火、压力的运动过程中所经验到的这一类事情，也正是地球过去借以形成它现有的结构形式的那一类事情。当一个人参观一个自然历史博物馆时，他看见一块岩石，再看一看标签，就发现它被肯定说是从一颗生长在五百万年前的树木变化来的。一位地质学者不能从他目前所看到和所接触到的东西跳跃到在久远的年代发生的事情；他把所观察到的事物和在整个地球上发现的其他许多各种各样的事物进行对照；然后他再把他这样对照所得到的种种结果和其他各种经验，例如天文学家的经验等进行比较。这就是说，他把所观察到的同时存在的东西翻译成为不被观察到的、被推论出来的种种连续的过程。最后他把他的对象放置在一系列事情中去，再推定它的年代。他用这种同样的方法预测在某些地方还有某些尚未经验到的事物将被观察到，然后再努力设法把它们变成经验范围以内的东西。而且科学的良心是这样敏锐地感觉到经验的必要性，以至当它对于过去的东西进行改造时，它也不完全满足于即使是从大量积累的不相矛盾的证据中得出的推断；他还开始设置热力、压力和湿气等等条件，以求实际在实验中再产生出他所推论出来的结果。

这些普通常识证明了经验既是关于自然的，也是发生在自然以内的（experience is of as well as in nature）。被经验到的并不是经验而是自然——岩石、树木、动物、疾病、健康、温度、电力等等。在一定方式之下相互作用的许多事物就是经验；它们就是被经验的东西。当它们以另一些方式和另一种自然对象——人的机体——相联系时，它们就又是事物如何被经验到的方式。因此，经验到达了自然的内部；它具有了深度。它也有宽度而且扩张到一个有无限伸缩性的范围。它伸张着。这种伸张便组成了推论。

对讨论中所运用的许多概念所下的定义，可能在论辩方面会有些怀疑难解之处。有人说，仅仅是自然中的一小部分的东西却能包容广大的自然界，这简直是笑话。但是即使假定在逻辑上是可笑的，人们也不能不坚持它是事实。何况逻辑在这里没有受到任何挫折。肯定发生了一件事情，这个事实并没有决定它是属于哪一类的事情；那只有通过试验才能够被发现出来。从经验"就是经验"的本身来论证它是属于和关于哪方面的，这是不能用逻辑来得到任何证实的，虽然现代思想曾经千百次地试图这样做，一件赤裸裸的事情不成其为事情，那只是发生了什么。至于所发生的到底是怎么一回事，那只有经过实际研究之后才能发现。对于看见一道闪光是这样，而对于把握所谓经验的比较长久的事情也是如此。科学存在的本身就足以证明：经验是这样一类发生的事情，它深入于自然而且通过它而无限制地扩张。

这些说明不是想为了建立某种哲学主张而对经验与自然有所证明；它们也不是想确定经验的自然主义有些什么价值。但是它们却指出：在自然科学方面，我们是习惯于把经验当做出发点，当做研究自然的方法，而且当做是揭露自然真象的目标的。明白这个事实，至少可以削弱那些阻碍我们认清经验的方法在哲学中的力量的种种在字面上的联想。

同样的意见可以用来说明业已提出的另一种反对的见解，即认为从自然主义观点去看经验，就是把它归结成为某种唯物主义的东西，而使它失去一切理想的价值。假使经验实际上呈现出美感的和道德的特性，那末这些特性也可以被认为是触及自然内部而且是真实地对属于自然的事物有所证实，正如证实物理科学中赋予自然界的那种机械的结构一样。假使有人想要利用某种一般的推理去排除这个可能性，那就是忘掉了：经验方法的全部意义与重要性，就是在于要从事物本身出发来研究它们，以求发现当事物被经验时所揭露出来的是什么。经验的材料所具有的这些特性与太阳和电子的特性是一样真实的。它们是被发现出来的，被经验到的，而不是利用某种逻辑的把戏推究出来的。当它们被发现之后，它们的理想性质对于一个关于自然的哲学理论来说，是和被物理研究所发现的特性一样合适的。

本书的目的就是想要发现被经验的事物所具有的某些这一类的普遍特征，

并且说明它们对于建立一个关于我们生存其中的这个宇宙的哲学理论所具有的意义。从我们所采取的观点来看，在哲学中的这个经验方法的理论把它在专门的技术范围内作用于各种专门科学上的东西，也在一个广泛的范围内作用于一般被经验的材料。在本章内我们特别注意于方法的这个方面。

假使经验的方法在哲学思考中已被普遍地或者甚至被一般地采用了，那就无需乎再谈到经验。科学研究者谈到了特殊的、被观察到的事情和性质，谈到了关于许多特别的计算和推理，而且对于它们进行了著述。他并没有提到经验；要想发现这个字眼，一个人大概要在许多科学研究的报告中花费很长的时间去寻找。理由是：为"经验"这个字所指明的一切东西，都已经这样恰当地融会在科学的程序和材料里面，因而再提到经验，那仅仅是把已经被许多明确的辞句所包括进去的东西再用一个广泛的名辞来重复一下罢了。

然而情况在过去并不总是这样。在经验方法的技术发达和一般地被采用以前，也曾有过必要来明显地申述"经验"作为一个起点和终点，作为确定问题和检验所建议的解答的东西的重要性。按照传统的习惯是用罗吉尔·培根（Roger Bacon）和弗兰西斯·培根（Francis Bacon）来说明这个问题，我们还不应满足于这一点。牛顿（Newton）的后继者和笛卡儿^①学派（Cartesian school）的后继者，当他们把科学里面的经验、实验和直觉的概念以及它们所推论出来的理由两相比较时，对于经验与实验在科学中所占有的地位，就有着明确相反的意思。笛卡儿学派把经验放到一个次要的而且差不多是无足轻重的地位，而只有当伽利略—牛顿的方法取得了全部的胜利时，才没有必要再叙述经验的重要性。假使我们十分乐观的话，我们可以预见到在哲学中也会有同样的结果。但是这个日期似乎并不近在咫尺；在哲学理论方面，如果以罗吉尔·培根的时代与牛顿的时代相比的话，我们还是比较接近于前者的。

简言之，经验的方法和哲学思考中所应用的其他方法之间的对立，以及由经验的方法产生的结果和那些公开承认是用非经验的方法获得的结果之间，有

———————

① 现译为笛卡尔。

着惊人的差异，这就使得我们讨论关于经验对于哲学在方法论上的重要意义，成为适时的，而且确实是不可避免的了。

在方法方面的这种考虑，如果我们在原始经验中的粗糙的、宏观的和未加提炼的（内容）和反省中的精炼过的、推演出来的对象之间进行对比，这也许是一个合适的开始。这个区别乃是在作为最少偶然反省的结果而为我们所经验到的东西，和由于继续的与受调节的反省探讨而被经验到的东西之间所具有的区别。因为推演出来的和提炼过的产物之所以被经验到，仅仅是由于有了系统的思考参与其中的缘故。科学和哲学两者的对象，显明地主要属于第二级的和精炼过的体系的。但是在这一点上，我们却在科学与哲学之间遇见了一个显著的分歧。因为自然科学不仅从原始经验中汲取原料，而且它们还再把它追溯回去以求检证。达尔文是从饲养员和园丁们的家鸽、牲畜和植物开始工作的。在他所得到的结论中有些结论和人们所接受的信仰是如此的相反，以致被谴责为可笑的、违背常识的等等。但是科学工作者们，不管他们是否接受他的学说，曾经把他的假设当做指导观念，在原经验的事物中进行新的观察和实验——正和冶金者一样，从原矿中提炼出精炼的金属，用它来制造工具，然后再来控制和使用其他粗糙的原料。爱因斯坦运用高度精密复杂的反省方法从事工作，从理论上运算出来在太阳照耀下光线偏斜的某些结果。一个有技术配备的工作队被遣往南非洲，因而通过对一件在粗糙的原始的经验中的事物——日蚀——的经验，得以把观察和推算出来的结果进行比较，从而测验在这个结果中暗示着的那个学说。

这些事实是十分熟悉的。提一提它们，是为了请大家注意原始经验的对象与次生的反省经验的对象之间的关系。原始经验的题材产生问题并为构成第二级对象的反省提供第一手的资料，这是很明白的；对于后者的测验和证实，要通过还原于粗糙的或宏观的经验中的事物——普通日常生活中的太阳、地球、植物和动物——才能获得，这也是很显然的。但在反省中所得到这些对象正起着什么作用呢？它们是从哪儿进来的呢？它们解释原始的对象，它们使我们能够通过理解去掌握这些原始对象，而不是仅仅和它们有感性上的接触。但是怎样会如此的呢？

很好，它们确定了或开辟了一个途径，我们是这样通过这个途径而回复到所经验的事物的，即所经验的东西的意义，它的有意义的内容，又因为通过达到它的这个途径或方法而获得了一种丰富和扩大的力量。直接在当前的接触中，它也许正和过去一样是坚硬的、有颜色的、有气味的等等。但是当第二级的对象，即被精炼出来的对象被用来为接触它们的一种方法或途径时，这些性质就已不再是一些孤立的细节；它们已经获得了包括在许多相关对象的一个完整体系中的意义；它们已变成与自然界其他的东西相连续的了，而且已经具有了它们现在被视为与之相连续的这些事物所具有的意义。这些在日蚀中所观察到的现象，测验了而且在它们的范围内已经证实了爱因斯坦关于物体质量使光线偏斜的理论。但这还远不是整个的故事。这些现象本身也获得了它们以前所未曾有过的广泛的意义。假使未曾运用过这个理论来作为观察它们的向导或道路，它们也许甚至于就会没有为人们所觉察。但是即使它们曾被觉察，它们也会由于视为无关重要而被抹煞掉，正如我们日常对于成百的为我们所知觉的但对我们没有理智上的用处的琐碎细节不加注意一样。但是这些具有细微偏斜的光线，当借助于理论而被探讨时，便具有了和导致它们被人们所经验到的这个革命性的理论所具有的同样巨大的意义。

这种经验的方法，我将称之为直指的方法（the denotative method）。哲学是反省的一种方式，时常是属于精巧的和深入的一类反省，这是不用多说的。哲学思考的非经验的方式之所以受到指责，并不是说它依赖于理论活动，而是说它未曾利用精炼的、第二级的产物来作为指出和回溯到原始经验中某些东西的一个途径。这样所产生的缺点有三方面。

首先，没有实证，甚至于连检验与核对也无从着力。第二，尤其不好的是：通常经验的事物没有像它们通过科学原则与推理的媒介而被探讨时那样获得在意义方面的扩大和丰富。第三，由于缺少了这样一种功能，便回过来在哲学题材本身产生了一种反应。这种题材，由于没有被用来观察它在通常经验中所导致的结果，以及它所提供的新的意义从而经受到检验，于是就变成专断的和凌空的——亦即所谓的"抽象的"了，而这个字是在一种不好的意义中用来指某种完全局限于它自己的领域而不与日常经验的事物相接触的东西而言。

　　作为这三个缺点净得的恶果，我们发现有那样一种非常特别的现象，表现在许多有文化修养的人们对任何形式的哲学都发生了反感。哲学中，反省的对象乃是通过一些在使用它们的人们看起来是带有理性上的命令式的方法而获得的，而这些反省的对象本身便被认为是"真实的"——而且是至高无上的真实的。于是，为什么粗糙的、原始的经验事物就应该是它们现有的这个样子，或者乃至说，它们到底为什么要存在，这就成为一个不可解决的问题了。然而，在自然科学中由反省精炼出来的对象，绝不致于在结尾时使得它们所由推演出来的题材变成一个问题；勿宁说，当它们被用来叙述一个途径，借以指出在原始经验中的某些目标时，它们解决了由这种原始材料引起而它本身却又不能解决的许多疑难。它们变成了控制通常事物，扩大对它们的使用和应用的手段。它们也许产生新的问题，但是这些是属于同一种类的问题，将通过进一步利用同样的探究与实验的方法加以处理。一句话，经验的方法所引起的问题提供了进行更多的考察的机会，在新的和更加丰富的经验中开花结果。但是非经验的方法在哲学中所引起的问题却阻碍着探究，都是一些死路；勿宁说，它们不是问题，而是一些困惑不解之谜，解决的办法仅仅是把原始经验的原材料称之为"现象的"，单纯的现象，单纯的印象或另一些带有蔑视性的名称。

　　因此，我认为也正在这里提供了一个上等的标准去检验放在我们面前的任何哲学的价值：它在结尾时是否达成这样的结论，即当它们被回溯到通常的生活经验和它们的具体景况时，它们将使这些经验变得更有意义些，对我们更明朗些，并使我们对它们的处理更有结果一些？或者说，它的结尾使通常经验的事物变得比它们过去更加晦涩些，而且甚至于连它们以前似乎具有的意义也被剥夺，而认为"实在"是没有的呢？当物理科学的结果运用于日常事务中时所提供给通常事物的力量，哲学使它得到了丰富和增进吗？或者说，这些通常的事物为什么应该是它们现在这个样子，这已变成了一件神秘的事情；而哲学概念却是孤立地局限于某个它们自己的专门领域之内的吗？我再重复一遍，事实就是这样：许多哲学最后所得的结论，必然使它蔑视和谴责原始的经验，以致那些主张这些哲学的人们以其距离日常生活关系的远近来作为衡量他们在哲学上所界说的"实在"是否高贵的准绳，因而这也就使得受过一定洗练的常识瞧不起哲学。

这些一般的陈述必须再作进一步的明确。我们必须把经验法的某些结果和非经验的哲学引导我们达到的那些结果加以对比，从而去说明经验法的意义。开始时我们要注意："经验"是一个詹姆士所谓具有两套意义的字眼。[1]好像它的同类语生活和历史一样，它不仅包括人们作些什么和遭遇些什么，他们追求些什么，爱些什么，相信和坚持什么，而且也包括人们是怎样活动和怎样受到反响的，他们怎样操作和遭遇，他们怎样渴望和享受，以及他们观看、信仰和想像的方式——简言之，能经验的过程。"经验"指开垦过的土地，种下的种子，收获的成果以及日夜、春秋、干湿、冷热等等变化，这些为人们所观察、畏惧、渴望的东西；它也指这个种植和收割、工作和欣快、希望、畏惧、计划、求助于魔术或化学、垂头丧气或欢欣鼓舞的人。它之所以是具有"两套意义"的，这是由于它在其基本的统一之中不承认在动作与材料、主观与客观之间有任何区别，但认为在一个不可分析的整体中包括着它们两个方面。"事物"和"思想"，正如詹姆士在同一个有关的地方所说的，乃是"单套头"的；它们仅指反省从原始经验中鉴别出来的产物而言。[2]

"生活"和"历史"具有同样充分的未予分裂的意义，这是重要的。生活是指一种机能，一种包罗万象的活动，在这种活动中机体与环境都包括在内。只有在反省的分析基础上，它才分裂成为外在条件——被呼吸的空气、被吃的食物、被踏着的地面——和内部结构——能呼吸的肺、进行消化的胃、走路的两条腿。"历史"的范围是众所周知的：它是所作的事迹、所经历的悲剧；而且它也是不可避免地跟随着来的人类的注解、记录和解释。在客观上讲，历史包括有河流和山岭、田野和森林、法律和制度；从主观上讲，它包括有目的和计

---

①《极端的经验主义论文集》（*Essays in Radical Empiricism*），第10页。
②然而，这并不是意图把本书所作的解释明确地归之于詹姆士。

划、欲望和情绪，而事物就是通过它们而被管理着的和转化着的。

现在经验法是能够公正地对待"经验"这个兼收并蓄的统一体的唯一方法。只有它才把这个统一的整体当做是哲学思想的出发点。其他的方法是从反省的结果开始的，而反省却业已把所经验的对象和能经验的活动与状态分裂为二。于是问题就是再把业已分裂的东西结合起来——这正好像国王的人员从打碎了的鸡蛋碎片开始，而试图从这些碎片中去构成一个完整的鸡蛋。从经验法的方面讲来，问题是没有什么不可能得到解决的。它的问题是注意整体怎样和为什么被区分成为主体和客体、自然和心理活动的。已经这样办之后，它就能够看出这样的区分会有什么结果：这些被区分出来的因素在进一步控制和丰富粗糙而完整的经验的题材中有着怎样的功能。非经验的方法从一个反省的产物出发，而把它当做好像是原始的，是原来所"给予"的。所以在非经验法看来，客体和主体、心和物（或者无论所用的字眼和观念是什么）乃是分开的和独立的。所以在它的手头上便有着这类的问题：认识到底怎样是可能的；一个外部世界怎样能够影响一个内部心灵的；心灵的活动怎样能够伸张出来而把握到客体，而客体按界说是和心灵的活动处于对立的地位的。当然，它是不会找到一个答案的，因为它的前提就使得知识的事实成为既非自然的，又非经验的了。一位思想家变成了一个形而上学的唯物主义者而否认心灵的实在；另一位变成了一个心理学的唯心主义者而主张物和力仅是伪装起来的心理事情。解决是当做一件没有希望的工作而被放弃了，否则便是不同的学派，把一种学理上的纠纷再堆集在另一种上面，经过了一个漫长而曲折的过程，而仅仅是达到了朴素经验本身所业已具有的东西。

因此，在哲学中分别采用经验法和非经验法作出的第一个而且也许是最大的一个区别，就是在被选择为原始材料的东西方面的区别。在一个真正的自然主义的经验论者看来，在主体与客体间的关系方面足资讨论的问题就是：由于物理的和心理的或心灵的东西彼此分开，在原始经验中将产生什么结果，对它将产生什么作用。答案的求得是相隔不远的。在反省中把物理的东西区分开来而把它当做临时隔离的东西，这就开始引导通往工具与技术、通往机械的构造、通往紧跟着科学而来的艺术的道路。这些建设使得有可能更好地管理原始经验事务，这是明显的。工程和医药，一切使生活得到扩张的服务性事业，这些就是答案。对于旧的、熟悉的事物有了较好的管理，而对于新的对象满足需要的方式也有所发明。跟随着在调节方面这种增加的能力而来的，乃是在事物中有了丰富的意义、价值和明晰性，增加了的深度和连续性——这一个结果较之增加了的控制力量甚至还要珍贵一些。

物理科学的发展史，就是人类在处理生活条件与行动条件的更加有效的工具方面扩大财富的一部历史。但是当一个人忽略了这些科学对象和原始经验的事情之间的联系时，结果就是一幅关于一些与人类利益无关的事物的世界的图画，因为它完全和经验分开了。它还不仅仅是孤立的，而且是陷于对立的。所以当它被看成它本身就是固定的和最后的东西时，它就成了一个压抑心灵和麻痹想像的根源。既然这幅关于物理世界的图画和关于物理对象特性的哲学乃是与每一个工程设计、每一个关于公共卫生的合理措施都是相矛盾的，那就似乎该来检查一下它所依据的基础，并找出产生这些结论的方式和原因。

对象是通过经验而获得的，而且它们也是在经验中发生作用的；当对象从这种经验中孤立出来时，经验本身就被降低地位而变成了单纯的经验过程，而且经验过程因此也就被当做好像它本身就是完备的了。我们便遇见了这种荒谬可笑的事情，即一个经验过程只经验它本身意识的状态和过程而不经验自然的事物。自从十七世纪以来，这种把经验和主观私自的意识等同起来的对经验的概念，就一直和全部由物理对象构成的自然对立起来，并已大大地蹂躏了哲学。这也就是在开始时我们所提到的那种把"自然"和"经验"当做是彼此毫不相关的事物的这种感觉所由产生的原因。

我们不妨来追究一下：当这些心理的和心灵的对象被人把它们和原始的、活生生的经验联系起来考察时，事情将是怎样的。如为我们所已经暗示的，这些对象并不是原来的、孤立的和自足的。它们代表着经验过程与所经验到的题材之间的鉴别分析。虽然呼吸事实上是既包括有空气又包括有肺的操作的两方面的一个机能，但是即使我们不能在事实上把肺的活动分隔开来，我们却可以把它暂时分隔一下，以便进行研究。所以，当我们总是在认识、爱好、追求和反对事物，而不是在经验观念、情绪和心愿的时候，这种态度本身就可以成为我们注意的一个特别对象，因而形成为一个显著的反省经验的题材，虽然不是原始经验的一个显著的题材。

我们基本上是观察事物，而不是观察"观察"。但是观察的动作是可以被研究的，因而就可以形成一个研究的主题，并从而变成一个被精炼出来的对象；同样，思惟活动、欲望、目的、爱慕、幻想等等也可以这样。现在只要这些态度不被区分出来和抽象出来，它们和题材就是混然结为一体的。这是一件很明显的事实：即一个恨人的人发觉被他所憎恨的这个人是一个可憎的和可鄙的人物；在一个爱人的心目中，那个被他所爱慕的人儿却是充满着内在地使人喜悦的惊人的品质。这类事实和泛灵论的事实之间的联系是直接的。

人的自然的和原来的偏见总是倾向于客观的；凡被经验到的东西都被当做是独立于自我的态度和动作之外的。它的"在那儿"，它的独立于情绪与意志之外，使得事物的特性，不管它们是什么，都成为是属于宇宙的。只有涉及虚荣、特权、所有权的时候，一个人才倾向于把那些他所特有的东西跟他生活在其中的环境和人群分隔出来。一个整个的、未经分析的世界不适于使它自己处于控制之下；相反地，它等于使人屈服于任何所发生的情况，正好像屈服于命运一样，这是很明显的。在某些动作及其后果显著地涉及人类的有机体以及别的精力与效果涉及其他的机体以前，便没有用以调节经验进程的杠杆作用，没有着手之处。由于人类的动作和状态而把事物一定的性质抽象出来，这就是产生控制能力的立足点。毫无疑义，人类之所以长期停滞在一种低落的文化水上，大部分是由于没有把具有着自己所特有的制约特定后果的种种活动的人类及其动作选为一种专门的对象。

从这个意义讲来，承认主体是经验的中心，并随着发展了"主观主义"，这标志着一个巨大的进步。它等于突然产生了一些动作的媒介，这些媒介具有着观察和实验的特别能力和足以使自然产生特定改变的情绪和欲望。因为否则这些动作媒介便潜存于自然之中而产生了一些不能不为人们所接受和屈从的事物的性质。承认主观心灵，而说它配备有一套心理的能力，这乃是使自然力能够成为达成目的之工具而为人所利用的一个必要因素。这个说法并不是简单的文字游戏。

产生个人的或"主观的"心灵的反省分析的后果，可以有无数的例证加以说明。从这里面，我们来引证一个事例。它是关于习惯的信仰和期望当它们在社会中出生的时候对于被经验到的东西所发生的影响。原始经验的事物是这样的引人注目和具有独占性，以致我们倾向于按照它们当前的样子去接受它们——平扁的地面，太阳从东方向西方转动并沉落到地球下面去。在道德、宗教和政治方面流行的信仰同样反映着当时所呈现出来的社会条件。只有分析才显示出来：我们信仰和期望的方式对于我们所相信和所期望的东西是具有一种惊人的影响的。最后我们已经发现，这些方法差不多是无条件地为社会的因素、为传统与教育的影响所规定的。因此，我们发现了，我们之所以相信许多的东西，并不是因为事物就是这样的，而是因为我们通过权威的势力，由于模仿、特权、教诲、语言的无意识的影响等等，而已经变得习惯于这样的信仰了。简言之，我们知道了：凡我们视为对象所具有的性质，应该是以我们自己经验它们的方式为依归的，而我们经验它们的方式又是由于交往和习俗的力量所导致的。这个发现标志着一种解放；它纯洁和改造了我们直接的或原始的经验对象。习俗和传统在科学的和道德的信仰中的力量从来未曾受到过一次严重的考核，直到通过分析才揭示了个人的信仰方式对于所信仰的事物的影响，以及这些方式在不知不觉中为社会习俗与传统所固定的广度。虽然希腊人具有尖锐而深入的观察力，他们的"科学"却标志着把习得的社会习惯的影响，和机体组织的影响一样，直接归诸自然事情的广度。由于某些对象的非人格化和非社会化，它们便成为物理科学的对象，这是我们能够由控制参与其中的态度与对象而去调节经验的一个必要的先在条件。

这个伟大的解放和"个人主义"的兴起是同时发生的，而所谓个人主义实际上就是反省地发现了具体的自我，及其动作、思考和想望的方式，在经验中所起的作用。如果对它们曾用经验的方法加以解释过，这些结果就会总是有些好处的。因为这就会使得思想家们的目光经常注视到所谓"主观的"东西产生于原始经验的根源，并且将它导向能够鉴别出什么是在管理被经验的对象中可用的东西的机能。但因为缺少这样一种方法，并且由于经验的根源和工具性的效用隔绝开来，心理学上探讨的结果就被理解为形成了一个分隔的和孤立的心灵世界，它是自根自本，自给自足的。既然这个心理学方面的运动必然同时产生一种把物理学上的对象当做是相应地完备的和自封的东西的运动，结果便产生了心灵与物质，一个物理的世界和一个心理的世界的二元论，这个二元论自从笛卡儿时代一直到现在都支配着哲学问题的有系统的陈述。

我们并不是在这里讨论二元论的问题，而只是指出：从逻辑上推论起来，它是不承认粗糙经验之原始性与最后性的必然结果——当这种经验是在一种未经控制的形式中给予我们时，它就是原始的；当这种经验是在一种比较有节制和有意义的形式中（这种形式之所以可能是由于反省经验的方法和结果）给予我们时，它就是最后的。但是在这个讨论阶段，我们所直接关心的乃是主观对象的发现在产生一般的主观主义时对于哲学所发生的结果。结果就是：在实际生活中个人的态度及其后果的发现，乃是一个伟大的解放人类的工具，而同时心理学对哲学讲起来，如桑塔耶纳所说的，却成了"害人精"。那就是说，心理的态度，经验的方式，被认为是自足的，它们本身就是完备的，好像是原始的所与，是唯一原有的，因而是不可怀疑的资料。因此，真正的原始经验的特性或者被认为是一种非原来所与的、可疑的东西，它们只有当心灵，这个唯一可靠的东西，赋有了某种神秘的力量时才能够得到，否则就根本被否认它有任何存在，仅仅是一些心理状态、印象、感觉、体验等等的各种复合体[①]。可是在真正的原始经验中，自然事物却是产生一切变化的决定因素。

在手头的许多事例中，我提出以下的一个。这差不多是随意挑选的，因为

---

① 由于这样把心灵和原始唯一"所与"的东西等同起来的结果，如果有一位哲学家诉之于经验，就会被许多人认为他必然要陷入主观主义。这说明了在本章第一段所指出的那种在自然与经验之间的所谓矛盾。它是如此根深蒂固，以致当本书运用经验的方法时批评者们就认为这是一种纯粹主观哲学的重述，虽然事实上，它完全是和这种哲学相反的。

它既简单又典型。为了说明经验的性质，经验实在是什么，有一位作者写道："当我看着一张椅子的时候，我说我经验着它。但是我所实际经验到的只是组成一张椅子的因素中很少的一些因素，例如在这些特殊的光线条件之下属于这椅子的颜色，从这个角度观望它时所显示出来的形状，等等。"在任何这样的陈述中都包括有两个论点。一点就是："经验"被归结到与能经验的动作在这个事例中，即视觉的动作中，相关联的特性。例如，某些颜色小块，当它和一些与肌肉的紧张状态和视觉的适应作用有关的性质相关联的时候，就具有了一定的形状或形式。当视觉的动作成为一个反省探究的对象，而和所看见的东西对立起来的时候，这些说明视觉动作的性质在当前或直接的经验中因而就变成了这张椅子本身。从逻辑上讲来，这张椅子不见了，代替它的是一些伴随着视觉动作而来的感觉性质。不再有任何其他的对象，更没有这张椅子，它是买来的、放在一间房里、用来坐的等等这一些事了。如果我们偶尔回到这个整个的椅子，它将不是直接经验的、供人使用和享受的椅子，它将不是一个有它自己独立的来源、历史和经历的东西；它仅仅是一个以直接"所与"的感觉性质为核心，加上周围的一群在想像中所回想起来的所谓"观念"的其他性质所组成的一个复合体而已。

另一点就是：即使在适才所引用的这样一个简略的叙述中，也不得不承认有一个经验的客体，它较之被肯定为单独被经验的东西要无限地不同并且多得多。有这张椅子，它正被我们望着；这张椅子表现出一定的颜色，和这些颜色所借以表现出来的光线；视觉的角度意味着有一个具有视觉器官的有机体。涉及这些事物是带有强迫性的，因为否则这些感觉性质就不能予以任何意义——虽然如此，但这些感觉性质仍被肯定为所经验到的唯一的资料。实际上，上面所提出的这个说法，只与现实经验的一个选择出来的部分有关系，即说明能经验的动作的那个部分，而为便于进行手头的研究起见，把所经验到的东西有意识地省略掉了。这虽然是一件不愿意承认的事实，但除此之外对于这个事实就难以找到一个更为完善的认识了。

所举的这个例子是作为一种哲学主张的一切"主观主义"中具有典型性

的。对于现实经验中的某一个因素进行了反省的分析；然后把反省分析的结果当做是原始的东西；结果，虽然在分析的每一个步骤上都要承认有现实经验的题材，而且分析的结果是从它所推演出来的，但它却变成可疑的和有问题的了。真正的经验法是从原始经验的现实题材出发，承认反省从中区别出来一个新的因素，即视觉动作，把它变成了一个对象，然后利用那个新对象，即对光线的有机反应，在必要时去调节对业已包括在原始经验中的题材的进一步的经验。

适才所讨论的这个题目，即物理的和心理的对象的分隔，将在本书的主要部分得到广泛的注意。不过，关于方法方面，在这里概述一下我们的结果，是适宜的。论及普通经验的材料所具有的原始性和最后性，这首先保证我们不致产生一些人为的问题，使得哲学家们的精力和注意力离开现实题材所引起的真实问题。第二，它为哲学探究所得的结论提供了一种考核或检验；它经常地提醒我们：我们必须把这些作为第二级的反省产物的结论再放回到它们所由发生的经验中去，因而它们可以借助于它们所介绍到经验中来的新的条理和清晰性以及它们为它提供了一种方法的具有新的意义的经验对象而得到证实或改变。第三，由于认清了它们在进一步的经验中所起的这种作用，这些哲学结果本身就获得了经验的价值；它们不是贴着合适的标签，陈列在玄学博物馆里的古玩，而是对于人的普通经验有所贡献的东西。

哲学采用经验法还有另一个重要的结果；当我们把它发挥一下时，它就把我们导入下一个题目了。哲学，和一切反省分析的形式一样，暂时使我们离开在原始经验中为我们所具有的事物，在原始经验中这些事物是直接地发生作用和被反作用着，被利用着和被享受着的。现在，正如哲学的进程所充分显示出来的，哲学经常诱惑着人们把反省的结果本身看作具有优越于任何其他经验样式的材料所具有的真实性。各派哲学最普通的假设，即使彼此分歧很大的哲学派别也有的共同的假设，就是把认识的对象和最后实在的客体等同起来。这个假设是十分深刻，因而它平常并不表达出来；它被视为理所当然，它是这样基本的一回事，以致无须加以申述。这个观点在笛卡儿学派——包括斯宾诺莎在内——的主张中找到了一个专门的例子，他们认为情绪和感觉一样，只是模糊

经验与自然

025

的思想，当它变得清晰而明确或达到它的目标时，它就是认知（cognition）。美感经验和道德经验也和理性经验一样，真正地揭示真实事物的特性，而诗也和科学一样可以具有一种形而上学的意义，这一类的说法是很少被认为是确实的，而且当它被肯定时，这句话就似乎具有某种神秘的和玄妙的意义，而不是具有一种直截了当的日常意义了。

然而，假定我们不从预有的假设出发，而只是认为：所经验到的东西，既然它是自然的一种显现，就可以，而且的确必须被用来证明自然事情的特性。在这个基础上，想像和欲望对于一个关于事物之真正本性的哲学理论来说，都是适宜的；不是在观察中所发现的，而是在想像中所呈现出来的可能性是我们所要估计在内的东西。为科学的或反省的经验所得到的对象的特点是重要的，但是一切关于魔术、神话、政治、绘画和忏悔院的现象也同样是重要的。社会生活的现象，和逻辑的现象一样，也是和殊相与共相之关系的问题有关的；在政治组织中各种分野和障碍，集中与越界的交往，扩张和兼并等等的存在，对于讨论分隔与连续的形而上学理论讲来，和从化学分析中演化出来的东西同样是重要的。无知的存在也和智慧的存在一样，错误乃至反常的存在也和真理的存在一样，都要估计在内。

那就是说，自然是在这样的一种方式中被加以说明的，即所有这些事物，既然它们是实现的，就自然是可能的；它们不能被说成是与实在相反的单纯的"现象"，因而予以抹煞。错觉就是错觉，但是错觉的发生却并非错觉，而是一个真正的实在。真正在经验中的东西较之在任何时候被知的东西要广泛得多。从认识的观点上看，对象必是分明的；它们的特征必是明显的；但模糊的和未曾揭示出来的东西便超出了知识界限。所以不管什么时候，只要当这种把实在和认识的对象本身等同起来的习惯占优势时，晦暗和模糊的东西就通过某种解释而被抹煞掉。对于哲学理论来讲，觉察到清晰和明白的东西是被珍重的以及它们为什么是被珍重的，这是重要的。但是留意到黑暗和模糊不明的东西是繁多的，这也是同等重要的。因为在任何原始经验的对象中，总有不显明的潜在的可能性；任何外显的对象都包含有潜伏着的可能后果；最外显的动作也有不显著的因素。我们可以尽量地紧张思惟，但不是所有的后果都能被预见或成为反省与决断中的一个明显的或已知的部分。在这些经验事实的面前，如果认为自然本身全部是属于同一个类型的，都是清晰的、外显的和明白的，没有任何隐蔽的可能性，没有任何新奇或矛盾，这样的假设只有根据一种在自然与经验之间的某一点上任意截然分开的哲学才是可能的。

在这里，意味着哲学的重大缺点就是有一种武断的"理智主义"（"intellectualism"）；在这句话中丝毫也没有责备智慧和理性的意思。作为一个指责对象的所谓"理智主义"，就是指这样一种学说，它认为一切经验过程都是认识的一种方式，而一切的题材、一切自然，在原则上，就要被缩减和转化，一直到最后把它界说成为等同于科学本身精炼的对象所呈现出来的特征的东西。"理智主义"的这个假设是和原始所经验到的事实背道而驰。因为事物就是为我们所对待、使用、作用与运用、享受和保持的对象，它们甚至多于将被认知的事物。在它们是被认知的事物之前，它们便已是被享有的事物。

把被知的对象所特有的特性孤立起来而说成是唯一的最后实在，这就说明了为什么我们会否认这些特性具有使事物变成可爱的和可鄙的、美丽的和丑恶的、可敬的和可怕的东西的性质。它说明了为什么相信自然是一个漠不关心的、死板的机器；它说明了为什么在现实经验中有价值的和被珍贵的对象特性的特征会产生一个根本上麻烦的哲学问题。承认它们是真正的和原始的实在，这并不意味着当事物被爱惜、望想和追求时就没有思想和知识参与其中；它的意思是说：后者是从属的，因而真正的问题乃是怎样和为什么这样被经验到的事物被转变成为对象，而在这种对象中被认知的特性是高尚的和可爱的，而属于意志方面的特性却是偶然的和附属的，以及这将产生什么结果。

"理智主义"，作为哲学的一种御用的方法，是和原始经验事实这样的相违背，以致它不仅被迫求助于非经验的方法，而且它的结尾是使得被理解为无处不在的知识本身也成为不可解释的了。如果我们从主要发生于行动与经历的样式中的原始经验出发，那就容易看见知识有些什么贡献——即对于行动和遭遇中的因素具有理智的管理的可能性。我们涉及某些事物，而正如俗语所说的，最好是要知道我们所涉及的是什么。如果在行动中和在遭受（和享受）中是有理智的，那末即使当条件不能被控制的时候，也会得到满意。但是当有了控制的可能时，知识就是实行控制的唯一媒介。在原始经验中给予了这种知识因素之后，就不难理解它怎样会从一个屈从的和附庸的因素发展成为一个主要的角色。行动和遭受，实验和把我们自己放在这样一个地位以致使我们的感觉和神经系统受到一定的影响而产生反省的材料，会使得原来认知和思惟服从于行动与经历的这种情境颠倒过来。而且当我们沿着这个线索追溯到认知的来源时，我们也会看见知识具有一种改善和丰富粗糙经验题材的作用和职能。我们已有了准备大规模地去知道我们所涉及的东西，而且要去知道即使当我们似乎是不可控制的命运的不幸的傀儡时所遭遇到的东西。但是所谓无所不在的、无所不包的和无所不能的知识，在它失去了一切的关联时，也就失去了意义；当它被视为高贵的和自足的东西的时候，它之所以看起来并没有失去意义，这是因为实际上不可能完全排斥给予所知以意义的那种非认知的、但被经验到的题材的关联。

　　这个问题在本书以后各章中将有较长的讨论，而在这里有一点值得提出来谈一谈。当理智的经验及其内容被视为原始的东西时，联结经验与自然的绳索就被割断了。生理的有机体及其结构，无论在人类或在低级动物中，是与适应和利用材料以维护生命过程有关的，这一点是不能否认的。大脑和神经系统基本上是行动与经历的器官；从生物学上讲来，我们能够这样说而不致于和原始经验属于相应的一个类型的这个说法相抵触。所以，如果历史的和自然的连续性是没有裂口的，认知的经验必然是起源于非认知的一类经验之内的。而且如果我们不把认知作为行动与经历中的一个因素并以此为出发点，我们就势必陷入这样一个错误，即硬使一个超自然的，否则就是一个在自然以外的媒介和原则侵入自然之内。许多自认为非超自然主义者却是十分欣然地赋予有机体以一些在自然事情中没有任何根据的能力；这个事实是十分奇怪的，如果不是由于传统学派的惰性，它就会是无法解释的。否则，要维持自然连续性的主张的唯一途径就是承认理智的或认知的经验是具有第二级的和派生的特性的，这就会是很明显的了。但是在整个哲学传统中，相反的主张是如此根深蒂固，以致哲学家们不愿意承认这件事实，因为它会迫使（那些哲学派别）在形式和内容上都有广泛的改造翻工，这大概就不足为奇了。

我们已经谈过了，接受了经验的方法之后在主体和客体关系的问题中和在所谓认知经验具有无所不包的性质①的问题中所产生的区别。这两个问题之间是有着密切的联系的。当实在的客体和知识对象逐一地被等同起来时，一切在情感上和意志上的对象都不可避免地被排除在"实在的"世界的外边，而被迫到一个能经验的主体或心灵的隐居之处去寻找它们的避难所。因此，认为一切包罗万象的认知经验乃是无所不在的这个概念，通过一个必然的逻辑，结果就在能经验的主体和被经验到的自然之间筑起了一座坚强牢固的墙壁。自我不仅变成了一个来到圣地朝觐的香客，而且成为这个世界上的一个未曾变成自然事物而且不可能变成自然事物的外乡人。在作为经验过程之中心的心灵和被经验的自然世界之间，避免一种僵硬的隔绝的唯一途径就只有承认：经验活动的一切式样都是自然界的某些真实的特性之显著的体现。

偏爱认知的对象及其特征而牺牲激起欲念、指挥行动和产生情操的特性，这是在哲学中产生偏激性和片面性的所谓选择重点原则（principle of selective emphasis）的一个特别的例子。有选择性地强调某一方面，伴随着对另一些方面予以删除和拒绝，这是心灵生命的心脏跳动。反对这种活动就是抹煞一切思惟活动。但是在日常事务中和在科学探讨中，我们总是保持这样一个意义，即所选择的材料乃是为了某一个目的而被选择出来的；对于被舍弃掉的东西，并无否认之意，因为被删除的东西仅仅是与手头的特殊问题和目的无关罢了。

但是在哲学中，这个有制约性的条件有时完全被忽视了。没有注意到和记住：受偏爱的题材是为了一个目的而被选择出来的，而被舍弃的东西在它自

① 为了避免误解起见，在后面的一点上，最好还加上一句话。我们并不否认不管任何被经验的题材都可以变成反省的和认知考察的对象，但重点应放在"变成"上。认知永远不是无所不包的：那就是说，当一个先在的、认知的经验材料是认知的对象时，它和这种认知的动作本身也被包括在一个新的和更广泛的非认知的经验之内——而这个情境是永远不能超越的。只有当被经验的事物所具有的时间性被遗忘时，说认知是整个超越经验的这种观念才被陈述出来。

己的特殊关联中正是同样的真实和重要的。有倾向认为：因为那些在诗的语言中所描绘的品质和那些在友谊中具有中心意义的品质并没有出现在科学的探讨中，它们便不具有真实性，至少没有那些构成物质的数理的、机械的或电磁的特性的那种不可怀疑的真实性。人们把那种对他们有主要价值的东西在当时当做是唯一实在的东西，这是很自然的。真实性和高贵价值被等同起来了。在普通经验中，这个事实没有什么特殊的害处；它由于转向其他有价值的因而具有同等真实性的事物而立即被补偿起来了。但是哲学在接触到经验的全部对象中对一位哲学家已经变得特别亲切的那个方面时，常表现出一种僵硬的刚愎性。在任何境遇之中它都是真实的，而且只有它是真实的；其他的事物只有在某种次要的和特殊式的意义中才是真实的。

例如，在像我们所居住的这个充满了不安定和危险的世界中，安定性、保险性就是有极大价值的。结果，无论任何可能具有安定性的东西就被假定构成最后的存在，而一切其余的东西都据说仅是现象的，或者在极端的事例中是虚幻的。这样产生的"真实性"的武断特征可以从这个事实中看得出来，即不同的哲学家所选择的对象是极不相同的。这些对象也许是数理实体，也许是意识状态，或者是感觉所与。那就是说，任何东西，如果一位哲学家从他所迫切要解决的特殊问题的角度看来觉得它是自明的，因而是完全可靠的，就被他选来构成实在。在决定替所谓真实的东西下一个哲学定义时，所谓高贵的和庄严的东西与在人世间安定的东西是具有同等地位的。经院哲学认为"真"和"善"以及"统一体"乃是"存在"本身的标志。在面临一个问题时，思惟总是力求把那些原来是零碎的和分散的东西统一起来。行动在深思熟虑中追求好处；当把握住真理时，就达到了知识。于是我们努力的目标，即在紧张与不定的条件下所提供出来的满意和安宁的事物，就变成了唯一最后真实的存在物。后来的机能被当做是原始的特性。

把有选择性的偏爱对象建立为唯一的实在，这种情况的另一方面可以从哲学家们对简单的东西、对所谓"原素"的爱好中看出来。粗糙的经验是充满着纷乱和复杂的东西；所以哲学就急于离开它，去寻求某些使心灵得以安然寄托其中的某些简单的事物，知道它没有贮藏着任何惊人的东西，任何会引起麻烦的东西，它是搁置着的没有任何储备的潜能。这里还有对数理对象的偏爱；斯宾诺莎深信一个真的观念就内在地蕴含着真理；洛克有他的"简单的观念"；休谟有他的"印象"；英国的新实在论者有他的最后的单元所与；美国的新实在论者有他的现成的精蕴。

这种选择性强调的错误，在永恒这个概念所发生的具有催眠作用的影响中发现有另一个显著的例子。永久的东西能使我们安定；它给予我们宁静；可变化的和正在变化的东西是一种不断的挑战。在事物发生变化的地方，我们就感觉到有所危迫。它是使人烦扰不安的一个威胁。即使当变化标志着有较好事物即将来临的希望时，那种希望也倾向于把它的对象设想为一种在达成后就永久停滞不前的东西。再者，我们只有借助于稳定和恒常的东西才能够对付这种变化和动荡的东西；"不变量"——在这时候——好像它们在数学的函数中一样，在取得某种成就的实际中就变成了一种必要。这种有永久性的东西满足了真正的情绪上、实践上和理智上的要求。但是这种要求以及对付它的反应在经验中总是在一种特别的关联之中的；它是由一个特殊的需要引起来的，而共同的是在求得某些可以列举的计划。哲学，即概括的思惟，沉湎于妄诞地追求一种在理智上获得绝对概括通则的点金石，因而在机能上和为了某一个目的而把具有永久性的东西隔绝起来，把它转变成内在永恒的东西，或者（如亚里士多德所理解的）把它理解为在一切时间上始终同一的东西，或者把它当做是和时间没有关系的、超时间的东西。

这种把由于在某种特别的关联中具有价值而被选择出来的对象当做"真实的"东西的偏见，在一种优越的和偏袒的意义中却证实了一个具有重要性的经验事实。哲学上的简单化是由于选择，而选择标志着一种道德上的兴趣，所谓"道德上的"兴趣就是广泛地关心有益的东西。我们经常地和不可避免地关心兴盛和衰落，成功和失败，成就和障碍，好和坏。既然我们是具有生命而要活下去的动物，而且既然发觉我们是处于一个不安定的环境之中，我们是天生地要根据祸福上——价值上——的后果来留心事物和进行判断的。然而承认这个事实，和哲学家们把他们所发现的好的特性（简单、安定、高贵、永久等）转变成为实在存在物的固定特性，是完全不同的两件事情。前者所提出的是某种要去完成的东西，是通过行动去争取的东西，而在行动中就显然要有选择，选择就变成了真实的东西。后者忽视了追求较好效果与证明选择之真诚性的行动的这种需要；它把所需求的东西变成了实体的前提的和最后的特征，而且假定：为了把这个实体当做真实的存在而静观地去体验它，仅仅需要逻辑上的根据就够了。

对反省思考而言，后来的结果总是比原来的所与好一些或者坏一些。但是，如果现在把后来产生的好结果呈现出来，它可能还会产生更好一些的结果，因此，属于有闲阶级出身而无迫切需要对付环境之累的哲学家就把后来的结果转变成为一种存在物；即使它是不存在的，但却有这么一回事的。它的永久性、真实的精蕴、整体、秩序、统一体、理性以及古典传统中的真、美、善（unum，verum et bonum），都是一些具有颂扬之意的谓词。当我们发现这些名辞被用来说明一个哲学体系的基础及其本身的结论时，我们就有根据怀疑这已经是把存在人为地简单化了。决定我们偏爱后来的好处的反省，在思辩中已作出了一个转变实质的奇迹。

无论什么时候，只要有反省，有选择性的强调和选择就是不可避免的。这并不是一件坏事。只有当选择的出现和进行被隐蔽起来，被伪装起来，被否认时，才有欺骗。经验的方法发现和指出了选择活动，正和它发现和指出任何其他的事情一样。因此，它保护着我们，使我们不致把后来的机能转变成为先有的存在：这样一种转变可以称之为最根本的哲学错误（the philosophic fallacy），不管这种转变是以数理的潜存、美感的精蕴、自然界纯物理的秩序或是以上帝的名义进行的，那都是一样的。作者只是想唤醒一下我们同事的哲学家们，此外便没有什么更为真诚的心愿了。他提出了一个意见，即遵循经验法乃是保证实现真诚意愿的唯一途径。不管在选择中有什么东西决定着它的需要并给它以指导，经验的方法总是坦率地指出它是为了什么；而对于选择这个事实及其活动过程和后果，经验的方法也以同等公开的态度把它指明出来。

经验法的采用并不保证：一切与任何特殊结论有关的事物都会实际上被发觉出来，或者在发现时它们会被正确地揭示和传达出来。但经验法却指出了某一个曾被明确地描述出来的事物曾经在什么时候和什么地方以及怎样被达到的。它放在别人面前一幅已经旅行过的路途的地图；如果他们愿意的话，就可以按照这幅地图重新在这条道路上旅行，亲自来视察这个景色。因此，一个人的发现可以被其他一些人的发现所证实和扩充，而在人类所可能核对、扩充和证实的范围以内具有十足的可靠性。因此，经验法的采用使得哲学的反省获得了类似标志着自然科学研究特点的倾向于意见一致的那种协同合作的趋势。科学研究者并不是凭借着他的定义的耸人听闻和他的论证的坚强有力去说服别人，而是把寻求、进行和到达成就的进程（某些事物已循此途径而发现）放在他们的面前。他的请求是要别人走过一个类似的进程，借以证明他们所发现的东西是怎样和他的报告两相符合的。

诚实的经验法将说明选择的动作是在什么时候和什么地方以及怎样进行的，因而使得别人可以照样做并检验它的价值。有所取舍的选择已被指出是一件经验的事情，它揭露了在理智上加以简单化的根据和影响；于是它就不再是属于自我封闭性质之类，似乎只是有关意见与争论的事情，除了完全接受或完全拒绝之外别无其他的道路。把选择伪装起来或予以否认，便是在哲学信仰上产生惊人的差别的根源，这些差别吓唬着初学者而成为专家的游戏品。公开承认的选择乃是在它的优点方面进行尝试而凭借它的结果对它进行测验的一种实验。在一切所谓直接的知识，或自足的、真实无疑的信仰，无论是在逻辑方面、美学方面或认识论方面的信仰的标题之下，总有为了某一目的而选择出来的东西，所以它不是简单的，不是自明的，也不是生来就是可被颂扬的。说明这个目的，它就可以被重复加以实验，而为它而进行的选择是否有价值和是否合适，就可以得到检验。无论是科学的或哲学的思考，其意义不在于消除选择，而只是使它少武断一些和更有意义一些。如果选择具有这样的品质和结果，以致当别人按照所指示的情况进行工作时足以引起他们的反省，那末选择就消失了它的武断性；当进行选择的理由被发现是重要的而其结果是紧要的时候，它就变得是有意义的了。当公开承认选择时，别人就能重复这个经验的进程；它是一个要被尝试的实验，而不是一个自动化的保险设计。

在此地论及这件特殊的事情，并不是为了提出一个理论上的主张，而更多的是为了说明经验法的性质。真或假依赖于当人们以战斗的姿态从事于观察反省的事情的实验时所发现的是什么东西。否认某人发现事物是如此这般的，这不足用来证明一个经验的发现是虚假的，但驳斥一个经验的发现，就要指出从事一个经验进程的方向而它的结果却发现了相反的情况。辨明错误，也和导致真理一样，是要帮助别人看见和发现他在这以前所未曾发现和认识的东西。一切在反省和逻辑方面的机智和灵巧，都在阐明和传达指示以求有智慧地指出一条遵循的进程中找到它活动的范围。每一个哲学体系提出了某些这类实验的后果。作为一些实验，它们中每一个都对我们对于可经验到的对象的事情和品质所进行的观察提供了一些有价值的东西。有些对传统哲学的无情批评业已被提议出来了；另一些无疑地还会跟上来。但这种批评并非针对这些实验；它的目标是针对这种具有选择的实验性质的传统哲学拒绝实验的情况，因为这种拒绝使它们从它们的现实关联和机能中隔绝出来，并从而使潜在的启示变成了生硬的断言。

这个关于经验法的讨论曾经有过一个双重的内容。一方面，它曾试图从与科学研究中的经验法的类比中弄清楚方法对于哲学有什么意义（和没有什么意义）。然而，这样一种讨论会有很小的明确意义，除非指出了由于采纳经验法而在哲学中造成的区别。为了这个理由，我们曾经考察过传统哲学由于未曾把他们的反省结果与日常原始经验的事务联系起来以致误入迷途的某些典型的方式和重要的场所。也曾经提到大错误的三个根源，而每一个根源中还包括比曾经暗示出来的还要多一些的从属的类别。这三个根源是：主体与客体的完全分隔（即把被经验的东西与它是怎样被经验到的这一过程分隔开来）；夸大已知对象的特点，以至牺牲关于享受和困扰、友谊和人类聚会、艺术和工业等方面的对象所具有的品质；把那些为了各种不愿告人的目的而采取的各种类型的有选择性的简单化的结果完全孤立起来。

这并不是说：这些已经采用了非经验的，因而错误的方法的哲学体系所获得的产物，对于一个遵循严格的经验法的哲学来说，是完全没有价值或很少有价值的。情况正相反，因为没有一位哲学家能够脱离经验，即使他想这样做也不行。为迷信的人民所采纳的最奇怪的观点也有某些经验事实的根据；对于这些观点及其形成的条件有足够了解的人就能够解释它们。而哲学家们和他们的同胞们比较起来，不是更迷信一些而是迷信得少些；作为一个阶级，他们曾是非常富于反省和探究的精神的。如果在他们的产品中有一些曾经是幻想，这不是因为他们，即使在不知不觉之中，没有从经验法出发；这不是完全因为他们用无节制的想像去代替了思惟。不，毛病在于他们未曾注意到产生他们的问题的经验需要，以及未曾把提炼过的产品再回到现实经验的关联中去，在那儿接受考核，继承它们意义的全部内容，并在原来发生反省的那种直接的惶惑情境中给予启示和指导。

以后各章也同样并不伪装着好像过去未曾存在过哲学一样，或者好像它们的结论从经验上看是没有任何价值似的，而完全重新开始哲学思考。勿宁说，后面的讨论有赖于伟大哲学体系的主要成果，也许这样做还会过分一些：指出当他们的结论被用作回到粗糙的日常经验的题材的指导者时（正如一切反省的精致对象必然就要被如此运用的一样），它们有哪些有力的因素和哪些弱点。

我们的原始经验，从分析和控制的目的讲来，原来是没有什么价值的，塞满了需要分析和控制的事物。反省本身的存在就是它的缺陷的证明。正如古代天文学和物理学因为由于缺少实验分析的仪器和技术而不得不从原始观察到的事物的表面价值上去接受它们，所以没有什么科学的价值，同样"常识"哲学也时常重复当时流行的风俗习惯。肯定我们要完全信赖普通经验所给予我们的东西，这很可能只是为了支持某些宗教迷信或掩护某些业已开始发生疑问的保守传统的遗迹而乞灵于偏见而已。

于是，哲学结论所带来的麻烦丝毫不是由于它们是反省和推理的结果。勿宁说，麻烦在于哲学家们从各个来源借用了一些由专门分析所得到的结论，特别是在当时占有统治地位的科学结论，既不借助于它们所由产生的那些经验对象，也不借助于这些有关的结论所指向的那些经验对象，予以考核，便直接把它们搬运到哲学里面来了。因此，柏拉图和毕达哥拉斯学派的人们往来而输入了一些数学概念；笛卡儿和斯宾诺莎采用了几何学推理中的那些基本假设；洛克把牛顿的物理粒子输入到心灵论中，把它们变成了原来所与的"简单观念"；黑格尔无限制地借用和概括了当时新兴的历史方法；现代英国哲学从数学中输入了原始的、不可界说的命题这个概念，并利用在当时已经成为心理科学交易中的资本的洛克的"简单观念"来充实它们的内容。

既然所借用来的东西是具有坚强的科学地位的，那末为什么不可以呢？因为在科学的探究中，精练的方法为了进行探索开辟新的题材领域，因此就使得本身变得更为合理；它们创造了观察和实验的新技术。因此，当迈奇生·摩莱实验（Michelson-Moley experiment）在粗糙经验中揭露了和现有物理法则的结果不相符合的事实时，物理学家们从来未曾考虑过否认在那种经验中所发现的东西的有效性，即使它使得一整套复杂的理智的资料和体系发生问题。干涉仪（interferometer）的光带吻合一致的情况，虽然是和牛顿的物理学不相容的，但从它的表面价值上被接受了。因为科学研究者从它的表面价值上接受了它，他们就立即开始准备工作以重新建立他们的理论；他们怀疑他们反省的前提，并不是怀疑他们所看见的东西的全部"真实性"。这种重新调整的工作不仅在发展一个更完备的理论的过程中迫使从事于新的推理和演算，而且也开辟了探究经验题材的新途径。他们一分钟也未曾想到过由于粗糙经验中的一个对象在逻辑上与理论不协调，而通过一种解释去抹煞掉它的特点——正像哲学家们经常这样做的一样。假使他们曾经这样做过的话，他们也许已经把科学变得妄诞矛盾并使他们自己闭塞起来，而不再提出新问题和在题材方面获得新的发现了。简言之，精练的科学方法的材料和为我们具体经验到的现实世界的材料是互相连续着的。

但是当哲学家们把他们从科学中，无论是从逻辑、数学或物理中借用来的这种经过提炼过的结论，全部地和当做最后的东西，移置到他们的理论里面来时，这些结果并非用来揭示粗糙经验中的新题材和阐明其中的旧题材；它们被用来诋毁粗糙的经验和制造新的和人为的问题，怀疑到这些粗糙经验事物的真实性和有效性。因此，心理学的发现，从它们自己经验的关联中抽出来，被用到哲学里面，去怀疑心灵与自我之外的事物的真实性，去怀疑到也许是普通经验中最显著的特征的事物和特性。同样，物理科学的发现和方法、质量、空间、运动的概念等也被哲学家们在这样的方式下全盘孤立地采纳下来，以致在具体经验中的爱好、目的和享受这些事情的真实性都变成可疑的，乃至是不可信的东西了。数学的对象，则不明显地涉及现实存在的，而在运用数学技术的领域中却是有效的那些关系的符号，在哲学中却曾被用来决定精蕴对存在的先在性，并制造了这样一个不能解决的问题，即纯粹的精蕴为什么会下降到存在世界的这个纠缠曲折的情境中来。

经验法所要求于哲学者有两件事情：第一，精练的方法和产物应追溯到它们在原始经验中在它的全部丰富和错综复杂的状态中的来源；因而就要承认它们所由产生以及它们所必须满足的需要和问题。第二，派生的方法和结论要放回到平常经验的事物中来，在它们的粗糙和自然的状态中，求得实证。在这种方式之下，分析的反省方法提供在哲学中构成直指法（a method of designation, denotation）的基本因素的材料。在物理学或天文学中的科学工作提供了一个由过去的观察和实验中派生出来的演算和推论的记录。但它不仅仅是一个记录；它也是从事进一步观察和实验的一个指针，一个指定的作业。如果一个科学报告没有叙述进行实验的仪器和所获得的结果，那就会没有人听取这个报告；这并非崇拜仪器设备，而是因为这个工作程序告诉了其他的研究者怎样进行他们的工作，以致所获得的结果将会在他们的经验中和过去已经达到的结果比较其同异，并从而核实、修改和矫正这种过去所得的结果。记载下来的科学结果实际上即是对于如何遵循使用一种方法的一个指示以及当特定的观察开始时将会发现什么结果的一个预见。那就是全部的哲学，或全部哲学所能做的事情。在以后的各章中，我将把若干历史上的哲学体系中的结论、报告进行一次校正和改造，希望它们会成为有用的方法，使得一个人可以运用这些方法回到他自己的经验，而且由于辨别了运用这个方法而发现的东西，从而更好地了解在人类普通经验内所已经有的东西。

哲学研究还可以担负起一个特别的职务。从经验方面来从事工作，它将不是一种哲学研究，而是一种借助于哲学的对生活经验的研究。但是这种经验已经笼罩着和渗透着过去历代和各个时期反省的产物。它充满着由诡辩的思考产生的注释、分类，它们已渗入似乎是新鲜的、朴素的经验材料之中而与之结成一体了。要把这些已被吸收的借用品追溯到它们原始的根源，即使最聪敏的历史学者所具有的智慧也不足以完成这个任务。假使我们暂时把这些材料称之为偏见（即使它们是真的，但只要它们的来源和根据还未被知道的时候），那末哲学就是对偏见的一种批判。这些已经和第一手经验的真正材料镕接在一起的与过去的反省联合的结果，如果把它们加以审查和思考，也可以变为增进提高的工具。假使不把它们加以审查，它们有时就起着迷惑和歪曲的作用。在把它们审查和驱逐出来之后，跟着就会得到澄清和解放；而哲学的一个伟大的目标就是去完成这个任务。

经验哲学无论如何总是一种理智上的解脱。当我们和我们自己的时代和处所的文化同化之后，我们就染上了许多理智上的习惯，而我们就不能永远地把我们自己从这些习惯中解脱出来。但是要智慧地去促进文化，就要求我们摆脱它们中的一部分，批判地考察它们，看它们是由什么构成的以及我们有了这些习惯之后它们对我们有什么影响。我们不可能恢复到原始的纯朴状态。但是可以得到一种在眼睛、耳朵和思惟上被培养出来的纯朴状态，这种状态是只有通过严肃的思惟锻炼才能获得的。如果以后各章对于培养一种人为的天真和简朴能够有所贡献，它们便将是已达到它们的目的了。

我不愿在结束本章之前不论及当我们用经验法钻研哲学时它所具有的那种较大的自由人文的价值。对非经验的各种哲学所提出的最严重的控诉，就是说它们掩蔽了通常经验的事物。他们不愿意去矫正它们。他们全盘地不信任它们。当他们诋毁日常经验的事物、行动和爱情和社交的事情时，他们已经产生了一种较之不予这些事情以十分需要的合理指导尤为恶劣的结果。假使哲学曾经作为仅仅是少数思想家的奢侈品而被保留下来的话，那没有多大的关系。我们保留着许多的奢侈品。严重的问题在于：许多哲学派别曾经否认普通经验有可能在它本身以内发展各种为它自己取得指导方向和创立进行判断和评价的内在标准的方法。没有人知道：到底有多少被指为脱避经验之原因的这些罪恶和缺点，它们本身就是由于那些特别富于反省的人们所表现出来的那种轻视经验的态度所造成的。除了时间和精力的浪费，除了在每一次乖离具体经验时随之而来的这种对生活的幻灭以外，还必须加上这种可悲的、未能认识到理智的探求也能在通常经验的事物之中显现出来和成熟起来的价值。我不能计算在当前流行的厌世主义、漠不关心和悲观主义中到底有多少是由于他们所引起的在智慧的偏向中的这些原因所造成的。有许多人甚至把人们想像生活乃是或能成为欢乐和愉快之源泉的想法当做是缺乏思考的一种标志。对于这个结果的产生，哲学和宗教一样是不能卸脱责任的。掩蔽日常经验具有产生快乐和自我调节的潜能性，在这一点上，超验的哲学家较之公开的感性主义者和唯物主义者大致曾经起过更多的影响。如果本书中所写的东西除了引起和提高对于具体人类经验及其潜能性的尊重之外别无其他成就，我也将感到满意了。

存在是动荡的和稳定的

　　上一章曾示意说：经验和历史、生活、文化这些事情有同样的意义。提及这些事情可以使我们把那些毫不犹豫地赋予经验一词一种具有宗派色彩和具有地域限制的内容的回忆搁置一边。照泰洛（Tylor）的说法，文化"是那种复杂的整体，它包括着知识、信仰、艺术、道德、习俗以及任何其他作为社会之一个成员的人所获得的能力"。它从某种意义上讲是一个整体，但它是一个错综复杂的，一个变化多端的整体。它分化成为宗教、魔术、法律、美术和工艺、科学、哲学、语言、家庭关系和政治关系等等。下面是一位人种学家所讲的话；虽然这些话是为了另外的目的说的，但我们不妨考虑一下，问问它们是不是很好地明确了哲学的问题："文化的实在既不是完全命定的，也不是完全偶然的，既不是完全心理的，也不是完全客观的，既不是完全属于昨天的，也不是完全属于今天的，而是在它的存在的实在中把这一些都结合在一起了……一种改造性的综合把在分析性的肢解过程中必然消失掉的综合性的统一体重新建立起来。"①我并不是说，要把哲学吸收到一种关于文化的人种学观点中去。但是在一种不同的关联中和通过一种不同的方法，哲学有着这种对经验进行分析性的肢解和综合性的重建的工作任务；而且，这位人种学者所指出的文化现象提供了宝贵的材料，以帮助执行这个职务，这种材料较之跟一种文化论相隔绝的心理学所提供的材料更适合于哲学思考的任务。

　　为文化现象所强调的存在有一个特点，即它是动荡不定的。宋纳尔

---

　　① 见戈登卫塞（Goldenweiser）语。

（Sumner）认为格林姆（Grimm）是这句话的权威，格林姆曾经这样说："日耳曼民族有上千种关于运气的老话、谚语和格言。"我们的时间不多，这个题目虽值得讨论，我们也只能就这句话来谈。人发现他自己生活在一个碰运气的世界；他的存在，说得粗俗一些，包括着一场赌博。这个世界是一个冒险的地方；它不安定，不稳定，不可思议地不稳定。它的危险是不规则的，不经常的，讲不出它们的时间和季节的。这些危险虽然是持续的，但是零散的，出乎意外的。它是刚要黎明之前最黑暗的时期；骄傲之后即将继以失败；最兴盛的时期就是恶兆最多的时候，在毒眼[①]看来，就是最好的时机。灾祸、饥荒、歉收、疾病、死亡、战争中的败北，总是随时可以降临，而丰收、强力、胜利、欢宴和歌舞也是如此。运气在它的分配中，按照谚语所云，既是好的，也是坏的。神圣的东西和被咒骂的东西是同一情境的潜能；无论是人物、字句、场所、时间、空间的方向、岩石、风向、动物、星辰等等，没有一个事物范畴不是既曾体现过神圣的东西，也曾体现过被咒骂的东西。

人种学家们曾经无可争辩地指出了世界的这个动荡的方面在产生宗教及其仪式、礼节、信仰、神话、魔术中所起的作用；而且它曾经显示出来这些事情普遍渗透到道德、法律、艺术和工业之中。那些和它们相关联的信仰和性情就是哲学和世俗道德逐渐所由发展起来的背景，也是那些后来的发明、为艺术而艺术、生意就是生意经等等再慢一些所由发展起来的背景。这个事实虽然就是有趣和有益的，但这些细致的东西并不是我们在这里所关心的。我们不必分心去考虑有关哲学来源的这些事实对于哲学，乃至对于今天占统治地位的学说所产生的结果。我们只要留心一件突出的事实：这个经验事物的世界，包括着不安定的、不可预料的、无法控制的和有危险性的东西。

有一句古话说：神灵生于恐惧。这个说法最易助长一个由牢固的主观习惯养成的误解。我们首先赋予孤立的人类一种恐惧的本能，然后我们想像到他毫无理性地把那种恐惧投射到环境中去，把他自己的纯粹个人的局限性的果实

———————

① 毒眼（The evil eye），按古时迷信，这种眼所具的魔力是由嫉妒心和固执心所产生，一视即可加害于人云。——译者注。

散布出来，从而产生了迷信。但是恐惧，无论它是一种本能或是一种习得的东西，乃是环境的一个机能。人恐惧，因为他生存在一个可怕的、恐怖的世界中。这个世界是动荡的和不安宁的。所引述的这些原始经验便是这个事实的一个很容易得到的和显著的证明。这些话是初民的声音，但是，这只手却是属于自然界的，这个自然界是我们今日仍然生活其中的。创造神灵的并不是对于神灵的恐惧。

因为如果初民的生活中充满着向神赎罪求恕的行为，如果在他的节日宴会中所享受的东西也是愉快地与神灵们分享，这不是因为对超自然力量有所信仰，因而产生了一种赎罪、求恕和向神献礼的需要。每一种为人所获得和所占有的事物都是由于他的行动而得到的，而这些行动可以使他得到所需要和乐愿的那些后果，也可以使他陷于其他可憎的后果之中。他的动作向未知的领域侵入；所以赎罪之礼，如果供奉及时，可以驱除那种甚至在兴盛时候也会来临的（或者是这时候最常来临的）可怕后果。未知的后果既从过去追逐而至眼前，那末未来就更属不可知，具有更多危险性的了；按照那个事实，现在是带有恶兆的。如果决定未来命运的那些未知力量是可以抚慰和解的，那末那种拒不研究如何获得它们的恩宠的人简直是令人难以置信地轻率而无知。在现有的食物和友爱的享受中，自然传统和社会组织曾经协调合作，以增补我们自己的努力，而我们这种努力若是没有这种外来的增援，乃是十分微弱的。幸福并非从我们人类自己的恩宠而取得的。一个若不愿用捐款来感恩地答谢支持他的助力，那他真是一个极其吝啬的人了。

这些事实在早期文化时代是如此，在今天也还是如此。并不是事实已经改变了，而是保障、调节和报答的方法改变了。斯宾塞（Herbert Spencer）有时用一种直接经验的事实来粉饰他对于象征经验的虔诚。当他说每一事实都有两个相反的方面，"一个是它的近的或者可以看见的方面，而另一个是它的远的或者看不见的方面"时，他表达了经验中每一个对象所具有的一个永久的特点。可看见的东西就是在看不见的东西里面；而结果，未被看见的东西决定着已被看见的东西里面所发生的事情；可触知的东西动荡地躺在未被触及和未被把握到的东西上面。在事物之直接的、显著的和中心的方面和决定着现有东西的来源与发展的那些间接的和隐蔽的因素之间，存在一种对立和潜伏着的不调协状况，这是任何经验所具有的一种不可磨灭的特征。我们可以把我们祖宗对付这种对立情况的方法说成是迷信的，但是这种对立情况却不是迷信。它是在任何经验中的一个基本的所与（datum）。

　　我们曾经以巧辩代替迷信，至少在相当程度上是如此。但是巧辩时常和它所代替的迷信一样，是不合理性的，而且常受文字的摆布。我们对付这个世界的不安定性的一个具有魔术性的护身符就是否认机遇的存在，口里含糊其辞地嚷着普遍的和必然的法则、因果的普遍性、自然的一致性、普遍的进步以及宇宙的内在合理性等等。这已魔术似的公式从非魔术的条件下取得它们的力量。通过科学，我们已经获得了一定程度的预见和控制的力量；通过工具、机械以及相伴随着的技术，我们已经把这个世界变得更适合于我们的需要，变成了一个更为安全的所在了。在我们自己和这个世界的危险之间我们已经积累了一些财富和使自己安适的手段了。我们已把娱乐职业化，使它成为我们逃避和忘怀忧患的中介。但是当这一切都说完了、做完了之后，这个世界基本的险恶性并没有重大的改变，更别说消除尽净了。这样一件偶然的事情，如第一次世界大战以及对未来战争的准备使我们回想道：我们容易忽视这个限度，即我们所获得的成就只不过是设法把我们不愿意承认一个事实的情况掩蔽起来，而还不是改变这个事实本身的手段。

　　以上所述初听起来有点悲观主义的色彩。但是我们所关心的不是道德问题，而是形而上学问题，那就是说，关于我们生活其中的这个存在世界的本性问题。强调好运气、恩惠、喜出望外和不可强求的欢乐，以及我们称为幸福的那些不期而遇的事情等等，这会是同样容易做的事而且会是更为舒服一些。我们也许曾经求助于好运气，作为自然界中有这种重要的机遇特征的证据。喜剧是和悲剧一样真实的。但是照传统的看法，喜剧听起来比悲剧肤浅一些。我们更有理由把不幸和错误作为世界动荡性的证据。恶的问题是一个大家都承认的问题，而我们很少或从未听见过有一个关于善的问题。对于善，我们视为理所

经

当然；现在它们处于它们应该处于的境地；它们是天然的和固有的。善是对我们功绩的承认。当我们把同类中的佳品抽选出来时，我们把它当做是世界上有真实的因果秩序的证据。因此，很难把存在中的好事，像坏事那样用来作为自然界不安定的有力证据。我们把坏事称为偶然事件，而不把好事称为偶然事件，即使后者的偶然性也是同样确定的。有人会问：说这些话到底是为什么呢？说善和恶无控制的分布情况乃是存在的动荡性、不安定性的证据，这句话是真的，从这个意义上讲来，这是老生常谈，反复重说这句话并没有提出什么问题来。但是这里却提出了这样一个意见：正是由于稳定性和不安定性两者不能分解地混合着，这样一个情景便产生了哲学，而且在它的一切重复提出的问题和争论中都把这个情景反映了出来。如果古典哲学关于统一性讲得这样多而关于不可调和的分歧性讲得这样少；关于永恒的东西讲得这样多，而关于交易讲得这样少（除非是把它当做是溶解于永恒结合物中的一种事物）；关于必然性讲得这样多而关于偶然性讲得这样少；关于包罗万象的共相讲得这样多，而关于顽强自闭的殊相讲得这样少，这也许就是由于实在的含糊不清和模棱两可的状态实际上就是这样普遍存在的。既然这些事情组成了问题，那末这个世界所呈现出来的稳定性和保险性愈为我们所掌握和肯定，这个问题的解决就更为明显一些（虽然不是更为现实一些）。

组成了我们各个哲学派别的这些关于这个世界的报告，从它们的外表上看来，是各式各样的，乃至达到绝对对立的极端。它们从唯灵主义到唯物主义，从绝对主义到相对的现象主义，从超经验主义到实证主义，从唯理主义到感觉主义，从唯心主义到实在主义，从主观主义到纯客观主义，从柏拉图式的唯实主义到唯名主义。这个矛盾的行列是如此的显赫动人，以致使怀疑论者认为人的心智在从事着一种不可能的工作，或者认为哲学家们把自己沉溺于幻想之中。然而，哲学家们中间的这些极端的冲突却暗示我们向另一个方面去考虑问题。它们暗示着一切不同的哲学派别都具有一个共同的前提，而它们之间的分歧是由于接受了这个共同的前提。不同的哲学派别可以被视为提供一些如何否认宇宙具有偶然性的秘诀的不同的方式，而宇宙是不可分离地具有这种偶然性的，于是对于偶然性的否认就使得从事于思惟的心灵找不到一个线索，而使得后来的哲学思考唯有听命于个人的气质、兴趣和局部的环境条件了。

因此，在各个冲突的哲学派别之间的争吵乃是一种家庭内部的争吵。这些争吵是在一个很局促的家庭范围内进行的，只有超越这个场所而走出家门之后才能获得解决。他们都盼望这个真实存在的世界具有完全的、已完成了的和确切的特性，为了达到这个结果不惜把事物分裂成为两个没有联系的部分，这样一来，他们所需要的这个特性似乎就可以在理性或在机构之中发现；在理性的概念（如数学概念）或在粗糙的事物（如感觉所与）之中发现；在原子或在义蕴之中发现；在意识或在控制和驾驭意识的物理外在存在之中发现。

和这种把确切的、有规律的和完成了的东西和实在等同起来的作法相反，未加矫饰的经验却证实了一个不同的世界并指出了一个不同的形而上学。我们是生活在这样一个世界之中，它既有充沛、完整、条理、使得预见和控制成为可能的反复规律性，又有独特、模糊、不确定的可能性以及后果尚未决定的种种进程，而这两个方面（在这个世界中）乃是深刻地和不可抗拒地掺杂在一起的。它们并不是机械地，而是有机地混合在一起，好像比喻中的小麦和稗子一样。我们可以区别它们，但我们不能把它们分开来，因为它们和小麦和稗子不同，它们是在同一个根上长出来的。品质有缺点，这是它们有优点的必要条件；真理有其实用性，这是产生错误的原因；变化使得永恒有意义而规律性使得新颖的东西成为可能。一个完全都是惊险事物的世界就是一个不可能进行冒险的世界，而只有一个有生命的世界里面才包括有死亡。这些事实曾经被思想家们如赫拉克利特（Heracleitus）和老子所颂扬过；它们也曾受过神学家们的欢迎，把它们称为颁赐神恩的时机；它们也曾在相对主义之下为各个学派所阐发，结果这个相对主义本身竟变成了终极的和绝对的东西了。这些事实曾经很少被坦白地承认是形成一个自然主义的形而上学的基本要素。

亚里士多德也许最接近于出发走向这个方向。但是他的思想在这条道路上走得并不远，不过还可以用来提示这条他本人并没有走的途径。亚里士多德承认有偶然性，但是他从不放弃他偏袒固定的、确切的和完成了的东西的偏见。

他的整个关于形式和目的的学说就是主张圆满固定的东西是在存在中，是具有高贵性的一种学说。他的物理学就是把必然性和偶然性排列起来分成贵贱的等级，即以必然性作为测量高贵性和衡量真实性的准绳，而同时以偶然性和变易作为衡量"存在"之缺陷程度的标准。关于在经验上常碰撞的那种普遍性和特殊性和机遇性的混合情况，他是这样去回避的，即把空间划分为若干区域，而使这些特性在自然界的各个不同部分中各有它们的自然寓所。他的逻辑学就是一种关于定义和分类的逻辑，当变化着的和有偶然性的事物被归结到低级事物之类中去而与必然的、普遍的和固定的事物区别开来之后，逻辑的任务就算完成了。机遇在思想中并不是作为预测任何一切事素所发生的这种可以观察得到的事件中所有概然性的一种计算法而出现，而只是作为一种低级的三段论式的标志而已。变动的事物和具有永久规律性的事物有着内在的区别。变易是被坦率认为是某些事物的真正特点，但是他把变易作为是"存在"的内在缺陷而与永不变易的"存在"相对立起来，这样又把他所承认的这一点回避开了。变易的事物是属于涤罪所①内的东西，在这里面它们无目的地漂流着，直到后来由于它们对于形式的最后性有所热爱而得到救赎，于是得以升入一个充实无缺的"存在"的天堂中去。略为夸张一些，我们可以说：亚里士多德对于静止和运动，完成了的和没有完成的东西，现实的和潜存的东西下定义，加以区别，进行分类的这个彻底的办法，较之那些走捷径，肯定变易即是虚幻的人们，对于巩固那种把固定的和有规律的东西和"存在"的真实性等同起来，把变动的和危险的东西和"存在"的缺陷等同起来的传统，或几乎可以说是唯一高雅的传统，所完成的任务还要多一些。

　　他的哲学较之大多数的近代哲学更为接近经验事实的地方，即在于它既不是一元论的，也不是二元论的，而是公开的多元论的。不过他的多元仅限于一个文法体系之内，对于这个文法体系的每一部分赋予了一个相应的宇宙地位。因此，他的多元论解决了如何使得鱼与熊掌二者得兼的问题，因为这种把

---

　　① "Purgatory"：按天主教的教条，人死之后进入天堂之前先要在这个涤罪所内洗净他在生前所犯一切罪恶云云。——译者注。

多种多样的不同的东西分门别类，按照一定等级次序排列起来的办法，就丝毫也不会有像我们这个现实世界中的杂乱无章和不相协调的多种多样的东西所具有的那种恶劣内容了。在这个把分隔加以归类的办法方面，他曾被许多具有不同重要性的哲学家们所追随，虽然也许是在无意之中这样做的。因此，康德（Kant）把一切杂乱无章的东西都归结到一个领域——感觉领域中去，而把一切整齐和有规则的东西归结到理性的领域中。因而，那些由于在存在中变化的东西和恒常的东西、必然的东西和不安定的东西混乱多样的结合而产生的具体问题已经不见了，代之而起的乃是关于感觉与思惟相结合的这样一个简单的、包罗一切的辩证的问题了。

前面曾经阐述过，一个在行动中有益的道德灼见已被转变成为一个先在的关于存在的形而上学，或已被转变成为一个普遍的知识论了。而上述的这种办法表现出这样一种转变的特点。努力使得意义的稳定性胜过事情的不稳定性，这是人类的智慧活动的主要任务。但是当机能从艺术的领域中被排除出来而被视为一定事物，不管是宇宙论的或逻辑的事物的特性时，人的智慧活动反倒成为无用；而把厚望寄托于某一类人偶然的幸运之上，但这种幸运却来自另一类人的劳动成果，而这些劳动成果使得生活高贵和安闲稳定。

这个论点并没有忘了自从赫拉克利特到柏格森（Bergson）以来，关于变易的各种哲学体系或形而上学体系。人们很感谢他们，因为他们使得为古典的、正统的哲学所废弃的意义仍然活着。但是这些动的哲学也显示出对于确切和稳固的东西有着一种强烈的渴望。他们把变易变成了普遍的、有规则的、确定的东西，因而已经使得变易神化了。我这样说并不是文字上的游戏。请考虑一下黑格尔、柏格森和那些自称为主张变易的进化论哲学家们对待变易时那种全盘颂扬的神情。在黑格尔看来，变化是一个理性过程，它阐明了逻辑，虽则是一种新颖奇怪的逻辑，也阐明了一个绝对的神，虽则是一个新颖奇怪的神。在斯宾塞看来，进化只是求得一个具有和谐适应性的固定的和普遍的均衡的一个过渡过程而已。在柏格森看来，变易是神的创造性的活动，或就是神——到底是哪一个，我们也弄不清楚。变易之变易不仅是宇宙制造焰火的技术，而且还是一个神圣的、精神的力能的过程。在这里我们是在听受指令，而不是在听取描述。浪漫主义乃是披着玄学外衣的信条。它为了变易本身而歌颂变化，因而它回避了变易所要求我们的从事于了解和控制的这种艰苦的劳动。流动变成了一种被尊敬的东西，一种深刻接近于我们内心最好的东西，意志和创造力。它不是，像它在经验中一样，一种努力奋斗的号召，一种激起人们从事研究的挑战，一种潜在的灾难和死亡的厄运。

如果我们依照古典术语的用法，哲学是对于智慧的爱，而形而上学是对于存在之普遍特性的认识。按照形而上学的这个意义讲来，不完全的状况和动荡的状况乃是一种特性，它必须赋予和已经完成了的和固定的东西同等的地位。爱智是关于寻求它对于生活行为的含义，专门致力于寻求善果。在认识方面，问题主要是在生活的各种情境中彼此之间的比例、衡量的问题。在实践方面，它是关于如何利用在不完全的和已完成的、动荡的和稳定的东西二者中的每一个东西，如何使每一个东西得到最好的利用的问题。人是天生具有哲学精神的，而不是倾向于形而上学的，或者说，不是具有冷静的科学头脑，以从事于观察和描述的。至于明智，如果不谈被尊称为智慧的东西的话，人类之所以天然赞赏知识，只是因为知识在我们追求善果和避免恶果时它对于成功和失败都有影响的缘故。这是一个关于我们机体结构的事实，而把它奉为一个理想的真理，这没有什么好处，把理智视为对纯真理本身或纯事实本身的一种内在的关系，这同样也没有什么好处。第一个方法鼓励武断，而第二个方法是表达一种神话。为知识而爱知识，是道德上的一种理想；它是正确地理解善果和有效地追求善果的智慧的一个必要条件。因为针对结果而言，智慧依赖于对条件和手段的熟悉，而且假使这种熟悉是不适当的和不正确的话，那末智慧就会变成自欺的一种，经过了升华的愚昧了。

一方面，否认心灵，除了洞察事实或真理在行为中对我们所要求的是什么以及在苦乐中所加给我们的是什么以外，对于事实或真理本身有什么内在的关系；另一方面同时又肯定，忠实于事实，忠实于真理乃是一个必要的道德要求，而这二者之间并没有矛盾。在否认的方面是说自然界的事情，与人的选择和企图无关；而在肯定的一面则是有关于选择和行动。但选择和选择中所包括的反省工夫本身也是这种带偶然性的事情，而和其他事情的动荡不定是这样密切地联系着，以致哲学家们急不暇择地假定，形而上学和关于事实与真理的科学，本身就是智慧，想借此避免从事于选择或承认选择的必要性。结果是把自己所默认的道德观念或智慧变成了宇宙论，变成了关于自然的形而上学，这就是在上一章里曾被称为"最基本的哲学错误"。它提供了一个技术的公式，思想家们就借助于这个技巧把不安定和没有完成的东西贬黜到惹人怨恨的不真实的境界中去，同时却有系统地把已确定了的和已完善的东西抬高为真正的"存在"。

在智慧这一方面，由于人类乃是从事物对人类行为的联系中去注意好的事物和坏的事物的，因此，思想家们关心于如何减少生活中的不稳定状况，提倡中庸、节制和经济，而当遭遇到最坏的事情时就提出安慰和补偿的方法。他们考虑如何使好的事物更稳定一些，坏的事物更不稳定一些；他们留意如何可以把变易在它们所达到的后果中变成有用的事情。这个不畅通的、不完善的和模糊地充满了可能性的世界中的种种事实，给予追求绝对体和最后体的行动以尖锐的讽刺。于是当哲学家们在思考中偶然见到一个在品质上稳定良好，所以也值得永久继续被选的事物时，他们便裹足不前，并从这个选择所要求的努力奋斗中退回去：就是说，不去努力使这个事物当它被思及时，它在品质上所具有的那种稳定性，在被观察到的存在中在一定程度上亦能具有。因此，它就变成了一个避难所，一个适宜于从事玄想的养老院，或者变成了一个理论阐发的主题，而不是激励和指导行为的一个理想。

既然思想家们宣布他们与其说是关心于理想，勿宁说是关心于有关存在的知识，他们就得证明这种对知识的要求是合适的。所以他们把对于这个稳定良好对象的想像中的知觉转变成为一个对于真正实在的定义和描述，把它和低下的、似是而非的存在物进行对比，而且既然后者是动荡的和不完善的，因而只有它才使得我们有必要进行选择和积极的斗争。因此，他们便把产生哲学思考和影响它的结论的那些特点排斥于现实存在之外。在最简单的公式中，"实在"

变成了在我们业已分析过存在物的缺陷并且业已决定用什么来除掉这些缺陷之后我们愿意存在变成的那个东西；"实在"就是存在物将会变成的样子，如果我们的合理的爱好在自然中业已这样完备地建立起来，以致它们包括和说明了它的全部存在因而使得寻求和斗争都已成为不必要的了。所剩下来的东西（既然烦恼、斗争、冲突和错误在经验中仍然是存在的，就确有东西被剩下来）通过定义，是被排斥在全部实在之外，于是就被安排在一个从形而上学上讲来是较为低下的存在的等级或秩序上；这个秩序，跟真正的和实在的东西对比起来，有各式各样的称呼，被称为现象、错觉、人心或者单纯的经验。于是形而上学的问题改变了：它不再发觉和描述存在的普遍特征，而变成了一个调整或协调两个分开的存在领域的企图了。在经验中我们现有的正是我们所由出发的东西，即动荡的和有问题的东西跟确定的和完善的东西两相混杂的这种状况。但是通过一个以欲望为根据而为反省的想像所阐发的分类办法，把这两个特征分裂开来，一个被称为实在而另一个被称为现象。于是怎样通过积极地运用那种稳定的因素以求减少和节制麻烦的因素，这个真正的道德课题，便被置诸视野之外。而如何把这两个概念在逻辑上调和起来这样一个思辩的问题，便取而代之了。

在这些分类的办法中，流行最广、最吸引人的一种办法就是把存在分解成为超自然的和自然的东西。在这样划分经验对象的原始形式和这种在思辩上把全知、全能、永恒性和无限性视为神灵之属性，而相反地把有限、缺陷、限制、斗争和变易则视为人类和被经验到的自然所具有的属性的办法，这两者之间有很长的一段历史。但是在人类心理的组成中，后者的历史乃是蕴藏在那个早期粗糙的分类办法之中的。一个领域是具有确实的享用和占有的地方；另一个领域则是艰苦奋斗、瞬息即逝和挫折重重的地方。在今天有多少人能理解到：他们在指出人的"有限性"，即产生愚昧、偶然的生灭、失败和奋斗的自然界所具有的特性之后，就算对付了愚昧、斗争和失望了——好像有限性，它除了表示对自然本身所具有的若干具体的、可区别的特征加以抽象的分类之外，还别有所表示似的。人类喜欢用从事于思辩活动，指出"有限的"东西怎样能够和"无限的"东西共同存在或存在于"无限的"东西之中的办法，来代替如何处理偶然性事物的问题，想通过区别它的因素并予以称谓来解决问题。这种做法肯定是要失败的，但这种失败却又可以为人们利用来再一次证明人的理智是有限的，是不需要的，因为"有限的"人物软弱无力，无法消除愚昧和残酷的厄运。可是智慧与其说是通过对现实条件的了解而对生活事情所进行的控制工作，勿宁说是借助于教条和迷信对暂时的、有限的和属于人类的东西在它和这个永存的、无限的东西的关系中所进行的管理工作。

在这里，要发现这个倒转过来的情况，是不需要很大的智巧的。很明显的，这个出发点就是有规则的和可靠的东西跟不安定的和不确定的东西的现存的这种混合状态。现在已有许多方案，据说可以获得一种对稳定的和最后的东西的代理的占有，而不必置身于理性工作的艰苦之中去争取控制这些果实所依赖的条件。

这种情境是值得注意的因为这个例子说明了一个关于智慧、关于对善的反省领悟的学说如何易于变成一个关于存在的描述。它对于一种形而上学的主张有着直接的影响；这种形而上学的主张不像区分成为超自然的和自然的东西那样通俗，但却是专门而有学问的。哲学家对这种关于天地、神灵、自然和人类的通俗的形而上学所具有的那些粗俗形式也许是不大尊敬的。但哲学家用以进行工作的方式有时却和产生这种通俗的形而上学的方式相类似；有些最令人喜爱的形而上学的区别似乎只是在通俗的信仰中关于超自然和自然的、神圣的和人间的这些粗俗概念，通过了一种复杂的理智上的技术后所产生的一个精致的副本而已。我所指的是这类的事情：例如柏拉图式的区分为理念的模型和物理的事素、亚里士多德式的区分为作为现实性的形式和作为潜能的物质，同时要被理解为实在在等级上的一种区分；康德的本质的事物，物自身是正和作为现象的自然事物对立的；此外，还有流行在当代绝对唯心主义者之中的本体和现象的区分。

然而这种区分并不限于倾向于唯心主义的哲学家们。柏拉图是从德谟克利特（Democritus）那儿得到"理念"（"Idea"）这个名词，来作为对于本质的形式的一个名称，这是有些根据的。无论事实是否如此，德谟克利特的"理念"，虽然和柏拉图的"理念"有着极端不同的结构，却具有把它叫作一种完美的、完善的、稳定的，全部不动荡的实在的同一作用。这两位哲学家都渴望坚实性而都找到了它；相应于柏拉图所说的现象的流变，便有德谟克利特所说的在流俗或普通经验中的事物；相应于理念的型式，便有实体的、不可分割的原子。再相应于柏拉图的理念论，有近代关于数学结构的理论，认为只有数学结构才是独立自在地真实的，而由它们所引起的经验上的印象和暗示则是柏拉图所说的现象领域的副本。

除了唯物主义和唯心主义的学派以外，还有斯宾诺莎式的分为属性和型式的区分，旧式的分为精蕴和存在的区分，及其近代的翻版，分为潜存和存在的区分。我们不可能把罗素先生（Mr. Bertrand Russell）强行纳入于传统哲学派别的柜子中的任何一个小格子里去。他说：数学把我们"带进了一个绝对必然的境界，对于这个境界不仅这个现实世界，而且每一个可能的世界都是必然要遵照的"。当他说这句话的时候，在他的形而上学中显然具有道德或哲学意义的动机的。的确，运用他的流利的语言，他说，数学"发现了一个永久长存的寓所，在这儿我们的理想完全得到满足而我们最好的希望也不会受到阻碍"。他还说：对于这些对象的沉思默想乃是"克服软弱无能、缺点、被流放于恶势力之中等这种可怕的感觉的主要手段，而这种感觉是由于我们承认外来力量之万能而容易产生的"。这话里显然有道德根源夹杂在内。

没有一位现代的思想家曾像桑塔雅那这样动人地指出说："理想世界的每一方面都是从自然的东西里发生出来的。"又说："感觉、艺术、宗教、社会很丰富地表现了自然。"然而如果人们没有误解他的意义，他是主张：自然只有在对于物理科学所获得的精蕴所作的一种审美的冥想中，只有在通过一种使物质发生质化作用的思辩过程，通过一种从存在过渡到永恒的辩证法过程而达到的直觉中才真正地呈现出来，那末他就使得他的那些所谓弟子们迷惑而他的批评者们混乱模糊了。再者，这条路是如此绝对以致没有回头路可走的。作为自然之果实的这些稳定的理想意义，由于它们是自然的最高和最真的果实，而被禁止在自然中散布种子，继续结出果实来。

因此，他虽然看到了自然的动力之流转和静止的理想形式的永恒性之间在发生上的继续性，但他重复了旧传统，终于又造成了一种尖锐的区分。如果说理性的最后状态被认为就是观赏自然而把它当做是一个完整的机构，而这个机构又是产生和支持着对这个机构的观赏，这种说法也许是一个讽刺，但这个讽刺却不是我们任意制造出来的。假使偶然性和必然性的分隔被消除了，那末只有相信：科学，在它掌握关于自然界的有规则的和稳定的机构的同时，也是通过它本身的扩展，对于自然界在人类的交际、艺术、宗教、工业和政治中的这种更丰富而不规则的表现予以调节和充实的一种工具。此外，还有什么呢？

沿着上面这个建议推论下去就会使我们论及一个留给我们以后考虑的主题。在这里，我们所涉及的是这个事实：人类之所以热爱智慧而建立哲学，乃是由于在存在中这种稳定的和动荡的东西、固定的和无法预测的新奇的东西、确定的和不定的东西的这个复杂混合的状态所致。然而这种探求的结果，虽其专门的方式是多种多样的，往往易于转变成为一种形而上学，而这种形而上学却又否认或者虽然承认但掩饰着倡导它而使它的结论具有意义的存在所具有的这些特征。这种的否认最经常所采取的形式就是那种显著的区分成为一个高级的、真正的存在领域和一个低级的、虚幻的、无意义的或现象的境界；这是各种不同的形而上学的体系，如柏拉图和德谟克利特、圣多玛（St. Thomas）和斯宾诺莎、亚里士多德和康德、笛卡儿和孔德、海克尔（Haeckel）和爱迪夫人（Mrs. Eddy）的体系所共有的特征。

这种既承认而又否认的混乱情况也在"绝对经验"这个概念中发现；似乎任何经验都比标志着人类生活的那种经验更能绝对地成为经验。这个概念构成了最近的一个设计，首先承认然后再否认世界具有这种既稳定而又不稳定的本性。它悲愁地认为我们的经验是有限的和暂时的，是充满了错误、冲突和矛盾的，这就是承认在历史中所表现出来的自然；构成这个自然的那些对象和联系乃是动荡不定的。然而人类的经验对于真、美和秩序也有这种动人的渴望。不仅有这种渴望；还有成就的时候。经验表现出有占有和谐的对象的能力。它表现出在一定限制以内有维护优良的对象和回避和减少厌恶的对象的能力。仅仅是而且永远是完善和良好的绝对经验的这个概念首先阐明：现实经验中的事实是具有为人们所渴望的含义的，然后就肯定说：只有它们才是真实的。因此，这些所经验到的事情，如果它们是加强和适合于盼望有一个更好的世界的这种愿望，这些实验性的企图和计划，如果它们使得在现实经验的对象中有可能得到现实的改良，它们就被排斥于真实存在之外，而被收入现象的监狱之内了。

因此，"绝对经验"这个概念可以用来作为代表两个事实的一种符号。一个事实是相对稳定的东西和相对偶然的东西在自然中有一种不可分割的联合。把被经验到的事物的运动和指向划分成为这样两个部分，即一部分构成和界说绝对的和永久的经验，而另一部分构成和界说有限的经验，这丝毫也没有告诉我们任何有关绝对经验的事情。它按照经验存在的情况告诉我们许多有关经验的事情，例如经验既包括有永久的和一般的参照对象，也包括有暂时的变化的事情；既有真理也有错误的可能性，既有明确的对象和善果，也有一些事物，它们的重要意义和本性只有在一个尚未决定的未来中才可得到决定。如果把一堆称之为绝对经验，而把另一堆称之为有限经验，这除了给我们一种讨论思辩上问题的快感之外，是一无所得的。既然这种关于绝对的和现象的经验的哲学的拥护者是诉之于一个逻辑的标准，即在任何一个判断中，无论它是怎样的错误，都必须符合于一个排斥任何矛盾的一致性的标准，那末这个学说本身所有的内在逻辑矛盾是值得注意的。

最后的"绝对经验"无论在内容上和形式上都是从现实经验的各种特点中派生的，而且是以它们为基础的；这种现实经验在这时便被至高无上的实在贬谪成为非实在的东西，而这个至高无上的实在倒是从非实在的经验里派生出来的。它只有在这样一段时间内才是"真实的"，即只有在它提供到达最后的实在的一个跳板和提供寻求最后实在的本质内容的一个启示的时间内，才算是真实的，之后它便顺从地变成了单纯的现象了。如果我们从这样得来的绝对经验的立场出发，便从它的侧面又重复了这种矛盾。虽然绝对的、永恒的、无所不包的、圆融无碍的一个完整体在逻辑上是这样的完美无缺，以致其中不能有任何分隔的镶配存在，更谈不上有任何裂缝存在，但它（继续下去）却对自己开了一个悲剧式的玩笑（因为此外再也没有别人可被愚弄了），表现成为褴褛的衣服和光耀夺目的装饰品所组成的一种光怪陆离的结合，使自己表现在普通经验中的这种暂时的、片面的和冲突的事物（包括精神的和物质的事物）的外表之中。我并不认为这些论证上的矛盾具有什么内在的重要性。但是有一派学说，它既然公开宣布它是以逻辑上的一致性为其方法和标准的，而它的拥护者在一些专门问题上又是以在辩论上的敏锐性称著的，结果竟陷入如此的矛盾之中，这个事实可以引用来证明：归根到底，这个学说仅仅是从事于把自然中总是相互连接和相互渗透的事物的特征硬加分类而已。

　　偶然的和稳定的东西、不完善的和重复发生的东西的这种结合，乃是我们的困难景况和问题的条件，也同样真正的是一切被经验到的满意状态的条件。它固然是无知、错误和失望的根源，但同时也是满足所带来的愉快的根源。因为假使中途没有障碍，假使没有偏差和阻力，满足将立即可得，但在这种情况下就不会满足什么要求，而仅仅有那样一个情况而已。它就会和欲望或满意没有联系。再者，有了一种满足而被断言是好的，这时候它之所以被判断是好的，被突出而加以肯定，就是因为它处在危险之中，就是因为它产生于许多漠不相关和分歧的事物之中。由于这种有规则的和不稳定的东西的混合，一个好的对象，一度经验到之后，就获得了理想的性质而引起了对它的需要和努力。某一个理想也许只是一个幻想，但具有理想这一件事，其自身却不是一个幻想。它体现着存在的一些特点。虽然想像有时是幻想的，但它也是自然的一个工具；因为它是从不定的事情转向现在还只是可能的一些实际后果的一种合适的状态。一个纯粹稳定的世界不容许有幻想，但也就不会有理想了。它只是存在而已。"是好的"意思是"比较好一些"；而且除了在一个震动和不和谐跟相当确定的秩序相联合着，从而有可能达到和谐的地方以外，就不可能有"比较好一些"。较好的对象，当其取得存在的时候，就不再是理想的，而是存在的东西了；只有在回顾中把它们当做是由原先的冲突所产生的结果的一种纪念物，以及在前瞻中将使它们毁灭的力量进行对比时，它们才仍然保留其理想的性质。解除口渴的水，或者解决问题的结论，只有当口渴或问题以限制结果的方式继续存在着，它们才有理想的特性。但不是满足需要的水，和从水管中流入蓄水池的水一样，并没有理想的性质；当产生疑惑、含糊和追求行为的前提条件已经脱离了它的具体关联时，一个对问题的解决就不是一个解决而仅仅是一种偶然的存在了。存在的动荡性的确是一切烦恼的根源，但同时它也是理想性的一个必要的条件；当它和有规则的和确切的东西结合在一起时，它就变成一个充足的条件了。

处于一个烦恼的世界之中，我们渴望有完善的东西。我们忘了：使得完善这个概念具有意义的乃是这些产生渴望的事情，而离开了这些事情，一个"完善的"世界就会意味着一个不变化的、纯存在的事物。美感对象的理想意义也适用这个原则而不是例外。它们所具有的这种使人满意的性质，在它们被激起的同时它们所具有的这种组合起来的能力，并不像实用的和科学的对象所具有的那种在理想中使人满意的性质一样，依赖于一定的先在的欲望和努力。它们是无代价的，不是任何努力所能收买的，这是它们特有的这种使人满意的性质的一部分。在这个世界中大多数理想的实现都是从劳动中得来的，而在这个世界中美感对象却超脱于这种辛苦劳动而与其他的事物有显著的差别，同样也和烦恼和不安有显著的差别，这就赋予了美感对象以特有的性质。假使我们获得一切事物都和我们获得美感对象一样，那末它们就不会是美感愉快的一个源泉了。

近来哲学的某些方面，已经重视需要、欲望和满意的问题。批评家们时常认为其结果仅仅是一种旧的主观经验主义的重演，不过用情感和意志的状态代替认识的感觉状态罢了。但是需要和欲望乃是自然存在的指数。如果我们运用亚里士多德的术语，它们乃是自然存在之偶然性和缺陷的现实化（actualizations）；自然本身原来就是使人渴望的和惹人哀怜的，是激动的和热情的。假使不是这样的话，欠缺的存在就会是一个奇迹了。在一个世界里面，如果一切东西都是完善的，那末任何东西的完成都不需要其他的东西。假使在一个世界里面事情只有经过其他暂时的事情同时的帮助才能达到完成，那末这个世界就已经是有所需要的了；就是一个有所不足的世界，也是一个有乞丐相的世界了。如果人类经验是表达和反映这个世界的，它必然标志着有所需要的特点；当意识到事物的这种既充满了需要，也被人所需要的性质时，它就必然会设计出各种满意或完善的状态。因为不管满意是否有意识的，满意或不满意乃是具有客观条件的一个客观的事物。它意味着对于客观因素的要求得到了满足。快乐也许标志着人的意识到这种满意，而且它也许就是满意的顶点。但是满意并不是主观的、私自的或个人的：它是受客观的片面性和缺陷所制约的，而且由于客观的情境和完善而成为真实的。

　　根据同样的逻辑，必然性就意味着动荡和偶然性。一切都是具有必然性的世界就不会是一个必然世界；它就只会是存在而已。因为在它的存在中，任何东西都不是任何其他东西所必需要的东西了。但是在有些事物是缺乏的地方，如果要满足要求，别的东西就是必要的了。一个完善存在的世界就会是一个必要性在其中是没有意义的世界；普通人之所以没有见到这个事实乃是由于从一个语言领域（universe of discourse）迅速地转移到了另一个语言领域的缘故。首先，我们设定有一个"存在"的完整体；然后我们转移到一个部分；现在既然一个部分从逻辑上讲来，它本身在其存在和它的特性方面都是有所依附的，它就是其他部分所必需的。但是正当我们把某些东西标明出来当做是一个部分的时候，我们已然在无意之中提出了偶然性了。如果坚守原来那个概念的逻辑含义，一个部分就已经意味着是"整体的一个部分"。部分之所以为部分并不是这个整体或其他部分必需它如此；部分之所以为部分也只是整体之所以为整体的另一个名称而已。同样，整体和部分都只是存在之所以在那儿存在的另一个名称而已。但是在我们能说"假使怎样怎样，那末别的东西就怎样"的地方，这就有了必然性，因为这里包含有片面性的意思，它不仅是"一个整体的一部分"而已。一个"假使"的世界才是一个"必须"的世界——"假使"表示真实的差别；"必须"表示真实的联系。稳定的和重复发生的东西是实现可能性所需要的；疑难的东西只有在它适应于稳定的对象之后才能被安定下来。必然并不是为了必然而必然，它是为某些别的东西所必需的；它是为偶然所制约的，虽然它本身是充分决定偶然的一个条件。

在哲学思想史中许多最突出的情况中的一种情况，就是把统一性、长久性（或"永恒性"）、完备性和理性的思惟结合在一起，而把复杂性、变易和暂时性的、片面的、有缺陷的东西，以及感觉和欲望，放在另一方面。这样的区分显然又是把动荡的和不安定的东西和有规则的和确定的东西进行粗暴的割裂的又一事例。然而它有一个方面是值得注意的：思惟和统一性是被联系起来了。从经验上讲来，一切的反省都是从疑难的和混乱的情境出发的。它的目的是要求清晰明确。当思惟成功的时候，它的整个进程的结果乃是把混乱的东西变成有秩序的东西，把混杂在一起的东西变得泾渭分明，把不清楚和模糊的东西变成明确无疑的东西，把割裂了的东西变成有系统的东西。从经验上讲，这是很明确的：思惟的目标并非仅仅是一个理想，而是时常被人所达到的，因而努力去达到这个目标是合理的。

我以为，在这些事实中：我们找到了这几种哲学学说在经验上的根据。这些学说主张，实在真实地和真正地是一个理性系统，是许多关系的一个融会的整体，除了借助于理智之外是无法理解它的。反省的探究在每个特殊的事例中都是从差别移向统一；从不决定的和模糊的地位移向明白决定；从杂乱无章移向有条不紊。当思惟在一个事例中已经达到了它成为有组织的总体的目标时，已经达到了使许多位置分明的因素获得明确关系的这个目标时，这个目标便是成为推进经验的现有出发点，便是推进经验的确切题材；愚昧无知和不可调和的差别之先行的不适合的前提已经被当做是无知和曲解的一个过渡状态而被消灭了。保留着这个目标和它所由达到的思惟之间的联系，然后再把它和真正的实在等同起来，以区别于单纯现象的东西，于是在我们的面前便有了一个关于理性的和"客观的"唯心主义的逻辑的大纲了。思想和"存在"一样具有两种形式：一种是实在的，另一种是现象的。它是被迫而披上反省的形式的，它包括有怀疑、探究和假设，因为它是从一种为感觉所制约的题材出发的，这个事实证明了人的思想、理智并不是纯洁的，而是被一个动物般的有机体所限制的，而这个有机体又只是与自然的其他部分相联系的一个部分而已。但是反省思惟的结论提供给我们一个关于思想的模型和保证，它是具有组成性的；和客观实在的体系是一致的。这就是一切本体论的逻辑学说所具有的一种程序的大纲。

一种采用直指法或经验法的哲学全盘接受这样一个事实，即反省思考把混乱、模糊和矛盾转变成明朗、确切和一致。但是它也指出思考所由发生的这个全盘关联的情境。它留意到出发点是这个确实有问题的局面，而这个有问题的局面就寓于某种现实的和特定的情境之中。

它留意到：把可疑的变成确切的东西，以及把不完备的变成决定的东西的手段，就是利用确定的和已经建成的事物，而这些事物和不确定的东西一样也是经验的，也可以指出被经验到的事物的本性。因此，它留意到：思惟跟用自然的材料和力能（例如火和工具等）来提炼、整理和构成其他自然的材料（例如矿）一样，是没有种类上的差别的。在这两种情况之下，既有其现况使人不满的原料，又有适当地处理它们和联系它们的媒介。二者在任何地方都没有跳出经验的、自然的对象及其关系。思惟和理性并不是特殊的力量。它们包括这种活动程序，被有意地采用来使得令人不满的混乱和不定状态这一方面跟有规则的和稳定的状态另外这一方面互相联系起来。从这些观察概括起来，经验哲学感到：思惟乃是在同一个被经验到的事物世界之内在时间上不断进行重新组织的一个连续的过程，而不是从这一个世界跳跃到另一个为思惟所一次构成的对象世界的过程。因而，它发现了理性唯心主义的经验根据以及它在经验上走入迷途的地点。唯心主义未曾把思想所由发生的这种不确定情境所具有的特定性或具体性估计在内；它未曾留意到促使决定和一致性成功的这种题材、动作和工具在经验上所具有的具体性；它未曾留意到：具有决定性和一致性这些特性的对象乃是后来获得的结论，但它们本身却和我们直接相处的情境是一样地纷繁众多。因此，把反省的逻辑变成为一个关于理性实在的本体论，乃是由于人为地把一个后来产生的这种联系事物的自然功能转变成为一个预先存在的、产生后果的实在的缘故；而这又是由于一种想像的倾向所致，而这种想像是在这样的一种情绪影响之下活动着的，即把联系作用从一个现实的、客观的和实验的事业活动中（这种活动又仅限于需要它的那些特殊情境之中）带到一个无拘无束、广阔无边的运动中去，而这个运动又是在一个包罗万象的幻梦中结束的。

　　反省的发生对二元论的形而上学像对唯心主义的本体论一样，都是具有关键性的。反省只发生在具有不安定的状态、有选择的可能、疑问、询求、假设、测验思惟价值的暂时尝试或实验等性质的情境之中。一个自然主义的形而上学必须把反省本身当做是由于自然的特性而发生于自然以内的一件自然的事情。它必须精确地像科学从日月星辰、辐射作用、闪电风暴或任何其他自然事情的发生中进行推论一样，从思惟的经验特点中进行推论。反省的特征像这些自然事情的特征一样，乃是可以作为其他事物特征的指针或证明的。如果有人否认太阳的显明特征，或者否认这些特征是这样和其他自然事情的特征联系着的，以致它们能够用来作为证明这些其他事物本性的根据，从而建立一个关于太阳之发生和发展的本性的学说，这个学说就很难占有科学的地位。然而哲学家们，而且十分奇怪的是一些自命为实在论者的哲学家们，都经常地主张：为思惟所特有的这些特征，如不安定的状态、有选择的可能、探究、询求、抉择、对于外界条件进行实验性的改造等等，不像有效的知识的对象那样，具有相同的存在特性。他们已经否认这些特性足以证明思惟所由发生的这个世界的性质。作为实在论者，他们未曾说这些特性仅仅是现象；但是他们却时常说或暗示着说：这些东西只是个人的或心理的东西，而跟一个有客观性的世界不同。但是经验法和直指法的兴趣跟自然主义形而上学的兴趣是完全相符合的。这个世界在现实情况下必然是这样的：它产生无知和探究；怀疑和假设，尝试和临时的结论；后面的这些乃是从存在中发展出来的，这些存在完全是"真实的"，但同时却不像它们经过重新组织之后所变成的那些东西那样地令人满意，那样好，或那样有意义。因此，在自然中真正的混乱、偶然、不规则和不确定的状况也在思惟的发生中被发现了。使迷信的野蛮人恐怖和崇拜的那些自然存在的特性，也产生了训练有素的文化中的科学工作程序，后者的优越性并不在于它们是以"真实的"存在为根据，而前者则是以一种不同于一般本性的人类本性为依据。它的优越性在于这样一个事实，即科学研究获得了较好的对象，而它之所以获得这些较好的对象乃是因为它运用了一种控制这些对象并加强对生活本身之控制的方法，运用了减少偶然事故，化偶然为有用之物，解放思惟和其他活动形式的方法。

在自然中有疑问的特征和确定的特征这两者的结合，使得每一个存在，乃至每一个观念和人类的动作，即使不是在拟计上，也在事实上都有了一个实验。要抱有理智的实验态度，就只要意识到自然条件的这种相互交叉的情况，因而从中取得利益，而不是对它唯命是从。基督教把这个世界和生活当做是一种考验，这是对于这个情境的一种歪曲的认识，它是歪曲的，因为它把这个观念笼统地应用到一定范围以内的存在，当做是原始的和最后的东西以区别于其他的存在。其实，在任何地方和任何时候能够存在的任何事物，都要服从于四周环境所加在它身上的考验，这环境只有一部分是合适的和可以增加的。这环境测验它的力量和衡量它的持久性。我们只有借助于与其他事物有关系的速度和加速度来谈变动，因此，关于长久的和持续的东西的陈述只是比较而言的。我们所能讲到的最稳定的事物也不能避免其他事物对它的制约。即使坚如磐石的山岩，被当做是恒定的标志，但也和云烟一样，生灭无常，这是道德家和诗人的一个古老的主题。德谟克利特的原子所具有的那种固定的和不变的存在，现在据研究者说来是具有德氏所说的"不存在"的特性，而体现出一种为了自然之调和与适应而保持的暂时的均衡状态。一个事物可以延续，长存现世，但并不是永存的；当它超越了一定的限度时它将为时代的齿轮所碾碎。每一存在就是一件事情。

这个事实既没有什么可以愤懑的，也没有什么可以羡慕的。它是我们应加以留意和利用的东西。假使当它被应用到好的事物上，应用到我们的朋友身上，应用到财富上和宝贵的自我身上，它是令人沮丧的，①但可以使人安慰的是：知道任何恶事也不是永远持续的；知道最长最直的胡同迟早总要转弯；知道对于逝世了的最接近的和最亲爱的人的悼念会随着时间而逐渐暗淡下去。一切存在的这种事变的特点既没有理由把变动理想化而奉为神灵，同样也没有理

---

① 意指这些东西是不久长的。——译者注。

由把存在分派到纯现象的领域中去。重要的是尺度、关系、比例、对于变化快慢的比较知识。在数学中有些变数在某些问题中乃是常数；在自然和生活中也是这样。某些事物的变化速度是这样的缓慢，或者说是这样的有节奏，以致在对付变动更大的和更不规则的事情时，这些变化——如果我们对它们有足够的认识——便具有稳定的东西所具有的一切优点。的确，假使某一个与我们有关的事物是必然要有变化的，那末一切其他的事物也都发生变化就是幸事了。一个"绝对的"稳定不变的事物就会超越于作用与反作用、抵抗和杠杆作用以及磨擦作用等原理的范围之外。在这种场合下，就没有可应用性、可能性来作为其他事变的衡量和控制。把这种较缓慢的和较有规则的有节奏事情称之为结构（structure）而把比较迅速些的和不规则的事情称之为过程（process），这样做法具有实际的意义。它表达了一个东西对于另一个东西所具有的机能。

但是唯灵论的唯心主义和唯物主义同样把这种关系上的和机能上的分别当做是某种固定的和绝对的东西。一个是在理想形式的体制中发现结构，另一个是在物质中找到结构。他们都假定：结构具有某种最高的真实性。这个假设乃是偏爱稳定的东西而轻视动荡的和不完备的东西的另一种形式。事实上任何结构都是某些东西所具有的结构；任何被界说成为结构的东西乃是事情所具有的一个特点，而不是一种内在的和独自存在的东西。一组的特性之所以被称为结构，乃是因为它对于事情的其他特性具有限制作用的机能。一座房屋有一种结构；如果没有这种结构就会发生解体和崩溃，和这个情况比较起来，这种结构就是固定的。然而，这个结构也并非在建筑和使用这座房屋时所包括的那些变化所必须遵循的过程以外。勿宁说，它是许多变化着的事实所有的这样一种安排，其中变化慢的特性限制着和指导着一系列快的变化而且给予它们一个秩序，而这是它们在别的情况下所得不到的。结构乃是手段的恒常性，用来达到某种结果的事物所具有的恒常性，而不是事物本身或绝对地所具有的恒常性。结构是使得架构成为可能的因素，而且除了在某种现实的架构中以外它是不能被发现或被界说的，当然架构就是变化的一个显明的程序。结构乃是变化所具有的一个稳定的条理，因此，如果把结构从变化中隔离开来，这将使结构变成一个神秘的东西——使它变成形而上学的（按照这个字眼的通俗意义），一种鬼影般的东西。

唯物主义者的"物质"和唯心主义者的"精神"，在缺乏想像的人们的心目中，乃是一种类似美国宪法一样的东西。显然，真正的宪法乃是这个国家的公民的活动的一定的基本关系；它是这些活动过程的一种特性或一种状态，它与这些活动是这样联系着的，以致影响它们变化的速度和方向。但是它时常被那些按照字面解释宪法的人们理解为在这些过程之外的东西；它被认为本身是固定的，是一切变化所必须迁就的一个严格的体制。同样，我们所谓物质的东西乃是自然事情所具有的那个特征，这个特征和相当迅速而可感知的变化这样的联结在一起，以致给予一种独特的有节奏的条理，亦即因果的程序。物质不是事情或过程的原因或来源；不是一个绝对的君主；不是解释的原理；不是在变化背后或下面的实质——除非把实质用在这个意义上，即当一个人充沛地具有这个世界的许多好处，因而能在四周环境的突变中维护着他自己的平稳时，他便是一个具有人的实质的人。物质这个名字系指一个活动着的特性，而不是指一个实体。

结构，无论是属于所谓物质的这一类，或属于统称为心灵的这一类，乃是一种在关系上和在它的职能上稳定的和持久的东西，这一点可以通过另一方式来予以说明。没有一个作用是没有反作用的；没有一种制约力仅仅朝着一个方向活动，没有一种调节的样式完全是从上到下或从里到外或从外到里进行着的。凡影响其他事物变化的东西其本身也是起了变化的。一个不动的推动者，一个朝着一个方向进行的一种活动——这种观念乃是希腊物理学的一种残余。这观念早已为科学所废弃了，但是还在继续骚扰哲学。给与心灵和物质的这种模糊和神秘的特性，传统思想中的心灵和物质概念本身，就是一些地下的游魂野鬼。在科学实践中实际上发现的物质概念和唯物主义者所说的物质，毫无共同之处——而且差不多每一个人仍然是一个唯物主义者，他仅仅在物质上加上第二个坚固的结构，即他称之为心灵的东西。科学中的物质乃是自然事情的一个特性，而且随着自然事情的变动而变动；它是它们的这种有规则的和稳定的条理的特性。

自然的事情是如此复杂和多种多样，无怪它们具有许多不同的关于特性的描述，它们的特性是这样的不同，以致很容易把它们当做是对立的东西。

心灵和物质乃是自然事情的两个不同的特性，其中物质表达它们的顺序条理，而心灵表达它们在逻辑的联系和依附中的意义条理。妨碍我们这种想法的只是因为不习惯而已。过程可以有许多的机能，这些机能，如果我们把它们抽象地分开来，是处于对立的两端的，正如生理的过程就分成了食物同化作用和分解作用两方面。把物质和心灵当做同一事物的两边或"两方面"，好像一根曲线上的凸曲线和凹曲线一样——这样的想法简直是不可思议的。

一根曲线是一个可以理解的东西，而凸曲线和凹曲线乃是根据这个对象来予以界说的；它们的确只是包含在这个对象的意义中的特性的两个名字而已。我们并不把凸凹两曲线当做两个独立的东西并从此出发，然后提出一个未知的"第三方面"来把这两个不同的东西联合起来。虽然这样两相比较在字面上看来是可笑的，不过我们可以把它理解成为一种传达真理的暗示。心灵和物质双方面所从属的东西乃是构成自然的那些事情的复杂体。只有当心灵和物质被当做固定的结构而不当做机能的特性时，这个复杂体才变成一个"第三方面"，一个无法说明的东西。这似乎是一个可取的预测：假使在几十年内禁止使用如"心灵""物质""意识"等这些名词，而我们不得不用形容词和副词如"有意识的"和"有意识地"，"心理的"和"心理上"，"物质的"和"物质上"等，那末我们会发现我们很多的问题就简单化得多了。

有许多的事例可以用来支持这个观念，即生活和哲学的主要问题和争论点乃是有关动荡的和确定的东西、不完备的和完满的东西、重复的和变化的东西、安全可靠的和危险的东西之间连接的程度和样式的问题。在各种这样的说明中我们已经选择了只有少数的几个事例。如果我们信任所经验到的事物的证据，那末这些特性，以及它们互相作用的样式和快慢，乃是自然存在物的基本特色。对于它们的各种不同的后果，按照它们是相对地分隔的、愉快地或是不愉快地联合起来的情况说来，所具有的经验便是证明：智慧以及爱智，即哲学，乃是有关如何对它们的各方面相称的联合进行选择和管理的问题。结构和过程、实质和无关紧要之事、物质和能、持久和流动、一和多、连续和中断、程序和进步、法律和自由、一致性和生长、传统和革新、理性的意志和冲动的欲望、证明和发现、现实和可能等，都是对它们的各种联合状况所给的名称，而生活的争端就依赖于如何使这些事物相互适应配合的艺术。

　　形而上学可以只注意这些特性而只把它们记录下来，但同时人在沉思中却并不是超脱它们的。它们使人纠缠于他的惶惑和烦恼中，而且也是他的快乐和成就的根源。这个情境对人并不是漠不相关的，因为它使人成为一个有欲望的刻苦奋斗的、有思惟的、有感情的动物。使人从沉思中记录这些特点进而发生兴趣去控制它们，再进而走向理智和有目的的艺术，这并不是由于自我中心主义。兴趣、思惟、计划、努力、圆满和挫折都是这些力量和条件所扮演的一场戏剧。一个特殊的选择也许是任意武断的；这只是说，它没有批准自己去进行反省。但是这个世界还是没有完成的，而且到底它将往何处去和到底做些什么，它还没有一贯地下定决心；在像这样的一个宇宙中选择并不是任意武断的。或者说，如果我们要称之为任意武断的，那末这个任意武断也不是属于我们而是属于存在本身。而把存在称之为任意武断的，或者用任何有道德意义的名称，无论是带有蔑视意义的或带有推崇意义的，这都是在眷顾自然。对存在采取一种屈从的态度也许是人类对于生活窘困所作的一种自然的补偿。但它却是哲学中这种伪装的、不老实的和廉价的东西所由产生的最后根源，这种补偿的处置使人忘却了反省之存在是为了指导选择和努力。所以它的爱智只不过是通过思辩的方式对存在进行一种不费气力的转变，而不是在人类中去打开和扩大自然的途径。一种专门致力于这种打开和扩大自然途径的工作的真正的智慧，便要在富于思想的观察和实验中去发现如何管理、控制存在的这些未完成的过程的方法，因而使脆弱的善果得以充实，巩固的善果得以扩大，而经常伴随着经验事物而来的尚在动荡的善果的期许，将更自由地得以实现。

自然、终结和历史

　　人类经验，从大体讲来，就其粗糙的和显著的特点而论，在它的最突出的特点中有一个特点，就是在从事其他活动之前，先从事于直接的享受、宴会和庆祝、装饰、舞蹈、歌唱、哑剧、说评书和演故事等。和在理智和道德方面所下的工夫比较起来，经验的这个特点并未曾得到哲学家们应有的注意。即使曾经认为快乐是人的唯一动机而追求快乐是人的全部目的的哲学家们，对于快乐的作用和追求快乐也只作了一个严肃的单调的论述。功利主义者考虑到他们怎样勤劳，怎样纺织，但是他们从未看到人生活在欢乐的行列里好像田野里的百合花一样。在他们看来，快乐乃是一种有关于计算和策划的事情，一种在数学簿记指导下的劳动。然而人类的历史却显示出来：人是善于摄取他的享受的，而且是尽可能走捷径来取得它的。

　　除了那些最基本的和最紧迫的慎重措施之外，人们先有直接的占有和满足，正如在各种科学之前先有工艺，人的身体在穿衣之前已先用花纹来装饰了。在人类的住处还是草棚的同时，庙宇和宫殿便已是装潢美丽的了。奢侈品比必需品流行得更为广泛些，除了必需品也能被用来欢宴庆祝的时候。人们的钓鱼和打猎原本是一种游戏，只有当他们无法找到低贱人，如妇女和奴隶做工的时候，才把它们变成有季节性的和有训练的农业劳动。有用的劳动，在任何可能的时候，总是由于伴随着仪式和礼节而改变面貌，使它从属于产生直接享受的艺术的；否则就是在缺乏空间时在环境的逼迫下进行的。因空闲使人们有时间忘形地从事欢乐，举行各种仪式和谈话。然而，需要的压迫也从未完全消失过，而这种需要的感觉，使人们好像对于暂停工作良心上感到有所不安一样，赋予游戏和仪节以实用的效能，赋予它们以控制事情和取得事情之统治者的欢心的能力。

而且魔术活动和迷信神话的地位是有扩大的可能的。主要的兴趣是在于舞台上的演出和欣赏表演；有些故事叙述存在中的一些偶然状况，经过种种紧张的场面之后带着一个比四周条件有时能允许更为愉快的结局，人们对于这些故事具有一种牢不可破的兴趣，而人类原始的兴趣也在于使这种兴趣有充分表现的余地，使得人们忠诚于迷信和礼节和忠实于部落的传统的并不是良心。只要它不是常规惯例，使得虔诚不致衰落的，就是对于人生戏剧的直接享受，而没有生活的负担。把礼节当做是影响事物之发展进程的手段而对它所发生的兴趣，以及神话在认识上或解释上的职能，只不过是一种装饰而已，这种装饰把不可避免的需要所要求于实际的那种式样，在一种愉快的形式中重复一遍。当礼节和神话乃是自发地重演实际需要和行为所具有的影响和发展进程时，它们也必然似乎具有实用的力量。少年们庆祝独立节，这也许刷新了一下1776年7月4日的政治意义，但是这个效果难以说明庆祝节日的那种热忱。任何事情都可以作为放假的理由，而且如果在假日里愈是用许多不像工作日受生活之压迫而又能把平日生活的方式表演出来的事物加以点缀，那末这个假日就愈像是一个假日。自由的幻想愈是无拘无束，假日和平日的差别就愈大。超自然的东西比自然的、习见的东西便有较大的刺激作用；假日和宗教节日是分不开的。丧事给带来一个守尸的夜宴，而吊丧也是要享以一桌祭肉的。

经验的这个状况，在经过反省之后，显现出许多的对象，而这些对象是最终的。在欣赏它们时的态度是美感的。在生产它们时所进行的操作便是不同于工艺的美术。然而给予这些事物以一定的名称是危险的，特别我们所谈论的一种境界乃是远远超越于所给以名称的这些事物之上的——即超脱了实际的忧患，对偶然的东西和有效的东西间的交相作用的直接享受。美感、美术、欣赏、戏剧带有一种赞美的意味。我们不愿意把无价值的小说称为艺术的，因此，我们称之为低级小说或者称之为在艺术上的一种拙劣的仿效。群众所直接享受的大部分的源泉在有文化修养的人看来并不是艺术，而是堕落的艺术，一种没有价值的沉溺。因此，我们就未能看到问题的症结。一种忿怒的情感、一个梦境、辛劳后四肢的松弛、互相开玩笑、恶作剧、击鼓、吹哨子、放爆竹和踏高跷，同样有着被尊称为美感的事物和动作所具有的那种直接的和移情的终极目的性。因为人们不仅仅生活，而更多地沉湎于丰富迷人的生活之中；因而，当生活伴随着劳动和实用的时候，对于这种生活的感觉就不是内在的，而是外铄的，它是在那些无忧无虑的时期，即当活动带有戏剧性的时候所派生出来的。

说这些事情只是说：人生来就比较注意于结局，而不是那末注意于准备；当结局能够成为预见、发明和工业的对象之前，它们原先一定是自发地和偶然地想到的——好像婴儿得到食物和我们大家从太阳取暖一样。意识，只要当它不是迟钝的疼痛和麻木的安适时，乃是一种属于想像方面的事情。存在在想像中产生的扩展和转变最后也会来同工作作伴，以致使得工作成为有意义的和适意的。但是当人们原先正忙于生计的时候，他们太忙了，既无暇从事幻想，也无暇从事于反省的探究。原先，巡狩是在节期享受的，或者是在造矛、制弓箭的平静时间享受的。只有到后来这些经验内容才转变成为狩猎本身，因而即使它的危险也会成为所喜爱的东西。劳动，通过它的结构和条理，使得游戏具有了类似它的模式和结构；然后游戏又回过来使得工作具有乐趣，给予它以一种开端、发展和高潮的感觉。只要想像的对象是令人满意的时候，戏剧的逻辑，悬而不决、激动和成功的逻辑便统治着客观事情的逻辑。关于宇宙创造的传说都是神话式的，这不是因为野蛮人喜欢从事于不科学的解释，而是因为想像的对象即使当它们是在重演自然中的危害时也是可以直接得到结果的；所获得的圆满结果的多少是以它们逃避自然环境威胁的多少为转移的。投合嗜好的东西乃是具有融贯性的东西的原始形式。

如戈登卫塞所说，如果超自然主义流传于早期文化之中，它大部分是因为"超自然主义的幻景有美感上的吸引力，它具有思想和形式之美以及运动之美，它充满了许多关于逻辑融贯性的可爱的事例，而且它富于吸引创造者、组织者和明察者的魔力"。而且我们还可以进一步说：产生这种快感的原因与其说是由于逻辑经过检验而与事实融贯一致，勿宁说是由于逻辑的融贯性所具有的这种美感的性质。又当戈登卫塞论及礼节仪式在早期文化中的地位时，他认为它具有一种"心理上白热化"的特点；因为有了这种仪式，"正在炽热发光的体积（习俗的聚合物）不会冷淡下去，情绪不会衰退，文化的交流不会降落到纯观念联系的动荡水平"。

现代精神病学和人种学一样，曾经证明象征在人类经验中的巨大作用。然而，象征这个词乃是对直接现象进行反省所产生的结果，而不是对在所谓表征发生力量时所产生的结果的描述。因为象征突出的特点显然是这样的：后来反省所称为表征的这个事物并不是一个表征，而是一个直接的道程，一个具体的体现，一个活生生的化身。假使要找一个与它相类似的东西，我们不应把它比之于传达消息、观念和指示的信号旗，而应该把它比作在一位忠贞爱国之士情绪高度激动时的国旗。从这个意义讲来，象征作用不仅统治着一切早期的艺术和信仰，而且也统治着那时的社会组织。礼节、图案、花样都具有一种意义，这种意义在我们看来是神秘的，但在那些具有这些礼节、图案、花样而且在崇拜它们的人们看来，却是即时的和直接的。不管图腾是怎样起源的，它并不是关于一种社会组织的一个冷冰冰的、理智的记号；它就是使得一个为情绪所渗透的行为中心成为表现出来而可以看见的东西的那个组织。它和心理分析在梦中和神经病态中所揭露出来的象征作用一样。这类表征并不是指示的或理智的记号；它们是现实的事物和事情的一种经过提炼的代替品；现实的事物具有迷乱、假象和不相干的状况，而这类记号能够较之事物本身更直接地、更丰富地体现现实的事物。意义在理智上是被歪曲和被压抑了的，但是在直接的接触中它们却是被提高和被集中了的。

叶士帕生（Jesperson）以类似的话论及语言的起源。他说：许多语言学的哲学家们似乎是"按照他们自己的形象把我们原始的祖宗想像成为具有丰富常识的、严肃而有良好意图的人们……他们留给你们这样一个印象，似乎这些言语的首创者们乃是一些头脑冷静的公民，他们只对生活的一本正经的和事实的方面具有强烈兴趣"。但是叶士帕生发现：在早期文化的普通语言方面只能发出短促的单音节的惊叹词；这种惊叹词是语言的最不变动的部分，而且现在停留在基本上和几千年前相同的场地上。他作出结论说："语言……是发生于生活的诗意的方面；言语的根源不是愁苦的严肃，而是快乐的游戏和青春的欢乐。"我认为：与其说是商业和科学，勿宁说是文学发展和巩固了我们现在语言的富源，这是不会有人否认的。

对一个关于存在的自然主义的形而上学来说，没有一个事实较之人类经验的事物分裂成为现实的但生硬的对象、可被享受的但想像的对像这样一个事实，更能表现自然的特性，更有助益的了。人们也许会想：哲学家们在他们寻求某些具有毫无疑问的特性的事实根据时，也许曾经注意到经验的这个直接的一面，其中对象并不是有关于感觉、观念、信仰或知识方面的事情，而是一些直接所占有和享受的东西。所谓"自明之理"真正能够理解的意义乃是指现有的东西显著明白的状况；像人类对于游戏和庆祝这类事情感到兴趣，这些常见之事对大家来说是最为显著明白的了。与之比较起来，哲学家们的所谓"自明"之事都是艰深费解而专门的。

在经验中另外一件最为自明之事就是有用的劳动以及对它的迫切必需。直接欣赏到的享受显示出在圆满终结状态中的事物，而劳动则显现出处在互相联系中的具有效能、生产力，起着推进、阻碍发生和破坏作用的事物。从享受方面来讲，一个事物就是它直接对我们所起的作用。从劳动方面来讲，一个事物就是它将对其他的东西所发生的作用——这是唯一能够说明一个工具或一个障碍的方式。曾经提出过一些特别的和微妙的理由来说明人类为什么信仰因果关系的原则。然而，劳动和使用工具似乎是一个充足的经验理由；的确，关于这个问题，这是唯一为我们所能够特别指明出来的事情。在说明为什么人们接受因果关系的信仰这一点上，劳动和使用工具比自然界有规则的顺序，或比理性范畴或所谓意志的事实等，是较为恰当的根据。第一个思想家宣布：每一件事情都是某些事情的结果和另一些事情的原因，每一个特殊的存在既是受制约的，也是制约其他的，这时候他只是把劳动者的工作程序用文字表达出来，把一个实践的方式变成一个公式罢了。外在的规律性乃是熟悉的、习惯的、视为理所当然的、不被思考到的、体现在不用思惟的常规顺序之中的。在生产劳动中的有规则性、有条理的顺序，把它自己在思惟面前呈现出来，成为一个控制原则。工艺是显露事物顺序互相联系的这种经验的一个典型。

反之，对于事物的享受（遭受痛苦也包括在内）就是公布这样一个事实：即自然存在并不仅仅是通到别的通道的许多通道，以及不断地如此连续下去以至无穷。对于美感经验有兴趣的思想家们不愿意指出这个观念的矛盾，即事物只有对于别的东西讲来，才是好的或有价值的；他们却详细地讨论着这种为美感欣赏所特有的事实，即有的事物本身就是好的或有价值的，而不是为了别的事物才被珍惜的。不过这些哲学家通常把这个见解仅限于与自然隔离开来的人事方面，而对于这些人事他们是完全用劳动或因果联系来解释的。但是在每一件事情中总有一些东西是独立自足的，完全直接的，既不是一个关系，也不是在一个关系整体中的一个因素，而是终极的和独一无二的。在这里，和在许多其他别的事情方面一样，唯物主义者和唯心主义者对于这样一个基本形而上学都是同意的，这个形而上学为了维护关系和关系体系，而忽视了那些不可缩减的、无限多数的、不可说明和不可形容的性质，而这些性质是一个事物为了存在、为了能够成为一个关系的主体和谈论的主题所必须具有的。存在的直接性是不可言传的。但是这种不可言传的情况丝毫没有任何神秘的地方；它只是表达这样一个事实，即：关于直接的存在我们既无庸对自己说些什么，也无法对别人说些什么。谈论只能密切这样的一些联系，即如果遵循这些联系的途径就会导致人们占有一个存在物。在直接状况中的事物是未知的和不可知的，这并不是因为它们相隔很远或是在某种不透亮的观念的感觉的帘幕背后的缘故，而是因为知识与它们无关。因为知识乃是关于事物呈现的条件的一个备忘录，即关于顺序、共同存在、关系的一个备忘录。直接的事物可以用字句指点出来，但不能被描述或被界说出来。描述当它发生时，只是用来指点或指明的一个迂回曲折的方法的一部分；一个导致直接的和不可言传的直接存在的出发点和途径的指针。在经验主义的思想家看来，直接的享受和遭受有结论性地显示和证明：自然具有最后性，正如它具有关系性一样。

许多现代的哲学家们，受了以知识为掌握事物唯一的经验方式这个概念的影响，假定认识作用是无所不在的，而且看到直接状况或质的存在（qualitative existence）在确切的科学中是没有地位的，因为他们曾经肯定说：性质总是而且仅是意识的各种状态而已。这是一个合理的信仰：如果事情不是处在正是它们不能削减的现有存在的状态，没有原始的和不被制约的"如是"状态的一面，那末就不会有像"意识"这样一个东西。因此，意识作为感觉、意向和情绪乃是发生于复杂条件下的直接性的一个特殊情况而已。而且，如果没有直接的性质，那些为科学所研究的关系就会在存在中失去其立足之点，而思惟除了它本身以外便无可咀嚼或挖掘的了。如果没有一个在具有性质的事情中的基础，知识所特有的题材将会是一种代数式的，一些无所关联的关系。处理那些由于称为因素而结束关系的事物，就是在一个关系的和逻辑的体系中有所论述。只有当因素不仅仅是一个整体中的因素，只有当它们具有在质量方面属于它们自己的某种东西的时候，一个关系体系才得免于全盘崩溃。

希腊人比我们朴素一些。他们的思想家们是为经验对象的美感特性所支配的，正像现代思想家们是受科学的和经济的（或关系的）特性所支配一样。因此，他们在承认性质的重要性和内在自足的或最后的事物的重要性时，没有什么困难。他们认为心灵是自然存在的实现或是参与在自然存在中的一种活动。因此，他们未曾陷于这样一个认识论的问题之中：即事物与心灵这两个被界说为对立的东西，怎样能够相互关联起来。假使存在在其直接的状态之中能够说话的话，它便会宣布说："我也许有亲属，但我却与它们没有关系。"在美感对象中，即在一切直接被享受的和被遭受到的事物中，在直接被占有的事物中，他们就是这样为他们自己说话的；希腊的思想家们听见了他们的声音。

然而，不幸的是，这些思想家们不愿意作为艺术家来说话；对于艺术家们，他们是轻视的。既然他们是思想家，目的在追求真理或知识，他们就把艺术放在一个低于科学的地位上；他们发觉唯一值得严肃注意的享受便是对于思惟对象的享受。结果，他们建立了一个主张，把美感的和理性的东西在原则上混淆起来，而且他们把这个混淆作为一个理智的传统遗给他们的继承者了。亚里士多德曾经说："当差不多一切的必需品和使得生活安适愉快的事物都具备了的时候"，哲学便在闲暇中开始了。当他说这句话时，他已经说了一些比他自己所觉察到的更为真实的话。因为这样开始的，与其说是科学知识，勿宁说是哲学的"知识"。哲学是按照一切同性质的故事的样式来叙说关于自然的故事的，这是一个有情节又有高潮的故事，具有这样融贯一致的许多特性，以适合于那些要求事物能满足逻辑规范的头脑。

思惟对象当然并不因为其有好奇心和欣羡心作为其鼓舞力量，有艺术作为其表达手段而有所损失。但是当它们和叙事诗、神庙和戏剧的血肉相连的关系被否认了，而说它们具有一种独立于虔诚、戏剧和故事之外的理性的和广大无边的身份时，这些对象就被歪曲了。在希腊的古典哲学中按照艺术的模型而构成的世界的这幅图画，总被说成是在理智上的研究所获得的结果。本来是为了一种细致的享受而构成的一个故事，由于受了在谈论中或在思辩中所需要的融贯一致性的安排，便变成了宇宙论和形而上学。这个故事的作者们对待艺术和祭祀礼仪的态度，是和现代的美学家对待庸俗形式的美感满足一样，都采取了高人一等的态度。要求在艺术活动中的题材和方式中要具有一种高超的境界，这本来是合适的；但他们认为二者是属于不同类型的。艺术是对于在它们的自然背景之中的生活的日常或经验的事物所作的一种夸张的模仿；哲学则是科学，是对于处在一切摹本、一切现象背后的实在的一种领悟，或对于在它们中间形成它们的有效实质的义蕴的一种掌握。伴随着这种领悟而来的愉快被说成是由于为理性所感知的宇宙对象所具有的最后的内在高贵品质，而不是坦率地承认这是由于为了要增进宁静的享受对于事物所作的一种选择和安排。

对礼节、故事和幻想的迷恋，在它具有魔术力量的这方面乃是起源于控制偶然事物的实际欲望；但是在较为广泛的范围中讲来，它体现着一种伴随着从动荡不安的状态中获得成功的结果的感觉而来的快乐心情。想像主要地勿宁说是带有戏剧性的，而不是属于抒情诗之类的，无论它所采取的形式是在舞台上演出的戏剧，或是叙述的故事或是宁静的独白。不安定的状态和麻烦之经常出现，使得情境更加深刻和尖锐化，在这样的情境中描写了麻烦和不安定是怎样从属于具有宁静和安定的最后结果。在一种不致使它们陷入明显的危险的条件下，重新制定生活中的变化、危机和悲剧乃是"意识"的天然作用，它受过这样的训练，即只有当环境迫使采取劳动的方法时才去尊重现实；如果这种训练能从当前迫切急需之中保持若干程度的解脱，而这种解脱乃是具有戏剧性的想像所特有的，那就是幸运的了。

现代的美学批评家们曾经批评过柏拉图和亚里士多德的"艺术即模仿"的这个概念。但是在它的原来的陈述中，这个概念乃是对于戏剧、音乐和叙事诗所观察到的事实所作的一种描述，而不是理论上的解释。因为这些思想家并非如此愚笨，以致把艺术视为对于死板的事物的一种描摹；他们主张：艺术是对于人类生活境遇和命运中的自然力量在紧要关头和在气候剧变时所表现出来的行为的一种摹仿。这样的一种重现自然是在一个新的和自由的环境中；它容许理想化，但是这种理想化是对于自然事情的理想化。它是自足的，它本身就是一个终结，同时这些事情似乎仅是为了使得完成一个理想化的重现成为可能和恰当而存在的。人类之诉诸美感对象，乃是人类从一个痛苦和艰难的世界中自发地寻求逃避和安慰的一个方式。如果一个世界全部包括着稳定的对象，直接呈现出来而为人们所占有，这个世界就会没有美感的品质；它就会只是存在而已，而且会缺乏满足和启示人们的力量。当对象把混乱和失败转变成为一个超越于烦恼和变化以上的结果时，它们实际上就是具有美感性质的。欢欣的庆祝和圆满终结的快乐仅仅是属于一个具有艰难困苦的世界以内的。

在一个不宁静的、斗争的和不安定的世界中，如果人们在已完成的事情中发现了欢乐，而由于这种欢乐是在已完成的事情中发现的，因而不致使我们再陷于正在继续前进着的事情的混乱不定的泥淖之中去。希腊的哲学，和希腊的艺术一样，就是对于这种欢乐的回忆。如果没有像希腊艺术经验一样的这种经验，我们就难以理解为什么要求从变易过渡到安宁，从偶然的、混杂的和动荡的东西过渡到组合的和完整的东西的这种愿望，会发现一个据以设计一个像柏拉图和亚里士多德式的宇宙的模型。形式是哲学的唯一的重点，因为它曾经是艺术的重点；形式乃是在一个特殊的对象中被捉住了的变易。形式传达一种关于不朽的和永恒的东西的意义，虽然形式所赖以体现的物质材料是要毁灭和具有偶然性的。因此，形式把完全在一个快乐的境界中实现出来的潜存性的这种直接感受到的状况表达了出来；在这样一个快乐的世界中，事件并不单纯是事件，而是停顿和结束在一个永远自足自给的活动之中的。这样一个境界，从它本身内在地讲来，乃是一个属于安全自足的意义的境界。它所包括的那些直接享受的对象被凝固成为超经验的实体了。这就是希腊人的美感静观受了希腊人的反省影响之后所产生的转变。

从这里产在的形而上学的专门结构是大家所熟悉的。在宇宙中真实的东西和已经完成的、完美的或完全成功了的东西是等同的，甚至对亚里士多德来说，一个冷冰冰的说明"存在"之特性的学说，即所谓形而上学，变成了一种神学，一种关于最后的和永恒的实体的科学，对这种最后永恒的实体只给予一些恍恍惚惚的说明。这个宇宙包括着许多纯粹的、自足自给的、自我封闭的和自我证明的形式；它包括着永恒的高潮中的自我运动或生命。形式是理想，而理想的东西就是理智所领悟了的合理的东西。关于这个观点的资料在经验中是在圆满终结和最后的东西里面发现的；而在希腊的文化中，艺术活动的这个领域曾经引起和提高了对于这类直接享受的对象的注意。从旁观者的角度看来，艺术对象是客观所与的；它们只需要为人们所欣赏；在希腊的有闲阶级为了扩大闲暇的领域而进行的反省，显然是属于旁观者的一种反省，而不是生产过程的参与者的一种反省。劳动、生产似乎并不创造形式，它处理材料或变化着的事物，以便提供一个使预存的形式得以在材料中体现出来的机会。在工匠们看来，形式是外铄的、不被感知的和不被享受到的；由于他们专心从事于处理材料，他们是生活在一个变易和材料的世界之中，即使当他们的劳动在形式的显现中结束时，也是如此。柏拉图曾经为那些生活在实用的、工业的和政治的世界之中的人们忽视形式而产生的后果感到苦恼，因而他苦心孤诣地制订了一个计划，按照这个计划，这些人的活动要受那些超然于劳动之上而不被纠缠于变易和实用之中的、以法律形式指导劳动者的行为习惯的人们所节制。亚里士多德则将自然界置于艺术之上，赋予自然界一个巧妙的用途，而自然界大部分是获得了成就或得到了完成；亚里士多德就用这个方式来逃避这个两难的局面。因此，人类的工匠的作用，无论是在工业或政治方面，就变得比较微不足道了，而人造的艺术品也变成一件相对地无足轻重的事情了。

亚里士多德关于四重"原因"的概念是公开地从艺术中借用来的；这个概念，在工匠看来，是实用的和微贱的，而只有在有文化教养的、有闲的，即不需要辛苦地参与在变易和材料中的旁观者看来，它才是"美术的"或自由的。自然是一个艺术家，他是从内部而不是从外部进行工作的。所以一切的变化或材料，乃是已经完成的对象的可能性。像其他的艺术家一样，自然首先占有了形式，然后把它体现出来。当艺术无论是在做鞋子，造房屋或演戏中遵循固定的模型时，以及在设计中个人发明的因素被贬责为幻灭无常的东西时，形式和终结（目的）都必然是在个人工作者以外的东西了。它们是出现在任何特殊的实现之前的。设计和计划是普通的，是不知出于谁之手的，而且它们也并不暗示有一个从事于设计的、有目的的心灵。模型是客观上被给予的，而且只能是被遵从和被追随的。因此，就不像我们今天可以感觉到的一样，当时并不难以把实现在最后的和停止变化了的对象之中的确切而有规则的形式归之于自然界的变化。发现于事物中的形式在一个有机体中的实现便构成了心灵，它成为自然的终结。对于这些形式的直接占有和颂扬便构成了意识，就希腊思想中关于意识的观念来说就是如此。

亚里士多德的这个主张并不是武断的推则；它是从这样的事实中自然地流露出来的，即希腊思想家们很幸运地在手边和在眼前就发觉有一个现成的美感对象的领域，这些对象具有条理与比例、形式和终结的特性。艺术是在许多现实的、客观的和非个人的设计和计划的基础上进行的，而这些设计和计划，与其说是个人的目的和发明的产物，勿宁说是在个人的设计和执行之前就事先存在的。材料屈从于接受和表现客观形式这个观念，并非希腊哲学家们凭自己的空想所创造出来的。他们在他们当代的艺术中发现了这个事实，再把它翻译成为一个理智的公式。把具有理想的条理和比例的对象和由原先的变化过程产生的最后的和停滞的结果视为一物，这并不是哲学家的首创。那样的等同至少是隐含在工匠的操作之中的。认为内心占有某些对象，在本质上，乃是一种高尚的满足，这个观念也不是哲学家所首创的。那个事实是他们的文明中的美育所给予他们的。哲学家们所要负责的是他们对于这些经验事实所作出的一种特殊的片面的解释，不过这一个解释在希腊文化的特色中（虽然是一些不大光彩的特色）是有它的根源的。

因为希腊的社会有一个特点，即它被严格地划分成为劳役的操作者和有闲的自由人，这就意味着在熟悉事实和沉思欣赏之间，在无智慧的实践和不实践的智慧之间，在变化、有效的事情（即工具性）和静止、自足的事情（即结局）之间的区别。所以经验并没有提供一个关于从事实验探究和在实践中具有效能的反省的概念的榜样。结果，自然的唯一可以留意的、可以理解的东西，就被认为是寓于终结的对象之中的，因为这些对象给变化规定了极限。变化着的事物，不可能在它们互相关系的基础上为人们所认识，而只能在它们对于超出变化以外的对象的关系的基础上才为人们所认识，因为这些对象标志着对于变化的限制而且是直接有价值的。终结的对象使得变化着的对象具有使它们成为可知的东西的特性。变化着的对象所具有的这种稳定性乃是从它们所趋向的终结对象所具有的形式中演化出来的。所以它们被认为具有一种内在的嗜好或倾向于这些终结的和静止的对象的属性。宇宙变化的整个体系乃是一个获得某些结局的途径，这些结局具有各种使它们成为吸引一切较小事物的对象的特性，从而使得这些较小的事物动荡不宁，直等到最后达到了构成它们真正本性的这种终结对象为止。因此，对于在思辩上被条理化的对象所具有的一种直接沉思中的占有和享受，便被解释成为既说明了对自然的真正知识，也说明了自然所具有的最高终局和最高的善。因此，一个关于道德、关于什么是在反省的选择中较好的东西的主张，就转变成为一个关于"存在"的形而上学和科学；在现代人的心目中，这个道德的方面便被这样一个事实所隐蔽了：最高的善是从美感经验的观点而不是从一般支配着现代各种道德理论的社会条件中培养出来的。

有人认为，作为终结的对象乃是科学的固有对象，因为它们是真实存在的最后形式，这一学说在十七世纪的科学革命中遇到了它的厄运。各种义蕴和形式被认为是神秘莫测而受到了攻击；"最后因"或者全部被否认了，或者被逐放到神的境界中，而为人类知识所不能及。关于自然终结的主张，为一个关于设计、预计中的终结、独立于自然之外而在个人心灵中建立和怀抱的有意识的目的的主张所代替了。笛卡儿、斯宾诺莎和康德在这个问题上至少是和培根、休谟和爱尔维修（Helvetius）一致的。把自然的事情认为是具有倾向于终结的宇宙意向，把自然事情的变化认为是要达到一个静止的和完善的自然状态的努力，这些想法都被指出是科学中贫乏与幻想的主要根源；和这个主张相关联的三段论式逻辑学被认为只是咬文嚼字的、争辩式的、至多也只是与自然的微妙的运行不相干的；目的和偶然性同样被贬责为纯人类的和纯个人的；自然没有质量上的不同，变成了一个性质相同的整块，由于在性质相同的空间中所进行的性质相同的运动上的差别而被分化开来。希腊思想家认为是纯偶然的混沌统治而加以拒绝的机械关系变成了规律、一致性和条理等概念的主要基石。如果也承认终结的话，那只是在设计的名义之下承认的，而设计与其说是客观的条理和构造的形式，勿宁说是有意识的目的。凡是现代物理学的影响所渗透的地方，这种古典的学说就变成遥远，淡漠和纷乱的了：自然的变化乃是向着成为它们自己的圆满和完善状态的对象的内在运动，因而这些对象乃是知识的真正对象，它们提供了唯一可能借以认知变化的形式或特性。随着这个主张的崩溃，那种认为宇宙具有质的差别和种类的不同的信仰也归于淘汰，因而性质和直接的状况就必然无处存身，被逐放于客观自然之外，只得在个人的意识之中去避难了。

关于存在的这些古典学说的这种厄运是不可避免的吗？对自然本身中所包括的终结的信仰必须加以舍弃吗？或者只有通过对知识的性质所作的一种迂回曲折的检验来予以叙述，而知识又是从有意识的求知意愿出发，最后推论出来说：宇宙乃是一个有意识的意愿的一种巨大的、非自然的实现吗？或者说，在古代的形而上学中还有一些真理的成分可以被抽选出来重新予以肯定的吗？从经验上讲来，为我们直接所掌握、所占有、所利用和所享受的对象的存在是不能否认的。从经验上讲来，事物是痛苦的、悲惨的、美丽的、幽默的、安定的、烦扰的、舒适的、恼人的、贫乏的、粗鲁的、抚慰的、壮丽的、可怕的；它们本身直接就是这样。如果我们利用"美感的"（"esthetic"）一词的广义，而不仅限于应用到美和丑的方面，那末美感的性质，即直接的、最后或自足的性质，毫无疑问就是在经验中所发生的自然的情境的特征。这些特性本身和颜色、声音，以及在接触、嗅觉和味觉方面的性质显然是站在同等地位上的。任何把后者当做是最后的和"结实的"材料的准绳，如果公平地加以应用的话，对于前者也将得到同样的结论。任何这样的性质都是最后的；它既是起点，也是终点；它是怎样存在的，它就正是那个样子的。它可以涉及其他的事物，它可以被当做是一个结果或者是一个记号。但是这就包括有一种向外的推广和运用。它使我们超越了性质本身所具有的这样的直接性。如果经验到的事物乃是有效的证据，那末在它本身以内具有各种性质的自然界就具有按照字面上的意义必然被称为终结、终点、停顿、完整之类的东西了。

贸然地跟存在的过程联系起来使用"终结"（"ends"）一词是有危险的。护教论和神学上的争论是围绕着这个字进行的，而且影响了它的含义。避免了这个内涵之后，这个字有一种几乎是牢不可破的颂扬的意味，因而如果说自然具有终结这样一个特征，而其中最突出的就是心灵的生活，那就似乎对于自然在从事一种颂扬的而不是经验的说明了。然而，远超过任何这样的涵意之外，还指着更有中立性的东西。我们经常谈到事物即将临近结束；终了了，完成了，做好了，完结了。没有事物是永远继续下去的，这是一件普通的事情。我们也许是愉快，也许是忧愁，但是那完全是一件正在终结的历史之类的事情。我们可以把终结、结束视为由于得到了满足和完美的成就，由于过于饱足，或由于消耗已尽，由于瓦解了，由于某些东西已经毁坏了或已到尽头。终结也许是一种极度的狂欢，也许是事实上的圆满结束，或者也许是一个不幸的悲剧，一个终结本身对于这些都是漠不相关的。不管在这些事物中那一个是临终的或终点的对象，这对于作为一个终结的这个特性来说是丝毫没有关系的。

关于自然终结的真正含义，如果我们从开端而不从末尾来考虑，就可以明白一些。坚持说自然之内具有各种的开端，这就是说任何一件事物都没有一个独一无二的、突然的开始。这只是用另一个方式来说明自然是一件关于各种事情的事情，其中无论每一个东西是怎样和其他的东西联系在一起的，都各自有它自己的性质。这并不意味着说：每一个开端都标志着一种进步或改进；因为不幸我们知道：意外之事、疾病、战争、说谎和犯错误也都有开端的。很明白地，开端这个事实和观念是具有中立性的，而不具有颂扬的意义的；是有时间性的，而不是绝对的。而且既然在某一个东西开始的地方，另一件东西就终结了，那末对开端来说是这样的，对终结来说也是如此。通俗小说和剧本表现出人性具有喜欢愉快的结尾的偏见，但是由于它们是小说和剧本，它们就更为确切地表现出来：不愉快的结尾也是自然的事情。

在习惯于对终结作一种含有颂扬意义的理解的人们看来，对于终结作刚才所提出的这样一种中立的解释，似乎把对于终结的主张当做是一件无所谓的事体了。如果终结仅是有时间性的事变的结尾或完结，为什么还要自寻烦恼去注意终结呢？至于建立一个关于终结的学说，乃至以自然目的论的名称去推崇它，那就更不必说了。然而，心灵愈是割断了片面的和自我中心的兴趣，承认自然是一个不断有开端和收尾的情景这种说法，就愈能成为哲学启蒙的源泉。它使得思想可以领会到：原因的机制和有时间性的后果乃是同一自然过程的不同阶段，而不是两相对立，各不相容的。机制是包括在一个历史发生过程中的条理，是可以根据各种各样的历史相互支持的条理来加以说明的。因此，既然一个有顺序的条理总是包括最后的一端，那末它就是可以用来作为控制任何特殊的末端的工具。

对于自然终结的传统概念大意是说：自然并不是徒然地做一件事；对于这句话一般公认的意义是说：每一个变化都是为了某件不变的事物而进行的，是为了它而发生的。因此，心灵是从一套现成的良好的事物或完美的东西出发，而自然界的任务就是要去完成它们。这样一个观点也许在文字上就区别成为所谓有效因的东西和所谓最后因的东西。但是实际上，这仅是在那种以发号施令为满足的主人的原因和实际上从事于体力操作的奴仆的效能之间的区别。这仅是把理想的和心理的东西——即主人的有指导性的条规命令——当做是最后的原因，而使它从执行命令的所谓低贱的体力劳动中解放出来的一种方法，也是避免由于在物质的领域以内夹入一个非物质的原因而产生的各种困难的一种方法。但是在一个把终结当做事物的收尾的合理解说中，一切有指挥作用的命令都是寓于这种有顺序的条理之中的。它不是为了这个终结而发生的，正像一座山不是为了作为山之顶点的山峰而存在的一样。一节音乐有一个结尾，但是前一部分并不因而就是为了这个结尾而存在的，好像到了结束的时候它就是将被抛弃掉的东西似的。同样，一个人只有在他曾经是一个儿童之后才是一个成人，但童年却并不是为了成年而存在的。

从这种情况的性质看来，原因，不管怎样去界说它，乃是包含在这个顺序的条理本身之中的，虽然此外它还可以是，而且当然也会是在另一个顺序的条理中的一个开端。有些"机械论者"把一个开端的项目当做仿佛具有一种原动力，而这个开始的项目把这种原动力在某种方式之下发射出来，加在它的后继者的身上，他们所主张的——或者意味着的——这个看法，跟意味着终结里面包括着在它以前存在的东西的这种为目的论者所主张的看法并无二致。一件事情总是有它的历史的，而且只有在它的历史中才有它自己的特性的。而以上的两个见解都把一件事情从它的历史隔绝开来。双方面都把一个在连续的条理中人为地隔绝开来的位置当做是一个真正实在的标志，一个学说选择了开始的一端，而另一个学说选择了最后的一端。但是事实上，因果关系乃是这个顺序条理本身的另一个名称，而且既然这是一个有始有终的历史顺序，那末这就没有比那种把因果关系跟开端或末尾对立起来的办法更为可笑的了。

同样的这些考虑却容许对于动和静的观念作一种自然主义的解释。每一个终结本身是静止的；这句话乃是一个周知的真理；一个事物正在转变成另一个东西的时候，显然是具有过渡性的；而不是最后的。然而一个事物是一个历史的结束；它也总是另一个事物的开始，而从这个性能上讲来，这个所涉及的事物乃是过渡的或者说是变动的。这句话也是一种同语的重复，因为变动并不意味着具有"力量"或者能够把它放射出去，激动其他的事物而使它们运动起来；它只是意味着在一个有联系的事情的系列中所发生的变化。对于"力"的传统看法必然强调一个由于是超越于事情以外因而是超经验的东西，无论称之为"上帝"或"意志"或"不可知的"。同样，对于"静"的传统看法也强调某种固定的和不动的东西，它是不能够变化的，也是在事物的进程以外，因而是非经验的了。然而，从经验上看来，一个历史乃是许多历史的连续，任何一件事情既是一个进程的开始，同时又是另一个进程的结束；它既是有推动力的，也是静止的。"事态"（"state of affairs"），这一个经常在我们口头上的词，虽然在传统的唯心论和机械论中它是毫无意义的，却是正确地描述了事实。没有一个事件或一件事情之中是没有变化的，同时也没有一件事情是没有界线的，因而它就显示出来成为一种事态或条件。当一个事态被感知时，"对于一个事态的知觉"又是一个事态。它的题材就是一件俗语所谓的事物，它或者是一个太阳系，一个星座，或者是一个原子，事情之间的一种多样化的、或紧密或稀松的相互联系，自成一定的范围，这些范围相当确定，大致上可以勾划出轮廓来。这大体上就是对于经验的一个公正的证明，而且这实际上就是常人所能看到的近代物理学的结论。由于这个理由，而不是因为另一种称为心灵的或心理的存在所具有的一种独特的特性，每一个情境或意识场都具有创始、倾向或意向，后果或意义这样一个特点。所独特的并不是这些特性，而是觉察或知觉所具有的特性。由于这个特性，就能够根据它可能的进程和后果来判断这个创始阶段。在这里有预见。每一个连续的事情是一个系列过程中的一个阶段，既是展望未来的，也是怀念过去的。比较明显地有关于我们目前主题的是，这个终点的后果，当被预见到的时候（即当事情的推动因被感知到的时候），就变成了一个"在预见中的终结"（"end-in-view"），一个目标，一个目的，一个可以用来计划如何形成一个事情进程的预测。在古典的希腊思想中，对于终结（目的）的感知只是对于自然过程所借以完成的对象形式所具有的一种美感体验。在大部分现代的思想中，它是受个人欲望指导的一种私人的心理活动所任意创造出来的结果，在理论上的另一种说法则是：这些终结（目的）乃是对于一个无限的心灵已经得到满足的意愿的有限摹本。在经验的事实中，它们是对于可能的后果的筹画；它们是预见中的终结。对于终结的预见，也和对于同时在机体外面的对象，例如对于树木和岩石等的知觉一样，是同样受先在的自然条件的制约的。那就是说，自然的过程实际上一定已经结束于某些可以指出的后果之中，而这些后果便给予了这些过程以限制和特性，然后才能在内心中考虑这些终结而使它们成为欲望所追求的对象。在以上所论述的范围以内，我们必须站在希腊思想这一边。但是在经验中预见的终结，和在古典思想中所理解的终结，有两个重要方面的区别。它们不是静观中的占有和使用的对象，而是理智上的和具有调节作用的手段；如果不把它们当做在事态中的计划来加以应用，它们就会退落到回忆和梦想之中。而且当达到了这些终结时，它们所赋予活力的这些对象就成为结论和成就，而只有当这些对象乃是先在的反省、审慎的选择和有方向的努力所产生的后果时，它们才是成就、结论、完善、美满。一个自然的终结，没有人类艺术的参预，乃是一个终点，一个事实上的界线，但没有权利来享有任何如古典的形而上学所赋予它们的所谓完善和实现这一类光荣的身份。

当我们把有意识的经验，即为有意识的生活所特有的对象和性质，当做一个自然的终结时，我们就势必无偏见地把一切的对象都当做是清晰的如亚里士多德的所谓终结（目的）。我们不能有所挑选；当我们有所挑选时，我们显然是在和实用的终结打交道，即和一些我们认为值得通过反省的深思熟虑的选择加以抉择的对象和性质打交道。如果我们注意到经验对象和其他自然事情的连续性，这些"终结"就并不是不那末自然的，不过它们却不是没有为反省的观测和选择这样一件特别事情所参预的终结。但是和希腊的传统一致，通俗的想法是在一切的终结中挑选那些它所喜欢和推崇的终结，同时忽视和无形之中否认这个选择的动作。像那些把一次幸免于灾难的情况视为神灵的参预，而忘了所有未曾逃脱的人们一样，通俗的目的论把好的对象当做是自然的终结，而坏的对象和性质则仅是意外或偶然之事、可痛惜的机械的过剩或不足。通俗的目的论，像希腊的形而上学一样，曾是一种护教派，为自然的仁慈而辩护；它曾是自满地乐观的。

原始人类，和朴素的常识一样，把终结性质归之于自然——在这方面它遵循着一个健全的实在论的形而上学。但它也认为它们是有因果决定性的，而这是为科学所拒绝的。为科学所拒绝不足以证明这些性质就仅是"主观的"或"私人的"现象；它只是表示它们乃是一系列事情的终点、结束。达到和占有这些性质的事情是互相联结着的，是通过一定的中介的，是赋予活力的，是有所指的，而且是知识的适当的材料。从科学所关心的因果秩序或条理的观点来看，性质是多余的、不相干的和非物质的。我们永远不能因为最充分熟悉那些形成知识对象本身的特性而预测它们的发生。

从后者，即具有关系性质的条理的观点来看，终结是突如其来和骤然中止的。所以在一个以知识的题材为唯一的和完备的东西的哲学看来——正如许多现代哲学所曾经这样做的——这些终结就成了一个极其使人惶惑不解的问题，一个神秘的东西。因为它们既是外来的和多余的，而又具有这种渗透和浸润的特性。正如我们所说，只有它们才是有趣的，而且它们是引起对其他事物发生兴趣的原因。在有生命的东西看来，它们形成了关心其他事物的自然讲坛。它们是直接地和间接地反应事物的基础。和它比较起来，其他的事物就是获得和避免具有它们的这种情境发生的障碍和手段。当"意识"（"consciousness"）一词——像有时这样做的一样——被用来作为代替在现实中呈现出来的这类直接性质的总和的一个缩短的称呼时，它就是自然事情的终结或终点。当实在是根据科学的关系对象（relational objects）来加以界说时，它本身也就是无缘无故的、多余的和不可解释的了。

所谓"终结"，我们也指在预见中的终结、目标、经过深思熟虑之后视为值得获取和足以激励奋斗的事物。它们是从它们的直接的和终点的性质中所采纳的对象所构成的；这种对象过去曾经作为事物的收尾而发生过，而现在却是不存在的，而且它们不像是再会存在，除非通过一种改变环境的行动。古典的形而上学乃是终结的这两个意义的一种混乱的结合；一个意义是指在基本上自然的终结，另一个意义是指在派生上自然的终结，或者说是实用的、道德上的终结。每一个意义本身都是可以理解的，有根据的，合法的。但是它们的混淆不清乃是哲学中许多"巨大的弊端"之一。因为它把那些值得反省选择和适合于反省选择的对象当做是离开反省的自然的终结。通俗的目的论在不知不觉之中追随着这种控制希腊思想的指导；唯灵论的、半神学的形而上学则曾有意识地采取了后者的观点。

这种混乱的形而上学的特点有：第一，把一切罪恶的和麻烦的对象从自然终结的地位中排斥出去；第二，把选来构成自然终结的对象排列成为一个固定的、不可变更的等级秩序。具有和输入斗争、痛苦和败北等性质的对象不被认为是终结（目的），而被认为是达到终结（目的）的障碍，当做是意外的和不可解释的偏差。神学曾经归之于一种原始罪的行为以使得它们的发生成为可以解释的事情，希腊的形而上学则归之于在自然中出现了一种顽抗的、固执的因素。除了关于自然终点的这种狭隘的见解以外，通俗的目的论还加上了一个把对象分等的办法，按照这个办法，有些对象比另一些对象是较为完全地成为终结，一直到最后到达一个对象，它成为唯一的终结，永远不是变动的和有时间性的——唯一的终结（目的）。这个等级制度在希腊思想中是很明显的：第一级也是最低一层，是植物性的终结，正常的生长和再生；第二级是动物性的终结，移动和可感受性；第三级是理想的和理性的终结，其中最高的终极乃是在思惟中占有一切形式的对象的一种极乐的静观。在这个等级的排列中，每一较低的等级是一个终结，同时也是较高一级终结的手段或先在的条件。经验的事物，属于工艺方面的事物是属于第二级的，但是在和思想的偶然混合的影响之下最后也具有了工具的性质，有可能成为在纯理性中占有理想对象的生活。现代的目的论就不是这样简要明确，然而它们都同意于这个概念：即一列一列的低级终结为这个唯一的终结（目的）作好准备，并登峰造极成为这个唯一的终结（目的）。

这样一种分类的工作对于那些享有特权的人们，无论他们是哲学家们，是圣贤学者和愿意为其特殊地位进行辩护的人们，自然是起着一种安慰的作用的。但是它的这种具有安慰作用的辩解不应该使我们看不见这个事实：即把对象当做是或多或少的终结是丝毫没有意义的。它们或者具有直接的和终结的性质；或者它们并没有这种性质：性质本身是绝对的而不是比较而言的。一件事物，当它和某些它所缺少和所需要求得的性质比较时，具有某种程度的蓝色；但是它的蓝色本身并不是蓝得多些或蓝得少些，也并不是比蓝色更蓝些或少蓝些，同样，终结的性质也是如此。对象也许有较大的或较少的吸收力，以及有较大的或较小的稳定性，因此相对于最后性而言便具有一定程度的强度。但是这种强度的差别，除了从属于反省的选择而外，并不是属于最后性的等级或类别上的区分。这种差别可以用之于不同的牙痛，也可以用之于不同的思惟对象；但是它并不内在地用之于在一种牙痛和一个理想的对象之间的差别——除非像牙痛这样一件事情时常具有一种较为强烈的最后结果。如果我们按照后者这个事实的线索，我们大概将得到这样的一个结论：即寻求纯粹的和完全的最后结果，就会把我们带到一种模糊的感觉和难填的欲海之中。因为这些事情就是说明这种本身完备自足、旁无牵连的事物的最好的事例。

如果这时理性的意蕴或意义同通过感性的和情欲的对象所占有的东西相比乃是较好的静观对象，这不是因为前者是较高的或较为"真实的"先在过程所产生的结果。它们不是根据现实性的多少来分别等级的。这是因为它们对反省的赞许表现为更值得追求的东西。而这个理性的特征就意味着：具有较好性质的事物既有直接性和后果性，也具有变动性和工具性。它们是具有潜能的和有生产力的。它们引导到某些地方去，也许引导到其他具有为人们所领会和深思的性质的事件去。如果思辩不是这样在美感上为有些人所欣赏，它就永远不会起着把人类从感觉和冲动中解放出来的那种作用了。这就显示出：美感对象可以是有用的，而一个有用的对象也可以是美感的，或者说，直接性和效用性[①]虽是两个可以区别的性质，在存在上却不是分割的。但是也没有理由把静观的知识或任何其他特殊的事件当做是一切自然终结中最高的终结。原来的所与或

---

① 为了避免误解，也许在这里应该明白地说明：在此地和在其他地方应用的"效用性"（efficacy）一词，并不意味着要按照旧的关于从事于散发力量的某种事物的学说来予以解释。它纯粹是从外延的方面来运用的；它指明在一件将有一个特定的收尾的事情的进程中的经验地位；它的意义并不是用任何理论来说明的，而是用这类的事情来说明的，例如，要取火，就要使用火柴，而且它是用点燃纸张或薄木片而不能用于岩石。这些字眼，如媒介、工具性、因果条件等经常出现在本书之中，我们也要同样地把它们翻译过来。

由深思熟虑所构成的东西是不是一个较好的或较高的终结，这不是一个关于内在性质的问题，而是关于在反省中所决定的判断的问题。正因为某些对象直接就是好的，所以凡足以保证和扩大它们的发生的东西，在反省的选择中它本身也许就变成了一个直接的最高善，这是可以理解的。

历史充满了数典忘祖之事。一切存在都不仅只是过去事物的产物；它们有它们自己的性质和独立的生活。在一切的后裔中都有像黎耳王（King Lear）[①]的女儿那样的一回事。这种数典忘祖之事，只有当它反过来否认自己的祖宗的时候，才是可以责备的。柏拉图和亚里士多德从公共的美术对象中，从希腊文化的仪式、祭祀和圆满终结的对象中曾经借用过材料，而且也曾经把所借用的东西理想化而成为新的艺术对象，这是应该感谢的事情。但在他们已经借贷之后，他们却把他们的模型和规范所由派生的东西弃如敝履，这就不是怎样值得敬佩的事情了。这种缺乏真诚的情况使他们看不到他们自己的建筑物所具有的那种诗意的和宗教的特征，而且在古典的西方哲学的传统中树立了这样一些概念：即对于对象的直接掌握和吸取就是知识；事物按照它们能够使得一个有修养的心灵从事这样的掌握或进行这样的谛视的程度而被安置在有等级的实在中的一定地位上；在"存在"中实在所具有的条理秩序是和一个预先已经决定的"终结"（目的）的等次相一致的，等等。

如果我们认识到：一切在有意识的经验中直接占有，而对它们又不作任何使用的性质，根据直接性和后果性，为证明自然所具有的特征而提供了证据，那末我们就有理由毫不矫饰地把对于事物的使用和享受当做是自然的，既是属于事物的，也是属于我们的。事物是美的和丑的，是可爱的和可恶的，是晦暗的和光辉的，是有吸引力和排斥力的。我们内心的激动和兴奋，也和长度、宽度和深度一样，是同样属于它们的。即使对于事物的利用，它们被用来作为手段和媒介的能力，也首先不是一种关系，而是一个被占有的性质；既然是被直接占有的，它和任何其他的性质一样，也是美感的。如果劳动把一个有条理的

———————

① 现译作李尔王。

经验与自然

087

顺序变成了一个达到终结（目的）的手段，那末这不仅把一个偶然的结尾转变成为一个对于目的的满足，而且它也使得劳动具有了一种后果和圆满终结所具有的直接的性质。艺术，甚至于美术既是一种所期望的东西，也是一个直接所享受的东西。

从控制和利用的观点来看，把原因视为较高的实在的这种倾向是可以解释的。一个"原因"不仅是一个在前面的东西；它是那样的一个先在条件，即如果为我们所操纵，它就节制着后果的产生。这就是为什么把太阳当做是白天的原因条件，而不把夜晚当做是白天的原因条件的道理。由于懂得了，如果能够具有并管理一定的条件，就自然会达成一定的后果，一种不可根除的天然的实用主义便任意从事一种简捷的转变，而把原因理解成为内在的较为基本的和必要的东西。时间是一个柔化者和赞美者，这个事实更增加了这种实用的倾向；现有的烦恼，当隔了一段时间而不再在眼前时就消失了它们的尖锐性。按照谚语说，旧的时代总是好的时代，而历史是从一个天堂或黄金时代开始的。好是合乎味口的，也就被认为是正常的；而受苦则是一种偏差，产生了罪恶的问题。因此，早一些出现的东西既得到道德上的尊重，也有实用上的优越。但是在存在中，或者从形而上学上讲来，原因和后果是处于同等地位的；它们乃是同一历史过程的不同部分，各有其直接的或美感的性质，也各有其效能或一系列的联系。既然存在是有历史性的，那末仅仅当每一部分被区分开来和关联起来时它才能够被认知。从认识上讲来，"原因"和"后果"都是一个片面的和残缺的存在。原子在时间中，由于关系的不断复杂化而产生了蓝和甜、痛和美等性质，同时在时间的横切面它们还有广延、质量或重量等，这一情况同样是原子的真实存在的一部分。

这个问题既不是属于心理学方面的，也不是属于认识论方面的。它是属于形而上学方面的，属于存在方面的。问题在于存在是否包括着事情，是否具有时间的性质，具有开始、过程和结尾的特点。如果是这样的，那末晚一些和早一些的事情，不管它们在特殊的实用问题上是多么的重要，对于一个论述存在的学说来讲，是一视同仁的。把原子视为全部的真实而牺牲了心灵和有意识的经验，与在空间上在这里和那里之间作一个严格的分隔，是同样的武断。区别是真正的，而且为了某种目的是必要的，但是它并不是一种在实在的种类上和程度上的区别。这里的空间和那里的空间是连接在一起的，而那时候的事情和现在的事情也是连接在一起的；在连接的地方和有区别的地方同样都是真实的。为了要控制事情的进程，就得要知道它们的条件。但是为了要突出这些条件的特点，就必需沿着它们追溯下去，以达到某一端，一直要我们达到了某种为我们在有意识的经验中所享受或遭受、所占有和使用的东西时，才算完全追溯到底。有许多比较简单的关系，按照定义被称为是物理的，而有生命的和有意识的事情又实现了尚未充分在这些所谓物理的简单关系中表现出来的特性。

然而，不应该把有时间性的性质和时间秩序混为一谈。性质就是性质，是直接的、即时的和不可界说的。秩序条理是有关于关系、界说、在什么时间、在什么地方以及有关于描述的事情。它是在反省中被发现的，而不像有时间性的性质那样直接占有的和被指明的。时间秩序是科学方面的事情；有时间性的性质是无论发生于意识之内或意识之外的每一事件所具有的直接的特性。每一件事情本身总是在这样的方式之下过渡到另一件事情，即后来所发生的事情乃是现有存在所具有的特性或本性的一部分。一件"事情"，一个事物（res），无论它是有关于化学变化的，有关于生命、语言、心灵的创变的，或是有关于构成人类历史的历史时代的，总是处于争斗之中。每一件事情总是从另外别的事物而来的，而且当它来到的时候每一件事情都有它自己的首创的、不可预测的、直接的性质，也有它自己的相类似的终结的性质。后来的东西永远不是仅仅溶解到早期存在的东西之中而已。这样的所谓解决仅仅是关于我们所借以调节先在东西向后来的东西过渡的这种秩序的另一种陈述而已。我们可以利用较好的关于童年的知识来解释成年的特征，但成年绝不是童年再加上一点什么。

在作为事实上收尾的终结和作为满足需要的终结之间加以区别，而同时又要记住后者和前者的联系，这是不容易的。我们带着一种想要保持和维护经验中某些对象的意愿而这样直接地去反应它们，以致难以保持这样一个概念，即：把一个事物当做一个完全不受深思熟虑的选择和策划的因素的影响的终结；当我们想到它或谈论到它的时候，我们就把联系介绍进去了。既然我们要从烦恼和受苦中逃脱，既然除了在逃避之中以外，这些事物并不是选择和策划的对象，那就似乎是迫不得已而把它们也称之为终结（目的）。这样来称呼它们似乎是在语言上的一种不恰当的情况。我是十分愿意在语言的这一点上让步的，如果它的含义被承认和被接受的话。因为在这种情况之下，除了一个在深思熟虑的指导之下的事物进程以外，我们所剩下来的就只有直接地为我们所利用、享受和遭遇的对象，但它们本身并没有要享受终结（目的）这个称呼的要求。在这种情况之下，健康本身并不是任何自然过程的一个终结（目的）；它本身更不是一个终结（目的）。当为病魔所扰之后而恢复了健康时，它就是一种为我们所享受的好处。同样，信仰和陈述的真理性也是一件具有好的性质的事情；但是它并不是正因为是好的，所以就成为一个终结（目的）；只有当它由于它具有好的性质而为我们所追求和作为一个结论而达到的时候，它才成为一个终结（目的）。根据这一点看来，一切的终结（目的）都是在预见中的终结；它们是有意识的意愿的对象，而不是像在希腊学说中所说的那样，是一个作为"存在"所具有的特性的理想。当它们在存在中被达到的时候，他们就是终结（目的），因为这时候他们乃是通过前面的努力所达到的结论，正好像一根竹竿本身并不是一个目标，但它在对一个赛跑者和他的竞赛的关系上，它就成为一个目标一样。我们必须一贯地坚持，终结（目的）和有意识的努力的目标是等同的，否则，我们就要承认：一切为我们直接所占有的具有不可减缩的和自足的性质，如红和蓝、痛苦、坚实、粗糙，光滑等等事物，都是自然的终结。

　　然而，在把终结（目的）和"在预见中的终结"完全等同起来，以及把后者和心理状态完全等同起来的情况中，并没有自明的乃至是清晰的东西。这样的等同起来乃是把有意识的生活和客观的自然隔绝开来了。曾有过一个特殊的历史情境，产生了这个分隔。现代科学已经把它弄清楚了：自然对于坏的东西和对于好的东西是无所偏爱的；它的磨盘一视同仁地碾出了各种的粮食。假使希腊思想只是曾经陈述说：存在的一切直接状态都有一定的最后性和后果性，一定的不可测量性和不可计算性；假使它曾经引用有意识的经验，作为说明自然过程对于好的和坏的终结是一视同仁的一个突出的事例，那末现代科学对于自然终结的主张就不会对它有着毁灭性的打击。勿宁说它会使得这个主张更能成为丰富的源泉。如果我们明白地发现了正是在这个好的事情和那个坏的事情前面存在着什么条件，我们就掌握了管理具有这些性质的事物之发生的手段。但是对于自然能量对产生好的收场和坏的收场这一情况乃是一视同仁的这个发现，以及对于导致不同后果的各种过程的这种相互重叠和相互混淆情况的发现，却这样完全推翻了这个关于终结（目的）的古典学说，乃至似乎把关于自然终结的任何概念都给废弃了。逻辑的结果就是把"意识"作为直接性质的集聚，和自然割断联系，而且创立一个关于物理的自然和心灵的二元论，这就是现代认识论上各种问题的根源。

重新考虑这个关于自然终结的学说，这在历史的连续部分中对正确地领会有意识的生命和自然的联系乃是必要的。"意识"，在它的许多含义的一个意义中，就等于是直接的显现，是性质和意义的明显而生动的呈现。如果把这些直接的显现当做是在自然的事情和物理的事情所具有的突出特征以外其他的什么东西，对象本身就变成了在存在中遥远不定的东西，只有通过意识的中介才能达到的了。再者，性质是直接的和绝对的，同时任何特殊的性质又显然是不稳定和流变的。直接的对象乃是变幻无常的最后定论。意识，按照适才所指出的这个意义，乃是一个流变，其中没有一个东西是停留不动的。永久性、"实质"（"substance"）仅仅发现于一些不可接近的事物之中，为了提供这个流变一个实体和轨迹，就不得不乞求于它。因此，我们就面临着类似在认识论中所有的那样一些惶惑不解之谜。在这时候只要留心一个问题就够了。在直接性质的领域中包括有每一个有价值和有意义的东西。但是它是不稳定的和动荡不安的。第一个考虑诱导着我们给予意识以高贵的赞扬；次一个考虑在我们把它和假设在它背面的事物以及它们所具有的固定性和永久性两相比较之下，便使我们去否认它具有真实性。既然直接的性质来去无常，没有内在的节奏和理由，既然生命比无机物是较为不稳定的，而有意识的生命较之生理学上所理解的生命又更加变幻无常，既然直接性质的来往只有经过了意识之外的事物的中介才会接受节制，那末意识就变成一个变态的东西了。"物质"作为由许多间接的、不是直接所给予的、从某种意义上讲来是不可知的事物所结合起来的一个复杂体，变成唯一真实的和坚固的了。

如果我们忽视了在实际上倾向于有规则的和重复的东西，因而倾向于与后果对立起来的"原因"的这种偏向，那末这种具有直接性质的事情的流变情况就只能表明：直接的状况就是直接的状况而已。就这个事例的性质来看，直接事物之发生乃是借助于顺序条理的。而在那种为常识视为实质的事物的事例中，这些特性如质量（mass）和惰性、不变的坚固性和广延性等，则最被重视。在这里，变动速率是慢的；它呈现为一种既有消耗又有积累的事情；静止的空间性质最为突出。时间对于坚固实质的变化是比较漠不相关的；一百万年就是一天。但是如果事物的存在依赖于许许多多独立的变动因素之间的交相作用，那末它就是在一种不稳定的均衡状态之中的。它的变动速率迅速；在相续的性质之间彼此没有明显的联系；任何一步的移动都可以改变整个的配合情况。因此，光和水是"实质"，而依赖于光线和水蒸汽的一种高度特殊的结合才能形成的、迅速变动的虹就仅仅是一个"现象"。这样的直接性质，如红和蓝、甜和酸、声调、愉快和不愉快，都是依赖于由许多有制约作用的事情所形成的一种非常的混合物和复杂体；所以它们是变幻无常的。它们从未完全一样地重复过，因为产生它们这样一种终结的事情在完全相同的情况下再结合起来，这种情况从未显明地重复过。所以它们乃至比虹更为"现象的"；如果它们要在"实在"中占有一定的地位，它们就要作为实质的各种"样式"（"modes"）而依附于实质之上。

因此，那些最稀少的、终极的，也就是不稳定的和最容易变化的事物，便似乎和那些好的、坚实的、旧式的实质有着种类上的差别。物质变成了不像那种没有想像力的偏见所理解的那样成块的和厚实的东西。但是当它跟直接性质的变动比较起来时，在任何情况之下，它又似乎是坚固和有实质的；我认为就是这一个事实说明了：我们在"物质—实质"的类比之下，在心理的事情下面也插入了一种非物质的实质。但是当我们认识到：心理的事情乃是自然的事情高度复杂的交相作用所产生的结果时，它们的这种迅速变化的性质本身就变成可以理解的了；这就没有根据来争执说，它们和物理的东西有一种极端的差别，因为物理的东西也是可以分解成为一种为事物变动的进程所具有的那种特性。"意识"，作为是直接性质和意义的一种显著而生动的呈现，是唯一具有直接价值的，于是那种不在当前直接呈现出来，而它们的内在性质又不是直接为我们所占有的事物，从控制的角度看来，乃是基本的。因为正是由于为我们直接所享有的事物既是稀少的，又是变幻的，因而唯一能被我们所思及的就只有它们被我们所享有时的各种条件了。从保卫和维护对于终结性质的享有的立场来看，通常的普遍的和重复的东西就是属于高级的东西。直接讲来，除了占有、享受和遭受这些终极的性质以外我们就不能对它们有所作为。所以反省乃是与那种制约、防止和保证这些性质之发生的条理有关的。和我们的期待相反，许多历史的哲学体系却把这种现实的情况完全颠倒过来了。一般的、重复发生的、广泛的东西被视为有价值的和属于高级的"存在"；直接的、强烈的、流变的和具有个别特性的东西，只有当它依附于某些通常的、普遍的事物时，才能具有外延的意义。实际上，普通的和稳定的东西之所以是重要的，乃是因为它们具有促使产生独特的、不稳定的、转瞬即逝的东西的工具作用，因为它们是后者发生的有效条件。

　　亚里士多德通过拉丁基督教所遗留给现代世界的思想体系，表达了这个把具有工具性的普遍存在的东西当做最后的东西的后果。实际上，圆满结果的对象并不是在少数几个总类之下所排列的一系列有数的和不变的各种存在，而是无数的、变动和个别的事情。在兴盛中歌颂失望而在黑暗忧郁之中歌颂希望的诗人却已成为真正的关于自然的形而上学者了。眼前的荣耀和眼前的悲剧一定就会过去的。偶然的、不定的和不完全的东西使得圆满结果的对象具有深度和广度，同时那种不直接为我们所占有的、只有通过反省的想像和理性的构筑才可能接近的事物，却是控制它们发生的条件。

　　一个对象所具有的终极性质愈为丰富，这个对象就愈为动荡不定，因为它是依赖于许多不同的事情的。所以，充其极，控制也是片面的和带有试验性的。一切的预测都是抽象的和假设的。设定其他事情是稳定的，那末在思想中所选定的一定条件就决定着一件事情（例如红）的发生是不是可以预测的。但是既然别的条件并非始终固定不变的，现实所发生的事情绝不会恰是在思想中所产生的东西；并没有单纯"红"的东西，而只有具有一定色度和一定深浅的红色的东西，正在这样一个不可重复的内容之中。因此，在任何终结的对象之中都可以发现一些不可预测的、自发的、不可陈述的和不可言喻的原因。标准化、公式、概括、原则、共相都各有它们的地位，但这种地位乃是有助于更好地获得独特而不可重复的事物的工具作用而已。

歌颂这个事实，我们应归功于浪漫主义；如果一件事实不受到过分的颂扬，它就不会明显地被充分发现和交流。反对浪漫主义这个思想体系是十分有理由的；但是即使从一个讨厌的体系也可以得到一点一滴为比较严肃的体系所不知的真理。不管称这个事实是浪漫的或某些别的更好听一些的名字，这仍然始终是真的：即直接的和终结的性质（无论是否称之为意识）形成了包括有许多直接的、变动的、冲动的、冒险的最后结果的一个不可预测和不可言传之流，而在古典思想中被歌颂的那些普遍的和有规则的对象和原则，相对于它而言，只是具有工具作用而已。

在我们结束本章之前，最好再提醒一件事。指出某件事情是一回事，赞赏和颂扬这个事实是另一回事。当我说，凡直接所享有的圆满结果和稀有的东西是变幻无常和独特的时，我并不是说，这是一件美好和可贵的事情，应该永远不要完全服从于原则和规律。不要因为一位新闻记者报道了某种情况因而去责备他。在这里所报告的这个事实在一位忠实的经验主义者看来，是十分不可避免和十分显明的，因而也就没有必要去颂扬或贬责它。唯一的问题是准备怎样来对付它所有的那些各种各样的组成我们的生命和给予我们生命以悲欢离合的事例。这个问题在反省中是迫切的；在"谋求生活"这样一个最实际的行动中，在经常迫切需要工作的情况中，它也是迫切的。用于反省中的材料甚至比用于解决饥渴的材料还要变化得迅速些。它们的新陈代谢的过程还要来得快些。真正思考到一件事情就是去思考到我们迅速追求它们的涵意时立刻想到的那些涵意。在一位思想家讲来这是没有止境的，除非是在思考的过程之中。也许就是由于这个原因，思考，从总的讲来，在人类的文化中一直被视同繁重的劳动，视同沉闷和忧郁的东西。幻想跑得很快，但是在幻想中并不包括使得其中的联系紧密而连贯的工作在内。只有在古代希腊那样幸运的环境中从事理解的努力才能变成一种丰富的乐趣，以致他们可以把它认为不仅是自然的一个终结，而且是它的许多终结之终结，而一切其他都是为了它而发生的。

然而，参与在这种圆满终结的活动之中的还仅限于少数的人。既然它被理解为一个终结，自发地或"自然地"给予少数人的，而不是一个所要达到的实用的和反省的结论，他们便断定说：有些人天然就是奴隶，他们唯一的职能就是供应物质养料使别人不致为了需要求生而分心，从而可能在纯理论的活动中从事思考。因此，思想乃自然之最后的和完备的终结这个概念，就变成为一个使社会上现存的阶级划分"合理化"的手段。把人类划分成为没有思想的人和从事于探究的人，被认为是自然的内在工作；实际上它就是等于把人们划分成为劳动者和有闲者。哲学家们和科学研究者们是自然完善的最高极点，是最少依赖于外向行动和联系的。

从某种意义上讲来，思惟和悠闲的领悟之发生是自然的；它发生在自然过程的进展之中。它可以说是"赋予的"（"given"）。好像任何后来得到的结果一样，它在变成一个反省选择和寻求的对象之前，必先是被直接遇到，被未经预先的思索而达到的。但是当它一经被反省的时候，它的意义就被误解了。把静观的思惟本身当做是唯一的终结（目的）的这个想法，一方面是由于在实践中不能使理性发生有效作用而作的一种补偿，另一方面又是一种使社会阶级的划分永存的手段。一个具有历史性质的局部的和暂时的政治变成了一个关于永恒存在的形而上学了。当思惟达到了真理的时候，它的确可以说是实现了自然的规律性和普遍性；成为它们的自然的终结。但是它的在某些东西中而不在另一些东西中作为终结（目的）而体现出来，并不共同享有普遍性。它是偶然的，意外的；只有当它的成就是政治和教育的审慎的艺术所产生的结果时，这种成就才是一种有理性的实现。

既然在自然中没有一个东西是彻底最后的，理性（rationality）总是既是手段，也是终结（目的）。只有当那些已经实现了善的人们把它再用来改变条件，使得其他的人们也能共享此善，而善果的普通性是在事件的进程中存在的时候，所谓理性终结（目的）的普通性和必然性的主张才能证明是有效的。愈是肯定说思惟和理解本身就是"终结（目的）"，那末思惟就愈是必须发现为什么它们只有在一个很小的和排外的门类之内才能实现的理由。思惟的进一步的问题就是要使思惟在经验中占优势，这里所说的要使它在经验中占优势的，不仅是灌输到别人头脑中去的思惟的结果，而且还有能动的思惟过程。在古典的和有大家风范的传统中最后的矛盾是：它使得思惟成为普遍的和必要的和终极的自然之善，但同时又使得它散布在人们之中成为意外的、依靠于出生的、依靠于经验的和政治的地位的一种东西。如果有一种哲学不关心决定理性发生的条件，而却又说理性是最后的和普遍的，那末一贯的和合乎人情的思惟就会觉察出这个可恨的矛盾。当对象的性质被发现是值得成为后来结果的时候，这种发现就必然会产生艺术。只有在这儿，思惟和认识，不仅在它们的来源方面，而且也在它们后果方面都是在自然过程之内的事情，因而充分地发挥了它们的作用。

自然、手段和知识

　　人们最熟悉的一个神话，讲到劳动是怎样由于人类触犯了神权而产生的，劳动是一种给地球带来了祸患、给人类带来了痛苦的行动。由于这个最初对上帝的反抗，男子在忧患中做苦工，以求得一个不安定的生活，而女人则在痛苦中养育儿女。这个故事是一个动人的证据，说明人类发现：自然界支援他的各种活动，这是很自然的；而连续的和痛苦的工作负担加在他的身上，这是不自然的。欢乐是自发的；劳动就需要有一定的理由。在这个旧传说的产生和古典政治经济学的建成之间有一段长的距离；但是后者主张，作为价值之源泉的劳动意味着付出很大的代价，意味着沉重地牺牲当前的圆满结果去求得后来的好处，这种主张表达了相同的人类的态度。

　　但是，事实上，人类不仅占有和享受到善恶，而且也认识到它们，这不是由于享受了那个苹果，而是由于受到了这个强迫劳动的惩罚。为自然所提出的、为了使工作能够获得成功所必须遵守的那些要求条件，乃是人们对于自然界所作所为进行观察和记载的根源。它们提出了这样一种训练，即使得丰富的幻想变成对事情运动过程的尊重，使得思惟服从于一种适当的空间和时间的秩序。空闲是戏剧、运动和文学辞藻产生之母，但同时需要乃是发明、发现和循序反省之母。虽然在运气好的时刻，异常的事变是可以用仪式或者礼节来甘言蜜语地诱导或加以约束的，但是只有工作才使得家庭的、日常的事情具有一种有结果的魔力。戈矛、网罟、陷阱、机关、器皿、筐篮和布匹等物也许由于它们附属于一定仪式的设计之内而使它们的能力更加扩大了，但是这种设计永远不能完全代替那种需要符合于对自然材料之有效的抵抗和适应的情况。敏感、机警、发明以及知识的积累和传递，乃是人类在劳动中需要避免沉湎于直接的占有和享受，以便在事物活动的联系中把它们当做手段和记号来加以考虑而产生的结果。同样的需要也要使得那种除它本身具有刺激性以外与任何事物无关的直接情绪，转变成为对自然事情的运动和可能性的兴趣。对于用具、工具，人们是用尽一切办法装饰它们，使得他们可以想起具有圆满结果的事情，以减轻它们的负担，但是工艺品回过头来为仪式艺术提供材料、用品和图样。

工具、手段和媒介乃是工业中所特有的事物；这样一句话乃是同义词的重复。从它的本质上讲，技术所涉及的乃是具有工具作用的事物和行动，而不是处于直接状态的事物和行动。对象和事情在工作中并非作为对于需要的满足、实现而呈现出来的，而是作为达到其他事物的手段和具有预示性的标记而突出的。一个工具是一个特殊的事物，但是它不只是一个特殊的事物，因为其中还体现出一种自然的联系、一种顺序的关结。它具有一种客观的关系，而这种关系也就说明了它自己的特性。对它的感知以及它的实际用处，使得心灵涉及其他的事物。戈矛并不直接暗示出这种欢乐的情况，除非通过其他外在事物的媒介，例如在游戏和狩猎之中对于盾牌的感知就激起了想像。人倾向于他自己的这种偏见，使得他单从一个工具对他自己、对他的手和眼的关系来考虑它，但是它的基本关系却是对其他外在的事物的，例如斧头之对于钉和犁之对土壤等。只有通过这个客观的关联，它才保持着对人以及他的活动的关系。一个工具就是表明对自然中的顺序关联的一种感知和承认。

古典哲学胎孕于惊奇，产生于安闲，培植于圆满的静观。所以它留心到在美术中圆满的或有后果的对象和在工艺中具有工具性的和从事于操作的对象这两者之间的区别。然后，它运用这个区别，根据一种思辩的物理学去解释自然。工艺之所以是可能的，是因为事物具有可以观察得到的效能；但是它们之所以是必要的，却是由于欠缺、匮乏、不完备、"无有"（"Non-being"）。在感觉和胃口中这样的缺陷是明显的；原料之所以可能转变成为有用的形式，这是由于原料本身具有可以转变的性质，而这种可变性的本身证明了它们也不是完美无缺的"存在"。事物之所以有潜能性或工具性，这是因为它们还没有存在，而勿宁说还是在变化过程中的存在。它们供给了它们本身各种足使它们满足的活动联系，因为它们本身，按照一种恰当的意义讲来，并不是所谓"真实"的东西。这个观点使希腊思想得以免于现代把工具视为单纯的主观方便之物的这种片面性。但是这个保卫工作付出了相当的代价，它认为自然中存在本身就具有一种分裂的情况，把它区别成为某些事物内在地是有缺陷的、变化的、关联的另一些事物则是内在地完善的、永久的、自足的。其他的二元论，例如在感情的欲念和理性的思惟之间，在殊相和共相之间，在机械的和有目的之间，在经验和科学之间，在物质和心灵之间所存在的二元论，都仅是这个原始的形而上学的二元论的反映而已。

把美感的对象转变成为科学的对象，转变成为既真且善的统一的东西，跟把活动着和转化着的对象转变成为缺乏完善存在的事物是完全相符的。由于这些事物不是完善的存在，这便产生了它们这种变动的不稳定的状况，然而这种不稳定的状况，和工艺原料一样，对超越于它们本身以外的终结（目的）是具有着潜存的作用的。社会之划分成为一个劳动阶级和一个有闲阶级，区分成为工业和美感静观，便变成了在形而上学上区别成为仅仅是手段的事物和作为终结（目的）的事物。手段是卑贱的、仆从的、有奴性的；而终结（目的）则是自由的和最后的；作为手段的事物就证明有缺陷、有依赖性的，同时终结（目的）则证明是一种独立的和内在自足的存在。所以前者永远不能在它们本身就被认知，而只能当它们是从属于最后的对象时才被认知，但后者根据一种独立自足的推理在它们本身并通过它们本身就能被认知。因此，把知识和美感的静观等同起来，而把尝试、工作、对事物的操纵和管理都排除在科学之外，就构成了一个完全的循环。

艺术家们通过所创造的和谐地构成的对象为唯心主义哲学提供了最后真实对象在经验中的模型，但是思想家们对于这些艺术家们则表现出一种忘恩负义的态度，而对于工匠则尤甚。农民、航海者、建筑工人观察和进行工作程序所积累的结果，提供了有关自然事情的事实资料，而且也供给了在逻辑上和在形而上学上变化从属于直接所占有和所享受的满足结果的一种模范。在思想家们责备工人阶级和轻视劳动的同时，他们却又从他们那儿借用了那些给予他们自己的理论以形式和实质的事实和概念。因为离开了艺术的过程就没有把满足、现实这种观念介绍到终结（目的）这类概念中去的根据，也就没有把先在的活动解释成为潜能性的根据。

　　然而我们却不应该也跟着表现忘恩负义。因为如果说希腊思想家们还没有达成科学，但他们却已经获得了科学的观念。这个成就越出了艺术家和工匠的范围之外。因为不管他们自己对于自然事情的观察和信仰的内容是如何坚实，那种内容乃是约束在根源和功用的机遇之中的。他们所认识的关系在时间和空间上都是限于局部范围之内的。当题材从这种关联中提升上去并置于一个永恒形式的领域之内，它就受到了一定的歪曲。但是关于知识的观念便因而得到了解放，而在存在中的这种逻辑关系的体系便被奉为探究的一个理想了。思惟被揭露出来，当做一种具有它自己的对象和工作程序的事业；而这种把思惟当做是一切艺术的方法之方法的发现，对于一切后来的经验增加了一个新的幅度。如果有人试图在由于把思惟和逻辑当做是一种自由事业的这个发现所得到的收益方面和在由于把有工具性的东西和终极的东西截然划分的后果所应付出的债务方面，两者之间求其平衡，这会成为一种学究式的工作。

　　在荷马（Homer）和赫塞奥（Hesiod）时代和公元前第五世纪之间在希腊的经验中曾经发生过一个大的变化。在早期，表现出对生活有一种忧郁的心情。为命运，大部分是恶运，所支配的感觉广泛地流行着。如下的一些引语显示出来了这样的心情："因此，神灵已为这些不快乐的生灵决定了：人们应该在痛苦中生活，而它们本身则在无忧无虑中生活。""成千的苦难横越过人类的住处；它们遍布于地面而充斥于海洋。日以继夜带来了悲痛。它们静悄悄地就来临了，因为聪敏的宙斯（Zeus）①已经拿去了它们的声音。""凡为赫卡谛（Hecate）②所宠爱的人们就不需要有知识、记忆或努力以获得成功，因为她是不要她的宠爱者的帮助而独自动作的。"占卜神圣的意旨和虔诚的牺牲是人类

---

①　Zeus是希腊神话中的神王。——译者注。
②　Hecate是司月亮、地球及冥世的女神，现多译为赫卡忒。——译者注。

唯一求助的手段，但这是无益的。认为没有人是快乐的，一直要到他死亡之后才能快乐。神灵的确也曾赠与人类一些艺术来改善他们的苦难命运，但是这种恩赐又是不确定的。终结（目的）是在神灵和命运的一边，而命运甚至于还统治着神灵，它既不为敬献所贿赂，又尚未受到知识和艺术的威胁。

在诡辩学者（Sophists）们以及他们的伟大的雅典继承者们的时代中，在心情上又有了显著的变化。这时候已经存在有这种促使表达希腊人的宁静心情的神话产生的条件。诡辩学者们教导说：人类通过精通艺术就能大部分控制生活的命运。柏拉图是最明白现有的苦难的了。他认为：既然这些苦难是由于无知和偏见，它们是可以用适当的知识去加以补救的。哲学应该以获得一种控制社会的艺术为其终极目的。柏拉图的大对手教导说：命运乃是"人们所发明的一个幻影，用来掩饰他们自己的鲁莽。命运不容易对抗思惟，而且从绝大部分讲来，一个受过教诲和有远见的灵魂将会达到它的目标"。总之，以知识为根据的艺术要跟自然合作而使它服从于人类的快乐。神灵已退到了黄昏的时期。神权有了一个强有力的敌手。崇拜变成了道德。医药、战争和手艺离弃了行会护神的庙宇和神坛，而发明、工具以及行动和工作的技术大大地增加了。

这个大胆扩展的时期并没有继续很久。它不久就让了位；它为茂莱（Gilbert Murray）的所谓神经衰败所继承而又回复到超自然的境界，哲学从一种高尚的艺术变成了一个进入超然境界的通道。然而，这个插入的事变虽是很短的，但它却不仅仅只有历史上的意义。它为处在一个不安定、不完全和动荡的宇宙间的人类敞开了另外的一条道路，那就是说，除了在人的烦恼生活中所发生的那种赞美欢乐和休息的时间等方式以外，再可以有另一种方式。通过有工具性的艺术，以对自然、对具有使人满足和好的作用的对象的研究为根据的控制事物的艺术可以倍增和得到保证。这条道路，在差不多两千年的晦暗和荒芜之后，又被发现并再度被采用了；它的再发现标志着我们所谓的现代时期。把科学当做在一个危难不安和一致、安定相混合的世界中的获得支援的一个手段，而考虑它的意义，就成为我们关于经验这一章的主题了。

科学产生于艺术，物理科学产生于手艺和医疗、航海、战争的技术以及木工、铁工、皮革工、亚麻和羊毛工等；心理科学则产生于政治管理的艺术，我认为这是大家所承认的一个事实。明显的理智态度标志着科学探究的特征，这种理智态度产生于人们努力去控制人和物，致使后果、收获和成绩更加稳定而可靠。当人类使用工具和用品去操纵事物，使它们对所期望的对象有所贡献的时候，这便采取了脱离直接事物和事情之威胁的第一步。当人们不是在事物的直接性质中，而是为了某些后来的结果而应付事物时，直接的性质便淡暗不明，而那些作为其他事物的标记、指针的特点便突出显明了。一个事物比较重要的意义是它将使得什么成为可能，而不是它直接就是什么。认知的意义、理智的意义的概念本身就是说：事物在它们的直接状况之中乃是从属于它们所预示着的和指证着的东西的。一个理智的标记指明：一个事物并不是直接被接受的，而是指某些由于它而可能来临的东西。理智的意义本身可以被占有、享受和欣赏；但是理智的意义的特性却是具有工具性的。所幸的是，工具和它们的功用都能直接为我们所享受；否则，一切的工作都会成为苦工。但是这个赋加的事实并没有改变一个工具的定义；它始终是一个用来作为达到某些结果之媒介的东西。

在界说空间和时间性质，在把局部事物之纯粹直接的性质转变成为种属的关系时，人们是通过艺术来采取开始摸索的第一个步骤的。手指、脚、行走的步子曾被用来测量空间；重量的测量起源于商业交易和制作。几何开始是一种农业艺术，进一步把空间从一种直接广延性的局部性质中解放出来。但是古代和现代科学中所具有的极端不同的理解几何的方式，就证明了几何形式从其直接的或美感的特性中解放出来的这个过程也是很缓慢的。在希腊的天文学中，圆形的内在性质总是比它们在科学研究中的工具性的意义占优势；它们乃是现象所不得不符合的形式，而不是间接测量的手段。直到今天，空间关系还没有从美感的和道德的性质中得到解放，变成完全是理智的和关系的，变成从直接条件中抽象出来的，因而是概括到了它们的极限的。

对事物的理智的和工具性方面的认识的发展史的研究，是远超过我们的范围之外的。我们只能指出其中的某些纯结果。无论在任何时候，只要当对象已缩小了它们作为完全对象的身份而被当做是其他对象的标记或指针的时候，在原则上便已经开始走了第一步。如果进入这条道路，这样的时候一定就会到来，那时适当的知识对象将丧失一切直接的和有质量的东西，一切最后的、自足的东西。这时候它就变成了一个解剖后的骨架，只包含那些具有直指的意义或工具意义的特性。抽象不是一个心理上的偶然事件；这是合理的总结对自然存在某些方面发生兴趣的行动的继续，而自然存在的这些方面是其他事物的可靠的和有效的证据；它们是用一种名词意味着另一种名词的表现方式来预测未来的手段。自明之理已不再是感性的或纯理性的对象之基本对象所具有的特征。基本的命题就是用一些在最简单和最完全的方式下促使形成和考核其他命题的条件来对对象所作的一种陈述。可能有许多公理和设定的体系，而且是越多越好，因为由此可以发现后来可能产生的新命题。如果把由于它们本身的内在性质而受到尊重的对象就当做是知识的对象，真正的科学是不可能的。它的完备状态，它的内在意义，就不可能使它被用来作为有所指明和有所暗指的东西。

　　威廉·詹姆士曾说："有许多东西都是理性条理的理想模型：有事物之间的目的上和美感上的联结……也有逻辑上和数理上的关系。在这些东西中最有希望的首先当然是比较丰富的东西，比较富于感情的东西。最空泛而最少有希望的东西就是数学的东西；但是数学的应用史乃是一部继续获得成功的历史，而关于那些在感情上比较丰富的东西的历史，却是一部比较贫乏和失败的历史。即以最使你们人类感到兴趣的那些方面而论……你们的一切结果都是没有收获的。尽量按照你们的意愿用一些感情上、道德上和美感上的名称去称呼自然的事物，而在这样称呼的后面并没有自然的后果。……但是当你们给予事物以数学上和机械学上的名称，而说它们是在恰恰这样的地位中的许多坚固的东西，用恰恰这样的速度来描述恰是这样的通路时，那末一切都改变了……你们的那些'东西'实现了你们所据以把它们分门别类的那些名称所具有的后果。"[1]

---

　　[1] 詹姆士：《心理学原理》第二卷，第605—608页。

对这些含蓄语句的恰当解释是：当从目的方面来看对象时，当最真正的知识对象，即存在所具有的最真实的形式被认为是终结（目的）时，科学就不前进了。对象是被占有的和被欣赏的，但它们并不是被认知的。所谓认知，意思是说：人们已经愿意放弃宝贵的所有物；为了要去掌握那些他们在目前尚未享有的东西而愿意放弃他们现有的东西。更多的和可靠的终结（目的）依赖于放弃现存的终结，而把它们变成有所指明和有所暗指的手段。对科学的最大的历史障碍就是不愿意放弃现有的东西，深恐这样做法会使得道德的、美感的和宗教的对象受到损害。对于大群的人们来说，自然科学的这些空洞和枯燥的对象仍然是害怕的对象。机械学的或数理—逻辑学的对象乃是作为理想的和最后的对象的对手而出现的。于是哲学通过运用了一种把物质的和机械的东西转变成为心灵的解释办法而变成了保持"宇宙之精神价值"的一种设计。借助于对知识可能性涵意的推演的一种辩证法，物理的东西就变成了某种心理的、心灵的东西——似乎心灵的存在一定是内在地比物理的东西更为理想一些。

这种新的科学方法的纯结果，就是把自然理解成为数理的—机械学的对象。如果反映这种新科学的趋势的现代哲学从自然中废弃了最后因，这就是因为关心于质的终结、关心于占有和享受现存的对象阻碍了探究、发现和控制，结果造成了关于定义和分类的一些空洞无物的思辩上的争执。一个没有成见的人不能否认感觉性质，如各种的颜色、潮湿和干燥、硬和软、轻和重，都是真正的自然终结。在它们之中，使得身体的潜能性发生了功能，同时由于这样而产生的身体上的活动，又回过来使得在身体以外的潜能性也得到实现。然而，主张把知识收到美感静观之中以后，最后的对象就是所占有的知识对象这个学说，曾给予科学以致命打击的后果。一切的自然现象必须根据性质才被认知。热和冷、湿和干、上和下、轻和重乃是用以认知和据以认知的东西。它们是自然所具有的基本形式，积极的原则。但是珈利略①及其科学的和哲学的后继者们（如笛卡儿和霍布士）却把这个方法颠倒过来，而说这些感觉的形式乃是被

———————————

① 现译为伽利略。

认知的事物，是激起人们从事于探究的原因，是问题，而不是问题的解决，也不是解决问题的条件。这是一个一般的陈述；它促使有追求知识对象之必要。用以认知的可靠材料曾在不同的存在领域中被发现；在根据数学所界说的空间关系、地位、质量中，以及在具有方向和速度的空间变化的运动中，都曾被发现过。性质不再是直接对付的事物；它们也曾是已经完成的事物，是要求通过在数学和机械学的关系中所作的陈述和描绘来被认知的效果。唯一能够界说、描述和解释的世界，乃是一个在笛卡儿式座标的系统中被安排着的、在运动中的质量的世界。

当我们从经验中观看这种变化时，当时所发生的东西乃是在工艺中所遇见的这类东西，这时候自然的对象，如原矿，被当做是获得其他什么东西的原料。它们的特性不再在它们的直接性质方面，不再在它们是什么和为人们所直接享受的方面。现在它们的特性是具有代表性的；某些纯金属、铁、铜等乃是它们的精蕴，那种可以提炼出来的东西才是它们的"真正的"本质，它们的"实在"。要获得这种"实在"，许多现存的组成部分就不得不被排除掉。从这个对象即纯金属的角度来看，这些要排除掉的东西便是"假的"、不相干的和发生障碍作用的。它们横阻在中途；而在存在的事物中，只有指明将来的目标并且为了达成这个目标而提供手段的那些性质，才是有重要意义的。

现代科学代表着对于这种工艺观点的一个概括的承认和采纳，因为它的工作程序也是运用一种类似的操作技术来从事于操作和提炼的。如果没有分隔和联合各种工艺的用具和程序，物理科学是不可能的。在工艺中，后果就是增长了力量，倍增了直接所占有和享受的终结，并且使得用以达到终结（目的）的手段有更大更多的伸缩性和更为经济。金属能够作几千种的用处，而原矿仅仅由于它偶尔呈现出一些美感性质而为人所谛视，或者是在游戏中或对着一个敌人被人整个地猛力掷去。因此，把自然存在减缩到成为一个手段的地位，这并不和所占有和欣赏的终结有什么内在的矛盾，而勿宁说是使得后者成为一件更加可靠和涉及更广的事情罢了。

那末为什么在现代哲学中曾经这样时常认为物理科学的进步产生了一个严

重的形而上学的问题；即作为知识对象的一个机械的世界和终结（目的）之间的关系问题；如何在所描述和欣赏的这两个对立的世界之间调和起来的问题。在经验的事实上，机械科学的进展已经增加了许多的和各种各样的终结（目的）；已经增加了需要和满足；已经增加了许多和各种各样的达到它们的手段。为什么还有这个问题呢？在答复中可以提出两个历史的、经验的理由。首先，亚里士多德关于潜能和现实、关于自然过程终结产生的对象的形而上学，是同现在已不足凭信的天文学和物理学混淆不清地错综在一起的。它也和那些很快就和当代社会需要脱离关系的政治和经济中的学说和制度混淆不清。最简单的补救办法就是把古典的传统当做是科学中的约拿（Jonah）①而把它整个地抛入大海。这个方法是危险的和急躁的，但是它已经使得一种需要得到了满足。通过一个简单的手续，它就使科学探究得以避免那些阻碍着甚至麻痹着对自然进行考察的观念，以及用许多过时的禁令去限制新的实践的观念。

然而光是这个原因本身顶多也只是造成一个瞬息即逝的历史事件而已。人们之所以废弃任何关于自然终结的理论，不仅仅是由于一种缺乏耐心的急躁姿势，而是由于他们坚持了这个古典的认识论。希腊思想把占有、静观当做是科学的实质，而把后者本身当做是完全对于实在的占有，认为它已和心灵融会一气。当做为一件现实事情的认识活动已经有了激烈的改变时，把知识当做是直接占有"实在"的这个概念却仍然保留着。甚至当科学已经把实验的追求和发现的方法包含在内的时候，知识仍然被界说为对于真实存在本身的领悟、掌握，而与它比较起来，其他的经验方式是不完善的、混乱和导入迷途的。所以这就产生了一个严重的问题。如果科学固有的对象乃是一个数学的和机械学的世界（如科学的成就所业已证明是如此的），而且如果科学的对象说明了真正的和完善的存在（如古典传统的永存不朽所陈述的），那末爱、欣赏的对象——无论是在感觉方面的或在理想方面的——和虔信的对象又怎能被包括在真正的实在之内呢？

---

① Jonah是希伯来的预言者，因违抗上帝，乘船逃遁，上帝施以巨风，致吹入海中，为巨鱼所食。现在特别指在乘船中带来厄运之人。——译者注。

答复这个问题所作的努力便构成了现代形而上学思想之大部分的专门内容。在这些前提之下，它的意义包括了几乎从自由、理想和观念问题到物理和心理之关系问题等方面的一切内容。关于后者，有关于它们现存关系的原因问题；也有关于一种存在的条理怎样认识另一种存在的条理的认识问题。在这里我们不涉及这些浩如烟海的文献和所产生的各种（争论和辩驳）的观点。然而，回想一下这个问题所由产生的根源，加深下面这句话的印象却是很恰当的：如果没有背后这个可疑的假定，我们就不会被要求去找寻解决；当某些前提被舍弃时这些问题也就不会再是惶惑不解的了。在这里与我们有关的前提就是：科学乃是对实在所具有的最后的、自足的形式的掌握。如果知识的固有对象具有这种为工艺的题材所具有的特性，那末适才所提出来的这个问题便烟消云散了。科学的对象，和艺术的直接对象一样，乃是一系列关系的一个体系；它们是产生直接的占有和存在的工具。善果，即具有满足的性质的对象，乃是当终结和一个顺序的条理之间的联系已被决定时发现和使用手段的自然结果。关于直接的经验事物，它们过去一直是怎样，它们现在就是怎样：它们是自然历史的结尾。物理科学并未曾建立另外一个对立的存在领域；它只是揭示了直接的和最后的性质发生时所必须依赖的那种状态或条理。它使得终结不仅是一种偶然为我们所占有的东西，而且使我们具有一种调节它们产生的时间、地点和方法的能力。断言有条理的关系的这个条件是属于数学方面的或机械学方面的这个说法，从根本上讲来，是同语的反复；那就是说，对任何事物的知觉和使用使得我们能够控制后果或达到终结的性质，这种事物的意义就是一种数理的、机械学的或者也可以说是逻辑的条理。在审慎地计划和执行计划的前提下，如果我们没有发现我们所业已发觉的东西，我们就应该去寻找其他的东西。

如果科学是完善地掌握和领会存在的东西，而且如果科学是以一个"数理的—机械的"世界为终结，那末，第二，我们就要面临着关于实在和现象的那些问题。在古代思想中，这个问题是以一种最简单的形式出现的。有高级形式的知识和低级形式的知识；但是一切等级的知识同样都是"存在"在某一层次上的实现，因而与实在相对立的现象仅仅是程度较低的"存在"，是不完善

经
验
与
自
然

107

的，没有完全现实的。在现代科学中，它的自然世界乃是属于同一性质的，因而这种完善的和欠缺的"存在"的对立就变得没有意义了。它是一种关于知识或错误的问题，而不是在认识上所具有的和不同层次的"存在"逐一相适应的差别问题。在古代的见解中，感觉和信仰在它们的地位上都是良好的认识形式；它们所知道的东西，它们的地位，只是一种低级的"存在"而已。在现代人的心目中，如果它们未曾和科学的意见一致的话，它们就不是任何事物的知识。心灵是真正的实在，而物质是心灵的现象吗？或者说，物理的东西是最后的实在，而心理的东西只是物理的东西的现象吗？或者说，它们两者都是另外某些最后的实在的现象吗？

在把知识解说为直接的掌握和领会的前提之下，这些问题既是必要的，而又是不可解答的。如果科学的固有对象乃是具有工具性的自然，那末这些问题便消失了。于是，任何一个直接对象，从探究方面讲来，都变成某种被知的东西，都变成一个现象了。称之为"现象"，乃是指在动能上的一个地位而言，而不是指一种存在。任何一个性质，在它的直接状态之中，乃是一个有着双重意义的现象。第一，它是显现出来的；它是明显的、显著的、突出的，再重复我们所已经用过的语言，它是被占有的。一个事物显现出来，这意思是说，一个光亮的对象在黑暗中显现出来，而其他的东西则隐晦不见。这件事情乃是视觉和听觉等在物理方面和生理方面的限度问题。我们看见许多岛屿似乎是浮在海面上；我们称它们为孤岛，因为它们显然和它们直接四周的环境缺乏连续性。但是它们是我们在上面行走的同一个土地的隆起部分；这个联系的环节平常并不呈现出来；它们在那儿，不过未曾为我们所占有。在这样显现和不显现之间的差别是有着巨大的实际上和理论上的意义的，它迫使我们有进行推理的必要；然而，如果事物的全部联系都呈现在我们的面前，而不是由于可感知性的限制而有了截然划分界线的情况，这种意义便不存在了。但是这种差别的基地，正和在固体、液体和气体之间差别的基地一样，是物理的。有机的事情，如视、听等等，它们的收尾，在短时间内或即在眼前，乃是一切自然事情的历史的收尾。在一个较长的事情进展过程之中和在一个包括范围较广的事态以内，要在许多历史之间重新建立一个联系，这就要求我们进行挖掘，探查和利用超越于外现的东西以外的技巧来扩大我们的视野。借助于不直接外现出来的东西，来使得与直接地和显然地为我们所占有的东西互相联结起来，并因此而创造具有新的起始和新的收尾的新的历史的连续过程，这又回过头来要依赖于这个形成科学本身的固有对象的这些"数学的和机械学的"体系之体系。

因此，外现的和不外现的东西之间的区别在经验上的基础就在于具有推论的需要。当我们拿特别明白的东西作为证据时，它的地位乃是从属于未被知觉的事物的地位的。在这个时候，从作为探究的对象而论，它是建立某种较它本身尤为基本的事物的一个方式。如果我们把这个直接外现事物的世界当做是除了它们的峰巅或终端以外都淹没在水中的许多大山山峰的出现，当做是一个开始向上攀登的世界，其以后的进展只是随时随地突出到表面上来；如果我们注意到这个事实：即无论怎样的控制能力总是依赖于把这些不同的现象结合成为一个连续的历史的能力；然后对于这样一个事实给以应有的注意：即只有借助于一个恒常关系的体系（物理学中数理的—逻辑的—机械学的对象所符合的这个条件）才能够联系成为一个连续的历史；那末我们就不难看出，何以我们所由出发的直接事物会使它们自己成为解释物理学之对象的标记或现象；同时我们也认识到，我们之所以能够说物理学的对象是比较"真实"些，那是指构成这样的联系的功能而言。在它们发生功能的整个情境中，它们乃是把原来不联系的一些开始和末尾编织成为一个连续的历史的手段。从这个意义讲来，在下面的"实在"和在表面的"现象"便具有了为探究的功能所固定下来的一种意义，而不是一种内在的、形而上学的意义。

所以把科学对象——实际上就是物理学的对象——当做是一种完全的和自足的认识对象或认识的终结，这只是使我们自己负担一个不必要的和不能解决的问题。它一方面使我们不能不承认有一个直接外现事物的领域，所谓知觉的条理，这只是出于好意称为一种条理，而在另一方面不能不承认有一个推论出来的、在逻辑上构成的真实对象的领域。这两个领域乃是彼此敌对的。如果知识就是占有或掌握，那末就有两类不相容的知识，一类是感觉的，另一类是理性的。哪一个是真货，哪一个是赝品呢？如果我们说感觉的知识是真正的，那末我们就势必陷于一种相当混乱的现象主义之中，除非我们追随柏克莱之后，求助于神灵，把这些直接的事物结合起来。

假使我们说理性的知识是真货，那末，按照不同的修养和秉赋，真正的实在就变成了唯物主义的、或逻辑实在论的、或客观唯心主义的实在。跟随经验的线索，就是要看出所谓感觉世界乃是一个直接有始有终的世界；它并不是关于知识的许多事例，而是许多具有一定性质的事情的一个连续过程；同时所谓概念的条理则被认为是科学的真正的对象，因为它构成了一个恒常关系的体系，借助于这个体系，薄弱的、零散的和偶然的事情结合起来组成一个有联系的历史。这些突现的直接的事情始终是知识的开端和终结；但是既然它们的发生跟它们为人们在感觉上、情绪上和欣赏上所占有是一回事情，那末它们本身就不是被知的事物。当这些直接显现的事物为"物理学的对象"所结合起来，即借助于物理学的数理和机械学的对象联系起来时，它们的性质和特征就大大地改变了，这个事实和钟表中的钢丝弹簧乃是原铁矿的一种改变这一事实是性质相同的。物理学的对象是潜存着的，它之所以潜存着，乃是明显地为了产生这样一种变化——即把偶然的终结改变成为在一个条理的系列中的满足和结论，并从而去发展其中所包含的意义。

实际上，一切认识论上的讨论都依据于一个从直接占有的领域到语言谈论的领域来回的突然的不知不觉的变换。在开始时，通常经验的事情如桌椅、岩石、棍棒等都被称为物理的对象——当这个名词是这样应用时，它很明显是属于理论解释方面的一个名词，使自己完全受到形而上学的束缚。于是物理的对象便被界说为物理学的对象，而我认为这是唯一正确的一个称呼的方式。但是这样的一些对象和植物、灯、椅、雷、电、岩石等原先所谓物理的对象显然是十分不同的事物。于是在画景中另一个转变幻影登台出场了。原来的"物理的事物"，通常的经验对象，因为不是物理学的对象，就变成了非物理的，而是心理的了。然后来了一个伟大场面的溶解高潮，这时候，物理学的对象被显示出它们是附著于经验对象的，而经验对象又是心理的，因而它们本身也就是心理的了。

现在一切的东西都是心理的了，而这个名词已经消失了它原来所具有的那种对立的或有区别性的意义，于是一个新的和不同的变换景象的系列又显露出来了。直接经验的事物分解成为坚硬的感觉所与（sensory data），它们被称为真正的物理的事物，而物理科学的对象被视为一种逻辑的结构；剩余下来构成心理的存在的东西就只有影像和感触了。至于其他的一些转换和结合的情况，乃是为研究知识可能性的学说的学者们所熟悉的，就无需再说了。上述事例就说明了当我们对直接对象，无论是可感觉的、可爱的或可欣赏的对象的直接占有被当做是一种式样的知识时所产生的这一类的事情。

如果有色的、有声的、有味的、为人们所接触的、所喜爱的、所痛恨的、所享受的、所敬佩的对象，有吸引力的、有排斥性的、令人兴奋的、漠不相干的和使人郁闷的无数不同式样的对象，乃是复杂自然事件的开始和终结，而且如果物理的对象（即被界说为物理科学的对象）乃是为数理的—机械的条理所构成的；那末物理的对象就不会使我们陷于那种在两种对立的而各自认为是真实的东西之间势必有所选择的窘境，而明显地具有着作为获得和逃避直接对象之有效手段时所应有的特征。我们可以注意其中的四个特征。首先，直接的事物来去无常；事情是在直接看见、听见、触到、喜爱、享受的方式之中的，而其余的东西则是在迅速变化之中的；每一个题材都各自有其一定的独特性，不可重复性。可以用数理的公式陈述出来的空间—时间的条理，对比起来是恒常不变的。它们表现出有稳定性，有高度优势的重复可能性。质的事情，如红和蓝，虽然它们本身是各不相似的，但可以根据物理学的对象来加以比较；在与顺序条理联系的基础上，一个定性光谱或标度就变成了一个具有共同单位的数量差异的体系。

跟随这个特点而来的便有科学对象的第二个特征。控制任何事情发生的可能性是以建立代替物的可能性为转移的。借助于后者，一个在我们掌握范围以内的事物就能够用来代替另一个不为我们直接所占有的事物，或超出我们控制范围以外的事物。为现代科学所特有的方程式和其他函数的专门手法，从其发生上讲来，就是一个彻底进行代替的方法。它就是互相交换和互相转换进行到其极限的一个体系。①它在认知方面的结果便是现代科学中的这个性质完全相同的自然世界，它是和古代科学的那个在质量上错综复杂的世界相对立的；后者是由于内在的种类不同，运动的性质不同，如上下、横向的和圆的等等，以及时间上迟早不同的各种事物所构成的。但这些事物由于可以相互替代而变成了易于转换的东西。

第三，把知识的对象当做是一种手段，这就说明了原素或数量上的离散单位所具有的重要性。通过中间的手段去控制开始和终结，这只有当我们把个体、独特的东西当做是为许多顺序的分化和统一所构成的各个部分的一个组成部分时才是可能的。②一个直接的事物，在它本身的统一之中，就正如它存在的那个样子而存在着；它停留着或者过去了；它是被享受着或者是被遭遇着。所能说的，只此而已。但是当它被认为是许许多多基本而独立的变数、点、矩、数值单位、质量和能的质点，或更为基本的"空时"单位（它们虽然是独立的，但在它们之间仍然是可以逐一互相符合的）所进行的一种复杂的辐合或结合所产生的结果时，这个情境就改变了。这种单体或原素其实就是控制条件时所须凭借的最后依据；所谓最后的，系指在当前的设备所容许的范围以内而言。

倾向于运用基本单位的这种情况，既是物理和化学中的特点，也是逻辑学、生物学和心理学中的特点。有时，它的结果似乎曾经以单纯思辩上的实体代替过现实的单式原素；但是这并不是在逻辑上必然如此。这样一个结果仅仅意味着未曾找到正确的单位。当人们遗忘了原素的工具性时，就引起了严重的反对；而且它们就被当做是独立自在的、终极的东西了；当人们把它们当做是形而上学上的最后体时，就产生了许多无法解决的认识论上的问题。无论任何被指为原素的东西，不管是在逻辑方面的、在数理方面的、在物理方面的或在

① 现代数学把无限视为相应于部分和整体的概念，似乎是在它的概括的形式之中来表现这种功能。

② 莱布尼兹（他的单子论是这个概念的第一个在哲学上的体现和分析的实在论或外在关系论的原型）根据"每一组成部分都包含原素"这个理由来肯定单子（monads）的存在，确然。但是他未曾留意到：从形而上学上讲来，当一件事情，无论它在构造上是多么的复杂，被视为组成部分时，这种情况就立即陷于丐辞的错误。成为一个组成部分是一回事情；通过一定的测量方式而能够归结到一个组成部分，这是另外一回事。

心理方面的，都特别依赖于直接的、在质上统一的对象的存在。寻求原素是从这类已有的经验对象出发的。因此，感觉所与，不管它们被指为心理的或物理的，都不是出发点，而只是分析的产物。否认直接的经验对象是根本的实在，在逻辑上推论下去的结果势必也要否认原素的真实性；因为感觉所与乃是分析这些原始事物所获得的剩余物。再者，分析的每一步骤都依赖于继续不断地涉及这些经验对象。如果稍有片刻在我们心目中放弃它们，我们就失去了任何寻求原素的线索。如果不承认有宏观的事物，细胞、电子、逻辑的原素都变成了没有意义的东西。后者之有意义，乃是因为它们是属于某些事物的原素。例如，既然只有命题才有涵意，那末命题就不仅仅是许多名词的结合；当名词没有涵意时，由它们所形成的命题也就没有意义。名词必然具有一种意义，而且既然它们只有在一个命题中才具有意义，那末它们就要依赖于某些先在的统一体。同样，一个纯粹的单独的物理原素会是没有实效的；它既不能作用于其他的事物，也不能为其他事物所作用。

我们这里引用一位精神病学作者的一段话，他所讲的是在他自己的那个部门中它本身所特有的一个特殊问题。当他涉及心理变态学说发展的一个阶段时，墨叶尔博士（Dr. Adolph Meyer）说道："随着最近关于大脑结构的许多发现，曾有人在寻求心灵的原素以及它们之间的直接相互关系。中枢说和细胞与神经细胞的学说似乎是一些非此不可的观点。今天我们已经为这样一种片面的、没有充足功能的唯物主义而感到害羞了。……原素总是有一个地位的，但是正如我们所见到的这些关于人生的重大事实也是一定有一个地位的。……心理病学者必须要学会不仅仅做一个所谓'原素主义者'，因为原素主义者总是退回到原素和最小单位，然后躲避了试图解决有较大复杂性的具体问题的责任。精病学者必须要把个体和集体当做完整的东西来研究，把他们当做是一些复杂的单位，如'你'或'他'或'她'或'他们'，这些人是我们必须和他们合作的。我们承认：在全部自然中我们必须面对单位形成这个一般原则，以及这个事实，即新的单位不必是各组成部分之单纯的总和，而能够是一个实际上新的实体，它是不能完全从这些组成部分预测出来的，而只有通过和这个特定的产物发生实际经验才被认知的。"①

最后，知识对象的工具性说明了规律和关系的中心地位。它们是对于在理智上和其他方式上管理直接显现的事物所依赖的规则性的简要陈述。在数理科学中，原素的可变性是似是而非的；原素是彼此独立而发生变化的，但并不是脱离了对其他事物的关系独立而变化的，关系或规律乃是变数中之常数。这是一个自明之理：数学乃是一种方法，借助于这种方法，我们能够把原素说成是在常定关系中的一些项目，而且是从属于等式和其他变换和代替的函数的。一个原素总是由一个数学变数适当地代表着；因为既然任何一个变数都在某一个等式之内，它就被视为其它变数的一个常定的函数。在需要时，就时常从可变性重复地转移到常定性。因此，只有从形式上看（pro forma），变数才是可变的。假使说，独特的、个体的存在物是可变的，那末从这个意义讲来，变数就不是可变的。不可避免的后果就是要使得变异的个体或独特的方式从属于外在的关系，从属于一致性的规律（laws of uniformity）；那就是说，要排除个性。如果我们留心到原素关系的工具性，那末取消个性仅仅是为了注意个体所借以显现的条件所作的一种暂时的忽视———一种抽绎出来的看法。如果把知识的对象转变成为真实事物本身，个体也就变成了反常的或不真实的东西；从科学上讲来，它们不是许多的个体，而只是某些在种属上的关系或规律的事例、情况、样本而已。

按照这种情况去研究道德问题，这显然是有困难的。唯一能够"补救"的办法就是假定另有一种不同于自然科学所涉及的存在的"存在"。历史和人种学也意味着处于类似的窘况。前者的题材不仅是个人，而且是不重复的情境和事件。为了企图逃避这个两难论式而乞援于一致的和成直线的顺序规律或"进化"规律，这是不合适的；它跟它所假定的前提是矛盾的，而且也不是从事实中得出来的。当代的人种学家们已经弄清楚了他们所研究的这种现象的历史性质。文化在许多方面讲来是个别的或独特的，而它们的显现便用彼此间的相关和用由于偶然接触而来的摹拟来"加以解释"。它们变化的主要的、即使不是

———

① 墨叶尔（Adolph Meyer）：《一个精神病学的里程碑》（*A Psychiatric Milestone*），第32、88页。

唯一的法则，就是从其他个别文化传递的法则。

　　无怪历史主义（Historismus）已成为整个学派的思想家们所从事钻研的问题，其中许多思想家至今主张对历史情境和历史人物所能采取的唯一的态度就是非理智的，只是一种美感的欣赏或者起共鸣的艺术更新。把知识跟谛视或掌握自足的对象等同起来的学说，当用它来处理和物理学相对立的历史科学时便达到了一个绝境。文德班（Windelband）公正地得到这样一个结论：即"存在"和知识势必走到"信仰主义"，有些问题不可避免地迫使我们寻找解决，但是一切寻找解决的努力都是无望的。①

　　在经验中，个体的对象，独特的事件存在着。但是它们是变幻的、不稳定的。当它们刚出现时，它们便已接近于消逝的边缘。工艺证明，在一定限度以内，忽视其独特性而注意于共同的、重复的、与时间无关系的东西，这就促使和保持着其中某些独特事物的发生。没有时间性的法则，单就其本身而言，和一切的共相一样，表达出一种思辩上的意愿，而丝毫也不表达任何事实上存在的事情。但是它们终极的含义是在于应用；它们乃是方法，而且当它们被当做方法而加以应用时，它们就调节着独特情境的这种动荡着的流变状况。自然科学的对象并不是历史事情在形而上学上的对手；前者是指导后者的一种手段。事情是变化着的；一个个体让位于另一个个体。但是具有个别性质的事物却具有一些普遍的、共同的、稳定的性质。一个特殊的有时间性的性质是与它们不相干的；从这个意义上讲来，这些性质是超越于时间之外的。假使有人由于把它们称为是永恒的而感觉到痛快些，那末就把它们称之为永恒的吧。但是在这里却不要把"永恒的"一词理解为一种绝对持久的存在。它只是指它所指的东西；和具有时间性的存在是不相干的。这些时间性的、数学的或逻辑的性质是可能抽象的，是可能转变成为关系，成为有时间性的、有数量的和有空间性

────────

　　① "为什么没有时间性的实在需要在有时间性的事情进程中实现出来，或者为什么它要在它本身中和一个在时间进程中具有某些性质不同的东西的事情进行协调，这始终是一个没有解决的问题。我们不懂得为什么既已存在的东西还必须要发生；更不懂得为什么从那个在其本身没有时间性的东西中会产生一些不同的东西。"见《哲学概论》（*Introduction to Philosophy*），英译本，第299页。

的条理的。^①它们本身是属于思辩方面的，是不存在的。但是它们本身又是工具，是具有可以用来帮助调节历史事情之进程的工具性的。

全部这些讨论只有简单的一点。它的目的就是要指出：组成现代的认识论，以及它所包括的这些敌对的、唯物主义的、唯心主义的、二元论的主张；以及这些敌对的实在论的、唯心主义的、代表论的学说；以及那些敌对的关于心物关系的主义，如机遇论、预存的调和论、平行论、泛灵论等等的问题，只有一个简单的来源，即不承认实在之本身也有时间性的这个武断看法。这样一种学说势必把解释成为原因的事物当做是优越于结果和后果的东西；因为后者依赖于时间的情况是不能掩盖的，而"原因"从表面上看来，似乎能够转变成为独立的存在物、法则或其他没有时间性的形式。正如以上所曾经指出的，这个否认真正存在也有变化的看法，乃是起源于人们对静观享受之对象的偏爱以及把这种对象当做是科学的恰当题材的那个理论。

这种偏爱是自然的而且是合适的。但伴随它而来的关于知识和实在的理论却是一种歪曲。这种对于有价值的欣赏对象的偏爱具有一种合适的涵意，即它意味着艺术的必要性，或控制这些对象所依赖的这种顺序条理的必要性；而这种必要性的本身又具有进一步的涵意，即意味着通过探究而可以被发现的、通过实验行动可以被证实的条理，乃是知识的适当对象。然而，承认这一点就会退一步承认有闲阶级的静观功能乃是依赖于工匠——也包括一切艺术家在内——的用具和技术的。而且既然在旧时代艺术的实践大部分是呆板的，为习俗和既存的式样所固定的，那末承认这一点就势必需要转变艺术本身，致使所产生的终结不是一个偶然的意外之事，而是一个真正的满足，一个（目的的）实现。最后，要把具有发明性的思想介绍到艺术中去，而且使得工艺阶段的人

① 为了得到一个具有说服力的讨论，请参阅布朗（Brown）的文章，《智慧和数理》（*Intelligence and Mathematics*），载《创造的智慧》一书中，特别是关于《事物、关系和数量》的这个题目。"不把性质归结为关系的办法，而把关系理解为对待一般性质的一些抽象的方式，把关系理解为当它们在两个过去曾被认为分隔的事物的实在之间发生沟通和过渡的功能时所思及的性质，这在我看来似乎是一个高明得多的看法。"（第159页）因此，"项目（因素）和关系"都是（第160页）对于性质不同的实在所作的这样一种抽象的代替，即"象征着它们在特殊方面的效用性"。"效用"一词突出了本书和这个观点的一致性，而关于这个观点我是十分感激布朗博士的。

民在公民权利上获得解放，这才能使这样的一个转变成为可能。

当人们在探究中采用了已经变得更为精密的技术用具时，当透镜、垂摆、磁针、杠杆被利用来作为认知事物的工具时，以及当人们把它们的功能当做是解释物理现象时所应遵循的典范时，科学便不再是对于高贵和理想的对象的欣赏静观，而从从属于美感的完美状况之下解脱出来，变成一个在智慧管理之下有时间和有历史的事件了。终结在后果中不再是受物理的偶然事情和社会的传统习俗决定的了。无论任何一种东西，只要是能够找到达到它的手段的，就是一个为人们所逃避或所追求的终结。从固定的终结（目的）的体系中解放出来才使得现代科学成为可能。在一般的事情中，实践是在观察和陈述之可能性的前面；在心灵有任何观察的事物之前先要把实践的结果积累起来。所以，难怪在科学的对象已不仅是它本身存在的东西而早已变成工具之后，旧的学说还继续存在着，而哲学还花费许多功夫去努力在把知识当做直接占有的传统学说同新的实践方法所产生的条件和所获得的结果之间求取调和了。

由于哲学所具有的这种不可避免的在道德方面的偏见特点，以及现代思想的主观转向，许多批评家认为"工具的"认识论意味着：认识的价值乃是对于认识者具有工具的作用。在特殊的情况之下也许是这么一回事；但是在许多情况中，科学的追求，好像其他的娱乐一样，当然是为了它本身的满足而进行的一种娱乐。但是"工具主义"并不是关于个人在认识中的倾向和满足的理论，而是关于科学适当的对象的理论，而所谓"适当的"乃是按照物理学的界说而言的。

在工具（或在客观状态中的事物）和由于使用工具而获得满足的产物之间的区别，说明了在一方面是所知的对象和另一方面是欣赏爱好的对象二者之间的区别。但是这种区别在基本上是有关于对象本身的；其次才应用到态度、意向、动机方面。制造和使用工具本身就内在地使人感到愉快。在为了大量生产而运用机器和为了利润而销售商品之前，用具本身时常就是艺术作品，在美感上使人感觉到满意。然而，这个事实并不是说明这些艺术品就是用具；它并未授予它们以特有的特性。同样，对于知识的追求时常是一件直接使人愉快的事情；它所获得的产物具有比例、条理和匀称的美感性质。但是这些性质并未标明或说明科学所特有的和合适的对象。这种对象的特性正像一个工具（例如一个杠杆）的特性一样；它是决定着一定顺序变化的一个条理，以某一个预见的后果为终点。

我们就被引导到关于方法的问题上来了。在古代科学中科学的精蕴就是证明；现代科学的生命根源便是发明。在前者中，反省的探究是为了求得一种稳定的题材而存在着的；在后者中，系统的知识在实践中是为了刺激、指导和考核进一步的探究而存在着的。在古代科学中，"学习"是属于低级存在的领域，属于转化、变易的领域的；它是变动的，而且在最后的和固定的对象的实现中它就不再存在了。有人用师徒关系的类比来考虑它；老师已经占有了真理，而学生只是去取得老师仓库里已有的东西。在现代科学中，学习是寻求前人所未知的东西。它乃是一种交易，其中自然界是老师，而且只有通过这个探究的学生的学习，才能使这位老师接近知识和真理。

因此，伴随着在逻辑中所特有的差别而来的，便是那种以最后的事情为题材的"知识"转变成为对付具有工具性的对象的知识。当知识的对象被当做是自然界之最后的、完善的、完全的、在形而上学上的满足时，适当的方法便包括界说和归类；学习的结局就是证明界说和归类在理性上的必然性。证明就是把对象所具有的永久的、普遍的、最后的和固定的本性揭露出来。考察仅仅指材料的积累而言，这种材料是用来填补在一个先在的现成的种属等级中所存在的裂缝。发现仅仅就是感知到：某些在以前尚未为学者所归类的特殊材料已被列入已知的某一个普遍的形式之下。普遍的共相之所以已被认知，这是因为它是直接给予思想的；而特殊的殊相之所以已被认知，这是因为它是直接给予知觉的；学习只是把两个所给予的形式结合起来，因而所"发现"的东西就是把特殊的东西归类在它的普遍形式之下。

除了他们的这些理论以外，或者说虽有这些理论，希腊人还具有一种生动的好奇心，而且他们的实践比他们的逻辑要好一些。在中古基督教时期，便是从字面上去了解逻辑的。启示、圣经、教会的神父以及其他可靠的来源增加了已有的普通真理的数量，而且也增加了已有的特殊事实和事情的数量。主人就是上帝，他不仅通过理性思惟这种晦涩的工具进行教诲，而且直接通过官方的代表来进行教诲。领会真理的形式仍然是证明的三段论式；普遍真理的库存又为神灵启示的恩赐所补充，而在小前提方面的资源则为神灵安排的历史事实所扩充了。真理是直接赐予理性和信仰的；而人类心灵的作用就是使它自己低首下心，唯命是听，唯命是从。

这个纲领体系在逻辑上是完备的；它是在新的环境之下来贯彻这个旧的观念：即人的最高终结和最高善就是对于"实有"的认知，而这种知识，按照它所占有的程度，使得心灵同化于这个已知的实在之中。在旧的理论前提之外，它还加上了这样一些为使它们发生实际效果时所必需的制度和习惯，因而在人类中最卑贱的人们至少也可以开始出发去寻求那种知识，有了这种知识就可以得救和得福。比较起来，大多数现代的理论乃是一种矛盾的混合物；在思辩方面，现代学者是容易为传统学者所俘虏的；他在他的理智的行装中装载了许多传统的概念，以致他是很容易被人家所驳倒的。使他前进的是他的实践，而不是他的理论。他所公开承认的逻辑仍然大部分是先在的真理、证明和确信的逻辑；他的实践则是怀疑，形成假设，进行实验。当他放弃了在理性方面的先在真理时，那常常只是为了接受在感觉方面的先在真理。因而，约翰·密尔（John Stuart Mil）创造了一种归纳逻辑，而在这种逻辑中，一定的规则和对事实的探究之间所发生的关系，跟三段论式的法则和古典的"演绎"证明或思辩之间所发生的关系是完全相同的。他承认，科学乃是一种有关于推论的事情，但是他和亚里士多德同样地明确，推论是建筑在某些为人们直接所占有的真理的基础之上的，所不同者仅在于我们占有它们时所使用的工具。

但是在科学的实践中，知识是一件有关于弄明白事物的事情，而不是有关于掌握原来已有的确切事物的事情。已知的东西，作为真理而被接受的东西，是具有巨大的重要性的；没有它，探究工作就不能前进一步。但是它要服从于使用而且要依赖于使它成为可能的那些发现。它必须适应于后者，而不是后者来适应它。当事物被界说为工具时，它们的价值和有效性在于由它们产生的东西；后果，而不是先在条件，提供了意义和真实性。已有的真理可以具有实践上或道德上的确切性，但是在逻辑上它们从没有丧失过一种假设的性质。它们是真正的假如：假如某些其他事物后来呈现出来；而且当后来的这些事物发生时，它们又进一步提示出更多的可能性；"怀疑——探究——发现"这个操作过程是重复发生着的。虽然科学在实践中所关心的乃是偶然的事情，而它的方法乃是形成假设，然后在现实的物理条件的实验变化之中进行尝试，但它的传统的陈述方式却是赖借必然的和固定的对象而持续下来的。因而各种不融贯的情况就发生了。愈是顽固地坚持这个传统的陈述方式，这些不融贯的情况就变得愈为严重。

当雷翁那多（Leonardo）说真正的知识起源于意见时，他实际上已经宣布了现代科学方法的诞生。这种说法包括有一种变革在内；再没有其他的说法能够这样地使得传统的逻辑发生震动。并不是说，意见的本身还有比意见更多的什么东西，或还有超越于一个未证实的和未证明的臆测的什么东西；而是说，这样的臆测是可以被利用的；当它被用来作为假设时，它们就推动了实验工作。于是它们就成为真理的先行者，而心灵从先在信仰的束缚中得到解放。意见，按照古典的理解，乃是有关于内在偶然和变异的东西，如可能性和盖然性；反之，知识则是有关于内在必然和永存不变的东西的。所以正如科学在它自己的范围内是最后的和无可置疑的一样，它在其本身适用的范围内也是最后的和无可置疑的。但是意见，作为是一种冒险的事情，作为"在我看来，似乎大致如此"，乃是从事于新观察的一个机会，从事于研究的一个刺激，在审慎的发现中一个不可缺少的工具。按照这样的理解，意见乃是新历史的源泉，获得新结论的操作活动的开端。它的价值既不在它本身，也不在它能为我们所运用的一个特殊的对象领域，而是在于它所推动的这个探究的方向。它是一个出发点，而且和任何历史的任何开始一样，在由它开端的历史中它被改变着和移置着。

有时候，发现也可以被当做是对于它所实际显现出来的东西的反面的证明。它被视为证明：知识的对象乃是羽翼丰满、原已存在的东西，而我们只是偶然与它相遇而已；我们发现它，好像觅宝物的人发现了一箱子埋藏的金子一样。在寻索和发现之前先有存在，这当然是承认的；但是如果说它本身就是已有的知识的对象，而且除了探究的历史事情在它跟其他历史的联系中所得的结论之外，还另有所指，是我们所不承认的。据说北欧人已经发现了美洲。但是从什么意义上来讲？他们在暴风雨中航行之后登上了它的海岸；他们到达了一个从来没有欧洲人走过的大陆，从这个意义上讲来，这是一个发现。但是如果这个新发现和新看见的对象并未用来改变旧的信仰，变更旧地图的意义，从任何有内容的理智的意义上讲来，那就不能算是一个发现，而只是和黑暗中跌倒在一张椅子上一样，只有当它用来作为根据，来推论出跟这次的跌倒有联系的一系列的意义时它才算是一种发现。美洲的发现包括着把这个新接触到的大陆插入世界地图中去这样一回事情。再者，这样的插入不是简单地增加了一点什么，而是在原先的一个世界地图上，地面以及地面的安排都有了变动。有人也许回复说：不是这个世界变动了，而只是这幅地图变动了。对于这一点，有一个明显的反驳：即地图究竟也是这个世界的一部分，而不是在它以外的什么东西，而且它的意义和影响是这样的重要，以致在地图上的一个变动就包括有其他的和更为重要的客观变动。

当美洲在实际上被发现了的时候，发生变化的并不单纯是人的头脑里的意识状态或观念；这个变更乃是对于这个作为人们公共活动场所的世界的公共意义起了变化。把这种意义和世界割断开来，这就会使我们处于这样一个情境，即无论在这个世界上发生了什么变化，那都会没有什么区别了；在一个泥水潭里面，多一个波浪或少一个波浪都没有什么关系。改变了这个世界的意义就产生了一个在存在上的改变。世界地图不仅仅是挂在墙上的一块布。如果在旧的世界中没有深刻的变动，一个新的世界就不会呈现出来；一个被发现的美洲乃是跟欧洲和亚洲交相发生作用的因素，产生了以前所不可能产生的后果。进一步勘探和发现的可能对象这时候早已在欧洲本身就存在着；一个黄金的矿源；一个探险的机会；一个人口众多的最下层人民的出路，一个被放逐和被藐视的人们的住处，一个精力和发明能力的用武之地：总之，是一个国内国外的人们创造新事物和新成果的中介。每一个真正的发现，在自然的意义和存在两方面都在某种程度上产生了这样的变动。

现代唯心主义的认识论已经表达出来一些关于科学方法和目标的意义。他们已经领会到这个事实，即知识的对象意味着：科学的正当题材乃是被发现的东西，而不是所给予的东西。由于他们承认在这种发现中智慧所起的作用，他们便建立一种理论，论及心灵在决定真实对象中所具有这种从事组织活动的功能。但是在唯心主义已经获得了一种关于智慧具有这种建设性工具职能的启示的同时，它却误解了这个发现。由于它追随于旧传统之后，把知识之对象和实在完全等同起来，把真理和实在等同起来，它就势必绝对地和笼统地而不是相对地和具体地来对待思想的功能。那就是说，它把重新组织当做是组织；把重建当做是创建。由于它接受了所获得的知识对象和"实在"等同的前提，唯心主义就看不见思想乃是在某些经验的对象和其他的经验对象之间的中介。所以一个变动的职能就变成了一个原始的和最后的创造行动。把现实的直接对象转变成为较好的，转变成为较为安全而有重要意义的对象这一番功夫，被当做是一种从单纯外显的和现象的"存在"向着真正的"实在"的移动。简言之，唯心主义犯了一个毛病，它忽视了思想和知识都是一些历史。

把在构成对象中的思惟活动称为直接的，这就等于是说它是一种神奇之事。因为它不是像唯心主义所界说的那种具有重建功能的思想。只有行动，相互作用，才能改变或改造对象。关于熟练艺术家的那个比拟仍然有用。他的智慧乃是形成标志着一种满足作用的新对象的一个因素。但是这是因为智慧体现在外显的行动之中，利用事物作为影响其他事物的手段。思想、理性、智慧，无论我们选用一个什么字眼，从存在上讲来，是一个形容词（或者最好说是一个副词），而不是一个名词。它是活动的意向，是那种预见存在事情的后果并把所预见的东西作为管理事情的手段和方法的行为所具有的一种性质。

这个理论，从外表上看来，是把思想当做一个科学条件的理论，而实际上也是关于自然的一种理论。它包括赋予自然三个明显特征的属性。首先，它意味着：有些自然的事情是一些或为人们所享受的或为人们所厌恶的收尾，离开了反省的选择和艺术，它们只是没有控制地、偶然地发生着的。其次，它意味着：事情，由于它们是事情而不是死板的和粗糙的实质，乃是继续前进的，所以它们本身就是未完成的、不完备的、未决定的。结果，它们就具有这样一种可能性，即它们能被人们所管理和驾驭，以致使得终结不仅仅是一个终点，结果不仅是一个了结，而变成了一种（对于某种需要的）满足。悬虑、怀疑、假设以及在各种选择之间进行的实验，都是自然在这个状况中的组成因素。第三，为了择定的后果，对于在进行中的和不完备的过程予以调节，这就意味着：其中包括有顺序和同时存在的条理；当这些条理和关系被确定下来的时候，它们就成了一种智慧上的手段，使得我们能够利用事物，把它们当做指导事情进程以期预见结论的具体手段。有人相信：这些关系的条理既是科学之正当对象，所以就是唯一最后"真实的"对象，这个信仰就是传统的唯物主义和唯心主义主张有一个对称的、十分贴合的和完备的宇宙这种说法的根源了。这个信仰是由于忽视了这样一个事实：即这类的关系总是在继续进行中的事情所具有的关系，而这类关系的特征就是有开始，也有收尾，这些特征把它们划分开来，成为不稳定的个体了。然而，这个被忽视了的因素在经验中是这样的普遍和显著，因而人们不能不在某种形式之下来承认它；有时用一种暧昧的方式来承认这个事实——而且这个方式使得后来的反省混淆不清——即把一切跟按照这样界说的自然不相融贯的性质都归之于"有限的"心灵，以便解释无知、怀疑、错误以及推论和探究的需要。

如果自然是像这些学派所曾说明的那样是已经完成的，那末在自然中就没有这样一个心灵的地位；它以及据说它所有的特征，事实上都是超自然的或者至少是在自然以外的了。

一位实在论者也许否认这个特殊的假设：即从存在上讲来，心灵系指指导自然变化的一个有工具性的方法而言。但是由于他的实在论，他却不能这样做；在争论中这个问题就是问这个真实的东西是什么。如果自然的存在在性质上是个体化的或真正是多数的，同时也是重复的，而且如果事物是既有时间性，也有重复性或一致性的，那末知识愈是实在的，它将愈会丰富地反映和阐明这些特性。科学抓住了任何这样一致的东西，以致使自然的变化成为有节奏的，因而也是可以预测的。但是自然界的偶然状况，使得以一种预测的眼光去发现这样一些有一致性的情况成为必要的和可能的了。没有一致的情况，科学就将是不可能的。但是如果只有这样一致的情况存在，那末思想和知识就会是不可能的和没有意义的。不完备的和不安定的东西才使有规则的关系和条理的确定有了立足之点和应用之处。这些关系本身都是假设的，而且当它们脱离应用而孤立起来时，它们就是数学的题材（从一种非存在的意义上说）。所以科学的终极对象乃是在指导之下的变化过程。

有时"真理"一词的用处仅限于指称命题的逻辑特性；但是如果我们扩大它的意义，使它也指存在方面所涉及的特性而言，那末真理的意义如下：变化的过程是在这样的指导之下，以致它们达到了一个所希望的圆满终结。有工具性的东西只有在使用中实际上才是这样的；当这些有工具性的东西在发生作用时，一个在预见中的终结便正在实现的过程之中。手段只有在它的终结（目的）中才能成为一个十足的手段。有工具性的科学对象，只有当它们指导着自然的变化倾向于一个可以得到预期的圆满结果的对象时才完全成为具有工具性的对象。因此，说科学的终结（目的）是知识，意思是说知识不仅是科学而是它的成果，这句话是可理解的，而不是简单的同语反复。

知识这个字具有各种不同的意义。从字源上讲来，"科学"的意思可以是指知识之经过考验和证实的例子而言。但是知识也有着更自由和更带有人情味的意义。它的意思是指被理解的事情，这些事情是如此为思想所渗透，因而实际上心灵也就十分了解它们。它的意思是指包容含蓄，或通盘的合理的一致同意。于是有时被称为"实用的"科学也许比那种在习惯上称为"纯粹的"科学是更为真正的科学。因为它所直接涉及的不只是有工具性的东西，而是为了达到在反省中所择定的结果，使用这些有工具性的东西去改变存在。按照这样的理解，知识所具有的独特的题材就包括有许多可以得到预期的圆满结果的对象，这些对象由于它们是需要的满足，乃是跟它们所特有的一个历史过程相联系着的。按照这样的理解，知识较之它在数学和物理学中，是更为恰当地存在在工程学、医学和社会艺术之中。按照这样的理解，如果用一般公式来招架的大堆的报道并不是科学的，那末历史和人种学就是科学的。

"应用"对许多的人来说，是一个难以接受的字眼。它暗示着这样一种意思：即有某种外在的工具，它是现成的和完备的，然后派给它一些用途，而这些用途又是在它的本质以外的。于是把艺术称为科学之应用，就是把某种外来的东西介绍到科学中来，而科学就漠然地和偶然地为这个东西服务。既然应用是属于人类的使用、便利、享受和改进的范围之内的，那末这种把应用当做是一种外在的和随便的事情的看法，就反映了和强化了那些把人类跟自然隔离开来，用哲学的语言来讲，那些把主观和客观对立起来的学说。但是如果我们摆脱了先入为主的偏见，那末"科学"的应用也是意味着应用于一定范围之中（application in），而不是说应用于某某事物之上（application to）。应用于某些事物之中的意思就是指自然事情彼此之间所有的一种更为广泛的交相作用而言，是指消除距离和障碍而言；提供交相作用的机会，以揭示过去所隐蔽着的潜能，而产生具有新的开始和新的收尾的新历史。工程、医学和社会艺术实现着过去在现实存在中所未曾实现的各种关系。当然，我们在它们的新的联系中去理解和知道这些关系时，它们也并不是孤立隔绝的。反对抽象的东西，而把它当做是遥远的和专门的东西的这种偏见，往往是不理智的；但是认为抽象的东西中缺少了一些东西而应该予以恢复的这个信念，却是有它的意义的。对于"应用"科学的严重的反对，正像对私人利益和阶级利益的严重反对一样，乃是在于它限制了应用的范围。

"纯粹的"科学必然是属于关系方面的而且是抽象的：当它被包括在具体事情的进程之内时，它就充实了它的意义而且获得了全部的真理。"纯粹的"科学是属于非存在物方面的，这个命题就是默认说：只有"应用"科学才是属于存在物方面的。如果我们把"纯粹"当做是衡量科学的最后标准，那末除了历史和人种学以外，任何东西都会失去科学的地位；这就是说，一切关于存在事情的科学都不是科学。在当代对于科学的评价中反映出对于科学具有一种迷信似的畏惧。如果我们能使自己摆脱这种自卑的情绪，那就会十分清楚：任何命题之所以成为科学的命题，就是由于它有一种力量，使得事情具有融贯的和证实的意义，借以在跟任何存在事态的联系中，产生理解、领悟、理智上的熟练。历史的事例是典型的和基本的。按照流行的看法，讨论能否有像历史科学这样一个东西，这是浪费时间。历史和科学按其定义来说，就是处于相反的两个极端的。然而，如果一切自然的存在都是历史，那末把历史和作为纯粹科学之适当对象的逻辑数理体系分隔开来，就产生了这样一个结论：即没有关于存在的科学，没有关于存在的适当的知识。除了数学以外，一切知识都是历史的；化学、地质学、生理学和人种学，以及那些我们平常妄自尊大地认为唯一配称为历史的人类事情等都是如此。只有当科学被看成是在人类对连续进展的历史进程进行理智的控制当中成长起来和自觉起来的时候，人类才能被认为是在自然之内的，而不是一个超自然的推定。正因为自然就是它现有的东西，它就比数学的和物理的对象能更真地被认知——被理解，在理性上被觉察到。不管我们能做些什么工作，在后者（即数学的和物理的对象——译者）中始终总有一些晦涩和隔阂的东西，一直要到它们从它们被扣押的地方释放出来，回复到事情的进程之中为止。使科学通情达理，对于人类的生活是有贡献的，同时，就科学本身而论，为了使它可以成为可理解的、简单的和清楚的，为了使它可以如真知识所宣称那样，具有与实在相吻合的性质，这一点尤其需要。

科学研究者们有一种偏见，反对一切科学最后都是实用的这个观念，对于激起这种偏见的情感，人们是能够理解的。从它所想望的这个意义上讲来，它是有理由的；因为它是指向着两个有害的概念而言的，但这两个概念和我们在此地所采取的立场是不相干的。其中有一个概念认为探究者的关切或个人动机在每一次特殊探究中应该是为了某种实际上的特殊应用。偶然也正有这样的情况。无疑地，许多重要的科学发现都曾经是这样被激励起来的，但是与其说这是科学探究本身的，勿宁说是人类历史的一件偶然的事情。而且，总的讲来，或者如果这种激动的兴趣变成了一般的情况，那末真实的效果就限制了探究，因而结果限制了应用的范围。这标志着主张有一种固定的预定终结的这种武断说法的复活，而从这种武断说法之下获得解放，却曾是现代科学方法所作的主要贡献。

第二个概念认为应用就等于是"商业化"的用处，这就更增加了因此所产生的恶果。应用科学曾经这样大部分变成了为了达到私有的和经济的阶级目的和特权而利用的东西，这是人类历史上的一件偶然的事情，一个勿宁说是惊人的偶然事件。当探究被这种动机或兴趣所限制时，其在这种情况下所产生的后果对于科学和对于人生都是有害的。但是这种限制既不是从我们适才所提出的"应用"这个概念所产生的，也不是跟它联系着的，它是在制度及其对个人意向的影响中体现出来的，是从道德上的缺点和沦落中产生出来的。有人也许会问：从科学完全只涉及一个与人类所关心的事情脱离关系的对象领域的这个意义来说，科学是纯粹的，但这个概念是否也曾协同加强了这个道德上的缺陷。因为实际上它已经形成了另一种阶级兴趣——即学者和高高在上的专家们的兴趣。而且任何阶级兴趣的本质就是去产生和证实其他的阶级兴趣，因为在一个连续的世界中的分隔总是互相往返的。代表一种兴趣的制度，如果孤立地称为理想的和理想主义的，它就必然倾向于激起和加强其他缺乏理想性质的兴趣。只有扩大应用这个观念，使它包括人类经验的解放和丰富的一切方面在内，才能满足"纯粹"科学的真正兴趣。

自然、沟通和意义

　　在一切的事情中，沟通是最为奇特的了。事物能够从在外部推和拉的水平过渡到把它们本身揭露在人的面前，因而也揭露在它们本身前面的水平，而且沟通之果实会成为共同参与，共同享受，这是一个奇迹，而变质在它的旁边为之失色。当发生了沟通的时候，一切自然的事情都需要重新考虑和重新修订；它们要被重新改作，以适应于交谈的要求；无论它是公开的交谈或是那种所谓思考的初步谈话，都是如此。事情变成了对象；事物具有了意义。当它们并不存在的时候，它们可以被涉及，并且在一种新的媒介中，通过一种代表它的东西而呈现出来，因而可以在许多空间和时间上相隔很远的事物之中发生作用。纯朴物质的效能和默然无语的终结，当它们能为人们所道及时，就立即从局部的和偶然的具体关联中解放出来，而急于要求在世界上任何不隔绝的相互沟通的部分中归化入籍。当事情一有了称谓时，它们就过着一个独立的和有双重意义的生活。除了它们原有的存在以外，它们还属于理想的实验工作范围以内：它们的意义可以在想像中无限地被联结起来和被重新安排，而这种内部实验——即思想——的结果，又可以在跟原始的或粗糙的事情的交相作用中产生出来。意义已经从狂风急浪的事情河流之中折入了一个平静的和可通行的运河，跟主流又汇合在一起，而且使得这个主流的进程染上了新的色彩，受到了调剂，而它们本身也就成了它的组成部分。在有相互沟通的地方，事物就得到了意义，因而也就有了代表、代理、记号和涵意，而后者较之在原始状态中的事情就更加无限量地服从于人类的管理，更加持久和更加适用了。

同样，质的直接状况就不再是一种默然无语的暗自销魂，不再是一种独专的直接占有，不再是一种潜藏的聚集组合：即不再是在感觉和情欲中所发现的种种情况了。它们变成了能够为我们所探讨、思索以及在理想中或逻辑上加以阐发的东西；当我们对于性质能够说些什么的时候，它们就成了进行教导的承担者。于是便有了学习和教诲，而没有一件事情是不可以产生知识的。一个直接享受的事物加上了意义，因而享受便被理想化了。甚至于自己身上暗自感觉到的一种剧痛，当它能被指点出来和加以叙述时，就成为一种有意义的存在；它不再是仅仅使人难受的东西，而且成为重要的东西了；它具有了重要性，因为它变成了有代表性的东西；它具有了一个公职所具有的尊严。

由于这样一些增添和转变，这就难怪在形式和意蕴的名义之下，意义时常被认为是超越于时空存在之外的、不为变化所影响的一种"实有"的样式了；而且思惟既是对于意义的占有，那末把思惟当做是一种非自然的精神力，而与一切经验的东西毫无关联，这也就没有什么奇怪的了。但还有一个自然的桥梁，它沟通着存在和意蕴之间的这道鸿沟，即沟通、语言、谈论。如果我们不承认在沟通的形式之下这种自然的交相作用，那就会在存在和意蕴之间造成一道鸿沟，而那道鸿沟乃是人为的和没有必要的。

哲学家们对于范围比较广泛些和普遍些的这类经验对象是不大尊重的，即使自认为是经验主义者们也是如此，这一点在以下的这个事实中表现得很明显：即他们对于许多题目都曾经谈论得头头是道，但是对于谈论的本身却很少谈论。人种学家们、语言学家们和心理学家们曾经对说话的问题讲得最多。不过，要知道，说话的发生使得哑巴动物——这是我们这样有意义地称呼它们的名辞——变成了有思惟和有知识的动物，并从而建立了意义的领域，这是一件十分明白的事实。波亚士（Franz Boas）曾经从人种学的立场说过："动物和人的心灵之间的区别在两个外部的特点中表现出来；这两个特点是有组织的、有清晰声音的语言的存在和对于各种应用的用具的使用。"[1]在这以前，这种唯一

---

①《初民的心理》（*The Mind of Primitive Man*），第98页。

外在的区别标志大概还不仅仅是外在的；它们和这些内在的区别如宗教、艺术和科学、工业和政治等有着密切的联系。在上一章曾经把"用具"跟工艺和知识联系起来加以讨论，而它们和科学不可避免的关系也曾被指出。但是在每一点上，器具和应用、用具和使用总是跟指导、提议和记录联系着的，而指导、提议和记录之所以可能是由于有了语言；凡为人们所谈过的有关于工具作用的东西，都要服从语言所提供的一个条件；语言是工具的工具。

语言使野兽和人类有了区别，对于这个事实，大体讲来，自认为超验主义者较之自认为经验主义者更为清楚一些。毛病在于这些超验主义者对于语言的来源和地位缺乏自然主义的概念。言语（logos）曾被正确地跟心灵等同起来；但是言语，因而心灵，却被理解成为超自然的东西了。因而逻辑（logic）便被认为是建筑在超过人类行为和关系的那种东西的基础之上了，而结果，物理的和理性的东西的分隔，现实的和理想的东西的分隔，便得到它的那种传统公式的陈述了。

为了反驳这个观点，经验主义者在关于语言的讨论中仅仅只涉及关于大脑构造的某些特点，或者某些心理的特点，例如"内在"状态具有一个"向外表现"的倾向等等。社会交往和制度曾被当做是一个自足的个人所具有的一种现成的特别的生理上或心理上的禀赋所产生的结果，而语言却只是扮演着一个机械地传送原先业已独立存在的观察结果和观念的通讯员的角色。因此，言语就被当做是一种在实践上的便利，而没有根本的在理智上的重要意义。它包括有许多单纯的"字眼"、声音，它们是偶然地跟知觉、感情和思想发生了联系，而这种知觉、感情和思想都是在语言之前就已经是完全的了。因此，语言"表达"思想，正像水管传导自来水一样，而且如果把它跟一个造酒的压榨器"压出"葡萄汁来对比一下，它甚至还只有更少的转变事物的作用。在创建反省、预见和回忆的过程中，记号的职能被忽略了。结果，观念的发生变成了跟物理的发生平行的一个神秘的赋加物，既无共同之点，彼此之间也没有沟通的桥梁。

不妨说，心理的事情并不仅仅是动物所作的一种可以感受痛苦和散布安乐的各种反应而已，它们还须有语言来作为它们存在的条件之一。每当休谟反躬自省时，他就发觉"观念"是在恒常流变之中；这些在流变中的"观念"就很像是一连串默念的字句。当然，在这些事情的基本上，有一个有机的心理—物理动作的实体（substratum）。但是这些心理—物理的动作之所以能够成为可以认识的对象，成为具有一种可感性的事情，这是由于它们在谈论中已被具体化了。当内省主义者以为他已退缩到一种为心灵原料所造成的、在种类上不同于其他事情的、完全私有的事情领域之内时，他只是把自己的注意力转向到他自己的自言自语罢了。而自言自语乃是跟别人交谈的结果和反映；社会交际却并非自言自语的结果。假使我们从未和别人交谈过，而别人也未曾和我们谈过话，那末我们就绝不会对自己讲话和跟自己讲话。由于有了彼此的交谈，社交上的取予、各种机体上的姿态就成为人们之间的一种集合，这些人们交谈着、彼此商量着、交换着不同的经验，互相倾听对方的意见，窃听许多不中听的话，埋怨别人以及为自己作辩解。通过语言，一个人好像扮演戏剧一样，似乎自己正在从事于一些可能的活动和事业；他扮演许多不同的角色；他不是在生命的连续阶段上，而是在同时扮演的戏剧中这样做的。因此便有了心灵的产生。

当希腊和现代的不同哲学都发现了谈论时，他们却予以完全不同的解释，希腊和现代经验在这方面的差别是具有重要意义的。现代的思想家们把语言变成了一个跟空间和物质存在相分隔的世界，一个由感觉、影像和情操构成的分隔的和私有的世界。希腊人却比较近乎觉察到：他们所发现的乃是语言（谈论）。但是他们认为语言的结构就是事物的结构，而未曾把它们当做是事物在社会合作和交换的压力和机会之下所势必接受的各种形式。他们忽视了这个事实：即作为思想对象的意义之所以配称为完备的和最后的，仅仅是因为它们是由一个复杂的历史造成的一个幸运的后果，而并非原来如此的。他们却把它们当做是事物所具有的原始的和独立的形式，内在地调节着变易的过程。他们把一种社会艺术的作品当做是独立存在于人类之外的自然。他们忽视了这个事实：即逻辑的和理性的意蕴的重要性，乃是在战斗、欢乐和工作中社会的交往、伴侣、互助、指导和一致行动所产生的后果。所以他们把理想的意义当做是事物最后的体制，而在这样的一个体制之中，一个实质和特性的体系和所讲出的命题的主词和宾词乃是两相符合的。事物和品词（parts of speech）是自然地和确切地相符合的。有些事物内在地乃是名词，即固有名词和普通名词的内容；有些事物是动词的内容，这些动词表达自我活动，但其他则表示形容词和副词的变化，这是由于事物本身有缺点，所以才表现出这些变化来。还有些事物是实质彼此之间的外部关系；它们便是前置词的内容。

其结果便形成了一个学说，认为有实质、基本特性、偶然性质和关系，并且把"有"（"Being"）（借助于联系词"is"）和动词的各个时态等同起来（因而"最高的有"过去曾经是有的，现在仍是有的，将来永远是有的，相反的，存在却只是此时此地，偶然际遇的，它或者已经完全过去了，或者只是恰巧刚刚现有，或者将来在某些瞬息即逝的时间上是可能有的）。这个学说控制着整个物理学和形而上学体系，形成了欧洲的全部哲学传统。这是领会到事物、意义和字句互相吻合的这种情况之后所产生的一个自然的后果。

这个领会却为这样一个概念所歪曲了：即认为事物和意义之相符乃是先于语言和社交而有的。所以每一个真的肯定就是说在自然中两个对象具有一种固定的彼此从属的状态；而每一个真的否定就是说两个对象具有一种内在地相互排斥的状态。其后果便是相信有一些理想的意蕴，它们是各自完备的，但又是在一种必然的从属和依附关系的体系中联系在一起的。在对于这些意蕴的安排中，关于它们的关系、定义、归类、分类等方面的思辩便构成了关于自然之核心组织的科学真理。因此，原是人类的一个最大的简单发现，使人类有可能占有条理和获得解放，但是这样一个发现却变成了一个人为的自然物理学的根源，变成了把宇宙当做是按照语言的模型构成的具体文法条理的这样一种科学、哲学和神学的根据。

现代思想家发现了内心的经验，一个纯个人的事情的领域，而这些个人的事情总是在个人的掌握之中的，而且在寻找避难所、追求安慰和刺激时，这些个人的事情完全是属于他一个人所有的，并且又不需付出什么代价的。现代的这个发现也是一个伟大的和使人类获得解放的发现。它意味着尊重人类个性所具有的一种新的价值和意义；它意味着一个人不单纯是自然的一种特性，按照独立于人类之外的一种体系被安排在一定的地位之上的，正像一件物品被放置在柜中一定地位上一样，而是对于自然有所增添的，它标志着一种贡献。这个发现和现代科学的这种有试验的和假设的突出特点是相呼应的；所以一个关于发现的逻辑便有发挥个人气质、天才和促进个人发明的机会。它也是跟现代的政治、艺术、宗教和工业有呼应的，在这些领域中给予了个性以活动地位，而相反的，古代的经验体系则把个人严格限制在一定的一个条理以内，服从于它的结构和模式。但是这里也夹入了歪曲。由于不承认这个内在经验世界依赖于语言的扩展，而语言是一种社会的产物和社会的活动，在现代思想中便产生了主观主义的、唯我主义的、自我中心主义的趋向。如果说古典思想家按照思辩的模型创造了一个宇宙，给予理性上的特性以组合和调节的能力，那末现代思想家们便是按照个人自言自语的方式组成了自然界。

把语言理解成为一件所经验到的事情，就使得我们能够解释：当古人发现理性的语言和逻辑和现代人发现"内在"经验及其兴趣时，所真正发生的是怎样一回事。语言是人类交际的自然功能；而它的后果反作用于其他的事情，物理的和人文的，给予它们以意义或含意。作为对象或具有含义的事情是存在在一个具体的关联之中的，在这儿它们获得了各种新的活动方式和新的特性。语词就好像钱币一样。在这儿，金、银以及作为信用的各种工具，在它们成为钱币以前，首先是一些具有它们本身的直接和最后性质的物理事物。但是当它们作为钱币时，它们就是体现着各种关系的代替品、代表物和代理者。当钱币是一种代替品时，它不仅仅便利了在使用它以前就业已存在的这些货物的交换，而且它也使得一切货物的生产和消费都起了改革，因为它产生了新的交往，形成了新的历史和事件。交易并不是一件能够被隔绝开来的事情。它标志着生产和消费进入了一个新的媒介和关联，在这里它们获得了新的特性。

同样，语言不仅是人类交往中节省精力的一个手段。它是参与在这种交往中的精力的松弛和扩张，授予这些精力以赋加的意义性质。这样赋加的意义性质便现实地和潜在地从声音、姿态和标记向着自然界中一切其他事物扩展和转移。自然的事情，便正和唱歌、小说、讲演、告诫和教诲等一样，变成了可以为人们所享受和管理的音讯。因此，事情便具有了特性；它们被划分开来，而为人所注意了。因为特性既是一般的，也是突出的。

当事物具有了可以沟通的意义时，它们便具有了标志、记号的作用（notations），而且就能够成为"暗示的意义"（"con-notation"）和"直指的意义"（"de-notation"）。它们不仅是单纯发生的事故，它们是具有涵意的了。事物因为它们已被牵连在人类的结合之中而有所表述，因而推论和推理就成为可能的了，因为这些推论和推理的活动就是把这些事情所表述出来的内容诵读出来而已。当亚里士多德在对于我们看来比较显著的—为我们所应知的—感性事物和就其本身而言比较显著的—为它们自己所认知的—理性事情之间加以区别时，实际上他乃是在活动于局部的、有限制的语言领域内的事物和业已进入一个无限扩张的和多种多样的语言领域的事物之间加以区别。

人类的交相作用，即结社，就其来源而言，和其他方式的交相作用并没有什么差别。个人怎样变成了有社会性的？如果按照字面上来看这个问题，其中便有一种奇特矛盾之处。人类和其他事物一样，同样也表明了既有直接的独特性，也有联系、关系的特性。在人类的这种情况中，正和在原子和物质质量的情况中一样，直接的状况就是全部的存在，所以它既是在受其他事物的影响中的一个障碍，也是在影响其他事物中的一个障碍。每一个存在的东西，只要它是被认知的和可知的，它就是在和其他事物的交相作用之中了。它是孤独的，单个的，也是结合在一起的。因此，个人结合在一起，这并不是一件新鲜的和前所未有的事实；它是存在所具有的一种普遍情况的显现。所以含义并不在结合这个单纯的事实之中，而在从人类的结合所具有的明显的格局所产生的后果之中。事物的集合，由于把以前封闭着的精力解放出来，赋予了这种集合及其组成部分以新的特性，在这个事实中也没有什么新鲜和前所未有的东西。重要的意义在于有机的人类集合把顺序和同时存在的东西转变成为共同的参与了。

姿态和呼号原来并不是具有表达和沟通的性质的。它们正和移动、攫取和啮嚼之声等一样，也是有机体的一些行为方式。语言、记号和含义的产生，不是由于谁的意旨和心愿。而是由于姿态和声音的扩展是它们的副产品。关于语言的故事就是关于如何利用这些事情的故事；而利用这些事情，既是其他事物所产生的后果，它本身又会产生丰富的后果。关于语言的来源曾有过许多不同的解释，它们有bow-wow论，Pooh-Pooh论和ding-dong论等等的绰号称呼；但是这些解释事实上并不是有关语言来源的学说。它们只是说明怎样和为什么某些声音而不是别的声音被选来作为对象、动作和情境的记号，而这些说明也颇有几分可取之处。假使单纯就是这一类声音的存在便构成了语言，那末下等动物也许就会比人类更为灵巧地和流利地互相交谈。但是只有当这类声音在一种互助和指导的具体关联之中被运用时，它们才变成了语言。当我们考虑有机的姿态和呼号怎样转变成为名称、具有含义的事物、或语言的来源时，只有这种互助和指导的具体关联才是最为重要的。

关于动物经验的可以观察得到的事实提供给了我们一个出发之点。"动物反应一定的刺激……乃是借助于一定肌肉的收缩作用，而这种肌肉的收缩对于这个动物本身并没有什么直接的后果，但由于刺激其他动物，引起它们的动作，从而影响它们。……我们不妨把这一类称为信号反射。萤虫的闪光、乌贼液囊中放射出一种黑色液体，雄鸡的啼鸣……孔雀羽尾的开屏等，这些是少数几个但却是很不相同的信号反射的例子。这些反射活动借助于刺激其他的动物而去影响它们……如果没有别的动物在面前，或者这些别的动物并没有用它们自己的反射去反应它们，前者的反射活动就完全是白费的。"[1]

因此，下等动物便是在这样的方式下活动着的，即这些动作对于这些动物本身并没有有用的直接后果，但它们却在其他动物中唤起了一些独特的反应，如性反应、保护反应、觅食反应（例如母鸡对它的雏鸡所作的那种咯咯之声）。在某些情况中，在其他动物中所引起的这种动作又回过来对于第一个动物发生重要的后果。一个性的动作或一种联合的反抗危险的保护动作便有着进一步的相互作用了。在别的一些事例中，行为的结果对物种有用，对于一个数

---

[1] 梅叶尔（Max Meyer）：《别人的心理》（*The Psychology of the Other One*），1922年版，第195页；这是行为主义心理学的一种陈述，但它未曾引起它内在地所应引起的注意。

量未定的群体，甚至包括尚未出生的个体都是有用的。信号动作显然形成了语言的基本材料。类似的活动在人类中无意地发生着；因此，一个婴儿的啼哭引起了成人的注意，而且激起了一种对于婴儿有用的反应，虽然这个啼哭本身乃是有机体的一种无意的流露。同样，一个人的姿势和面部变化可以向别人指明这个人自己想隐讳起来的东西，因而他"把他自己泄露出来了"。在这些情况中，"表达"或记号与意义的沟通，并不是为执行者本身而存在的，而却是为他的观察者而存在的。

信号动作是语言的一个物质条件，但同时它们却并非语言，也不是语言的充足条件。只有从一个外在的立足点上看来，这个原来的动作才是一个信号；别的动物对它所作的反应并不是对一个记号所作的反应，而是通过某种行为机制对一个直接刺激所作的反应。当农人发出一种咯咯之声时，或当这些母鸡听见了盘中谷粒沙沙发响时，这些母鸡乃是由于习惯、由于条件反射而奔向这个农人。当这农人伸手抛掷谷粒时，这些母鸡便四散飞开；只当这种动作停止时它们才回过来。它们似乎是由于受惊而有所动作；因此农人的动作就不是食物的记号；它是一个激起逃避的刺激。但是一个婴儿便知道藐视这类动作；对于这些动作感到兴趣，因为它们成了达到一个所想望的结果的准备动作；他学会了把它们当做是另外一个事情的记号，因而他的反应乃是对它们的意义所作的反应。他把它们当做是达到后果的手段。母鸡的活动是自我中心的；人类的活动却是共同参与的。后者把他自己放在这样一个情境的立足点上，即在这个情境中有两方面共同参与。这是语言或记号的本质特点。

甲指着某一个东西，譬如一朵花，请乙把它拿给他。这里有一个原来的机制，乙借助于这个机制可以反应甲指物的这个动作。但是本来这样一个反应是对这个动作的反应，而不是对这个"指"，不是对这个所指的对象的反应。但是乙知道这个动作就是一个指物的动作；他并非反应这个动作本身，而是把它当做另外一件东西的一个指针。他的反应是从甲的直接运动转移到了甲所指的这个对象。因此，他不仅仅在做一些由这个动作本身所激起的观看或把握的自然动作。甲的运动吸引着他注视这个所指的东西；于是，他不仅是把他的反

傅统先全集

136

应从甲的动作转移到他会对这个刺激物做的一种天然的反应，他所用的一种反应方式乃是甲对于那事物之现实的和潜在的关系的一个作用。关于乙之理解甲的动作和声音的突出特点，就是在于他是从甲的立足点去反应这个东西的。他感知这个东西，似乎它是在甲的经验中发生作用一样，而不仅是以自我为中心去感知它的。同样，当甲在作此请求时，他不仅按照这个东西对他自己的直接关系去理解它，而是把它当做是一个能为乙所掌握的东西。他看见这个东西时也正似它可以在乙的经验中发生作用一样。这就是沟通、记号和意义的意蕴和重要意义。实际上至少在两个不同的行为中心之中有一些事物已成为共有的东西。互相了解就是共同预期达到一个什么结果，它是一种互相参照；当人们这样进行参照时，他们便是共同参与在一个共同的事业之中。

再谈得详细一些：在听了甲的话之后，乙的眼睛、手部、腿部针对甲的占有的终极动作作出准备性的反应；他便开始去拿取这朵花，带过去交给甲。同时，甲对于乙的终极动作，即奉献这个花朵的动作，做了一个准备性的反应，因此，甲所发出的声音，他指物的姿势，以及对于所指事物的看见，都不是引起乙的动作的机缘和刺激物；这个刺激物乃是乙对于一种有双方参与的交往所产生的结局所预期的那种共同分享的情况。语言的要点并不是对于某些原先存在的事物的"表达"，更不是关于某些原先就有的思想的表达。它就是沟通；它是在一种有许多伙伴参加的活动中所建立起来的协同合作，而在这个活动之中每一个参加者的活动都由于参与其中而有了改变和受到了调节。互相不了解就是在行动上没有取得一致；彼此误解就是由于不同的目的而有了相左的行动。无论你怎样根据行为主义的观点去对待言语，乃至把一切私有的心理状态都排除掉，但这仍然是真的：即它显然不同于动物的信号动作。的确，意义并不是一种心灵的存在；它基本上是行为所具有的一种特性，其次才是一个对象所具有的特性。但是具有意义这样一种性质的行为乃是一种特殊的行为；它之所以具有协同合作的性质，乃是因为对别人的动作的反应包括着对一个进入别人行为中的事物所做的同时的反应，而这个反应又影响到双方面。至于其中所包括的确切的生理机制，很难叙述。但关于这个事实，则毫无怀疑。它使得动作和事物成了可以理解的东西。具有参与这种活动的能力便是智慧。智慧和意义就是人类的交相作用有时所采取的这种特殊形式所产生的自然后果。

意义基本上就是意旨（intent），而意旨并不是个人的，即并不是私有的，与别人无关的。甲企图通过乙的行为的中介或途径以求终究占有这朵花；乙则在满足甲的企图中企图协同合作——或进行相反的动作。其次，意义乃是由于事物具有能使分享的合作成为可能和产生结果时这些事物所获得的含义。首先，是甲的动作和声音具有意义或成为记号。同样，乙的动作对乙来讲乃是直接的东西，但同时对甲来讲却是乙与他合作或拒绝与他合作的一个记号。但是其次，为甲所指出的这个事物获得了意义。在这时候，它不再只是它当时本来的存在，而已被当做是达到更远一些的后果的手段：人所反应的乃是它的潜能性。例如，所指的这朵花是可以携带的，但是如果没有语言，这种携带的可能性就是一个原始的偶然状况，等待着在一定条件之下得到实现。但是当甲估计到乙的了解和合作以及乙对于甲的意旨做了反应的时候，这朵花在当时就是可携带的了，虽然这时候在实际上还没有采取动作。它的潜能性，或产生后果的制约性，乃是一件直接所认识和占有的特性；这朵花就不是简单地是可携带的，而具有了可携带性的意义。泛灵论把没有生命的东西说成是有愿望和意旨的东西，这并非神秘地把心灵特性投射到事物身上，而是对于这样一件自然的事实所作的一种曲解，这个事实就是：有意义的事物乃是实际上跟具有共享的或社会的目的和行动的情境相联系的事物。

泛灵论的逻辑很简单。既然词间接地或者作为一个记号影响事物，而且既然词表达事物有意义的后果（即事物所具有的这些特性，人们就是由于它们具有这些特性才利用它们的），那末为什么词就不应该直接地影响事物以充分发挥它们的潜在力量呢？既然我们用它们的名字来"呼唤"它们，为什么它们就不应该回答呢？而且如果当我们乞援于它们时它们像朋友一样的帮助我们，这不就足以证明它们已为一种友爱的意旨所推动吗？或者，如果它们阻碍着我们，那不就证明它们充满着那些鼓舞我们敌人的特性吗？因此，泛灵论就是一个社会情境的特性直接转变成为自然事物对一个人的一种直接关系时所产生的后果。它的合适的和经常的形式就是诗，在诗里面，事和物也在说话而且直接跟我们沟通着。

如果我们考虑到意义和了解所发生的情境的形式或轮廓，我们就会发现直接性和效用性、外显现实性和潜在可能性、终极的东西和具有工具性的东西，在这些情境中乃是同时出现而且是相互参照的。当甲向乙提出这个请求时，同时他也在做一种开端的和准备的反应，去接受乙手里的东西；他是有准备地从事着这种具有终极性的动作。乙懂得甲所说的话的意义，而不是单纯地反应声音，这乃是对于一个后果所作的一种预期，但是同时它也是在取得这朵花而把它交给甲时眼、脚和手的一种直接的活动。这朵花是一个直接存在的事物，同时它也是达到一个结果的手段。所有这一切都直接包括在可理解的言语的存在之中。在纯粹物理的事物中——即在一个互相沟通的情境中可能出现的东西被抽象出来的时候——最后性和中介性就不可能同时出现。既然我们发现一切事物都有其潜在的可沟通性的一面，那就是说，既然我们发现任何可理解的事物都可以进入语言的范围，我们自然会回过头来把意义和逻辑关系说成是纯事物本身所具有的；这没有什么害处，除非这种归诿是武断的和字面上的。一个物理的事物直接是什么，以及它能够做什么或有怎样的关系，这些都是它所特有的和不可用同一单位较量的。但是当一件事情具有了意义时，它的许多潜在的后果就变成了它的主要的和基本的特点了。当这些潜在的后果是重要的而且被重复的时候，它们就使一个事物的本质和意蕴形成为说明它的范围、指示它的内容、突出它的特点的一种形式。认知这个事物就是去把握它的界说。因此，我们就能够去知觉事物，而不仅仅感触到和占有到它们。知觉就是承认尚未达到的可能性；它是把现在归因于后果，把透视归因于最后的结果，并且从而按照事情间的联系来行动。作为一种态度来说，知觉或察觉就是预测的期望和留意。既然潜在的后果也标志着这个事物的本身并成为它的本质，那末这样标志出来的事情也就成为一个静观的对象了；未来的后果，既然也是意义，就已是属于这个事物的一部分。这种致力于使它们成为这个世界上存在的东西的动作，也可以成为在美感上对于形式的享受占有。

我曾间接提到过意蕴只是意义的一种显明的事例；采取片面的态度，以及把某一种意义说成是一个事物所具有的唯一的意义，这只是表明人类摆脱不了偏见。既然后果本身所产生的后果是不同的，因而它们的重要性也是不同的，那末，这种片面的偏袒也许是有实际的好处的，因为人们当做意蕴所采用的意义可以指出许多广泛和重复发生的后果。因此，在意蕴和存在之间既有区别又有联系的这种似乎矛盾的情况就得到了解释。意蕴永远不是存在，但它仍不失为存在所具有的意蕴，即被提炼出来的重要意义；它是关于存在的一种具有重要意义的东西，是存在在理智上的证明人，是推理和推广转移的手段，而且是美感直觉的对象。在意蕴中，感触和理解是合而为一的；一件事物的意义就是它所意味的东西。

　　既然为人们所喜欢的某些后果会被他们所强调，那末无怪有许多其他的后果，即使认为不可避免的，也会被当做似乎是偶然的和疏远的了。因此，一个事物的意蕴就是在恰当的条件下这个事物所具有的那些圆满终结的后果。因此，使得这个事物，成为现在这样状况的，不可变动的和具有组合性的意蕴，乃是从随着不同的条件和不同的意旨而变化的各种不同的意义中突创出来的，如果说意蕴在这时候被认为包含有存在，正如完善的东西包括有不完善的东西在内一样，这乃是因为在实践中，对于实在按其重要性而作的一种适当的措施，却被不正确地改变成为一种理论上的措施了。

　　语言本身既是具有工具性的，也是具有圆满终结性的。互相沟通乃是取得所缺少的东西的一种交易；它包含有一种要求、诉愿、命令、指示或请求在内，它以少于个人劳动所付出的代价使需要得到满足，因为它取得了别人的合作协助。互相沟通也是生活的一种直接提高，为它本身的利益而进行的一种享受。舞蹈有歌唱相伴奏，而变成了戏剧；当一些危险的和胜利的情景展现出来时，它们最使人感到兴趣。庆祝带着它所预定的那些礼节变成了仪式大典。语言总是行动的一种形式，而且当它被当做工具使用时，它总是为了达到一个目的而进行的协作行动的一种手段，但同时它本身又具有它一切可能后果所具有的好处。因为没有一种行动方式像协作行动那样具有完满结果和报酬的性质的。它带有一种分享和融会一体的意义。语言的形式能产生这种感觉，它在这方面是无与伦比的了，这首先通过听众方面直接的参与；然后，当文学形式发展时，通过想像中的设身处地。希腊思想家们在希腊文艺中细致地利用语言方面，曾作出出色的榜样，而他们所发现的对于沟通所必不可少的意义又曾被当做是在自然本身中最后的和终极的东西。意蕴便被化为一切存在所具有的原始的和本质的形式了。

这里所提出的关于意义和语言的联系的观念，不要跟传统的唯名主义混淆不清。它并不意味着说：意义和意蕴是外来的和随意赋加的。唯名主义的缺点在于它实际上否认了交相作用和互相结合。它不把词当做是用以实现互相结合的一种社会行动的方式，而把它当做是一个现成的、完全个体的心理状态的一种表达；感觉、心像或感触既然是一种存在，就必然是特殊的。因为包括在语言中的声音、姿势或书面的记号乃是一种特殊的存在。但是它本身并不是一个词，而且也并不是由于宣布一种心理的存在，它就变成了一个词；它是由于获得意义而变成了一个词的；而当一个真正的共同行动由于使用它而被稳定下来时，它就获得了意义。交相作用的情况，即行动上的关系，跟特殊的情况和直接的状况一样，也同样是关于事情的一种事实。语言及其后果乃是在特定的组织条件下自然的交相作用和自然的联结所具有的特征。唯名主义忽视了组织，因此把意义变成无意义的东西。

具体讲来，语言是至少在两个人之间交相作用的一个方式：一个言者和一个听者；它要预先承认一个组织起来的群体，而这两个人是属于这个群体之内的，而且他们两人是从这个群体中获得他们的言语习惯的。所以它是一种关系，而不是一个特殊的事情。仅考虑这一点就足以贬责传统的唯名主义。再者，记号的意义总是包括人和一个对象之间所共同具有的东西。当我们把意义说成是言者所具有的属性，而把它当做是他的意旨时，我们就把共同执行这个意旨的另一个人以及这个意旨所由实现的、独立于有关的人以外的那些东西都视为理所当然。人和事物必须同样成为在一个共享的后果中的手段。这种共同的参与就是意义。

在使意义固定下来的过程中，工具的发明和使用曾经起着很大的作用，因为工具就是用来当做达到后果的手段，而人们不是直接地和从物理上去对待它的。它在内在上是具有关系性的、期望性的、预测性的。如果不涉及当前不在的东西，或者说，如果没有"先在"（"transcendence"），那末就没有一种东西是工具。说动物不"思考"的最有说服力的证据就是在这个事实中发现的：即它们没有工具，而只是依靠它们自己比较固定的机体结构去产生结果。由于这种依靠的情况，它们就无法把任何事物的当前存在跟它可能的效用区别开来，无法对其后果进行推测来说明本质或意蕴。任何被用来作为工具的东西都表现出既有区别性也有一致性。从存在上讲，火就是燃烧的；但当火被用来烧饭和取暖时，特别是在其他的事情以后，如钻木取火之后，火就成为一种具有意义和潜在意蕴的存在了。火烧和恐惧或不安已不再是全部的故事了；一件发生的事故这时候成为一个对象了；而且，如果（如唯心论实际所主张的那样）主张说，一个存在物的意义就是这个存在物的实质，这是荒谬的，但同时不承认既已发生的事故所具有的这种完全转化的重要意义，这也同样是荒谬的。

既然作为一个工具或被用来作为求得后果的手段就是具有和赋予意义，那末作为工具之工具的语言就是抚育一切意义的母亲。因为其他用为工具和媒介的东西，即平常认为是用品、代用品和设备等等的事物，只有在社会集体中才能产生和发展，而社会集体是有了语言才可能形成的。在仪式中和在制度中事物变成了工具。原始用具及其附属的象征符号具有一种顽固的习俗性和传统性，这就证明了这个事实。再者，工具和代用品总是被发现跟分工相联系着的，而分工又依赖于一定的沟通方式。这句话能在一个较为理论一些的方式之下予以证明。直接状况本身是转瞬即逝、近乎幻灭的状况，而在事物能够有意识地为人们所利用之前，就须要通过在有机体控制范围以内的某种容易恢复和重复的动作，如姿势和言语声音等，把这种直接的流变状况固定下来。一个人也许偶然用火使他自己得到温暖，或者偶然用一根棍子拨松了泥土，因而促进了粮食植物的成长。但是从存在方面来讲，火灭了的时候，那种安适的效果也就停止了；一根棍子，即使曾经一度做过杠杆，仍会回到单纯就是一根棍子的地位，除非使它和它的后果间的关系情况得以突出，并保持下来。只有语言，或某种形式的人为的记号，才可以用来把这种关系情况保持下来而且使它在其他特殊存在的具体关联中更有丰富的后果。矛、瓶、篮、网等也许就是偶然在自然事情的某些具有圆满终结的后果中发生的。但是只有通过共同一致的行动予以重复，才会使它们制定成为工具，而这种行动的协调一致又依赖于记载和沟通。要使得别人觉察到某一种用处或客观关系的可能性，就是要把偶然成为一种替代物的东西持续下来；彼此沟通是意识的先决条件。

因此，每一个意义都是共同的或普遍的。它是在言者、听者以及言语所涉的事物之间共同的一个东西。作为一个概括的手段而言，它也是普遍的。因此，一个意义是一种行动方法，一种把事物用来作为达到一个共享的圆满终结的手段的使用方式，而方法是一般性的，虽然它所运用的事物是特殊的。例如，轻便性的意义乃是两个人和一个对象所共享的一种东西。但是在轻便性一度被领会到之后，它就变成了一种对待其他事物的方式；它就被广泛地推广了。当这样一有机会时，它就会被应用；只有当一个事物拒绝以这种方式对待它时，应用才会停止。而且即使这样拒绝也可能只是向人们提出的一个挑战，要求进一步发展"轻便性"的意义，直到这个事物能被运走为止。意义乃是使用和解释事物的一些规则；解释总是说事物具有一种达到某种后果的可能性。

有一个学说主张：一般观念或意义起源于对于许多特殊事物进行比较，直到后来认识到某种为它们全部所共有的东西。难以想像有任何主张比这个学说更为荒谬可笑的了。但是我们不妨把这种比较用来考核一个规则能否如所提议的那样加以广泛应用。不过，人们从事概括乃是一种自发的活动；只要条件允许的话，他们总是要进行概括；有时甚至实际上不应该概括的地方，他们也去广泛地予以概括。人们总是强行把一个新获得的意义推广应用到一切并不显然拒绝应用它的事物身上，好像一个儿童只要当他一有机会的时候就想运用他新学会的一个新词或者像他玩弄一个新的玩具一样。意义就会自己向新的情况转移。结果，条件强使这种自发的倾向受到锻炼。应用的范围和限制是在应用的过程中通过实验来确定的。科学的历史，就足以指出要使这种不合理的概括倾向服从于经验的锻炼是多么困难，至于通俗的信仰就更不必说了。把它称为"先验的"（"a priori"），就是表明一件事实；但是把意义的概括力量所具有的这种"先验"特性归之于理性（reason），这是颠倒事实。当这个倾向根据观察和通过审慎实验的证实而变成了慎重的概括时，便得到了理性。

意义是普遍的也是客观的。它开始是使用或享受事物的一种共同的或联合的方法，所以意义就是指一种可能的交相作用，而不是指一个分隔孤独的事物而言。正像吹口哨并不是实际上预示将有大风，而祈雨时洒法水也不是指明即将下雨，一个意义当然可以没有所赋予它的这种特殊的客观性。但是这样使外在所涉及的东西赋有这种魔力，就证明了意义本身的客观性。意义自然总是某些事物的意义；困难在于把这个正确的事物鉴别出来。要知道：某些意义，无论它们是可喜的或可怕的，都是在社会共同的欢乐和控制的过程中所共同发展起来的意义，而并不是代表任何个别集团利益的，它们并不是与社会艺术无干的一些自然的方式和手段；要知道这一点，我们就需要受过系统的和严格的从事实验工作的训练。当对象不是根据它们在社会的交相作用和讨论中它们所产生的后果来予以说明，而是根据它们所产生的许多后果彼此之间的关系来予以说明时，在美感的和情感的意义上便添加上了科学的意义。这个区别可以使得美感的和情感的对象不致成为具有魔力的东西，因为这些对象之所以被认为是具有魔力的东西，乃是由于人们把它们在集团所传递下来的文化中所产生的后果当做是它们在自然状态下所产生的后果。

然而古典哲学赋予意义、意蕴、观念以客观性的真理仍是颠扑不破的。把意义理解为私有的、朦胧的心理存在所具有的一种特性，这是一种异端邪说。柏克莱按照他的唯名主义的观点，认为观念虽然在存在中是特殊的，但在作用和职能中却是一般的。他认为观念之所以能在行为中发生效用，是由于上帝预先建立了一种秩序，虽然他表明在沟通或社会的交相作用中不能感知它们的自然根源，这个说法较之那些保持他的心理学而排除他的神学的人们所显示的结果，更有力地体现出了意义具有客观性的这个意义。感觉论者在对极端怀疑主义表示踌躇的同时，又设定说某些观念间的联想跟事物间的结合是两相符合的，这种自相矛盾的情况也是无可奈何地证明了：虽然在理论上不承认意义的客观性；但意义的客观性的暗示却经常出现在他们的心灵中。

意义是客观的，因为它们是自然交相作用的一些样式；是这样的一种交相作用，即虽然基本上是有机物之间的交相作用，但是也包括有生物以外的事物和能在内。法律上的意义所具有的调节力量可以提供给我们一个便利的事例。一位交通警察举起他的手来或者吹警笛。他的动作所起的作用就是作为指挥动作的一个标志。但是它不仅仅是一个偶然的刺激物。它体现着有关社会行为的一种规则。它较近的意义就是它在协调人们和车辆的行动中所产生的当前后果，它的较远的和永久的意义——即意蕴——就是它在获得社会治安的方式中所产生的后果。如果人们不遵守这个信号，就逮捕、罚款或收押。在警察的警笛中所体现出来的意蕴，并不是赋加在一个感性的或物理的流变之上的一个什么神秘的实体和赋予在它身上的一个形式；它不是似乎隐居在心灵里面的一个神秘的潜存物。它的意蕴就是社会交通的规则，标准化了的习惯，它是一般人都可以理解的而且是持续有效的，而且只是为了它，才使用警笛的。形成警笛这样一个特殊声音的意蕴的模式和模型，就是通过社会的同意，在许多行人和车辆的交通之中建立起一种有秩序的安排作为其后果。这种意义是独立于心理的景象、感觉和印象、警察和其他事物以外的。但是也不能因此而把它当做是一个没有时间性的精灵鬼怪，或脱离事情的一种无声无色的逻辑潜存物。

关于任何非人类的事情，如重量、效力或脊椎动物等的意蕴的情况也是如此。事物交相作用所产生的一些后果是与我们有关的；这些后果就不单纯是物理的；最后它们参与了人类的行为和命运。火燃烧着，而火烧是具有重要意义的。它进入了经验以内；观看熊熊的火焰是有趣的，逃避它的危险和利用它的有利的潜能是重要的。当我们叫出一件事情的名字，如称它是火时，我们是在预言着什么；我们不是在称呼一件当前的事情；那是不可能的。我们运用着一种语言的名词；我们激起了一种意义，这就是说，我们在祈求存在所可能产生的后果。这位交通警察所发出的声音的最终意义，就是后来所产生的社会行为的整个体系，其中借助于声音使得个人服从于社会的协调；其较近的意义就是在邻近区域内和直接影响下的行人车辆的行动获得协调。同样，所谓火的最终意义或意蕴，也就是一定的自然事情在人类活动的范围以内、在社交的经验中、在火炉边、在家坛前、在共享的安乐中、在金属熔炼中、在特快运输中，以及在其他这类的事件中所产生的后果。"从科学上讲来"，我们忽视了这些较远的意义。而这是十分适当的；因为当变化的顺序条理已为人们所决定时，在直接享受和欣赏中的这种最后意义是能够被人们所控制的了。

古典思想及其在后来的唯心主义的残余思想认为：较远的人类意义，即在言谈中直接交往的意义，乃是与它们在语言中的地位无干的各种的自然形式，而现代思想则在根据事物因果关系所决定的意义和根据人类交往所决定的意义之间划出了一道严格的分隔线。结果，它把后者当做是无关轻重的或纯粹私有的，绝不是自然事情所具有的意义。它把较近的意义当做是唯一有效的意义，而抽象关系变成了一个偶像。在科学中忽视自然界交相作用的后果对于人类的意义，这是适宜的；的确，这也是不可逃避的。把意义在社会的或共享的情境中抽绎出来而加以肯定和陈述，这是对后者能够理智地予以修改、扩展和变更的唯一途径。数理符号跟独特的人类情境和后果只有最少的联系；而离开美感和道德含义去发现这样的名称，乃是这种专门技术的一个必要部分。的确，这样减除掉较远的意义也许为数理关系提供了一个尽可能好的经验定义。它们是不直接涉及人类行为的意义。因此，意蕴就变成了完全是"理智的"或科学的，而没有任何在圆满终结上的涵意了；它表达出那种纯粹具有工具性的东西，而不涉及有关事物作为其手段的那些对象。于是它就成为反省的出发点，而其结果可以产生以前所未曾经验到的人类的遭受和享受。从任何特殊的后果中抽象出来（这就是说一般地去对待具有工具性的东西），为求得新的用处和后果开辟了途径。

当专家或政府官员把交通警察的信号所具有的意义从它的具体关联中隔离开来，而且把它变成一种书面的和印刷的文字，作为一个独立考虑的题目时，便有上述情况的发生。由于把它放在另一些意义的关联中（从理论上和科学上去进行讨论），它就从先前使用的偶然状况中被解放了出来。结果就可以发现一种改进的、新的信号制度，更有效地来管理人类的交通。然而从一切较远的人类的用处和后果中深思熟虑地进行抽绎，这在关于一种信号系统的讨论情况中似乎是难以发生的。在物理科学中，这种抽绎或解放是完全的。事物是用符号来界说的，而这些符号仅仅表达它们彼此之间的后果。在日常经验中，"水"是指有关人类生活中产生熟悉影响和用处的某些东西所具有的意蕴而言，例如它是可以饮的，可以用来洗涤衣物，扑灭火烛等等。但是氢二氧（H_2O）却隔断了这些联系，而在其意蕴中仅仅体现出独立于人类事务以外的事物所具有的工具性的效能。

古典的思想不仅仅是把终结、享受、使用当做是自然事情的真实终点（它们也确是这样），而且也当做是独立于人类经验以外的事物的意蕴和形式。跟这种思想相类似的有一个现代的哲学派别，它把实在当做是纯机械的东西，而把事物在人类经验中所产生的后果当做是偶然的或现象的副产品。其实，从人类经验中抽象出来，只等于是从熟悉的和特殊的享受中解放出来，它提供了一种手段去探索至今尚未被尝试过的后果，去发明和创造新的需要，以及好和坏的新样式。从关于意蕴这个概念所有的最适当的意义上讲来，这些人类的后果就是自然事情所具有的意蕴。当水变成了H_2O这种意蕴时，它仍然具有日常经验中的水所具有的意义，否则，H_2O也会完全是没有意义的了，不是一个可理解的名字，而只是一个单纯的声音了。

意义，在言语中作为意蕴而被固定下来以后，就可以在想像中被管理着、操纵着、实验着。正像我们公然操纵事物，进行新的划分，从事新的结合，从而把事物介绍到新的关联和环境中去一样，同样，我们在言语中把许多逻辑的共相联结起来，在这儿构成和产生新的意义。思辩（或者如现代人所谓的演绎）产生新的对象，用康德的语言来讲，它不是单纯地说明已经具有的东西，而它是"综合的"（"synthetic"），在这个事实中并没有什么奇怪的东西。一切的言语，口头的或书面的，不仅是一种机械的发音习惯的展开，而是说了一些使这个说话的人感到新奇的事情，的确，有时它使他较之任何其他的人更觉惊奇。系统的逻辑语言或推理（ratiocination），是按照严格的规则进行的同样的事情。即使在严格规则的条件之下，新意义的突创也较之习俗所假定的更为类似在舒畅的谈话中所发生的情况。关于逻辑条理和一致性的规则，乃是有关于如何使得在产生新意义中所进行的联合和分隔更为经济而有效，而不是有关于意义本身。它们是有关于进行某一类实验的规则。在尝试着把许多意义进行新的联结中碰上了新意义所产生的令人满意的结果；然后就可以把它们在一个体系中排列起来。从事于思想工作的专家就是有本领善于从事实验，把旧的意义介绍到各种不同的情境中去，而且他有一种敏感的耳朵，可以发现结果所将形成的和声和不和谐的声音。在现实所发生的情境中最具有"演绎性"的思惟，乃是一系列的尝试、观察和选择。按照"直觉"（"intuition"）这个模糊字眼的一种意义讲来，它就是"——系列的直觉"，而逻辑就是从事后追溯既往的观点上看来所表达出来的一种如何经济地把曾经显现出来的许多一致性和不一致性以一种简明的公式陈述出来的机智。任何自始就是如此的三段论式，由一架自动操纵符号的机器来进行，较之任何"思想家"都会进行得好些。

意蕴能随时进入任何数量的新的联合之中，并从而产生更多的比它们所由产生的那些意义尤为深刻和广泛的意义。这就使得意蕴在表面上似乎具有一种独立的生命和经历，而这样一种貌似的情况便使得某些思想家们把意蕴提升到一个与存在领域相分隔的而又优越于它的领域之中。试考虑一下曾经根据这些意蕴，如4、+、$\sqrt{-1}$（四、加、负一的平方根）作出的那些解释。当这些意蕴和其他意蕴结合起来时，它们所产生的后果既是这样易于操纵，而又是这样丰富多产，以致基本上对于它们的作业感到兴趣的人们就把它们不当做是语言中的一些重要的项目，而当做是独立于人类的发明和使用以外的许多实体所形成的一种条理。我们能够注视着它们并且能够把它们结合在一起时所发生的事情记载下来，而所发生的这些事情，正和一次地理的勘察所发现的东西一样，是独立于我们的意愿和期望以外的。这种事实乃被用来作为证据，证明意蕴构成了具有潜存实有的实体，它们不仅是独立于我们以外的，而且是独立于任何一切自然事情之外的。

我们把选择理解得太狭隘了。因为意义和意蕴并不是心灵的状态，由于它们和物理的事物一样是独立于直接的感觉和想像以外的，但又因为它们不是物理的事物，于是就假定它们是一种特别的事物，被称为形而上学的或"逻辑的"事物，正像把逻辑区别于自然一样。其实，还有许多其他的东西，它们既不是物理的存在，也不是心理的存在，而它们却可以证明是依赖于人类的结合和交相作用的。而且这些事物还具有解放和调节人类以后互相沟通的机能；它们的意蕴就是它们在如何使得那样的互相沟通更有意义和更为直接地获得效果方面所作的贡献。再以在交通管理方面的那类事情为例。一个警笛的声音乃是一个特殊存在的事情，在数量上和别的东西是有分别的，它具有它自己所特有的空间和时间上的地位。至于社会合作的交相作用中体现这种交相作用而使它发生效用的规则或方法，情况也许不能这样说。一个连续进行的有组织的动作方法并不是一个特殊的存在，所以就不是一个物理的或心理的存在。然而，运用这个方法去调节运动使它们不致彼此干扰，则其后果既有其物理的一面，也有其心理的一面。在物理方面讲来，空间的变化有了一些在另一种情况下也会发生的改变。从心理方面讲来，有一些在另一种情况下不会发生的享受和苦恼，但是这些偶然事件中的任何一件或者它们全部结合起来都不足以形成警笛声音的意蕴或其较远的意义；它们是一个比较安全的人类的协同活动所具有的一些特征，而这种协同活动，作为体现在警笛中的一个法律命令所产生的后果，便形成了它的意义。

关于意义和意蕴的讨论已经走上了这样一条绝路，而且已经纠缠于这样的困惑之中，以致还值得进一步建议把法律上的实体当做是一条指明避免意蕴和存在脱节的途径。什么是一个法团（Corporation），一个营业特权（Franchise）？法团既不是一个心理状态，也不是一个特殊的在空间和时间中的物理事情。然而它却是一个客观的实在，而不是一个理想的"实有领域"（"Realm of Being"）。它是一个客观的实在，它具有许许多多物理的和心理的后果。它是一种可以加以研究的东西，正如我们可以研究电子一样；它和电子一样，显示出一些意料不到的特性，而且当人们把它介绍到新的情境中时，它的活动具有新的反应。它正和一条河流一样，是可以被开导的、疏浚的和阻塞的。然而，离开了人类彼此的交相作用之外，它就既不会存在，也不会具有任何意义和力量；而在这种交相作用中它意味着另有外在事物。法团作为法律上的意蕴，或作为协同调节交相作用的一个方法，有它自己的生命，而且也有它自己发展的经历。

司法规则又意味着有司法管辖范围的问题；在一定的领土以内它应用到特殊的一群人们的身上。一个行动在法律上的意义依赖于它所发生的地点。然而一个行动乃是一种交相作用，一种彼此交易，而不是孤立的、自足的。一个行动的开始阶段和在其间决定这个动作的意义的最后结果，无论在空间上和在时间上也许都是相隔很远的。那末这个行动在哪儿呢？它的场所在哪儿？最快的回答就是按照这个行动的开端而做出的。当这个行动发生时这个行动者的身体在哪儿，那儿就在做这个行动。然而，假定在发现之前，这个动作者是在干一件犯罪的勾当，后来他改变了他的居处而居住在另一个司法区域的范围以内。由于安全的需要便产生了一个新的概念或意蕴，即引渡、司法交谊（comity of jurisdictions）的概念，与司法权的概念联合起来。于是便发展了一些新的程序以及一些相应的专门概念或意蕴，通过这些程序一个被控犯罪的人就可以被要求引渡而转移过来。司法权的概念，跟安全、公正等等概念联合起来，通过演绎又产生了许多其他的概念。

这个过程并不到此为止。有一个行动者便意味着还有一个受害者。假定有一人在纽约州向新泽西州那边开了一枪，而在那边打死了某一个人；或者他邮寄了一包有毒的糖果给加利福尼亚州的某一个人，而这个人因吃了这包糖果而致死亡。这个罪是在哪个地方犯的呢？这个犯罪的人并不在发生了死亡的这个州的司法范围以内；所以从定义上讲来，他的罪并不是在发生了死亡的那个州里犯的。但是死亡不是在他本人在场的地方所发生的，所以在那个司法范围内便没有罪案，因为犯罪的地点是要根据行动者的居处来确定的。引渡这个概念就不能应用，因为在那里并没有发生作为引渡他的理由的罪行。简言之，按照所公认的司法权的意义讲来，任何地方都未曾犯过这个罪案。这样一个结果对于人类的结合和交往显然都是有害的。因此，在一个行动中彼此交往

（transaction）的因素便被注意到了；在某一司法区域内所开始的一个行动，当它有罪的后果发生于这个区域以外时便已成为一种罪行了。这时候，行动的地点已扩大到从纽约到加利福尼亚的整个路途之中了。因此，两个能够直接观察得到的、独立的、特殊的事情，以及在它们之间不能直接观察得到的，而是被推论出来的一个联结的过程，一同都被包括在如行动之地点这样一个简单的意义之中。用传统的哲学语言来讲，这个意蕴在这时候乃是理念的、理性的、不可感觉的。再说，为了在各个不同的意义之间求得一致或达到一个逻辑的秩序而进行了修改，这便进一步发展了一个法律意义的体系。因而意义便对于导致它们所由产生的事情便具有了更大的独立性；它们可以作为一个逻辑体系来被传授着和阐发着，而其中的各部分乃是通过演绎而彼此被联系了起来。

然而，在民事案件中，即使像这样扩大了的、关于场所的概念也未能照顾到一切的后果，而这些后果由于涉及各类行动的权利和义务而发现需要制定一些管理规程。一项事件可以涉及在直接有关双方的任何一方所在的司法区域以外的一个不同的司法区域内的权益或基金。它的后果包括有居住在第三个司法区域内的人们。最后的结果在某种情况下有回复到早期的概念的趋势，即回复到比较直接从物理的（或受空间限制的）方面理解的关于地方的司法权的概念。司法权就成为对一定的特别事件"具有按法律处理之权"的意思，而不是指"行动所发生的一个区域"而言：那就是说，区域是由行动的权力确定的，而行动的权力又是按照被发现为人们所需求的那些后果来决定的，而原来是关于固定区域的一个概念已被用来确定法律行为的权力。如果有人问，一个事件发生的地点是"在什么地方"，那末，根据法律的程序，在许多的案件中，唯一可能的答案就是：它的后果在哪儿被认为从社会的重要性上讲来是需要予以管理的，它的地点就在那儿。①

---

① 在这方面，实际的法律倾向（虽不总是成为一种理论公式）要比流行在哲学家们中的观点有更进一步的发展。不妨比较一下关于错觉在何处或关于过去经验的处所何在，或关于未实现的可能性是在何处存在着等问题的讨论情况。有些作者，虽然也否认心是有空间性的，但又满意于把它们置于心灵之内。然后，由于他们明白了，安置这些事情的心灵存在物本身也是一个现有的特殊存在物，因而他们感觉到需要把一个"意蕴"或意义安置在心灵状态的皮囊之内。

法律制度无论在什么地方都是意蕴的具体体现，而这些意蕴跟个人的意见、情绪和感觉对照起来，却是和物理的对象一样，是客观的和具有强制性的；这些意蕴是一般的，能独立地检验的；它们彼此之间有着丰富的联系，而且可以扩展到以前和它们无关的一些具体现象上去。同时，如果我们把这些意义跟社会的交相作用及其所产生的各种后果联系起来考虑的话，这类意义的起源和本质是能够从经验方面来加以描述的。如果我们对于交相作用的行动者的各种不同的动作能够在当前确定一个互相参照的办法，这些意义就成为调节后果的手段。如果我们还记得我们能把这样一个具有调节作用的方法转移到另一个新的和以前没有关联的语言领域，那末一个斑点可以指一个解剖上的结构，水银柱的体积的变化可以指一种气压的变化，因而意味着大概将会下雨，这个事实就没有什么奇怪的了。所以，在符号中所表达的意义可以产生一个巨大的和继续成长的数学体系这个事实，也没有什么足以奇怪的了。一个意蕴就是一个程序方法，它能够和其他的程序方法结合起来，从而产生许多新的方法；引起对旧方法的修正，而且形成一个有系统的和有秩序的整体——这一切都无须涉及任何方法对任何特殊的一套具体存在物所作的任何应用，而且是完全从任何具体的、为这些方法或逻辑的共相所制约的后果中抽象出来的。从数学方面讲来，它们和一位动物学家所处理的材料一样，同样是独立的对象。把这个和机器，如一架自动的收割机或一个电话系统对比一下，是有益处的。机器并不存在于经验之前，也不是独立于经验之外，而是在人类经验中演化着的。但是就现有的物理的和心理的过程而言，它们是客观的和带有强制性的；它们是达到后果的一般方法；它们是以前存在的物理存在物之间的交相作用。再者，从它们的效能上讲，它们依赖于其他的和独立的自然存在物；只有当它们同限制和检验它们的活动的其他存在物结合起来被使用时，它们才产生后果。当机器已经达到了一定的发展阶段时，工程师就可以无须再特别顾到具体的使用和应用，而专心一致地去创造新的机器和改善旧的机器。那就是说，发明家们是受现存机器的内在逻辑指导的，受对于机器各部分间彼此的关系以及它们对整个机器的配合的关系的一致性的观察所指导的。因此，一个发明可以从纯数学的演算中产生出来。不过，机器仍然是一架机器，是为了调节涉及后果的交相作用而设计的一个工具。

当机器的这个"概念"，它的意义，它在符号中所体现出来的意蕴，通过演绎而产生了一些新机器的平面图时，意蕴是具有后果的，因为它原先就是为了一个目的而设计的。所以它后来在满足这个目的时，在取得这个所需求的后果时的成功或失败，以及对于这个原因所进行的反省，便提供了一个对有关的这个意蕴进行修正、扩充和改变的根据；因此，它有它自己的成长过程和它自己的后果。如果我们遵循为经验所能证实的事例所指出的途径，那就会显示出来，数学上的和道德上的意蕴都可以是在思辩上具有后果的，因为像其他的机器一样，它们是为了以最少的浪费和最大的经济和效能去达到一定后果的目的而建造起来的。

沟通既具有圆满终结的性质，也具有工具的作用。它是建立合作、统治和秩序的一个手段。分享的经验是人类最大的好处。在沟通中，如动物所特有的这种交合和接触的情况变成了能够无限地理想化的一些表达爱慕的标志；它们变成了自然界最高峰的符号。"上帝就是爱"较之"神圣就是权力"乃是一种更为有价值的理想化。由于爱、至其极就带来了光明和智慧，这个意义便和"神圣就是智慧"是同样有价值的了。一个人参与另一个人的快乐、忧愁、情操和目的时所表现出来的各种不同的情况，乃是从共同所具有的对象的广度和深度而分别开来的，从一种暂时的抚爱到继续不断的领会和忠诚。当一位心理学者，如倍恩（Bain），把一些"柔和的情绪"归结为触觉时，他指出了一个自然的有机的基础。但是他甚至没有把机体的接触和它的生命机能、类化和有后果的联合联系起来；而且（尤其重要的）他没有留意到，当这个生理的机能所产生的后果，在为人们所留意之后，变成一个客观意义，被包括在一个自然的生理事件以内而成为它的意蕴时，这个生理的机能所经历的变化。

如果说科学的语言在机能上是具有工具作用的，那末它也能够变成一个与它有关的那些人所享受的对象。大体讲来，人类的历史显示出：思惟，由于它是抽象的、遥远的和专门的，是一件痛苦的工作；或者至少说，达到这种思惟的过程对于大多数人来说，由于社会环境而变成痛苦的了。因为这种活动及其对象的重要性，当它变成了一种内在的乐趣时它就成为一个无价的收获。如果哲学的讨论没有它本身固有的诱惑力，很少人会去从事于哲学思考。然而，这种活动所具有的这种使人感到满意的状况不足以说明科学或哲学；科学或哲学的定义乃是来自题材的结构和机能。如果说，知识作为理智的讨论所产生的果实，本身就是一个终结（目的），那末这就是说，它对某些人来说是美感上和道德上真的东西，但是这丝毫也没有论及知识的结构；而且它甚至于没有暗示说：它的对象并不具有工具作用。这些问题，只有通过对于有关的事物的检验才能得到解决。无所偏袒的和没有个人利害关系的思惟活动，即根据经过详细研究过的、实证的和相关的意义而进行的讨论，乃是一种美术。但是它还只是比较不多的人所能接受的一种艺术。文学、诗词、歌赋、戏剧、小说、历史、传记，以及参与按时专供祀神之用的、为万民所分享的各种丰富的礼节仪式等等，也是各种样式的交谈，由于它们跟协助和合作活动所产生的直接具有工具作用的后果是分开的，因而对大多数人讲来，它们就是目的。在上述这些方面，交谈既是具有工具性的，也是最后的。当人们由于相互沟通而有可能共同参与在这种情境之中时，他们就不会始终不变，在未来仍有同样的效果。后来的结果可以是好的，也可以是坏的，但它们却总是存在的。智慧的作用并不是由于直接经验的内在价值而去否认这个因果事实。它是把这种直接使人满意的对象变成也将是最为丰富的对象。

安诺德（Mathew Arnold）曾经说过，诗是对生活的批评；这句话在一些具有强烈美感倾向的人听来很刺耳；它似乎给予了诗一种道德上的和工具的性能。但是诗虽不是一种有意的对生活的批评，实际上它确是这样，而且一切艺术都是这样。因为艺术把那些享受和欣赏的标准固定下来了，而这些标准又是对其他事物进行比较的依据；它选择未来希求的对象；它刺激人们的努力。某一个特殊的人在一些对象中发现了他的直接的或美感上的价值，这对于那些对象来说是如此，对于集体的人来说，情况也是如此。在一个社会中所流行的文学、诗歌、仪式、娱乐和消遣等艺术，供给了那个社会以主要的享受对象，它们的水平和风格对于当时这个社会的思想和行为的方向，比任何其他方面都起着较大的决定作用。它们提供了据以判断、考虑和批评生活的意义。从一个旁观者看来，它们为对那个社会所过的生活进行批评性的评价提供了材料。

互相沟通是具有独特的工具性和独特的终极性的。它是具有工具性的，因为它使我们从沉重的事务压力之下解放出来，使我们能够生活在一个有意义的事物世界之中。它是终极的，因为它是对于为整个社会所珍贵的对象和艺术的一种分享，由于这样的分享，意义从相互沟通上来讲，就被充实了、加深了和巩固了。由于它这种特有的中介性和终极性，互相沟通及其共同的对象就成为最后值得敬畏、钦佩和忠实欣赏的对象了。它们是值得成为一种手段的，因为它们是使得生活具有丰富而多彩的意义的唯一手段。它们是值得成为一种终结（目的）的，因为在这样的终结（目的）中，人类从他们直接孤单的状况被提升起来而参与在一种意义交流之中。在这里，也和在许多其他的事物中一样，最大的缺点在于把工具性的功能和终极性的功能两相分隔开来了。智慧是片面的和专门的，因为互相沟通和共同参与受到了限制，是宗派性的，区域性的，局限于阶级、党派和职业团体的。根据同样的特征，对于某些人讲来，对终极的享受我们是奢侈的和腐化的；对于另一些人讲来，是粗俗的和平常的；从自由和充分沟通的生活中排除出来，就是使这两方面同样不能充分掌握经验中事物的意义。当沟通的工具性的和终极性的功能共同在经验中活动着的时候，便有了智慧，而智慧乃是共同生活的方法和结果，而且也就有了社会，而社会则是具有指导爱慕、景仰和忠诚的价值的①。

---

① 自从我原来写完了上面一段以后，我发现了在奥格登（Ogden）和李查兹（Richards）的《意义之意义》一书中马林诺夫斯基（Malinowski）所讲的以下一段话："一个字，在指一件重要的用具时，是在行动中被运用的，而不是对它的本质作什么解释或对它的特性作什么反省；但只是使它呈现出来，交给这个说话的人，或者指导别人怎样去正确地使用它。事物的意义是由它的实际用处的经验而不是由理智的冥思构成的……对于一个土著来说，一个字意指它所代表的这个事物所具有的一种固有的用处，正如一个器具，当它能被使用时就具有所意指，而当手头没有主动的经验时它就无所意指。同样，一个动词，一个代表动作的词，由于主动地参与在这个行动中而获得其意义。当一个字能产生一种行动时它就被人所使用，而不是描述一个动作，更不是翻译思想"。（第448-449页）。语言基本上是一种行动的样式，被用来去影响一些其他的与这个发言者有关的人们的行为。关于语言，我不知道有什么陈述能够以同样的明晰和欣赏的态度把这个事实的力量揭示出来。正如他所说的，"当我正在写这些字时，我在这时使用语言的方式，一本书、一张写在草稿纸上的手稿或石刻碑帖的作者所使用语言的方式，乃是语言的一种很不自然的和派生出来的功能。在其原始的使用中，语言的功能乃是人类一致活动的一种联系物，乃是一种人类的行为。"（第474页）。他指出：要懂得野蛮人的语言意义，我们就必须能够回复到当时整个的社会关联，只有在这种社会关联的背景中才能提供给我们这种意义。当他列举在行动中的言语以及叙述的和仪式上的语言时，他指出在这些语言中贯串着同样这个原则。"当在一群听众谈论着或讨论某些事故时，首先在那时候要有由这些人所具有的在社交上的、在理智上的和在情绪上个别的态度所形成的一个情境。在这个情境之内，叙述由于文字所引起的情绪上的共鸣而产生了新的联结和情操。在每一事例中，叙述的语言基本上乃是一种社会行动的样式，而不是单纯思想的反映。"（第475页）。然后便"在不受拘束的、无目的的社交中"使用语言。"在讨论单纯在社交中的语言功能时，我们便到达了人性在社会中的基础方面。在所有的人类中都熟知有这样一种结合在一起而彼此结伴的倾向……沉默寡言不仅意味着不友好的态度，而且直接就是一种坏品德。打破沉默，言语交流，是建立友谊联系的第一步行动。"（第476-477页）。在这里，言语既有使人安心的工具作用，同时也具有对于在一个共同整体中作为一个成员的这种快感所具有的这种圆满终结的好处。因此彼此沟通不仅是达到共同终结（目的）的一个手段，而且也是一种社交的感觉，现实了的神交。马林诺夫斯基结论说："语言很少受思惟的影响，但是，相反的，思惟由于不得不从行动中借用它的工具——语言，从而大大地受到它的影响。"对于哲学家们来讲，没有比马林诺夫斯基博士所曾经写过的这个结论更为重要的东西，值得去倾听的了。总括起来，我们能够说："一切人类语言普遍所具有的、根本的文法范畴，只有在涉及初民的实用主义世界观时才是能够理解的，而且通过语言的使用，野蛮的、原始的范畴必然曾经深刻地为后人的哲学所影响。"（第498页）。他继续指出它在构成实质的范畴（名词），围绕着对象这个中心而活动的行动的范畴（动词）以及空间关系——前置词方面所发生的影响。而且当他结束时他提出了一个明显的警告反对"旧的实在论的谬误，即认为一个字便证实了或者包含着它的意义的真实性。由于根基被移置到了不适当的地方，意义变成了实体，而成为想像中的实在，因而曾经给予了它一种为它本身所特有的实质。因为既然早期的经验证实了在原始实质的范畴以内所发现的任何东西是具有一种带实体性的存在，而且后来语言上的游移又在那儿加入了这样一些语根，如'行动''静止''运动'等等，明显的推论就是：这些抽象的实在或观念便生活在它们本身的一个世界之中。"（第509页）。在这里我们便找到了古典哲学中把意蕴实体化的根源，在本书中就被描述成为这是由于把事物的重要意义从它们在人类交相作用中的具体关联中隔离开来的缘故。

自然、心灵和主观

人格、自我、主观性乃是伴随着复杂地组织起来的交相作用，即有机的和社会的交相作用而发生的一些后来的功能。个人的个性的基础和条件是比较简单的事情。当植物和非人动物动作时，它们所关心的似乎是怎样使它们的活动、它们所特有的可感受性和反应，得以继续维持下去。即使以原子和分子而论，当它们暴露在其他事情面前时，它们在它们所具有的一种漠不相干的状况中也显示出一种有所选择的偏向、吸引力和排拒力。对于某些东西它们是渴望的，乃至达到贪婪的地步；但在另一些东西的面前，它们却又是呆钝和冷淡的。朴素的科学认为一切自然的过程都是期望着去达到它们本身圆满终结的后果的，而斯宾诺莎认为惯性和动量就是事物要保持它们本身的存在，并达到它们所具有的完善的一种固有的倾向，这就不足为奇了。从一种真正的意义讲来，虽不是从一种心理的意义讲来，自然的存在物都显现出偏向性和集中性。

关于个体的本质，正如在许许多多其他的方面一样，古典的和现代的哲学是背道而驰的。在希腊思想中，爱完善或自我圆满乃是"实有"的属性。这种没有缺陷的自足状态便构成了个体，而重要的变化便被认为是变成这样一个整体的过程。结果，因为如现代人平常称为个体的这些特殊的存在是显然不稳定的，一个在时间上不变的、具有形式的类（species）乃是真正的个体。现代人所谓个体乃是一些殊相，乃是这个真正个体的一些变动的、片面的和不完善的样品。人类和这个人或那个人比较起来，乃是一个更为真正的个体。虽然亚里士多德曾经批评过他的老师，不该把脱离了殊相的共相或种当做"实有"，但他从未怀疑过：类是一个真实的实体，一个形而上学上的或存在上的整体，它包含着一切的殊相并表彰着它们的全部特征。一个"类型—形式"（"type-form"）并不是单独存在的；但是，由于它是体现在殊相之中的，它就使得这些殊相变成一个内在地统一起来的、被标明出来的类，而作为一个类，它就是不生不灭，完美无缺的。

现代科学曾经把这个概念变得很奇怪。然而它乃是对于在通常经验中所发现的事物所作的一种自然的解释。如果不留意到，具有这些质的特性的事物是属于一类一类的，那末就不能够认识到这些事物所具有的直接在性质上的差别。家族比它的成员是较为持久些、重要些和真实些；家族授予它的组成者以他们的地位和特征，因而那些没有家族的人们就是无家可归者和流浪者，这是大多数人类文化形式中一种值得注意的情境。在这样一个文化系统中，那些构成我们（个人）个性的特殊差别，仅是从这个家族类型中所发生的一些偶然的变异。这种标志着种类的形式使得一个特殊的人能够被放在一定的地位上，被认识，被说明。如果家族和公社乃是一种结实的实体，那末在现代思想中习惯于把自我、"我"、心灵和精神等字眼替换使用的情况就是不可理解的了。在希腊人看来，一个种类就是一个组织起来的体系，在这个体系中，一个理想的形式把各个变化的殊相结合成为一个真正的整体，给予它们以明确而可辨别的特性。在事物中呈现出种类形式就能使它们成为可知的东西。心灵只是所有构成种类的一切特性所组成的一个有条理的体系，因人而有所不同，按照有机构成的差别而有所不同。按照这种看法，主观性、心灵的个性乃是一种反常的状态；由于物质构造具有顽固的抗拒性的原因，恒常的族不能在其上面打下烙印，以致客观形式不能使它自己实现。为现代人所赞扬的所谓个人，只是产生无知、意见和错误的缺陷而已。

对个性地位的评价有这样一个显著的差别，这就证明在古代和现代文化的经验内容之间是有所不同的。在原始文化中，经验是被当代的一个法国学派所称为共同参与和组合的这些范畴所支配的。生命和存在，从一种重要的意义上讲来，是属于部落和家庭的；特殊的个人只是一个统一整体的成员。社会事务的这种状态就构成了一种模式，而一切自然事情都是按照这种模式来予以解释的。人们可以承认在早期文化中集体性所占有的优越地位，感知它对于早期的信仰和思想方式所产生的影响，而无需赞同这个法国学派主张的全部细节，乃至无需接受其一般的原理。一个人是一个集团整体的一个成员；在这个作为一个集体之成员的状况中差不多已经包括了他一切的成就和可能性。从出生起，他就为集团的传统习俗所类化和感染；对他个人的衡量就视其成为体现这些传统习俗之工具的程度如何而定。私人的信仰和发明是一种偏差，一种危险的怪癖，不忠诚的性情的标志。私有的东西就等于是违法的东西；而一切的革新和脱离习俗都是违法的——这就证明这个事实：即儿童必须受教育并被引导到传统习俗中来。再者，需要教育以及需要保持传统以反对乖离，就会使得本来没有意识到的习俗被意识到，并使得对于这些习俗之意识成为敏锐的和富有情感的[①]。因而，习俗就不仅是外现的行动方式；传统不仅仅是对于在外部行为中所发现的东西所作的一种外部的模仿和重现。习俗乃是法则（Nomos），乃是一切之主，一切之王，乃是情绪、信仰、意见、思想乃至事情的主宰。

然而，心灵在一种个体化的样式中有时也起一种建设性的作用。每一种发明，每一种艺术，无论是技术方面的、军事方面的和政治方面的艺术的改进，都是起源于一个特殊的革新者的观察和才能。一切的用具、捕兽机、工具、武器、故事等都证明有某一个人在某一时候倡导着离开习惯的模子和标准。意外事故是有它的作用的；但是在一个新的工具和习俗创出之前，必先有某一个人观察到和利用着这种意外的变化。人们不是完完全全地和单纯地服从于习俗的要求；即使当革新被视为对集团利益的威胁、对神灵的蔑视时也是如此。

如戈登卫塞曾经说过："无论是在制造一个罐子、篮子或毡毯，或是在耕耘土地，或是在猎取一只野兽——在这一切的情境中，人总是面临着一个个别的、专门的任务。在所有这一切的方向中都有着发展和表达技巧的余地。在工业和狩猎中，在航海中，在一场战斗中，事情能够做得好一些和做得差一

---

① 见波亚士：《初民的心理》。此书第八章在我看来似乎提出了法国学派观点中正确的地方，而没有其夸大之处。

些……只要在个人努力之间有互相比较的机会时，就有竞争。"①由于这种个人竞争的结果，便需要步调一致；占了优势的那些人便树立了一个别人应该遵守的标准；他们提供了一种能为别人所采纳的技术模范，直到后来他们逐渐地或突然地倡导了一个新的习俗。即使在最倾向于再生的文化中，也总是通过特别的变异，即通过个人而产生一些有创造性的产物。因此，从消极方面讲来，个性意味着某些应被克服的东西，但同时，从积极方面讲来，它又指在制度和习俗中的变化源泉而言。这个消极的一面是最为人所意识到和肯定的东西，但同时积极的一面却在那儿，而且是被利用着的，不过在暗中和在隐蔽的形式中罢了。大体讲来，个别技术员和艺术家的想像和努力是掩蔽着的；主张具有固定模型的固定整体的学说是普遍地侵蚀在观念之中的。我们还可以听一听戈登卫塞进一步的一些陈述。"当传统成为口头语言的传说时，年龄的一面便占有了优势。年长者是占统治地位的"，因为他是最有经验而且是最善于体现全盘集体经验的人。集团很小，可以成为一致的；革新乃是显著的和集中招致怨恨的东西；再者，习惯的活动陷入拘泥仪式而具有了超自然的强制性；变异的东西，当其一度被采纳时，就变成了自动的集团习惯；它们持续下去，并非因为它们是观念或因为对于原理有所领悟，而只是因为它们是一些"运动性的习惯，而这些运动性习惯代表着由于习惯而变成机械的知识和专门经验"；个人的"意识和推理很快就被融会于客观的结果中，而当思惟已经停止时，这些客观结果则遗留下来了；发明便成了行为的技术装备部分，而不是思惟和理解的技术装备部分"。在这样的环境中，思想的个别变异始终是个人的幻想，或者通过许多不可感知的变异的逐渐积累而立即转变成为客观的确定的制度。有创造性的个性的这个非常特殊的特性在人们把工业的和政治的艺术的起源归诸神灵和半神灵的英雄人物的情况中被反映了出来。

因此，艺术家和工匠，如我们在另一个地方所留意过的，仅仅遵循现成的模型和样式，而且毫无疑问地按照以前所建立的程序进行工作。模式和方法已

---

① 《早期文明》（*Early Civilization*），第407—408页。

被承认是属于事物的客观性质；在它们跟个人的欲望和思想之间是没有任何联系的；如果我们硬说其间具有这样一种联系，这就会显示出一种极端毁灭性的精神。在这儿所提出来的这个观点和推动着现代心理学和哲学的那个观点之间有着很大的距离，以致这个观点并不是很容易就可以恢复过来的；然而即使在今天我们也不难找到一个类似的概念，对于行动和信仰具有调节作用的概念。如果一位技师既是头脑清楚而又知道别人还有什么发明，他在生产标准化的物品时完全遵照蓝图以及他的机器所规定的程序进行工作，这时候他就会说同样的话。法律上的墨守成规有意识地采用了在政治和道德中类似的实在论的概念，而且发现了他们在科学和工业中视为理所当然的这种精神在比较不很专门的领域中却显现出无政府的状态和具有破坏作用。在他们看来，标准和模样似乎是在事物的本性中所客观给予的；而倡导和发明的干预，个性的干预，则被认为既与忠诚相对立的，也是跟理性相对立的。

如果经验是这样的，一个单个工人或造物者就只有遵循和服从。他只是尽量包含在一个固定整体中的一个事例；所剩余下来的仅是数量上和偶然的东西了。柏拉图在艺术中发现了固定的模型的实例，这种模型由于它们是衡量特殊的变易过程的尺度和比例，因而管理着它们；所以变化，只要它们是可知的，总是预先属于几何学的思辩的。如在斐里布篇（the Philebus）中所云，首先是尺度；然后是被衡量的，均称的和美丽的东西；有意识的心灵和智慧，从前面所确定的尺度和被衡量的东西方面看来，则是属于第三级的了。同样，亚里士多德能够从对工匠工作程序的分析中得到关于自然的这四种基本事情的解释，无疑的，他因而使他的形而上学从属于一种对自然的拟人观；把个人的领悟和技巧的变异所积累起来的贮藏内容用来作为衡量自然的尺度。指责这些思想家，说他们把心理状态和过程实在化了，那是不适当的。既然他们自己的经验已经显示出这种使个体化了的心灵从属于过去已经建立的、现成的和完备的对象、操作、模样和终结的情况，那末他们的形而上学和逻辑也就成为他们所发现的东西的一个真实的报告。希腊哲学并没有把心理的条件转变成为宇宙的实在，而是把积极的在制度方面的事情变成了宇宙的实在。只有在经验业已把这样的一种变化登记下来以后，即认识到个体化了的心灵具有可以产生客观的成就因而也是可以在外部被观察到的这种功能以后，把概括、目的等等当做是个人心理过程的这种观念才开始产生。

当这种情况发生时，便产生了一个非常的革命。对于个体的概念完全改变了。个体不再是完全的、完善的、已完成的、为一个完整的形式的烙印所结合起来的各个部分所组成的一个整体。所尊称为个性的东西，这时候便是一种运动着的、变化着的、分散着的，而且尤其是首创的东西，而不是一个最后的东西。如果殊相脱离已经建立的秩序的偏差即指无秩序而言，那末把部分从属于一个预先形成的整体所具有的形式的这种形而上学和逻辑便是有理由的。只有当心灵的变异具有社会性，用来产生更大的社会安全和更丰富的社会生活时，个体化了的心灵才能够不从一种轻蔑的意义上来被认识。这只有当社会的关系是错综复杂的和继续扩张的时候。只有当对于倡导、发明和变异的要求超过了对于赞助和顺从的要求时，才是可能的。即使是具有全副热忱追求固定的、被组织起来的整体的柏拉图，除了通过某一个在愉快状态下组成的和占有幸运地位的个体所作的努力以外，便不能想像这样一个组织整体是怎样产生出来的，这个事实是值得注意的。社会的复杂性并不独自提高为了获得社会所需求的后果而要求变异的这样一种功能作用，因而也不能构成一个客观的和为社会所承认的个性。它只可以意味着说：对于一个为先在历史所积累和保持下来的后果所具有的那种虔诚的皈依已经被破坏了。但是假定有这样一个情境，其中秩序和统一的传统仍然是强有力的，而同时现实的事态却处于一种变异和矛盾之中，而且有这样一个情境，在其中势必要依靠于个体。即使个体的职能本来认为只是具有恢复的作用，例如意大利的思想家们要回复到希腊罗马的文化，早期的新教徒要回复到原始的基督教，但希望和依靠仍是寄托在个人的活动上而不是寄托在集体传统的活动上。在这样的条件下个别化了的倡导和精力中心便为人所珍惜，因为它们从当时力量的全部作用中获得解放，能够自由地把变化指向新的客观后果。

对于在现代生活中的个人主义，人们曾经有过各种不同的理解。在那些保持古典传统的人们看来，它是无纪律的野蛮人的一种反抗，要回复到自发的、感情用事的童年所具有的那种自我中心主义；对于这个基本观念的另一种解释，则认为它是不再生的人性对于神权的反抗，而这种神权乃是人们为了得救而在人们当中建立起来的。在另一些人看来，它是解放，是自由意志的成熟；它是在打破一切枷锁和限制中、在肯定每一个人本身就是目的的陈述中表现出来的一种勇敢的独立性；其实，它就是把过去表示种类、种族、共相的那些具有颂扬意义的宾辞（predicates）转变成为一个一个有意识的单位。无论如何，一个个人已不再只是一个特殊的东西，一个脱离了整体便会失去意义的部分，而是一个主体、自我、一个明显的欲望中心、思惟中心和灵感中心。

一个信服经验直指法的人，既不能接受那种把主观心灵当做是一种离叛的观点，也不能接受那种把它变成一个独立的创造源泉的观点。从经验上讲来，它是对于一个既存的秩序进行新的重建的承担者。对于在现代欧洲国家形成时期的政治理论史的批评，可以把这个观点和古典共相主义（universalism）以及极端的现代主观主义的观点之间的差别展现在我们面前。旧的理论曾经肯定说，国家是自然存在的。现代人则宣称，它是许多意愿建立国家秩序的个人之间取得了同意之后才存在的。我们可以想像到十七世纪的改良主义者们会说：他们在他们周围所发现的国家的确是自然存在的——那明明白白是他们所见到的事情。因为它们是自然的产物，它们乃是力量、机遇、欺诈、暴虐的产物。所以自然而然它们就是国内国外战争的场所，奴役和不平等的场所，阴谋和暴力压迫的场所——一个巨大的、偶然的历史事件。一个公平的和良好的国家是通过志愿的协议而产生的；通过交换诺言和彼此承担义务而产生的。一个良好的国家不是自然就存在的，而是由于许多个人自己为了满足他们的需要千方百计进行活动而存在的。它意味着艺术，而不是意味着自然；个人清楚地感知到他们所需要的东西以及他们的需要能够得到满足的条件。详细说来，思想家们分成两个对立的学派。有些人主张：个人就天性而论是非社会的；当他们受到人为的和制定的法律的制约而服从于纪律时，他们就变成了具有社会性的；对于这种法律，他们是天生反对的。另一些人则认为自然的个人具有一定程度的友爱的和同情的倾向。这两个学派都同意：公正的政治秩序，合法的权威和从属，乃是个人间志愿结合的结果，而个人就天性而论是不受民法的普遍性的制约的。

社会契约所代表的真理就是：当社会制度存在时，它们只有通过那些已经把他们的心灵从现存的秩序标准中解放出来的人们审慎的干涉，才能得到改善。在这儿所隐蔽着的事实就是感知到在社会组织方面有一种改变，有一种变得好一些的可能性。据传说，在原始时代，许许多多意志有一次举行了一个有决定性的聚会（大家制定了契约——译者），而这个神话掩盖和歪曲了这种感知的重要意义，这个事实作为一种错误来讲是具有教训的意义的，但是这个神话却不应该隐匿这个意义和后果。社会条件是变换着的，因而便有了发明和设计的活动的需要，也有了这样的机会；这些发明和设计的活动是从一种革新的思想开始的，而且只有当这个倡导的心灵获得了其他个人的同情附和时才能得到执行，以达到结论。

我说个人的心灵（individual mind），而不是具有心灵的个人（individuals with minds）。这两个观念之间的差别是极端的。思想家们曾有一条捷径，借以避免必然去面临一个真正的问题。它从自我出发，这个自我或者是一个有机体，或者是一个精神的，但为了目前的目的，我们说它是非物质的，然后赋予自我以心灵，或把这个自我和心灵等同起来，心灵是从事于领会、设计和信仰时所具有的一种形式上的才能。在这个假定的基础上，任何心灵便公开接待任何思想或信仰。在这里，没有从传统习俗的引力中松弛下来的问题，没有倡导观察和反省，形成设计和计划，在假设的基础上从事实验，跟当前公认的主张和传统分道而驰等等的问题。或者当人们已经看到这种分离的情况是不常发生而且是不容易发生的时候，只要模模糊糊地追溯到某种天才和创见就算解决了这个问题。但是整个的科学、艺术和道德史证明在个人中所呈现出来的心灵，其本身并不就是个人的心灵。前者①本身乃是一个关于信仰、认识和无知的体

---

① 前者即指在个人中的心灵（mind in the individual）。——译者注。

系；一个关于接受和拒绝、期望和赞许这些在传统习俗影响下建立起来的意义的体系。

要从当前流行的和根深蒂固的这些对世界进行的归类和解释中摆脱出来，这不是容易的事。但是如果人们以为它终究是心灵所应该摆脱的一个错误，而且如果人们以为只要直接诉之于自然，即对于纯粹的对象进行纯粹的观察和反省，它就能够达到这一点，那末在这一方面的困难也就可以减轻了。但这种想法当然是虚构的，因为知识的对象并不是界说分明、分门别类、标签清楚、一格一格准备好了交给我们的。即使在从事最简单的观察中，我们也带有复杂的一整套的习惯、一整套公认的意义和技术。否则，观察只是最空洞的一种凝视，而自然的对象只是白痴所讲的一个故事，只是一堆声音和姿态而已。至于社会的事物和规范、制度和设施，我们倒没有受到那种虚构的说法的影响，而认为可以通过透明的头脑直接诉之于自然而加以校正。在物理的对象和我们所相信的对象之间是有差别的，虽然在我们观察它们时我们所相信的对象乃是一个不可缺少的媒介。在现存的社会制度和标准中，我们在哪儿能找到这样一个差别呢？这个差别不能好像在对于物理存在的知识的情况中一样，乃是在一个有缺点的或错误的信仰和一个真实存在之间的差别；它只是在一个现实的存在同追求某些更好的但尚未存在的东西的一种信仰、欲念和奢望之间的差别。

这些事实说明了一个具有心灵的有机自我或心理自我跟作为个体的心灵（mind as individual）之间是有区别的。如果比较良好的社会对象并不是一个向壁虚构的幻想，那末个人的思想和欲望便是指一种明显而独特的存在样式、一个对象而言，而这个对象是在原已分解的状态中保持着的，然后发生变化，最后便成了一个固定而公认的对象。在这里谈一下想像的问题是合适的。但是人们却经常利用关于想像问题的讨论去隐蔽和避免承认这个主要的事实以及其中所包括的问题。想像作为一种单纯的幻想是一个事物，一个本身就是完全的、自然的和赋加的事情，它是一个终结的对象，也许是丰富而令人安慰的，也许是微不足道和可笑的。由于想像的结果，客观秩序有了改变，建成了一个新的对象、这样的想像就不仅仅是一个赋加的事情了。它包括有一个在一种媒介中分解旧对象和形成新对象的过程；这个媒介既已超过了旧的对象而又尚未在新的对象之中，因而能被确切地称为主观的。

关于强调社会生活中个人欲望和思想的作用这一点，业已部分地被指出来了。它指明了主观的心灵所具有的真正的中间地位；它证明了它是自然存在的一个样式，在这里面对象经历着定向的改造。论及个人思想在政治的理论和实践中的地位，这还有另一种价值。如果主观的意旨和思想并不归结于与建设性行动无关的生动的乌托邦或教条，那末它们就要服从客观的要求和验证。即使在最粗浅形式的契约说中，人们也要有所作为。他们至少要聚集在一块儿，求得同意，提供保证，并按照所达到的同意来管理他们后来的行为，否则就要受到实际的惩罚。思惟和欲望，不管它们是怎样主观的，乃是行动的一个初步的、暂时的和刚开始的样式。它们是在建设过程中一种沟通的公开形式的"外显的"行为，而行为包括有对象的变化，而这种对象的变化检验着推动行为的一些意义。

在这个准备的中间阶段上，有一种特别的内在私有和不可沟通的状况。如果旧的意蕴或意义已在分解的过程中而新的意义又还没有形成，即使一个假设的轮廓也还没有，那末这个中间一段的存在是相当流动的和没有形式的，以致还不能公布出来，即使对于本人也是如此。它的存在本身就是一个不停的转变。在出发点上和终点上的限制是客观的、共同的、可陈述的；而在这两端之间所发生的事情就不是这样的。这个流动而难以言喻的过程对于任何主观的和个人的思想来讲，都是内在的。它指出了"意识"这个赤裸裸的事情。把一种认识和一个概念称为主观的或心理的，是矛盾可笑的，因为它是通过一个在物理上或在社会上有着数量区别的存在物而产生的；根据这样的逻辑，一所房子，当它变为我的房子时就从这个空间的和物质的世界中消逝了；甚至一个物理的运动，从粒子方面讲来，也就会变成主观的了。

认识一个对象，理解一个意义，在某一特别时间内可以是属于我的事情而不是你的；可以是属于你的事情而不是他的；但是这个事实是跟我或你有关的，而不是跟可感知和所理解的这个对象和意蕴有关的。然而，一面承认这个事实，一面仍然可以相信：如果在某一段时间以内没有极端个体化了的事情参与其间，那也会终究感知不到什么对象，理解不到什么意义。在处理已有的对象和意蕴而从它们的关系和涵意中推演出新的对象的思惟，跟产生一种观察它们和把它们分类的新的方法的思惟之间，是有着类别上的区别的。它好像和为了使它更为合用而重新装配一辆马车的各个部分跟新发明蒸汽机这两者之间的区别是一样的。一个是形式上的和赋加的区别；另一个是性质上的和发生了变化的区别。如果有人认为思想自由是传统习俗、检查制度和不容许异端的教条发生了动摇之后才得到的，我们可以说这位先生是无知的。这种动摇的情况提供了机会。不过这虽是一个必要的条件，但不是一个充足的条件。思想的自由是指思考的自由而言；即特有的怀疑、探究、悬念、提出和发展暂时的假设、尝试或从事于实验，而这些实验工作并不保证是有效果的，而且其中还冒有浪费、损失和错误的危险。我们不妨暂时承认保守者的看法；如果我们一旦开始思考，除了许多的对象、目的和制度必然要遭到毁灭以外，谁也不能保证我们将达到什么结果。每一个从事思考的人总是把一个显然稳定的世界的某一部分置于危害之中，而谁也不能完全预测，代之而起的将是什么东西。

在现代哲学中发现有些夸大个人心灵的说法，它们被称为主观主义，而其中大部分是唯心主义。为了便于对这些说法进行探讨，我再回到古代思想，这也许是有益的。在那个名称①之下，当时并没有提出客观和主观的关系这个问题。"自然的"和"实证的"（the positive）东西之间的关系问题至少包括有同一范围的一部分，而且在某一种方式之下较之许多现代哲学所采取的路线更为接近于经验一些。"实证的"一词用来包括在语言、习俗、惯例、法典、法律、政治中一切显然为人类所制定的东西。争论之点在于：自然是制定这些东西的规范呢，还是它们应该为自然所遵循呢？古典的答复是前者的意思。但是也有一些人认为自然是原始的、粗犷的和野蛮的，而以人及其行动作为自然的准绳和尺度。

---

① 指主观主义（subjectivism）这个名称。——译者注。

前一个概念，在神学的认可和解释下，已被采纳到中世纪对于自然法的概念中去了，而且在没有神灵启示来补充时就变成在道德和政治中具有绝对控制作用的了，而自然法后来就成为一个高级的启示了。根据自然和制度之间的联系来提出这个问题，较之现代哲学把自我孤立起来的办法要好些。它承认有一个社会因素。即使当人们在某些特殊人物的意志、法令和条例中去找寻这种制定的东西的来源时，这些特殊人物也被视为具有一种社会代表性的职能，例如他们是一些英雄人物、立法者等，而不是孤立的个人心灵。

在中世纪对于古典理论的解释中把实证的东西完全从属于自然的法则，这一点，当人们又重新对人性而不是对神性发生兴趣时，便使得现代思想陷于一种特别苦恼的境况之中。人们想要改变一些制度，想要用另一些制度去代替它们，或者想要再加上另一些有关世俗的制度，但原来的这些制度是和神权联系着的，是和具有权威的自然的和启示的法则联系着的。不可能把这类制度本身和自然对立起来，因为按照当时所接受的理论讲来，现存的制度主要是自然法则的表现。当时所提供出来的办法，就是把个人的心灵和自然及制度两者对立起来。这个历史事实，加上中世纪把个人的灵魂认为是得救或受罚的终极目的和终极主体这个明显的说法的支持，在我看来似乎就在一切受到新科学或新教义影响的哲学中为使自我、使思惟着的自我孤立起来提供了背景和根源。笛卡儿和柏克莱一样，把"自我"用来当做是"心灵"的同义语，而且他是自然而然这样做的，视为理所当然，没有试图给予任何论证和理由。如果现有的自然科学和现有的规定制度表达了武断的偏见、不智的习俗和偶然的机遇，那末除了在个人独立自倡的活动中以外，还有什么地方能够找到或应该找到心灵？笼统的反抗传统就会引起幻想，同样笼统地把心灵孤立起来，把它当做是完全属于个人的东西。反抗的和改革的思想家们如笛卡儿等人很少留意到，即使在他们本人的抗议和改革中，他们究竟重复着和保持着多少传统的因素。

在现代哲学中，由于它把自我从社会习俗中孤立开来而又把社会习俗从物理世界孤立开来，结果便夸大了自我的作用，这是有它的经验历史原因的，在我看来，如果我们适当地认识到这一点，那就似乎不必再去批评它所采用的形式了。思想家们可以在开始时朴素地假定心灵是跟分隔的个人联系着的。但是进一步推论下去就立即显示出来：这样的"心灵"，如果去担负创造科学和客观制度如家庭和国家等工作，是不合适的。结果会表现出怀疑、分裂、敌意。援救这种后果的合乎逻辑的办法，就是找一个超验的、即超乎经验的自我，使得人类的、或"有限的"自我成为显现它的媒介。当个人的才能所具有的在科学、艺术、工业和政治中被解放出来而予以使用的价值成为一种在经验中被证明的事实时；而且当个性在这时候不被理解为历史的、中介的、在时间上相对的和具有工具性的东西，而被理解为原有的、永恒的和绝对的东西时，这样一个概念就是一个不可避免的结论了。当自然对象和社会对象的具体改造被认为是一种单独的和具有构成作用的行动时，它们就必然变成超自然的或超验的东西。当这个运动最后达到了一个如罗依斯（Josiah Royce）的哲学中所指出的所谓"许多自我之间的会合"（community of selves）时，我们又回复到了它曾经恰当地据以出发的这个经验事实；但是在这中间夹入一个超验的自我，这却始终仍然是瑕疵。它把这个自我之间的会合和自然存在分隔开来了，而且为了要使得自然和心灵再联系起来，又不得不把这个自我之间的会合归结成为一个由许多的意志、情感和思想组成的体系。

还须提到另一个历史因素，它可以帮助我们说明为什么主观主义在艺术和文学中这样流行；而艺术和文学乃是使得主观主义多少成为普通信仰的途径。孔德（Comte）有几次回头讲到这个观念，即：白痴代表一种过分的客观主义，把感情和印象都从属于现有的客体，而疯狂则标志着过分的主观主义。尤其重要的是他所赋加的一个说明：疯狂应从历史上和社会学上来予以解释。在原始的条件下，一切关于自然的那些伟大的观念都是为了情绪而建成的幻想。神话乃是空想，但它们却并不是疯狂，因为它们是在当时存在的工具所允许的条件下对于自然的挑战所作的唯一可能的答复。但是在今天陈述类似的观念却是疯狂；因为在手边可用的理智的资源和工具可以从事不同的调整而且强烈地需要有不同的调整。过去自发地和一般地发生过的空想，到今天还保持着它和相信它，这是一个失败的标记，一个在心理上失去均衡的标记。如果不能运用在一定时间手边所有的可以利用的各种形成和核对信仰的方法，不管这种无能的根源是什么，它就构成了一种丧失了定向的状态。我们提出这些考虑并不是要造成这样一个带有攻击性的暗示，即：哲学的主观主义是一种疯狂，而哲学的实在主义是一种白痴。目的在于表明：爱好幻想，或理智上的梦游的倾向是普遍的，但对于幻想——它可以大致代表心灵中的主观因素——的利用却有赖于当时的条件。在一种情境中，空想产生了故事，而这些故事跟人们的欲望是一致的，而且是引人注意的。它们是和仪式相联系的；这些故事除了它们的直接好处之外，就是对于这些仪式也具有外在的效用。它们变成了观察和观念不断地聚集拢来的核心，它们是在情绪上和心理上系统化的中心。神话的长久流行，就不足为奇了。当工业和试验探究的发展证明了现实世界将不会接受它们也不会支持它们时，它们动人的喷泉仍然丰满有力，而幻想的河水继续流动不息。它可以在被人这样认识的虚构故事本身中，在人们欣赏但不相信其对象的小说、戏剧和诗歌中，找到一种公开的或可以相互沟通的形式。否则，它们就始终是私有的，而且伴随着产生它们的欲望和情谊的奔放，构成了一个为人们所直接享受的新世界——"内在的生命"。

在主观主义中有一个通俗的因素，它使得哲学的主观主义成为可理解的东西而不致被人视为单纯的幻想，而这个通俗的因素似乎是两种思想的一种混淆不清的结合。一方面，为情势所迫，承认作为个体的心灵具有一种创造的能力，它具有一种在工业、艺术和政治的对象中重新创造的功能。在另一方面，又发现和开辟了这个内在的生命，一个新的、随时可以达到的而且能轻易享有的美感领域。有些故事讲出来将没有人会相信，而且也不能用十分艺术的形式讲出来以吸引别人的注意，然而这些故事仍然可以讲给自己听，并使自己得到宽解、安慰和刺激。由于知识的进展，那种不能被人信为客观事情的报告的空想的结果，乃是空中楼阁，但是这些空中楼阁却是难以攻克的一种在内心的避难之所。

一个人对心理学家和认识论者所讨论的那种感觉或感觉所与（sensa）虽是一无所知的，然而却能觉察到对象不仅仅是信仰所必须符合的赤裸裸的事物。

他觉察到：当事物逸出他的控制力量以外时，它们仍然产生着"印象"，而这些印象他仍能以各种可喜的和可恼的态度加以接纳。如果他不能够在实际运用对象的情况中来控制行为，这个印象的世界就会成为一个他所乐于居住的世界。它的原料是易于处理的，并且又不要求担负什么责任。至于那些理论家们把对象归纳成为结合拢来的感觉和影像的这种情况，他也许是毫无所知的；说这张桌子大部分是由许多影像构成的这个概念，在他看来，将是一个与常识矛盾的荒唐的幻想。但是他知道得很清楚：生活中的一些偶然事故可以使他产生许多幻想，而这些幻想却比那些偶然事故本身更为令人兴奋和更为使人感觉到抚慰。当我们既无能力放弃幻想而又无能力在客观的体现中运用它时，我们即使无法为它而援引专门事实和运用思辩，然而也具备了一种条件，其中土壤和空气都已准备好了，使得主观唯心主义的精神成为适合人们胃口的东西。

然而，从"内在生命"的全部范围讲来，我们所陈述的这些话是片面的。它里面所包含的，既是一些虚构之物和虚无缥缈的东西，又是高贵的有时可以得到满足的愿望和理想。它可以充满无限的幽默和悲痛。它供给人们一个境界，其中国王和宫廷弄臣、太子和穷汉都是同等待遇的。它是失败者和渴望者的题材，也是哲学家的题材。不妨回忆一下罗依斯在十七世纪占统治地位的外在主义和十八世纪的精神之间所曾经作过的那种对比。"不管你是一位哲学家，写作关于'人类知识原理'之类的论文，或者你是一位十八世纪小说中的女主角，向一个朋友写情书，你是参与在同一种运动之中。这个精神不满意于数学条理，而且感觉到在十七世纪思想的永恒物之间的不友好状态。这个精神需要深切了解它自己，在领会自己内心的过程时获得很好的帮助。它喜欢在倾心交谈中是知己的，在它的分析中是敏锐的，在它对待生活的态度上是厚道的。"

人们曾把主观主义的起源推溯到笛卡儿以及他的把"思惟"（"penseè"）当做是不可怀疑的确定性的主张，或者推溯到洛克以及他把简单的观念当做是直接对象的主张。从专门学术上讲来，或者从后来思辩的发展上看来，这样的推溯是十分正确的。但是从历史上讲来，它是错误的。笛卡儿的思想是被迫内向的古典传统的"理性"（"nous"），因为物理科学已经把它从它的对象中排挤出来了。它的内在性是企图调和旧传统和新科学的一种合乎逻辑的必然结果，而不是一个具有内在的重要性的东西。同样，洛克的简单观念就是古典的理念、形式、种属，后者被从自然中放逐出来而被迫转向心灵中来避难。在洛克看来，它是为外在存在所压制着的，而且在后来理智的操作中继续是受到压抑的。主观的东西本身跟洛克的思惟方法是不相容的；他整个的偏见就是反对主观的东西而偏袒在自然中有所根据的东西的，而自然本身则为业经确定的关系的问题。所谓"简单的观念"仅仅是人类和客观秩序唯一可能接触之点，而它的全盘意义就寓于这样的一种接触之中。

　　然而从"内在生命"的角度看来，简单的观念变成了一种感觉，那就是说，一种感触，一种心理状态，一件具有它自己重要成长过程的、它本身就引人注意的事情。如果对于这样一种粗浅的东西，如蓝或软说来，这是真的，那末对于想像和情绪说来，那就更是真的了。对自然的人讲来，内心的幻想和享受就构成了自由。其余的地方，无论是在研究中、在科学中、在家庭生活中、在工业中或在政府中，到处都是约束。逃避到内在生命中以求得自由，这并不是一个现代的发现；野蛮人，被压迫者，儿童们，远在它在哲学上的浪漫主义中被陈述出来以前，就采用过了。不过，概括地觉察到这个事实，这是新近的事情，而且它在典型的现代经验之上还赋加了一个新的次元。它创造了新的艺术形式和新的美学理论，而后者有时却是为一些轻视哲学理论本身的文艺家们所宣扬的。桑塔耶纳先生是一位无论在意愿上或根基上都是和古典思想一致的思想家。但是如果我们留意到在他的思想中"内向景致"所具有的重要性，我们就可以衡量得出来那种为浪漫主义可视为经验之全部真理的经验所具有的广泛影响了。

　　个体化了的心灵在推进经验、发明和有指导的改造事情中所具有的功能，以及对于情操和空想之对象，虽不在空间和时间上的事情秩序以内，但仍然可以构成一个内心私有的领域的内容这一事实的发现，在经验（experiencing）这一概念中，在把经验区分为各种不同的状态和过程中，得到了它的适当的表达。在希腊人看来，经验乃是逐渐构成木匠、皮匠、领港者、农民、将军和政治家之技巧的各种实际行动、遭受和感知所积累起来的结果。在经验里没有什么个人的或主观的成分；它就是由许多特殊的自然事件，在自然的影响之下，结合起来，成为这些通常如此，往往如此，大体如此，但非必然如此，永远如此的东西所具有的各种形式的实现。从这一类的事物方面讲来，经验是恰当的和最后的，因为它是这类事物的高度实现，正如理性思想乃是必然如此的那些事物所具有的各种形式的实现一样。在亚力士多德①看来，联系词是一个真正的动词，它总是受时间的影响的。事务是全部和完全一样的，曾经是一样的，将要是一样的，而且现在也正是一样的；它们的材料完全为形式所统治的。关于这些事物，我们能够指明确切地说"是"②：这类的事物虽然是最高的善，但是很少，而且它们是科学的对象。关于另一些事物，我们只能说，它们曾经是如此，而现在却并不正是如此，或者只能说，它们虽然现在并不存在，但在某一未定的未来时间是可以存在的。关于这类的事物，因为它们是服从于机遇的，我们只能说也许"是"或大概"是"。在这些事物中，材料并不完全从属于形式。经验就正是这类事情通过一个有机体实现出来的。经验并不是属于某一个人所有的；它是属于自然的，局限在一个身体之内，而那个身体却是自然存在的。

如导言一章所说明的，人们不能按照哲学的语言来使用"经验"一词，但一位批评者却站起来询问说："谁的经验？"这个问题是在反对的批评中提出来的。它意味着说：经验按其本质而论乃是为某一个人所有的；而这里所谓为某一个人所有，意思就是说：一切有关于经验的事情总是受一种私有的和排外的性质所影响的。这个涵意是矛盾可笑的；这一点可以从这个事实中推论出来：房屋通常是为人们所有的，它们是我所有的、你所有的和他所有的，而这种所有权的涉及是如此地渗透在成为一所房屋的特性之中，以致对于这所房屋就不能够作出任何可理解的叙述了。然而，只有当一所房屋在没有为人们所有以前就有了它自己的存在和特性时，它才能够为人们所有，这是很明显的。属于某一个人所有，这

---

① 现译为亚里士多德。
② "is"或译"它总是如此"。——译者注。

个性质并不是一个吸收一切事物的消化器，因而一些独立存在的特性和关系在这个消化器中就会消逝掉而被消化变成自我状态。它是赋加的；它标志着建立了一种新的关系，由于这种关系的后果，这所房屋，这所普通的、平常的房屋获得了一些新的特性。它需要纳税；所有者有权不准别人入内；他享受着有关它这方面的一些权利和特权，而且他也负有一定的负担和义务。

只要以"经验"代替"房屋"就行，无需更改什么其他的字眼。当经验发生时，它是同样依赖于客观的自然事情，物理的和社会的事情，正如一所房屋的发生一样。它有它自己客观的和显著的特征；而我们能够描述这些特征而无需涉及一个自我，正如一所房屋是由砖瓦造成，有八个房间等等而不管它是属于谁所有的。不过，正如为了某种目的和从某些后果而言，留意不动产属于个人所有权的这个所赋加的性质，这是十分重要的，对经验来讲，也是如此。从第一个事例和意义讲来，如果说"我经验"或"我思考"，这是既不正确，也不合适的。"它"经验或被经验，"它"思考或被思考着，这是一个比较公正的辞句。经验，即具有它们自己所特有的特性和关系的一系列的事件进程，发生着、遭遇着和存在着。所谓自我的那些事情就在这些事件之间和这些事件之内，而不是在它们之外或在它们之后。在某些特定的方面和从某些特定的后果而论，这些自我是可以在客观上被指出的，正如棍子、石头和星辰一样，它们在经验中也接受一定的对象和行动所具有的照顾和管理。正如房屋这个例子一样，由于赋加了所有权这样一个性质，它便带有了更多的义务和权利、负担和享受。

在一种有意义的方式之下，说"我思考、相信、想望，以及代替赤裸裸的它被思考着，被信仰着，被想望着"，这就是接受和肯定一种责任并提出了一定的要求。它并不是说，自我是思想和感情的源泉或创造者，也不是它唯一的所在地。它只是意味着说，自我，作为许多精力所集中的一个组织，把它自己（从接受它们后果的意义方面来讲）当做是对于独立的和外在的起点的一种信仰或情操。如果我们想用任何其他的概念来考查一下这样一些用"我不相信"或"我不喜欢"等语句指明的事件，那就会显得是矛盾可笑的了；在这样的事件中，显然是包括着两个分别指明的对象之间所具有的一种各不相容的关系。

资格和义务是从两个不同的方向来看的，一个是看到过去，另一个是看到未来。自然事情——也包括社会习惯——产生思想和感情。说"我思考、希望和喜爱"，其实就是说，根源并不是最后的定论；人们不把信仰、爱情和期望的过失和功劳归之于自然，归之于他们的家庭、教会或国家，而宣称他们自己从来就是其中的参与者。一条决议的法令公布之后，人们就有权要求未来好处的利益，而且也要承担有关事件在将来所产生的恶果的义务。即使在"个人主义"色彩最浓厚的社会中，有些财产仍是公有的；而许多的东西，如地球的核心和海洋的深渊，则既不为任何集团所有，也不为个人所有。为私有财产制辩护的最有力的理由就是说，在生产和管理独立存在于财产关系之外的商品和资源时，它提高了人们的机敏性、责任心、才能和安全感。同样，并非一切的思想和情绪都是成为社会所有或为个人所有的；而且这两种占有的方式都必须根据明确的后果来予以证明。

分析的反省显示出：通常把原因视为属于某一个事物所具有的一种特性的这个概念，乃是责任这个观念的颠倒。说某一个东西，或任何两个或三个东西乃是某一件事情所由发生的唯一原因，这个观念实际上是应用功或过这个观念——如希腊文所谓原因（或理由）。在自然中，没有任何东西是绝对地和完全地属于任何其他东西所有的；"属于……所有"总是指参考对照和分配派定而言；如果在任何特殊事例中它产生良好的效果，它就被证明是合适的。希腊的形而上学和逻辑是由内在所有和排斥外物这个观念统治着的；这是朴素地阅读用适合于人类结合的语言写的关于自然的故事的另一事例。现代科学已经把物理的事情从这些内在所有和排斥外物的概念的统治下解放了出来，但是在心理的事情方面，它仍以一种强烈的热忱保持着这个观念。把这个范畴从物理学中排除出去而在心理学中保持下来，为区别心理学和物理学，因而为现代哲学的自我中心主义提供了一个似乎是科学的根据。许多的主观主义，只是对这种主张心理现象为一个自我垄断所有的学说的逻辑后果所作的陈述；或者在一个潜在的精神实质的观念发生动摇之后，它就是对这种主张自我的全部内容就是为心理的事情本身所组成的学说的逻辑后果所作的一种陈述而已。因为仅就因果和属有的私有性、垄断性和排外性而言，当后一个观念用于宇宙的本质时，它在哲学上的涵义就和旧教条的那些哲学上的涵义是相类似的。

然而，在消极的方面，这已谈得足够了。积极的后果就是理解到从着重于被经验的、客观的题材"是什么"而转向到着重于能动的经验过程、其进程的方法，即"它是怎样"变化的。只要是发生怎样控制后果之产生的问题时，就发生这样的一个转变。当人们满意于享受和遭受火的发生时，火就正是一种客观如是的存在。人们曾把它当作神灵来崇拜和供奉，这就足以证明它"是什么"就是它的全部存在。但是当人们开始取火的时候，火就不是一个意蕴，而是自然现象的一个样式，变化中的条理，一个历史顺序的"怎样进行"。从享受和遭受中的直接使用所发生的变化，就等于是认识到一种工作程序的方法，也等于认识到在领悟的方法和控制的可能性之间的结合情况。

把经验当做是一个明晰的操作过程的这个概念的发展过程，很像从对火的直接经验中取火的这个观念的成长过程。火就是火，内在地它就只是它自己；但取火乃是具有一定关系的。它使得思想离开火而转向其他足以促进和阻碍火的发生的事情。从被经验到的事物的意义上讲来，经验也是如此；事物就是事物。但是当事物作为被经验到的事物而发生时，这些事物的发生就肯定依赖于态度和性向；它们发生的情况是被一个有机的个体的习惯影响着的。既然神话和科学所论及的是在同一自然世界、日月星辰中的同一些对象，那末它们之间的区别就不能完全根据这些自然对象来决定。必须在不同的经验自然对象的方法中去发现一个特异形态；我们知道，人既是一个进行观察和推理的动物，而且也是一个有情感和有想像力的动物，而且不同的经验方式就影响着被经验的题材的地位。区别科学中的日月和神话和迷信中所描绘的日月的能力，依赖于区别这个主体所具有的不同的态度和性向的能力；当记忆、想像和理想化的情绪都被考虑在内时，就能够把传说和诗歌中的英雄和历史上的人物加以鉴别了。我们又发现，某些对象的好处是和某一种经验的样式，即我们的嗜好相联系着的，而另一些对象之所以能够获得良好的结果，则有赖于反省活动。结果，虽然好坏作为一种意蕴并没有改变，但是被经验到的对象却按照它们的好坏而被分化出来了。

经验的样式对于控制被经验的对象的重要性可以从经济学说方面得到说明。我们可以对于各种不同的经济意蕴或概念进行研究——对这一些意义如价值、效用、地租、交换、利润、工资等等下定义，归类以及在彼此之间进行思辩上的参照。我们也可以用一种实证主义态度对现存的经济制度进行一种实际的研究，结果能对它们的结构和操作情况作出描述。如果我们不管其中的性向和态度以及它们所发生的作用，那末以上这两个方面就可以说是包括了全部的探究领域。然而，在政治体制的问题中，在经济事务的管理中，既没有对客观意蕴的研究，也没有对客观存在的研究。当加入了"心理的"因素，例如对一定的经验方式，如诱因、欲望、疲劳、单调、习惯、浪费、不安全、特权、集体工作、时样、团体精神以及许多类似的因素的效果所进行的研究时，情况就变了。在控制范围以内的诸因素被确切地指出来了，而且在更大程度上对事情进行审慎的管理就成为可能的了。事情的客观性仍是和它过去一样，但是由于我们发现了个人性向在制约这些事情之发生中所起的作用，我们就有可能在新的方式中去解释和联系它们，这些方式较之其他的方式可以容许更大的调节作用。当我们肯定在银行、商店、工厂的起源中心理的因素是起着作用的时候，银行、商店、工厂并没有变成心理的东西；它们仍然和过去一样，是在这个有机体和一个特殊的心灵之外的，它们和风水星辰一样，是被经验到的事物。但是当我们把对现成事情的描述和现成概念的思辩关系变成是对一种事情发生的方式所作的一个说明时，我们对这些事物便获得了一种新的手段，在理智上和在实践上的手段。因为一个被感知的变化方式总是随时可以被转变成为一种生产和指导的方法的。

既然现代的自然科学所曾经关心的是发现生产的条件，被用来作为达到后果的手段，那末对个人主体的态度发生兴趣——即在心理方面的兴趣，这只是科学经常职责的扩充而已。对所经验到的对象之所由发生的条件的认识是不完全的，除非我们既已包括了机体以外的条件在内，又已包括了有机的条件在内。对于机体以外的条件的知识可以在抽象中说明一件发生的事情，但是并不会说明具体的或被经验到的所发生的事情。对于性向和态度的一般的知识可以和掌握了物理的常数一样，无论在理智方面和实践方面都同样能为我们服务。毛病在于我们目前心理学的知识还不充分。而且大概就是由于这个缺陷，使得如我们所具有的这种心理学的知识，不可能用来获得技术上的控制，再加上对"内在"生命的自发兴趣，于是就把心理学的题材装扮得像一个独立的存在世界，而不是去发现这些包括在这个普通经验世界之内的态度和性向。实际上，态度、性向和它们的同类，虽然可以被区别开来，成为具体的在理智上的对象，但从来就不是一种独立的存在物。它们总是属于情境和事物所有的，是由情境和事物产生的，是倾向于情境和事物的（of，from，toward，situations and things）。当我们研究它们时，我们可以尽量少去注意到它们所指向的事物和它们所由离开的事物。和它们有关的事物，为了研究的目的是可以用一个空白、一个符号去代表的，而当时机需要的时候它是可以照样填补起来的。但是这些态度、性向之类的东西除了是寻求事物，转离事物，占有、处理事物的方式之外，是既没有存在，也没有任何意义的。

每一类型的文化都曾经遭遇过抵抗和阻碍。这些事情就是按照统治着一个特殊类型的文化的偏见来加以解释的。在现代欧洲人的心目中，它们就曾被解释成为由于主体和客体两种独立的"实有"的形式对立存在而产生的结果。这个概念在传统中直到现在是如此根深蒂固，以致在许多思想家们看来，它们就似乎是一个基本事实，而不是一个具有解释性质的归类。但是东方的印度人曾把同样的现象领会成为是在一个虚幻世界和一个真实世界之间对立的证明；这个虚幻世界是为情欲所统治着的，而这个真实世界则是由于摆脱了情欲通过苦修默念而达到的。希腊人曾经根据有和变、形式和材料在宇宙中的矛盾，把同样的经验解释成为存在对于变成一种完全而透澈的意义媒介的抵抗。绝对地看来，这种根据主体和客体的对立而作的解释并不优越于其他的主张；它是一个局部的和有地域性的解释。内在地或绝对地看来，它还有一个为其他主张所没有的矛盾可笑之处；因为主体和客体，既然按定义讲来是对立的，那末从逻辑上讲来，在彼此之间就不能够有任何的交往。如果我们把它当做是从事于克服阻力和减轻障碍的一个因素，按照主客的区分所作的陈述是可以理解的，而且较之其他的陈述方式具有更大的价值。如吉德斯里夫（Basil Gildersleeve）所说，对象就是反对着的东西，就是阻碍所由产生的东西。但是它也是具有客观性质的；是后来所得的圆满终结；是一种统一的、安定的、独立的事态。主体就是有所遭受的东西，为其他事物所从属的，而且是忍受着阻力和障碍的；它也是试图降服敌对条件的东西；它也是采取直接的创导步骤来重新再造现有情境的东西。主观的和客观的，这两者被区别开来，作为是在一种改变周围世界的有节制的努力中的一些因素，它们具有一种可理解的意义。主观主义成为一种"主义"之后，就把这个历史的、相对的和具有工具性的职能和功能转变成为一些固定的和绝对的东西了；而纯粹的"客观主义"只是一种宿命论的主张而已。

　　今天，客观主义，乃至外在主义（externalism）的复活有了显著的迹象。这个物理科学的世界不再是新奇的了；现在许多人对它是很熟悉的了；至于许多对它还不是亲自熟悉的人们也是根据权威的意见把它视为理所当然的了。它的题材在很大的程度上替代了旧有信念的题材，它已成为现成的东西，要求大家不加怀疑地予以信任和被动地接受。在认识中主客对立的主张正在消逝，变成回忆中的旧事；随着紧张的感觉的逐渐消逝而来的，是一套信仰过渡到另一套完全不同的信仰。只有在政治和经济中，主体和制度化的客体间的对立还是尖锐的。而且即使在这些领域中，无论在激进的和保守的方面，都在不断加强对集体的、非个人的客体的兴趣。保守者回复到既有制度的客观主义，把这些制度理想化，而成为具有内在稳定性的东西；激进者则希望着一个客观的和必然的经济演变的成果。个人主义的口号，如私有的创导、自愿的克己、个人的勤俭努力等等，尽管多么引人注意，但以目前而论，如果个人真正创造性的努力即将消失，这较之回复到早期的个人主义会有更大的危险。每一样东西都是趋向于集团的。当论及私有财产时，已不再是指个人劳动的产物而言；它只是一种法律上所支持的制度。资本已不再是有意的个人牺牲的后果，而变成了有庞大的政治和社会势力的企业公司和财团了。为了采取某种安全的行动，可以使用旧有的字眼；但是现在所引起的恐惧和希望并不是真正跟个人的思想和努力的自由联系着的，而是跟社会的客观基础、现有的"法律和秩序"联系着的。

倾向于忽视从事于创导和改造工作的欲望和想像的这种客观主义，结果只能加强主观主义的另一个方面，即逃避到对于内心境界的享受中去。当人们在合法地实现他们的主观性中受到挫折时，当人们被迫把激动的需要和观念的策划局限于工业和政治生活的专业方式方面，局限于理智活动的专门的或"科学的"领域时，他们就将在他们内心意识之内寻求安慰以为补偿。在数学、物理科学和既定的社会秩序方面有一种哲学，即实在论的哲学；在个人生活事务方面又有另一种相反的哲学。反对二元论并不仅仅因为它是二元论，而且因为它迫使我们在陈述和解释方面接受对立的、不相容的原则。如果在自然和经验间是完全分裂的，那末当然没有任何妙法能够否认它；人们必须接受它。但是如果实际上并不存在着这样严格的划分，那末由于假定有这样严格的划分而产生的恶果，就不限于哲学理论之内了。在哲学本身以内的后果是没有多大重要意义的。但是哲学上的二元论却是通过简明的陈述承认生活中有一种进退两难的局面；承认在相互作用中的软弱无力；承认没有产生有效的转变的能力；承认调节和理解力的局限性。以个人欲念高涨为根据的、反复无常的实用主义；以即使从外观的悲剧中也能求取静观享受为根据的、使人慰藉的美感主义；以使得思想愈在具体事件中不发生效用则它就愈为万能为根据的、逃避现实的唯心主义；——这些主观主义的形式只是说明当人们遇见阻碍自我积极参与事物前进过程的障碍时所表现出来的一种消极承受的情况。只有当人们把障碍物当做是要求重新改变个人的欲念和思想，以致使后者跟自然的运动统一起来并通过共同的参与而指导着它的后果时，对立性和二元性才正确地为我们所理解。

从存在上讲来，一个人是偏见和偏爱的闭塞不通和需要和爱好的变易通达这两者的结合。一种特性倾向于孤立、隔离；另一种特性则倾向于联系、继续。这样两种相反的倾向相结合的特点是起源于自然，自然的事情有它们自己独特的各不相干的状态、抗拒性、任意闭塞和不相调和，而且也有它们特别的开通、温暖的反应性、贪婪的追求和变形的联合。自然界中古怪的偶然性和有条不紊的一致性两者的结合，就是事情的这两个特征所产生的结果。它们到达人类这一个层次，继续保持着，而且作为终极的特性而成为不可磨灭的。界线、划分、中断以及各个分界线的伸张重叠的状况，公正地和联合地标志着人生的每一个方面。

从个人的偏见闭塞方面讲来，他就命定要走到一种盲目孤僻的境地。他使自己坚决地处于孤立，并且为了存在的统一性本身而向揭露、相互沟通的取与作斗争。即使是可以沟通的意义也略带有不相沟通的色彩；在任何公开的东西中总有一种保留的性质。对于这个不可归结的独特性，可以任所欲为，但不能舍弃它。这种独特之感可以使经验增加一种痛苦的孤寂。它可以导致人们不停地、无度地抓住每一个外在的工作和放纵的机会，使自己沉溺其中以求逃避这种孤寂。它可以被抚育、培养、发展成为一种与人生俗事相隔绝的自慰之道，终于错误地认为私有的内心生活高于一切，或人类真能与世界和社会隔断联系而在其纯内心中使自己获得解脱。它可以使它自己在各种属于自我怜惜的这类错综复杂的体系之中表现出来而终于公然反抗地宣称：我在此坚守不移。它可以导致无理性的效忠于某些似乎已经丧失的原由和无望的希望——而事情有时也许会证明这种信仰是对的。

浪漫主义对于这种私有的和不可沟通的东西的发现，曾经加以很好的利用，也曾经利用得很糟。它把经验所具有一种广泛而不可缺少的色彩和情调变成了经验的实质。由于它把这种不可克服的独特性、这种终极的单独性理解成为自己的全部内容，它就从主观性这一事实中创造出一种巨大的和梦游式的自我中心主义。因为每一个存在物，除了它的质量的和内在的分界线以外，还有主动地寻求联系和亲密结合的倾向。它是一种吸引力、伸张力和增补力。社会生活的各种联系和结合乃是关于人类自我的这一个方面的各种自然的、无意的显现，正如氢和氧的结合是自然的和无意的一样。社交性、相互沟通和内心意识的私有性质一样，也是具体的个人所具有的直接特性。把一个人的自我局限于封闭着的限制以内，然后使这个自我在外延的行动中加以锻炼，而那些行动后来不可避免地终于会破坏这个封闭着的自我。这些也同样是自然的和不可避免的动作。这里便是共相和个体的最后的"辩证"。当一个人建立他私有的和主观的自我时，他同时就要求别人认识和承认这个自我，即使他必须虚构一群想像的听众或一个绝对的自我来满足这个要求。而且没有一个受过经验教训的人未曾作过这样的想法：即不管他为他自己做了多少事情，能持久的却只是他为别人曾做过的事情；然而当这个想法被利用来把完全为自己的行为说成是为他人服务的行为时，这个想法是最为使人感到安适的了。

在某种形式中，在自我跟人与物的世界之间所造成的二元论，就是表明由于自我的这种模棱两可的本性而产生的问题还未曾得到解决。它是以一种简明的陈述方式承认了在屈服于外部世界与肯定内在世界之间摇摆不定的状态。在科学和艺术中，特别是在交际的艺术中，已经有了真正的解决。私有的偏见在科学和艺术中把自己表现成为各种改变现有对象和制度而结果促进相互沟通和相互了解的革新和叛变。因而，最后的和有效的东西，有限制性的和有扩张性的东西，便达到了它们在其他自然事情中所没有的一种协调和谐的状态。

因此，一个个体的存在有一种双重的地位和意义。这个个体属于一个由许多联系着的事情所组成的连续的体系；这些事情支持着它的活动并且形成一个为它所寄寓的世界，它们和它自己的偏爱是一致的，是满足它的要求的。这样一个个体在它的世界中作为一个成员，只要这个变动着的均衡状态（这个个体是属于其中的一部分）予以支持的话，总是继续向外扩张的。它是一个自然的终结，不过不是一个突然的和立即的终止，而是一种圆满终结。然后这个个体发现在它所特有的偏见和它的需要唯一能够借以得到满足的事物活动之间有着一道裂缝；它是分裂的，因为它和它的环境是冲突的。它或者是屈服、顺从，并且为了维持和平，变为一个寄生的从属物，在以自我为中心的孤寂中恣意放纵；否则它的活动就要从欲望出发，改造条件。在后者的过程中便产生了智慧——不是占有和享受整体而为整体之一部分的心灵，而是个体化了的、有倡导性的、冒险的、试验的、在分解中的心灵。它所具有的力量，它与这个世界所达成的联合，现在都被归结为一些不确定的媒介，在尝试的压力和张力之中被锻炼成为有效的、具有工具性的东西了。

如果一个个体、一个自我，集中于一个安定的世界中，这个世界承认和支持着它，同时反过来它又承认和享受着这个世界，那末这个个体、这个自我就是已经完成、已经结束了的。在一切的探究和发现中总是包括着缴出已有的东西，不承认在安全宁静中予人以支持的东西；探究和发现总是涉及一个将被造成的个体，其中也意味着一切的冒险性。因为达成新的真理和见解就是要有所改变。旧的自我被排斥而新的自我正在形成之中，而它最后所获得的形式，则将有赖于从事一次冒险后所产生的这种不可预见的结果。如果一个人不放弃旧的世界，他就不会发现一个新的世界；如果一个人对于将来要产生的新世界是个什么样子要求事先得到保证，或者关于这个新世界在出现后将对他发生什么影响，使从事发现的工作受到拘束，他就不会发现一个新的世界。这就是主观主义的夸张之中所含有的真理。只有在把自己跟改造现有对象的过程等同起来时，我们才会从自足的客观主义中挽救出来。如果人们不向前进取而甘冒伴随着新对象的形成和新自我的成长而俱来的危险，他们就势必要随着这个业已变成他们自己的安定完备的世界不可避免的变化而变化着。把自我的偏见和偏爱跟理智的改造过程等同起来，这就在具有工具性的东西和最后的东西之间达成了一个不可毁灭的结合。因为无论其他的欲望和企图受到了怎样的阻碍，这个偏见是能够得到满足的。

在每一个所经验到的情境的起源中，无论这个情境是一个对象或是一种活动，一个具有某种样式和某种程度之组织统一性的个体总是参与其间的，这是明显的。这个个体所采取的方式是影响着所经验的情境的性质的，这也是明显的。它所采取的方式所产生的后果不仅改变了环境而且也反过来改变了这个主动的行动者；较高级的有机体中每一种生命的形式经常保持着它以前经验的一些后果，这也是明显的。自我作为一个决定因素乃是经常地和普遍地以它的动作呈现在一切情境之中的，这就是我们之所以很少注意到它的主要原因；它在经验中比我们所呼吸的空气还要密切些，普遍些。只有在病态的情况中，在幻觉、反常和社会癖俗中我们才随时察觉到它；即使在这样的一些情况之中，也需要长期训练来迫使我们回过来注意观察自我。把这些事物说成是由于外来的侵蚀和占有，如精灵鬼怪等，这比较容易些。然而，当我们尚未了解成为工具之工具的自我所从事的各种操作，尚未了解自我是一切使用手段的手段，详细地指明它所有的各种分别的活动对于所经验到的东西所具有的各种变化着的性质将产生怎样不同的后果时，科学还是不完全的，而且对科学的使用也是服从于一个未知的因素的，因而终极的和重要的后果在这样的情况之下仍只是一种偶然之事。意愿和努力产生了跟意愿和努力相反的东西，而结果是混乱和灾难。因此，我们就要进而考虑个别的行动中心所具有的精神物理的机制和机能。

自然、生命和身心

  一系列的文化经验揭示出一系列关于心灵对自然的一般关系、对机体特殊的关系的各种不同的概念。希腊的经验中具有使自由人无忧无虑从事静观冥索的条件；他们享有一种丰富的公民生活，而且也同样地适应于自然环境。这样的一种生活，对于那些充分享受它的人们看来，大体上似乎是自然界的崇高顶点；而有机体是到达这个顶点所通过的媒介。既然任何被创造出来的东西都是服从于自然的偶然性的，死就不是一个问题了；一个被创造出来的人虽也可以享有心灵和永久的形式，但旋即顺服地又消逝于过去创造他的力量之中。但是生命并不总是在这样愉快的均衡状态之中存在着的：它是繁重的和具有毁灭性的，公民生活是腐败的和粗俗的。在这样的条件之下，一个精灵虽然相信它自己是按照一个永生的神圣精灵的影像而创造出来的，因而它也适当地享有它所具有的永生不朽的性质，但它发现它自己是在一个奇怪和堕落的世界中的异乡人和旅客。它之所以出现于那个世界中而寓住在一个作为那个世界之一部分的物质的身体之内，那是一个令人不解之谜。场面又变换了。自然被设想为完全机械的。在自然中而且作为自然之一部分而存在的身体，具有生命，体现思想，享有意识，这是一件神秘的事情。

  这一系列的经验以及与它们相应的哲学显示出关于生命和心灵跟身体的关系问题中所特有的一些因素。在希腊人看来，凡生命都是灵魂，因为它是自动的而只有灵魂才自己移动着。在一个有上下、往来、循环的运动的世界中也会有自我运动，这确是有趣的，但却不是什么奇怪的或不幸的事情。关于自我运动这个事情在知觉中就直接得到了证据；即使植物也显现出有一定程度的自我运动，所以它有灵魂，这种灵魂虽仅是植物性的，但它是动物灵魂和理性心灵的一个自然条件。在存在的等级中有机体占有一个显明的地位；它是自然之物理的潜能性的最高现实性，而它又是心灵的潜能性。希腊思想和希腊宗教、希腊雕刻和游艺一样，对于人体是集中注意的。

在圣保罗的基督教义以及其后继者中，肉体是尘俗的、情欲的、贪婪的、激情的；精神则是神圣的、永生的；肉体是可以朽坏的，而精神是不朽的。人们用一种带有超自然宗教的色彩的道德上的蔑视眼光来理解肉体。既然身体是物质的，那末凡物质的东西便都是罪恶的了；柏拉图和亚里士多德在形而上学上对于物质的贬值，在禁欲主义的思想中就变成了一种在道德上和本质上的贬值。罪恶的根源在意志之中；但罪恶的机遇却来自肉体上的贪婪；欲望起源于肉体，由于忽略了精神的事物；于是便产生了肉欲、忿怒、骄横、爱财、奢侈、世俗野心等。从专门理论上讲来，亚里士多德思想的体系为经院学派所保留下来；圣·托姆斯·阿奎那斯（St. Thomas Aquinas）关于生命和身体方面几乎逐字逐句重复了他的公式。但是在实际上和实质上，这个形式上的关系已经受到了歪曲和破坏，因为精神受到了肉体的诱惑，而这表现在由于亚当犯罪而使人和自然都被堕入俗世。除了在道德上有一种对于肉欲的恐惧以外，还有为了追求外在的幸福或逃避灾难，而渴望在来世中得到复活，因而在精神和物质之间便呈现出一个充分的对立。然而，尽管存在着这样一个对立，它们却在人的身体中结合在一起了。精神是简单的、唯一的、永恒的和不可分解的；物质是多样的、变化的、可以分解的。这样两个相反的东西怎么可能结合在一起呢，这便成为一个问题了。永生这个概念意味着将来将永远消磨在一种不可言说的幸福或苦难之中，而这个最后的命运是依赖于现实生活的，因为在这样的一种生活中肉欲以及与之相伴随着的野心和骄傲自负乃是一个经常诱人致罪的原因，因而也就成为一个将来永受天谴的原因。如果上述问题不是由于永生这个概念具有这样具体的意义的话，它就会只是一个遥远的、专门的问题，对于这个问题除了少数从事于玄想的思想家以外，一般人是不感兴趣的。

只要亚里士多德的形而上学主张继续坚持说，自然乃是从低级到高级的潜能性和现实性的一个有秩序的系列，那末就可能把有机体理解为通常在物理的系列中的最高项而在心理的系列中的最低项。它恰好占有那样一个中间的地位，在那个地位，身体是物理性质潜能性的现实，而且也是体现这些性质在理想中的现实的潜能性。在中古思想中除了道德上和宗教上的问题以外，就没有什么特别关于身心关系的问题。它只是把潜能性当做是理想的现实性的实体这个普遍原理的一个事例而已。但是当这样一个时刻来临时，即当精神、灵魂和身体在道德和宗教上的联想还十分强有力地继续着，而关于潜能和现实的古典的形而上学却已声名狼藉的时候，关于身体、自然和人的关系问题，关于心灵、精神和物质的关系问题的全部负担都集中在关于身体和灵魂的关系这个特殊的问题上面了。当人们已不再根据潜能性和现实性来解释和说明事实而又回复到用因果关系来说明问题时，心灵和物质便处于彼此绝不相似的对立地位；在那儿便没有了使身体的黑色逐渐转变为精神的白色的这样一些中间状态了。

再者，古典的和中古的思想虽然在理论上有着不同的基础，但是它们对于这个新的概念都在经验上起了有力的推动作用。当古代在植物性的、动物性的和理性的灵魂之间的区别被应用到人身上时，这种区别乃是希腊社会中的阶级划分的一种公式化和理论化。生活在营养和食欲水平上的奴隶和机械的工匠为了一些实践上的目的，是以身体作为其标志的——他们是实现理想目的的障碍并且是跟行动相联系而与理性相对立的。在和平时期和在战争中的良好公民是以灵魂本身作为其标志的，它服从于理性，从事于思惟，但终究却把它的活动限于世俗的事务，受着物质的侵蚀。只有科学研究家们和哲学家们才是纯理性的实例，为了纯理性而以理想的形式从事于活动。这个阶级宣称他们具有内在的优越性，用"理性"（"nous"）、纯粹的非物质的心灵来作为代表他们的符号。在希腊思想中，这种三重的区分变成了身体、心灵或灵魂和精神三者的区分；精神是超越于一切俗事和行动之上，乃至超越于道德的关怀之上，因此享有纯"精神的"（非物质的）和宗教的对象。这个主张又遇到了基督教中为了实际的道德上的目的在肉体和精神之间、罪恶和得救之间、反抗和服从之间所作的严格的分别。因此，这个抽象的和专门的笛卡儿式的二元论便发现了一个为它准备好了的丰富的经验领域，和它拌杂起来并且为这个二元论本来空洞的形式主义供给了具体的意义和实质。

然而在这些用来"解决"这个问题的理论中，这个问题的形式主义和不真实性却仍然是存在着的。这些理论从霍布斯的唯物主义，笛卡儿的灵魂的工具、松果腺、动物的精神，直到相互作用论、预先安排的协调、际遇论、平行论、泛灵的精神论、副现象论以及所谓"生命之力"（"élan vital"）——这一系列可怕的陈列物。这些在解决上的分歧，再加上每一种主张在思辩上的特性，使它不能接受经验方面的探讨，这就暗示说：毛病主要不在于这些解决的方面，而在于决定这个问题提法的因素方面。如果是这样的话，那末避免纠缠在这些解决之中的办法，就是对于这个问题所借以存在的那些概念重新加以考虑。而这些概念原来和心身的问题是没有什么关系的；与它们有关的乃是在它背后的一些形而上学的争论；——一般的讲来，即否认自然事情具有性质；特殊的讲来，就是忽视了时间的性质和武断地肯定"原因"具有优越的真实性。

从经验方面讲来，在有生命的和无生命的东西之间最明显的区别乃是：前者的活动具有需要、主动要求满足需要的努力和需要的得到满足等等的特征。在讲这句话时，需要、努力和满足等名词基本上是按照生物学上的意义来运用的。需要是指精力的这样一种紧张的分配状态，以致机体处于一种不安或不稳定的均衡状态之中。要求或努力是指这个事实而言：即这种状态表现在行动之中，这些行动在这样的一些方式之下改变着周围的物体，以致使它们又反作用于这个机体，而最后又使得它所特有的那种主动的均衡状态的样式得到恢复。所谓满足，系指这种恢复均衡状态的样式而言，而这又是环境和机体的主动要求相互作用时所发生的变化所产生的后果。

一个植物需要水分、二氧化碳；有时它需要结籽。需要既不是赋加在物质之上的一种非物质的心灵力量，也不仅仅是在比较了盈虚这两种不同的机体状态之后由思想所提出的一种在理解上或概念上的区别。它是指一种具体的事情状态；在能量分配中的一种紧张状态，在这种紧张状态中包括有从高电位点到低电位点的压力，结果它产生了显著的变化，以致改变了和环境的联系，因而它对环境发生不同的作用而它从环境中所得的影响也不相同。仅就这个事实而论，在植物和无机体的理化作用之间并没有什么区别。无机物也是受失调的内在均衡状态制约的，这种状态对周围事物发生作用，而在一圈的变化之后达到了一个终点——称为饱和点，这相应于有机体中的满足状态。

在有机的植物和无机的铁分子之间的差别，不在于前者在理化能量以外还赋加了一些什么东西；而在于理化能量互相联系和活动的方式不同，从而所产生的不同的后果分别地标志着无生物和生物的活动。因为在有机体方面，均衡样式的还原或恢复也是符合于这种复杂的统一过程或历史的。在无机体本身，"饱和点"的发生是无关紧要的，它并不倾向于维持一个暂时的活动的格局。一个植物各个不同的组成部分却是如此地交相作用着，以致倾向继续一种特殊地组织起来的活动；它们倾向利用过去的活动所保持着的后果，致使后来的变化得以适合于它们所属的这个完整体系的需要。组织是一个事实，不过它并不是一种原有的组织力。铁本身显示出具有偏向或有选择性反应的特征，但是它没有显示出有倾向于继续保持一个简单铁块的偏向；它很快就已经变成了所谓氧化铁。在它和水相互作用时，它没有显示出有倾向于改变这个交相作用的状态以致其结果将会使得纯铁的特征继续保持下去。如果这样的话，它就具有了一个生物的标志，而该被称为有机物了。铁也是一个有组织的物体的一个真正的构成部分，它在这样状态下的动作就要倾向于维持它所从属的这个有机体的活动型式。

如果我们，如俗语所说的，认为这种物理的东西乃是无机的，那末我们就需要另外一个字眼来指明这种有机物的活动。精神物理是一个合适的名词。在这里所运用的"精神物理"一词系指"需要—要求—满足"在活动中联合出现的情况而言，而这些名词是按照我上面所界说的那种意义来运用的。在这复合词中，这个字首"精神"是指明说：物理的活动已经获得了一些赋加的特性，即能从周围的环境中取得一些特殊的交相作用的支持以满足需要。有精神物理的东西并不是说废弃了理化的东西；也不是指由某些物理的东西和某些心灵的东西所混合起来的一个古怪的东西（如半人半马的怪物一样）；它是指具有无生物所未表现出来过的一些性质和效能而言。

按照这样的理解，那就没有所谓在物理的和精神的之间的关系这样的问题了。在这里只有一些可以指认得出来的经验事情，具有特殊性质和效能的特征。在这儿首先是组织问题以及因此而包含的一切问题。在这里所包含的问题是关于如何明确地在事实上从事探究的问题。恰恰在怎样的条件之下就发生了组织，而它的各种不同的样式和这些样式的组织所产生的后果又恰恰是什么？我们也许不能圆满地答复这些问题；但是困难并不是因为它们是属于一种哲学的秘密，而是因为这种探究必须涉及极其复杂的事情。无论关于组织的一些学说是如何的玄妙和可疑，特别是不管关于组织的某些曾经风行一时的主张——即那些把组织解释成为证明有一种称为生命或灵魂的特别力或是实体的学说——是如何的错误，组织却是某些事情所有的一个经验的特性。组织是某些事情在其顺序的连接之中突出其本质的一个特征，因而如果有些学说要想忽视或否认其真实存在，那就不能还有比这些学说更为玄妙和可笑的了。否认从来就不是以经验的证据为依据的，而只是一种在思辩上的结论，这个结论是从这样一个先入的偏见中得来的：即凡在时间上出现较晚的东西，从形而上学上讲来，跟发现较早的东西比较起来就一定是不真实的，或者从这样一个先入的偏见中得来的：即既然复杂的东西是被较为简单的东西所制约的，那末后者就是比较"真实的"。

当一个有组织的活动式样中的各个组成部分的活动具有一种倾向于保持原有样式活动的性质时，便有了感觉性（sensitivity）的基础。一个有机体的每一个"部分"本身是组织起来的，而这一部分的各个"部分"也是组织起来的。所以在它和周围事物的交相作用中它所具有的这样有选择性的偏向既是为了继续维持它本身的存在，同时也是为了维持它所属的整体的存在。一个植物的根须和土壤中的化学性质乃是在这样一种方式之下交相作用着的，即为了维持整个有组织的生命活动；并从有机体的其他部分提取它们本身所需要的营养。整体这样普遍地出现于部分之中而制约着各个部分，而部分又这样普遍地出现于整体之中而制约着整体，这便构成了易感性（susceptibility）——即感触的能力（the capacity of feeling）——不管这种可能性是否在植物生命中得到实现，它是确实存在的。反应为了某种结果不仅是有选择性的，而且是具有区别作用的。这种区别作用就是感觉性的意蕴。因此，偏向在组织之中就变成了兴趣，而满足就变成了一种善或价值，而不仅是对于匮乏的充实或对于缺陷的弥补而已。

不管它在植物和低级动物中的情况怎样，在具有动作和具有距离感受器（distance-receptors）的动物中，感受性和兴趣乃是在感触（feeling）的形式中实现出来的，即使只是一种模糊的和坚实的不安、舒适，精壮和疲乏的感觉而已。一个固着的有机体不需要预觉到将会发生什么，也不需要把已经发生过的事情积累地体现出来。一个具有行动的有机体在生产上既与邻近的东西联系着，也是和远离的东西联系着的；当运动器官再加上距离—感受器时，对于空间上距离较远的东西的反应就变得愈来愈占优势，而且实际上也等于是对于时间上未来的东西的反应。对于远的东西的反应其实就是对于一个后来的接触所作的一种期望或预测。活动便分化成为准备性的或预期性质的，以及具有满足作用或圆满终结性质的。所产生的结果是一个特别的紧张状态，在这个状态之中，每一个直接的准备性的反应都充满着这种在性欲、食欲或安全方面圆满终结的情调，这种准备性的反应就是为了帮助达到这些方面的满足。感觉性，这种能力，于是便实现而成为感触；对于环境中有用的和有害的东西的易感性便变成了有预觉性的，成为在生活中产生后果的起因。

在另一方面，一个圆满终结或满足又继续在一种联合的和增援的形式下从事准备性的或预期性的活动。满足不只是准备性活动所达到的一个顶点，而且是由它们积累起来的一个统一的整体，一个储备起来的贮藏。舒适或不舒适，疲劳或轻快，暗中汇集成为一串历史，因而无形中提供了一种手段，使我们能够（当其他的条件呈现出来时）用来把过去的东西突出和显现出来。因为感触具有这样一个特点：即它虽然可以在一种没有形式的情况下或在没有形态的区分中存在下去，但同时它却能够继续不断地接受和产生区分。随着对于环境中不同的能量在感受上所作的有区别的反应逐渐增多（有了感觉器官、外感受器和中感受器的分化）以及随着运动的范围和复杂程度的增加（运动器官有了发展，相应地有了内部的分泌腺液的器官，能使能量得到一个所需要的新的分布状态），感触无论在质量上和强度上都有了愈来愈多的变化。

所以复杂的和有主动性的动物，随着活动的不同方向和阶段——开端、中间、满足或挫折——在跟环境事物不同的联系中，具有在质量上有着丰富变化的感触。它们有着这些感触，但是它们却并不知道自己具有它们。活动是精神物理的，但不是"心理的"，那就是说，它并不觉察到意义。正如生命是事物在一种特殊的组织状态之下所具有的特点，而"感触"是以复杂地运动着的和有区别的反应为特征的"生命—形式"的一种性质一样，"心灵"也是一个有感触的动物所具有的一个赋加的特性，这时候，它已经达到有了语言、有了互相沟通那样一种与其他有生命的动物交相作用的组织状态。于是感触所具有的各种性质就变成对外在事物的客观区别，对过去和未来的事物都有着重要意义的了。事物有着这样一种状态，在这种状态之下，有着质的差别的各种感触不仅仅为机体所享有，而且对于客观的差别也有着重要的意义；事物的这种状态就是心灵。感触不再只是被感触到。它们具有意义而且产生意义；它记录过去和预测未来。

那就是说，当行动在（感触）质量上的差别被用来作为是业已从事过和将要从事的行动的指标时，这些动作在质量（感触）上的差别具有了某种意义。这些质量（感触）上的差别直接地具有这个意义；意义是依照这些差别所具有的特性而被享有着的。感触产生意义；当它们是事情和对象的直接意义时，它们就是感觉（sensation），或者比较适当地说是感觉所与（sensa）。如果没有语言，机体行动所具有的性质，即所谓感触，仅仅是潜在的和带有预示性的痛苦、愉快、气味、颜色、杂音、声调等。有了语言之后，它们就被区分开来和被指认出来了。于是它们就"客观化"了；它们成为事物所具有的直接特性了。这种"客观化"并不是从这个有机体或灵魂神秘地向着外在事物有所投射，也不是虚幻地把一些心理的实质赋予物理的事物。这些性质从来也不是在有机体之内的；它们总是机体外的事物和有机体共同参与的各种交相作用的情况所具有的各种性质。当它们有了名称时，它们就使得这个机体能够认识和区别事物，从而成为包含更广的交相作用进一步发展过程中的一个手段。所以它们既是有机体所具有的性质，同时也是有关的这些事物所具有的性质。为了控制的便利起见，我们可以说它们是这个事物所特有的，或这个有机体所特有的，或这个机体的一个特定结构所特有的。因此，当颜色不成为外在事物的一个可靠的记号时，它就变成了一个例如说在视觉器官上有缺陷的记号。有人认为感觉上的性质可以离开语言而使它们自己区别出来和指认出来，例如它们是颜色和声音等等，因而事实上就构成了某些基本的认识方式，即使它只是对它们本身存在的认识。这种说法本身是十分矛盾可笑的，因而如果不是有人对于心灵和认识问题具有偏见，那就绝不会有人作出这样的主张。感觉性本身是非理性的；它的存在是和任何直接的性质的存在一样的，不过它却是任何理性的机能所不可缺少的一个手段。

因为当感觉性质通过语言而被用来当做是一个记号的系统时，例如当机体和环境之间的积极关系所具有的一种性质被称为饥饿时，它就被视为有机体寻求一个体外对象的一种要求了。把一种性质称为"饥饿"，给它一个名称，就是涉及一个对象，涉及食物，涉及将会满足这个要求的那个东西，即这个积极的情境所倾向的东西。同样，把另一个性质称为"红的"，就是把一种在一个机体和一个事物间的交相作用的情况指向某一个足以满足这个情境的需要或要求的对象。我们只需略微观察一下一个儿童的心理成长就可以看出：那些为感觉器官所制约的性质，包括那些为特别的感觉器官所制约的性质在内，只有当它们被用来指明对象时才被区别出来；例如"红"乃是一件衣裳或一个玩具的特性。如果我们要去指认那些为内感受器所制约的动作性质，这是有极大的困难的。它们是渗透在一般的情境中的。如果它们也参与在互相沟通之中，作为达到社会后果的一些共同的手段，那末它们也将会和那些为外感受器所制约的性质一样获得同样的客观的独特性。在另一方面，这些为外感受器所制约的性质，在未曾在语言中被用来作为达到共同目的的共同的或分享的手段之前，它们也只是情境的一般情况所具有的一些阴影而已。后来，它们才被指认出来，成为对象的特性。儿童必须通过社交才知道：一定的行动性质意味着贪婪、愤怒、恐惧或粗野；而那些被认为是红色，是乐音，是一种臭气的性质也不例外。臭气也许曾经引起过呕吐，而"红"色也许曾经引起过不安的心境（有人看见血就会晕倒）；但是把这个使人作呕的对象区别出来而说它是臭气，以及把这种刺激当做是红色而区别出来，这只有当人们把它们叫作记号时才会发生的。

　　有机体和周围条件在各种情境中交相作用，而当这些情境所具有的性质被区别出来的时候，它就产生了感知（sense）。感知不同于感触，因为它在认识中是有所指的；它不只是一种混然不清的性质或情调，而是某种东西在质上所特有的特征。感知也不同于含义。后者包括使用一种性质来作为另外某一个东西的记号或标志，例如一个灯光的红色表示危险和使一辆正在行动着的机车停顿下来的需要。在另一方面，对于一个事物的感知乃是一种直接的和内在的意义；它是为它本身所享有或直接所感受到的意义。当我们为一些困扰的情况所挫折，后来找到了一个线索，而使一切事物都能各得其所的时候，我们对于整个的事情就感知到它的意义。在这样一个情境中，这个线索就是具有含义的，因为它是一个指示，一个解释的指导。但是为我们所领会的整个情境所具有的意义乃是感知。"感知"一词的这种习惯用法，比在心理学的文献中通常把它限于用来指明一个被认知的简单的性质如甜和红的用法，要比较接近经验的事实；在心理学中它仅仅指明一种只有最少感知的情况，这是为了在理智上的安全起见而加上的一个限制。只要当一个情境具有了意义的这种双重功能时，即具有含义和感知两者时，心灵、理智就明确地呈现出来了。

　　因此，物理的、精神物理的和心理之间的差别乃是自然事情的交相作用不断增长地复杂化和紧密化的一种在程度上的差别。认为物质、生命和心灵是代表三种分别的"实有"的观点，正如许多其他哲学上的谬误所由起源一样，乃是把后来产生的机能实体化之后所产生的一种主张。这个谬误把事情的交相作用的结果变成了这些后果之所以发生的原因——这样一种反复颠倒，从这种机能的重要性方面来讲，是有意义的，但是这却无可救药地混淆了我们对这种机能的理解。"物质"或物理的东西，乃是当事情发生在一定的交相作用的水平上时所具有的一种特性。它本身并不是一件事情或存在；把"心灵"当做是指意蕴而言，而把"物质"当做是指存在而言的这个见解乃是迷信。它不仅是一个单纯的意蕴；因为它是属于许多事情交相作用所形成的一个特殊的场所具有的一个特性。但是当它在科学中呈现出来的时候，它正和加速度和负一的二次方一样，是一个意蕴；在这里，意义也表达在交相作用中的事情所具有的派生出来的特性。结果，我们主张生命、感触和思想永远不是离开物理的事情而独立存在的这个学说，也许会被贬责为唯物主义，但同时它也可以被认为恰恰是相反的。因为我们有理由相信：关于自然存在所具有的基本特性，只有当它的特性最完全地被揭示出来的时候，它才能够最恰当地给予界说——而这一个条件的能否满足，乃是以所实现的交相作用的范围和密切程度为转移的。

　　无论在任何情况之下，对形而上学的唯物主义的真正的反对既不在道德方面，也不在美感方面。从历史上讲来，唯物主义和机械论的形而上学——它们是不同于机械科学的——是指这样一种主张而言：即认为物质是生命和心灵的有效原因，而"原因"，从真实性方面讲来，比"结果"占有较为优越的地位。这句话的两部分都是与事实相反的。如果我们真要应用因果这个概念的话，产生生命和心灵的"原因"不是物质而是具有物质的自然事情，而物质乃是自然事情的一个特征。而"结果"，既然它们标志着潜能性的舒展，则较之"原因"更为恰当地指明自然的本质。如果要对复杂的东西加以控制，这就要依赖于把它分析成为比较基本的东西；因此，生命、感觉性和心灵之依赖于"物质"，乃是具有实践性或工具性的。较小的、更加外在的交相作用的场所，比较大的、较为紧密的交相作用的场所是更容易管理的，而且只有通过对前者的管理，我们才能控制后者的发生。因此，只有借助于所谓物质这个事情特性，精神物理的和理智的事情才能够分别地加以决定。所以我们每多一次新发现生命和心灵是怎样具体地依赖于物理的事情的，我们就增加一些理由。如果生命和心灵没有任何机制，那末教育、有意的变更、修正、防止以及有建设性的控制就都是不可能的。由于崇尚精神而贬责"物质"，这只是崇尚终结

（目的）而轻视为终结所依赖的手段这个旧习惯的再版而已。

在本章开始时，我们曾经说过：关于身心问题的"解决"，要求重新修订这个问题所由产生的那个关于存在的初步假定，以上所述就说明了我们这个导言的重要意义。如我们所业已看到的，当研究者们为了寻求"基本的"，即有所意味的性质而忽视直接的性质，即忽视事情所具有的"感知"，如湿和干、热和冷、轻和重、上和下的时候，而且当他们把这些"基本的"即有所意味的性质并不当做是性质的本身（虽然它们被称为性质）而当做是关系的时候，具有丰富结果的自然科学便开始了。这个措施使得我们有可能从事于一种完全不同的思辩工作。古典的科学是根据早已依附于感知和习俗的具有不同性质的现象的特性进行工作的。所以它只能够通过一种改变了的词汇来重复叙述这些现象而已；——这是关于感知的形式和力量方面的词汇，而这些形式和力量不是别的，只是重复事物业已具有的意义而已。但是新的思辩工作乃是从事于有关数学的等式和函数方面的工作。它是从忽略现象的明显的特性或意义的意义出发的；所以它能够产生极其新颖的关系和概括——不仅在细节内容上是新颖的，而且在种类上也是新颖的。一种颜色已不再是仅仅和另外一些颜色，而是和一切包括有节奏的变化率的事情联系起来或进行归类。因此，过去原来是分散的事情便在包括一切的陈述和预言的原理之下被结合起来了。有时间性的性质便说成是空间上的移动速度；因而可以直接应用在空间地位、方向和距离的数学函数，就使得人们可能把事情的顺序归结成为可以计算的事项。忽略有时间性的性质本身，使得人们的思想集中于连续的秩序，而这一种秩序是可以转变成为一种同时存在的秩序的。

其实，所有这一切就等于是把事情的关系当做是知识的真正对象。不把直接的性质，无论是感觉的和具有意义的性质，当做科学的对象和当做归类和理解的适当形式，这实际上只是把这些性质按照它们本来的样子搁置一边而已；既然它们已为人所具有，这就无需乎去认识它们。但是正如我们时常有机会注意到的那样，主张知识的对象就是最好的实在的这个传统看法就导致这样一个结论：即科学的真正对象就是在形而上学上极其真实的东西。所以直接的性质，由于被排斥于科学对象之外，便和"真实的"对象割裂开来，凭空地悬着。既然它们的存在是不能否认的，它们便聚集拢来，构成了一个心理的存在领域，而与物理学的对象站在对立的地位。在这个前提之下，跟着而来的必然就是关于心物关系、心理的和身体的东西间的关系的一切问题。如果改变这个形而上学的前提：那就是说，把直接的性质恢复到它们正当的地位上去，而成为属于一些包含一切的情境所具有的性质，那末有关的这些问题就不再是认识论上的问题了。它们就变成了一些可以说明的科学问题；那就是说，关于具有怎样性质的怎样一件事情实际上怎样发生的这些问题了。

希腊科学认为性质如湿和干、热和冷、重和轻等以及这些在运动中的质的差别如上下、往来、绕圈等都是具有效果性的。这个世界便是根据这些性质所具有的这种能够产生结果的原因的效力来予以陈述和说明的。十七世纪的科学革命是以否认这些性质以及其他一切直接性质的因果效用（所以也否认了它们对于科学的重要意义）为出发点的。然而，由于把这个关于科学程序的事实变成了否认在心灵和意识之外有性质的存在，心物的和心理的机能就变成了不可解释的反常状态了，按照这个字的字面上讲来，是超自然的了。希腊科学的错误不在于把性质当做是自然的存在，而在于误解了它们的效用性所应有的地位。它认为性质离开有机的行动而具有这样一些的效能，而实际上性质只有通过生命和心灵的一种有组织的活动的媒介才具有这些效能。当我们承认生命和心灵乃是事情之高度复杂和广泛的交相作用的特征时，我们就可能把性质当做是自然存在而不致陷于希腊科学的错误。我们可以承认精神物理的现象和高级的心理现象乃是各有其充分的真实性的，而无需乞援于在历史的、存在的连续中二元论的分裂。

当认知无生物时，性质本身是不妨予以忽视的。它们表现出来成为运动的强度和矢向，它们是可以根据数学的术语来加以陈述的。因此，它们的直接个性就被回避开了；直接个性对于科学来讲是不相干的，因为科学涉及的是关系。关于无生物界的性质，最多我们只能说：它们标志着历史事件接触的限制，它们是突然的终结或结束，是开端和结尾的界线，在这儿某一个特殊的交相作用停止了。它们好像是一条浪花，标志着从各个不同的运动方向而来的波浪的相互冲击。为了使探究的领域有所限制，我们不得不留意到这些性质，但是它们却并不是作为一些研究的因素或项目而被包括在这个研究的范围以内的。

在生命和心灵中，这种性质起着一个积极的作用。在这个水平上它们所构成的界限或个体化的状态并不是在事情以外的。这个界限同时也就是一种组织，这个组织渗透在这些性质之中，而且由于渗透在它们之中而把先前能量的强度和方向的限制转变成为实际的和内在的性质，或成为在感觉性上的差别。因为在感触中，一个性质不仅仅是交相作用的一个突然的、分隔的、独特的界限，而且成为一个性质了。从物理科学的目的上讲来，红不同于绿，因为它对于应用在振动上的两套数目或对于光谱上两个不同的地段线给予了特别的意义。这个差别是预期的在质量上的差别；它是指有关的这些事情中的一个独特的在潜能性上的差别。但是就便于计算和预测而论，这些差别始终是可以用数目和形式这类非质量上的指数来说明的。但是在一个感光灵敏的有机物中，这些潜能性上的差别可以实现而成为直接感觉性方面的差别。说它们被感触到，就是说：它们已经具有了它们自己独立的和内在的存在。这个命题并不是说：感触是外加在别的事物上的东西，也并不是说：对一个纯物理的东西的一个外在的认识方式是从外面闯进一个物理事物的世界的。当一些原先发生在物理水平上的事情发生了更为广泛和更为复杂的交相作用的关系时，这些事情就获得了一种新实现的性质，这种新实现的性质，一般地被称为"感触"（"feeling"）。说得更明确一点，这个名称是指事情中使它们彼此分开而成为分隔状态的那些终极的差别正在开始形成的情况而言，这些差别在物理的水平上只能在预期后来的现实中，用不同的数学公式或不同的时空位置和接触为人们所论述。

因此，感觉所特有的性质乃是宇宙的事情所具有的性质。只是因为它们是这样的性质，才有可能像自然科学一样在数量、空间地位的系列和感觉性质的系列和光谱这两方面之间建立一对一的符合关系。把宇宙分裂成为两个分开的、不相联系的存在领域，一个是心理的领域而另一个是物理的领域，而这两个领域，虽然是完全分离的，但又是明确地和精确地彼此符合一致——例如按照数目系列排列起来的一个振动秩序和对通过棱镜光谱的光景直接感触到的性质乃是彼此吻合一致的——这个见解达到了难以置信的最高峰。这种一对一的吻合一致的见解只有把它当做是在同一个世界中多种特性和关系之间的符合一致时，才是可以理解的；不过首先我们是从一个较窄和外在的交相作用的水平上来看待这个世界，然后则是从一个包括较广而比较严密的交相作用的水平上去看待它。如果我们是从这样两个水平上去看待自然事情而在它们之间建立一对一的符合关系（或"平行状态"），我们就会使得更为丰富和更为复杂的特性表现服从于我们预测和深思熟虑的指导；当我们回想到这一点的时候，我们对于这个程序的可理解性就会有具体的体会。

因此，现代科学否认，例如，红或干在所描述的这个事情的序列中具有直接的效果和地位，这是正确的；但希腊科学最早的朴素的假定说性质具有高度的重要性，这一点也是正确的。的确，我们抛开感觉和生命，也能充分地描述一件事情的进展而不涉及它具有红这样一个特性——但即使在这种情况之下，当我们要对造成数学机械的陈述的现象确定界限时，这也需要依赖于一个外现的或实现了的红的性质，因为描述乃是只有通过心理的事情才会发生的一件事情。然而，在心物的情境中，性质实际上变得特别有效。在有动物的感受性存在的地方，一个红色或一个气味或声音就可以激起一定方式的行动；在维持能量组织的一定格局时，它具有选择性的力量。这个事实是如此突出，以致我们甚至可以说，一个有生命的和精神物理的物体对于性质有所反应，而一个无生物则对于性质不作反应，借以说明一个无生命的物体和一个有生命的物体之间的差别。在这种反应中，性质成了可以产生结果的东西，所以它是具有潜在的重要含义的。那就是说，在这些性质达成效果时，它们便跟后果联系了起来，所以就能够具有意义，这种意义如果不是已知的，也是可知的。这就说明这样一个事实：即我们虽然被迫指出在物理的水平上事情是具有性质的，但是在这个水平上我们却不能认知它们；如果严格地把它们分配到这个水平的话，那末它们是没有后果的。但是通过有生物的媒介，它们产生了影响，而这些影响，当人们利用性质来作为产生它们的手段时，便是所产生的后果。因此，性质就变成了可理解的和可知的了。

在较高级的有机体中，在那些具有耳和眼以及在较少程度上具有嗅觉等距离感受器的有机体中，性质又进一步产生了一种差别，而这种差别乃是区分为准备阶段和终结阶段的活动的物质基础或实质。"终结"并非必然是满足或圆满的终结。它们可以是单纯的结束、突然的停顿，正像一条铁路线由于外在条件的力量可以达到一个终结一样，但这个终结却并不达成先行的活动。同样，事物也有其出发点、开端，而这些开端却并不是为了什么而作的准备，勿宁说，它们只是一些破坏和干扰而已。物理型的事情具有这样的终结和开端，它们从性质上和从个体上把这些事情划分开来。但是它们本身，从任何真实的意义上讲来，都不具有工具作用或满足作用的特征。它们既不有所创导，也不有所完成。但是当这些性质通过有机的行动现实出来，而引起了使用和适应的动作（对性质作反应）时，它们就成功了一个系列，其中有些行动是有准备作用的而另一些是具有圆满终结的作用的。一个原来直接接触的活动（包括着机体内部的干扰或需要）使得距离感受器接受刺激；在后果中所作的反应将会在终结时产生进一步的直接接触的活动，而在这个接触的活动中，原来的需要得到了满足。

当社会的交往和语言附带发生的时候，这个系列就形成了思惟的直接材料。开端不仅是一个系列（一个系列不同于一个简单的前后连续）中的创始部分，而且它还具有以后倾向于某一后果的活动的意义，而这个开端乃是属于这个后果的第一个组成部分。这个结束的部分把整个准备过程的意义都保持在它本身之中。因而，原来直接的接触和有距离的活动这两者的地位便被颠倒过来了。当活动是倾向于有距离的事物时，直接接触的活动就必须被抑制下去或被约束住。它们变成了有工具性的；只有当它们被用来指导为距离所制约的活动时它们才起作用。这个结果是具有革命性的。有机的活动被释放出来了，它已不再局限于在空间和时间上最接近手边的东西了。人是被领导着或拖引着的，而不是从背后被推进的。对于已经发生的事情和将要发生的事情而言，直接的东西是有意义的；在这里便为记忆往事和预期未来提供了有机的基础。使直接接触的活动服从于有距离的活动，就等于有了从淹没于单纯的现有中解放出来的可能性，就等于有了抽象、概括、推理的可能性。它既确定了为其他事情铺平道路的事情和最后直接占有的事情之间的差别，也确定了这两者之间的联系；它为有所意指的和被意指的事物间的关系（the relation of thing signifying and thing signified）提供了材料——这一个关系是有了语言后才实现出来的。当事情之间达到了这样一种结合的时候，便有了前面所讲过的这种在感知和意义之间的区别。后者系指直接占有和享受的事物具有一种在后来达到某种目的的可能性而言。但是在这同时还有一种感觉性，我们必须使它依附于为距离所制约的活动而发生变化；如果这种感觉性没有这样的转变，它就是虚空的、含混的，它需要有意义但没有意义。在这同时，这些为距离所制约的活动又把它们所有的原先获得满足的后果变成了它们本身性质的一个统一的部分。相对于它们的后果而言，它们具有了意义；但是它们对于它们自己而言，却是具有明白而融贯的感知。因此，它们便成了最后的，而直接接触的活动所具有的这些性质便成为有工具性的了。简言之，听觉和视觉显然既是理智上的感知，也是美感上的感知——这是一件不可否认的事实。有些在价值论方面的理论家们企图在他们对于价值的定义中把思惟和可享受的爱好彼此分隔开来，而且在这个前提之下他们又十分逻辑地严格把价值区别为辅助的和内在的两种。但上述这一不可否认的事实有助于说明这些理论家的主张。

　　以上的讨论是太专门了，但同时又不够充分地专门，不能使人获得一个恰当的理解。我们可以说，它是企图对建立一个所谓心灵的"突创"论有所贡献。但是我们在这里所能利用的每一个词，例如有机体、感触、精神物理的、感觉和感知乃至"突创"一词的本身，都受着旧学说的联想的影响，而它们的意义却和我们此地所说的意义是相反的。不过，我们可以重复概括地说：在自然中并没有孤立无关的事情，但同时彼此的交相作用和联系又不是笼统的和完全相同的。在交相作用的事情之间有比较紧密的结合，也有比较松弛的结合，而这些结合就规定了它们具有一定的开端和结尾，因而也使它们跟交相作用的其他场地划分开来。这些比较封闭的场地有时结合在一起，彼此交相作用，而产生一种具有关键性的变动。形成了一个新的较大的场地，因而放射出新的能量，具有新的性质。规则、有意识的指导和科学都意味着我们有能力排除这些粗糙的关节，而且通过更换和代替构成一种性质相同的媒介。然而这些机能并不取消或否认性质上的差别和不同的场地或运动的范围，从原子到太阳系都是如此。它们正是起了它们预定要起的作用：即促进和保证利用比较简单而易于控制的场地去预测和改变比较完备和高度组织起来的场地的发展进程。

一般讲来，我们可以把这些场地区分成为三个层次。第一层是物理的，这是一个比较狭窄和比较外在的场地，在性质上它本身具有很大的差异；它的突出的特性就是物理学所发现的数理—机械学的体系所具有的那些特性，它把物质说成是一个一般的特性。第二层是属于生命的。在这里，性质上的差别，如植物和动物的差别、下等动物和高等动物形式的差别等，在这里甚至更为显著一些；但是不管它们有怎样的变异，它们却具有共同的性质；这种性质可以使它们被界说成为精神物理的东西。第三层是属于结合、沟通和共同参与的。在这里有着进一步内在的分歧，包括有许许多多的个体。然而，它却有一些共同的特性贯串在这些个别的差异之中，这些共同的特性把心灵界说成为理智；既具有意义，也对意义有反应。

这三层中的每一层次都具有其本身独特的经验特征，也就有它自己的范畴。不过，它们是有关于描述方面的范畴，它们是叙述有关事实时所需要的概念。它们不是具有"解释性质"的范畴，这里所谓解释是按照我们有时可理解的意义而言的；那就是说，它们并没有把力量的运用叫作"原因"。它们固执着注释和指明各个不同的交相作用的层次所特有的特征和后果的经验事实。从这个观点看来，传统的"机械"论和"目的"论都陷于一个共同的错误，即它们都是企图用旧的、非历史的因果关系的意义来进行解释。一个理论是用物质去解释心灵的存在；另一个理论则认为在心灵出现以前所发生的那些事情，乃是为心灵的发展作好准备，也就是说，这些先在事物之所以发生乃是为了准备心灵的发展。

机械论的形而上学使我们注意到这个事实：即后来所发生的事情，如果没有以前所发生的事情，就不可能发生；如果前面的事情发生了，那末后面的事情就必然会发生。唯心主义的形而上学使我们注意这个事实：即前面的、物质的事情为生命的和理想的事情准备好了途径，诱导它们，提高它们。从描述方面讲来，这两种说法都同样是真的；如果从给予它们的那种具有解释性的和形而上学的意义讲来，这两种说法都不是真的。

在这两种见解中所包含的关于因果解释的概念意味着：在历史的连续过程中是具有裂痕的；于是便需要通过力的发射或移转来沟通这一道人为的鸿沟。如果一个人在出发时就假定心物是两个分隔的东西，而事实证据又迫使他看到它们是联系在一起的，那末他就只好说这是由于一种力量使他们联系起来的，这个力量从一方面转移到另一方面，或者是转移到两个有关的事物中的任何一方面。于是挑选出来的这一方面就是"原因"；它就用来说明另外一方面之所以存在。一个人遇见了这一类的事情，例如当一根火柴被擦燃而在邻近的地方有一张纸的时候，这一张纸就会着火，不管任何人是否愿意或希望有这样的事情发生。他感觉到前面的这个事情对于后来的这个事情发出了一种带强制性的力量；如果擦燃了一根火柴而在邻近的地方有一张纸，那末这张纸就必然着火燃烧起来。另一个又遇见另外一类的事实，即火柴和纸张之所以存在，仅仅是因为有人利用它们；先有了利用它们的意愿和目的，然后才有了火柴和纸张。因而他便断定说：思惟、目的促进放射和转移一道力量，它为了达到这个思想的对象而产生某些事物。或者，如果一个人少用人事方面的比拟，他会看到自然界这种精密的连续性，一个东西很明显地导致另一个东西，而后者又很精致地保持和利用以前所曾经发生过的事情，而且因为他看到后来的东西是比较复杂些和更为重要些，他便确定说：以前所发生的事情乃是为了后来的东西才发生的。后来的东西似乎从一开始就早已"隐蔽地""潜在地"存在着，而由于在每一阶段中利用了物质的条件，便具有足够的效能使得它自己实现出来。

如果我们从任何一个为我们所承认的历史过程——例如，从婴儿到成年的成长或是一个音乐主题的发生——出发，我们就可以看出这两个假定都是毫无理由的。有些人认为童年仅仅为达到这种高贵庄严的成年作好准备；也有些人似乎十分肯定说，成年人的生活仅是在童年中所发现的这种"原因"力量通过它所具有的机械效能而舒展开来。这种学说把幼年当做是达到一个目标的一个初步的而它本身又是无关重要的旅程；另一种学说把成年当做是把一个在过去放在幻灯机里面的，有关童年、或有关出生前的情况或有关遗传，或任何有关固定的和原先存在的条件所在的情况的这样一种幻灯玻璃片在一个临时的银幕上所作的一种放映而已。我认为这个关于生长的概念可以使我们很容易找出在这两个观点之中的错误：即它们都把一个历史变迁的连续过程分裂成为两个分隔的部分，但由于分裂为二之后跟着又必需找一种办法把它们两者再结合起来。

真实的东西就是这个成长过程本身；童年和成年乃是一个连续体的两个方面，而在这个连续体中，正因为它是一个历史过程，如果前面的不存在，后面的就不能够存在（这便是"机械唯物主义"的种籽）；而且在这个连续体中，后来的又利用着前者所保持和积累下来的结果——或者比较严格地说，后面的东西就是对前面东西的利用（这便是"唯心主义的目的论"的种籽）。真实的存在就是这个整个的历史，历史本身就是这样。这个把历史割裂成为两段，然后乞援于一种原动力，再把它们结合起来的手续，既是主观武断的，也是毫无实据的。童年乃是属于某一系列的变化过程所具有的童年，而且也是在其中的童年，而这个变化过程的本身就是如此存在的；成年也是如此。如果说这两个方面的任何一个方面的特性乃是一种独立存在的东西，然后利用所选定的这个形式来解释或说明这个过程的其余部分，这只是一个愚蠢的赘述：这是一个赘述，因为我们所有的这两个部分本来就是同一原始历史过程的各个部分；这是愚蠢的，因为我们幻想着以为我们根据任意选择的历史的一部分已经说明了这个历史的本身。

用一个比较广泛的自然历史来代替这个成长过程，并把它叫作心灵从物质演化的过程，其结论也没有什么不同。一只鹿因为有细长的腿，所以跑得很快呢？还是因为要跑得快所以它才有细长的腿呢？在这个古老的争论中，双方面都忽视了这个自然描绘的陈述，即这只鹿有细长的腿，而它们既具有腿，于是就会跑路，这是这个世界上一件自然的事情。当人们说心灵是掩蔽、包括、隐藏或潜伏在物质之内，而后来所发生的变化乃是使它显现、演化、体现和实现的过程时，其实，这只是首先任意地和无意地把一个自然历史分割成为两截，然后再有意地和任意地把这个分割掩藏起来。如果我们不从玩弄这套把戏开始，事情就比较简单一些了。

以上的讨论是为了帮助大家了解自然、生命和心灵之间彼此适应的情况。客观的自然使人可能获得一种安适、秩序和美丽的感觉；或者从另一个语言领域来说，客观的自然是十分屈服于心理活动之下的，因而它能为人所认知。这个事实曾时常被人们当做是一种神秘的事情。或者还可以从另外的一端来理解这个秘密：何以人类会具有一种秩序、美丽和正义的感觉；何以他会具有一种思惟和认识的能力，以致人类远超于自然之上而居于天仙之列，这似乎是很奇怪的。但是这种神秘和奇怪也似乎等于在怀疑和奇怪到底为什么会有自然，会有存在的事物，而且它们既然存在着，又为什么就是它们现在的这个样子。这种奇怪应该被转移到整个事物的进程上去。只是因为我们任意地把这个世界加以分裂，首先把它理解成为一个和它实际所表现出来的情况完全不同的世界，于是我们就会觉得非常奇怪，究竟为什么它要表现成为这个样子。这个世界就是认识的题材，因为心灵就是在那个世界里面发展出来的；身心的结构就是按照它存在其中的这个世界的结构发展出来的，所以身心就会很自然地发现它的某些结构部分和自然是吻合的、一致的，而且也发现自然的某些方面和它本身是吻合的、一致的。自然的某些方面是美丽的和合适的，而另一些方面是丑恶的和不合适的。既然心灵除了在一个有组织的过程中以外是不能够演化的，而在一个有组织的过程中，过去所获得的圆满结果总是被保存下来而予以运用的，那末在心灵演化时它就要留心于过去和未来，而且它就要利用生物适应环境时的生理机构而作为它自己唯一的活动器官，这就不足为奇了。在最后的分析中，为什么心灵要利用身体，或者说为什么一个身体会具有一个心灵，如果有人觉得这是一件神秘的事情，那就好像他会奇怪一个种树的人为什么要利用土壤，或者说这种生长植物的土壤为什么使得那些适应于它自己的生化特性和关系的东西生长出来。

对于以上所作的这个说明，我们将从一个比较更有分析性的观点，根据明显的经验上的理由出发，再重述一遍。我们发现我们在经验上熟悉的每一个"心灵"总是和某一个有机体联系着的。每一个这样的有机体总是在一个自然的环境中存在着，而它和这个环境总是保持着某种相适应的联系的：例如植物之对于空气、水分和太阳，以及动物之对于这些东西和植物。没有这些联系，动物就会死去；没有它们，最"纯粹的"心灵也不会继续下去。一个动物，只有当它从它的环境中吸取营养，在那儿找到防御的手段，把本身的多余的废物排泄出去的时候，才能够生存下去。既然没有一个特殊的有机体是永存不朽的，那末一般讲来，只有当有机体能使自己再生时生命才会继续下去；而唯一它能够使自己再生的地方就是在环境之内。在一切高级的形式中，再生是两性的；那就是说，它包括两种形式的交合。因此，这个环境就包括类似的和连接的形式。在每一点和每一阶段上，一个有生命的有机体及其生命过程，相应地，包括有一个世界或自然界，而这个世界或自然界对这个有机体本身而言，无论在时间上和空间上都是"外在的"，但就其功能而言，又是"内在的"。

重叙这些周知的事实的唯一理由，就是因为传统的学说已经把生命和自然分开，把心灵和有机的生命分开，并因而造成了一些神秘的情况。在恢复了这种联系之后，一个心灵怎么能够认知外界，或者乃至于怎么能够知道有这样一回事情的存在，这个问题就无异于问一个动物，它怎么会吃它本身以外的东西；这类问题之所以发生，只是由于人们把一只冬眠的熊靠它自己储备的食料过冬的情况当做是正常的程序，而忽视了这只熊是从哪儿获得它所储备的食料的这个问题。当我们真正认知心灵和生命的关系时，如果有人问：一个人怎么会知道别人的存在，那末他就好像在问：既然别的动物不是这个动物，那末这一个动物怎么能够跟别的动物会合在一块儿。一个在一种交合中产生的生物，总是依赖其他的生物，才能延续它的存在（至少一切高级形式的生物是如此），而且在它自己的结构中就具有它跟其他生物紧密联系的器官和标志。如果这个生物知道它自己，那末它就会知道别的生物。既然在生命的功能中既包括有无生的环境，也包括有人类的环境，那末如果这些功能演化到思惟的地步，而思惟跟生物的功能是构成一个自然的系列的，这个环境中的各种事情和联系就不可避免地会成为思惟的材料，乃至其错误想像的材料。而且如果动物能够利用它的思惟的任何部分，而把它作为保持它所具有的那些功能的手段，那些思想也会具有知识所具有的特征。

这些形式比较复杂的有机体，和下等有机体不同，具有一些距离感受器，而且它们还具有一种结构，在这种结构中，活化质和效应器对于距离较之对于接触感受器具有尤为广泛的联系。对于邻近事物所作的反应和对于距离很远的事物所作的反应乃是十分紧密地结合着的，因而一个高等的有机体乃是把一个广泛的环境当做一个单一的情况而加以反应的。在所有这一切高等的有机体中，我们也发现了它们的活动乃是为以前的活动后果所制约的；我们发现了学习或习惯的养成这个事实。结果，一个有机体，在它动作时，是把一连串在时间上延续的事情，或一系列的事情，当做一个单元而予以反应的，正如它对于一个统一的在空间上的多样性所作的反应一样。因此，在当前的行为中就立即意味着有一个广延的和持续的环境。从活动的功能方面讲来，遥远的和过去的东西都在行为"之中"，构成了行为当前的状态。所谓"有机的"行为不仅仅是属于内部结构的行动；它是机体和环境互相联系的一个统一的过程。为什么会有思惟，这也许是一个秘密，但是如果有了思惟的话，那末在当前的现状中它就包含有在空间和在时间上遥远的事情，乃至远溯至地质年代，未来的日食以及遥远的星球体系，这是没有什么秘密的。这里的问题只是：在它的实际经验之中的东西在怎样的范围之内就会突现出来而成为一个集中的焦点。

动物在一些比较广泛的行为范围之内，彼此之间借助于一些信号动作而联合起来，结果，在信号作用所助成的联合动作发生之前，有一些动作和后果就被暂时搁置起来。在人类，这种功能就变成了语言、相互沟通、言谈，借助于语言的媒介，某一种生命形式的经验所具有的各种后果都在别人的行为中被结合起来了。随着记载语言的发展，这种结合的可能性便无限地扩大了——在原则上，在一个特殊的有机体的行为之内，这种在客观上的结合统一的情况已经完成了一个循环的周期。在它的行为中不仅包括有它自己的这个外在的时空世界，而且也包括有它的同伴们的这个世界。当某些对某人讲来是已经经验到的和已经过去的后果，通过了相互的沟通，而成为另一个人所未曾经验到的和尚未到来的后果时，机体上的灵巧便变成了有意识的期望，而未来的事情变成了当前活生生的现实。因而由于人类的学习和习惯的养成而表现出来的这一种在机体和环境间联系的统一情况，乃远远超过了没有语言的动物所具有的那些结合统一的情况，以致它的经验似乎是超生物的。

跟着还有另外一个经验事实。严格的重复和再现，同新奇的东西比起来，是相对地减少了。离开了互相沟通，习惯的形成就成为人的常例；行为总是局限于由过去的行为建成的路径中。这时的趋势倾向于单调的规则性。学习活动本身就替它自己确定了一个限制，而使得后来的学习更加困难些。但是这仅就一个习惯而言，一个孤立的习惯，一个不相沟通的习惯而言。互相沟通不仅增加了习惯的数量和种类，而且倾向于使它们精巧地结合起来，而且到后来将会使得习惯的形成在一种特殊的情况之下导致这样一种习惯，即习惯于认识到：新的交合的方式将会对这种习惯要求有一种新的用处。因此，习惯是按照未来可能的变化而形成的，而不是这样容易僵化的。当一个儿童隐瞒着一种习惯而不在别人面前表现出来时，这立即就证明了：他实际上已经觉察到他形成了一种习惯，而进一步他将形成一些什么习惯，他须要符合于别人的要求。

一个动物，如能形成习惯，就具有了不断增加的需要以及与它四周世界的新的关系。每一种习惯的训练都需要适当的条件，而且当习惯是繁多的和复杂的时候，如人类有机体所具有的习惯那样，在发现这些条件的过程中还包含探索和试验；这个有机体势必产生许多的变化，而且容易陷于错误和失望之中。形成习惯的力量愈增加，可接受性、感受性、反应性也愈增加，这似乎是矛盾的，但却是事实。因此，即使我们认为习惯乃是许多常规，这种获得多种多样常规的力量即指高度的可感受性、可爆发性而言。因而一个旧的习惯，一个固定的常规，如果有人愿意夸张一点的话，妨碍着形成一个新习惯的过程，但同时形成一个新习惯的倾向又突破了某些旧的习惯。于是便产生了不稳定性、新颖性，以及出乎意料的和不可预测的各种结合情况的突创。一个有机体学习的愈多，——所谓愈多，即指在一个历史过程中前面各项在目前的阶段上愈多地被保持下来和统一起来——为了使它本身继续下去就愈需要学习，否则，它就会死亡和毁灭。如果心灵是生命中一个进一步的过程，是记载、保持以及利用所保持的东西的一个进一步的过程，那末它必然具有它在经验中所具有的那些特性：它是一条流水，一种经常的变化，不过它是有轴心、有方向的，它是既有创始，迟疑和结论的，又有联结和交合的。

须要记住的主要的东西是：作为一件经验的事情，生活并不是一种在有机体的表皮下面所进行着的东西：它总是一种包含很广的事情，它包含有这个有机体以内的东西跟空间和时间上外在的东西之间的联系与交相作用，以及和外边更远些的高等有机体的联系与交相作用。由于这个原因，有机的动作就是心灵的一个先行的动作；它们看起来似乎是深思熟虑的和具有意识智慧的，因为有智慧的动作在利用有机的动作所提供的机制时，必然也会具有有机动作的模样。人们往往引用了这个证据来证明动物，没有语言的动物，也有思想。这个证据，在检验之下，便成为一个证据用来证明：人类，即具有社会交往的有机体，在思惟的时候，它们是通过为下等动物所利用的适应器官来进行思惟的，因此，它们大部分是在想像中重复着外现的动物行动的图式。但是，根据这个事实来证明动物是有思想的，那就好像是说，因为每一个工具，例如一个犁，是产生于某种原已预先存在的自然产物，例如一根弯曲的树根或一个叉形的树枝，所以后者便内在地和先在地在从事于耕种。其间的联系是存在的，但这个联系应该颠倒过来。

生命是在事物之间和在事物之中进行着的，而有机体只是这些事物中的一种事物。我们之所以再三提到这个事实，乃是因为传统的学说十分忽视而且实际上否认了这个事实。我们不妨把斯宾塞对于生命和心灵所下的定义拿来考虑一下：即一个内在的秩序和一个外在的秩序是两相符合的。它意味着有一个内在的秩序和一个外在的秩序，而且也意味着说：所谓两相符合即指这样一个事实，即在一个秩序中的各个成分彼此关联的方式和在另一个秩序中的各个成分彼此关联的方式是一样的。这种互相吻合的情况好像几张留声机唱片之间彼此相符的情况一样；但是生命和心灵跟自然之间互相符合的情况却好像是两个人之间的互通音讯，这个人借助于音信的传递得知另一个人的每一个动作、观念和意愿以改进他自己的意愿、观念和动作，并使他自己参与在一个共同的和内包的情况之中，而不再从事于个别的和独立的活动。如果这个有机体只是在它自己一系列的自我封闭的动作中重复外界业已存在的这个秩序，那末死亡很快就会结束它的生命。例如，火烧掉了肌肉组织；那是在外在秩序中的一个顺序。被烧死，这是与这个外在秩序相符的"内在"事情的秩序。这个有机体的实际动作只是去改变它对环境的关系；而且当有机体变得更加复杂而成为人类的有机体时，这种关系的改变也使得环境的秩序卷入更为广泛的和更为延续的变化之中。目的并不是要描绘一条在外在事物和有机事物之间的平行线，而是要构成一个事物的新图式，对于这个新的图式，有机的和环境的关系双方面都有其贡献，而且它们双方面是共同参与其间的。斯宾塞首先假定有一个分裂的状态，而实际上却是没有这种分裂存在的，然后再想出一个办法来恢复其间的联系，而这个联系却又是已被他故意破坏了的。然而，一切心物平行论、传统的符合真理论等等，其实都只是把斯宾塞的这些同样的假定加以阐发而已。

如果有机的生命系指一个历史阶段而言，而在这个阶段上自然的事情已经达到了出现特殊的新特性的地步，而且由于过去没有联系的各场地被统一起来的原故而产生了新的动作方式，那末我们把所知道的关于先前的"物理"系列的东西用来解释和指导生命现象，这一个事实就似乎没有什么特别了。而且这种应用关于物理系列的知识来解释和指导生命现象的结果，既没有尽举生命现象的一切特征，也不足以描述它们的全部内容，这个事实也似乎没有什么特别的了。如果没有计算和测量，我们就不能指导一个交相作用的进程；但是这个交相作用的状况却不仅是数目、空间和速度。进行解释就是运用一种东西对另一种东西进行阐明，使之更为清晰；把它放在一个比较广泛的关联之中，因而也就是把它放在一个较好的秩序之中。因此，它是从属于那种应用于具有空间和时间性的事情的一种比较合适的语言方式的，它采取着叙述和描绘的型式。

从修辞学中熟悉的术语来讲，解说和辩论总是从属于一种具有描绘性的叙述，而前者的存在是为了使得后者更为清晰、更为融贯和更有意义。

"身一心"是指一种具有它自己的特性的事情。在关于这个问题的讨论中大部分的困难——一般说来除了一些细节的问题之外，也许就是全部的困难——乃是由于词汇所致。有一些学说曾经把身体和心灵彼此分隔开来，把它们当做是两个存在的领域，而我们的语言却如此地深受这些学说后果的影响，以致我们缺少适当的字眼来指称这个实际存在的事实。我们被迫采取的委婉曲折的说法——如以上的讨论中所表述出来的——因此便诱导我们把比拟中的分开当做是在自然中实际存在的东西，而这些比拟的分隔又只有通过一些错综复杂的、委婉曲折的安排才能回避得掉。但所谓"身心"仅仅是指一个有机体跟语言、互相沟通和共同参与的情境有连带关系时实际所发生的情况而言。在"身心"这个复合词中，所谓"身"系指跟自然其余部分，其中既包括有生物，也包括有无生物，连接一气的各种因素所具有的这种被继承下来的、被保持下来的、被遗留下来的和积累起来的效果而言；而所谓"心"系指当"身体"被涉及一个比较广泛、比较复杂而又相互依赖的情境时所突创的一些独有的特征和后果而言。

正如人们开始谈话时他们必须使用一些在有言语之前就已存在的声音和姿势一样，而且也正如他们开始猎取动物、捕捉鱼类或编制竹篮时，他们必须运用一些在从事于这些工作之前就已存在的材料和过程一样，当人们开始观察和思惟的时候，他们必须运用原先独立地存在的神经系以及其他有机的结构。人们对于原已存在的材料加以使用时也重新改造了这些材料，使它们更有效地和更自由地适应于对它们的使用，这并不是一个需要解决的问题；它只是表述这样一个普通的事实：即任何事物都是按照它所参与的这个交相作用的场地而变化着的。当声音变成了有声的言语时，声音仍然不失其为声音；不过它们具有了新的特点和安排，正如人们利用材料造成工具和器械时，这些材料本身仍是它们先前那样的材料。因此，这些外在的或环境中的事情，始则跟有机的过程发生关系，后来又跟语言发生关系，在它们获得意义而成为心灵之对象时产生了一些变化，然而它们仍然和原先一样是"物理的"。

如果有生命的组织不是属于原先存在的自然事情所具有的组织，那末生物就不会具有各种自然的联系；它既不会是和它的环境相干的，而它的环境也不是和它有关的；环境就不会是可为生物所用的东西，不会是滋养和保护生物的材料。同样，如果"心灵"，就其在存在中的发生情况而言，不是属于生理的或有生命的事情所具有的组织，而且如果它的功能不是从有机行为的模式中发展出来的，那末它就会跟自然不相干，而自然界既不会是心灵从事发明和计划的适当场所，也不会是心灵所具有的知识的题材。如果我们用一种不可能的办法或一种奇迹，假定把一颗单独的心灵突然塞入自然界来，那末它的活动就会是完全在思辩方面的，而所谓思辩的意思不仅是指暂时不存在的东西，而且指是永远不存在的东西；那就是说，思辩是完全不可能涉及存在的。由于传统的关系，我们既习惯于把心灵跟世界分开，而又习惯于察觉到它的活动和后果是跟这个世界的畸形有关的——失常和变态只有在其有关事情方面才能发生，——因而我们觉得解决这个问题比较容易的办法，只是考虑如何把两个矛盾的前提设法结合在一起，而不去重新考虑我们的前提本身。

至于纯粹的思辩，从物质上讲来，它既不是真的，也不是假的，而只是融贯一致或者是自相矛盾的，这是一件很明白的事情。如果没有物质偏见，即偏爱于某种存在而不喜欢另一种存在的偏见所产生的歪曲影响，如果没有一种希望别人相信我们所相信的东西或接受我们的结论的这种欲望，那末推理和演算根本就不致于会陷于矛盾。某种纯逻辑的推演，即使纯粹在逻辑方面的，也是比其他的一些逻辑推演要好些，因为它们的范围较为广泛，可以产生的效果也大一些，但是没有一种逻辑推演比其他任何一种逻辑推演更为真实些或更为正确些。纯粹形式上的错误是不可能的，然而纯粹形式上的谬误却是可能的。从来没有一个人这样的推论过：马是四脚兽，牛是四脚兽，所以马就是牛。如果在某种情况之下，似乎在形式上的推理中产生了这类的谬误，理由就是因为其中夹入了一些物质的原因而又忽视了这些物质原因所发生的作用。思辩上的关系就是在思辩方面的，而不是在存在方面的。因而也就没有原因推动的力量；

在这里面没有什么会产生误解的东西。思辩的原则乃是同一性；它的反面不是矛盾，更不是虚伪；它的反面是无意义。如果我们说思辩本身是没有错误的，这只是等于说它是自明的。

不过，逻辑或在一种思辩的方式之下对于意义的使用，实际上确会陷于各种各样的错误。因为思辩（推理）的每一事例本身也是存在的。意义是为人所采用的；它们，正像其他的材料一样，是为了某一个目的而被采用的；它们被联合起来和被分拆开来。由于有了这种采用的动作，才会促使思辩存在或发生，而采用的动作则是会有错误的。使用意义是一种特殊的动作；在这种动作里面有各种推动的因素，这些因素有生理方面的，有社会方面的，也有道德方面的。最完善的结构可以运用到它所不适用的目的上去；如果目的是正确的，但运用错了，它就会走弯路或行不通。因此，在思辩中，推理也许因为疲劳而松弛下去；它可以由于机体上的失调所产生的反常的感应而把某一个意义误认为是另一个意义了；虽然一个意义本身既不是清晰的，也不是晦涩的，但也许由于缺乏抑制力而粗心大意的缘故，把一个从原来使用它的目的方面看来很模糊或含糊的意义却反而当做是清楚明白的了；一种想表现自己或想打倒对方的欲望也可以导致自相矛盾或讲到题外不相干的地方去。意义本身是显然不会有错误的，但是当它们被用来达到某一个目的或作出某一个结论时，千千万万的事物都可以产生谬误。自相矛盾肯定是会发生的，但它是属于内容方面的和主动方面的，而不是属于形式方面和存在方面的。我们自相矛盾，正和我们和别人发生矛盾一样，而且大部分是由于相同的理由。

因此，意义或心灵是属于自然所有的；意义乃是属于什么东西的意义。事实上，一切的意义都内在地涉及自然的事情。错误的存在并非对这一事实的否证而是对它的证明。唯心主义者利用错误以及对于错误的发现和可能的纠正来证明存在或一个预先存在的真理，而错误以它们全部的关系而论是包括在这个真理之内的，所以它们并不是错误而只是真理的一些组成部分。我们认为唯心主义者是正确的，因为他坚持说，错误也须涉及客观世界。但是同样地，有消化就必须有食料；然而这并不证明预先存在着有一个模范的消化过程，而食物在这个消化过程中十分完善地被吸收进去了。错误包含有发现和纠正的可能性，这是因为它涉及事物，但是这个可能性乃是涉及某一个未来的后果而不是回头追溯到过去的原因。它是指有采取各种动作的可能性而言。有人认为有一种完善的判断，而在这种判断中，错误乃是一个完善的真理中被纠正了的一个组成部分，这种完善的判断的概念，好像判断一架机器的完善效能的标准一样，乃是从事试验和发明的艺术的一部分。作用和反作用是相等的，而且是百分之百的相等的；但是这个"形式上"的规律并不保证在任何一个特殊的作用和反作用的体系中都包括有最完善的效能在内。同样，意义是完全涉及客观世界的；这是百分之百的一件事情；但是在这个百分之百的比较中既包含有真理，也包含有错误，正好像在作用和反作用的完全相等的状态中既包含有效能，也包含有耗费。

我们把对于意义的某些用法划分出来作为是幻想，以便于更好地控制其他的意义在认识上的参照作用（cognitive reference）。同样，我们也把某些意义当做是纯理性的或观念的，当做是属于思辩方面的而不是属于存在方面的，以便于更好地控制事情存在上的参照作用（an eventual existential reference）。意义可以变成是纯美感的；它可以在直接享有中被占有和被享受。这里也包括有控制在内；它是为了暂时停止在认识上的参照作用[①]而采用这些意义的一种方式。这种停顿乃是一种习得的艺术。认识诗词而不把它当做是一个历史、教训和预测，这是需要长时间的训练的。有人以为意义原来是流动的和美感的，而后来通过一些幸运的偶然事情的结合而变成了理智的，或实用的和属于认识方面的，这个看法可以说是先后颠倒了。其中，真实的因素是在享有一个意义和使用一个意义之间有着确切的区别；而其错误的因素是假定意义、观念是先被

---

① 这句话并不意味着把两种含义不同的对象混淆不清。一种是把对象当做是产生意义的原因条件，而另一种是指在认识上所意指的对象。这是一个重要的区别，不容轻视的。前者的联系是先在条件，而后者则是后来的结果，但是意义或心灵同时都有这两类的联系。例如希腊的神话在存在方面是被适当地制约着的，但是它们也有一种诊断的作用。当它们不被当作是神灵行为的意义时，它们就被当作是希腊生活的意义，正如一个幻想的鬼魂，当不被当作是精灵出现时就被指为另一件事情的意义，即是一种在神经上受到的惊震。具有一个意义并不有所涉及，但是每一个所享有的意义既被享有，也被利用。"思辩"是指在一定的方式之下利用意义。

享有，然后才被使用的。要认识到这个区别，需要有长期的经验；因为任何被享有的意义原来总是在使用它的过程中和为了要使用它才被享有的。在静观中和在美感中享有一个观念，这在人类的文明中是一个比较晚近的成就。

有机的和精神物理的活动以及它们的性质，乃是在可能有心灵、有意义与观念出现和发生作用之前就必须事先存在的条件。它们使得心灵在自然中站稳脚跟而和它发生联系；它们使得意义具有它们在存在方面的原料。但是当意义、观念发生时，它们又是事物间一个新的交相作用所具有的特征；当这些特征和感觉结合在一起时，它们就使得有机的行为发生变化，具有了新的特性。每一个思想和意义都在某种有机的动作，如吸收或排泄、寻求或逃避、破坏或护养、发出信号或从事反应等等之中具有它的实质。它在生理行为的某些确切的动作中有其根源；我们用物理方面的名称来称呼心理的动作，如明白、掌握、寻思、承认、默从、不理睬、理解、感情、情绪等，这不仅仅是"比喻"而已。①但是一个被火烫的孩子可以从火焰边退缩回来，正如一只狗看见一根棍子而畏缩一样，但同时，在有关的条件已经成为可以言谈的事物和成为观念时，这个孩子除了见了火光畏缩以外，还会在游戏的、试探的、好奇的和探询的方式之下去反应这个火光。他用一根棍去拨火，或把一张纸放到火里面去；他对待火光和它的那种使人痛苦的和烫伤的后果，不仅是要想逃避它，而且是要想利用它来满足他的需要，而又不致于被火烧着。生物的动作继续地保持着，但是它们既有了感情和情调，也有了感知和意义。突然的退缩原来仅是消极的、保护性的后果，现在变成了有意义的和有结果的进取和操纵。人类把许多的意义如火、近、远、温暖、安适、美好、痛苦、扩张、柔和等联合起来，因而使得火加入了一个新的交相作用之中而产生了新的后果。人类把动物的一些对自然事情所作的片面的反应，以及把自己在交际和互相沟通中所习得的其

---

① Seeing（明白）又作看见解；Grasping（掌握）又作抓住解；Searching（寻思）又作探索解；Affirming（承认）又作肯定解；Acquiescing（默从）又作静默解；Spurning（不理睬）又作一脚踢出解；Comprehending（理解）又作包罗解；Affection（感情）又作障碍解；Emotion（情绪）又作感动解。这些字眼既可用以指物理方面的状态，也可用以指心理方面的状态。——译者注

他反应所进行的反应和互相反应在有机体的内部从事演习，而事先在有机体还没有不可避免地被陷入物理的后果之前把手段和后果间的关系试验一下。换言之，思惟、深思熟虑、在客观上有所指向的想像，乃是自然的事情所具有的一个赋加的有效的功能，所以它也会产生新的后果。因为影像并不是由心理的原料制造出来的；它们是片面的有机行为所具有的一些性质，而这些有机的行为乃是它们的"原料"。这些有机的行为是片面的，因为它们还没有完全跟外部感受器和肌肉活动搭配起来，所以它们是不完全的和还没有显现出来的。

有些思想家由于受到空间观念的支配，以致会询问：心灵在何处。我们准备把意识行为保留在下一章再去讨论，并且暂时接受这个询问者的观点（它忽视语言、制度和社会艺术的地位），而把这个问题仅限于有机的个体，于是我们可以说：心灵的"位置"或场所——即其静止的状态——就是有机行动的性质，不过这些性质乃是为语言及其后果所制约的。有些人在被人盘问到心灵在何处而又不愿答复说心灵是在一个非空间的独立的存在领域之中时，会退而一般地乞援于神经系统，特别是乞援于大脑或它的皮层，把它当做是心灵的"位置"。但是有机体不仅是一个结构；它是一种独特的交相作用的方式，这种交相作用的活动并不是同时发生的，而是成系列的。如果没有结构做它的活动机构，它就不可能成为一种活动方式，但是它不同于结构，正好像走路不同于腿或呼吸不同于肺一样。在有互相沟通之先，这种行动所具有的这些性质就是我们所谓精神物理的东西；它们还不是"心理的"。参与在互相沟通中的后果使得有机的动作方式发生了改变，而后者便获得了一些新的性质。

当我们想到"朋友"和"敌人"等这类意义时，我们涉及一些外在的和后来将产生的后果。但是这样的名称并不包括有什么神奇的"间隔作用"在内。在有机的行动中就有足以代表所意味着的那些相隔较远的事物的东西。这些字眼既可引起直接的感知，同时又具有意义。这种在有机行动中就有的东西，并不仅是喉部和发音器官的活动。当通过语言而采取的捷径仅限于这个发音器官时，文字仅是自动使用着的筹码而已，语言便消逝了。所谓"朋友"和"敌人"这些观念，乃是有机结构的各个部分——大概是指中感受器和器官感受器以及一切与它们有联系的腺液方面和肌肉方面的各种机构——在有关的实际情境中跟机体外部的朋友们和敌人们发生各种错综复杂关系时所获得的各种性质。这些性质使得语言器官的活动具有了内容和原料。发音器官的这些性质，再通过神经机构跟这些其他方面事情的性质结合起来所构成的这个完整统一的系统，便构成了友谊和仇敌的直接感知。发音活动跟对于朋友们和敌人们的全部有机的性向愈是紧密地联系在一起时，对于这些字眼的直接感知就愈广泛。神经系统并不是这个观念的"位置"。它是联系或统一动作的结构。

　　"苏格拉底是会死的"，这只是逻辑课本中的一个记号；用"S是M"也是一样的——或者更好一些。但是对于那些刚听见宣判苏格拉底死刑的苏格拉底的弟子们看来，情况却并不是如此的。在那时候，这个听觉动作跟全部的机体的反应所发生的联系是完全的。在某些语言的情境中，强调着感知的这种直接存在的情况；于是语言便是具有诗意的了。为了另一些目的，我们尽量减少这种直接感知的作用。这种态度是具有散文意味的；数学的符号对于这种态度最有帮助；数学的符号并不是意味着某些已经形成的东西，而只是一些设计，心灵便利用它们，严格地从事于跟一些具有工具性的对象有关的工作，而人为地把直接的和具有圆满终结的性质抑制下去，因为后者会使我们分心而不去注意到正在进行中的活动。然而，这个最后圆满终结的阶段是不能够被压抑下去或减除的；从门口扔出去的自然又从窗子里回来了。而今天它回来的普通方式乃是人们以一种崇拜或恐惧的心情拜倒在数学—机械学的对象之前。

　　总之，我们可以说，当"灵魂"一词避免了传统的唯物主义泛灵论的一切痕迹时，它就是指那些已经组织成为一个统一整体的精神物理活动的性质而言。有些物体明显地具有灵魂，正如有些物体显然具有香味、颜色和坚固性一样。我们作这样的陈述并不是要输入一种神秘的、非自然的实体或力量，而只是使大家注意到这些物体所特有的特性而已。如果在实际存在中没有有生命的物体所特有的可感受性及其包罗万象和错综复杂的共同参与的反应，那末也就绝不会在神话中产生这些关于灵魂本质的概念。这些神话已经完全失去了它们所曾经具有过的那种诗意的性质；当人们把它们当做科学提出来的时候，它们就成为迷信的障碍了。但是对于灵魂一词在俗语上的非学理式的用法，仍然还保持有一种有关的实在感。关于每一个特殊的人物，如果我们强调说他是有灵魂的或者说是一个伟大的灵魂，这并不是在说一句可以同样应用到一切人类身上的俗语。它是表达这样一个信念：即这个有关的人物突出地具有敏感的、丰富的和和谐的参加一切生活情境的性质。因此，艺术、音乐、诗歌、绘画、建筑等方面的作品是有灵魂的，而其他的东西则是死板的和机械的。

当这个称为灵魂的组织有了自由，移动着和活动着，有了创始也有了终点的时候，它就是精神。性质既是静止的、实质的，也是变动的。精神给事物以生命；精神不仅本身是活的，而且它还给予事物以生命。动物是由精神推动着的，而人则是一个有生命的精神。他生活在他的工作中，而他的工作总是追随在他后面的。灵魂是形式，而精神则赋予活力。它是以灵魂为其实质的这种东西所具有的活动功能。灵魂和精神这类字眼也许太富于传统神话和牵强附会的意味而必须予以废弃。这种在俗语中所指出的实在情况，也许不可能在科学和哲学中用这类字眼来予以恢复。但是不管它们被称为什么，这些实在情况总是在那儿的。

当这些与它们显然联系着的信仰业已消逝时，旧的观念并未死去；它们通常只是更换了它们的外皮。目前关于有机体的一些看法大部分是一些关于灵魂和身体的旧观念的遗物，不过所有的词汇已经改变了。过去灵魂被理解为外在地寄寓在身体内的。现在用神经系统来代替灵魂一词，把它理解为神秘地寓居在身体以内的东西。但是因为灵魂是"单一的"，因而通过身体而得以不相混杂，同样神经系统为心理事情的所在地，它便被局限于大脑之中，乃至局限于大脑的皮层上；而且如果把大脑皮层的某一特殊部分确定为意识的唯一宝座，那末许多生理学家无疑地会感觉到大大地松了一口气。关于有机体谈得最多的人们，即生理学家们和心理学家们，却往往正是那些对一切有机的结构和过程彼此间所具有的这种紧密的、复杂的和微妙的互相依赖的情况表现得最无知的人们。这个世界似乎疯狂地迷恋于医学、政治、科学、工业、教育中的那些特别的、特殊的和分散的东西。因此，不可避免地就要通过有意地控制内包的整体，来寻求那些占有关键地位和影响关键性的联系的环节。但是如果要恢复常态，我们还必须把这些特殊的事物视为在一个过程中具有功能上的重要意义的环节。在自然中去看有机体，在有机体中去看神经系统，在大脑中去看皮层，这就是对于那些为哲学所经常面临的问题的答案。而且当我们把它们视为是"在XX之中"时，我们不是把它们当做好像石弹是在小盒内一样，而是当做事情在历史中，在一个流动着的、永不完结地生长着的过程中一样。除非我们在具体实践中有了一个证明这种连续性的办法，否则，我们将继续乞援于某些其他的特殊事物、某些其他分裂的事情，去恢复联系和统一——乞援于特殊的宗教或改革或任何特殊的东西，是这个时期最风行的医治方法。因此，我们由于运用治病的方法反而加重了这个病症。①

在物理的因素占主导地位的事情中，我们知道，一切控制都有赖于有意识地知觉在事物间所获得的关系，否则就不可能利用一个事物去影响另一个事物。在发明和建造外部机械方面，我们曾经有过惊人的成功，因为关于这类的东西，我们认为在意识的水平上，即在对于事物间所保持着的关系的有意识的知觉的水平上，获得成功是理所当然的。我们知道机车、飞机、电话和发电站并不是从本能或下意识中产生的，而是由于对各种联系以及各种联系的秩序审慎周详地进行了确切的知觉而产生的。在一个时期中，在这些方面的进展曾被人们很得意地认为是进步的证明和尺度，而现在在这个时期之后，我们又已被迫采取悲观的态度，而怀疑着这个进步是否到最后会使人类败坏堕落，是否会破坏文明。

很清楚，我们在有意识的控制方面，在以对事物之联系的知觉去指导行为方面，还未达到充分发展的水平。我们不可能把有机的生命和心灵同自然界分隔开来，而不同时也把自然界同生命和心灵分隔开来。这种分隔的程度已经达到了这样的一点：即有智慧的人们正在疑问结局是否会给予人们灾难，是否会使人类服从于他们所创造出来的在工业和军事方面的机器。这种情境使人们

---

① 见亚历山大（F. Matthias Alexander）：《人的崇高遗产》（*Man's Supreme Inheritance*）和《有意识的建设性的控制》（*Conscious Constructive Control*）二书。

尤其深刻地感觉到下面的这个事实：即在有生命的精神物理的活动中事物间的联系和互相依赖的情况最为繁多、紧密而广泛的地方，我们却是最为忽视事物的统一和联系，而在我们的审慎的信仰中最无保留地信赖孤立的和特殊的东西——这意味着说，我们在行动中使我们自己完全受无意识的和下意识的东西的支配，受一些在各种各样好听的名称伪装和解说之下的盲目本能、冲动和习惯的支配。因此，我们就要进一步讨论意识的问题。

存在、观念和意识

在上一章讨论中，曾避免应用"意识"一词。这是一个含义尚未确定的字眼。除了在解释上含糊不清以外，这个词到底是指什么东西而言，至今也没有一个一致的意见。平常它是指两种十分不同的事情而言的。一方面，它是用来指明某些直接明显的性质，感觉的事物所具有的性质，这些性质，从心理学的观点来看，平常被称为感触（feeling）。这些直接的性质实际上乃是自然过程的终结或结束，而这些直接性质的总和便构成了所谓"意识"（consciousness），这是一个非理性的发生事件。这是在意义尚不存在的地方的意识；那就是说，它是离开了记号的存在和运用或独立于互相沟通之外的意识。在另一方面，意识是用来指实际所知觉的意义而言，指对于对象的觉察（awareness）而言：它是十分清醒的、机灵的而且是注意到目前的、过去的、未来的事情的意义的。至于这个字是否应该用来指两个这样不同的事情，这是属于辞典编辑上的问题，将不在这里讨论。重要的是应该记住所指的这些东西是具有本质上的差别的，并且别再利用那种错误的本领把一方面归结到另一方面去。

我们以上的讨论使我们觉得似乎不难安排这两个意义。在存在方面的出发点是直接的性质。即使不把意义当做是意义而当做是存在的东西，它们也是以直接的性质、以有机活动和可接受性的感觉或"感触"为基础的。意义没有语言是不会存在的，而语言又意味着有两个自我牵涉在一个联合的或分享的事业之中。因此，语言的直接机构虽是在发音器官和听音器官之中，但这个结构同时又跟一般的有机行为联合在一起的。否则，它就变为机械和呆板的，和鹦鹉或留声机唱片的"言语"没有区别了。这样的联合使得语言具有了这种直接在性质上的"感触"，它直接在存在上把各种记号彼此划分开来。

同样的理由也说明了人类思惟的"下意识"。离开语言和所赋加上去的和所推论出来的意义以外，我们继续不断地从事于无数这种最细微的、极为复杂的、直接有机的选择、排斥、欢迎、驱逐、占有、退缩、扩张、得意和失意、攻击、防守等等的活动。对于许多或大部分这类的动作所具有的性质，我们是没有觉察到的；我们也没有在客观上对于它们加以区别和指认。然而它们仍然作为感觉性质而存在着，而且对于我们的行为具有巨大的指导作用。例如，如果有些在认识上未为我们所觉察的感觉性质不再存在了，那末我们就不能站定或控制我们的姿态和动作。在一个十分正常的有机体中，这类的"感触"具有一种为思惟所不可能比拟的操作效能。即使我们最高度理性化的操作也要依赖于它们，而把它们当做指导我们的推理动作的一个"触须"。在许多呈现在我们面前的混杂的意义中，它们给予我们一种是非的感知，一种要选择、强调、遵循什么以及要放弃、轻视和忽视什么的感知。对于可以接受的意见，它们给予我们一种进而取之的预感，而且它们给予我们警告，以防止越出轨道。被陈述出来的言论主要地只是把我们在所有这些开始的出发点、各个发展阶段和终止的末端之中所想要保留的东西选择出来而加以叙述而已。除非一个听人说话的人好像一个从事朗读的人一样，重复别人说话时的这些有机的动作，因而也就"获得"了它们的性质，否则，他对于别人所说的话便无所感知；即使他已经暗暗地中了意，他也并不是真正地同意了。这些性质就是"直觉"（"intuitions"）的原料，而且实际上一个倾向于"直觉的"和一个倾向于分析的人之间的差别最多也只是程度上的不同，相对的着重点不同而已。这个"正在从事于推理"的人只是使他的"知觉"更加清晰明白，在语言中更能便于陈述，和由开始的前提条件、其间的关键环节以及最后的结果所构成的外在顺序一样。

在有关使用工具和语言方面，所获得的意义对于有机的感触起着一种深刻的影响。在这种影响中，包括有由态度和习惯的一切后果所产生的变化，而这些态度和习惯又是由工具和语言的一切后果——即文明所促成的。不良的互相沟通破坏了（原来）良好的行为方式，因而感触和下意识也受到了坏的影响。只有对那些从未有过下意识的人物——即动物和十分健全的出生婴儿——讲来，把下意识视为神圣的东西是合适的，如果在这儿有这种下意识的话。一个文明的成年人所具有的下意识反映着他已经习得的一切的习惯；那就是说，它反映着他已经经历过的一切机体上的变化。而且由于这些机体的变化中包括有配合失调、固定不移和孤立分隔等等情况（这是那些生活在复杂的"人工的"条件之下的人们在一个很短的时期内所确实会发生的情况），感觉方面的直接欣赏就是混乱的、歪曲的和错误的。感觉上的欣赏在那些最少为人们所讲到的活动中是最可靠的，而在那些谈论得最多的东西中却是最不可靠的。那就是说，在与高度专门的语言相联系的意义中，在与基本的和迫切的需要相隔很远的事情，如距离具体情境很远的数学和哲学思考中，或者在一种具有高度修养功夫的美术中，人们可以最成功地从事这种感觉上的欣赏。在卫生、道德、社会事务方面和自我管理密切相关的事情中——在与基本的需要和关系最为密切联系的事情中，这种感觉上的欣赏是最容易发生错误的。凡是人们普遍公认它是有用的地方，它就是最危险的。如果我们运用那些并不表达正确的有机活动的感触，那末我们就好像动物一样的动作着，而又没有动物生活中在结构上的那些便利；在文明的或人为的条件之下，只有采用思想（采用思想和仅仅从事于"思惟"是大不相同的）才会获得正确的活动。因此，一般人最容易把一切事情委诸命运，而且也许把它颂扬成为回到自然去、回到天然的状态中去，或者说，回到半神灵的境界中去。它具有懒洋洋和安适地逃避责任的魔力；我们死了，但是我们好像动物一样的，被击败，也许受挫折了，而死于田野，但却并不知道这回事。

从一种实际的意义上讲来，这里正是心身问题的核心。发展、具有和享受意义的活动，对于精神物理的事情所具有的实现的关系，正和精神物理的事情对物理的特征所具有的关系是一样的。它们是一个范围比较广泛的交相作用所产生的各种后果，而在这种交相作用之中，为互相会合所制约着的需要、努力和满足仍是继续在其中活动的。也有在这种加广和加深了的活动中既有增加了的资源和价值，也有增加了的负担和缺点。意义的实现使得精神物理的性质具有它们后来将产生的意义和价值，但是它也使它们混乱和错误颠倒。这样败坏的结果本身，便通过习惯而体现在形成片面低落的和过度的敏感性的精神物理的事物中；在感觉的记录中既造成了分离隔绝的情况，也造成了固定不变的情况。这些记录的后果又变成自发的、天然的、"本能的"了；它们成为发展和领会进一步的意义的基础，影响着个人和社会生活中后来的每一个阶段。

因此，人类的精神物理的性质，如果离开了有意识的意义，便没有任何显著的成就，但同时意义的偶然成长和结合又使得天然的需要、适应和满足失去它们直接的确定性和效用，引起各种错乱失常的状态。于是便发生了系统地从社会的交往和交相作用中撤退出来，从常识称为"实在"的东西中撤退出来：通过小心培养出来的和在人工保护之下的幻想来进行安慰和补偿；坚持不服从客观检验的固定不移的信仰；养成一种有学问的无知，或有系统地忽视具体关系的习惯；把各种的幻想组织起来；建立武断的传统，而这些武断的传统在社会上是坚持不调和的，而在学术上是泥古不化的；从事于超然的理想，而不直接去享受意义，使一个人脱离自然界和他的伙伴们。

简言之，在这儿构成了李普曼（Walter Lippmann）所谓第二级的虚幻环境（a secondary pseudo-environment），它影响着四面八方，而且是和基本环境互相交往着的。因此，身心的具体问题在教育程序中是有其地位和意义的，因此通过教育的程序将保证意义在有机的功能中正常地统一起来而避免歪曲失常；在精神病学的医疗手术中以及在社会艺术和运用中，身心的具体问题也有其地位和意义，因此这些医疗手术和社会艺术和运用会使得彼此的交往充实、均衡和灵活。

在精神物理的水平上，意识系指现实的直接在性质上的各种差别的总和而言，而同时在心灵的水平上，意识系指对于意义现实的领会而言，即指观念而言。因此，在心灵和意识之间有一个明显的差别；在意义和观念之间有一个明显的差别。心灵系指那些体现在有机生活的功能中的意义的整个体系而言；意识在一个具有语言的动物中系指对于意义的觉察或知觉而言；意识是从实际的事情，无论是过去的、现在的或未来的事情的意义之中去认知这些事情，意识即具有实际的观念。在任何有意识的动作或状态中，心灵的大部分仅是隐晦不明的；心灵的领域，即起作用的意义的领域，要比意识的领域宽广得多。心灵是关联全局的和永远持续的；意识是局部的和变动的。心灵是所谓有结构的、有实质的；是一个恒常的背景和前景；认知的意识乃是一个过程，是一系列的此地此时。心灵是一个恒常的光辉；意识是间断的，是一连串强度不同的闪光。意识乃是对于在继续传递中的消息所作的片刻的遮断，好像一架收音机从布满在空气中的振波中选择少数的振波而使得它们可以为人所听见。

对意义之觉察这种性质是不能言传的。文字好像其他直接在性质上的存在一样，只能暗示、指明；当它激起了对于有关事物的现实经验时，这个指示便成功了。这类的字眼如透明、显著、突出、生动、清晰，当然也包括与它们相反的字眼，如模糊、晦暗、含混等，可以帮助我们唤起这些现实的经验。至于指明心灵的特征，我们就必须运用完全不同的一套字眼：组织、秩序、融贯。至于心灵和意识的关系，我们可以用下面的说法部分地提示出来：心灵，因为它是一个意义的体系，会遭受到解体、扰乱、动摇，但是对于一个特殊的知觉状态，就其直接的状况而言，如果我们说它是组织起来的或被扰乱的，那就没有什么意思了。一个观念在它发生时就只是它本身这个样子。当我们称它是被组合起来的或被分解开来的时候，我们是在把一个状态和另一个状态加以比较，而这种比较，按照这种情况的性质讲来，只能间接地根据它们不同的条件和后果来进行的。情绪的条件发生的时候并不作为情绪本身而发生，这些条件是作为对象的"第三性"而发生的。有些觉察或知觉的情况在回忆中或从外物方面被称为"情绪"，例如我们告诉一个孩子关于某些知觉情境所产生的后果，从而教他把这些知觉的情境称为发怒、害怕、或喜欢。在直接的状况之下，每一个认知的觉察状态都可以被称为情绪、感觉、思惟、欲望：这并不是说，在直接的状况之下它就是它们之中的任何一个，或它们全部的结合，而是说，当我们把它和某些条件或后果联系起来看的时候，它在这个全局的关联中具有着显著的情绪、感觉、思惟或欲望的特性。

　　心灵和意识的关系可以用一个熟悉的事情指明出来。当我们读一本书的时候，我们直接意识到许多意义，这些意义直接呈现在我们面前，而又消逝了。这些意义，就其在存在的发生方面而言，就是观念。但是我们也能够从我们所读的东西中得到观念，因为我们有一个由许多意义所组织起来的体系，而我们在任何时候对于这个意义体系都没有完全察觉到。我们的数学的或政治的"心灵"，就是由占有着和决定着我们特殊的领悟和观念的这类意义所组织起来的一个体系。然而这个包容的体系跟所谓当时观念的这些核心的和紧要的意义之间，有着一块紧密结合的地带或光波地带。在这些核心的和紧要的意义跟那些决定我们的意识思惟的习惯倾向和作为形成这种思想之工具的意义之间，也有一个紧密关联的场地。在正统的心理学传统思想中一个大的错误，就是完全把它自己局限于中心焦点上，而忽视了从这个焦点向四周逐渐暗淡下去的这样一个场地。

　　我们倾向于把清晰的部分区别开来而使之突出，这有一定的实用上的理由，因为模糊而广大的背景在每一个有意识的经验中都呈现出来，所以它并没有说明任何特殊经验的特征。它代表着已为我们所使用而视为理所当然的事情，而这个中心的部分则是那种迫切而具有关键性的东西。但是这个事实并不能作为理由来在理论中忽视和否认每一个清晰思想所具有的这个暗淡的和全面的意识背景。如果当我们读到某一段书时，成为我们注意中心的这些观念和我们所已经读过的东西严格地割裂开来而没有把后者的意义继承下来，那末我们现在所读的东西就不能形成一个观念。的确，我们此地所用的这几个字，如全局的关联和背景、边缘等等，都是指一些外在的关系，它们并不足以说明这种情况的事实。这个较大的意义体系弥漫着、渗透着和渲染着此时此地最突出的部分；它给予它们以感知、感触，而与含义相区别。

　　我们不妨把读书的例子改换一个看戏和听戏的例子。一出戏在每一个当前的现阶段所具有的在情绪上和在理智上的意义，都依赖于过去一连串的意义对当前所起的作用。如果我们需要去记忆在任何特殊的一点上所曾经说过的话和曾经作过的动作，我们就不会觉察到当前所说的话和所做的事；但是如果过去所曾说过的东西和曾做过的事情不渗透在当前所说所为之中，那末我们便又缺少线索去获得当前所说所做的事情的意义。因此，过去的事情在当前横切面的观念中表现出它的重要意义，而以这个方式所表现出来的重要性较之回忆的方式尤为亲切、直接和广泛。过去事情所具有的这种重要意义乃是积极地和统一地浸润在当前所发生的事情之中而为它们所体现出来的；这些当前的事情，按照它所具有的真正戏剧性的程度，实现着为过去事情所构成的意义；它们也回过来给予这个意义体系一种意料之外的影响而构成了一种悬空的、尚未决定的意义，它会使人变得灵敏而有所预期。这种继续、提高、推进和停顿、偏离、需要补充的双重关系就说明了意识、觉察、知觉乃是许多意义的集中焦点。意识的每一个事例都是带有戏剧性的；戏剧乃是对于意识条件的扩大。

直接的意识是什么，这是不可能言说的——并不是因为其中或在它背后有什么神秘的东西；而这和我们之所以讲不出甜和红在直接状况中是什么东西的理由是相同的；它是为人所直接享有的，而不是言传的和被认知的。但是文字，作为指导行动的手段，可以激起一种情境，在这种情境中我们在一种特别显明的方式之下享有有关的这个事物。在我看来，如果任何一个人把自己处于戏剧一幕一幕的开展之中，他就似乎正在这种方式之下具有意识的经验；这种方式使他能够对于原来没有意义的描述词和分析词发现它们的意义。在这儿必须有一个故事，有一个整体的东西，有一个一系列插曲的统一整体。这个连贯的整体就是心灵，而它是超过意识过程的范围之外而且制约意识过程的。在这儿，也必须有一些现在正在发生的事情，而这些事情根据所发生的整个故事而获得了它们的意义。如果这些插曲发生在某一个不同的故事中它们就会有不同的意义。它们必须按照故事的展开而被认知，它们是故事的前奏和结尾。同时，在这一出戏或这一个故事还没有结束之前，给予当前事情的意义又时常会引起一种不能绝对预知或完全预测的意义；在这儿有预期，也有新奇。只要当完全的和确切的预测是可能的时候，人们对于这出戏的兴趣便低落了；它已不再是一出正在为我们所观察的戏剧了，它后来并不在意识之中了。

一个重复不变地常讲的故事不会再吸引人们的知觉；它把我们解放出来而去注意另一个故事，而故事中意义的发展还是不完全的和未决定的，它是悬而未决和动荡不安的。因此，虽然知觉在存在上是间断的和分隔的，好像一系列的信号闪光或拍发电报的声音一样，但是它们却包括有一个在形成过程中的意义连续体。如果我们深信连续发生的闪光或声音不是关于同一个正在展开的意义的一系列的事项，那末我们就不会去注意它们或者不会觉察到它们。如果在另一方面没有迫使引起悬念的变化，没有预见不到地向着一个新的方面进展的运动；如果只是一个不间断的光亮，或一个不间断的单调的声音，那末也就会没有知觉，没有意识。

这些考虑使我们能够就意识和心灵或意义的关系方面给予意识一个形式上的定义。意识、观念，乃是一个意义体系的一个方面，这个方面正在经历着调整和变换着形式。当代的唯心主义者把意识理解为改变事物的力量，这乃是对于这个事实的一种颠倒的说法。把意识当做是完成这种变化的一种力量，这只是把一个后来的功能，转变成为一个先在的力量或原因的这个普通的哲学误谬的另一事例而已。意识就是事情在改造过程中的意义；它的"原因"只是在于事实上这就是自然演变的方式之一。从原因的一种比较近似的意义而言，即就在一个连续的历史过程中的地位而言，它的原因就是要把不确定的东西变得确定些的这个需要和要求。

还有一个相反的实在论的主张，按照这个主张，意识就好像是眼睛对有许多现成对象的一个场地约略地扫视一遍，或者好像是一道光线一会儿照到一定场地的这一部分，一会儿又照到另一部分。这些比拟都忽略了在有知觉的时候意义所具有的不确定的状态；他们没有考虑到基本的一点：即虽然原先已经存在着许多的意义，但正是这些意义，我们视为理所当然而加以运用；正是这些意义我们是没有而且不需要去意识到的。这个学说把这种只有极少怀疑和探究的情况，把这种具有最熟悉和最普通的、即所谓直接就能替自己担保的对象的情况，当做是意识的正常情况。这个学说认为与其用思惟的事例来说明意识，勿宁用对旧有和常用的事物的觉察来说明意识（对旧有和常用的事物在大多数关于意识的讨论中是用家具用品来作比喻的），而在思惟的事例中为了得到一个意义就需要进行反省的探究。这个学说设定，或仅仅含蓄地设定说，在知者和被知的事物之间有一个预先建立的协调状况，但它却忽视了事实上这样一个协调的状况乃是先前的推论和考察所达到的结果。它假定有一个能知的心灵，它是毫不欺诈的而且效能是非常高的，它唯一的任务就是完全按照对象原来的样子去观看它们并把它们记住，而且它是坚定地忠于职守的。

如果过去未曾有过这样一个神学，照这个神学的说法，上帝就是十全十美的心灵而人类是按照他的创造者的形象创造出来的，那末我们就难以相信这样一个可爱的和乐观的关于心灵本质的观点会如此风行一时。然而，即使如此，如果当科学代替了神学的地位时，科学未曾提供许多足以满足这个学说的需要的实例，因而给予它以经验的内容和基础，那末这个学说也是不会能够保持下来的。换言之，科学的发展（甲）引起了认识上的兴趣，乃至达到了一个特权的地位，而（乙）结果它提出了许多在认识上有效的知觉事例。那些致力于研究意识之本质的人们具有一种强烈发展的理智上的兴趣；这就使得他们易于假定心灵的基本实质就是普遍地致力于认识对象。这些人通过科学的训练具有一种在认识上的正确性；并且他们慷慨地把类似的正确性普遍地赋予知觉。于是当他们认识到有错误、过失、梦境、幻觉等等存在时，他们就把这些东西当做是变态和例外，而再用一些复杂的因素去解说它们。

因此，这个问题及其解决都变成基本上是属于思辩方面的事情了。因此经验事实指明：所谓例外的东西、需要加以解说的东西不是错误而是真理，而得到真理乃是复杂的和精密的研究方法发展的结果；这些方法对于某些人在某些方面而言是意气相投的；但在许多的方面是不适合于人类的性情的，因而只有在一个艰苦练习的学校中经过长期的锻炼之后这些方法才会被采用。即使我们按照错误的知觉和正确的知觉的比例来考虑这个问题，也不能看出我们反对这个学说的主要论点。因为它假定觉察或知觉具有基本的认识特性。然而，从经验上看来，知觉离开了它对认识的艺术所处的从属地位，在其自然的状态中，所具有的特征就是：它们既与真理无关，也和错误无关；它们的绝大部分是存在于另一个次度（dimension）之中的；而当我们论及想像、幻想、空想、爱慕、爱和恨、欲望、快乐和苦难等时，我们就可以得到一些关于知觉的本质的暗示。这个事实，不仅仅是这个关于错误的问题，它证明了：对于意识的这种旁观者的看法，这种探照灯的看法是没有根据的。

对意义的意识系指对意义的调整而言（而这些意义到最后又总是事情所具有的意义），支持这个命题的经验证据一方面是从注意和兴趣的明显事实中得来的，而另一方面是从已有的和确切的习惯所发生的作用中得来的。熟悉的东西并不在意识中呈现出来，除非是在一个意料之外的、新的情境中，而在这儿这个熟悉的东西是在一个新的情况中呈现出来的，所以它并不是完全为人所熟悉。我们的根深蒂固的习惯明明就是我们最少觉察到的那些习惯。当它们在一个它们所不习惯的不平常的情况中发生作用时，那就需要重新调整一番。所以便有所震动，而且随着便知觉到逐渐在消逝和改变中的意义。当我们在一些不平常的情境中十分地关心着一件有争论的事情而又不知道将有何结局的时候，我们的注意就最为敏锐而紧张。我们既考虑着正在发生着的事情，而同时又在展望着还未曾发生的事情。只要我们能够依靠当前的条件和它们的结果，意义就不会集中在一个焦点上。如果一个东西在任何事件中，在每一个争端中，不论在什么事情里面都有份，对于这个东西我们是不觉察的。如果我们考虑整个场地，从光亮的焦点，通过前意识区，即"边缘区"，直至模糊的、潜意识的"感触"区域，这个中心焦点就相当于迫切的需要点，急需点；这个"边缘区域"相当于我们刚注意到的或不久就需要注意到的东西；而较远的、外围的区域相当于那种在满足迫切需要时无须有什么变更就可以依靠的东西。

谁都知道，在意识衡量中的事物和实际后果中的事物是并不一致的。所以这个周知的差异就是对于主观唯心主义最有力的驳斥。一种暂时的打扰或片刻的欢乐具有使一个人不去注意一个长久的严重的问题的力量，而这就是我们所熟悉的喜剧的主题；一杯酒或一个蚊虫的嗡嗡之声可以使人忘掉生死问题。任何一件小事，如果它在烦扰我们，就会逐渐膨胀扩大。道德先生们时常抱怨说人们不应该为了贪图目前的小利而牺牲远大的利益，而且他们宣称只有当我们同样重视目前的利益和长远的利益时才能得到理性和自由。他们的这些话也有相同的意义。悲剧也提供了相同的证明。当死难临头时，这个悲剧的主角却不顾谁都看得很清楚的当前厄运，并且不知道应该采取什么行动来避免毁灭性的结局，而是不幸地继续走着他自己的道路。

这个直接动荡不定的状态，这个最大的迫切需要之点，就说明了意识的最高峰，它的最强烈的或中心的状态。而这正是重新调整、重新适应、重新组织的焦点。詹姆士曾把意识的进程比作一条河流，而不管意识所具有的间断性——在他论及意识之流也具有有节奏的兴衰起落时，他是从经验上承认这个事实的；他坚持只有一个对象才会两次为我们所占有或始终保持不变，而一个具体的意识状态则不是这样的；他运用了焦点和边缘这个比拟；他陈述说，意识的运动是一系列的安定和动荡的状态，一系列的实质的和过渡的阶段；他认为，在迫切需要重新调整的焦点上，意义便凝聚在一起，而当（新的）组织产生时它们便又消逝了，然后又产生了另一个紧张和脆弱的关系。詹姆士的这些意见，我认为是极有见地的。

关于意识的这个概念是可以在经验上得到证实的：每一个被知觉的对象都是极不稳定的；除了不惜引起催眠状态之外，就不可能排除迅速而细微的变化；按照一个有机体积极地参与在事情的进程中或是停止参与其间的情况，他从十分清醒而过渡到清醒、困倦、入梦乃至熟睡。凡所谓意识之"相对性"的情况都显然具有同样的意义，包括韦伯（Weber）原则在内；被觉知的变化就是需要适应行为重新进行改组的变化。一个原先的适应状态构成了一个阈限（称为高原比较好些）；凡在意识中被觉察到的东西，乃是在一个高原上所发生的变动；重新要适应到另一个高原上去。类似的事情在某一时间或某一地方可以意味着是冷的，而在另一时间或另一地方又可以意味着是热的，这是以有机体重新适应时的方向为转移的。即使一次牙痛在意识中也是不稳定的，因为它显然是包括有一些心跳、颤动、忐忑不安、剧痛起伏、机体抵抗、暂时松弛、疼痛加剧——总之，起伏不已。所谓不变的"牙痛"并不是所觉知的牙痛，而只是在认识上的一个对象，即后来所有一系列的变化所涉及的未被知觉的牙齿。

这个假设可以从这个事实中得到证实：即每当觉知发生时，总有"片刻"的犹豫；在完全的外现行为中表现出迟疑、保留的态度。偏重行动类型的人们大致就是那些具有最为平淡单调的知觉场地的人们；他们具有最低程度的意识状态，具有一个最高的阈限而不容易引起觉察状态。我们必须"停下来，想一想"，但如果没有什么干扰，我们就不会停顿下来。当行动正在高潮时，即使最大的障碍也挡不住它。它是非常有力地和迅速地向着某一个方向进行着，以致无法加以抑制；如果没有抑制，就没有犹豫、危机、变动和调整的需要。外现的行动乃是在有机体和环境之间所已经建立的统一状况的一种表现。只要这些统一的状况能够继续维持下去，它们总是继续维持下去的；于是就没有把意义转变为观念的机会。在完全统一的功能中就没有区分有意义的事物和所意谓的事物的余地。只有当行为本身有了分裂的时候，它的有些因素才具有一种内容，它代表着当前的倾向以及对于这些当前倾向的需要、指向或涵意，而另一些因素又代表着一些当前没有的、遥远的对象，而这些对象在统一和组织的活动中改善了当前的意义。反应愈快，意识就愈少，它所容许的意义、思惟就愈少；分隔产生了心理上的混乱，但是也产生了重新调整的需要，具有了观察、回想和预期的机会。

因此，普通把理论和实际，把冥索的、反省的类型的人和偏重于行动的类型的人、"能干人"即"能够干事的"这类人对立起来，这是有一种经验上的真理的。不过，这是两类实践的方式上的不同。一种实践方式是向前推进，砰地关上，先做后想；对于这种方式事情也许会屈从，因为对于任何强烈的力量，事情总是顺从的。另一种实践的方式是小心从事，谨慎留神，明察秋毫；也许在公共场所显得是隐蔽的、胆怯的，而在隐蔽的行动中是鲁莽的；也许是过于谨小慎微而踟蹰不前，作一些不必要的迟疑犹豫，成为在行为中的一个办事不力的汉姆莱（Hamlet）[①]；或者也许在当前的迫切需要和长远的后果之间达到了一种均衡状态，在行为中是一贯的和累积的。在后一种情况中，便发展了一个

---

① 现译为哈姆莱特。

知觉的场地，富于色彩而含义精微。按照这种情形发生的程度，外现的行动就应该从属于它所支持的贡献。一个人是生活在意识的水平上的；思想指导着行动，而知觉则是思惟的结果。行动并不是被抑制下去而只是被改正了。一个人好像一个科学实验家一样，并不是为动作而动作，既不是冒失地也不是机械地动作着，而是在意识到一个目的和为了学习的原故而动作着的。理智上的迟疑和保留，通过使活动更为精密和更为有区别地加以采用而被用来扩大和丰富这个知觉的场地。

思惟过多的人们在行动中是不能干的。这个看法从另一种信仰态度中得到了适当的纠正。这种信仰态度是从这类话语中表达出来的："没有人能够强使你看到这一点；但是如果你没有看到这一点，你就不会改变你的行为；如果你看到了这一点，你的行为就会有所不同。"第一种看法，以为思想使人麻木不仁，这是指一般的行动而言，而第二种看法则是指行动的性质有了改变而言。把第一个命题所指的这些经验推到极端，其结果就是所谓意识的自动论或副现象论；知觉只是附属于能量的机械作用的一种肤浅而不起作用的副产品。如果把另外的这个说法所涉及的经验推到极端，你就会有一种关于意识的原始创造性的主张；意识把对象创造成为它们现在的这个样子。

从经验方面讲来，情境大致好像这样：教诲、告诫、忠谏以及忠实的思辩的用处或意图，就是要使得过去所未曾知觉到的意义为我们所觉察，因而构成对于这些意义的观念。生活中的纠纷、误会以及妥协的了解，都足以说明实现这个意图的困难。但是经验证明：只要这个意图达成了，实际上就改变了行为；得到一个新的意义就势必采取一种新的态度。这并不是说，意识或知觉乃是一种造成这种差别的实体。它的意思只是说，知觉或意识实际上就是在构成过程中的差别。教诲和谴责并不是一种不起作用、徒劳无益之事，其中包括有一种调整行为的艺术；经过了这样一番新的转变之后，在意义中或在知觉中就发生了突然的变化。在这儿并没有先后的问题或因果顺序的问题；有意地调整事情也就是改变那些事情的意义。我们现在还很少有或者说没有在控制之下调整行为的艺术，而行为的调整便构成了恰当的知觉或意识，那就是说，我们还很少有或者说根本没有在原则方面的教育艺术；有机体的态度是影响我们的意识对象和意识动作的性质的，而所谓在原则方面的教育艺术即指管理这些机体态度的艺术。

既然在婴儿时期和早期儿童时代，我们主要的精神物理的协调适应是盲目地和在黑暗中形成的，那末它们乃是偶然地适应于别人和环境所施加在我们身上的压力。它们并不能用来说明这些活动在形成习惯和习癖上所发生的后果。所以意识和行动之间的联系是动荡不定的，但具有这种关系，如果跟下等动物的本能——或结构——的效力比较起来，却不一定是好事。能量是有许多浪费的和指向错误方向的；结果，我们产生了与我们意图相反的东西。意识是散漫的和偶然的。只有当有机的活动到达了意识的水平时，我们才会正确地觉察到我们所做着的东西。只要我们对待外在事物时的基本的精神物理的态度是在潜意识之中的，而我们有意识的注意力仅仅指向外物的关系，那末我们对于外在情境的知觉根本就会陷于颠倒错乱和腐朽无能的景况。当我们开始反省时我们就觉察到在意识和行动之间是显然脱节的，而上述的那种事态就是这种显明的意识和行动脱节的根源。在这两者之间的联系关节是在我们的态度之中；当这些联系尚未被觉知时，意识和行为在我们看起来必然是彼此独立的。因此就会有把意识跟自然的事情孤立开来的在经验方面的理由了。当意识和自然的事情之间这样两相分隔的时候，有些人就会说意识乃是事物的屈从的和动荡的阴影，另一些人又会宣称它是事物的合法的创造者和主人。类似这类的讨论，如我们所曾经说过的，认为当事物由于有机的活动而有目的地加以调整时，意识就是它们被认识的意义，这种说法似乎缺乏充分的经验证据。

还需要留意和解决两个困难，而这两个困难大概已经使读者感觉到麻烦。第一，我们认为所知觉的东西乃是意义，而不只是事情或存在。以上的讨论显然是以此为基础而进行的。在这一点上，此地所提出的这个见解是跟古典的学说一致的，按照古典的学说，知觉、领悟所掌握的是形式而不是物质。我相信：我们如果正确地理解这个观点，这个观点本身是健全的；古典学说中的错误在于它所伴随着的一个假定：即凡是知觉都内在地属于认识方面的。第二，把意识和知觉上的觉察等同起来，这是和晚近心理学和哲学对于这个词的用法背道而驰的，按照这种用法，知觉仅限于对于当前在"真实的"空间上所发生的事情的领悟（通常总是有效的）。然而，第二个争论点不仅是一个用语是否适当的问题——关于这一点，如果要去争辩，那是可笑的。但其中包含有这样一个信念：即对于当前存在的事物的知觉内在的和其他的意识的样式，如情绪、思惟、记忆、幻想和想像等是不相同的。因而我们必须明白地加以说明，这个信念和我们适才所曾经叙述的见解是矛盾的。按照我们所陈述的这个见解，每一种觉察的方式——它是不同于"感触"的——在其直接的存在情况中，乃是完全属于同一类的东西，即对于事情的意义所进行的一种重新改造的工作。这意味着说：在对当前和"真实的"事物的觉察和对不在眼前和不真实的事物的觉察之间的差别乃是外在的，而不是意识所固有的。我们后面的讨论将会提示出来：这两点乃是彼此密切联系着的。

当我们否认我们意识到事情的本身时，这并不是说我们没有觉察到对象。对象明明白白就是我们所觉察到的东西。因为对象乃是具有意义的事情；桌子、银河、椅子、星辰、猫狗、电子、鬼怪、人马、历史时代以及无穷无尽在我们的言谈中用普通名词、动词以及它们的形容词所指的各种各样的内容。意义和意识的联系是十分密切的，以致如晚近一位富有创造性和天才的思想家所曾经做过的一样，要把意识分解成为共相之间的许多关结、交点或复合体[①]是没有多大困难的。

然而，如果把事情也分解成为这一类的结合物，那就产生了严重的困难。在这儿论及这个问题并不为了要进行辩论；而只是为了指出一位"实在论者"比我们此地所提出的理论甚至于还要更进一步把所觉察的题材和意义或者至少和共相等同起来，所谓共相，其简单的题材如颜色、声音等等和复杂的题材如植物、动物、原子等等，显然跟意义是相同的。使得特殊的存在物消逝而变成许多共相的结合，这至少是一个极端的措施。而我们现在的主张是坚持这种常

---

① 霍尔特（Holt）：《意识的概念》（*The Concept of Consciousness*）。

识的信仰：即共相、关系、意义乃是属于存在物的而且是有关于存在物的，但是存在物的组成因素却不只是这些。同一个存在的事情可以有无数的意义。因此，有一个存在物，因为这时候它的最突出的意义就是"用来在上面写字的东西"而被指认为"纸"，但由于我们认知它在它所参与的各种各样的交相作用联系中所具有的各种重要后果，同样也具有许许多多其他很明显的意义。既然联合的可能性是无穷无尽的，而且既然它们所具有的任何后果在某一个时刻都可能是重要的，因而它的潜存的意义也就是无穷无尽的。它表明是一个可以点火之物；雪白的东西；它是由木屑纸浆所制造成功的；它是为了牟利而制造的；从法律的意义上来讲，它是一笔财富；是可以用化学的一定原理来说明的一个混合物；一件物品，它的发明曾经使得人类的历史有了巨大的转变，如此等等以至无穷。没有一个可以理解的语言领域中这个东西是不可以被描述出来的；在每一个语言领域中它都具有它自己所特有的意义。而且如果我们说：具有所有这些不同意义的东西毕竟还是"纸"，归根结底我们只是说：所有这些不同意义都是共同涉及同一个存在物，这些意义都归结到同一件事情上面。实际上我们是在说：这个存在物平常在语言中的标准意义是纸，但它也还有许许多多其他的意义；其实我们是在说：它的存在并不仅仅是纸，不过纸是这个存在物在人类的交谈中所具有的最通常的意义罢了。

鬼神、半人半马的怪物、神灵、特洛伊的海伦（Helen of Troy）[1]、丹麦的奥费丽亚（Ophelia of Denmark）[2]，正和肉和血、马匹、弗洛伦斯·南丁格尔（Florence Nightingale）[3]和居里夫人等事物具有同样多的意义。这句话并不标志着一个新发现；它只是同语反复的表述而已。但当它的含义被改变时，它就似乎是可怀疑的了；如果我们把这句话当做是指明，由于它们都是属于事情所具有的意义，它们便都属于同类的意义，在涉及外物时它们具有同等的效用

---

① Helen是希腊神话中所叙斯巴达王Menelaus的王后，因她被Paris所拐去而引起了Troy战争。——译者注。

② Ophelia是莎士比亚的"汉姆莱"一剧中的女主人翁。——译者注。

③ Florence Nightingale（1820—1910），英国的女社会改良家，红十字会的创办人。——译者注。

性，那末这句话便似乎是有问题的了。对于一个鬼怪的知觉并不意味着移动时占有空间的微妙而不可摸触的形式，但不能因此就说：它不可以意味着某些其他存在着的事情，例如神经错乱；一个宗教上的泛灵论传统；或者如汉姆莱剧中那样，它不可以意味着把一个移动着的事态的意义加以扩大。构成一个剧曲的这些存在事情都有它们自己所特有的意义，但它们并不因为它们的意义是具有戏剧性的而不是在认识上有根据的意义，因而便是那些存在事情所具有的比较少一些的意义。同时，当有一些人秘密地结集在一起计划一个阴谋时，我们并不能说因为这些计划还未曾执行，它们便是某些事情所具有的比较少一些的意义；即使这个阴谋已经失败了，这些计划仍然是事情所具有的意义。

我们说：对于一匹马的知觉在客观上是有效的，而对于一个半人半马的怪物的知觉便是幻想的和神话的；这个命题并不是说：一个是自然事情所具有的意义而另一个则不然。它是在指明：它们乃是涉及不同的自然事情的意义，而且如果我们说它们是属于同样的一些事情所具有的意义，那就会产生混乱的和有害的后果。如果有人认为：对于现在在我们面前的一匹马的意识和对于一个半人半马的怪物的意识乃是不同的知觉或不同的觉察状态，这个观念乃是说明内省心理学所造成的害处的一个事例，在这儿和在别的地方一样，内省心理学把对象的关系当做好像就是一个直接的题材所具有的内在性质，而忽视了其中也包括有未曾知觉的事情的因果关系这个事实。对于马的知觉在认识上是有效的，而对于人马怪物的知觉在认识上是无效的，这并不是指两种知觉之间所具有的内在差别，而这种知觉的内在差别是可以通过对这样两个觉察状态本身的视察而加以证明的；这是一件有关于因果方面的事情，而当我们考察具有意义的事情的前因和后果时，这两者的差别就会显示出来。

换言之，在叙述一个知觉、相信这个知觉跟仅仅有一个知觉这两者之间的差别，乃是一种外部的差别，信仰、叙述、认识上的参考永远不仅是直接的，而是有所赋加的东西。真正相信人马怪物的意义就是说：具有这种意义的事情在某些方式之下跟其他现在尚未被觉知的事情交相作用着。既然相信人马怪物和马一样具有同类的客观意义，而这种信仰系指我们期望可以得到同样的效用和后果而言，那末在它们之间有效性的差别就是外部的。这种有效性的差别只有通过对这两方面发生影响后所获得的结果才能被揭示出来。对人马怪物意义的觉知是幻想的，这不仅是因为它一部分的条件是在有机体以内；任何知觉的条件，无论是有效的知觉也好，是无效的知觉也好，无论是科学的知觉也好，是美感的知觉也好，总是一部分是在有机体里面的。它是幻想的，也不仅仅是因为所谓没有适当的存在前提。在这两种情况中，我们都可以指出它的自然条件，在生理方面、物理方面和社会方面的条件。但是既然在这两种情况中的条件不同，其后果也势必不同。认识、信仰总包含一些在具有意义之外所赋加的东西。

知识从来就不仅是直接的。我们说对一匹马的知觉是有效的，而一个半人半马的怪物是幻想的或错觉的，这个命题并不指出有两种彼此内在不同的觉察方式。它所指的是有关于因果方面的事情，这就是说：虽然这两方面都各有其适当的先在条件，在这两种情况中特有的原因条件是肯定各不相同的。故而它也是指有关于后果方面的事情而言，这就是说，对于这两方面的意义所采取的行动就会表明（就会使我们明白或觉察）它们将有这样不同类型的后果，以致我们应该在很不相同的方式之下来运用这两种意义。行动和后果这两方面都是在原来的知觉之外的；这两方面都是需要努力去寻求和验证的。既然在这两种情况中的条件确是不同的，它们的活动过程也不相同。那就是说，它们属于不同的历史过程，而有关于一定事物所属的历史方面的事情就正是与认识有关的问题。有意识的或被知觉的事情本身就是许多先在条件的一个后果。但是如果这个意识到的或明显的（明白的、中心的）后果乃是这些条件所产生的唯一后果，如果此外并没有其他还不明显的后果，我们就绝对没有办法告诉人们，一个知觉是属于那一系列的事情顺序的，而且也就绝对没有办法决定这个知觉的有效性或它在认识上的地位。我们之所以可能区别这两个观念在认识上的价值，乃是因为产生一匹马的知觉的先在条件除了产生马的知觉以外还有许多其他不同的后果（而产生人马怪物这个观念的那些条件也是如此）。由于我们发现了它们分别所属的这些不同的历史事情，我们就能够把它们在认识上的重要意义区别出来。我们可以顺便地说一句，唯心主义的认识论把知识和意识等同起来，因而谴责这些学说最主要的理由就是它们没有认识到上述的这个事实。如果有一个包罗一切的意识存在的话，它就会是一幅使人发生美感的布景，按照实际情况，它可以是有趣的或是乏味的，但是它在认识上并没有可以理解的地位。

我们说，一个知觉是具有认识作用的，这也就是说，它是被运用的；它被当做是一个记号，标志着某些条件，它们除了产生这个知觉以外还含蓄着有一些其他尚未知觉到的后果。我们说：一个知觉具有真的认识作用，这就是说：由于积极地运用它或对待它之后跟着便发生了一些后果，而这些后果跟那些在被知觉之外的其他后果十分贴切地互相配合。如果我们发现一个知觉或一个观念在认识上是无效的，我们就是发觉了对它采取行动后所发生的后果跟这个知觉的原因所产生的其他后果纠缠不清，而不是跟它们和谐地协调或配合。科学研究的专门技术可以说是包括这样一个工作程序：它使得我们有可能知觉到这两套的后果后来到底是一致的还是不一致的。因为经验证明，在这两者之间可能存在着很大的区别，然而对于这个矛盾我们却没有知觉到，或者把它解释成为无关重要的事情而抹煞了。

常识没有多大的功夫去区别单纯的事情和对象；对象就是具有意义的事情。无论如何，事情总是在这儿而且活动着；我们所关心的，乃是它们在有关它们的可能性的期望、信仰、推论中所表达出来的意义。在通常生活中最接近于这种区别单纯事情和对象的情况，就是当我们遭遇到某种无情的打击的时候，这时候我们是被迫要进行解释，要赋予这件事情以意义，那就是说，要把它变成一个对象。这类的情境对于在事情和对象之间的差别提出了直接在经验上的证据；但是常识并不需要把这种差别作为一个区别而陈述出来。无论如何，事情总是有效果或有后果的；而且既然意义就是在这些后果实际发生之前对于这些后果的觉察，那末反省的探究把一个事情变成一个对象，就等于是把事情由于（人们通常遭遇打击时）归咎于它已经具有的意义发现出来。人们或许会说，常识的意蕴就是把可能性当做是已有的现实；既然常识的兴趣普遍是在实用方面的，倾向于求得结果，因而就没有在任何特殊情况中留意它的这种倾向的必要。从常识上看来，后来所产生的结果就是现前情境的"实在"。

但是在哲学的讨论中，情况却不是这样的。哲学必须明显地留意到：反省的任务就是把自然而然发生的和自然而然地影响于我们的事情，借助于对这些事情可能发生的后果所进行的推理，转变成为对象。对象就是在考虑之下所给予事情的意义。如果不是这样的话，哲学就会走入一条没有希望的绝路。因为，除了把事情和对象加以区别以外，就别无他法把认识上的意义和美感上和文艺上的意义区分出来，而在认识的意义之内就无法把有效的意义和无效的意义区别开来。这种方面无法区别的结果可以有关于梦境、幻想和错觉之发生这类在认识上的固有的一般问题的讨论中找到一些事例；这种在认识上的固有的一般问题和在科学中确定它们的先在条件与后效的问题是不相同的。因为如果把一切的知觉或觉察的形式都认为是内在地具有认识上的意义的，而知觉是"实在"的影像或记号，知觉似乎就是去发现它们所涉及的这个"实在"，那末梦境等等就必须也要强使符合这个假定。如果在事情和对象之间加以区别，那末梦境的对象就是梦境的对象，它是具有某一类意义的事情，而科学的对象就是科学的对象，它是具有另一类意义的事情，而这一类的意义包含有为梦境对象所未包含的一种外来的和赋加的功能。

唯心主义认为事情本身就是由意义组成的。在这种主张中我们发现哲学和常识有着极端的分歧。如果我们说在存在和所论及的对象（无论是认识的、美感的或道德的对象）之间是有区别的，那末这样的哲学就不要求跟常识有那样极端的分歧了。这样的哲学也没有像在认识论的实在论中所看到的那种跟常识所发生的分歧；实在论认为心灵是跟赤裸裸的存在直接发生关系而没有意义参与其间的。哲学只须去陈述、说明在激起思惟的事情和起来应战因而具有了意义的事情之间所存在的这种差别。它只须留意在享有、存在和遭受中单纯发生的事情乃是对于思惟的挑衅和诱导——寻找和发现不显明的联系，因而当有了对象出现时，思惟便终止了：所谓有了对象出现就是说，一件激起思惟的事情通过它和某些外在的但有联系的事物所发生的关系而具有了一些稳定的意义。

这句话里面所包含的事实中并没有什么新的东西。知识的对象是形式而不是物质，这是古典学说的基本原理。而且还有许多其他的学说，虽然它们在名义上强烈地攻击存在本身并非知识之对象这个说法，但却包含有这些基本的事实，只是在一种不能令人置信的形式之下而已。如果我们反对这个命题：即我们在心理上乃是涉及具有意义的事情而非事情的本身，而同时又欢迎另一个命题：即感觉和被称为影像或观念的感觉丛乃是一切意识的直接对象，这就好像是为蠓虫费力而吞下骆驼一样。①因为如果所谓感觉（感觉所与）不仅是感触中的震动，而是一些具有一定性质的和可以涉及客观事物的东西，那末感觉就只是意义中的一种。它们是这样的一类的意义，这些意义体现着精细的实验探究在寻求因果条件和关系时所获得的成熟的结果。这种探究依赖于过去所具有的一个意义体系，关于光、声等等的物理学的理论，以及关于神经结构和功能的知识。

这种把感觉意义当做是基本的东西的假设乃是空想的。它们只是在逻辑地位上才是基本的；只有当它们用来验证和证实有关事实的推论时，而不是作为历史的原型时，它们才是基本的。因为虽然平常并不需要把这种对于理论推演的考核和检验一直追溯到不可再予归结的感觉所与，如颜色、声音等等，但同时这些感觉所与却形成了在审慎的分析证明中所达到的一个限度，而且在一些紧要关头必需达到这个限度。把这些后来的具有审核作用的意义转变成为在存在上的基本所与，这只是注意事情的结果的这个主导思想，再加上这个变功能上的任务为一种先在的存在的误谬的另一个例子而已。感觉所与乃是这一类的不可再予归结的意义，它们是用来证实和改正其他的意义的。我们实际上是从比较粗糙得多而包含又比较广泛的意义出发的，而且只有在我们运用这些意义遭到失败的时候，我们才开始发现以感觉为特征的这种最后的和比较坚实的意义。

主张觉察内在地具有认识外物的作用和意义的这个学说，在思想史上曾经

---

① to strain at a gnat and swallow a camel意即只见小的而未见大的。——译者注。

采取过多种多样的形式。其中有一种形式，主张认识就是再认（recognition），这是值得特别注意的。主张认识的活动总是一种再认或留意的活动的这个观念一定会引起误解；从思辩上讲来，它使得一个创始的认识活动成为不可能的了；它要求具有这个观点的人必须具有柏拉图式的一种对于永恒世界的先验直觉。然而也不难看出这个观念是怎么出现和获得人们的信任的。再认，即被指认和被区别出来的意义，乃是有实效的经验所不可缺少的条件。它是成功的实践的先决条件。除非这个我们在其中采取行动的情境突出地具有一种为人们所留意的特征，否则我们在一种无望的情况之下将会手足无措。它是认识活动的先决条件；因为如果没有为我们所再认的意义，我们就没有认识事物的本钱，我们就没有关于进行探究时所必须采取的方向，或所应该确定的范围的指示。但是再认并不就是认识；这个字的涵义就表达了这个意思；是再认识；这并不是说把认识活动再重复一遍，而是说，在这里包含有对于前一个经验所达到的而又可以在进一步的活动中作为一个涵义工具的这个意义所作的回忆。

大部分的认识论把知识界说为一种直接的留意，这些理论似乎是建立在一个把两种大不相同的活动混淆不清的基础上的：一种活动是留意，即根据尚未显明的后果去留意这些明显的后果；另一种活动是回忆到以前所已经认知的某一个东西，而这个东西此时在被用来从事真正的、推论的认识。再认就是在另外某一个情境中所断定的意义的复原，再加上一种熟悉感，一种欢迎或拒绝的直接表示。我们重游童年旧地所得的经验，再加上熟悉的情景所激起的这种情绪上的反应，这便是一个说明再认的事例；再认也发现在一位十分着重实用的人对人的点头打招呼之中，他谦逊地留意着存在的特征，而这些特征是这个着重实用的人在计划他的行为时所必须估计在内的。再认就是一种见面点头的情况，这种点头或者是出自自愿的诚意或者是由于迫不得已的尊敬，但并不是一种认识活动。

还有一种学说，把"熟识"（"acquaintance"）当做是认识的基本方式而把"熟识—认识"当做是完全直接的。熟识在经验上不同于对于一个东西有所认知，也不同于知道一个东西是怎样的。它是真正具有认识作用的。但是它有它本身的特点，因为它所包含的不仅仅有一个为我们所指认的意义；它包含有期望，而期望是涉及外在的事物的；它包含有一个判断，即确定熟识的对象在跟其他事情发生联系时，将起着什么作用。和一个人很熟识至少就是如俗语所说的"对他一见便知"（know him by sight）；熟识这个人就是利用一个为目前视觉所制约的意义去对一些尚未见到的事情作出一个假定：这个人除了在刚才他被看见时所处的环境以外，在另一些条件下，将有何行动。熟识一个人，就是对于他的一般的行为生活进行预测；它是对性格的洞察。而洞察不同于观察；洞察意味着运用观察去形成关于尚未看见的东西的推论。它不仅是意义的出现。在熟识和"有所认识"（"knowing about"）或"认识一些什么"（"knowing that"）之间的差别是真实的，但是它并不是两类不同的认识，似乎一类是直接的而另一类是间接的。这种差别乃是有关于反应的伴随物、组合和样式方面的事情。熟识的特征是具有较大的紧密性和直接性，但这种紧密性和直接性是在实用方面和情绪方面的，而不是在逻辑方面的。熟识任何一种事物就是对于它的后果有一种预期，而这种预期便构成了一种直接准备采取行动的状态，一种适当地准备适应这个有关的事物所可能发生的任何变化的状态。对于这个事物有所认识就是具有这样一类知识，这种知识在某些进一步的条件尚未具备之前是并不转为直接反应的。直接准备行动的状态包含有一种共同感；延迟的准备状态则有一种超越感。在熟识中有一种和熟识的对象共同参与在一个情境中的直接情感，这种直接情感是共同的或是反抗的，这要看准备状态所采取的方式是倾向于它的，还是去阻止住它的。当一个人对于他所知道的一个历史人物或文艺中的人物能够在想像中预见到他未来的行为而且也戏剧性地共同参与其中时，认识就变成熟识了。关于地球是圆的这种知识，当它在某种经验的联系中，如我们平常所说的，使我们亲切地感觉到它或对它有一种"真实感"的时候，就变成熟识了。因此，熟识并不是在"关于什么的知识"和"知道什么"之前的一种认识的方式，而是标志着认识达到充分的感知和效能的一个较后的阶段。

　　因此认为知识就是熟识、再认、定义和归类的这些学说，正因为它是完全无意的，所以就愈能证明我们所知道的不仅是事情而还有具有意义的事情。肯定说知识就是归类，其实，这就是肯定说：类、特征已经压倒和胜过了赤裸裸的事情和存在。如果我们说，所谓知道就是下定义的意思，那末我们就承认了在有知识的地方显然就有共相。主张说认识就是再认，这也就是承认：与其说存在是中心的，勿宁说类似点、关系是中心的。而且熟识任何东西就是觉察到：它近似什么，它似乎要在怎样的方式之下进行活动。这些特点、特征、类、种、共相、近似等都是属于意义领域以内的。所以把它们当做是知识的组成部分的这些学说都承认：具有意义乃是认识的一个先决条件。这个普遍必要的先决条件是隐约地出现的，它使思想家们忽视了知识所具有的这个具体的特有性质——即采取、使用、反应于有关的意义的这样一种特殊的动作。那个奇怪的传统的"分析"心理学派主张一切的认知都是感觉和意象的混合或结合，这是对于同一结论的再一次证明；"结合起来的意象"就是具有意义的事情的一种转弯抹角的说法。

最后，知识即静观（contemplation）的这个见解也可同样予以说明。静观就是有意识地占有意义；津津有味地观望着它们；好像沉溺在其中似的全神贯注地观看着它们。这一个名称是代表着一种对有意义的特征的知觉，再加上强有力地默然指向着一种附带的美感情绪的这样一种情况。本书和本章曾提出这样一个假设，认为如果不根据事物的意义显然地采取和运用事物，就不会产生认识，像这类的假设曾经被人攻击，认为它过分地注意于使人忙碌；而忽视了静观的地位和妙处。不错，静观当然有它的地位。但是当它是终极的而成为一个结果时，认知就退出了这幅图画；幻象就是属于美感方面的了。这也许比认知更好一些；但是更好一些却并不能作为理由把两种不同的东西混淆起来，而把属于一个美感对象的特征说成是认识所具有的属性。删除静观的美感方面，即其使人迷恋的方面，在认识论方面所剩余下来的就只能说：在把意义用来作为使现在晦暗隐蔽着的意义呈现出来的手段之前必先占有这些意义。如果允许我只请一种历史上的学说到证人席上来证明：虽然不觉知意义就绝没有认识，但同时占有意义而把它们好像碎糖片似的放在舌头下面默然咀嚼，这也不是认知，那末，我一定邀请"认识即静观"这个令人可敬的主张来作见证。

这个学说里面所包含的另一困难在前面已经提出了；这个困难包含在这一事实中：即近来的一些学说局限了知觉的含义。按照旧的用法，知觉系指任何的觉察，任何的"所见"，无论所觉察的东西是对象、观念、原理、结论或其他一切都可以。在晚近的文献中，它平常仅限制用于"官感—知觉"（"sense-perception"）。关于字义方面，除了在辞典编辑上的争论以外是不能有什么争论的。于是当前有关的分歧不在于一个字的适当的用法，它是有关于当前这样局限的用法所意味着的或通常所联系着的一些事实。这类的涵义有二：第一，存在着有这样一种意识或觉察的方式，它是原始的、最初的、简单的，而它又是直接地和内在地涉及知觉时在空间独立于有机体之外的事物的。第二，知觉这样直接涉及外物的情况原来而且它本身就是具有认识作用的。现在我们所提出的这个学说在反驳这两个涵义时说：以听知觉和视知觉的形式出现的觉察，只要当它具有认识作用时，就跟在物理科学中所发现的任何命题一样，乃是一件有关于推论判断的事情，乃是一种采取和使用意义的方式的一个事例。

关于这一点的论证，就其一般的特点而言，和刚刚讨论的论点有同样的结果。但是如果我们把讨论限于我们对于目前在空间中的对象的知觉所特有的这些事实上的特性，指明当这些知觉具有认识作用时，它们不是原始的和纯朴的觉察，而是关于觉察状态的一些特选的和精巧的事例，这样我们就可以避免重复而加深讨论的专门性。现在流行的学说认为在从外缘开端的觉察和从内心开端的觉察之间是有区别的，而它是从这样的一个区别出发的。从外缘开端的这种情况乃是说明所谓"知觉"这样一类活动的一个独特的标志。但是当我们开始具有某一种觉察时，这种觉察状态并没有贴上一个标签，注明说："我是被一件由另一些物体在我身体的表面上发动的事情所产生的"；而且也注明说："反之，我也只能在一种间接跟表面变化联系着的体内事情中产生出来。"这种区别乃是由从事分析和归类的思惟活动造成的。这个事实就足以使我们怀疑有些意识方式原来和内在地就是"官感—知觉"的这个说法。

再者，在身体的表皮和内部之间也不是绝对分开的。当我们这样区分的时候它就立即需要加以限制。事实上，并没有完全从外缘开端的神经过程这样一回事。内部的条件，如饥饿、血液循环、腺液功能、过去活动所遗留的痕迹、原已存在的一些通达的和阻塞的神经联系，以及许许多多其他机体内部的因素，都共同决定着一个在外缘发生的事件。而且在外面的刺激一旦发生作用之后，它以后发展的过程实际上是受体内所发生的一切事情的影响的。一个"感觉"或外缘的兴奋作用，或刺激，坐着一辆四匹马拉的专车，清净无碍地在一种孤独的情况之下，进入了大脑或意识，这完全是虚构的。一个特殊的兴奋过程，只是从外缘和从内感受器中同时发生的一大阵兴奋过程中的一个兴奋过程而已；它们之间是彼此竞争的、相互妥协的；这实际上乃是许多复杂力量的一个统一体。

所以，要想鉴别一个外缘刺激的确切地位和性质，而且要想把它的发展过程追溯到它能使活动得到重新适应因而能有知觉的那个关键的地点，这就需要高度专门的科学设施。"外缘的根源"标志着我们对于事情所进行的一种解释，标志着我们所进行的一种在科学上有效的和重要的鉴别，但是它跟猎人座上流光星的光谱一样，只是一种原有的所与。同样的论点也可以用来说明那种相当于从中心开端的过程的"意识"。按照专门的分析所得到的这种区别而假定有多种截然划分的不同的觉察方式，这种假定乃是我们所可能见到的"实体化"的主张最显著的一个例子。主张某些类型或某些形式的意识内在地在理智上或在认识上是要涉及存在于空间的事物的，这个学说只是主张知识即对实在的直接掌握的这个传统学说，披上晚近生理学术语的外衣而已。虽然它被提出来，好像它是由生理学和心理学的研究所确立的似的，其实，它是一个在理智上考试不及格的学生，它是从许多未经批判的早期学说中拾来的一种见解；生理学和心理学只是提供一种词汇，用来装饰一种不合理的残余思想而已。

找出眼睛或耳朵或皮肤或鼻子的外缘刺激，无论这是较为简单和通俗一类的，或是较为复杂的神经学一类的，这是属于核对一个观念所特殊涉及的外物情况的一种专门技术，去发现这个观念是涉及一件过去的事物，当时的事物或是未来的事物，抑或它只是跟意愿和情绪有关的。即使是这样，对于刺激和来源的方式的确定也是第二性的和派生的。我们并不是因为我们直接认识到产生我们知觉的外在来源而相信有一个事物在那儿；我们是因为我们顺利地从事于运动性的反应而推论到我们感觉器官所具有的某些外在的刺激作用。只有当我们不能从事于运动反应时，我们才回过头来检验关于感觉刺激方面的情况。当我说我现在意识到有一架打字机，认为它是感觉刺激的来源时，我只是间接地和含糊地陈述我在积极地使用这架打字机来产生某些后果的这个事实，因而我所觉察到的乃是这些后果以及用来产生这些后果的这架打字机的各个部分和这些后果的关系。事实上，我们从未知觉到我们在一定时间内正在反应的这些外缘的刺激。

认为这些刺激乃是简单的、原始的知觉所有的适当的和正常的对象，这个见解，如我们适才所说的，乃是心理学家们未加批判地接受的一个旧的在逻辑上和形而上学上的武断，在科学的心理学中它既没有根源，也没有证明它的理由。我们仅仅觉察到对我们现在所做的那些反应以外的其他反应的刺激物；当我们分析某种我们所进行的全部动作以求发现它之所由发生的机构时，我们便觉察到它们。觉察一个与某一动作有关的视觉刺激或听觉刺激即意味着说，我现在明白了一个有机的变化乃是用在这个动作中的手段的一部分，因而它的结构和机能是否健全乃是有效地从事这个动作的先决条件。例如，平常我并没有听见按琴键时所发出的声音，所有我便是不规则地乱弹或乱按琴键。如果我是受过一些训练的或者是在从事这个动作时（比较聪敏一些）懂得比较多一些，我就应该会听见这些声音，因为它们已不再只是一些刺激而成为指导我的行为达到后果的一个手段了。由于我还未学过"琴键按指法"（"touch-method"），当我按琴键时我对触觉性质的觉察是间断的和有缺陷的。这里涉及手指在生理上的刺激而它是我的运动性反应的一个条件；但在这里并没有对于触"感觉"或感觉所与的意识。但是如果我利用我的触觉体会作为正确从事书写动作的手段，我就该会觉察到这些性质。我们愈是广泛地和自由地运用手段，我们的官感知觉的范围就愈大。

在当代的心理学中，平常认为或假定所观察到的性质就是刺激所具有的性质。这个假定乃是前后倒置的；所观察到的性质乃是那些伴随着对刺激的反应而来的性质。我们从观察中（而不是从推论中）仅仅觉察到已经成为事实的事情；我们能够知觉到已经在那儿的东西，已经发生的事情。从描述讲来，一个刺激并不是一个知觉对象，因为刺激是跟反应相关的，而在反应尚未发生时它是尚未确定的。作为一件认识的事实，我并不是在怀疑一定的事物乃是视知觉和听知觉的刺激物。我是在指出：只有根据我们对刺激的反应以及这种反应所产生的后果，我们才觉察到这些刺激。至于刺激不可能是知觉之对象的论证，这当然是属于思辩方面的；像一切的思辩论证一样，如果它遭遇到了相反的事实，这个论证就是没有说服力的。但事实是一致的。我在白纸上写黑字，纸的白和字的黑在我所正在进行的动作中经常是起着作用的刺激物。但也同样明确的是，它们经常并不是我们所知觉的对象。如果我曾经时时知觉到它们的话，这乃是由于过去的反应，而它们乃是这些反应的后果，而且因为需要运用这些已经达到的后果作为进一步动作的手段。在实验室中，正如在画家的画室中一样，颜色乃是特定的知觉对象。但是当它们被知觉时，它们只有在有所预示方面讲来，并且在转换了一个语言领域的情况下①才是"刺激物"。在此时此地所知觉的颜色，乃是机体适应于颜色以外的其他刺激而产生的后果，而在以后的情境中它又是引起另一些行为方式的刺激；当它仅仅是一个刺激时，它乃是无意识的；当它是一个被审慎地利用的手段时，它就是有意识的了。

当颜色为我们所知觉时，这是为了要画图，或是为了在选择衣料时或在估计一张糊墙纸色调的调和价值时要配合颜色，或是为了根据一条光谱线去决定一种化学物质的性质。它意味着说：我们是这样地进行反应以便形成或产生这样一个刺激，它能胜任地活动但又不为人所觉知。但是就在这个时候，在意识中它是在采取产生所想望的后果的动作时的一个手段。这个颜色将被采用吗？这一段特殊的衣料或这块糊墙纸适合我们心目中的目的吗？当这些问题得到解决时，便达成了一个最后的刺激。这时候所知觉到的，或者是某种进一步的后

---

① 这个转换在这样一个事实中是明显的：即把刺激物叙述为振动或电磁振动等等；这时候，振动并未被观察到，但同时颜色这个后果、所产生的这种协调状态，却在直接的意识之中。

果，或者是这一个作为一个新的景况中的手段的后果，如穿上这件衣服或糊上这张花纸等。这样对于刺激的意识标志着一种研究的结果，而不是一个原始的材料，而所发现的并不是对于从事于研究的那个动作的刺激，而是对于某些其他过去的或未来的动作的刺激，而且它标志着从事实上的刺激转化为可能的手段。刺激的问题乃是关于存在上的因果问题；而且，如果人们在过去曾经学会了休谟的课程，或者我们自以为学会了他的学说，那末我们就应该觉察到任何有关因果方面的事情总是涉及某些外在的、通过研究和推论可以达到的东西。

所以我们断定说：虽然"知觉"一词可以只限于指对当时影响于机体器官的对象的觉察而言，但同时却没有任何根据来支持平常伴随着这个词儿的旧有意义而来的这样一个假定：即官感知觉具有内在的特性或性质，使它自己从意识的其他形式中区别出来。更没有理由来证明这样一个假定：即把这种知觉当做是基本觉察的原始形式，而其他具有认识作用的意识形式乃是从其中所发展出来的。反之，官感知觉的意义乃是特别鉴别出来的觉察对象；这种鉴别活动产生于对前因和后果的探究过程之中；对于探究的最后需要乃是在于有必要去发现为了恰当地适应于一个情境的要求而应该采取的行动或应该发展的一个反应。当探究揭示出来一个在有机体以外的对象现在正在起着作用而且影响着这个有机体时，外现的行动便成为适当的了，而在外表上应该采取哪一种适应活动是很明白的了。知觉的意义（官感知觉）不同于其他的意义，或者在于（甲）对于其他的意义我们不能现在或立即采取外现的行为，而只能在一个比较迟缓的时候，即当已经产生了现在还没有的特殊条件的时候——如概念的意义——或者在于（乙）其他的意义乃是这样的一种意义，在任何时候我们对它们所采取的行动都必然是属于戏剧性或文艺性或游戏性之类的——如非认识的意义（non-cognitive meaning）。行为的必要性在生活的很早时期就严格要求把立即需要的动作和那些仅仅在后一些时候才合适的动作区别开来；然而作这样的区别且使它成为一种精细的区别，这却是一件需要经常从事探索和发现的事情，而不像传统学说所假定的，是一件原始的和现成的事情。

因此，我们再回到以前的这个陈述：即离开了运用和历史方面的考虑，在有效的意义和在幻想、愿望、恐惧、回忆中发生的意义之间，是没有什么原始和内在差别的，从它们对于事物的关系方面讲来，它们内在地都是一样的。这个事实也包括有谴责内省派的要点在内。①无论内省主义的学说采取一种思辩的形式，如在笛卡儿—斯宾诺莎的逻辑实在论中所肯定的，某些概念意义或观念本身就是有自明之理、清晰性、适当性或真理，或者它采取一种比较平常的形式，把呈现在意识领域中的事物视为具有内在特性的，而这些特性是可以通过直接的视察识别出来的，因而也可以用来把事物称为是属于官感方面的、知觉方面的、概念方面的、想像方面的、幻想方面的、回想方面的、情绪方面的、意志方面的等等。在原则上，这两者之间是没有什么区别的。这是说，在每一种情况之下，归类的根据总是外在的，它必须研究如何产生条件和如何促使后来的东西成长，而且这种研究时常是难以进行的。这些名称乃是解释的，而且跟一切的解释一样，只有当它们是受广博的和正确的资料，乃至大堆遥远的和外在的事实所控制时，它们才是适当的。说内省主义——在逻辑的范围方面较之所谓内省心理学还要广泛得多——乃是把知识当做直接的掌握、直觉、静观、占有的这种古典学说最后的一个顽强的基地和堡垒，这个说法也不能算是过分。而这些曾经被批评过的观点之所以重要，也就是由于这个事实。在它们被批评之前，在认为在官感知觉、幻觉、梦想、愿望、情绪的对象意义之间具有直接内在的差别的这种假定被废弃以前，观念和存在的现实关系必然始终是晦暗而混乱的。

如果有人注意到生理学的研究对于心理学家的领域所产生的结果，他就似乎势必会得到这样一个结论：这些结果可能是巨大的，但实际上它们所包含的大部分只是把旧形而上学关于心身关系的问题加以强调和突出，而且只是使得那种趋于平行论的假设更为加强而已。理由是，它们未曾被人们按照它们真实的内容加以运用：它们是我们的科学资源的一个重要部分，它们可以一般地

① 这并不是说所谓反省的观察从来未曾产生过什么结果。这确是说：在这样的情况之下，这种工作程序跟理论上对直接视察所下的定义是不相符合的，而在这种工作程序中所包括的乃是对于当前尚未直接呈现出来的事物的关系进行探究所得到的结果。

被用来合理地指挥我们的行为，并特殊地被用来鉴别各种各样意义的区别。例如，把这个和那个观念的存在区别为起源于内心的和起源于外缘的，而把这种区别用来作为分别地决定这些观念在认识上的有效性的一部分技术，这是一回事，而假定观念和意识内容本身就具有内在的区别（所以是可以直接观察或内省），而问题只是简单地找出它们的区别在心理学方面相等同的部分，这却又是另一回事。如果我们认为，意识的方式本身就业已分别成为官感的、知觉的、概念的、想像的、回想的、情绪的、意愿的（或者说可以通过直接视察而这样区别出来的），那末生理学的研究就只是去寻索成为那些差别的基础的在机体上或在神经上的各种不同的过程而已。结果乃是使传统的心身问题变得更加严重起来；平行论的主张，既不是一个科学发现，也不是一个科学的设定，而只是对于原有心理学上现成的区别所作的一种陈述，再加上关于这些区别的发生在物理存在方面的条件的一种比较详细的知识而已。

如果把这个问题说成是一个关于任何通过有关行为机制的知识去对行为进行较为适当的控制的问题，情境就完全不同了。我们应该怎样对待一个特殊的意义：把它当做是进行推论的一个根据，把它当做是与现有条件无关的习惯所产生的一个后果，把它当做是愿望的一个事例，希望或恐惧的一个后果，某些过去在心物理上适应反常的一个标记，或者还是用其他方法来对待它呢？像这一类的问题是生活指导方面的一些迫切的问题。如果我们要想获得如何控制我们自己行为的方法，类似我们在控制热和电、煤和铁时所获得的那类方法，我们就必须设法答复许多的问题，而上述的这些问题乃是属于这一类问题的一些典型例子。在处理这类问题的技术中，有一部分不可缺少的工作，就是要去认知我们的意义以及我们采用这些意义的方式在机体上产生的条件。原则上，在神经学的研究跟那些使得一位天文学家能够在他的语言领域内决定某些观念的地位和重要性的天文学研究之间，是没有什么区别的。生理学的研究和天文学的研究一样，并不包括有一个特别的心身问题。生理学研究的题材是在扩大和支持推演的结论时在客观的事实上所作考虑的一部分。在具体的题材上它们是不同的，因为它们是有关于有机的结构和过程的；但是这只是在具体题材方面的差别，好像在天文学和植物学的具体题材之间的差别一样。生理学材料的特殊重要性在于：它在某些方式之下乃是促使每一个意义和每一个动作（包括天文学和植物学方面的意义和动作在内）之所以发生的一个因素。

因此，在这一段夹入的讨论之后，我们再回到这个主张：幻想意识的对象和官感知觉意识的对象一样，乃是关于所觉知的意义或事物的观念的一些事例。只不过——这些幻想意识的对象在指导以后的行为（包括知识行为在内）时，并不是好的对象。幻想意识以及我们所不觉察的情欲对于信仰的影响，对于任何意识论而言都是有决定性的事实。如果它们支持主张一切意识即对意义之觉察的这个假设，初看之下，它们似乎就跟这个把所知觉的意义当做就是关于自然事情的意义的假定是相矛盾的。既然它们的对象是显然"不真实的"，它们就似乎支持这样一种见解：即意识是跟物理的事情没有联系的，而无论在实际行为中或在认知中所可能建立起来的任何有效联系都是偶然产生的。

有人认为意识原来仿佛是一种梦境，是不负责任的舒展状态，而只有在顽强的压迫之下通过偶然的吻合才得以涉及自然中现实的事物，对于这样一个观点，我们的确有许多话可谈。正统的传统思想把意识当做一个知识体系，而以正义的和理性的一致性作为它的结构的基石。从反对这个正统的传统思想方面来讲，上述的这个观点中是具有一些真理因素的。观念、直接觉知的对象是过于杂乱无章、虚无缥缈和各不相关，而与古典传统，无论是属于感觉论或理性论学派的传统，是不相容的。但是据我们所知道的，存在的意识和机体条件具有特定的联系，而有机的事情和机体以外的事情之间又有这种紧密的、不可分割的联系，那末这种把存在的意识和物理事物的联系完全分隔开来的观点乃是站不住脚的。如果它是主张，意识在其各种不同的形式中跟机体行动的联系乃是非自然的，那末这个观点是能够站得住的。肯定这个主张的唯一理由在于：在思辩上被迫否认自然事情是具有性质的，而妄称先在的原因乃是比较优越的存在。

如果已知意义跟环境和机体的统一性（包括社会交往的统一性在内）是相互联系的，那末意识有时会是属于幻想型的和意愿型的，这就没有什么奇怪的了。例如人家教导一个人说，太阳是围绕地球旋转的，在日出时它就升到地上面来而在日落时它就降落到地下面去，而后者本人会坚持这个信仰，在这个事实中我们并不觉得有什么奇怪的地方。不错，过去他亲自所体会的经验曾教导他许许多多的事情；经验曾经教导他哪些结合是合适的而哪些是不合适的。正如过去有关于太阳和地球的教训曾经制约着以后的行为，曾经产生许多机体上的变化，形成习惯以影响以后的反应，包括影响以后对于事物的解释，同样，当有机体跟环境发生直接的结合时所曾得到的教训也具有同样的效果。在机体的变化中也形成了一种偏向；它尽可能地继续去觉知那些获得结果的情况，而不去觉知那些障碍和阻止达到结果的不方便的情况。

如果在自然的进程以外建立一个意识而跟自然的进程相对峙，而这个意识不是在自然运行变化中的一个参与者，那末它就应该附属于以下这样两个体系中的任何一个。在第一种选择中，这样的意识具有一种丝毫不会错误的观察力，再加上有一种完善真朴而毫无偏见的记录力；它会观察和记载这个世界，恰似它本身也有知地参与在产生它所看见和所记录的东西的这个工作之中。或者，在另一个选择中，一切意识跟超越于它而在它外边的这个世界是完全没有关系的，因而在它们之间没有一个公分母或公倍数。显然，事实跟这两个假定中的任何一个都是不相符的。我们做梦，但是我们梦寐生活中的材料却是我们清醒生活中的原料。幻想并非原先完全跟有目的的行动和信仰的对象脱节，而后来通过训练才学会去涉及这些对象的。幻想的对象包括有日常生活中的许多对象，但由于一些偏见的歪曲，这些日常生活中的对象成为属于一种奇特配景中的一部分了。这一类的经验事实，或者幻想的世界就是我们所愿望的或合意的这个通常的世界这一事实，对于任何严肃地把意识的材料肯定是跟现实世界的事物完全无关的学说来说，乃是一个致命的打击。不相干的情况是存在的，但是它是相对的和特殊的。一个观念和一种情绪本身并非完全毫不相干的，但因为它是对于事物意义的一种注解；如果这个观念或情绪被编置在不同的联系中，那末事物的意义就会和在这个观念或情绪所属的世界之中的行动密切关联起来。

共同参与（par-taking）和个人觉知（per-ceive）乃是联合行动的。知觉乃是一种共同参与的方式，这种方式的共同参与仅在复杂的条件之下并带有它本身明显的特性而发生的。每一个重要的事物都依靠着在一定情境中在许多可能的参与方式中所采用的那一个特殊的方式。有机体，只要是有可能的条件之下，总有一种强烈的倾向要求共同参与；它的爱好和偏向则是按照它的可感受性和保持性的程度，受过去所获得的满足状态制约的。如果一个人曾经经验到一个美好的世界，他为什么不该采取行动来改造一个坏的世界，而使它和他已经占有的这个美好的世界一致起来呢？如果这个外现的改变世界的工作任务太大而超过了他的力量，他为什么不该至少采取行动以获得对于一个美好世界的更新的感知？这些问题表达了人类行动的这种实用的逻辑；第一个问题，进行客观的改变的方法，乃是在艺术和科学中的行动方法；第二个问题乃是幻想的、"愿望的"、浪漫的、神话式的行动方法。

在这两种行动的方式之间的巨大差别是我们所必须弄清楚的。伴随着这两种动作的两种意识方式之间是没有原始的和内在的差别的。在某些材料方面，这一课书是立即很快地就被学会了。这些材料构成了日常官感知觉的对象、常识的对象。如果生命要继续下去的话，就必须在机体上要有一定的统一状态。必需要具有营养资料；必需要驱灭危险的敌人；必需要得到别人的帮助。只要是有机体成功地适应于他的环境，那末跟这些机体—环境的适应相联系的意义和观念在实质上就是正确的——而在一定的限度以内机体通常确是成功地适应于它们的环境的，否则，生命就会停止。对于这样一些粗浅的观念，如在我们个人的愿望和空想之外有一个由许多人物所组成的世界，如能量一度开始运动之后，它们就会继续地运动下去等等，我们是如此重复而强调地学习着，因而我们从未真正怀疑过它们。关于这个外在世界（它是在我们以外的，因为在它满足那些代表我们最深处的需要之前它要求我们作出很大的努力）突出特征的观念，火、食物、家具、气候和庄稼的观念，朋友和敌人的观念，关于我们自己的过去和可能的未来的观念，是重复地在跟行动的联系中呈现出来并为行动的后果所证实的，因而它们便成为实质上有效的理所当然之事。因此，这些观念便形成了一种有特权的领域，它虽只是一个观念的大海中的一个小岛，而这个大海的海底是很不容易触及的，但有一些迫不及待的学说却采用它们作为构成意识的原始的和内在的组成因素。结果，在真正的自然实在论以外又加上了一个冒牌的实在论的学说。真正的自然实在论承认观念和事情的偶然联系以及它们涉及后来事情的概然关系，而冒牌的实在论的学说则把这个小岛当做是一个坚实的和完全的大陆。整个的心灵大陆的突出特征于是被视为似乎仅仅是一些偶然的错误和放错位置的情况，通过思辨上的技巧把它抹煞了；或者，当人们认清了空想、错觉、错误和误解的地层时，又堕入笼统的怀疑主义之中。

通常有机体与环境相适应的这种技巧逐渐地被发现了，而且可以把它推广到过去为空想所统治的情况之中。一个逐渐扩大的观念领域，变成了可以在分析上涉及客观世界的东西，具有接近于有效性的希望。这种技术的秘密就在于控制有机体如何参与在事情进展之中的途径。在简单的需要和简单的环境的情况之下，现在的机体结构实际上就实行了正确的参与活动；结果就是所谓本能的动作。在这个范围以内，机体中所发生的各种变化主要是形成了有效的习惯。但是要适应于各种各样的具有很多的因素和广泛的后果的情境，在有机体上的准备工作并不是很容易达到的。在这里有效的参与活动依靠着使用有机体以外的条件，以补充一些结构上的配备；即工具和其他的人物，借助于口头的和记载的语言。因此，除了最简单的观念以外，一切观念是否正确的最后支柱，就是这些积累的、客观的、为大家所共同的用具和艺术，而不是在"意识"本身以内或在这个有机体以内的任何东西。

如果需要任何证据来证明全然在认识论方面的讨论所具有的这种不切实际的特点，我们可以在这样的事实中找到这样一个证据：即这种认识论上的讨论完全是根据一种所谓"主观"和"客观"的直接接触的情况来进行的，而完全忽视了一切在检验自发的信仰和建立正确的信仰去代替它们时所不可缺少的工具。垂摆、透镜、三棱镜、码尺、磅秤以及乘数表和对数表，较之赤裸裸的意识、或大脑和神经，对于有效的认识活动具有大得多的影响，因为它们能够帮助有机体在产生某种后果时，和其他的事物共同发生作用。如果没有这些客观的资源来指导我们如何来敏感地适应环境，那末观念，在一个简单的经常被证实的行动范围以外，就会受着机体组织和环境上的任何特点的支配；神话很多，而这个世界充满了传奇式的人物，并且是神秘力量的家乡。既然机体上产生的变化由于过去直接享受的对象而占着统治地位，既然这些机体的变化促使一个人去寻找或创造一个适合于这些变化的世界；而且既然人感到跟他的同类，无论是朋友或敌人，在一块儿最为安适，于是他就把这个世界绝大部分看成是具有灵魂的。关于生命、灵魂、心灵、精神和意识，乃至关于宇宙本身的许许多多的传统观念，甚至在哲学中，都仅仅是这种泛灵论的冲淡了的版本罢了；当人们在过去缺乏具有工具作用的东西去指导他们积极共同参与自然界的工作时，这些说法是自然发生的，而且即使是空想的，有时也是有好处的，但是现在它们却是没有好处，而且是起妨碍作用的了。

　　总结起来说，对于意义的意识，或占有观念，系指一种对于意义的应急的改造而言，这个事实对于我们关于自然的学说具有重要的意义。可知觉性乃是偶然变易性的一种有代表性的情况，因为可知觉性是横切着有规则的东西的。不可能从物理法则"推演"出意识来，在物理的和心理的东西之间有一道"不可逾越的鸿沟"，其实这只是一般的不可能从必然的东西中推演出偶然的东西来，不可能从有规则的东西中推演出不确定的东西来的这种情况的一些显著的事例而已。在意识的发生中所显出的变态，乃是在自然本身中一个变态方面的证据。如果在自然中没有什么有问题的、未曾解决的、仍然在继续进行着而又未完成和未决定的东西，那就不可能有知觉这样的事情。最明显的地方就是最紧张和具有尚未决定的可能性的地方；最是游移不定的地方也就是最光亮的地方；它是生动的，但是不清晰的；它是紧迫的，迫切地表示着面临危境，但又是不明确的，除非它已经被处理了而不再是当前的焦点。当哲学家们坚持当前在焦点上所呈现出来的东西或"所与"（"given"）是确定的，而且去寻求不可怀疑的、直接存在的建筑材料时，他们总是不知不觉地从存在的领域走到思辩的领域之中去了；他们用一个一般的特点去代替一个当前的东西。因为当前直接所与的东西总是可疑的；它总是要为后来的一些事情所决定或予以特征的。它是对于某些尚未给予的东西的一种呼吁；它是对命运提出的一个请求，带有

傅统先全集

256

一种求助的悲怆或者带有一种发布命令的专横。如果自然乃是彻底完成的，一个完全的机械结构或一个完全有目的的结构，如一些哲学学派所曾经幻想过的那样，从概念上讲来，这似乎是"比较好些"。但是在那样一种情况之下，意识的这种闪烁的烛光就会归于幻灭。

意义的直接可知觉性，观念存在的本身，就证明了有问题的和杂乱的东西夹入安定的和一致的东西之中的情况，证明了实质的、静止的东西和变动的和特殊的东西的会合、交叉和分离的情况。意义、特性本身都具有我们俗语所谓实质的那种坚实性、融贯性、持久性和永远的可用性。然而，如果这就是整个的故事，意义就会不仅不被知觉，而且它们就会不成其为意义了。它们就会是顽固而有效的习惯，以它们本身的方式起着不容拒绝的作用。机体的运动是存在的，而在这种运动中在早年曾经发生过意义，但这些意义已经僵化，以致到现在它们已经成为一种具有驾驭力的习惯；在单纯的行为中意义已经消逝了。有些人抱着一种遗憾的心情眼看着思惟转变为动作；在他们看来，它似乎是替一个观念敲了丧钟；思想在一个外向的机械顺序中烟消云散了。这是可以理解的。同样，一个人也会觉得，在人类历史中重要的和有趣的事情，不是人们所已经做过的事情，不是他们的成就，而是他们所没有做成的事情——那些愿望和想像，为事物的力量所禁止执行的事情。观念大部分是行动的反面；对于那种也许会是但还不是的东西的知觉，对于所希望的事物的期望，尚未见到的事物的符号。一个固定的观念就并不是观念，而只是外现动作的一种机械的压力，随随便便地和漫不经心地被称为观念的东西。

因此，"纯理性"就会丝毫也不是理性的，而只是一个自动的习惯；是这样稳定和普遍的一个实质，以致成为没有限制，没有变化，因而是没有可知觉性的。"纯粹的"推理最好是通过在机械操纵之下的固定符号来进行；它的理想形式就是近乎一架精巧设计的自动运算机的东西。如果自然界没有有规则的习惯，十分紧密结合的恒常的活动方式，因而可以计算时间，测量空间，并使得变迁流转的东西成为重复而有节奏的，那末意义，即可以认识的特性，就不能存在。但是如果在这些耐心的、缓慢进行的但易于激起的行动体系和迅速变动的、不稳定、无实质的事情之间也没有交相发生影响，自然界就会是一个没有观念这个特征的机械过程。自然界缓慢进行着的变化要适应自然界突然的发作和变动，因而使得自然界突然的发作和变动具有某种程度的秩序而使得迟缓无力的核心运动重新适应于急剧变动的轻浮外表，这两者的适应就有必要把静止的秩序转变成为稳定的意义，而这个转变也使得这些秩序成为可以知觉的或成为观念，因为它们是对于事物流变的答复。

最后，正如精神物理的性质证明了在自然界中有需要和满足，有不自然的努力和这种努力在某种限度的终点上的停顿，同样，有意识的或十分明显的意义、观点，也代表着为了满足和圆满的终结而深思熟虑地去利用有效的东西，也代表着后来的终结所具有的效能或工具性。从经验上讲来，这种情境是在艺术中呈现在我们面前的，而这一点将在下一章进行讨论。为了我们当前的目的，只要指出在古典形而上学所明显提出的自然目的论和现代科学所隐藏着的目的论之间的差别就够了。在前者中，自然界单纯在事实上的停顿状态，有时标志着仅仅是许多相互冲突的能量所达到的一种消损净尽的情况，否则就是它们所达到的一些限度，而这种状态却通过一种非凡的技艺而被认为是具有高贵特性的东西了。这种单纯的自然停顿状态和对象等同起来了，而对象却应该是具有成熟的和反省经验的人们所选择的对象。在物理学中曾经输入了一种未经批判过的伦理思想，主张人生经验熟悉的和固定的终结（目的）和具有在思辩上成等级秩序的许多固定的手段，因而物理学在无形之中深受到它的影响。在现代思想中把终结跟预见中的终结、跟深思熟虑的目的和计划等同起来，把中介跟经过审慎选择和安排过的发明和策划等同起来，实际上这就是承认自然界的目的乃是自然界在思惟中而不是脱离了思惟而达成的和显示出来的。如果现代的学说往往未曾留意到这个涵义，反而满足于否认一切目的的存在，这个缘故是偶然的；因为它们毫无根据地把自然、生命和人类的连续性割裂开来。

"这个"（"This"），不管这个是什么，总是意味着一个意义体系，集中在一个紧张、不安而需要调节的焦点上。它总结了过去的历史而且同时也揭开了新的一页；它是记载和展望结为一体；既是一个得到满足的状态而又是一个机会。它是过去所曾经发生的事情所结的果实，又是过渡到将待发生的事情的媒介。它是自然事情按照它们自己的方向和倾向写下来的一个注释，而且也是它们所将导致的方向的预测。每一个知觉或觉察都标志着一个"这个"，而每一个"这个"都是一个圆满终结，包括着所保持的东西，所以它也包含有记忆的能力。每一"这个"都是过渡性的、立即就要变成一个"那个"的。所以在它的运动中，它制约着将要发生的事情；它表现有先见和预测的可能性。过去、未来跟现在的联合在每一次对意义的觉察中都显现出来，而只有当人们把意识无故地跟自然割裂开来的时候，而且当人们否认自然界具有时间性和历史性的时候，这种联合才会成为一种神秘的事情。当意识是跟自然联系着的时候，这个秘密就变成了一个明白的启示，揭示出自然中有效能的东西和圆满终结的东西在功能上乃是相互渗透的。

经验、自然和艺术

在希腊人看来，经验系指一堆实用的智慧，是可以用来指导生活事件的丰富的洞察力。感觉和知觉乃是经验所具有的机缘，它们供给经验以有关的材料，但它们自己却并不构成经验。当加上保持作用而在许许多多被感觉和被知觉的情况中有一个共同的因素抽绎了出来，因而在判断和执行中可以为我们所用的时候，感觉和知觉便产生了经验。按照这样的理解，经验就在优良的木匠、领港者、医师和军事长官的鉴别力和技巧中显现出来；经验就是艺术。现代的学说曾经十分恰当地把这个名词的应用加以扩充而包括了许多希腊人所不称为经验的事物，如单纯地有些疼痛和痛苦或者在眼前有许多颜色的闪动。但是，我认为即使那些赞成这样广义用法的人，也会承认只有当这样的"经验"变成洞察或一种所享有的知觉时，它们才算是经验，而且他们会承认只有如此他们才以这种尊重的意义来说明经验。

不过，希腊的思想家们，在把经验跟所谓理性和科学的东西加以比较时，是轻视经验的。但是他们轻视经验的根据并不是现代哲学中平常所提出的理由；并不是因为经验是"主观的"。反之，经验被认为是宇宙力量的真正表现，而不是一种完全为动物或人类本性所特有的属性。它被视为比较低级的自然部分的现实，而这些部分是受机遇和变化所侵蚀，是宇宙中具有较少真实性的部分。因此，当我们说经验就是艺术的时候，艺术反映自然的偶然的和片面的情况，而科学——理论——则显示其必然的和普通的情况。艺术产生于需要、匮乏、损失和不完备，而科学——理论——则表现实有的丰满和完整。因此，这种轻视经验的观点和把实践活动视为低于理论活动的这样一个见解是完全一致的，它认为实践活动是有所依附的，是从外边推动的，显得缺乏真实性，而理论活动是独立的和自由的，因为它是完备的和自足的：它是完善的。

和这个前后一贯的主张相反，我们发觉现代的思想中却有一种奇怪的混合物。后者感觉到没有责任提出一个把艺术和自然结合一气的关于自然存在的学说；反之，它时常主张科学或知识乃是自然唯一真实的表达方式，而在这样的情况之下，艺术就必然是任意地赋加于自然之上的一种东西了。但是现代的思想也把发扬科学和赞赏艺术，尤其是美术或有创造性的艺术，结合在一起。同时，它保留了古代重理论轻实用的实质，不过以一种不同的语言加以陈述，大致是说，知识涉及客观实在的本身，而在所谓"实用"的情况中，客观实在就被欲望、情绪和努力等主观因素所改变，并在认识上被歪曲了。然而在它赞美艺术时，它没有留意到在希腊人的观察中最显著的这样一个事实——即美术和工业技术都是属于实用方面的事情。

人们几乎普遍地把艺术的和美感的东西混淆不清，而这种混乱的状况一部分是这种情况的原因，而一部分也是它的结果。一方面，是对付身外的材料和能量的行动，把这些材料汇集起来，加以精炼、安排和布置，以致它们所形成的这种新的状态产生了一种为它们原来所未曾产生的使人满意的状况——这一个公式既用来说明美术，也用来说明工艺。而另一方面，则是伴随着视觉和听觉所具有的一种愉快之感，沉醉于对象的感受欣赏和类化，而对于自己也参与在产生这些对象的活动过程中的情况则置之不顾。如果我们承认这两件事情是有区别的，那末我们是否用"美感的"和"艺术的"或别的字眼来说明这个区别，这都没有什么关系；因为这不是一个在文字上的区别，而是在对象上的区别。但是这个区别必须在某种形式之下予以承认。

希腊艺术所由产生的这个社会范围是小的，在生产和消费之间还没有很多的和复杂的中间媒介；生产者实际上是处于一种奴隶的地位。由于生产和可以享受的结果是紧密联系着的，这些希腊人在他们知觉上的利用和享受中对于匠人及其工作绝不是完全不意识到的，而且即使当他个人完全沉溺于愉快的静观之中时也不是这样的。但是艺术家就是一个匠人（艺术家一词丝毫没有现代用法中所具有的那种带有颂扬性质的涵义），而且既然匠人处于一个较为低下的地位，那末对任何艺术作品的享受，跟对那些不需要手艺活动就能现实出来的对象的享受，就不是处于同等地位的。理性思惟的对象，静观领悟的对象，就是符合于不受需要、劳动和物质的约束的这个特点的唯一的东西。只有这种对象是自足的、自在的、自明的，所以对它们的享受比对艺术作品的享受是占有较高地位的。

这些见解是彼此一致的，而且跟当时的社会生活条件也是一致的。现在我们却把许多彼此既不一致而又不与我们现实生活的情调相符的概念混杂地结合在一起。虽然认识活动的实践，已经跟工艺活动的程序打成一片了——即包括有处理和安排自然力量的行动在内——但大多数的思想家却仍然把知识视为对最后实体的直接掌握。再者，在说科学是掌握实在的同时，"艺术"却并未视为低级的东西而同样地受到尊重和颂扬。而且当人们在艺术内部把生产和欣赏区别开来的时候，通常是作品的生产受到主要的尊重，因为它是"具有创造性的"，而鉴赏是比较为个人所有的和被动的，因为它的内容依赖于从事创造的艺术家的活动。

如果希腊哲学把知识视为静观而不是把它当做一种创造艺术是正确的，而且如果现代哲学也接受这个结论，那末唯一逻辑的途径就是相对地轻视一切生产形式，因为它们是一些实践的方式，而按照概念上讲来，实践的方式是低于静观的。于是艺术的东西便较次于美感的东西了；"创造"较次于"鉴赏"的了，而科学工作者——正如我们意味深长地说——在等级上和在价值上比享受他的劳动成果的艺术消遣者都是较为低下的。但是如果现代把艺术和创造放在第一位的趋势是有道理的，那末我们就应该承认这个主张的涵义而予以贯彻。于是我们就会看到，科学就是艺术，而艺术就是实践，而唯一值得划分的区别不是在实践和理论之间的区别，而是在两种实践的方式之间的区别：一种实践方式是不理智的，不是内在地和直接地可以享受的，而另一种实践方式则是富于为我们所享有的意义的。当我们开始有了这样的觉察时，这就将十分明白了，艺术——这种活动的方式具有能为我们直接所享有的意义——乃是自然界完善发展的最高峰，而"科学"，恰当的说，乃是一个婢女，领导着自然的事情走向这个愉快的途径。因此，使当前思想界感到苦恼的这种分裂，即把一切事物划分成为自然和经验，把经验划分成为实践和理论、艺术和科学，把艺术划分成为工艺和美术、卑贱的和自由的等等，都会消逝了。

因此，我们从其含蓄的意义方面来讲，把经验当做是艺术，而把艺术当做是不断地导向所完成和所享受的意义的自然的过程和自然的材料，在这个论点中就把以前所考虑过的一切论点都总结在内了。思想、智慧、科学就是有意地把自然事情导向可以为我们直接所占有和享受的意义。这种指导——即操作的艺术——本身就是一件自然的事情，在这件事情的过程中，原来片面而不完备的自然变得十分完满；因而有意识的经验的对象，当它们被反省地选择出来时，便形成了自然的"终结（目的）"。形成经验的行动和遭受，按照经验是理智的或富有意义的程度，成为动荡的、新奇的、不规则的东西跟安定的、确切的和一致的东西所形成的一种联合——这也就是说明艺术的和美感的东西的一种联合。因为只要是有艺术的地方，偶然的和进行着的东西跟形式的和重复的东西便不再是向着相左的目的发生作用，而是在和谐的状态之中混合在一起了。而且有意识的经验，即时常被简称为"意识"的明显特征，就是在其中具有工具性的东西和最后的东西，作为记号和暗示的意义和直接被占有被遭受和被享受的意义，都结合而成为一体了。而所有这些事情，对艺术而论则尤为真实。

于是艺术首先就是自然中一般的、重复的、有秩序的、也已建立的方面和它的不完备的、正在继续进行着的、因而还是不定的、偶然的、新奇的、特殊的方面所构成的一个融会的联合；或者如某些美学体系曾在实质上宣称过的，虽然他们所用的名词是没有经验上的根据和意义的，艺术乃是必然和自由的一种结合，多合一的一种协调，感性和理性的一种和解。关于任何艺术的动作和产物，我们可以说以下两点必然都是对的：在艺术中，对任何部分的改变都势必不可避免地也改变了全部，同时，艺术的发生乃是自发的、意料之外的、新鲜的、不可预测的。在艺术中，无论把它当做是一种动作或是一个产品，总是出现有比例、经济、秩序、对称、组合，这是一件众所周知之事，已无需加以详论。但是意料之外的结合和过去未曾实现过的可能性后来的显现也同样是必要的。"在激动中的宁静"（"repose in stimulation"）乃是艺术的特征。秩序和比例，如果它们是唯一的东西，也就会立即枯竭；经济本身就是一个讨厌的和具有拘束力的监工。当它使人松弛的时候，它就是艺术的了。

自然界基本的一致性使得艺术具有形式，因而这种一致性愈是广泛和重复，艺术就愈"伟大"，但有一个条件——而这个条件却显示出了艺术的特点——即这种一致性要跟对新颖的惊奇和对无理的宽容不可以分辨地混合在一起。"创造"可以说得含糊而神秘，但它系指艺术中某些真实而不可缺少的东西而言。单纯完成的东西并不是美好的，而只是终结了，做完了，而单纯"新鲜"的东西，正如这个词的俚语用法所指出的，就是鲁莽无礼。①诗的"魔力"——而有所孕育的经验是具有诗的特质的——就是旧有的意义由于它通过新的事物表现出来后所产生的启示。它所放射出来的光芒过去在大陆上和海洋里都是从未见到过的，而今后却成为永久对于对象的普照明光。音乐在其直接的发生状况中乃是艺术中最为变化多端而轻松微妙的，但是它的条件和结构却是最为机械呆板的。这些事情都是众所周知的；但是在通常还未曾利用这些事情的意义来证明一个关于自然之本质的学说之前，我们引述它们是没有表示歉意的理由的。

界说艺术的两极，一方面是机械习惯的东西，而另一方面是偶然的冲动。当生活的缺陷和烦恼是如此明显地由于人们把艺术跟盲目的机械和盲目的冲动两下分开的缘故时，如果我们再把科学和艺术对立起来的话，这是没有什么价值的。机械呆板表示自然界的一致性和重复，而动荡不定则表示其混乱的开端和偏差。如果把这个方面孤立起来，每一单个的方面都是既不自然的，又不艺术的，因为自然就是自发性和必然性、有规则的和新颖的东西、已完成的东西和刚开始的东西，这样两个方面的相互交叉。我们反对好些当前的实践情况，因为它是机械呆板的，这是正确的，而同样正确的是：我们反对好些我们当前

---

① "fresh"普遍作"新鲜"解，但按照美国俚语的用法，又作"鲁莽""无礼""骄傲"等解释。——译者注。

的享受情况，因为它们是逃避强迫劳役的一种狂热。但是如果我们把对我们实际生活中好些在质量方面的合理的反对转变成为对于实践的一种描述和说明，这就无异于我们把我们反对庸俗的消遣、无聊的娱乐和沉湎于酒色的正确意见转变成为一种清教徒式的对于快乐的厌恶。把工作、生产活动当做是为了单纯外在目的而进行的动作的这个观念，和把快乐当做是使心灵服从于肉体上的兴奋刺激的这个观念，原来就是同一个观念。第一个概念标志着把活动跟意义分隔开来，而第二个概念标志着把感受跟意义分隔开来。如果经验已不成其为艺术，如果在自然中有规则的、重复的东西和新奇的、不定的东西不再在一种具有内在的和直接所享受的意义的生产活动中彼此互相支持和互相沟通，那末上述的两种分隔开来的情况都是不可避免的。

因此，我们的主题已在不知不觉中转入手段和后果、过程和产物、有工具性的东西和圆满终结的东西之间的关系问题了。如果任何活动同时是这两方面，既非在两者之中选择其一，也非以其中之一代替另一，那末这种活动就是艺术。生产和消费的分隔是一件通常发生的事情。但是如果为了提高圆满终结这一方面的地位而强调这种分隔情况，这既没有说明或解释艺术，也没有说明或解释经验。这使得它们的意义晦涩不明，结果把艺术划分成为工艺的和美术的；如果我们把这些形容词放在"艺术"的前面而作为字首，它们就毁灭和破坏了"艺术"的内在意义。因为，只是有用的艺术就不成其为艺术而只是机械习惯罢了；而只是美术的艺术，也不成为艺术，而只是消极的娱乐和消遣，其所不同于其他的纵情享乐之处，仅在于它还需要一定的锻炼或"修养"而已。

确有一些不具有直接被享受的内在意义的活动，这是不可否认的。它们包括我们在家庭里、在工厂里、在实验室和书房里很多的劳动。不能利用语言的夸大方法来把它们称为是艺术的或美感的。然而它们却存在而且带有强制性，因而使得我们不能不在某些程度上去注意它们。所以我们乐观地称它们是"有用的"而置之不顾，满以为把它们称为有用的之后我们就已经似乎解释和说明了它们之所以发生的道理。如果有人问："对什么有用？"我们就必须检验它们实际的后果，而当我们一经真实地和全部地面临到这些后果时，我们大致会找到理由来把这类活动称为有用的，而不是有害的。

我们称它们是有用的，因为我们忽然任意地不去考虑到它们的后果。我们只注意到它们产生某些物品的效力；我们并没有追问它们对于人类生活和经验的性质发生了什么影响。它们对于做鞋子、建房子、制汽车、造货币以及其他当时可以拿来使用的东西是有用的；探索和想像到这里便停顿了。它们由于狭窄的、痛苦的和残缺的生活，由于拥塞的、忙碌的、混乱的和奢侈的生活也造成了一些后果，而这些后果却被忘却了。但是所谓有用就是满足需要。人类特有的需要就是去占有和欣赏事物的意义，而这种需要在传统的对于"有用"这个概念中却被忽视而未曾予以满足。我们把利用跟某些事情和动作和它们所产生的其他事物之间的外在关系等同起来，因而我们把对于利用这个观念最主要的唯一东西，即在经验中的固有地位和影响却遗漏了。我们把某些艺术当做仅仅是具有工具性的这个概念进行归类上的利用，因而处理了人类大部分的活动，这并不是一个解决问题的界说；勿宁说它只是表达了一个重大的和迫切的问题。

同样的说法可以应用到单纯的美术或最后的艺术和艺术作品这个概念上。以事实而论，这个概念所指的事物可以归为三类。有所谓"自我表现"的活动和感受，有时把它用来当做是具有推崇的意义的，在这样的情况之下一个人任意放纵他自己，把自己内心的状态自由地流露出来而不涉及那些为理智的沟通所依赖的环境条件——这种动作有时也称为"情绪的表现"，于是它便建立了一个说明一切美术的界说。我们容易处理这样的艺术，我们可以把它称为是自我中心主义在其他事业方面遭遇到障碍之后所产生的一种结果。但是这样处理的办法忽视了一个比较重要的地方。因为一切艺术总是把这个世界制造成一个不同的生活处所的过程，而且还包括有抗议和补偿行为的一方面。在这些表现中存在的这种艺术其产生的原因在此。这种抗议之所以变成主观武断的和这种补偿行为之所以变成任意偏执的，这是由于在意义的沟通之中受到了挫折的缘故。

除了这个类型以外——而时常是和它相混杂的——还有一种在新的方式或新的手艺中从事实验的活动，在这种情况下，作品所具有的这种显得奇异和过分个人主义的特征，是由于对于现存技术的不满而还带着有一种寻求新颖的语言方式的企图。除了这一点以外，它或者是推崇这些表现，似乎它们在人类历史上第一次构成了艺术，或者是贬责它们，而不承认它们是艺术，因为它们粗暴地脱离了公认的法规和方法。向这个方向发展的某种运动一向是促使一些新形式成长的一个条件，一向是使艺术从所谓学院艺术的致命的停顿和衰退中解放出来的一个条件。

还有数量上庞大的所谓美术：称为建筑艺术的房屋建筑；称为绘画艺术的图画创作；称为文艺的小说、戏剧等等的写作；这一类的产品其实大部分是一种商业工艺的形式，生产一类的货品以备那些有钱而想维持一种为社会习俗所公认的特殊地位的人们来购买。正如前两种方式特别地重视在一切艺术中所不可缺少的那种特殊性、偶然性和差异性的因素，有意地夸耀自己避免了自然界的重复和秩序；同样，这一种方式则颂扬有规律的和完成的东西。与其说它是纪念被经验的事物所具有的意义，勿宁说它是对这些意义的回忆。它的产品使得它们的所有者回想到一些在记忆中是愉快的虽在直接的经历中是痛苦的东西，而且它也使得其他的人回想到它们的所有者所曾经达到的那样一种使他有可能来培养和点缀他的闲暇的经济水平。

在这三类的活动和产品中，显然没有任何一类或者它们结合在一块儿足以显示出任何能够被明确地称为美术的东西。它们所具有的性质和缺点是许多其他的动作和对象所共有的。但是幸而这三者中每一类可以跟任何一类混合起来，而且尤其幸运的是，可以没有混杂地发生一种突出优越的活动和产品。当活动能够产生一个足以激起不断刷新的愉快心情的对象时，就会发生这种情况。这种情况要求这个对象及其后继的结果要具有无限的工具作用以产生新的使人满意的事情。因为否则这个对象很快就枯竭了，而人们对它就感到餍足了。如果任何人思考一下这个众所周知的事实：即衡量艺术作品的尺度就看它们能否吸引和抓住人们对它们的观察而使他们无论在什么条件下接触它们时都会感到满意，而质量差一些的东西立即就失去了抓住人们注意力的能力，而在以后的接触中就变成漠不相干或冷淡无味的了，这就确切地证明了，一个真正的美感对象并不是完全圆满终结的，而是还能够产生后果的。如果一个圆满终结的对象不也是具有工具作用的，它不久就会变成枯燥无味的灰尘末屑。伟大艺术所具有的这种"永垂不朽"的性质就是它所具有的这种不断刷新的工具作用，以便进一步产生圆满终结的经验。

当我们留意到这个事实时，我们也就看得出，把艺术的美的性质仅限于绘画、雕刻、诗歌和交响乐，这只是传统习俗的看法，甚或只是口头上的说法而已。任何活动，只要它能够产生对象，而对于这些对象的知觉就是一种直接为我们所享受的东西，并且这些对象的活动又是一个不断产生可为我们所享受的对于其他事物的知觉的源泉，就显现出了艺术的美。有各种的动作直接使得这种精神重新振作和继续扩大，并且它们是生产新对象和新性向的工具，而这些新对象和新性向又回过来能够产生进一步的精炼和充实。道德家们时常把他们所认为优良的或合乎道德的行为当做完全是最后的，而把艺术和感情当做单纯是手段。美学家则背道而驰，把良好的行为当做是达到一种后来外在的快乐的手段，而只有美感欣赏本身才被称为是美好的，或者说，只有那种奇怪事情本身才是一个终结（目的）。但是这两方面都认为：这些所谓手段的东西，在它们卓越地产生果实时，它们本身也是一种直接的满意状态。它们就是它们本身之所以存在的理由，这正是因为它们负有一种加速领会、扩大眼光、精炼鉴别力、创造为进一步的经验所证实和加深的欣赏标准这样一个使命。当我们坚持它们所具有的非工具性的特征时，看起来几乎好像是指一种不确定地扩张的和放射的工具效能而言。

这种错误的根源在于我们有一种习惯，把并不是手段的东西也称之为手段；这些东西只是另一些东西发生的外在的和偶然的先在因素。同样，除了偶然的情况以外，并非目的的东西也被称为目的，因为它们并不是通过一种手段而达到的满足状态、圆满终结的东西，而仅仅是结束一个过程的最后一端。因此人们时常说，工人的劳动乃是他的生计的手段，然而除了在最微细的和任意的方式以外，它跟他的真实生活并没有什么关系。即使他的工资也不是他的劳动的目的或后果。他可以从事成百件其他工作中的任何一件工作，作为收入的一个先决条件——他经常就是这样做的——而且是做得一样好或一样坏。当前流行的关于工具性的这个概念，由于人们有这种把它用于以上的这类情形的习惯而深刻地受到了损害，因为在上述的情况中，并不是对于手段的一种运用，而只是去从事某一件工作，作为另一件需要的事情发生的一个强制的前提的那种强制的必要性。

手段总至少是原因条件，但是只有当原因条件再具有了一种赋加的条件时，它们才是手段，这个赋加的条件就是这些原因条件由于我们觉知它们跟我们所选择的后果之间的联系而随意地被我们所使用。考虑、选择和完成某种事情而把它当做是一个目的或后果，就势必对于作为其手段的任何事情和动作也要具有同样的爱护和关怀。同样，后果、目的至少总是原因所产生的后果；但是结果并不是目的，除非思惟已经知觉和自由选择作为它们先决条件的这些条件和过程。把手段当做是卑贱的具有工具作用的东西和仆从的这个看法，不仅仅是把手段贬责为强制的和外在的必要性而已。它使得一切赋有目的这个名目的事物都成为特权的一些附着物，而"利用"这个名称则变成了替那些不属于优越而合理的生活之组成部分的事物进行辩护的一个理由。现在生计并不是一个工资劳动者的劳动所产生的后果，而不如说它是形成这个经济制度的其他许多原因所产生的结果，因为劳动仅是这些其他原因的一个偶然的附属物而已。

油墨和操作处理的技巧乃是作为目的的一幅图画的手段，因为这幅图画就是它们的结合和组织。声调和耳朵的感受性在适当的交相作用时就是音乐的手段，因为它们构成、造成音乐，同时也就是音乐。一种美德性向乃是达到一定性质的快乐的一个手段，因为它也是构成那种美德性质的一个组成部分，而这种快乐又回过来是达到美德的手段，因为它也保持着美德性质。面粉、水分和酵母乃是做成面包的手段，因为它们是面包的内含成分；面包是生活中的一个因素，而不仅是维持生活的一个手段。一个良好的政治制度、忠诚的警察系统和有能力的司法官员，乃是达到这个社会的繁荣生活的手段，因为它们是那个生活中的统一的部分。科学是艺术所具有的工具，而且也是达到艺术的工具，因为它就是艺术中的理性因素。有一句平凡的话说，如果一只手不是属于一个生活着的机体的一个器官———一个均衡的活动体系中的一个活动着的协调部分——它就不成其为一只手，这句话却非凡地适用于所有一切作为手段的东西。手段—后果的联系永远不是在时间上单纯连续的一种联系，作为手段的这个因素过去了、消逝了，而这个目的便开始了。一个主动的过程是在时间中开展出来的，但是在每一个阶段和每一点上总有一种积累，逐渐地累积和组合起来而变成了后果的组成部分。一个对于产生一个目的真正具有工具作用的东西，也总是这一个目的所具有的器具。它使得它所由体现出来的对象继续地具有效能。

　　把某些东西当做单纯的手段而把另一些东西当做单纯的目的，并在这两者之间加以分隔的传统思想，乃是劳动阶级和有闲阶级之间、并非也是圆满的生产和不从事生产的圆满终结之间的分别存在的一种反映。这种区别不仅仅是一种社会现象。它体现着在人类的水平上所保持着的属于动物生活中所具有的一种在需要和满足之间的区别。而这样的区别又表现自然中在失去均衡的、紧张的情境和已经达到均衡的情境之间所存在的这种机械的外在关系。因为在自然中，在人类以外，除了事情是在"发展"或"进化"中结束的（在"发展"或"进化"中，过去历史的后果是在新的效能中继续积累地前进着的）以外，先在的事情总是发生一件具有直接的和静止的性质的事情的外在的、有过渡性的条件。以动物而论，动作对于它是没有意义的，在满足需要时所要求的环境的变化本身是没有意义的；这类的变化乃是属于自我中心的满足状态范围的一个纯粹的偶然之事。先在事情和后果之间在物理上的外在关系被继续保持下来；它在人类的工业中也同样继续下来，在人类工业中劳动及其原料和产物乃是维持生活的一些在外在上有强制性的必需品。因为希腊的工业大部分是建立在这样一种奴隶劳动的水平上，一切工业的活动都被希腊思想认为是一种单纯的手段，一种外在的必需品。可以由此而得到的满足便被认为是孤立地属于纯动物性质的目的或好处。对于一个真正人类的和理性的生命而言，它们便绝不是目的或好处，而只是"手段"，那就是说，它们只是一些外在的条件，它们乃是自由人，尤其是那些专心致力于追求自由之极峰、纯思惟的人们所过着的和享受的生活所必需的有强制性的先决前提。亚里士多德曾经从这个假设的前提得到了一个公正的结论，他说，人们是有阶级的，而这些阶级的人们乃是这个社会的必需材料，但却不是属它的主要部分。在这个结论中他说："当有一个东西是手段而另一个东西是目的的时候，在它们之间是没有什么共同之点的，而所有的只是一个是手段，在生产，而另一个是目的，在接受所产生的结果"。他的这句话就概括地说明了手段和目的之间这种外在的和强迫的关系的全部原理。

因此，下面这一点看来几乎是自明之理了：哲学传统中曾经采用在具有工具作用的东西和最后的东西之间的区分来当做一种解决问题的结论，但这种区分其实却引起了一个根深蒂固而牵涉得很广泛的问题，甚至我们可以把它称为关于经验的最基本的问题了。因为人们的一切理智的活动，无论是表现在科学中、美艺中的或社会关系中的，都是以把因果结合、连续关系转变成为一种"手段—后果"的联系，转变成为意义，作为它们的工作任务的。当这个任务完成的时候，结果就是艺术；而在艺术中手段和终结（目的）是一致的。只要所谓手段仍是外在的和属于仆从地位的，而所谓终结（目的）乃是所享有的对象，而这些对象进一步成为其他事物之原因的地位又是尚未为人所知觉到，被人们所忽视或者否认的话，这种情境便是艺术具有局限性的正面证明。在这种情境所包含的许多事情中这个问题还未曾得到解决；即把物理的和动物的关系转变成为标志着自然的可能性的各意义之间的联系的问题还未曾得到解决。

无疑地，人类是作为物理的和动物的自然界中的一部分而开始的。当他在一个严格的物理的水平上反应物理的事物时，他和任何其他的东西一样，只是被拖拉和推撞、被压倒、被粉碎，被高举在事物波涛的顶上。他的接触、他的遭受和行动都只是一些直接交相作用的事情。他是处于一种"自然状态"中。像一个动物一样，甚至像一个处于猛兽水平的动物一样，他设法使某些物理的事物服从于他的需要，把它们变成维持生命和促进成长的原料。但即使在这时候，作为满足需要之原料的事物以及获取和利用它们的这些动作，还不是对象或具有意义的事物。欲望本身是盲目的，这一点是明显的；它可以推动我们而得到一种安适的结果而不是遭遇到灾难；但我们完全同样是在被推动着。当人类知觉到欲望的意义，知觉到它所导致的后果，而这些后果在反省的想像中加以试验，其中有些看来是彼此一致的，所有可以同时共存和排列成为一系列的成就，而另有一些则看来是各不相容的，既不容许在同一时间结合起来，而在一个系列中又是彼此发生阻碍的——当我们达到了这样一种境界时，我们便生活在人类的水平上了，我们在从事物的意义方面去反应事物。一个因果之间的关系已被转变成为手段和后果之间的关系了。于是后果便完全属于可以产生它们的条件，而后果又是具有特征和区别的。原因条件的意义也转入了后果之中，因而后果就不再是一个单纯的终结，一个最后的和结束的停顿点。它在知觉之中突显出来，它显得具有了它所包含的条件所具有的效力。这种后果所具有的满足和圆满终结的价值，是可以用以后满足需要和使需要受到挫折的情况来衡量的，而它由于组成它的原因的手段而对于以后所产生的满足需要和使得需要受到挫折的情况是有所贡献的。

因此，意识到意义或具有一个观念就标志着一个结果，对于事情之流变所享受到或遭受到的一个停顿之点。但是有各种各类知觉意义的途径，有各种各类的观念。意义也许是根据一些被我们匆匆地突然获得而跟它们的各种联系脱了节的后果来决定的；于是便阻碍了一些比较广泛而持久的观念的形成。或者我们也会觉察到一些意义，获得一些观念，它们既有广泛而持久的范围而又有丰富细致的区别。后一类的意识就不仅是一个转瞬即逝的和肤浅的圆满结果或终结；它吸收了许多的意义在内，而这些意义包含着各方面的存在物，是融会贯通的。它标志着长期继续努力的结果，标志着坚持不倦的寻索和检验的结论。简言之，观念就是艺术和艺术作品。作为一种艺术品，它直接解放了以后的行动，而使它在创造更多的意义和更多的知觉中获得更为丰富的果实。

这样的一些成就，跟物理的和动物的自然界大部分所表现出来的经验比较起来，是多么稀少而不稳定，认识到这一点乃是我们智慧的一部分。我们所有的自由而丰富的观念，我们由于创造艺术而获得的适当的欣赏，乃是被一个不可克服的汪洋大海所包围着的，在这个汪洋大海中，我们到处都遇到许多未知的力量所产生的偶然事件而命定的被卷入许多预见不到的后果中去。在这里，的确我们是过着一种奴仆的、卑贱的、机械的生活；而且在我们的生活中有时有些力量盲目地引导我们达到了我们所喜欢的终结，而有时我们又被带入一些我们所盲目反抗的条件和结果之中去。结果，我们如古典思想一样，把这种方式之下所遇到的满足状态称之为"终结（目的）"而把这个字眼用来具有一种推崇的意义的话，我们其实就是宣布我们是从属于偶然事件的了。我们的确可以享受命运之神所赐予我们的好处，但是我们却应该要认识到它们是怎么一回事，而不应该全盘地肯定它们是好的和正当的。因为既然它们并不是通过任何艺术而达到的，因而其中就不包含有审慎地选择和安排力量的过程，我们就不知道它们具有什么意义。有一个古老的故事说得很对：命运之神是反复无常的，而且在它使得它亲爱的人们沉醉于富贵繁华之中以后，又喜欢把他们毁灭掉。艺术的好处并非不如自然的赋予那样好；此外它们还带有一种睁亮了眼睛的自信心。它们是有意识地运用手段而得到的果实；它们是一种满足状态，而这种满足状态又由于我们有意识地控制业已参与其中的原因条件而产生进一步的后果。除了命运之外就只有艺术，而意义和工具的价值跟结果分开乃是命运的精蕴。文化中秘传的特征和宗教中超自然的特性都是这种分隔状况的表现而已。

现代思想曾经在形式上拒绝信仰自然目的论，因为它发觉希腊和中古的目的论是幼稚而迷信的。然而事实总有办法迫使人们承认事实本身。很少有科学著作不在某一点上加入这种关于倾向的观念。这种关于倾向的观念在它本身中一方面排斥了预先的设计，而同时又包括有倾向于一个特殊方向的运动在内，这个方向或者是被推进了或者遭受到抵抗和挫折，但它却是内在存在的。方向包含有一个限制的地方，有一个极终的顶点或目标和一个开端的出发点。肯定一个方向和预先意识到一个可能的运动终点，这是同一事实的两种说法。这样的意识也许是具有宿命论的色彩的；它是一种不可避免地要走向临头的劫数的感知。但是它也可以是包含有一种对意义的知觉，因而可以灵活地指导一个前进的运动。于是这个终结便是一个在预见中的终结（目的），而且是在每一个前进的阶段上经常地和累加地重新加以改进的。它不再是一个处于导致这个终点的条件以外的终止点；它是现有倾向所具有的继续发展着的意义——这种在我们指导下的事情就是我们所谓的"手段"。这个过程便是艺术，而它的产物，无论是在哪一个阶段上所得到的产物，便是一种艺术作品。

在一个建筑房屋的人看来，在预见中的终结并不只是经过许多足够的和适当的强制运动之后而达到的一个遥远的和最后的目标。这个预见中的终结是一个计划，它是在选择和安排材料时同时发生作用的。这些材料如砖瓦、石头、木料和灰泥等，只有当这个预见中的终结实际体现在它们之中，实际构成它们时，才成为手段。其实，这些材料就是这个预见的终结所实现的现阶段。这个预见的终结在这个过程的每一个阶段上都表现出来；它是作为这些所运用的材料和所进行的动作所具有的意义而出现的；如果这些材料和行动没有表现出这种意义的话，它就不能算是"手段"；它们只是一些在原因上的外在条件而已。这句话是从事情的发生上来讲的；它也可以同样用来说明每一个阶段上的情况。当建筑工程完成的时候，这所房屋并不是"唯一的终结"。它标志着把一定的材料和事情组织成为有效手段的结果；但这些材料和事情仍然在跟其他事物发生着因果上的关系。这时候预先看到了新的后果；抱着新的目的、预见中的终结；而这些预见的后果、目的体现业已造成的这个东西所具有的协调配合之中，不过这时候这个业已造成的东西变成了材料，有意义的材料，跟其他的材料在一块儿，因而也就变成了手段。这个建筑房屋的过程服从于许多严格的外在条件，因而如果我们不考虑这个过程，而以一个具有自由伸缩性的活动过程，如画一幅图画或思考一个科学过程等来说明我们的问题，如果我们是带艺术性地从事这些活动，上述的那种情况就会更为清楚些。自由艺术的每一个过程都证明了手段和终结之间的差别乃是在分析上的、在形式上的，而不是在材料上和年代上的差别。

以上所述使我们能够重新说明作为客观上有所创作的艺术和美感的东西之间的区别。双方面都包含有一种对于意义的知觉，而在这种知觉中，具有工具性的方面和圆满终结的方面乃是在一种特殊的情况之下互相交杂着的。在美感的知觉中，一个为意义所渗透的对象是直接所给予的；它也许被视为理所当然的；它邀请和等待着人们直接专有的享受。在美感对象中感知到有一种产生结果的倾向；在这种对象中体现出一种手段—后果的关系，好像他用过去双手创造出来的东西曾经经过了上帝的鉴定而宣称是好的东西一样。这种好不同于色情上的满足；后者是属于所谓肉欲方面的而不是美感的，前者则是一些愉快的结局，而在这些结局发生时，我们并没有预先知道业已成为这些结局之一部分的这种关于材料和动作的意义。在沉溺于欣赏之中的状态下，知觉便走向已经通过一种松弛和激动的方式而变成了愉快结局的倾向上去。

在另一方面，艺术的感知就是把倾向作为可能性来加以掌握。这些可能性较之业已为我们所达成的材料尤为迫切地和带强迫性地激起我们的知觉。虽然在欣赏和艺术创作这两方面都直接感知、感受到这种手段和后果间的关系，但在欣赏中这个过程已经向着业已完成的方向下降；在艺术的创作中一个现存的圆满终结状况引起进一步知觉的这种情况占有主导的地位。因此，在存在中的艺术，即这个主动的创作过程，可以界说为一种美感的知觉再加上我们对于美感对象所具有的效能的这种知觉，而这种知觉是起着操作作用的。在许多人看来，关于大多数所享有的知觉方面，这种对于可能性的感知，这种伴随着对于诗歌、音乐、绘画、建筑或自然风景的欣赏而来的激动或兴奋状态，是散漫的和混乱的；它只有在直接而不明确的方式中发生效果。我们所享受的对于一个视觉景象的知觉，在任何情况中总是那个景象在其整个联系中的一个函数，不过它联系得并不合适。在某些得天独厚的人们中，这种效果跟其他的禀赋和习惯适当地配合起来；它变成了技能的一个完整的部分，在创造一个新的欣赏对象的过程中发生着作用。不过这样的结合统一是逐步前进的和带有试验性的，而不是在每一时刻上业已完成的。因此，任何有创造性的努力都是有时间性的，会遭遇到困难和波折的。从那个意义上讲来，在一个平常人由于一个美感对象所激射发出来的能量而在他的行动上发生的这种模糊而迟延的变化，跟一个有特殊天赋的人对于以后的动作所给予的这种特别而具有一定方向的指导活动之间的差别，归根到底只是程度上的不同而已。

如果一个人不感知这种跟某一种后果的状态结合在一起而发生作用的运动倾向，那末他就只有情欲上的满足而丝毫也没有所谓欣赏。对运动倾向的感知使我们紧张、刺激、兴奋；对完成、圆满终结的感知则给予我们以平静、形式、尺度和组织。如果强调后者，则欣赏是属于古典类型的。这个类型适合于这样的条件：即如希腊人一样，创作在专门的匠人中已经职业化了；它适应于对古代或远方的成就所作的一种静观的享受，在这种情况之中条件不允许我们去从事仿效和类似的实际创造活动。任何艺术作品，当它持久地保持它所具有的这种能够激起为我们所享有的知觉或欣赏的力量时，它就立即变成古典的了。

在所谓浪漫主义的艺术中，这种超越于圆满终结限度以外而发生作用的倾向感太过分了；对不现实的可能性的一种生动的感知附着在一个对象上面；但是它是用来提高直接的欣赏，而不是用来提高进一步的创作成就的。任何具有特别浪漫主义色彩的东西激起一种感觉，觉得所提示的可能性不仅仅超过了实际的现实，而且超过了任何经验中能有效地达到的范围。就这一点讲来，有意带有浪漫主义色彩的艺术乃是任意做作的，因而也就不成为艺术。知觉上的兴奋和激动的享受变成了最后的东西，而艺术作品是用来生产这些感觉的。对未曾达到的可能性的感知被用来作为他们不去努力获得成就的一种补偿的代替物。因此，当这种浪漫主义精神侵犯到哲学领域时，在想像的情操中所呈现出来的这些可能性便被宣称是实有本身真实而"超验的"（"transcendental"）的实质。在完全的艺术中，欣赏追随在这个对象之后，而且跟着它一同移动，直至它到达完成的境界；浪漫主义却把这个过程颠倒过来，而把这个对象贬低为一个激起一种预定的欣赏的机遇而已。在古典主义中，客观的成就是基本的，而欣赏不仅服从于这个对象，而这个对象也被用来构成情操并给予特性。作为一个主义来讲，它的毛病就是它把心灵变成是客观的所与；而把这样的所与当做似乎是永恒的而且完全跟发生和运动分开的。摆脱了任何主义的桎梏的艺术既具有运动过程和创造，也有秩序和最后的结果。

所以，要在工艺和美术之间规定种类的差别，这是矛盾可笑的，因为在艺术中就包含有在手段和终结（目的）之间的一种特殊的相互渗透的状况。许多的东西由于社会地位的理由而被称为是有用的，有着反对和轻视它的意义。有时把事物说成是属于低下的艺术，这仅仅是因为它们便宜而为普通人民所习用。这些通常的日用品也许在后来的时代中还遗留着或者被传到另一个文化中去，如从日本和中国传到美国来，变为稀有之物而为一些鉴赏家所寻求，因而也就归于美术作品之列了。另一些东西也可以被称为是美的，因为它们的使用方式是装饰性的或者是在社交上表示夸耀的。这是企图作一种程度上的区别；我们说：当对一事物意义的知觉对某另一事物起一些偶然的作用时，这一事物便是属于使用范围以内的；而当这一事物的其他用处都服从它在知觉中的用处时，这一事物便是属于美术范围内的。这种区别有一种粗略的实用价值，但不能做得太过分。因为在创作一幅画或一首诗时，和在创造一个花瓶或建筑一座庙宇时一样，知觉也用来作为达成某一些超越它本身以外的其他事物的手段。再者，虽然我们对于壶、罐、碗、碟等日用品基本上是从它们的某些用处去知觉的，但是对它的知觉本身也可以是为我们所享受的。唯一的基本区别乃是在坏艺术和好艺术之间的区别，而这个区别，即在符合于艺术条件的事物和不符合于艺术条件的事物之间的区别，同样可以用来说明有用的和美的东西。在意义中对结果的享受和产生结果的效力是互相渗透的，而不同的产品能够使知觉具有意义，不过这种意义的完备程度不同而已；但罐子和诗词也可以同样完全不具有这种能力。一种机械地设计和制造出来的用具的丑陋，和一幅粗俗不堪和伪制赝品的图画的丑陋，只是在内容或材料上不同；在形式上它们都是作品，而且是坏作品。

　　思惟尤其是一种艺术，而作为思惟产物的知识和命题，也跟雕像和交响乐一样，乃是艺术作品。思惟的每一后继的阶段都是一个结论，而在这个结论中，产生这个结论的事物的意义就被概括起来了；而且当它被陈述出来时立即就成为一道辐射在其他事物上的光芒——或成为遮蔽它们的迷雾。一个结论的先在条件，也和一所房屋的那些先在条件一样，是起着原因的作用和实际存在的。它们并不是逻辑的或思辩的，也不是一件有关于观念方面的事情。当一个结论跟随着一些先在条件时，从严格的、形式上的意义讲来，它又不是跟随着"前提"之后的。前提乃是把一个结论分析成为它在逻辑上的理由根据；在有结论之前是没有所谓前提的。结论和前提是经过了一个程序才达到的，而这个程序可以比为在制造一个木箱时使用木板和铁钉一样；或者可以比为在一幅画时使用油墨和画布一样。如果所使用的是有缺陷的材料或者是粗枝大叶地和粗劣地把它们合并在一块的，结果也是有缺陷。在某些情况中这种结果是称为无价值的，在另一些情况中，是称为丑陋的；在另一些情况中，这种结果是称为愚钝的；在另一些情况中是称为浪费的、无用的，而在另一些其他的情况中又是不真实的、虚伪的。但在每一种情况中，这个带谴责的形容词总是按照产生这个作品的方法去判断所产生的这个作品的。科学的方法或者说构成真实知觉的艺术，在经验的进程中被肯定在着手其他艺术的时候去占有一个特殊的地位。但是这个独特的地位只会使它更为可靠地成为一个艺术；它并没有把它的产物，即知识，跟其他的艺术作品对立起来。

有效的具有认识作用的知觉是有其存在上的根源的，这一点有时在形式上是被承认而在实质上却是被否认的；产生有效信仰的事情被称为是"心理的"。于是在心理学上所讲的发生根源和在逻辑上所讲的有效性之间便划分了一个严格的区别。当然，在编纂字典时所用的名称是没有什么特别重要性的；如果有人愿意把知识和真理的有效原因（efficient cause）称为是心理的，他完全有权利去这样做——但他要承认这些作为原因的事情所具有的现实特性。然而，这样的承认将注意到，所谓心理的不是说是属于心灵方面，或是属于完全限于头脑以内或"皮肤以下"所进行着的事情。从认识上觉察到一个对象，不同于在美感上觉察到一个对象，在这里包括外在的物理运动和在物理方面操纵的物理用具。在这些主动的变化中，有些变化产生了不健全的和有毛病的知觉；有些却已被肯定是时常产生有效的知觉的。这个差别显然跟建筑或雕刻艺术被技巧地执行着或是被粗枝大叶地和不用适当的用具去进行时所产生的差别完全一样。所以产生证实的信仰的这些活动手续，有时被称为是"归纳的"，在这样的称呼之中就含有一种不信任它们的意义，而比较起来，演绎的功能则被认为具有一个比较优越的特殊地位。关于在这样的界说之下的演绎，我们可以提出以下的几点意见。第一，它跟与任何存在物有关的真伪问题是丝毫没有关系的。第二，它甚至于也不涉及一致性或正确性的问题，除非在一种形式的意义之下，而按照这种形式上的意义讲来（如以上所曾经指出过的），所谓一致性的反面并不是不一致性而只是无意义。第三，出现在演绎中的这些意义乃是过去的所谓"归纳"的研究所获得的结论，那就是说，乃是通过适当的外在运动和用具去改变外在事物的一种试验艺术所产生的结果。

在科学中实际所发生的演绎法，并不是像普通定义所界说的那样的演绎法。演绎是直接处理意义彼此之间的关系的，而不是处理直接涉及存在的意义的。但是这些意义仍是这些意义的本身，而它们是借助于采用和操纵的动作——一种语言的艺术——而彼此关联起来的。它们具有理智上的重要性，而它们之所以加入科学方法之内而能产生丰富的结果，这仅仅是因为它们是被它们以外的动作所选择、运用、分隔和联合起来的，而这些动作跟在实验中使用仪器和其他物理的事物时有关的那些动作一样，也是存在的和具有原因作用的。认知的动作，无论它是有关于推理或有关于证明的，总是具有归纳的作用的。当思惟系指任何实际发生的事物而言时，就只有一种思惟方式，即归纳的思惟。如果有人认为另外还有一种所谓演绎的思惟，这种想法只是哲学中所普遍流行的这种把功能当做先在活动而把存在所具有的根本意义当做似乎是一种"实有"的倾向的另一证据。作为一种具体的活动而言，演绎是丰产的而不是不结果实的；但是作为一种具体的活动，它还包括一种外在的采取和使用的动作，而这种动作是有选择性的，有实验性的，而且经常为后果所核对的。

知识或科学，作为一种艺术作品，好像任何其他的艺术作品一样，赋予事物以它们前所未有的特性和潜能。所谓实在论所以对这个说法提出反对，乃是由于它把不同的时间混淆起来了。知识并不是一种歪曲或曲解，把现在不属于它的题材所有的特性强加在这种题材之上；知识是一种动作，赋予非认识的材料一些为它过去所未曾有过的特性。它标志着一种变动，通过这样一种变动，原来表现出机械能量特性的一些物理的事情，由推和拉、撞、弹、分裂和结合等关系而联系起来的，现在具有了前所未有过的特征、意义以及意义之间的关系。建筑术并不是在木石之上加上一些不属于它们的什么东西，但确又在它们上面赋加了一些它们在早期状态中所没有的特性和效能。建筑术使木石在新的方式下交相作用，具有新的一系列的后果，因而便使它们具有了新的特性和效能。工程和美术都未曾把它们本身限制于模仿的再造或对于先在条件的描摹。不过它们的产品较之自然存在原先的状态更加自然有效，更加"富有生命"。在认识的艺术及其作品反面也是如此。

科学在今天好像一个魔障似的处于一个信仰和愿望的汪洋大海之中。这个原来似乎无法解释的事实也从人们不承认知识为艺术之产品这一点上得到了解释。不过，要解除这个困难，在承认科学是一种艺术时，就必须不仅仅在理论上承认科学是人类为了人类而造成的，虽然承认这一点大概是一个开端的初步。但是这个困难的真正根源，在于这种认知的艺术现在仅仅限于这样一个狭小的范围以内。像任何贵重和稀罕之物一样，它曾被人为地加以保护；而且经过这样一种保护，它已被非人化而成为一个阶级所专占。好像贵重的翡翠珠宝的首饰仅属于少数人所有的一样，这个科学宝饰也是如此。有些哲学理论曾把科学置于庙宇神坛之上，远离生命的艺术而仅能通过一些特殊的礼节仪式才能接近，这些理论也是保持一种与世隔绝的垄断信仰和保持一种在理智上的权威的专门技术的一部分。在我们对于事物之意义获得正确的和自由的知觉这种艺术体现在教育、道德和工业之中以前，科学将始终是少数人所有的一种特别的奢侈品；在广大的群众看来，它将是包括遥远的和玄妙的一堆古怪的命题，它们跟生活丝毫没有关系；它只是在自发性上强加上规律而请出必然性和机械性来作证，以反对我们丰富和自由的愿望罢了。

每一种错误都附带有一种相反的和补偿性的错误，因为否则它立即就会自己揭露出来。原因在形而上学上是优于结果的这种见解，便为在美感上和道德上目的优于手段的这种见解所补偿。我们只有把"目的"移置于原因和效能的领域之外，才能够同时维持这两种信仰。这一点今天已经做到了，首先是由于把目的称为内在的价值，而再在价值和存在之间划上一道鸿沟。结果，由于科学必须要处理存在物，它就变成粗野和机械的了，而关于价值的批评，无论是在道德方面或美感方面的，就变成是书呆子气的或有女人气的，不是表达一些个人的好恶，就是树立一系列沉重的规章条例。利用一些具有改进这种艺术的后果的方法去鉴别判断，这是我们所需要做的事情，但这样的事情很容易通过这些粗大的网眼而走漏出来了，而大部分的生活就在一种未曾为思惟研究所照耀过的黑暗中渡过去了。只要这样的一种事态继续存在着，本章把科学当做艺术的论点——好像本书中许多其他的命题一样——大部分是带有预见性的，或者多少是带有思辩性的。当思惟的艺术适用于人类和社会的事情，而跟那种用来对待远处星辰的思惟艺术一样成长起来时，我们就没有必要来辩论说科学是这些艺术和这些艺术作品的一种了。我们仅就可以观察到的情境加以指点就够了。把科学跟艺术分隔开来，而又把艺术区别为与单纯的手段有关的艺术和与目的本身有关的艺术，这乃是掩盖我们在力量和生活的幸福之间缺乏两相结合办法的一个假面具。我们对生活幸福的预见愈能使人认知力量的表现，这个假面具就愈失去其似真性。

　　有效的东西和艺术中最后的东西乃是互相渗透的，这一点已在艺术逐渐从魔术式的仪式和崇拜中解放出来和科学逐渐从迷信中突创出来的情况中找到了证据。因为如果手段和终结（目的）在经验上是截然划分的话，魔术和迷信就不可能在过去统治过人类的文化，而诗歌也不可能在过去被视为对自然原因的洞察。它们在同一个对象中结合的紧密性，就容易使人们把任何圆满终结的东西所没有的一种效能认为是它所具有的。凡是最后的东西都是重要的；这样说只是表述一件谁都知道的事实。由于我们在分析和钻研为我们所直接享受的对象所具有的特殊效能时缺乏运用的工具和技巧，我们便按照这个对象重要的程度而把大量的效能赋加在这个对象的身上。从这种投合自然人的爱好，喜欢走捷径的实用主义反面讲来，重要性是衡量"真实性"的尺度，而真实性又反过来说明有效能的力量。一位热情的公民看见国旗时或一位虔诚的基督徒看见十字架时所激起的忠诚，被直接归属于这些对象的内在本质。它们是参与在一个圆满终结的情境之内的，但却转变成为一个神秘的内在神圣力量、一种永恒不朽的效能。因此一个为我们所喜爱的人的纪念物，引起我们内心一种感情，正同它所属的这个可爱的人亲自所唤起的那种情意是一样的，因而这种纪念物便具有引起愉快、兴奋和安慰的效能。无论在一个圆满终结的情境中直接涉及的是什么东西，它们获得一种予人以祝福的力量，正如直接标志这个情境的善和恶一样。虽然这里的错误在于这种粗枝大叶而不加区别地赋予对象以力量的方式；研究如何揭示形成这种顺序条理的特定因素的方法至今当付阙如。

穿衣服与其说是起源于利用或保护，勿宁说是在一些非常畏惧或表现特权的情境中发生的，这在人种学家们看来是一件极普通的事情。它是一个圆满终结的对象的一部分，而不是达到某些特定后果的手段。好像僧侣的道袍一样，衣服就是礼服，而披上礼服就相信直接授予了这个穿礼服的人一种惊人的力量或迷人的魔力。给人穿上衣服就是授予他一种权威；一个人并没有把他的意义添加在它们上面。同样，一个胜利的猎人和战士惹人注目地在他身上挂满了为他的勇敢所征服的野兽或敌人的爪牙来庆祝他的凯旋归营。这些证明权力的信号乃是为人们所钦佩、效忠和尊敬的对象的一些不可分割的部分。因此，战利品变成了一种象征，而这种象征又赋有了神秘的力量。它从一种光荣的记号变成了一种为人们所景仰的原因，而且即使当它戴在别人身上时也引起了对于一位英雄人物所应有的欢呼。到后来这些战利品就变成了特殊权威的符玺。它们具有为它们本身所具有的一种内在的推动力量。在法律史中有许多类似的事例。例如，原来跟交换财产联系着实行的动作，即在取得土地所有权的这些戏剧式的仪式中所扮演的这些动作，不仅视为所有权的一些证据，而且视为它还有一种授予人们以所有权的神秘力量。

后来，当这些东西失去了它们原来的权力而变成"单纯形式上的事情"时，它们可以仍然是使得一件交易具有法律力量的主要因素，例如必须要在契约上盖章才能使它生效，虽然盖章的意义或理由已经不再存在了。我们仅仅因为某些事物曾经共同参与在某种显著的具有圆满终结的情境之中而赋予它们一种效能，在这种情况之下，这些事物就是符号。然而仅仅是到后来而且是从外面来把它们称为符号的。在政治上和宗教上虔诚的人看来，它们不仅仅是符号；它们是一些具有神秘力量的物品。在某一个人看来，两条交叉的线乃是一个指示，指明所要从事的一种算术上的运算；在另一个人看来，它们乃是证明基督教的存在是一个历史事实的证据，正如一个新月使人想到了伊斯兰教的存在一样。但是在另一个人看来，一个十字架不仅是使他沉痛地想到耶稣被害的这个有意义的悲剧；它还具有一种我们所要捍卫和祈福的一种内在的神圣力量。既然一幅国旗能激起爱国热情达到沸腾的程度，这幅国旗就必然具有为其他不同形状的一块布所没有的特性和力量；我们摸触到它时必然要肃然起敬；它乃是在仪式中为我们致敬的天然对象。

当类似这样的现象出现在原始文化中时，人们有时解释说，似乎这些现象乃是解释自然事情发生之原因的一些尝试；据说魔术就是错误的科学。其实，这类的现象乃是人们直接在情绪上和实践上的反应事实；只有到后来，当人们的反应并不是直接的和必然适当的因而需要有所说明的时候，才有了信仰、观点、解释。作为直接的反应，它们是说明这样一个事实：即任何包括在一个圆满终结情境中的东西，无论它是多么偶然的，总有这种为整个情境所具有的引起敬畏、兴奋、慰藉、景仰的力量。当组织整个圆满终结情境的因素被区别出来，而每一个因素在顺序系列中都有它自己所赋有的特殊地位时，工业便代替了魔术，而科学便减少了神话。因此，为各种不同类型的艺术所特有的材料和效能便被区别出来了。但是因为礼仪的、文学的和诗歌的艺术跟工业的和科学的艺术有着十分不同的工作方式和不同的后果，所以就远不像当代一些学说所假定的那样，说它们丝毫也没有成为工具的力量，或者说，在对它们的欣赏性的知觉中并不包含它们具有工具性的这一种感知。人类文化中对符号的普遍运用完全证明了：所享有的和所遭受到的这样一个漫长的历史的组成部分中，而且特别是在最后的或终极的组成部分中，就包含对于这个历史中的地位和联系的一种亲切而直接的感知。

还可以在古典哲学本身中找到进一步证实这个命题的情况，在古典哲学的理论中认为，即使基本的形式不是产生事物的原因，但基本的形式却"使得"它们成为它们现在这个样子。在希腊理论中所出现的所谓"意蕴"（"essence"），就是代表早期符号所具有的这种神秘的力量，不过它们已从原来迷信的具体关联中解放了出来，而出现在一种思辩的和反省的关联之中。简言之，在希腊和中古的科学中的意蕴就是诗意的对象，不过把它们当做是论证的科学的对象，用来说明和理解事物之内部的和最后的组成部分。虽然希腊思想是十足地从魔术中获得了解放，而不把形式的和最后的意蕴当做是"动因"，但是后者却被理解成使得特殊事物成为它们现在这个样子，成为自然的组成部分。再者，它把因果的地位颠倒过来，于是认为在变动中的事情内在地便具有了追求这种形式的倾向。因此，便为后来教义思想和经院思想坦率地回复到一种公开的泛灵论的超自然主义打下了基础。哲学理论，正如魔术和神话一样，在关于终结（目的）中的效能的本质方面发生了错误；而这种错误乃是由于同一个理由，即没有对于组成的因素进行分析。如果没有如当代思想所假定的这种在手段和目的之间、享受结果和具有工具作用之间截然划分的区别，那种错误就绝不可能发生的。

简言之，人类经验的历史就是一部艺术发展史。科学从宗教的、仪式的和诗歌的艺术中明确地突然显现出来的历史，乃是一种艺术分化的记录，而不是与艺术脱辐的记录。适才所作说明的主要意义，从我们当前的目的说来，在于它对关于经验和自然的理论所产生的影响。然而它对于一个批评论也不是没有意义的。在美术和美学批评中当前的模糊状况，有人指责为混乱的状况，似乎就是在具有工具性的东西和圆满终结的东西之间划分鸿沟的这个即使是无意的暗流所不可避免的后果。人们愈进入具体的情境中，他就愈不能不承认他们的具有控制作用的假定所产生的逻辑后果。关于艺术和自然的传统理论中，有一些长久晦暗不明的涵义已经解释得很明白了；对于这一点我们要归功于今日流行的一派批评家们所主张的艺术理论。我们对于这种功绩所表示的谢意，不应该因为传统理论的拥护者们把这些新的观点视为反复无常的邪说、疯狂的叛逆而加以节制。在这些批评家们看来，当有人宣称在艺术作品中的美感性质是独特的，当有人肯定它们不仅和任何自然界中存在的东西是分隔的，而且和一切其他的良好性质的形式是分隔的，当有人主张说，如音乐、诗歌、绘画等艺术具有为任何自然事物所没有的特性的时候——这些批评家们认为，肯定这些事情就会得到把美术跟有用的东西隔绝开来，把最后的东西跟有效能的东西隔绝开来这样一个结论。因此，他们证明了，把圆满终结的情境跟具有工具性的东西截然分开，势必使艺术变成完全秘密的了。

在这里实质上只有两条道路可以选择。或者说，艺术乃是自然事情的自然倾向借助于理智的选择和安排而具有的一种继续状态；或者说，艺术乃是从某种完全处于人类胸襟以内的东西中迸发出来的一个赋加在自然之上的奇怪东西，不管这种完全处于人类内心的东西叫做什么名称。在前一种情况之下，愉快的扩大到知觉或美感欣赏跟我们对于任何圆满终结的对象的享受乃是属于同一性质的。它是我们为了把自然事物自发地供给我们的满足状态予以强化、精炼、持久和加深而对待自然事物的一种技巧的和理智的艺术的结果。在这个过程中发展了新的意义，而这些新的意义又提供了独特的新的享受特点和方式，而这跟突创成长的地方所发生的情况是完全一样的。

但是如果美术和其他的活动和产品是没有任何关系的，那末当然它和在其他情境中所经验到的、物理的和社会的对象也没有任何内在的关系了。它有一种神秘的来源和一种秘密的特点。至于这个来源和特点叫做什么名称，这并没有多大的差别。按照严格的逻辑讲来，其实这并没有丝毫差别。因为如果美感经验的性质从概念上来讲，就是独特的，那末用来描述它的这些字眼就没有从其他经验的性质中产生的意义或可以和它们比拟的意义；它们的意义是隐蔽的，而且是相当特殊的。在这些把艺术和美感的东西的这种孤立状况推至极端的批评家们中有一些或多或少流行使用的名词，我们不妨拿出几个名词来考虑一下。有时有人说，艺术乃是情绪的表达；附带着还有这样一个涵义：即根据这个事实，题材除了它是情绪所由表达的材料以外便是无足轻重的了。所以艺术就变成独特的东西。因为在科学工作、实用和道德中，形成这种题材的对象所具有的特征乃是最重要的了。但是按照这个定义讲来，如果艺术愈是真正的艺术，那末这种艺术中的题材就愈是摆脱了它自己所具有的内在特征的；因而一个真正的艺术作品就表现在它把自己的题材缩减到成为一种单纯表达情绪的媒介。

在这样的一种说法中，情绪或者是毫无意义的，而组成这个字的字母这样特殊的配合起来乃是纯粹偶然之事；否则，如果所谓的情绪和日常生活中所谓的情绪就是一回事，那末这种说法完全可以证明是假的。因为情绪，按照其通常的意义讲来，乃是由对象，物理的和个人的对象所唤起的东西；它是对于一个客观的情境所作的反应。它不是某种在某个地方独立存在的东西，然后再来运用材料，通过这种材料才把它自己表达出来的。情绪是指一种在多少有些刺激的方式之下密切参与在某种自然情景或生活情景中的情况；如果我们可以这样说的话，竟可以说它是一种以客观事物为转移的态度或性向。艺术应该这样的选择和搜集客观事物以求能激起一种高尚的、敏感的和持久的情绪反应，这是可以理解的：艺术家本人也应是这样一个人，他能保持这种情绪，而在这些情绪的情调和精神之下把客观的材料组合起来，这是可以理解的。这个工作程序的确可以达到这样一个地步，即把客观材料的使用精简到最小的程度，而把情绪反应的激动达到其相对的最高程度。但是艺术过程的起源乃是在于由一个情境自然而然唤起的情绪反应，而这个情绪的发生和艺术丝毫没有关系，而且它也不具有"美感的"性质，除非把一切直接的享受和遭受都当做是美感的。客观题材的节约使用，在有经验的和有训练的人们的心目中，可以达到这样的地步，以至可以把通常所谓"表象"（"representation"）的东西大加缩减。但是实际所发生的却是通常情绪经验在形式上的根源的一种丰富而概括的表象。

　　有人曾以"有意义的形式"来界说一个美感对象，关于这一点我们也可以作同样的说明。除非这个词的意义是如此的孤立，以致成为完全神秘的东西，否则它就是指我们为了强调、纯洁、精致，对那些使得日常经验题材具有圆满意义的形式所作的一种选择而言。"形式"并不是美感的和艺术的东西所具有的一种特别的性质，或它所创造出来的一种特别的东西；它们是任何事物适合于一个可以享有的知觉的条件时所凭借的特征。"艺术"并不创造这些形式；它是在选择和组织这些形式，以便增加、保持和精炼这种知觉经验。有些对象和情境产生了显明的知觉上的满足；它们之所以这样，乃是因为它们具有结构上的特点和关系。一个艺术家对于这些结构或"形式"也许只有极少的分析认识，但仍然可以从事于他的工作；他可以主要地通过一种同情的交感来选择这些形式。但是这些形式也可以通过鉴别来予以确定；而且一个艺术家可以利用他对于它们的审慎周详的觉察来创造艺术作品，而这些艺术作品较之大众所习惯的那些艺术品更加拘谨些和深奥些。按照形式上的特点来从事创作的趋势，在很多当代的艺术中，在诗歌、绘画、音乐乃至雕刻和建筑中，都是很显著的。从它们最坏的方面来讲，这些产品便是"科学的"而不成其为艺术的；只是一些专门的训练，枯燥无味，属于一种新型的学究式的工作。从它们最好的方面来讲，它们有助于产生一些新式的艺术，而且通过对于知觉器官的训练，有助于产生新式的圆满终结的对象；它们扩大和丰富了人们的眼界。

因此，把这个论点再略微向前推动一下，我们就得到了关于有工具性的艺术和美术之间的关系的一个结论，而这个结论和隐士式的美学家们所希望的结论显然是相反的；那就是说，这样有意识地进行的美术具有特殊的工具作用的性质。它是为了便于进行教育而实施的一种实验设计。它是为了一种特殊的专门用处而存在的，这个用处就是对知觉方式所从事的一种新的训练。如果这种艺术作品的创造者们是成功了的话，他们就应该受到我们所给予显微镜和扩音机的发明者的那种敬意；结果，他们开辟了可为我们所观察和享受的对象的新园地。这是一个真正的贡献；只有在一个混淆和自负兼而有之的时代里才能独占美术这个名称，而把具有这种特别用处的工作排斥于美术之外。

我们可以作出结论说，以艺术这个形式表现出来的经验，当我们对它予以反省思考时，解决了较多的一些曾经使哲学家们感觉得苦恼的问题，而且摧毁了较之其他思想主题尤为顽强的二元论。如以上的讨论所曾经指出的，它证明了在自然中个体和总体的互相交织的情况；机遇和规律的相互关系，把一个转变成为机会而另一个转变成为自由；具有工具性的和最后的东西之间的相互关系。它更加明显地证明了把外现的和执行的活动跟思想和感情加以区别，因而也把心灵跟物质截然分开的见解是毫无根据的一种错误。在创作中，外在的和物理的世界不仅仅是知觉、观念和情绪的一个单纯的媒介；它是意识活动的题材和支持者；而且揭示出这个事实：即意识并不是实有的一个独立的境界，而是自然界达到了最自由和最主动的境界时存在所具有的明显的性质。

存在、价值和批评

晚近哲学已经证明新兴了一种价值论。正像在本章中通常表明的那样，价值表现它拼命要把对象具有好坏性质的这个明显的经验事实和用把人类跟自然隔绝、把具有性质的个体跟这个世界隔绝的办法使得这个事实成为例外的哲学陈述两下合并起来。哲学家建立了一个"价值界"（"realm of values"），把一切由于人为的隔绝而被排斥于自然存在之外的宝贵事物都安置在这个"价值界"内。痛苦、幽默、热忱、悲惨、美丽、兴旺和挫折等虽已从一个和机械结构等同的自然界中排斥出来，但是它们在经验上仍然是现有的那个样子，而且还要求我们予以承认的。所有它们都被收集在一起而纳入"价值界"内，与这个存在的世界互相区别对照。于是哲学家又要忙于对付一个新的问题了："这两个世界有什么关系呢？"价值界乃是最后的和超验的"实有"世界，而这个存在世界是从它里面派生出来的或堕落下来的一个世界吗？或者说，它是人类主观性的一个表现，是在某种神秘的方式下赋加在具有完备物理结构的秩序之上的一个因素吗？或者说，有许多分隔的潜在物，和物理的事情是同样"真实的"，它们通过客观的实有而凌乱地四散着；它们没有时间日期和空间地点，然而它们却又在某些时间内和某些地点上神秘地跟存在物联合在一起？

关于价值的这些概念乃是随意拣选的，因为这个问题本身就是武断的。当我们在回到希腊思想所曾经运用过的这些概念，如可能和现实、偶然和规律性在质上有区别的个体等时，我们发觉没有根据把价值论和自然论截然分开。不过，如果我们再回到这些希腊概念，这样的回复必然是具有差别的。它必须废弃掉把自然的终结跟善和完善等同起来的这个观点；承认一个自然的终结，没有任何表示有所选择的企图，只是为一个运动着的能量体系所写下的一章历史的"结束"，而并不具有任何高贵的性质。由于耗损净尽而归于失败和由于胜利而结束战争同样是一个终结；死亡、无知也和生命一样是一些终结的定局。

再者，如果我们回到希腊的这些概念，我们就必须废弃这种把终结视为预定只有有限数目的，而且按照它们包罗的广泛性和最后性的增加程度内在地分裂成为一个秩序的概念。我们将不得不承认：自然的终点，和它们所限制的个别活动系统一样，是无穷无尽的和多式多样的；而且既然结构的不可渗透性和固定性只是相对的而不是绝对的，那末具有新终结的新个体便在不规则的过程中突创出来。我们必须承认：一切的界限、范围、终结，好像政治的个体或国家的界线一样，并没有属于它们自己所有的什么东西，而是在实验中或在动力中不断地被决定着的，表现出各种能量系统在它们合作和矛盾的交相作用中继续不断地进行适应。结果，我们还要废弃这种在自然中偶然性和规律性、动荡的和确定的东西之间的截然分割；我们还要避免如古典传统所特有的那样把它们归入不同的"实有"的秩序中去。我们要留意，它们随处都是互相交织着的；对秩序和安全的需要和感知产生于不安定和不确定的状态；任何一个在存在和享有方面最完备和最自由的东西，也就因为这个原因而是最易于发生变化和最需要看顾和保全的艺术。

"价值"在晚近思想中的含义，也暗示出经验曾迫使古典思想对自然终结的概念作了一些改变。因为至少从涵义中要承认价值是漂泊的和动荡的，是负的和正的，而且是具有无穷的不同的性质的。即使主张价值是不朽的，是游移不定的暂时事情的永恒基础和根源的那个超唯心主义的形而上学，也是把它的论点建筑在价值在现实经验中这种不可否认的不安定、这种无止境的动荡不安、这种起伏不定的状态的基石之上的。因为这种通常称为终结（目的）而现在称为价值的东西具有这样的意义，所有重要的不是讨论和关心一种价值论而应是一种批评论；一种根据好（goods）所由出现的条件和它们所产生的后果来在这些好之中进行鉴别的方法。

价值就是价值，它们是直接具有一定内在性质的东西。仅就它们本身作为价值来说，那是没有什么话可讲的；它们就是它们自己。凡是关于它们可以说的话都是有关于它们的发生条件和它们所产生的后果的。这种把直接的价值认为是可以思考和可以谈论的概念，乃是由于把因果范畴跟直接性质混淆不清而产生的结果。例如，对象可以区别为具有某种贡献的或具有满足作用的，但这是在因果关系方面地位上的区别，这不是关于价值方面的区别。我们可以由于某一种理由而对某一个东西感觉兴趣，关心它或者喜欢它。我们之所以欣赏它或享有它的理由时常就是因为有关的这个对象足为达到某些东西的一个手段；或者说，就是因为它是处于一个先在的过程所发展到的最高峰。但是对于我们的喜爱和享受所作的说明，乃是与一个价值存在的原因有关，而跟这个"价值性质"的内在性质或本质是没有关系的，这种"价值性质"只是存在或者不存在而已。作为手段的东西和作为满足状态的东西是具有不同的性质的，而在这些东西之中交响乐、歌剧和圣乐也是如此的。这种差别跟"价值一性质"（"value-quality"）的直接性和内在性丝毫也没有关系；它乃是在某一件事情和性质跟另一件事情和性质之间的区别。

如果有人假定说，当一个满足的状态具有直接价值时，获得它的手段却是没有价值的，这样的假定是自相矛盾的。如果对某一个人来说，他的牙痛停止了这是有价值的，这个人就根据这个事实发觉了，去看牙医生或任何其他足以满足这一点的手段也是有价值的。因为满足是与手段相关的，正如手段是和目的的实现有关的。手段—后果构成了一个单一的不可分割的情境。结果，当思惟和讨论参与其间时，当其中夹入了理论化的问题时，当在赤裸裸的直接享受和遭受以外还有了一些另外的东西时，我们便在考虑到这种手段—后果的关系。思惟超过了直接存在而涉及它的关系，涉及表达它的媒介条件以及它又回过来做它们媒介的这些事物。而这样一个程序便是批评。在一些价值论中把在因果或顺序关系中决定的地位跟价值本身混淆不清的这个普遍情况，也就间接证明了这个事实：即每一次理智的欣赏也就是对于这个具有直接价值的事物所作的批评、判断。任何关于价值的理论势必进入批评的领域之内。价值本身，乃至具有价值的事物，在其直接存在的状况之下是不能够为我们所反省的；它们只是存在或者不存在的；被享受或不被享受。超过了直接发生的事情，即使这种超越仅限于试图去界说价值，这就开始了一个鉴别的过程，而鉴别就意味着有一个反省的准则。价值本身是可以仅仅为我们所指出的；然而企图通过完备的指点给予价值一个定义的这种尝试是徒劳无益的。关于正的或负的价值，如果我们要对它有所指明，那迟早将不得不把一切的东西都包括在内。

这些说明是为了准备提出我们对于哲学的一个概念；这就是说，哲学实质上就是批评，一般的讲，它在各种不同的批评方式中是具有其显著的地位的；似乎可以说，它是批评之批评。批评乃是具有鉴别作用的判断、审慎的评价，而只要是在鉴别的题材是有关于好或价值的地方，判断就被恰当地称为批评。对于好的占有和享受不知不觉地和不可避免地会变成评价。原先的和不成熟的经验只是满足于简单的享受。但是在经验中只要有一点简单的进展就势必进而从事于反省；不久就得到了这样的教训：即某些在当前享有的情况中是甜蜜的东西，在以后的回味中及其所导致的后果中乃是辛酸的。原始的无知是不久长的。享受不再是一种直接所与而变成一个问题了。作为一个问题，它就意味着我们对于一个"价值—对象"的条件和后果进行理智的探索；那就是，批评。如果价值是和越橘那样的丰富多产，而且如果它们又总是随手可得的，那末从欣赏而转入批评就会是一个毫无意义的程序。如果对于某一件事情我们已经感到厌倦了，我们只要转向另外一件事情就行了。但是价值是和云彩的形式一样不稳定的。具有价值的事物是容易遭到存在物所有的一切偶然情况的，而它们对于我们的喜爱和嗜好是漠然无情的。

好的东西不仅随着四周环境的变化而变化和消逝，而且也随着我们自己的变化而变化和消逝。继续不断的知觉，除了它曾经通过以前的批评而被培养过的以外，是会变得迟钝的；它不久就达到饱和、疲惫、厌倦。自然的人是非常轻率浮躁的，这已成为研究人性的敏锐观察家们经常谈论的主题。只有培养出来的嗜好才能持久地欣赏同一对象；而它之所以能够这样，是因为它曾被训练成为一种鉴别程序，经常在对象中揭露出所知觉的和享受的新意义。除了知觉和享受的器官疲惫以外，还有一切其他的有机原因使得所享受的对象不稳定，然后还加上它们所从属的外在环境中的变化，于是直接的好幻灭无常，这就没有什么可奇怪的了；对于这种关于愉快和美德的矛盾论点，即主张愉快和美德并非直接以它们为目标而获得的，而是要在注意到其他的事物时才会获得的，这也不足为奇了——在这个世界中如果我们不注意到一个事物的原因条件，我们就绝不能从任何其他的方法得到这个事物，在这个世界中上述论点就不是自相矛盾的，而乃是一件事实了。

当批评和批评的态度跟欣赏和嗜好适当地区别开来时，我们就可以看到一种经常"上下起落"的节奏情况（借用詹姆士的用语），即我们在一切有意识的经验中的直接的和间接的方面，圆满终结和具有工具作用的方面转换交替地予以强调的这种情况。如果我们错误地忽视了这种节奏状态在一切观察和观念中普遍存在的情况，这大部分是由于我们在形式理论的影响之下给予了"欣赏"和"批评"一种过于精密和过于遥远的意义。这一种或那一种的价值并不是稀有的和喜庆的节日所具有的特性；只要是任何对象被我们所欢迎和留恋的时候；只要是任何对象引起我们厌恶和反对的时候；即使这种留恋只是暂时的，而这种厌恶只表现为向另一事物偶然的一瞥；在这样的时候便发生了价值。

同样，批评并不是一种有关于正式论著、发表的文章的事情，或者是对于某些重大事件严肃进行的讨论。只要是我们暂时注意考查一下当前有那一类的价值的时候；只要我们不是专心一致地接受一个价值对象，对它全神贯注，而是对它的价值略有所怀疑，或者由于我们对它的可能的未来，只作一种草率的估计而改变了我们对它的感觉的时候，就产生了批评。我们带有一种推崇的意味，利用"欣赏"和"批评"等词来说明一些明显的事例，这大体讲来是可以的。但是我们要留意到，在形式上被强调出来的事例，跟一些略表同意的接受、一些烦恼的拒绝以及一些临时的怀疑和构成我们清醒经验全部进程的各种估计之间，即无论是在幻想中、在控制下的探究中或在对事件的审慎安排中的估计之间这种有节奏的转换交替，完全是具有相同性质的。如果我们没有留意到这一点，那末我们就几乎无法理解它们的。

这两种感知方式的成节奏的连续，暗示我们这种差别只是强调重点或程度上的不同。有批评性的欣赏和带有欣赏性的、具有热烈情绪的批评，这在每一个成熟的、正常的经验中都有发生。在第一次觉得一个东西是好的这种模糊的、无形的知觉之后，以后我们对于好的东西的知觉至少就包含有批评的反省的一个萌芽。为了这个理由，而且只是为了这个理由，精密复杂的和正式陈述出来的批评到后来才是可能的。这种批评，如果是公正的和适当的，也只能发展那种在欣赏本身内部发现的反省涵义。如果对于好对象的享有并不含有记忆和先见在内；如果这种享有缺乏任何周密的考虑和判断，那末批评就会成为我们最任意专断地进行的一种工作了。批评是不是合理的而且合理到什么程度，这就要看它把这些在直接的嗜好和享受中所发现的理智因素扩大和加深到什么程度来决定了。

道德中的良心、美术中的欣赏和信仰中的信念在无意之中转变而成为批评的判断；而后者又转变成为一种愈来愈概括的批评形式，即所谓哲学。有人宣称欣赏是不能够加以讨论的，而又有人说欣赏和批评是有"规范"的，这两种说法又怎样能并行而不悖呢？在表面的好和真实的好之间的区别有什么意义呢？现象和实有之间的区别怎样能够用来说明什么是好的呢？如果没有一个衡量价值的标志尺度，具有批评性的评价可能吗？这种价值的标准本身也是一种价值吗？它是从它所度量的价值对象中派生出来的吗？如果是这样的话，它又具有什么超越于特殊情况所具有的权威呢？它对它自己的根源和创造者有什么权利来下判断呢？一个标准乃是独立于所判断的具体事例之外超越经验而存在的吗？如果是这样的话，它的根源是什么？它可以应用到它以外的材料上的根据和保证是什么？嗜好、直接的欣赏、感知和道德感是最后的，在每种情况之下当它发生时它就是它自己最后的裁判吗？在那样的事情中我们怎样得以免于混乱的无政治状态呢？在各人之间有一个共同的价值标准吗？如果有的话，它的根据地是在人类之外，而具有一种独立实有的客观形式吗？

像这一类的问题，如果高兴的话，可以继续增加下去，它们指明，如果我们下工夫从价值问题及其与批评判断的关系中把一切哲学中所积累的争论都推演出来，这是不会有多大困难的。无论是关于信念和意见中的好坏问题、或关于行为方面的好坏问题、或关于所欣赏的自然和艺术景物的好坏问题，在每一种情况中都发生了一种在直接价值对象和后来价值对象之间的矛盾：在现有的好和通过反省而达到和辨明的好之间的矛盾；在现在所表现的好和以后将产生的好之间的矛盾。例如，在知识中有事实上的信仰和权力上的信仰。在道德中，有直接的善、所想望的东西和合理的善、可想望的东西。在美学中，有一种未曾发展或粗陋的嗜好所欣赏的好和有修养的嗜好所欣赏的好。在这些区别的任何一个区别中，真正的、实在的、最后的或客观的好，作为一种直接的存在而言，跟相反的那种好，即所谓虚假的、外表的、空幻的、显眼的、庸俗的、不正当的好（le faux bon）比较起来并不更好一些。在形容词中的这种差别系指批评判断中所作的一种差别；所以在业已证明的好和（直接）觉得是好而被判断为坏的那种好之间的差别是否确实，这一般的来讲，要以反省所具有的价值如何而定，而特别要以一个特殊的反省活动的价值如何而定。即使反省对象的好不同于非反省对象的好，这并不是说它就是一种比较好的好，更不是说，由于在好之中有这样一种差别，这种差别就使得非反省的好变成坏的了——但有一个条件，即反省所具有的价值或好是具有其独特之点的。

于是在真正的、确实的好和一个赝品的、虚假的好之间的差别或者是不真实的，或者这是反省或批评后所产生的一个差别，而重要之点在于：这种差别跟由于关系的发现，即由于条件和后果的发现而产生的差别完全是一样的。和这个结论相关联的还有两个命题：关于直接价值本身，即关于实际所发生的、为我们所具有和所享受的价值，是没有理论可言的；它们只是发生着、被享受着、被占有着；仅此而已。当我们一开始谈论到这些价值，对它们加以界说和概括，分门别类的时候，我们便立即超越了价值对象本身范围以外；我们正在进入，即使仅是盲目地进入，一种对于前因后果的探究而想要对有关的这个事物所具有的"真实的"好，即后来所产生的好，予以赞美的评价。我们不是为了批评而批评；我们是为了建立和保持更为持久和更为广泛的价值而进行批评。

另一个命题是说，哲学乃是而且只能是这种批评的活动和功能，而这种活动是察觉到它本身和它的涵义的，是审慎周详地和系统地进行的。它的出发点乃是具有好坏的直接性质这种特征的信仰、行为和欣赏性知觉的现实情境以及在任何一定时间内在一切价值的领域中所流行的各种批评判断的方式；这些都是哲学的原始资料和题材。它把这些价值、批评和批评的方法再作进一步的批评而尽可能地使它们更为广泛而一致。这个功能就是去调节人们对于好坏的进一步的欣赏；赋予人们更大的自由和安全去从事于直接的选择、占有、指认和排斥、缩减、破坏从而建立和排除信仰、行为和静观的对象。

这样一个结论带有一种奇异的气氛。它也许似乎在企图通过一种思辩上的技巧使得好坏这个范畴在它的权限方面高于理智生活，高于一切的对象。我认为，如果我们考虑一下以上所说的实际意义，这个印象很快就会消逝的。凡我们相信的和拒不相信的对象都是价值对象；因为我们对于每一个对象总是有所默认、有所接受、有所采纳、有所占有的。这就等于说，在信仰或不信仰中得到了满足或发现了好；事实上，凡所接受的东西就是如此存在的，因而它本身就是好。在这样的陈述中并没有什么神秘的含义；我们并不是以此为根据来提出一个论点，以图抹煞对象所具有的独立于它们之成为信仰对象或成为价值之外的特性。它并没有取消信仰之中的差别；一个为我们所信仰的东西势必就是我们觉得是好的，这是事实，但是它并没有把这个事实当做就是我们信仰它的理由。反之，这句话只是一个绪言。最重要的事情乃是藏在我们背后并促成接受和拒绝的东西；要看我们在区别什么是我们所同意的和什么是我们所否认的东西时，有没有一个鉴别和评定的方法。使得一个对象在信仰中被发觉是好的那些特性和关系，乃是在这个对象所具有的直接的好的性质以外的；这些特性和关系乃是在因果关系方面的，所以我们只有通过对前因和后果的探索才能发觉它们。认为有某些对象或对象的某些特性乃是一见即知的这个概念，乃是关于知识问题的整个历史传统的蛊惑和幻梦，它们同样地散布在感觉论和理性论各学派，以及客观的实在论和内省的观念论之中。

关于信仰及其对象，就其直接状况而言，跟欣赏及其对象一样，乃是"不争之事"（"non-disputandum"）。如果一个人相信鬼怪、神迹、算命，相信现有经济制度的稳定不变以及他的政党和它的领袖的无上优越，他就是这样信仰着；这一切在他看来，显然跟某些颜色和声音的配合是可爱的，或者他心上的女人是妩媚的一样，都是一些直接的好。当我们怀疑到这个对象在信仰上的"真实的"价值时，我们便诉诸批评、理智了。而这个申诉的法庭便根据前因后果的法律来进行判决。适当进行的探究会使我们得到一个为我们所直接接受的对象，一个在我们信仰中觉得是好的对象，不过现在这种对象的特征乃是依赖于反省活动的，它是反省活动的结论。这种对象跟武断的和不批评的信仰对象一样，标志着一个"终结"、一个静止的停顿；但又跟它不一样，这个"终结"乃是一个结论；所以它是带有凭证的。

如果信仰的对象不是直接的好，假的信仰就不会是像它们现在这样的危险东西了。因为信仰、承认和维护这些对象是有好处的，所以人们才这样坚定不移地和坚持不懈地培植它们。关于上帝、"自然"、社会和人的信仰显然都是人们所最为恋恋不舍和最为热心捍卫的东西。我们比较易于使一个守财奴不贪财宝，但不容易使一个人弃绝他所深信的见解。而所不幸的就是在这许多情况之下使得有关的这个东西成为一个价值的原因，却并不是它之所以成为一个好的理由；它是一个直接的好，这个事实却妨碍人们去寻求根源，进行冷静的判断，而这是使事实上的好转变成为权利上的好的先决条件。在这里，又一次而且卓越地表明，既然反省是获得更自由的和更持久的好的工具，反省本身就是一种独特的、内在的好。它的工具效能就决定了它成为一个直接的好这个地位显著的候选人，因为超过其他的好，还具有再度补充和丰产果实的能量。在反省中，表现出来的好和真实的好在很大的程度上是吻合一致的。

信仰的题材就是一个好，因为信仰就意味着同化和维护，这个事实在传统的讨论中是被忽视了的。信仰所具有的直接的好既是进行反省的检验的障碍，也是使得反省的检验成为必要的根源，这一点也被忽视了。的确，"真"跟善和美都被安置在一起而被视为超验的好，但经验的好的作用，即价值的作用，却在通常的信仰范围内被忽略了。这个错误是把理智的题材从价值和评价的范围中隔绝开来，跟这个错误相适应的一个错误，便是把美感静观和直接享受的题材跟判断完全隔绝开来了。在一个领域内是没有价值的理智对象而在另一个领域内则是没有理智的价值对象，而在这两个领域之间还有一个双关的中间领域，在这个领域中放有道德的对象，具有两种冲突的倾向，或者它们要被并入纯直接的好的领域（在这种情况之下就被称为快乐），或者就要被并入纯理性的对象的领域。所以哲学当前的基本功能就是要明确并没有像科学、道德和美感欣赏中所假定的这种区分情况的这类差别。所有这一切都同样只显示出在偶然发生的直接的好和通过批评探究在反省中所决定的直接的好之间的差别。如果赤裸裸的爱好在一种情况中是决定价值的适当因素，那末它在另外两种情况中也是决定价值的适当因素。如果在一种情况中需要有理智、批评，那末在其他两种情况中也有这样的需要。如果在任何一种情况中，所得到的终结乃是一个被扩大和被精炼的直接欣赏的经验对象，那末在其他情况中也是如此。所有这三种情况都表现出有同样的两面性而且有同样的问题；就是要在行动中体现出智慧的问题，而那种行动将把其原因和后果都是未知的偶然的自然的好，变成这样的好：它就思惟而言，是正确的；就行为而言，是正义的；就欣赏而言，是高雅的。

哲学语言是兼有科学语言和文学语言的。好像文学一样，它是对于自然和生活所下的一种注解，以求对于在现有经验中的意义得到一种较为深厚的和正确的欣赏。它也负有报告和记录的任务，其意义正像戏剧和诗歌所负有的那种任务一样。哲学的基本使命就是把自然产生的经验功能所具有的好加以明确、发挥和推广。它并没有从头创造一个"实在"世界的职责，也没有发掘常识和科学所看不见的"实有"的秘密的使命。它并没有它本身所特有的资料或知识的库藏；如果哲学使自己跟科学处于对立的地位而不总是陷于荒谬绝伦之境，这只是因为某一位特殊的哲学家，碰巧他既是一个人，也是一位科学界的先驱。它的任务就是为了某一个目的去接受和利用在它当时当地所可能得到的最好的知识。而这个目的就是对信仰、制度、习俗、政策就其对于好所发生的影响，来予以批评。这并不意味着说，它们对于如哲学中所达到和陈述出来的一种独立自在的东西一样的所谓唯一的好，发生有什么影响。因为正如哲学并没有它自己私有的知识内容，或获得真理的特殊的方法一样，它也没有一种私有的取得好的捷径。正如它从那些在研究和发现方面有资格的人们那里接受事实知识和原理一样，它也接受散布在人类经验中的好。它没有人们所信赖的那种摩西式或保罗式的启示权威。但是它却具有智慧的权威，具有批评这些普通的和自然的好的权威。

在这一点上，它和文学语言的艺术分手了。这些文学语言的艺术有一种更为自由的使命要执行——即在想像中使得这些自然的好持续、扩大和生动活泼；只要他在这方面得到成功，任何事情他都可以不顾。但是哲学的批判却有一种较为严格的工作任务，它对于在它本身产物以外的东西还负有较大程度的责任。它必须要通过认识价值的原因和后果去鉴定这些价值；它只要通过这条直而狭的途径才可以对价值的扩张和解放有所贡献。由于这个理由，科学关于自然所具有的实际效率的结论就成为它不可缺少的工具了。如果它最后所关心的是如何使得好在欣赏中更为融贯、更为可靠和更为有意义，它的途径就是科学所发现和描绘出来的自然存在的题材。

在哲学的这个概念中，除了在文字的形式方面以外，并没有新颖的东西。老话说，哲学就是对智慧的爱好，智慧并不就是知识，然而它并不能够没有知识，而上述的哲学概念乃是这句老话的注解。需要一个批评工具，利用事物间的关系的知识去评价人类所获得的偶然的、直接的好，这并不是哲学中的事实，而乃是属于自然和生活方面的事实。我们可以想像到一个比在我们目前生活中的这个繁华世界更为幸福的自然和经验，在那儿批评反省的职能是如此不断地和细致地执行着，以致无须再有一个特殊的批判机构。但是现实的经验是这样的混乱，以致一定程度的距离和分开已经成为正确地进行观察的先在条件。思想家们往往退缩得太远了。但是相当的退缩是必要的，否则，直接的大声喧嚷将使他们的耳朵震聋而目前景物的灿烂美丽将使他们口呆目瞪。尤其使得一种概括的批评工具成为必要的，乃是由于对象有一种倾向要寻找一些与外界互不沟通的严格隔离的小天地。具有五花八门性质的自然界，当它已经经验到它本身时，会表现有各种不同的倾向，因而也有不同的重点的分布，而以科学的、工业的、政治的、宗教的、艺术的、教育的、道德的等等形容词去称谓它，这是很自然的事情了。

但是从因果关系方面来讲，无论这些倾向的固定化是怎样的自然，它们的分隔孤立却是不自然的。由于缺乏只有通过丰富的广阔的交相作用才能供给的滋养而产生了狭隘、肤浅和迟钝。由于职业化和制度化把直接的好隔绝了开来，好就僵化了，而且在一个变动着的世界中凝固不化总是很危险的。由于沉淀产生了抵抗力，但是没有任何一个东西有十分强大的力量足以抵抗任何事物。兴趣、职业和好的过于专门化和过分区别便产生了一种需要，要有一种相互沟通的概括媒介，要有一种互相批评的概括媒介，通过这个媒介把某一个分隔的经验领域全部翻译成为另一个经验领域。因此，作为一个批评工具的哲学其实就变成了一个通讯员、一个联络官，它使得各种的地方方言成为可以互相理解的，并且因而把这些方言所具有的意义加以扩大和修正了。

困难在于：虽然哲学自己承认是具有普遍性的，但它时常是发假誓的。它不是一个自由的沟通使者，而是代表某种特别的和片面的利益的一个外交官；它是不诚实的，因为他在和平的名义之下制造分裂，引起争端，以及在效忠的名义之下，结集匪徒从事间谍活动。有人也许会说，由于哲学过分地想要证明自己是高度忠实于真理的，这反而引起了人们的怀疑。因为它平常自称基本上它是接近于最高的和最后的真理的一种特别的工具。其实它并不是这样的；如果我们不把哲学这样自认为具有普遍性的说法予以否决，哲学的这种神秘和不诚实的气氛就不会消逝。真理乃是许多真理的一个集合；而这些组成部分的真理包括在探究和测验事实方面所可能得到的最好的方法在内；这些方法，如果用一个单一的名称把它们集合起来，就是科学。于是哲学对于真理就并不占有优越的地位了；它是一个受惠者而不是一个赠予者。但是意义的范围却要比真和假的意义范围广得多；意义的范围是更加迫切和更加丰富些。当意义宣称已经达到了真理的境界时，真理的确是卓越的。但是这个事实时常和这种把真理视为无所不在的观念，这种认为真理占有垄断统治权的观念混淆不清。诗歌的意义、道德的意义、生活中大部分的好都是有关于意义之丰满和自由的事情，而不是有关于真理的事情；我们生活的一大部分都是在一种和真假无关的意义领域中进行的。哲学的正当工作就是解放和澄清意义，包括在科学上已经证实的意义。而哲学宣称它是真理的提供者而跟科学相对抗或者是取而代之，这似乎是由于它没有从事于它自己的正当工作而作的一种近乎补偿性质的姿态。因为确实，一位学者之所以珍视历史系统，这勿宁说是由于它们所阐明的意义和各种意义的帘幕，而不是由于它们所确定的一堆最后的真理。如果我们把前者的职能当做是哲学公开承认的任务，而不是一个偶然的副产品，那末哲学的地位就会更加清楚、更加理智和更加被人所尊重了。

然而，有时有人提出这样一个意见，认为我们对于哲学的这样一个观点损害了哲学的庄严，把它贬抑成为一种社会改革的工具，而且认为，只有那些没有感觉到文化的积极成就而对其罪恶过于敏感的人们才会同意这个观点。这样一种见解忽视了一些突出的事实。如果我们不是把"社会改革"也当做显然是经验所可能做到的意义的解放和扩张，那末这是从一种市侩的眼光去理解"社会改革"。有许多关于社会改革的计划无疑地正是犯了这种狭隘的毛病。但是也就由于那个理由，它们是没有什么结果的；即使在它们所指望的那个特殊的改革方面它们也没有成功，除非不惜加深一些其他的缺陷和创造一些新的弊端。只有可能得到的最好的、最丰富的和最充实的经验才是对人最好的。要达到这样的一种经验，这不应被理解为专属于"改革家们"的问题，而是人们的共同目的。哲学对这个共同目的所能够作出的贡献就是批评。批评时一定也会高度地意识到，在任何时期得到的价值的计划和分配中总是有缺陷和错误的。

然而，要在这个消极的方面作出公正而适当的批评，那就必须根据我们对人类经验所曾达成和提供的积极的好的东西的高度欣赏。科学、艺术和社会交谊等方面的积极的、具体的好乃是哲学，即批评的基本题材；而且只因为这样的积极的好业已存在，这些好的解放和可靠的扩张才是智慧的明确目标。一个人愈是觉察到经验所具有的意义的丰富，一个胸襟开阔和宽宏大量的思想家就愈会意识到那种阻止他去分享它们的限制；他就愈会觉察到它们的那种偶然的和随意的分布情况。如果工具的效能是需要强调的话，那不是因为工具本身的缘故，而是为了使得价值的分配丰满而更为可靠，而要达到这一点，如果没有具有工具作用的东西，就是不可能的。

如果哲学就是批评，那末关于哲学和形而上学的关系又将怎样说法呢？因为形而上学乃是对于各种存在所表现得一般特性的陈述，至于它们分化成为物理的和心理的，则置之不问，而形而上学便似乎跟批评和选择，跟一种有效的爱智是没有关系的。它从分析和界说开始，而且也以分析和界说结束。当它把那些一定会在每一种语言领域中表现出来的特性和特征揭示出来时，它的工作便完成了。作为一个论点，这至少是可以说得通的。既然在每一个争论的主题中所发现的特性乃是自然存在所不可避免的特性，那末这种特性的性质本身就不容许有这样一个结论。具有特性的个体和经常的关系，偶然性和需要，运动和静止，都是一切存在的共同特性。这个事实乃是价值和价值之不稳定性两者的根源；乃是偶然的直接占有和作为确有把握获得和占有的先在条件的反省两者的根源。所以任何探索和界说这些特性的理论就只是批评领域的一个平面图，上面设置着一些底线，以备用来进行比较精细的测绘。

如果自然的一般特性乃是隔绝存在的，那末只要在它们之中把经验的对象和兴趣挑选出来就够了。但是它们实际上是紧密混杂在一起的，因而一切重要的争论都跟它们彼此之间互相交杂的程度和比例有关系。如果单纯地留意到偶然性乃是自然事情的一个特性而把它记载下来，这和智慧丝毫没有关系。然而，如果留意到偶然性和一个具体的生活情境的联系，这至少便成为智慧的开始了。对自然之终结的探求和界说本身是没有意义的。但是如果我们根据这样的发现去观察实际所进行的过程，这就使得我们接近于一些崇高的争论：生死的大问题。

一个人愈是明确知道，围绕在人类生活四周的这个世界具有如此这般的一个特征（无论他是怎样界说的），他就愈会试图根据所赋予这个世界的特征去指导生活行为，去指导别人的和他自己的生活行为。而且如果他发觉他不能成功，他发觉这种尝试使他自己陷于混乱、矛盾和黑暗，把别人推入一种失去协调的境界，把他们跟外界隔绝开来，那末粗浅的教训就使他认识到他所确定的东西乃是一种错觉而必须予以放弃；而且使他修正他对于自然本质的见解，以至他使这些见解更为适合于体现自然的具体事实。人需要地面以供他行走；人需要海洋以供他游泳或航行；人需要空气以供他飞行。人类必然要在这个世界之内活动，而且为了本身的生存，他必须在某种程度上把自己作为自然界的一部分去适应其他的部分。

在心灵、思惟中，这种情境、这种景象已经开始觉察到它本身了。在这里不再是一部分被迫地适应于另一部分，而后果也不再是强制的失败或成功，代之而起的乃是寻求事物的意义，借以考虑所要从事的动作，所要形成的计划和政策；乃是寻求所建议的动作的意义，以考虑它们所导致和排除的对象。在组成自然的能量和动作之间有一种不可分裂的轴心。知识对于这个结是有所改进的。但是认为知识分裂了这个结，认为知识在事物的交相作用之间夹入了一些绝缘的东西的这个观点乃是十分幼稚的。知识，即科学，对于在它所可能达到的范围以内的这些特殊的交相作用是有所改变的，因为它本身就是一种对交相作用的改变，由于它要估计到这些交相作用的过去和未来。对于存在的一般洞察——这是我们对形而上学唯一可以从任何在经验上理解的意义去给予的界说——它本身就是一个赋加的交相作用的事实，所以也跟任何其他的自然事件一样，服从于同样理智的要求：即对它所发现的东西所发生的影响、倾向和后果要进行探究。即使仅仅因为在这个宇宙内加上了一个表现而使它变成了一个不同的宇宙，这个宇宙也绝不是一个无限的自我表现的系列。

通过一个间接的途径，我们就达到了有关于一切批评的最广泛的问题：即存在和价值的关系，或者，按照对这个问题的通常的提法，实在的和理想的东西之间的关系。

许多哲学派别通常坚持一种笼统的关系。或者说，我们所最赞扬的因而被我们称为理想的那些好，乃是完全和彻底地跟实有等同的；或者说，存在的领域和理想的领域相互之间是完全隔绝的。在正统的欧洲传统中，前一种思想流传着。"有"（"ens"）和"真"（"verum"）、"善"（"bonum"）是一回事情。"有"按其全义而言，乃是存在力的完善；衡量完善程度的尺度和衡量实在程度的尺度就是力量的范围。罪恶和错误就是没有力量；就是反对全能，——反对实有的一些无用的姿态。斯宾诺莎曾经根据新的科学观点按照这个意思重述过中古神学。现代公开的唯心主义曾经提出过同样的主张。在他们夸大了思想和思想的对象的作用之后，在他们夸大了人类希望的理想的作用之后，他们便设法去证明，归根结底，这些东西都不是理想的而是实在的——不是跟意义和理想一样的实在，而是跟存在物一样的实在。因此，在肯定诚信这个理想的当中同时又把它本身给否定了；这些"唯心主义者"在把理想转变成为存在以前，不能加以信任——那就是说，转变成为物理的或精神的东西，而且既然它缺乏那种在经验中的物理的和精神物理的东西所具有的特性，它就变成一种特别的存在，所谓形而上学的东西了。

　　也有一些哲学派别（比较稀少一些），它们断定，理想是十分神圣的，因而与存在没有任何接触之点；它们以为接触就是传染，而传染就是蔓延。初视之下，这样一个观点似乎表现出一定程度的信仰的高贵性和否定的坚定性。但是一个在存在中没有根基的理想领域是既无效能也与我们无关的。它是一个黑暗的光，因为当它照耀在虚空之中时它并没有照见任何东西，甚至也不能把自己揭示出来。它对我们无所教益，因为它不能被翻译成为实际发生的事情所具有的意义和重要性，所以它是没有结果的；它既不能减少存在物的荒凉景象，也不能改变它的粗陋状况。因此，由于它立誓不在自然事情之中有其立足点，于是它否认了它本身，它不再是理想，而变成了虚空的幻想或文字上的巧辩。

　　我们说这些话并不是出于敌意的责难，而是想指出，关于存在和价值的关系的这些笼统的想法是没有用处的。通过这些想法的反面涵义，可以显示出这样一种主张，只有它能够发生有效的批评作用，影响具有解放、扩张和澄清作用的鉴别活动。这样一个理论就会指明，所谓理想的意义和所谓感性的意义同样都是存在物所产生的；只要它们继续存在的时候，它们总是为事情所支持的；它们是存在之可能性的指针，所以它们既是为我们所享受的，也是为我们所利用的；我们利用理想来激励行动，以取得和支持它们的原因条件。这种主张利用由特殊事情产生的特别意义去批评这些特殊事情；它也批评特殊的意义和好，说产生这些特殊意义和好的条件是稀少的、意外的、不能保留的或者是常有的、柔顺的、调和的、持久的；而且说它们的后果在行为中是足以启示和指导我们的，或者是使我们的意见暗澹无光，使我们的目光狭隘，判断模糊，以致歪曲我们的见地的。好无论如何总是好，但是这些好无论被称为是美或真或正义，如果在创造新的好和保持旧的好的时候它们对于判断起着坚定、激发和扩张的作用，那末从反省方面看来，它们就证明了它们是好的。从常识方面来看，这句话乃是众所周知之事。如果从哲学方面来看，它是一个障碍物，这是因为哲学传统认为鉴别就意味着多元论，因而顽强地反对在存在的领域中从事区别。它坚持不全宁无的态度；由于它先在地接受了一种武断的主张，认为有一个完善的统一体，因而它不能够偏向于某些存在物而反对其他的存在物，而在其间有所选择。所以按照它的做法，这样的区分总是具有等级性的；在一个性质相同的秩序中，在程度上多一些和少一些，高一些和低一些。

我愿意借用我们最伟大的美国哲学家之一所说的一些光辉语句；这些语句带有诗意，因而它们可以成功地表达枯燥无味的散文所不能表达的东西。贺尔姆斯（Justice Holmes）曾经写道："不可避免的事情是通过了努力的方式而发生的。我们都有意地或无意地致力于创造一个我们所喜欢的世界。而且虽然我们可以跟斯宾诺莎一样把对过去的批评视为无益的，但是我们却有十足的理由尽我们之所能按照我们所想望的来创造未来。"然后他继续说："我们也有十足的理由试图使我们的欲望成为理性的。困难在于我们大部分的理想都是不明确的，而且即使我们曾把它们提得很明确，至于怎样实现它们的途径我们却很少有实验的知识。"而当我们致力于使我们的欲望、我们的努力和我们的理想（这些东西对我们来说是跟我们的疼痛和衣服一样自然的）明确，根据对条件和后果的探究去说明它们（而不是就它们本身去说明它们，因为这是不可能的）时，这种努力就是我所谓的批评；而且当我们把这个工作推广到更广泛的范围时，那就是哲学。在另一篇文章里，贺尔姆斯也触及哲学（按我们所理解的）跟我们对我们所生活于其中的这种世界所作的一种科学的和形而上学的洞察之间的关系。

"当我们谈到我们对于宇宙的态度时，我们看不到有任何理性的根据，说明我们由于得不到满足可以去要求有这样一个至高无上的东西，除非我们有把握说，我们的真理乃是宇宙的真理，如果有这么一回事的话……如果一个人觉得没有理由相信：意义、意识和理想不仅仅是人类的标志，那也不足以证明法国怀疑论者所熟悉的那一套是正确的；攀登在柱脚上而假装以一种傲慢轻视的眼光瞧着一个在毁灭中的世界。真正的结论是说，部分不能吞灭整体……如果我们相信，我们来自宇宙，而非宇宙来自我们，我们就必然要承认，当我们论及纯物质时我们简直是无知的。我们的确知道，某一个能量的复杂体能够摇摆它的尾巴而另一个能够推演：段论式。这些都是在这个未知者所具有的能力以内的，而且如果它还有我们所不懂得的更大的能力（这也许是可能的）……我们为什么还不满足呢？为什么我们还要运用宇宙所供给我们的能量去公然反抗它，而且还对苍天摩拳擦掌以示抗议呢？这在我看来似乎是愚笨而可笑的"。

　　"宇宙所有的东西远超过我们所知道的东西，小兵不知道出征的计划，甚或还有一个……对于我们的行为是没有影响的。我们仍然要进行战斗——我们全都要这样，因为我们要活下去，至少有些人要这样，因为我们要实现我们的自发性和证明我们的力量，以此为乐事，至于这些在任何事情中对我们有价值的东西到底最后的评价如何，那就留给未知者去决定吧。宇宙已经产生我们而且在这里面具有了一切我们所信仰的和所喜爱的东西，虽然宇宙所有还不止于此，这对于我们来说已经足够的了。如果我们不想把我们的生存视为一个外在的小神灵的存在，而是在这个宇宙以内的一个神经中枢，我们还有无限的境界在我们的背面。它给予了我们以唯一的但恰当的重要意义。如果我们的想像力是十分强大，而把我们自己视为跟其余的东西不可分离的一些部分，并且把我们最后的兴趣扩充到我们身体以外去，那末我们为了在我们自己以外的目的而牺牲我们的生命也是应该的了。要求有把握的动机是我们在人类中所发现的共同愿望和理想。哲学并没有给我们动机，但是它告诉人们，他们做他们所已经想要去做的事情，这并不是愚笨的。它打开了通往浪费我们的精力的绝望的希望之门，使我们展望着人类思想所能达到的最远的境界，使我们遥听到这个未知者所奏出的一种和谐的弦音"。

人们在各个极端之间游移着。他们把自己理解为神灵，或是杜撰出一个有威力而狡猾的神灵做他们的同盟，以屈使这个世界服从于他们的吩咐和满足他们的愿望。在幻灭之中，他们否认跟这个使他们失望的世界所具有的关系；紧紧抱住理想的东西而当做是他们自己的占有物，以一种高傲的居高临下的姿态，超然于坚实的事物进程之外，而这种事情的进展跟我们的希望和欲念是很少有关系的，但是一个已经在经验面前揭露自己，而且经过训练达到成熟的心灵知道它自己的渺小和无能；它知道，它的愿望和谢礼，无论在知识或行为方面，都不是衡量这个宇宙的最后尺度，因而它终究还是变化无常的。但是它也知道，它对于权力和成就的这种幼稚的假定也并不是一个将被完全遗忘的梦境。它意味着有一个跟宇宙融会一体的境界，而这是要保持下来的。这个信仰以及它所激起的在思想上的努力和奋斗也是这个宇宙的动作，而它们，无论是多么的微小，在某种方式之下，也推动着宇宙前进。关于我们的重要性我们已经有一种比较正确的感知，即理解到，它并不是衡量整体的尺度，这跟我们相信我们以及我们的努力不仅对我们本身而且对于整体是有重要意义的这个信仰乃是一致的。

　　忠实于我们所属的自然界，作为它的一部分，无论我们多么微弱，也要求我们培植我们的愿望和理想，以至我们把它们转变成为智慧，而按照自然所可能允许的途径和手段去修正它们。当我们尽量运用我们的思想而把我们微薄的力量投入这种动荡不平的事物均衡状态之中时，我们知道，虽然宇宙在残害我们，我们仍然是可以信任它的，因为我们的命运总是和存在中一切好的东西相一致的。我们知道，这样的思想和努力乃是产生更好的东西的一个条件。若我们知道，这样的思想和努力乃是产生更好的东西的一个条件。若就我们而论，它是唯一的条件，因为它是唯一在我们力量范围以内的东西。如果除此以外，要求更多的东西，这是幼稚的；但是如果要求得比这还更少一些，这又是儒怯；期望宇宙符合和满足我们一切的愿望，这是一种自我中心的表现，把我们自己跟宇宙分割开来了，但是要求过低也同样是这样的。诚意地提出要求，如要求我们自己的一样，就会激起我们一切的想像力。而且从行动中索取一切技能和勇气。

所以，哲学并非起源于任何一个特别的冲动或经验中的一个分隔的部门，而是起源于整个人类的情境，而同时这个人类的情境又是完全和自然相吻合的。它反映自然的特性；它给予无可争辩的根据，证明在自然界本身，性质和关系、个别性和一致性、最后性和效能性、偶然性和必然性都是不可分割地联结在一起的。在这个互相渗透的状况中，激烈的冲动和愉快的吻合便使得经验成为我们所意识到的情况；它们外表的现象引起了我们的怀疑，迫使我们从事探究，要求我们有所选择，而且要求我们对于我们所作的选择负责。假使在自然界中是完全和谐的，那末生活就会是自发的展开。假使不是在人和自然之中都有不协调的状况，假使这种不协调的状况只是在人与自然之间才有，那末人类就会成为自然的残酷的统治者，否则就会成为受自然压迫的一种爱发牢骚的降伏者。正是人类既为自然所支持而又为它所挫败的这种特别的互相混杂的情况组成了经验。哲学思想中的这些主要的对立面，目的和机械、主观和客体、必然和自由、心灵和身体、个别和一般等全是企图陈述这样一个事实：即自然导致而且部分地支持意义和好，而同时在一些紧要的关头上却又撤退了它的帮助，反而愚弄它自己的创造物。

人类追求理想的对象，这是自然过程的一种继续；它是人类从他所由发生的这个世界中学习得来的，而不是他所任意注射到那个世界中去的。当他在这些企图以外再加上了知觉和观念时，这究竟也不是他所赋加上去的；这种赋加又是自然界的行为而且是它自己领域进一步的复杂化。采取行动，享受和遭受行动的后果，从事反省，按照探究所揭示的前因和后果对已有的、但粗糙而性质相同的善和恶进行鉴别和区分；根据所曾经习得的东西来采取行动，因而投身于新的和未经考虑的境地中去，检查和修正所曾经学会的东西，从事于新的善和恶，这些都是人为的，而所表现的进程乃是自然界的进展过程。它们是在自然中偶然状况、满足状态、质上的个体化和类上的一致性等所显现出来的结果。于是对于自然的组成结构加以留意、进行记录、予以界说，这对于批评的职能不是中立无关的。它是批评领域的一个基本轮廓，其主要意义在于帮助我们了解智慧职能的必要性和本质。

如果我没有弄错的话，在现在哲学中主观性的实际的敌对心情并不在它的反对者所曾指出的地方。它的实际的敌意和它的可憎的负担，是在它的批评者的主张中表现出来的。因为他们认为只有知识才正确地涉及存在。欲望、信仰、"实际的"活动、价值，全是人类主体的属性；这种区分把主观性变成了一个陷阱和危险。在这里，信仰的问题是带有关键性的。因为信仰中包括有默许和肯定的一方面，它所呈现出来的性质包括有个人的成分；而且也包括有价值（无论运用任何关于价值定义），这是大家所承认的。所以在信仰和知识之间就必须划上一道严格的分界线，因为后者已被按照纯客观性来加以界说。对于信仰需要进行控制，这是大家所承认的；知识，按照这些学说讲来，即使仅仅是偶然的，乃是作为从事于这种控制工作的工具而出现的。于是在实践中，知识、科学、真理其实就是批评信仰的方法。它是决定个人因素如何正确地参与在信仰之中的方法。那末在知识和信仰之间，除了在方法的运用、有效的工具性和由于产生它们的方法而具有一定特征的、作为结论而为我们所接受的，而不是盲目的、偶然产生的信仰的对象之间的区别以外，为什么还要保持有别的区别呢？科学本身乃是以决定取舍的方式批判地决定好坏的一种工具，对于这样熟知之事为什么感觉到焦虑不安呢？

我只能看出有一个答案。欲望、信仰、追求、选择都被认为是"主观的"，而所谓"主观的"意思就是说，它跟自然的存在物是孤立分隔的，它是自外闯入的一个不可解释的东西。这就是严格分隔信仰和知识的理由。如果所谓个人的事情是在自然以外的，那末我们不愿意把科学当做是决定个人因素的正当活动的一种手段，正如一个画家的技术和物资设备决定他的创作一样，这是很有根据的。如果我们在这样的理解之下，把达到某种事物的手段，变成是个人的事情，那末科学便丧失了它的客观性而染上了一些仅仅是私人的和任意的事情的特征。

不过，这个结论却还包括有一个未曾验证的和未曾批评过的假设。把怀疑、努力、目的、各式各样色彩的好和坏、取和舍等孤立隔绝的理由，说成是由于它们是不属于这个块然的宇宙范围以内的，而只有这个块然的宇宙，无论把它理解为在结构方面是机械的或是理性的，才是概括的知识的对象。因此，这个论点便在一种恶性循环之中转移着；这个问题自始就犯了"丐辞"的毛病。如果个体化的性质、静止的状况、具有限制作用的"终结"，以及偶然的变化，都是自然界所具有的特征，那末它们就把它们自己在使用、享受和遭受、追求和努力之中体现出来，而这种使用、享受和遭受、追求和努力等便形成了意识经验。它们既是在认识方面的经验对象的组成部分，而且同样也是实在的，"在客观上"是属于自然范围以内的。于是我们就没有根据去否认或规避这个事实的全部意义：这些在认识方面的经验对象的组成部分乃是我们调节评价、修订和改正价值、有控制地产生和保卫价值的手段，乃至是唯一的手段。

知识是信仰的一个事例；在认识论中通常是用避而不谈这一事实的办法来抹煞由于把信仰视为在存在上是主观的、个人的和私有的这种思想而产生的恶果。在处理美感方面的好和道德方面的好时，还没有找到这样一个办法。在这里，那种讨厌的片面性的见解便充分地发挥着它的力量。平常流行的办法就是把价值和爱好联系起来，把它当做单纯是个人之事，而忽视了这样一个麻烦的事实，即这个理论在逻辑上必然因而也把所有一切的信仰都变成任意的、不可讨论的偏爱之事了。所以在美学和道德学说中众说纷纭，莫衷一是，这就毫不足怪了。既然它们的题材是完全跟科学的题材分隔的，既然它们被指为是属于独立的、不能共同参与的存在领域之内的，那末达成一致的唯一可能的方法便已预先被排斥了。

实际上，这个后果是不能容忍的；因为也是很少遇见的。价值的"标准"突然出现，以作为嗜好和良心的准绳。在爱好和值得爱好的东西之间、在所想望的和可以想望的东西之间、在现有的和应有的东西之间的区别都烟消云散了。似乎有直接的价值，但也有标准价值，而标准价值则可以用来判断和衡量直接的好和坏。因此，在真伪之间、在实虚之间便出现了在反省上的区别。然而，按严格的逻辑而论，它的出现也就是它的消逝。因而如果这个标准本身是一个价值，那末，按照定义讲来，这只是某一特殊主观人物所具有的一种特殊爱好的对象的另一名称而已。如果对它的爱好跟某些其他的爱好发生冲突时，最强烈的一面就取得了胜利。在这里就没有所谓真假、实虚的问题，而只是强弱的问题了。至于到底哪一方面应该是强些这样的问题是在跟斗鸡中考虑这个问题一样的毫无意义。

这样一个结论便中止了一切追求一致和追求组织的企图，反而唤起了一个相反的学说。这个"标准"决不是一个好，至少，在我们看来，它不是一个好。勿宁说，它是在理性上所领会的一个原则。与其说它是好的，勿宁说它是"正当的"；而且既然它是正当的，它就是判断一切的好坏的标准。如果正当的也就是好的，这种等同性便是潜存在某种超经验的领域之内；在某种不朽的、非经验的实有领域，而它也是一个价值的领域。把好坏的标准这样理解为理性的一个原则和最高实有的一种形式，这样的好的标准便跟在实际的欲望、争取、满足和挫折以外的东西对立起来了。在决定这些欲望、争取、满足和挫折时它应该参与其间，但是它绝大部分却并未参与。现有和应有之间的区别乃是一种类别上的区别，乃是一种隔绝。一个完整的循环便完成了，最后只是反驳说，所谓标准本身只是某一个人任意的爱好的另一个庄严的伪装而已——只是某一个偶然披上了权威外衣的人的独断（ipse dixit）而已。

把美和道德的善的经验归结成为没有根据的灵机一动，跟把真的经验归结成为没有根据的灵机一动一样，同样是使人气愤的。常识有一个坚定不移的信念，认为在享受和行为中，有直接的好，并且认为还有可以估计和修改这些好的原则。常识保持着这个坚定的信念，因为它不知道在知识跟信仰、行为、美感欣赏之间有什么严格的划分。关于在客观的实在和主观事情之间进行区分，它是完全无辜的。它把争取、目的、探究、欲望、"实际"的生活当做跟科学讨论的主题一样，都是自然的事实；从常识方面来看，前者的确还是一种更为直接和迫切的实在。所以理解对直接的好进行理性的或客观的批评和纠正的这个观念，在常识看来是没有什么困难的。如果常识会说话，它就会说，产生善恶的同样一些自然过程也产生了争取这个而避免那个的这种努力的行动，而且产生了控制这种努力行动的判断。它的弱点在于，它没有认识到审慎周密和系统化的科学乃是适当判断的先在条件，因而也是正确的努力和正确的选择的先在条件。它的批评工具大部分乃是一些片面的判断，乃是习俗、偶然的机遇和既得的权利的未经批评的产物。所以当常识开始对它自己的信念进行反省时，它就很容易沦为传统学说的牺牲品；而这个恶性循环又开始旋转起来。对于价值有进行客观批评的必要性和可能性，在这一点上常识是正确的，而它的弱点则在于如何达到一点的方法方面。

然而，这时候在关于信仰的事例中却有一个解决这个问题的例子。过去曾经有过一个时期，对于外在事物的信仰大部分决定于直接取舍的好处；至于在信仰中的直接的好的和实在的或真正的东西之间的区别，主要的是指这个事实：即所谓实在的或真正的东西乃为教会和政府当局所批准的对象。然而，现在谁都知道，每一个信仰价值都必须受到批评；在科学研究中，批评并不一定要涉及一种超经验的标准真理，这已是众所周知之事了。一个直接的信仰价值只是向探究所提出的挑战，而一个后来所产生的信仰对象则是批评性的探究所得到的结果，而且具有满足所发现的因果关系的价值，而在这两者之间的区别乃是在理智经验的进程中所产生的。结果便有了在外表的好和真实的好之间的区别。一个难以对付的世界逐渐地相信了：这样决定的意义说明了为我们所接受和肯定的那种好的东西。这时候，为情欲、阶级利益、习俗和权威所决定的信仰仍然普遍地流行着，支持着这样一个看法，即信仰的对象是如何形成的和如何达到的，这是对于一个信仰的价值最关紧要的事情。因此，我们就更加明白了，如果对于直接的好要进行批评性的评价，我们就要根据具有好的性质的对象是怎样产生的和将有怎样的后果。

在外表形式上，实验科学是有无穷的变化的。在原则上，它是简单的。当我们知道一个对象是怎样制造出来的时候，我们就认识了这个对象，而我们愈是亲自去制造这种对象，我们就愈是知道它是怎样制造的。旧的传统强迫我们把思惟称为"心理的"。但是"心理的"思惟只是局限于有机体以内而进行的一种片面的实验工作，它产生了初步的适应的状态。只要是思惟仍然保持在这个阶段上，我们还不至于把这个内向截顶的情况当做是证明有一个优越于身体而独立于身体之外的非物质的理性的根据。只要思惟是这样封闭在机体以内的时候，在"外边的"自然景象中的外现行动便不可避免地被剥夺了它所具有的充分的意义。当"外边的"和"内部的"活动在一个单一的实验操作中结合起来，用来作为发现和证明的唯一恰当的方法时，有效的批评、一贯的和有条理的价值便产生了。有一些艺术是通过赋予事物以意义的方式来形成对象的，而思惟是和这样的艺术站在同一个行列里的。

有人以为产生知识的过程起源于无意义的感觉材料，或起源于纯逻辑的原理，或起源于这两者的结合，把它们作为原始的出发点和材料。反映心物分割的旧两元论的心理学使得这个见解更为流行。从心灵的自然历史讲来，这个见解完全是神话式的。一切的认识活动和从事于认知的努力都是从某种信仰、某种业已接受和肯定的意义出发的，而这种信仰或意义乃是过去的经验、个人的和社会的经验的一个积累。在每一个事例中，从偶尔的怀疑到复杂的科学工作，认知的艺术总是对于当做真实货币而在当时流通的信仰进行批评，以期对它有所修正。当更为自由、更为丰富和更为可靠的信仰对象被建立起来而被视为直接接受的好时，认识活动便终止了。这种活动，从实际的意义上讲来，乃是一种行动和制造的操作。这个操作的过程是从一个被视为显明而可疑的好出发的，而以另一个被检验和被证实的好为终结的，而认识的最后动作就是接受具有意义效果的东西而予以理智的鉴赏。

有没有任何理由来假定在其他的价值和评价的情况中情况会有所不同呢？在科学研究对信仰价值的关系、美学批评对美感价值的关系和道德判断对道德的善的关系之间有什么内在的差别吗？在逻辑的方法方面有什么差别吗？如果我们采纳一个流行的学说而主张任何有爱好、有兴趣、有偏向的地方就有直接的价值，那末这就很清楚，这种爱好就是一种动作，如果不是一种外显的动作，至少也是一种性情上的倾向和方向。但是大多数的爱好，一切初露头的爱好，都是盲目的和粗俗的。它们不知道它们是怎么一回事，而且它们也不知道为什么把它们自己附著在这个对象或那个对象身上。再者，每一个这样的动作总是冒有危险而担负一定的责任的，而它们之所以是如此，这也是盲目的。因为在存在中对于爱好总是有着敌对的要求的。偏爱于这个就要排斥那个。任何爱好都是无意中进行的选择。如果不有所拒绝，就没有什么选择；兴趣和偏见是有选择性的，是有所偏爱的。采取这个东西而把它当做是好的，这就是在动作中，虽然最初并不是在思想中宣称，它要比某个别的东西好一些。这个决定是武断的、临时的、未加思索的，因为作这个决定是并未曾思及其他的对象，也并未曾进行比较。我们说，一个对象是好的，这似乎是一个绝对的和内在的陈述，当我们在直接行动中而不是在思想中作这样的肯定时特别是如此。但是当我们认识到，这个陈述其实是说，一个东西比另一个东西好的时候，论点就转移到某种比较的、相关的、因果关联的、理智的和客观的东西上面来了。在直接的状态中，没有一个东西比任何另一个东西好一些或坏一些；它就是它现有的那样而已。比较乃是在事物之间、在事物的效能之间、在事物的增涨和阻碍之间的比较。比较好些的东西较之其他所爱好的东西和价值，乃是更加可靠、更加自由和更加充实。

于是，作出一个评价，进行估计判断，这就是要有意识地知觉生产力和抵抗力的关系，因而使得价值成为有意义的、有理智的和可理解的。当我们有区别地觉察到所爱好和偏爱的对象所由产生的原因条件时，我们也就觉察到了它后来的活动情况。如果在美感的好和道德的好的情况中，由反省揭示出来的成为好的对象的决定因素的原因条件，较之在信仰对象的情况中，在更大的程度上是在有机体的组织之内的，这个发现对于进行批判性判断的技术方面来说，是具有巨大意义的。但是这并不改变我们在关于价值和评价彼此之关系的知识中所获得的逻辑。它指出了在有意识地改造好的艺术中所要控制和利用的特殊材料。对于知识的探究是从原先存在的信仰出发的，同样，美感和道德方面的批评也是从原先存在的、在静观享受和社会交际中自然的好出发的，它的目的是使得有可能有知地和有意义地去爱好和选择，而不是盲目地去爱好和选择。凡值得称为批评的一切批评也只是另一个名称，用来指称那些使爱好、偏袒和兴趣能在一种负责任的和有知识的方式之下而不是无知地和宿命论地去表达它们自己的对条件和后果的揭示性的发现。

这里所提出的这个关于好和批评之关系的学说，我们可以用伦理学说来举例说明它的意义。我看很少人会反对，虽然有不少旨趣和理智修养很高的先生们曾经专心注意到这个问题，但是它的结果，如果从科学上取得的一致性方面来判断，勿宁说是使人失望的。这个结果一部分是由于这个题目的重要性、它跟人类最深切关心的东西所具有的密切联系、它跟人类根深蒂固的传统以及它跟他的当代社会生活中最尖锐复杂的问题所具有的密切联系。在这样的条件之下要使适当的理智工具在客观上超脱一些而获得发展，那必然是困难的。但是我想，在一切的分歧之中我们发觉了有一个共同的在理智上的先入之见，它不可避免地推迟了我们获得科学方法的可能性。这个假定，暗的或明的，就是说，道德学说乃是研究目的、价值的，而不是涉及关于目的和价值的批评的；关于目的和价值的批评，这在事实上不仅是独立于道德学说之外的，而且它们本身甚至并不具有道德的性质。发现和说明"善"和"最高的善"以求在理性上支持一切的美德和义务，而且希望毕其功于一役，这乃是道德学的传统工作任务；否认道德学说具有任何这样的职能，这在许多人看来似乎等于否认了道德哲学的可能性。然而，在别的事情方面，如果我们不断地遭遇到失败，那末这就要被视为证明我们在这一方面犯了错误的证据。而在一个愿意放弃传统偏见的人看来，在方法上没有达到一致，乃至在道德学是否属于哲学的一个部门这些一般的结论上没有达到一致，也可以予以类似的解释的。

　　当然，这并不是说，传统思想假定：善和最高的善乃是道德学说所杜撰出来的。那个假定还并不这样坏；它只是说，道德的善是在道德学说的领域中所揭示出来的；使人们意识到它们并加强了对它们的特征的觉知。然而，在经验的事实上，使得人们知觉到好的乃是艺术、那些互相沟通的艺术和作为社会沟通的扩大延续的文艺。道德学者的著作总的讲来在这一方面是曾经发生过效用的，但是这种效用不在于他们公开承认的意向，不在他们的理论主张方面，而在于他们曾经天才地参与在诗歌、小说、寓言和戏剧的艺术之中。伟大的道德艺术家们曾经遗留给人类许多想像的生活关系，但它们变成了主义说教之后，这就成了使它们僵化成为呆板教条的原因了；原有对于人生关系和善的那种有启发作用的洞察便消逝了，代之而来的只是一种武断的条款法规了。直接诉之于为一个艺术家的洞察所集中、突出和加强而在艺术创作中体现出来的经验，这和任何艺术家揭示意义的工作是属于同一个类型的；直接诉之于这种经验曾被视为就是去发现和说明在科学上或哲学上所认为真正的事物。

这时候，理论上的批评可以做的工作却未曾做；即对于那些因为在经验中好的而不是在理论上好的而被认为好的善，我们要去发现它们的条件和后果，它们的存在关系。原因无疑地大半是因为手头上还没有必备的在物理学、生理学和经济学方面的工具。但是现在当这些具有潜能的工具业已有了比较适当的准备时，如果人们还不认识到，道德学说的任务绝不是论及圆满终结和善的本身而是去发现它们之所以出现的前因后果，乃是从事于一种事实的和分析的工作，而不是从事于一种思辩的、告诫式的或规范式的工作，他们是不会运用那些工具的。这个论点也没有忘了曾经有过一种假冒的自然主义和经验主义的伦理学，它曾主张，善既是在道德理论之前存在的，也是在道德行为之前存在的，而只有当它们被当做为反省所选择和追求的对象而在行为中被运用时，它们才成为有道德的。但是明显的例外倒反而证明了那个规律。因为这些形式的道德学说，虽然使得道德学说摆脱了告诉人什么是好的这个责任，而把这个职务留给生活本身，但同时它却未曾留意到，道德哲学的职能乃是批评；而通过发现存在的前因和后果来执行这个职能时，也在质量上转变了、改造了以后的行动，而这种行动的转变和改造又从试验中检验这些理论的结论。

所以这些道德学说，如亚里士多德的伦理学一样，是思辩的，把先在的善加以界说并排列成为一个有等级的秩序而加以归类，而最后有一个唯一的善、最高的善的概念；或者，像快乐论的伦理学一样，它们把具体的好所具有的一个特点，即它们的快乐状态，在思辩上加以抽绎；而且它们未曾提供一个分析具体情境的方法而只是树立一些计算的规则和规定一些遵循的政策，而把这些政策当做是先前计算的固定结果而不是在理智上试验的结果。当这班伦理学者，如边沁（Jeremy Bentham）一样，对于人们由于可以改变的制度而遭受到恶的痛苦，具有人道的敏感性时；或者如密尔（John Stuart Mill）一样，能够天才地洞察到一种自由的和高尚的快乐所具有的组成因素时，他们也曾激起过慈惠的行动。但是他们的学说跟这种实际的后果之间的联系乃是偶然的；当他们的一切言行被当做是艺术上的而不是科学上的工具时，正如狄更斯（Charles Dickens）在社会改革方面所作出的不小的贡献一样，他们的观念才起着作用。

我们所曾经提出的这个主张的涵义在哲学中曾输入了一种"实用的"因素，而这个"实用的"因素就是有效的和可以证实的批评，这是使传统的观点感觉到讨厌的。然而，如果人是在自然以内而不是在自然之外的一个小神灵，而且他是在自然以内作为能量的一种式样，跟其他的式样不可分离地联系着的，那末交相作用乃是每一种人类的关系所不可避免的一个特性；思惟，甚至哲学的思惟，也不例外。这种交相作用是具有片面性的，因为人类的因素是有所偏颇和具有偏向的。但是片面性之所以是讨厌的，这不只是因为它是片面的。这个世界的特征就是具有性质上不同的历史，而这些历史又各自有它们自己的开端、趋向和终结的；在这样一个世界里面，任何交相发生的作用都必然是一个强烈的变化——这是一个具有片面性的、特殊性的世界。在片面性中所讨厌的东西乃是由于这样一个幻想，以为有些状态和动作并不是交相作用的。有些思想不成熟而没有经过训练的人相信，动作是寓居在一个特殊的和分开的存在物里面的，而且是起源于这样一个特殊的和分开的存在物的。这个信仰本身就破坏了理智的批评的进展。理智的批评就把孤立片面的动作这个概念转变成为为我们所承认的交相作用了。把知识、静观、爱好、兴趣、价值或者其他等等跟动作孤立起来的这个观点本身，就是认为事物能够脱离与其他事物的积极联系而存在和被认知的这个见解的一种残余。

当人类发觉了，在他的主动力量和成就中他并不是一个小神灵时，他还要保持他从前的那种狂妄自大，而紧紧地抱住这样一个概念，即在某种领域中，无论是知识的领域或美感静观的领域，他仍然是在这个交相发生作用而变化着的事情向前发展的过程以外而和它是相隔绝的；而且他孤独地在那里，除了对他自己以外对谁也不负责任，他就好像是一个神一样的。当他清晰地和恰适地知觉到：他是在自然以内的，是自然界交相作用的一部分时，他就看出来所要划分的这一道线并不是在行动和思想之间，或行动和欣赏之间，而是在盲目的、仆从的、无意义的行动和自由的、有意义的、有定向的和负责任的行动之间的。知识，好像一棵树的生长和地球的运行一样，乃是一种交相作用的样式；但是这种样式的交相作用使得其他的样式成为明显的、重要的、有价值的、能受指导的，它使实有转变成为手段，效用转变成为后果。

一切的理性本身就是被推论出来的，因此它是方法而不是实质；是活动的手续，而不是"终结本身"（"end in itself"）。把理性想像成为实质就是把它送到自然界以外去了，把它变成一个神，无论是一个大的、原始的神或是一个小的、派生出来的神，它是在存在的偶然状况以外而不受存在的变幻的影响的。这种"理性"的意义就被认为可以洞察永存不朽的实在。一切的关系、一切的共相和规律本身是没有时间性的，这的确是真的。即使时间上的秩序，作为一个秩序而论，也是没有时间性的，因为它是跟其他事物有关系的。但是如果我们把一切跟时间无关的东西都带有颂扬意义地称为永存不朽的东西，这只是等于宣称，凡是与任何存在无干的东西变形成了一种高级的存在。秩序、关系、共相，作为知识的对象而言，乃是重要的和贵重的。它们之所以如此，因为它们能够应用于强烈的、广阔的、个体化的存在物；它们可以应用到具有空间性和时间性的事物身上。应用并不是为了某种外在的东西，而是为了某种东西被指出具有一种功用。应用就是由于这些规律、原理和理想的缘故。如果它们不是为了便于应用的目的而超脱于具体的事物，它们就会没有意义；在事情进程中应用的意图和可能就使得这些规律、原理和理想具有了它们所有的重要意义。如果没有应用的现实性，没有实现他们的意图的努力行动，它们就是意义，但是它们既不是真的，也不是假的，因为没有应用它们就没有效果和检验。因此，它们就不再是知识，乃至反省的对象；而变成一个超然的静观对象了。于是它们便可以具有梦境对象所具有的美感价值。但是我们究竟并没有把时间性的经验、人类的欲望、爱好和情欲置之脑后而不顾。我们只是曾经用一种局部的和暂时的逃避生活痛苦的色彩涂抹过自然。这些从事情进程中抽绎出来的永恒对象，虽然和"现象"相对立而被称为"实在"，其实它们只是产生于个人的欲望而形成于私有的幻想的一种最为闲散无用而瞬息即逝的现象而已。

因为理智乃是应用到信仰、欣赏和行为等方面的好的批评方法，以致可以构成更自由和更可靠的好，把同意和肯定的东西转变成为共同意义的自由交流，把感触转变成为有秩序的和自由的感知，把被动的反应转变成为主动的活动，因此，理智乃是我们最深刻信仰和效忠的合理的对象，乃是一切合理的希望的基石和支柱。说这样一句话并不是要纵情于浪漫的理想。这并不是说，理智将永远统治着事情的进程；甚至于这也并不意味着说，它是永远不会毁灭和破坏的。分歧之点在于选择，而选择总是在几种可以选择的可能之中从事抉择的问题。至于理智，即有思考的评价的方法将有什么成就，只要它一经试用，就由尝试的结果去决定了。既然理智的方法乃是跟存在中杂乱和规则、偶然和秩序之间相互交织的状态有关的，那末信仰有一个全盘的和最后的胜利，这简直等于梦想了。但是我们必须对某种程序进行试验；因为生活本身就是一系列的尝试。粗心和习惯、架子十足的超然态度、孤僻的冥想本身也是一些选择。如果我们说，理智和其他的方法如权威、模仿、任性和无知、偏见和情欲等比较起来，乃是一种较好的方法，这不能算是一个过分的要求。那些办法也都曾经尝试过而且曾经按照它们的意志去做过。其结果并未指明：理智的方法，利用科学去批评和改造在自然中的偶然的好而把它们变成有意的和有结果的艺术的好，在创作中把知识和价值结合起来，是不值得尝试的。也许还有这样一些人，在他们看来，把哲学当做发展多种批评方法的批判的方法的这种想法是大逆不道的事情。但是关于哲学这个见解也有待于尝试，而这种尝试将证明它或驳斥它，这也有待于以后的结果。已为我们所获得的这种知识以及已为思想所推动的这种经验的重要意义，就是要唤起这样的尝试而且要证明从事于这种尝试是合理的。

确定性的寻求——关于知行关系的研究

逃避危险

　　人生活在危险的世界之中，便不得不寻求安全。人寻求安全有两种途径。一种途径是在开始时试图同他四周决定着他的命运的各种力量进行和解。这种和解的方式有祈祷、献祭、礼仪和巫祝等。不久，这些拙劣的方法大部分就被废替了。于是人们认为，奉献一颗忏悔的心灵较之奉献牛羊更能取悦于神旨；虔诚与忠实的内心态度较之外表仪礼更为适合于神意。人若不能征服命运，他就只能心甘情愿地和命运联合起来；人即使在极端悲苦中若能顺从于这些支配命运的力量，他就能避免失败，并可在毁灭中获得胜利。

　　另一种途径就是发明许多艺术，通过它们来利用自然的力量；人就从威胁着他的那些条件和力量本身中构成了一座堡垒。他建筑房屋、缝织衣裳、利用火烧，不使为害、并养成共同生活的复杂艺术。这就是通过行动改变世界的方法，而另一种则是在感情和观念上改变自我的方法。人们感觉到这种行动的方法使人倨傲不驯，甚至蔑视神力，认为这是危险的。这就说明了为什么人类很少利用他控制自然的方法来控制他自己。古人怀疑过艺术是上帝的恩赐还是对上帝特权的侵犯。而这两种见解都证明了艺术中含有某种非常的东西，这种东西或者是超人的或者是非自然的。一直很少有人预示过，人类可以借助于艺术来控制自然的力量与法则，以建立一个秩序、正义和美丽的王国，而且也很少有人注意到这样的人。

　　人们由于享受他们所具有的这些艺术而感到十分高兴，而且在近几世纪以来，人们在不断地专心一致来增加这些艺术。人们虽然在这方面努力，但同时他们却深深地不相信艺术是对付人生严重危险的一种方法。如果我们考虑到实践这个观念被人轻视的情况，那么我们就不会怀疑这句话是真实的了。哲学家们推崇过改变个人观念的方法，而宗教导师们则推崇改变内心感情的方法。这些改变的方法都由于它们本身的价值而为人们所赞扬过，偶然地也由于它们在行动上所产生的变化而受到过赞扬。而后者之所以受到尊崇，是因为它证明了思想和情操上的变化，而不是因为它是转变人生景况的方法。利用艺术产生实际客观变化的地位是低下的而与艺术相联系的活动也是卑贱的。人们由于轻视物质这个观念而连带地轻视艺术。人们认为"精神"这个观念具有光荣的性质，因而也认为人们改变内心的态度是光荣的。

这种轻视动作、行为和制作的态度曾为哲学家们所培养。但是哲学家们并不是诋毁行动的始创者，他们只是把这种态度加以公式化和合理化，从而把它持续了下来。他们夸耀他们自己的职能，无疑地远远把理论置于实践之上。但是在哲学家们的这种态度以外，还有许多的方面凑合起来，产生了同一结果。劳动从来就是繁重的、辛苦的，自古以来都受到诅咒的。劳动是人在需要的压迫之下被迫去做的，而理智活动则是和闲暇联系在一起的。由于实践活动是不愉快的，人们便尽量把劳动放在奴隶和农奴身上。社会鄙视这个阶级，因而也鄙视这个阶级所做的工作。而且认识与思维许久以来都是和非物质的与精神的原理联系着的，而艺术、在行动和造作中的一切实践活动则是和物质联系着的。因为劳动是凭借身体，使用器械工具而进行的而且是导向物质的事物的。在对于物质事物的思想和非物质的思想的比较之下，人们鄙视对物质事物的这种思想，转而成为对一切与实践相联系的事物的鄙视。

我们还可能这样继续不断地列论下去。如果我们通过一系列的民族和文化现象来追溯关于劳动和艺术的概念的自然历史，这会是有益的。但是以我们当前研究的目的而论，我们只需要提出这样一个问题：为什么会有这种惹人讨厌的区分呢？只要略加思考便能指出，用来解释此一问题的许多意见，本身还需要有所解释。凡由社会阶级和情绪反感所产生的观念都难以成为理由来说明一种信仰，虽然这些观念对于产生这一信仰不无关系。轻视物质和身体，夸耀非物质的东西，这是尚需加以解释的事情。特别是我们在自然科学中全心全意采用了实验方法以后，这种把思维与认知和与物理事物完全分隔的某种原理或力量联系起来的思想是经不起检验的。这一点我们在本书以后将尽力加以说明。

以上所提出的问题是有着深远后果的。截然划分理论与实践，是什么原因，有何意义？为什么实践和物质与身体一道会受到人们的鄙视？对于行为所表现的各种方式：工业、政治、美术有什么影响；对于理解为具有实际后果的外表活动而不仅是内在个人态度的道德有什么影响？把理智和行为分开，对于认识论已经发生了什么影响？特别是对于哲学的概念和发展已经发生了什么影响？有什么力量正在发挥作用来消灭这种划分呢？如果我们取消了这种分隔而把认知和行动彼此内在地联系起来，这将会有怎样的结果？对于传统的有关心灵、思维和认识的理论将会有怎样的修正并对哲学职能的观念将要求有怎样的变化？而对于涉及人类活动的各个方面的各种学科又将会因此而发生怎样的变化呢？

这些问题构成了本书的主题并指出了所要讨论的问题的性质。在开头的这一章里我们将特别探讨把知识提升到作为与行动之上的一些历史背景。在这一方面的探讨将会揭示出来：人们把纯理智和理智活动提升到实际事务之上，这是跟他们寻求绝对不变的确定性根本联系着的。实践活动有一个内在而不能排除的显著特征，那就是与它俱在的不确定性。因而我们不得不说：行动，但须冒着危险行动。关于所作行动的判断和信仰都不能超过不确定的概率。然而，通过思维人们却似乎可以逃避不确定性的危险。

实践活动所涉及的乃是一些个别的和独特的情境而这些情境永不确切重复，因而对它们也不可能完全加以确定。而且一切活动常是变化不定的。然而依照传统的主张，理智却可以抓住普遍的实有，而这种普遍的实有却是固定不变的。只要有实践活动的地方，结果就势必有我们人类参与其间。我们对于我们关于自己的思想有所疑惧、轻蔑和缺乏信心，因而对于我们参与其间的各种活动的思想也是如此。人之不能自信，使得他欲求解脱和超脱自我；而他以为在纯粹的知识中他能达到这个超越自我的境界。

有外表的行动，就有危险，这是无庸详述的。谚语和格言说得好，"万事不由人安排"。事之成败决定于命运，而不决定于我们自己的意旨和动作。希望未能得到满足的悲哀、目的和理想惨遭失败的悲剧以及意外变故的灾害都是人世间所常见之事。我们考察各种情况、尽量作出最明智的抉择；我们采取着行动，除此而外，其余便只有信赖于命运、幸运或天意。道德家们教导我们去看行为的结果，然后告诉我们结果总是不确定的。不管我们怎样透彻地进行判断、计划和选择，也不管我们怎样谨慎地采取行动，这些都不是决定任何结果的唯一因素。外来无声无嗅的自然力量、不能预见的种种条件，都参与其间，起着决定的作用。结局越重要，这种自然力量和不可预见的条件对于随后发生的事情就越有着重大的作用。

所以人们就想望有这样一个境界，在这个境界里有一种不表现出来而且没有外在后果的活动。人们之所以喜爱认知甚于喜爱动作，"安全第一"起了巨大的作用。有些人喜欢纯粹的思维过程，有闲暇，有寻求他们爱好的倾向。当这些人在认知中获得幸福时，这种幸福是完全的，不致陷于外表动作所不能逃避的危险。人们认为思想是一种纯内心的活动，只是心灵所内具的；而且照传统古典的说法，"心灵"是完满自足的。外表动作可以外在地跟随着心灵的活动而进行着，但对心灵的完满而言，这种跟随的方式并不是心灵所固有的。既然理性活动本身就是完满的，它就不需要有外在的表现。失败和挫折是属于一个外在的、顽强的和低下的生存境界中的偶然事故。思想的外部后果产生于思想以外的世界，但这一点无损于思想与知识在它们的本性方面仍是至上的和完满的。

因此，人类所借以可能达到实际安全的艺术便被轻视了。艺术所提供的安全是相对的、永不完全的、冒着陷入逆境的危险的。艺术的增加也许会被悲叹为新危险的根源。每一种艺术都需要有它自己的保护措施。在每一种艺术的操作中都产生了意外的新后果，有着使我们猝不及防的危险。确定性的寻求是寻求可靠的和平，是寻求一个没有危险，没有由动作所产生的恐惧阴影的对象。因为人们所不喜欢的不是不确定性的本身而是由于不确定性使我们有陷入恶果的危险。如果不确定性只影响着经验中的后果的细节，而这些后果又确能保证使人感到愉快，这种不确定性便不会刺痛人们。它会使人乐愿冒险，增添新奇。然而完全确定性的寻求只能在纯认知活动中才得实现。这就是我们最悠久的哲学传统的意见。

我们在以后将会看到，这种传统思想散布在一切论文和科目之中，支配着当前各种关于心灵与知识的问题和结论的形式。然而如果我们突然从这种传统的主见中摆脱出来，我们会不会根据现有的经验采取这种传统的轻视实践、崇尚脱离行动的知识的观点，这是值得怀疑的。因为尽管新的生产和运输的艺术使人陷入新的危险，人们已经学会了怎样来对付危险的根源。他们甚至于主动去寻找这些危险的根源，厌倦那种过于安全的生活常规。例如，目前妇女地位正在发生变化的这种情况，就说明了人们对于以保护本身为目的的这种价值的态度也已经改变了。我们已经获得了一定的确信感，至少无意间是如此，感觉到我们正在可观的程度上有把握地控制着命运的主要条件。在我们生活的四周有着成千上万种的艺术保护着我们，而且我们已经设计了许多保险的办法，来减轻和分散有增无已的恶果。除了战争还会引起许多的恐惧以外，我想如果当代的西方人完全废弃一切关于知识与行动的旧信仰，他就会相当确信地认为他已经具有了在合理的程度内保障生命安全的权力，这个设想也许是稳妥的。

这种想法是臆度的。接受这种猜测并不是本论证所必需的事情。它的价值在于指出了过去安全感的需要之所以成为主要情绪的早期条件。上古的人并没有我们今天所享有的精密的保护的艺术和运用的艺术，而且当艺术的应用加强了他的力量时他对他自己的力量也还没有自信心。他生活在非常危险的条件之下，同时他又没有我们今天视为理所当然的防御工具。我们今天最简单的工具和器物古时大多数都还没有；当时人们没有精确的预见；人类在赤裸裸的状况之下面临着自然界的力量，而这种赤裸裸的状况又不只是物理的；除了在非常温和的条件以外，他总是为危险所困扰，无可幸免。结果，人把吉凶的经验当作是神秘的了；他不能把吉凶追溯到它们的自然原因；它们似乎是各种不能控制的力量所分派的恩赐和谴罚。生、老、病、死、战争、饥馑、瘟疫等旦夕祸患，以及狩猎无定、气候变易、季节变迁等等，都使人想象到不确定的情况。在任何显著的悲剧或胜利中所涉及的景象或对象，不管是怎样偶然得到的，都获得了一种独特的意义。人们把它当作是一种吉兆或一种凶兆。因此，人们珍爱某些事物，把它们当作是保持安全的手段，好像今天的良匠珍爱他的工具一样；人们也畏避另一些事物，因为它们具有危害的能力。

当人们还没有后来才发明的工具和技艺时，他就会像一个落水的人抓住一把稻草那样，在困难中抓住他在想象中认为救命根源的任何东西。现在的人关怀和注意着怎样获得运用器具和发明极奏成效的工具的技巧，而过去的人却关怀和注意于预兆、做一些不相干的预言、举行许多典礼仪式、使用具有魔力的对象来控制自然事物。原始宗教便是在这样气氛之下产生和滋长起来的。勿宁说，这种气氛在过去就是宗教的意向。

人们求助于那些会增进福利、防御暴力的手段，这是常有的事情。这种态度在生活遇到重重危难之时是最为显著的，但是在这些具有非常危险的危机事态和日常行动之间的界线却是十分模糊的。在有关通常的事物和日常的事务的活动中，常常为了采取安全措施起见，也进行一些礼仪活动。举凡制造兵器、陶铸器皿、编织草席、撒播种子、刈取收获等等还需要有一些不同于专门技术的动作。这些动作具有一种特别的庄严性，而且人们认为这是保证实际操作成功所必需的。

虽然我们难免要采取"超自然的"这个字眼，但是我们必须避免我们对这个词原有的意义。只要"自然的"没有明确的范围，那么所谓超越自然的东西就没有任何意义了。正如人类学者所提出的，"自然的"与"超自然的"的区别就是在通常与非常之间的区别；在平常进行着的事物与决定着事物正常进行的偶然事变之间的区别。而这两个境界没有彼此严格划分的分界线。在这两个境界相互交叉之处，有一个无人之境。非常的事物随时可以侵入通常事物的境内，不是破坏了通常的东西，就是把它缀饰以惊人的光环。当我们在危急的条件之下运用通常的事物时，其中便充满着有许多不可解释的吉凶的潜在力。

在这样的情况之下形成和发展了神圣和幸运这两个主要的概念，或称之为两个文化范畴。它们的反面是世俗和厄运。和我们对待"超自然的"这个观念一样，我们不要根据目前的用法来解释它们。凡具有非常的能力可以为利或可以为害者便是神圣的；神圣意味着必然要以一种仪式上疑惧对待它。凡神圣的东西，如地方、人物或礼仪用品等都具有一种凶恶的面孔，挂着"谨慎对待"的牌子。它发出了"不得触摸"的命令。在它的四周有许多的禁忌、一整套的禁令和训诫。它可以把它的潜力转移到其他事物上去。如能获得神圣的恩宠，你便走上了成功之路，而任何显著的成功都证明取得了某种庇护力量的恩宠。这一事实是历代政治家们都明白如何去加以利用的。由于它充满着权力、好恶无常，人们不仅要以疑惧之心对待神圣，而且要屈意顺服。于是便产生了斋戒、屈服、禁食和祈祷等等仪式，这都是博取神圣恩宠的条件。

神圣是福佑或幸运的负荷者。但是早就有了神圣和幸运这两个观念的差别，因为人们对待它们的意向不同。幸运的对象是为人们所利用的。人们运用它而不是敬畏它。它所要求的是咒文、符咒、占卜而不是祈祷和屈服。而且幸运的东西每每是一种具体而可触摸的东西，而神圣的东西则通常是没有明确方位的；神圣的住所和形式越模糊不清，它的能力就越大。幸运的对象则是处于人的压力之下，乃是处于人的强迫之下，受人呵责和惩罚。如果它不为人带来幸运，人就会丢弃它。在人们利用这种幸运对象时发展了一种主人感的因素，而不同于对待神圣的那种驯服和屈从的固有态度。因此，人们在统治与屈从、诅咒与祈祷、利用与感通之间便有了一种有节奏的起伏状态。

当然，以上的陈述是片面的。人们总是实事求是地对待许多事物的，而且每天都在享受着。即使在我们所说过那些仪礼中，一经建立了常规之后，人们就像想望重复动作一样还通常表现出一种对于新奇的喜爱。原始的人类早就发明了一些工具和一些技巧。人们还具有一些关于通常事物特性的一些平常的知识。但是除了这一类的知识以外还有一些属于想象和情绪类型的信仰，而且前者在一定程度上是陷没于后者之中的。后者是具有一定的威势的。正因为有些信仰是实事求是的，所以它们并没有那些非常的和奇怪的信仰所具有的那种势力和权威。今天在宗教信仰仍然活跃着的地方，我们还可以看到相同的现象。

对于可证实的事实所具有的那种平凡的信仰，即以感觉为凭证和以实用效果为根据的信仰，便没有礼仪崇拜的对象所具有的那种魅力和威势。所以构成这类信仰内容的事物便被视为低级的了。在我们熟悉了一件事物之后,我们就会把它和其他事物一视同仁,乃至对它有轻视之感。我们是以对待我们日常所处理的事物的态度来对待我们自己的。的确,我们所敬畏尊重的对象就势必具有优越的地位。人们注意的东西和他们所尊重的东西之所以截然分开的根源就在此。人们一方面控制日常事物而另一方面又依赖于某种优越的力量,在这两种态度之间的区别终于在理智上被概括化了。这就产生了两个不同领域的概念了。在这个低下的领域里,人能够预见并利用工具和艺术,期望在一定的程度上控制它。在这个优越的领域里却是一些不可控制的事变,从而证实了尚有一些超越于日常世俗事物之上的力量在活动着。

关于认识与实践、精神与物质的哲学传统并不是首创的和原始的。它的背景就是上面所概述的这种文化状态。社会上有一种气氛,把通常的和非常的东西划分开来,而这种哲学传统就是在这种社会气氛中发展起来的。哲学正是反映这种区别并把它加以理性的公式化和解释。随着日常艺术而来的,便有了许多的资料,有了一堆事实的知识,因为这是由于人们亲手做作而产生的,所以它们是人们所知道的。它们是实用的结果,也是实用的期望。这一类的知识,和非常的与神圣的东西比较起来,和实用的事物一样,也是不受尊重的。哲学继承了宗教所涉及的境界。哲学的认知方式不同于在经验艺术中所达成的认知方式,正因为它所涉及的是一个高级实有的领域。从事于礼仪的活动较之那些在苦工中所从事的活动要高贵些,更接近于神圣一些。同样,涉及一个高级实有领域的哲学认知方式较之于我们的生活有关的造作行动要纯洁些。

由宗教到哲学在形式上的变化很大,以致人们容易忽视这两者在内容上的共同之处。哲学的形式已不再是用想象和情绪的体裁讲故事的形式,而变成了遵守逻辑规律的理性论辩的形式。大家都熟悉,后世称为形而上学部分的亚里士多德的体系,他自己称之为"第一哲学"。我们可以引用他描述"第一哲学"的一些语句来说明哲学事业是一桩冷静理性的、客观的和分析的事业。因此,他说它包含着各部门的一切知识,因为哲学的题材乃是去界说一切不同形式的实有的特征而不论其在细节方面彼此如何不同。

但是如果我们把这几句话和亚里士多德自己心里的整个体系联系起来看，我们就清楚，第一哲学的包容性和普遍性并不是属于一种严格的分析型的。这种包容性和普遍性还标志有一种在价值等级上和当被尊重的权利上的差别。因为他公然说他的第一哲学（或形而上学）就是神学；他说它比其他科学有较高的地位。因为这些科学研究事物的生成和生产，而哲学的题材只容许有论证式的（即必然的）真理；哲学的对象是神圣的，是适合于上帝所从事的对象。他又说，哲学的对象是要去研究神圣显于我们人类的许多现象的原因，而且如果神圣是无所不在的，那么它就出现于哲学所研究的这类事物之中。哲学所研究的实有是原始的、永恒的和自足的，因为它的本性就是善，而善是哲学题材中的根本原理之一。这一句话也使我们明白哲学对象的价值高贵。不过要知道，这里所谓善是指完满自足的内在永恒的善而不是指在人生中具有意义和地位的那种善。

亚里士多德告诉我们说，从远古以来就以一种故事的方式遗留下来这样一个见解，认为天上的星球都是许多的神，而神圣包容着全部自然界。他后来又继续说，为了群众的利益，为了权宜之计，即为了保持社会制度，这个真理的核心是和神话交织在一起的。于是哲学便有一件消极的工作，即清除这些想象的添加物。从通俗信仰的观点来看，这是哲学的主要工作，而且是一件破坏性的工作。群众只会感觉到，他们的宗教受到了攻击。但是长久看来，哲学的贡献是积极的。把神圣当作是包容世界的这个信仰便和它的神话联系分隔开了，成为哲学的基础，也成为物理科学的基础——如天体是神灵这句话所暗示的。用理性论辩的形式而不用情绪化的想象来叙述宇宙的故事，这就意味着发现了作为理性科学的逻辑学。由于最高的实在是符合于逻辑的要求的，逻辑的构成对象也具有了必然的和永恒的特性。对于这种形式的纯粹观点是人类最高的和最神圣的乐境，是与不变真理的会通。

欧几里得几何学无疑是导致逻辑的线索，成为把正确意见变成合理论辩的工具。几何学似乎揭示出有建立这样一种科学的可能性，这种科学除了单纯用图形或图解举例以外不求助于感觉和观察。它似乎揭露出一个理想的（或非感觉的）形式的世界，而这些理想的（或非感觉的）形式只有用唯有理性才可能寻溯的永恒必然关系联系起来。这个发明曾为哲学所概括，哲学把它概括成为一种研究固定实在领域的理论，当这个固定实有的领域为思想所把握时，它便构成了一个完善的必然常住真理的体系。

如果我们用人类学家看待他的材料的眼光来看待柏拉图和亚里士多德哲学的基础，即把它当作一种文化题材，我们就清楚了：这些哲学乃是以一种理性的形式把希腊人的宗教与艺术信仰加以系统化罢了。所谓系统化就包括有澄清的意思在内。逻辑学提供了真实对象所必须最后符合的型式，而物理学则只有当自然界甚至在变化无常之中仍然表现出最后常住的理性对象时，才可能成立。因此，在淘汰了神话与粗野迷信的同时，产生了科学的理想和理性生活的理想。凡能以证明它们本身是合乎理性的目的便代替了习惯而指导行为。这两个理想便对西方文化构成了一种不可磨灭的贡献。

我们对于这些不可磨灭的贡献虽然表示感谢，但是却又不能忘了它们所以产生的条件。因为这些贡献也带来了一个关于高级的固定实在领域的观念，而一切科学才得由此成立，和一个关于低级的变化事物世界的观念，而这些变化的事物则只是经验和实践所涉及的东西。它们推崇不变而摒弃变化，而显然一切实践活动都是属于变化的领域的。这种观念遗留给后代有一种见解，这种见解自从希腊时代以来就一直支配着哲学，即认为知识的职能在于发现先在的实体，而不像我们的实际判断一样，在于了解当问题产生时应付问题所必需的条件。

这种关于知识的概念一经确立之后，在古典哲学中便也为哲学研究规定了特殊的任务。哲学也是一种知识形式，旨在揭示"实在"本身、"有"本身及其属性。和自然科学所研究的对象比较起来，哲学所研究的是一种更高级的、更深远的存在形式，这是它不同于其他认知方式的地方。当它研究到人类的行为时，它便在行动上面强加上据说来自理性界的目的。因此，它使得我们的思想不去探求为我们的实际经验所提示的目的以及实现这些目的的具体手段。曾有一种主张，要通过不要求采取积极行动应付环境的措施来逃避事物的变幻无常。哲学把这种主张理性化了。它不再借助于仪礼和祭祀来求得解脱，而是通过理性求得解脱。这种解脱是一种理智上的、理论上的事情，构成它的那种知识是离开实践活动而获得的。

知识领域和行动领域又各自划分成为两个区域。不能推断说，希腊哲学把活动和认知区分开了。它把这两者联系起来了。但是它把活动和动作（即造作、行动）区别开来了。理性的与必然的知识是亚里士多德所推崇的，认为这种知识乃是自创自行的活动的一种最后的、自足的、自包的形式。它是理想的和永恒的，独立于变迁之外，因而也独立于人们生活的世界，独立于我们感知经验和实际经验的世界之外的。"纯粹的活动"（"Pure activity"）和实践的动作（practical action）是截然不同的。后者，无论在工艺或美术中、在道德或政治中，都是涉及一个低级的实有区域，而在这个区域里由变化支配着一切，因而我们只是在礼貌上把它称为实有，因为由于变化这一事实它在实有方面缺乏坚实的基础。它是浸润于非有之中的。

在知识方面，则有完全意义的知识与信仰的区别。知识是指证的、必然的——即确切的。反之，信仰则只是一种意见；就意见之不确定性和仅属盖然性而言，意见是与变化世界联系着的，而知识是和真实实在领域相适应的。因为这一事实影响到关于哲学的职能与性质的概念，我们对于我们的特殊主题不得不再作进一步的讨论。人类有两种信仰的方式、两种度（dimensions），这是无可怀疑的。有关于现实存在和事物进程的信仰；也有关于所追求的目的、所采取的政策、所要获得的善和所欲避免的恶等方面的信仰。在一切实际问题中最紧迫的一个问题就是如何找到在这两种信仰的题材之间相互的联系。我们将怎样利用我们最确实可靠的认识信仰来节制我们的实际信仰呢？我们又将怎样利用实际的信仰来组织和统一我们的理智的信仰？

真正的哲学问题是确实可能和这一类的问题联系着的。人类具有为科学研究所提供的信仰，相信事物的实际结构与过程；他也具有关于调节行为的价值的信仰。怎样把这两种方式的信仰有实效地互相作用着，这也许是人生为我们所提出的一切问题中最一般和最有意义的一个问题了。显然除了科学以外，还应该有某种以理性为根据的学问来专门研究这个问题。因此，这就为我们理解哲学的功能提供了一条途径。但是主要的哲学传统却禁止我们用这种方式来界说哲学。因为照传统的哲学思想讲来，知识的领域和实践动作的领域彼此是没有任何内在联系的。这就是我们讨论中各种因素集中的焦点。因而扼要重述一下也许是有益的。实践的领域是一个变化的领域，而变化则总是偶然的，其中不可避免地具有一种机遇的因素。如果一件东西已经发生了变化，它的变动就令人悦服地证明了它缺乏真实的或完全的实有。就这个字眼的全部意义而言，"有"就是永远实有。说它有，又说它变得没有了，这是自相矛盾的。如果它没有缺陷或不完善之处，它又怎能变化呢？凡变化着的东西都只是偶然发生的事情，而绝非真有。它是浸润在非有之中的，从实有的完满的意义讲来，它是没有的。生成着的世界是一个溃崩破坏着的世界。凡一事物变为有时，另一些事物就变成无了。

因此，轻视实践便具有了一种哲学上的、本体论上的理由了。实践动作，不同于自我旋转的理性的自我活动，是属于有生有灭的境界的，在价值上是低贱于"实有"的。从形式上讲来，绝对确定性的寻求已经达到了它的目标。因为最后的实有或实在是固定的、持续的、不容许有变异的，所以它是可以用理性的直觉去把握的，可以用理性的（即普遍的和必然的）证明显示出来的。我并不怀疑，在哲学发生之前人们就曾有过一种感觉，认为固定不变的东西和绝对确定的东西就是一回事情而变化是产生我们的一切不确定性和灾难的根源。不过这个不成熟的感觉在哲学中形成了一个明确的公式。人们是根据像几何和逻辑的结论那样证明为必然的东西来肯定这种感觉的。因此，哲学对普遍的、不变的和永恒的东西的既有倾向便被固定下来了。它始终成为全部古典哲学传统的共有财富。

这个体系的各个部分都是互相联系着的。实有或实在是完备的；因为它是完备的，所以它是完善的、神圣的、"不动的推动者"。然后便有变化着的事物，来来往往，生生死死，因为它们缺乏稳定性，而只有参与在最后实有中的事物才具有稳定性的特征。不过，有变化，就要具有形式和特性，而且当这些变化趋向于一个目的而处于圆满结束的时候，这些变化便是可以为人们所认知的。变化的不稳定性并不是绝对的，它具有欲望达到一个目标的特征。

理性的思想，一切自然运动的最后"终结"或末端乃是最完善的和完备的。凡是变化着的东西就是物质的；物理的东西是用变化来界说的。最多最好，它只算是达到一个稳定不变的目的的一种潜能。在这两个领域内有两种不同的知识。其中只有一种才是真正的知识，即科学。这种知识具有一种理性的、必然的和不变的形式。它是确定的。另一种知识是关于变化的知识，它就是信仰或意见；它是经验的和特殊的；偶然的、盖然的而不是确定的。平常至多它只能判定说：事物"大致如此"。和实有中和知识中的这种区分相适应的便有活动中这种区分。纯粹的活动是理性的；它是属于理论性质的，意即脱离实践动作的理论。然后便有造作行动中的动作，去满足变化领域中的需要缺陷。人类的物理本性方面便是和这个变化的领域联系着的。

这种希腊的公式陈述虽然早已提出而且其中很多专门名词现在已觉稀奇，但它有些要点仍适合于现代的思想，不减于其在原公式陈述中的重要意义。因为不管科学题材和方法已经有了多大的变化，不管实践活动借助于艺术和技术已经有了多大的扩充，西方文化的主要传统则仍保持着这种观念构架，始终未变。人所需要的是完善的确定性。实践动作找不到这种完善的确定性；它们只有在一个不确定的未来中始见效果，它们包含着有危险、有灾难、挫折和失败的危险。另一方面，人们认为知识是和一个本身固定的实有的领域联系着的。由于它是永恒不变的，人类的认知在这个领域内是不作任何区别的。人们能够通过思维的领悟和验证的媒介或某种其他的思维器官来接近这个领域。这种思维器官除了只去认知它以外是和实在不发生任何关系的。

在这些主张里面包括着一整个体系的哲学结论。首先而且最主要的结论是说：真的知识和实在是完全相符的。被认知为真的东西在存在中便是实有的。知识的对象构成了一切其他经验对象的真实性的标准和度量。而我们所爱好、所想望、所争取、所选择的对象，即我们所赋予价值的一切东西也都是实在的吗？如果它们能够为知识所证实，它就是实在的；如果我们能够认知具有这些价值特性的对象，我们就有理由把它们当作是实在的。但是作为想望和意图的对象，它们在实有中是没有地位的，除非我们通过知识接近了和证实了它们。我们十分熟悉这种见解，因而我们忽视了它所根据的一个未曾表达出来的前提，即：只有完全固定不变的东西才能是实在的。确定性的寻求已经支配着我们的根本的形而上学。

第二，认识的理论具有为同一主张所确定的根本前提。因为确定的知识必定是与先在的存在物或本质的实有关联着的。只有确定的事物才内在地属于知识与科学所固有的对象。如果产生一种事物时我们也参与在内，那么我们就不能真正认知这种事物，因为它是跟随在我们的动作之后的而不是存在于我们的动作之前的。凡涉及行动的东西乃属于一种单纯猜测与盖然的范围，不同于具有理性保证的实证，只有后者才是真正知识的理想。我们已经十分习惯于把知识和动作分隔开来，乃至认识不到这种分隔的情况如何支配着我们对于心灵、意识和反省探究的想法。因为既然心灵、意识和反省探究都是和真正的知识关联着的，那么根据这个前提，在对它们的界说中就不容许有任何外表的行动，因为后者改变了独立先在的存在的条件。

关于认识的理论派别繁多。到处都是它们之间的争闹。由此所产生的喧嚷竟使我们看不到他们所说的东西其实是一回事情。这些争论之点是大家所熟悉的。有些理论认为：我们被动接受的、无论我们愿意与否强加于我们身上的印象乃是测验知识的最后标准。另一些理论认为理智的综合活动是知识的保证。唯心论者的理论主张心灵与被知的对象最后是同一件事情；实在论者的理论则把知识归结为对独立存在物的觉知。如是等等。但是它们都有一个共同的假设。他们都主张：在探究的操作中并没有任何实践活动的因素，进入被知对象的结构之中。十分奇怪，不仅唯心论这样说，实在论也这样说；不仅主张综合活动的理论这样说，主张被动接受的理论也这样说。按照他们的看法，"心灵"不是在一种可以观察得到的方式之下，不是借助于具有时间性的实践外表动作而是通过某种神秘的内在活动，构成所知的对象的。

总之，所有这一切理论的共同实质就是说，被知的东西是先在于观察与探究的心理动作而存在的，而且它们完全不受这些动作的影响，否则，它们就不是固定而不可变易的了。据上所述，包含在认知中的寻求、研究、反省的过程总是与某些先在的实有关联着的而不包括有实践活动，这个消极的条件便永久把属于心灵和认知器官的主要特征固定下来了。这些过程必然是在被知的东西以外的，因而它们不和被知的对象发生任何交互作用。如果采用"交互作用"一词，也不能如平常实际的用法，表示在外表上产生了什么变化。

认识论是仿照假设中的视觉动作的模式而构成的。对象把光线反射到眼上，于是这个对象便被看见了。这使得眼睛和使得使用光学仪器的人发生了变化，但并不使得被看见的事物发生任何变化。实在的对象固定不变，高高在上，好像是任何观光的心灵都可以瞻仰的帝王一样。结果就不可避免地产生了一种旁观者式的认识论。过去曾经有过一些理论，主张心理活动是参与其间的，但是它们仍然保持着旧有的前提。所以它们得出结论说：不可能认知实在。按照它们的见解，既然有了心灵的干预，我们就只能认知实在对象的一些变了样子的外貌，只能认知实在对象的"现象"。这个结论最彻底地证实了它具有下述信仰的全部威势：即把知识的对象当作是一种固定完备的实在，是孤立于产生变化因素的探索动作以外的。

所有这一切关于确定性和固定体、关于实在世界的性质、关于心灵和认知器官的性质的见解完全是彼此联系着的，而它们的结果几乎是扩散在所有一切关于哲学问题的重要见解之中的。所有这一切见解的根源都是由于（为了寻求绝对的确定性）人们把理论与实践、知识与行动分隔开来了。这就是我的基本的主题思想。因此，我们不能把这个问题单独地孤立起来加以研究。它也是和各个领域的根本信仰和见解完全纠缠在一起的。

本书以后各章尚须从上述各点逐一论述这个主题。我们将首先研究这种传统的区分办法对于哲学性质的概念，特别是对于价值在存在中的确实地位问题的影响。然后我们将说明在自然科学结论与我们所赖以生存和调节行为的价值之间进行协调的问题如何支配着现代的各派哲学，而这个问题，如果不是事先不加批判地接受了知识是唯一能接近实在的途径，将不会存在的。然后我们将以科学程序为例讨论认知活动发展的各方面，把实验探究分析成为各个方面，从而表明上述那种传统的假设在具体的科学程序中是怎样完全被废弃了的。因为科学在变为具有实验性质的过程中，它本身就变成了一种有目的的实践行动的方式。然后我们将简要地陈述破除了分隔理论与实践的种种障碍之后对于改造关于心灵与思维的根本观念以及对于认识论中长期存在的许多问题所产生的后果。然后我们将考虑到用通过实践的手段追求安全的方法去代替通过理性的手段去寻求绝对的确定性的方法，这将对于我们控制行为，特别影响于行为的社会方面的价值判断的问题会产生什么影响。

哲学对于常住性的寻求

前一章我们曾经附带地注意到古典传统在知识与信仰，或如洛克所说的，在知识与判断之间所作的区别。按照这种区别，确定的东西和知识的范围是同样广大的。争论是存在的，但所争论的是：提供确定性的基础的是感觉还是理性；或者说，它的对象是存在物还是本质。与上述这种把确定性与知识等同起来的情形相反，"信仰"这个字眼本身，在确定性的问题上，就是引人争辩的。由于我们缺乏知识，或不能完全保证，我们才有信仰。所以确定性的寻求总是要努力超越于信仰。我们前面已经说过，既然一切实践的行动都有不确定性的因素在内，那么只有把知识同实践行动分隔开来，才能超越信仰，上升到知识。

本章我们特别想讨论：如果我们把确定性的理想当作是优越于信仰的东西，那么这对于哲学的性质与功能将发生什么样的影响。希腊的思想家们清晰地——而且合乎逻辑地——看到：经验，就其认知存在的而言，只能提供给我们一些偶然的盖然因素。经验不能为我们提供必然的真理；即完全通过理性来加以证明的真理。经验的结论是特殊的，而不是普遍的。由于它们不是"精确的"，所以它们还不足以成为"科学"。因而便产生了理性的真理（根据近代的术语，即关于观念之间的关系的真理）和由经验所肯定的关于存在的"真理"之间的区别。因此，不仅实践的艺术（工业的和社会的艺术）不是知识而是显明有关信仰的事情，就是根据观察从归纳推理所产生的那些科学也不能算是知识而只是信仰。

人们也可以这样的设想，认为这些科学也并不坏，特别是在自然科学已经发展了一种技术，可以达到高度的概率并在一定限度以内可以测量概率的程度，在特殊情形之下帮助我们下结论。但是从历史上看来，这样扭转过来的想法是不容易的。因为人们已经把经验的或观察的科学置于与理性的科学可厌的相反的地位，而理性的科学是研究永恒的和必然的对象的，因而具有着必然的真理。结果，由于观察的科学材料不能统摄于理性科学所提供的形式与原理之内，这种观察性的科学便和实际事务一样为人们所轻视。它们和理性科学的完善实体比起来，是较为低下的、世俗的和平凡的。

而且我们在这里就有了一个理由可以把这件事情远溯至希腊哲学。直到今天的整个古典传统都继续抱有一种轻视经验的观点，并把实在当作真正知识所追求的正确目标和理想，认为即使实在是寓于经验事物之中的，但它们却是不能为实验的方法所认知的。这在哲学本身上所产生的逻辑结果是明显的。在方法方面，它势必宣称它本身就具有一种产生于理性本身，而且能够离开经验取得理性证明的方法。只要这种看法承认同一理性的方法也真正认知了自然本身，结果——至少那些明显的结果——是并不严重的。在哲学与真正科学之间没有什么裂痕。事实上甚至于并没有这样的区分，而只有形而上学、逻辑学、自然科学、道德科学等等哲学部门的分别，在其间证明确定性的程度是顺序递减的。按照这个理论看来，既然低级科学的题材和真正知识的题材内在地是属于一种不同的特性的，那么我们就没有根据对于所谓信仰的这种程度低下的知识表示任何理性上的不满。较为低下的知识或信仰乃是跟较为低下的题材相适应的。

十七世纪的科学革命引起了一次巨大的变化。科学本身，借助于数学，把证明性的知识体系带到了自然对象的领域中来了。自然界的"法则"也具有了在旧体系中仅仅属于理性形式与理想形式所具有的固定特性。用一些机械论的术语所表达出来的关于自然界的这种数理科学，便自称为唯一正确的自然哲学。所以古旧的哲学丧失了它与自然知识的联系，而自然世界的这些"法则"也不再支持哲学了。哲学为了要保持它的高级形式的知识的地位，便不得不对自然科学的结论采取一种痛恶的和所谓敌意的态度。这时候旧传统的架构又浸入于基督教的神学之中，并由于宗教的教育又变成了那些不懂得专门哲学的人们所继承下来的文化。于是哲学与新科学在认知实在方面的对抗便变成了为旧哲学传统所保证的精神价值和自然知识的结论之间的对抗。科学越进步，它就似乎越侵占了哲学宣称所应占有的特殊领土范围。因此，古典的哲学便变成了一种专门为相信最后实在的这种信仰进行辩护的一种学问了，而在这个最后的实在领域中便有着调节生活、控制行为的各种价值。

运用这种历史研究的方式来探讨上面所论及的这个问题，无疑地会有不少缺点。人们或许会毫不犹豫地认为上面我们所强调的希腊思想和近代思想，特别和当代哲学是无关的；或许会认为在不搞哲学的群众看来，这些哲学的陈述是没有什么重大意义的。对哲学有兴趣的人们会反对说：这些批评如果不是无的放矢，至少那些被批评的主张则早已失去了它们的现实意义。对于任何形式的哲学都不爱好的人们又会追问这些批评对于非以哲学为专业的人们到底有什么意义。

关于对哲学有兴趣的人们所提出的反对，我们将在下一章详加论述。在下章我们将说明，近代哲学虽有各种学派不同，但都是想研究如何使得现代科学的结论适应于西方世界的主要的宗教和道德传统的问题并且说明这些问题是与保留希腊思想中所陈述的那种关于知识与实在关系的见解有关的。目前我们只要指出：关于知识与行动、理论与实践分隔的见解在具体细节上不管有过多大的变化，仍然被继续保存了下来，而与行动联系着的信仰，跟那些与知识的对象内在联系在一起的信仰比较起来，是不确定的，在价值上是低贱的，因而只有当前一种信仰是从后一种信仰中派生出来的时候，它才是安全确立的。我们不是说，希腊思想的某些特殊内容是和当前的问题关联的；与当前问题相关的是它坚持知识的确定性是衡量安全的尺度，而是否符合于独立于人类实践活动以外，固定不变的对象又是衡量知识的确定性的尺度的这些见解。

那些不爱好哲学的人们的反对却是属于另一种类型的。他们感觉到不仅仅希腊哲学，而是一切形式的哲学，对人类讲来都没有任何意义。他们承认或者断言说，把哲学说成是比自然科学所提供的知识较高一级的知识，这是放肆的，但是他们也主张这个问题除了对那些专业哲学家们以外，是没有什么重大意义的。

不爱好哲学的人们所提出的这种反对意见是不会有什么力量的，因为他们所主张的大部分和哲学家们的主张一样，是同一种关于确定性及其固有对象的哲学，不过他们的主张还只有一种不成熟的形式罢了。他们并不认为哲学思想是达到这种对象以及它们所提供的确定性的一种特殊的方法，但是他们明显地或含蓄地也决不主张在理智指导下行动艺术乃是获得价值安全的手段。当他们涉及某些目的和好处时，他们只是接受这个观念。但是当他们把这些目的和价值当作是为了低等的后果而从物质上（如从康健、财富上）去控制条件的时候，他们就仍然保持有古典哲学中所陈述的那种在高一级的实在和低一级的实在之间的区别。他们说话时尽管没有运用理性、必然的真理、普遍性、物自身以及现象等等的词汇。但是他们却倾向于相信在知识指导的行动以外另有道路，可以最后实现高级的理想和目的。他们认为实践行动是实用所必需的；但是他们却把实用和精神的和理想的价值分隔开了。这个根本的区别并非创始于哲学。这些观念久已一般地活动在人心之中，哲学不过是把这些观念在理智上加以公式化和合理化罢了。而这些观念中的因素不仅活跃于过去的文化之中，而且也同样活跃于当前的文化之中。的确，由于宗教教义的散播，这种把最后价值当作是一种特殊的启示而它们在生活中体现的特殊方法又截然不同于仅仅涉及低级目的的动作艺术的这种见解却一直是在通俗的人心之中为人们所重视着的。

这一点就有了一般的人类重要意义而不仅是专业哲学家们所关心的事情了。怎样才能获得价值，怎样才能获得为人们所钦佩的、光荣的、所赞同和所追求的事物呢？大概是由于轻视实践的结果，所以很少有人把价值在人类经验中的安全地位的问题和关于知识与实践关系的问题联系着提出来。但是不管我们对于行动的地位采取什么观点，行动的范围不能仅仅限于专图私利的动作，也不能局限于专从利害得失打算的动作，尤其不能一般地局限于贪图便宜的事物或有时所谓"功利"的事情。保持和散播理智上的价值、道德上的良善、美术上的美妙，以及在人类关系中维持秩序和礼节等等都是依赖于人们的行为的。

无论因为传统宗教强调个人灵魂得救的缘故或其他的理由，人们总有一种倾向，把道德的最后范围仅限于一个人的行为反过来对他本人所产生的结果。甚至于功利主义，虽然它在表面上是独立于传统神学之外，是强调以公共福利作为判断行为的准绳的，但是它仍然在它的快乐论的心理学中坚持个人的快乐是行动的动机。有人认为，一切理智行为的真实对象在于把一切人类关系中有价值的事物建立成为一个稳定而又继续发展的制度。但是当前流行着一种见解，认为道德是一种特别的动作，它主要的是涉及个人在其才能中的美德或享受。这种当前流行的见解把上一种看法压制下去了。我们仍然保持着把活动划分成为两类具有不同价值的活动的这种见解，不过改变了形式罢了。结果使得"实用的"和"有用的"东西的意义本身具有一种被人轻视的意义。"实用的"一语的意义并没有扩大到包括足以推广和保障人生价值的一切行动方式，包括美术的散播和趣味的培养，教育的过程和一切足以使人类关系更加有意义和更加有价值的活动，反之，人们却把"实用的"一语的意义仅限用于安逸、慰藉、财富、身体安全和警察秩序，可能还有保持健康等等，而这些事物一经与其他的诸善分隔孤立之后就只能算是一些有局限性的和狭隘的价值了。结果，这些事物便成为技术科学和艺术所研究的课题；"高尚的"兴趣是不关心它们的，不管在自然存在的盛衰中"低级的"善发生了什么变化，高尚的价值仍然是最后实在的常住不变的特性。

如果我们在习惯上采取实践最公平的意义而且放弃习惯上把价值划分成为内在高尚的和内在低下的两类价值的这种二元论，我们对于"实践"所采取的这种轻视的态度就会有所改变。我们应该把实践当作是我们用以在具体可经验到的存在中保持住我们判断为光荣、美妙和可赞赏的一切事物的唯一手段。这样一来，"道德"的全部意义都改变了。人们在自然与社会关系内所造成的差别之中忽视它们的永恒的客观后果的倾向；和人们不问客观后果，强调个人动机和内在性向的这种态度，在什么程度上是人们在习惯上鄙视动作价值、重视对事物不产生任何客观差别的心理过程、思维和情操等形式的后果呢？

人们可以辩论说（而且我认为这种辩论是有一定的道理的），人们之所以未曾把动作置于追求这种安全的中心地位（人们是可能这样做的），这是由于早期文化阶段人类的无能状态所遗留下来的结果，当时人们只有很少的方法来调节和利用后果所由产生的条件。当人类还不能利用实践艺术来指导事物发展的进程时，他就去寻求一种在情绪上的代替物，这是很自然的事情；在这个动荡不安的世界中由于缺乏实际的确定性，人们就只有去培植那些予人类以确定感的东西。这种确定感的培植，只要不流于幻想，就有可能给人以勇气和信心，使他能比较成功地挑起人生的担子。事实虽然如此，但总不能辩论说，我们可以根据这个事实来建立一种合理的哲学。

我们现在回过头来谈哲学的概念。我们曾经坚持过，任何方式的动作都不能达到绝对的确定；动作只能保险，不能保证。行动总是要遇到危险的，遭受挫折的危险的。当人们开始从事于哲学思考的时候，他们就觉得若使价值受着行动的制约，其结果不能确定，这就太冒险了。只要有经验存在，只要有可感知的和现象世界的存在，就会继续有着这种动荡不定的状态；但是这种不确定性似乎促使人们更加需要通过最确实的知识，来显示出理想的善在最后实在的领域内占有不可废除和难以推翻的地位。至少我们可以想象人们是这样进行推理的。而今天有许多的人，在面临着价值在实际经验中所呈现出来的这种不稳定和可疑的状态时乃认为在一个实质境界之中有着一种完善形式的善，而在这个实质境界内它们的权威（即使不是它们的存在）是完全不可动摇的，从而他们求得了一种特别的安慰。

这个过程在什么程度上是近代心理学使我们所熟悉的那种补偿性质的过程，我们暂时不问。我们只研究它对于哲学有什么影响。那些我所谓古典哲学的主要目标在于表明：作为最高超和最必要的知识对象的那些实在也都具有那些符合于我们最好的愿望、崇拜和赞许心理的价值。我想关于这一点是没有人会否认的。有人也许说，这是一切传统的唯心主义哲学的核心思想。有一些哲学派别认为它们的正当职务就是从理智上或认识上去证实这些最高价值在本体论上的实在性。这些哲学派别具有一种感人的力量，具有一种高贵性。当人们热烈地想望和选择善事而遇到挫折时，他们很难不去想象一个境界，在此境界中善完全具有它自己的本来面目，并把它和寓有一切最后权力的"实在"等同起来了。于是现实生活之所以遭遇失败和挫折，这完全是由于这个世界是有限的、现象的、可感觉的而不是实在的；或者是由于我们有限的悟解力太弱，以至不能看到存在和价值只有表面上的不同，而只有完满的见地才能看到局部的恶乃是完全的善中的一个因素。因此，哲学的职能是利用据说是以自明之前提为根据的论辩的方法来设想出一个境界，在此境界中在认识上最确定的对象也就是人心最好期望的对象。因此，如何把善与真和实有的统一性与丰富性融合起来，就变成了古典哲学的目标。

要不是我们十分熟悉这种情境，这种情境会使我们感到奇怪。实践活动已被黜逐到了一个低级实在的世界。只有当人类缺少什么的时候，他才有欲望，所以欲望的存在就标志着实有尚不完善。所以若欲寻求完善的实在和完全的确定，就必须求助于冷静无情的理性。虽然如此，但哲学的主要兴趣却在于证明：作为纯知识对象的实在所具有的本质特性显然就是那些要与情感、欲望与选择发生关联才有意义的特征。在人们为了推崇知识而贬低实践之后，知识的主要任务一变而成为证明价值的绝对可靠和持续永存的实在性，而后者却又是实践活动所涉及的事务！一方面把欲望和情绪贬黜到在各方面都低于知识的地位，但同时另一方面却又说关于所谓最高级和最完善的知识所存在的问题就是由于罪恶（即由于错误而受挫折的欲望）的存在，这样一种情境能不使人感觉到可笑吗？

然而这个矛盾不仅是一种纯理智上的矛盾。如果是纯理论的，它就不会有实际上的恶果。我们人类所关心的显然就是在具体存在中所可能达到的最大的安全价值。有人认为：在我们所生存的这个世界中动荡不稳的价值在一个高级的境界中（这个境界是只可以用理性所证明而不能够为经验所达到的）却是安稳永存的；一切的善在此地遭到失败，而在那里却可以获得胜利，这种想法对于那些受到挫折的人们看来，是有一定的安慰作用的。但是它丝毫也没有改变这个存在的情境。本来是把理论和实践加以分隔，后来又用在认识上寻求绝对可靠性的办法代替了通过实践活动使得善的存在在经验中更加安全可靠，其结果便转移了人们的注意，分散了人们的精力，以至未能从事于那些可以产生确切结果的工作。

　　要想使价值得到具体的安定，主要的就要讲求改善行动的方法。单纯的活动、盲目的奋斗是不能促进事物的进展的。只有通过行动才可能控制结果所依赖的条件，而这种行动是有理智指导的、是掌握条件、观察顺序关联的，是根据这种知识来计划执行的。认为脱离行动的思想就能确切保证具有最高善的地位，这种想法对于发展一种理智的控制方法是无补于事的。反之，它挫折了和窒碍了人们朝着这个方向的努力。这是我们对古典哲学传统的主要指责。它的重要性使我们追问，事实上行动和知识到底有怎样的关系；而且除了理智的行动以外用其他的方法来寻求确定性，是否会有害地变换了思想的正当职能。它也使我们追问：人类控制认识和控制实践动作艺术的方法目前是否已经达到了这样一种程度，足以使我们有可能和有必要来彻底改革我们对知识与实践的见解。

　　从科学研究的实际程序判断起来，认知过程已经事实上完全废弃了这种划分知行界线的传统，实验的程序已经把动作置于认知的核心地位，这是以后各章我们所将注意讨论的一个主题。如果哲学也同样真心诚意地屈从于这种见解，哲学将会发生一些什么变化呢？如果哲学已不再研讨一般地关于实在与知识的问题，它的职能将是什么？实际上，哲学的功能就会是在我们认识上的信仰（即根据最可靠的探究方法所产生的信仰）和我们关于价值、目的和意向的信仰（这些信仰在具有伟大而自由的人生重要性的事务中控制着人类行动）之间促使发生有益的互相作用。

　　传统的想法认为行动内在地低下于知识并偏爱固定的东西而不爱变迁的东西。上述的观点是反对传统的这种想法的。它深信：通过实际控制所获得的安全远较理论上的确定性更为珍贵。但是这并不意味着说，动作好于知识和高于知识，而实践内在地优越于思维。知识与实践之间经常地和有效地相互作用，跟推崇活动本身是完全不同的。当动作受着知识的指导时，它是一种方法和手段而不是一个目的。目标和目的就是利用主动控制对象的手段在经验中所体现出来的更为可靠、更为自由，更为大家广泛所共享的价值，而对于对象的主动

344

控制则只有借助于知识才是可能的。[①]

从这个观点看来，哲学问题就是涉及在关于所追求的目的的判断和关于达到这些目的的手段的知识之间如何互相作用的问题。在科学中增进知识的问题就是去做什么的问题，就是进行什么实验、发明和利用什么仪器、从事于何种运算、利用和精通数学哪些部门的内容等等的问题，同样，实践的唯一问题就是我们需要认知什么、我们将如何获得这种知识以及我们将如何运用这种知识的问题。

人们容易而且通常习惯于把个人的分工误混为功能和意义的孤立分隔。就各个个人而言，人类中有的致力于认知的实践，有的则从事于一种职业的实践，如商业的、社会的或美感的艺术。每人虽各专一事，但同时也承认其他方面，视为理所当然。然而理论家和实干家则常作无谓的争论，各人强调本身的重要性。于是个人职业上的差别乃被实质化而成为知识与实践两者之间的实质差别了。

如果人们看一看知识的发展史，他们就会明白人们在最初之所以试图去有所认知，那是因为他们为了生活而不得不如此。其他动物的机体天赋有一种本领，能给以它们的动作以有机的指导。但由于人类缺乏这种本领，他便不得不询问他将怎么办，而且他只有对构成他自己行为的手段、障碍和结果的环境进行研究，才能发现他应当怎么办。欲求获得理智上或认识上的了解，这只是被当作一种手段，在行动的纠纷中可以用来获得较大的安全，除此以外另无意义。而且即使在有些人有了闲暇之后仍然选择认知作为他们的专门职业的时候，单纯理论上的不确定性仍然是没有什么意义的。

这句话会引起人们的抗议。一经考查我们便明白了：人们反对这句话，是因为我们难以找到一个单纯理智上不确定性的事例，即一种不与任何事物发生关系的事例。我们有一个熟悉的关于东方国王的故事也许类似这种纯理智上不

[①] 在反对为了推崇冥思的知识而轻视实践这种存在已久的思想的过程中，有一种倾向把事情简单地颠倒一下。但是实用主义的工具主义的实质是要把知识与实践两者都视为在经验存在中获得善果（即各种优越的结果）的手段。

确定性的情况。这个国王不想去参加一次赛马，他的理由是说他已经完全知道了：一匹马可以比另一匹马跑得快些。但他不能确定在几匹马中到底哪一匹比另一些马跑得快些。人们可以说这种不确定性是纯理智方面的。但是这个故事是悬而未决的，它既没有引起人们的好奇心，也没有使人努力去补救这种不确定性。换言之，他满不介意，这丝毫也没有发生什么影响。关于任何完全理论上的不确定性或确定性，人们是不关心的。这是一个十分明确的道理。因为从定义上讲来，如果一个东西完全是属于理论方面，它就是在任何地方都是没有意义的。

人们反对这一命题，这就有助于说明其实理智的东西和实际的东西是紧密结合在一起的。所以当我们想象着我们正在思考一个完全理论上的疑问时，我们便在无意之中把和这个疑问有关的后果私运进来了。我们思考着在探究过程中所产生的不确定性；这种不确定性在它未曾得到解决以前总是阻碍着探究的前进的——这显然是一件实际的事务，因为它包括着有结论和产生这些结论的手段。如果我们没有欲望和意向，那么事物的此一状态和彼一状态是同样好的，此理至明。有些人珍视这样一种指证：即绝对实有已经永久可靠地包藏有一切价值。这些人之所以珍视这个指证，是因为他们注意到这样一件事实：虽然这一指证对于具体存在着的这些价值并不发生什么影响（除非减弱了产生与保持这些价值的努力），但是它会改变他们个人的态度，使他们感觉到有所慰藉或卸脱了责任，使他们意识到有一个"道德的假日"，在这时候有些哲学家们发觉了道德与宗教的区别。

以上许多讨论无非断言寻求认识上的确定性的最后理由是需要在行动结果中求得安全。人们容易自认为是为了寻求理智上的确定性而致力于寻求理智上的确定性。但实际上他们之所以需要理智上的确定性，是因为它对于他们所欲望和所珍视的东西起着保障作用。由于在行动上需要保护和成功，所以便需要证实理智信仰的实效性。

知识分子阶级是一个有闲阶级，在很大的程度上得免于一般群众所遭受的严重苦难。自从这个知识分子阶级兴起以后，这些知识分子便开始夸耀他们自己所特有的职能。既然行动上的痛苦和烦恼不能保证具有完全的确定性，于是人们改为崇尚知识上的确定性。在一些次要的事务方面，如比较专门的、专业的、"功利的"事务方面，人们继续经常改进他们的操作方法，可以比较更有把握地获得结果。但是在具有重大价值的事务方面，其所需要的知识，我们就很难一下子取得而且改进方法又是一个缓慢的过程，它仅仅依赖许多人的同心协作才能实现。人们所要形成和所要发展的艺术乃是具有社会性的艺术；单独一个人，对于控制那些有助于更好地获得重要价值的条件，是无能为力的，虽然他可以利用个人的机智和专门的知识来达到他个人独特的目标（如果他是幸运的话）。因此，由于没有耐心，而且如亚里士多德所指出的，在从事于脱离动作的那种思维活动中一个人是自足的，于是便发展了一种认识上确定性的理想和脱离实践的真理，而且正因为这种真理是脱离实践的，所以它才为人所珍视。实际上这样建立起来的理论足以助长人们在具有最高价值的事务中依赖于权威和武断，而日常的事务，特别是经济方面的事务却依赖于日益增长的专门知识。过去有人曾经相信，魔术的仪式将会促进种子的生长，保证获得丰收。这种信仰阻塞了人们研究自然因果及其作用的倾向。同样，接受武断的条规，把它们作为教育、道德和社会事务中行为的基础，也削弱了人们寻求在构成合理计划中所包括的条件的动力。

通常人们多少总要谈到近几百年来由于自然科学的进步所引起的危机。他们说，这种危机是由于自然科学对于我们生存的世界的结论和从自然科学那里得不到什么支持的高级价值领域、理想和精神性质的领域之间互不相融的缘故。据说是这种新科学剥夺了世界上使人看来美丽适宜的那些性质；废弃了一切追求目的、喜爱为善的本性而把自然界描述成为按照数理和机械法则活动的许多无知无觉的物理粒子所构成的一幅景象。

大家都知道，现代科学的这种结果为哲学提出了许多主要的问题。我们如何可以一方面接受科学而另一方面又维护着价值领域？这个问题构成了通俗对科学与宗教冲突的意见在哲学上的论述。哲学家们现在已不是操心去解决天文学与宗教方面对于天堂与升天的信仰之间的矛盾，或地质学上的记录和《创世记》中创造世界的记载之间的差别，而是操心去沟通存在于关于自然世界的根本原理和调节人生的价值实在之间的那条鸿沟。

所以哲学家们便想方设法把这个显明的冲突协调起来，沟通起来。大家都知道，近代哲学有这样一种倾向，根据他们对于知识性质的理解去建立一个关于宇宙性质的理论；这个程序一反古代显然比较合适的一种方法，即根据他们关于知识所由发生的宇宙的本性来获得关于知识的结论。现代哲学家们之所以一反古代这个方法的原因就是由于我们在上面所论及的这种"危机"。

既然困难是由于科学所产生的，那么补救的方法就应当在对知识本性的检查中去寻找，在可能产生科学的条件中去寻找。如果我们能够指出可能产生知识的条件是属于一种理想性和理性性质的东西，我们在物理学中失去唯心主义宇宙论便是容易忍受的。因为既然物质和机械论的基础是一个非物质的心灵，那么物理的世界就能够屈从于物质和机械论。这就是从康德的时代以来，现代唯心主义哲学的特殊进程；我们还可以说自从笛卡尔以来就是如此，因为他首先就感觉到了在调和科学结论和传统宗教道德信仰之间的矛盾过程中所产生的这个深刻的问题。

如果有人问：为什么人们要如此热心地去调解自然科学的发现和价值的实效性之间的矛盾呢？为什么增进知识会被人视为一种对我们所珍视、钦佩和赞扬的东西的威胁呢？为什么我们不能进而利用我们在科学方面的收获来改进我们对价值的判断和调节我们的行动，使得价值在存在中更为可靠和更为广泛地为人们所共享呢？如果有人提出这样一些问题，人们大概会认为这是一种麻木不仁的表现，或至少是头脑极端简单的表现。

为了把我们上述分歧弄得更明白一些，我宁愿冒着头脑简单这种责备的危险。如果人们把他们关于价值的观念和实践活动联系起来而不是和对事先存在的实在的认知联系着的，那么他们就没有由于科学发现所产生的那种麻烦了。他们会欢迎这种科学发现。因为如果我们明确了关于实际存在的条件的结构，这确实会帮助我们去更加恰当地对我们所珍视和所追求的东西下判断，这会教导我们采取什么手段去实现这些目的。但是按照欧洲宗教和哲学传统的看法，一切最高的价值，即善、真、美的有效地位都是由于它们是最后和最高实有的特性。只要自然科学的发现不冒渎这个思想，它就可以通行无阻。当科学不再揭示在知识的对象中具有这样的特性时，便开始产生麻烦了。于是为了证实这些特性，便不能不另外设计一些迂回曲折的方法了。

因此，这个看来笨拙的问题，如果我们把价值问题和理智行动的问题结合起来的话，便产生一种完全不同的结果。如果我们认为关于价值的信仰与判断的实效性是依赖于为它而采取的行动的后果的；如果我们否认了在价值和脱离活动能以获得证明的知识之间所假定的那种联系，那么对科学与价值的内在关系仍然发生疑问，则纯粹是人为的了。代替这种疑问而引起的是一些实际的问题了：我们将如何利用我们的知识来指导我们形成关于价值的信仰以及如何指导我们的实际行为去检验这些信仰并尽量形成更好的信仰。这正是我们从经验方面总是追求的一个问题：为了使价值在存在中变成更可靠的对象，我们应该做些什么？而且由于我们对我们采取行动时所必须服从的条件和关系有了日益增加的知识，我们便更具有有利条件来研究这个问题了。

但是两千多年以来，思想的最有影响的和权威正统的传统却是朝着相反的方向发展的。他们所专心致力的问题就是如何纯粹从认识上（也许通过天启，也许通过直觉，也许通过理性）去证明真、美和善的先在的、常住的实在性。和这种主张相反，自然科学的结论提供了一些产生一个严重问题的材料。控诉是向"知识法庭"提出的，而判决却是相反的。现有两个敌对的体系，我们必须把它们双方面所提出的要求核对准确。当代文化中的危机，当代文化中的冲突和混乱，产生于权威的分裂。科学研究告诉我们的是一回事，而对我们的行为发生权威影响的，关于理想与目的的传统信仰所告诉我们的又是完全不同的另一回事。在这两者之间进行调和的问题之所以产生和持续的理由只有一个。只要人们坚持知识为实体的揭露，而实体是先于认知和独立于认知之外而存在的；只要人们坚持认知并不是为了要控制所经验的对象的性质，那么自然科学之未能揭示其所研究之对象中的重大价值，便使人感到惊奇。而那些严肃对待价值之权威与实效性的人们也有他们自己的问题。只要人们坚持主张只有当价值是脱离人类行动的、实有所具有的特性时价值才是有权威的和有实效的；只要有人假定他们控制行动的权利是由于这些价值是独立于行动之外的，人们就需要有一套办法去证明：不管科学有什么发现，价值总是实在本身真正的和已知的性质。因为人们是不会轻易弃绝一切调节行为的指导的。如果你禁止他们在经验的历程中去发明标准，他们就会在别的地方去找；如果不在神的启示中去找，那么便在超经验的理性的解脱中去找。

那么当前哲学的根本争论之点是什么呢？有人主张：知识越揭示出先在存在或"实有"，知识便越有实效。这个主张有道理吗？有人主张：有调节作用的目的和意向，只有当人们指出它们是脱离人的行动，属于存在或本质这类事物的特性时，才是有实效的。这种主张有道理吗？也有人建议从另一方面出发。至少，欲望、感情、爱好、需要和兴趣等是存在于人类经验之中的；它们是属于经验所特有的特点。关于自然界的知识也是存在的。在指导我们的情绪生活和意志生活方面，这种知识意味着什么？而我们的情绪生活和意志生活又怎样抓住知识，使它为生活服务？

在许多思想家们看来，后一类的问题并不如传统的哲学问题那样庄严。它们只是一些眼前的问题，而不是最后的问题。它们并不涉及全部实有和知识"本身"，而只是涉及特定时间和特定地点的存在状态和在具体环境下的感情、计划和意向的状态。它们不关心于一劳永逸地构成一个完整的关于实在、知识和价值的一般理论，而只关心于发现：当关于存在的这种信仰的存在有结果地和有效用地来帮助解决人生紧迫的实际问题时这些信仰到底具有怎样的权威。

在有限制的和专门的领域内，人们无疑地是沿着这样的路线进行工作的。在技术和工程与医学艺术方面，人们并不想到其他方面的操作活动。对自然界及其条件日益增长的认识，并没有引起健康和交通的价值一般是否有效的问题，虽然人们对于过去有关健康、交通以及事实上如何获得这些善果的最好途径等方面的概念是否有效，可能会发生怀疑。

在这些事务方面，科学已经给予了我们一些方法，我们能够用以较好地判断我们的需要，并已经帮助我们构成了满足这些需要的工具和操作程序。在道德的和显然人文的艺术方面，同样这一类的事情尚未发生，这一点是很明白的。这也许就是使哲学家们感到十分麻烦的问题。

在工艺方面人类的价值已经得到了解放和扩展，然而何以涉及比较广泛些、比较强烈些和更加显然属于人文的价值方面的艺术却还没有得到这样的解放和扩展？我们能否严肃地辩论说：这是由于自然科学向我们揭示了它所揭示给我们的这个世界？我们不难看出：这样的一些揭露是不利于某些有关于价值的信仰的，而这些有关价值的信仰是广泛为人们所接受的；具有一定的声势的；人们对它们是含有深刻感情的；而且有权威的制度和人们的情绪与惰性都是不能使他们轻易放弃的。但是即使我们承认这一点（实际上我们也势必接受这一点），我们仍然有可能形成新的信仰：形成关于在人们至高无上地忠实于行动的情况之下所崇尚和珍视的事物的信仰。在这条道路上所遭遇到的困难是一种实际的困难，是一种有社会性的困难；而这种困难是与社会制度、教育的方法和目的联系着的，而不是与科学或价值联系着的。在这样的情况之下，哲学首要的问题似乎就不要再对那种认为最后的争点在于价值是否有先在实有的主张负责，而它进一步的职能在于澄清对传统的价值判断所作的种种修正和改造。在这样做过之后，哲学便可以开始从事于一种比较积极的工作，建立一种关于价值的见解，成为人类行为获得新的统一的基础。

我们再转回到这一事实上来，即真正的争论之点不是那些与传统和制度联系着的价值有无"实有"（存在的或本质的实有），而是在调节实际行为时在目的和手段方面我们将构成怎样具体的判断。由于有人强调了价值有无"实有"的问题，由于武断价值是独立于行动之外的实有而这种武断又为哲学所支持的，又由于科学改变了的特征，便自然产生了混乱、迟疑和意志的麻痹。人们现在已经学会了怎样在工艺范围内思考问题。如果人们也学会了如何同样地去思考更广泛的人文价值，我们当前的整个情境就会大不相同。原来人们注意怎样去获得关于价值在理论上的确定性，现在转而注意改善判断价值与追求价值的艺术。

暂时让我们作一番假想。假定人们受到了系统的教育，相信价值仅仅由于人类的活动受到尽可能好的知识的指导而不再是偶然地、狭隘地和动荡不定地存在着的了。又假定人们已经受到了系统的教育，相信重要的事情不是使他们自己在与先在的价值的创造者和保证者发生关系时个人做得"正当"，而是要根据公众的、客观的和共同的后果来构成自己对价值的判断和继续进行活动。试作这样一些假想，然后设想目前的情境将会是一个什么样子。

这些假定是臆想的。但是它们可以用来指出本章所述论点的重要性。科学的方法和结论无疑地已经侵犯了关于最为人们所宝贵的事物的许多倾心的信仰。这样所产生的冲突便构成了一个真正的文化危机。但是这是文化中的一个危机，一个具有历史性和时间性的社会危机。这并不是一个在实体的各种特性之间彼此如何适应的问题。而近代哲学却大部分把它当作是这样一个问题：即追问被假定为科学对象的实在怎样能够具有自然科学所赋予实在的数理的和机械的特性，而在最后实有的领域中则又具有理想的和精神的性质。这个文化问题既是一个如何构成确切的批评的问题，又是一个如何重新调整的问题。如果哲学放弃了它过去所假定的认知最后实在的任务而竭尽其切近人性的职能，这种哲学对于这一工作将会有很大的帮助。至于这种哲学能否无限地试图说明：科学的结论在表面所说的那些话在正确的解释之下和它们的本意是并不符合的，或者说这种哲学能否无限地利用对知识的可能性和局限性的检验来证明这些科学结论终究只是以一些符合于传统的价值信仰的东西作基础的，这一点人们是可以怀疑的。

既然传统哲学概念的根源在于分隔了知识与行动、理论与实践，我们所应注意的便是有关于这种分隔的问题。我们主要的企图是要指出：知识的实际程序，按照实验研究所形成的模式解释下的知识的实际程序，已经把知识从显明行动分隔开来的做法加以废弃。在我们实现这一企图之前，在下一章我们将指出近代哲学在怎样的范围内正在努力使两个信仰体系，一个是关于知识对象的信仰体系，而另一个是关于理想价值对象的信仰体系，两相适应。

权威的冲突

本章的主题是说明在近代哲学内部包含有一个内在的区分，而所谓近代哲学系指受到新兴自然科学的影响之后的哲学而言。近代哲学一方面接受了对自然界进行科学研究时所得到的结论；另一方面又接受了在系统的实验研究产生以前就有的关于心灵和知识的本性的主张，并试图把这两方面结合起来。而在这两者之间存在着一种内在的矛盾。所以哲学由于经常受着人为的虚伪性和争论上的冲突的挫折而不能更好地发挥它的作用。因此，哲学便为许多人为的问题所困扰。在这许多问题中我们只预备讨论一个，而这个问题我们在上一章曾经一般地提到过一下。这就是人们认为在科学知识的发现和价值观念的效力之间需要调和或在一定程度上调整的问题。

把知识的本性当作是对实在的唯一有效的领悟或见识的这种哲学见解来源于希腊思想，而这种希腊思想却没有上述的这个问题。这是有许多明显的理由的。它的物理学和它的形而上学是完全和谐一致的，而它的形而上学是有关于目的论的和有关于性质方面的。自然对象本身通过它们的变化倾向于理想的目的，而这种理想的目的乃是最高知识的最后对象。只有因为这一事实才有可能有关于自然变化的科学。只有当自然界的变化是受着不变的、完全的或完善的形式或本质的支配时，我们才能认识这个自然世界。为了要实现这些先天的和完善的形式，自然现象便表现出许多特征，使这些形式能被认知，即被界说和分类。而且这些理想的形式，当它们完全地和完善地实现了"实有"时，便构成了理性。认知这些理想的形式就是与完善的"实有"互相交流，因而享受着最高的幸福。因为作为一个有理性的而仍然是自然的动物，人类也要努力去实现他的目的，而实现他的目的就是去领悟真实常住的"实有"。在这样领悟的时候，人类便超越于自然界的变化以上而占有着一个没有匮乏、没有损失的完善境界。纯理性就其纯洁性而言，是超越于物理自然之上的。而人类则在他的本质的实有方面，在他的理性方面，是超越于自然的。因此，满足人类在认识上寻求确定性的需要的实在也有助于人类无条件地占有完善的境界。

在十七世纪新的探究方法使我们对于自然界有了完全崭新的见解。这时候便需要在知识的结果与最至善的领悟和享受之间进行调整的工作。

近代科学在它的历史的最初时期认为希腊科学的目的论是一个有害无益的障碍物，它对于科学探究的目标和方法的见解是完全错误的，而且它的思想路线也是错误的。近代科学便拒绝了关于理想形式的主张，认为这些形式是"神秘的"。随着新科学方法的进展，我们逐渐明白了：如果我们把科学当作是一种典型的知识，我们不足以用知识的材料为理由来证明认识上的确定对象是具有完善性的，而这种完善性却被希腊科学当作是这些认识上的确定对象所具有的本质特性。按照传统的想法，价值是否具有实效必须决定于知识。当时也没有和这种传统的想法决裂的倾向。近代哲学一方面接受了新科学的结论而同时又保留着古代思想的三个要素：第一，只有在固定不变的东西中才能找到确定性、安全性；第二，知识是达到内在稳定确切的东西的唯一道路；第三，实践活动是一种低级的事务，它之所以是必要的，是因为人类具有兽性和从环境中竞求生存的需要。所以这便成了压在近代哲学身上的关键问题了。

而且，近代哲学在一个重要的方面一开始便强调指出：在为实在所固有，因而是不依赖于行动的价值和作为实践活动对象的、具有工具性的诸善之间有一条不可逾越的鸿沟。因为希腊思想是从不严格划分合理性的完善的领域和自然世界之间的区别的。自然世界确实是低下的，带有非有或具有欠缺的色彩的。但是它却不是和较高级的和完善的实在截然分开的。希腊思想以一种天然的虔诚承认感觉、身体和自然而在自然中发现有一种逐步到达神圣境界的形式阶梯。灵魂是实现了的身体现实，而理性是灵魂中理想形式所宣示的超验的现实。感觉里面就包含有形式，而只要把这些形式上的物质累赘摆脱之后就能成为真正进达高级知识的阶石。

近代哲学虽然拒绝了希腊人对于自然对象的结论，但是却继承了希腊人关于知识本性的见解。不过它是通过希伯来和基督教宗教的媒介而继承这种见解的。在这个传统中自然界是腐朽堕落的。在希腊人看来，理性的因素是至上的而人类之所以能够获得善果，这是由于理性的现实发展。而夹入其间的宗教发展则把伦理的东西当作比理性的东西更为根本的了。最重要的问题是如何把意志而不是如何把理智同最高至善的实有发生关系。因此，人们对于完善的实有中各种特性之间的关系便有了一种相反的看法，而完善的实有借助于这些特性既成为真知识的对象，又成为完善的德性的对象。按照基督教的神学所采纳的希伯来的因素看来，正义是根本的而严格理智的特性则是次要的。只有在理智本身受过道德上的赎罪和涤洗之后心灵才能与完善的实有沟通。在纽曼红衣主教（Cardinal Newman）的一句话中就表明了纯希腊传统和基督教传统的差别。"教会主张宁愿让日月从天上掉下来，让地球堕落，让地球上千千万万的人们在极度苦痛中饥饿而死，也不愿有一个灵魂犯一个轻微的罪恶。"

当我说近代哲学是通过基督教思想的中间媒介而继承希腊的传统时，我的意思并不是说基督教对自然与上帝之关系和人的堕落的全部观点都被接受过来了。反之，近代思想的特点显然在于恢复了希腊人对于自然和自然观察的兴趣和爱好。深受近代科学影响的思想家们往往已不再把天启当作是一种最上的权威而依附于自然的理性。但是犹太人、天主教和基督新教都把善当作是最后实在的明确特点而认为它占有无上的地位；他们仍然把这种信仰当作是他们共同的前提。这如果不是天启所证明的，也是为理智的"自然之光"所证明的。宗教传统的这一方面深刻地侵入了欧洲的文化，因而除了彻底的怀疑论者以外，没有一位哲学家是不受它的影响的。从这个意义上讲来，近代哲学在它的生活开始时，便强调了在最后永恒的价值和自然对象与善之间是存在有一道鸿沟的。

那些没有跳出古典传统的圈子的思想家们主张作为最后实有之固有特性的道德上的完善规定着人类行动的法则。它构成了一切有意义的和持久的价值的规范。理性是奠定真理的基础所必需的，因为没有理性就不能把观察（或一般的经验）构成一种科学。但是理性是领悟道德行动的最后不变目的与法则所尤为必需的。如果我们由于深信自然科学的题材完全是物理的和机械的而破坏了从自然上升到心灵、到理想形式的阶梯，其结果就产生了物质与精神、自然与最后目的和善之间相互对立的二元论。

性质、优美和目的都被新科学排除出了自然界，而只有卜居和投靠于一种精神境界，这种精神境界超乎自然而为自然之根源与基础。理性在决定善和享受善的过程中所发挥的功能不再是自然界的极点。理性具有了一种独特不同的功能。人们既把自然与精神两相对立起来，而又必需把它们联系起来，这便产生了一种紧张状态，而这种紧张状态便产生了近代哲学所特有的一切问题。近代哲学既不能坦率承认自己是自然主义的，也不能无视于物理科学的结论而成为完全精神主义的。既然人类一方面是自然的一部分而另一方面又是精神领域中的成员之一，一切问题便集中在人类的这种双重性上了。

斯宾诺莎（Spinoza）哲学便以它坦率地陈述这个问题并以一种独特彻底的方法，在满足它的种种条件下，解决这个问题而为人所注目。他一方面把新科学理解为一种彻底的自然主义，而另一方面又通过一种逻辑上的技巧同样全面地接受了从宗教传统演化而来的这样一种见解，即认为最后实在是衡量完善的标准和人类活动的规范。他把这两方面十分完美地联合了起来，为说明近代思想的问题提供了一种模式。比起任何其他近代的思想家来，他更加完全地表现出他对希伯来传统的本质要素的忠心诚意（相信最后的和自足的实有乃是一切人类思想和行动的标准）并且保持着希腊的认识论，崇尚理性优越于经验，而同时又热烈地坚持新科学的自然观。因此，他想从新科学的核心中对人类灵魂所唯一赖以获得安全和安宁的实有的完善性求得一个有结论性的证明。科学的理解实际上用合理的方法给予了非理性的宗教先前自以为要给予的那种对生活的保障和调节。

在他的一本未完成的名为《智性改进论》的书中，他坦率地叙述了他的迫切动机。他说，他体验到普通经验进程中的一切事物都是空虚而无益的。他拼命地探求可否有一种善，它可以自己和我们沟通一气；可否有一种善，它是十分完备可靠，以致人类可以排除一切其他的东西一心对它向往；可否有一种善，一经为人们所发现和取得之后，就可以永久给予人类以经常至上的幸福。因为他已经发现了人生混乱空虚的原因是情感和欲望都执着于一些不免于死亡的事情上。但是"如果人们热爱永恒无限的东西，他的心灵就会完全充满了快乐，丝毫没有痛苦……人类真正的善，就是他应该尽量和别人在一起，认识到人心和整个自然乃是一个统一整体的道理。"他结论说："我愿把一切科学引向这个目的和范围，以便获得这样的一种完善。"

　　人心和整个自然结为一体，便可以得到确定的、永久的和纯洁的善。这是斯宾诺莎在他的《伦理学》一书所详细发挥的主题。希腊人认为人类最高的善乃是对不变的"实有"的认识，而这种认识是理性的、可以指证的；希伯来人和基督教徒深信灵魂是获得经常而纯洁的幸福的生活途径；而斯宾诺莎又认识到新科学的前提和方法。把以上三方面结合起来，便形成了一种哲学。自然是完全可以理解的；它和心灵是合而为一的；把自然领悟成为一个整体，这就获得了认识上的确定性，而这种认识上的确定性便为控制嗜好、欲望和情感的目的提供了完全的善的确定性——这种善的确定性是希腊思想中所没有的，然而却又是希腊思想所认为必然无上的假想。他采纳了这样一种见解，认为一切事物都是按照普遍和必然的法则而完全互相依赖着的；他认为这个见解是自然科学的基础。由于他采纳了这个见解，他把正确地指导人类行为、认识至高无上的实在，和享受圆满不变的价值或善这三者结合而成为一个无所不包的整体了。

　　在近代哲学中尚无一人像斯宾诺莎这样大胆、这样爽直地把科学的方法和以绝对的认识上的确定性为基础的至高不变的善完全统一起来。很少有思想家像斯宾诺莎这样为了保留旧传统的实质而宁愿牺牲它的细节。各方面对他的鼓噪攻击就足以证明，在他同时代的人们和以后的人们看来他对于自然主义的科学和必然法则作了过多的让步。但是这种攻击不应使我们忽视关于他的著作的两个主要的思想。第一，自然是知识的对象；人们可以把它当作是常住善的根源和人生的规范而具有犹太基督教传统认为属于上帝的一切特性和功能。所以他就有权说"自然即上帝"。因为据他想来，自然即具有旧日宗教的上帝观中所见到的那些情绪联想和道德力量与权威。自然为行为提供了一个不变的目的和法则，而且当它在理性上被认知时，它便成为完善的安宁和绝对的安全的根源。自然是自然地（即从理性上）被认知的而认知自然本身就是一种完善的善，而当这种善深入人心时，则人心原有的较小的和使人烦恼的情感与情欲的对象便屈居于从属的地位，即受到完全的控制了。

　　第二个思想是：近代哲学一方面尚未脱离古典的传统而同时又完全吸收了近代科学的结论，因而便产生了近代哲学的问题。斯宾诺莎的哲学便非常完备地成为一个实例来说明一切近代哲学的这种问题的性质。斯宾诺莎之所以为人敬佩地认为是这个问题的阐述者，是因为他热烈地，并且不像大多数的近代思想家们那样，毫无保留地采纳了在希腊的主知主义和自然主义传统中的本质要素；采纳了希伯来宗教与基督教认为控制人类情感、企图的最后实有所具有的特性是先天的和根本的这种见解；以及采纳了斯宾诺莎所理解的新自然科学的方法和结论。

　　他认为：把科学和伦理与宗教上对人类行为源泉的控制合而为一，是一个更大更久的善，因而他舍弃了旧道德和宗教传统中的某些部分。其他的思想家们之所以不愿意按照他所提出的解决问题的模式来解决他们共同的问题，并不是完全为了他们想要挽救他所舍弃的那一部分旧道德和宗教传统。困难来自科学本身方面。斯宾诺莎毫不含糊地相信：观念的逻辑秩序与联系和存在的秩序与联系是完全一致的。而不同于科学的数理性质的实验倾向是和斯宾诺莎上述的信仰相反的。因为随着新科学的发展，在实验上要求要有感觉素材与观察证实，这就使得逻辑与数理概念从首要的地位降到了次要的地位。即使斯宾诺莎的先驱笛卡尔，虽然是一个理性主义方法的拥护者，但也认为如果要把观念应用于自然，就应该有所证明。其他的哲学家们觉得斯宾诺莎虽然公开地反对目的论，但是他把自然当作知识的对象，认为它是完善的，这乃是他的情绪的结果而不是逻辑的结果。

　　对于这些错综复杂的思想我们用不着赘细追述。从我们的目的看来，这些思想都是重要的，因为它们在解决一个简单的根本问题时产生了许多不同的看法。这个简单的根本问题就是如何使得如下的两个信念彼此协调起来：一个信念认为像科学这种形式的知识揭露出先在的实在的特性；而另一个信念则认为只有从最后实有所具有的特性才能产生出节制人类情感、欲望和意向的目的和法则。本章其余部分就想略述前人所提出的协调这两个信仰的各种不同的方法。但这并不是因为要把研究哲学的人们所熟悉的东西赘述一遍。我只是要想举例说明近代思想的问题是怎样由于一方面坚持关于真知识对象的传统前提而另一方面又认为道德权威另有其根源而引起的，并要想举例说明"解决"这个问题的各种不同的和互不相容的途径。

在新的自然科学兴起以前曾盛行过一种借助于区分畛域来协调自然理性与道德权威的作用的方法，即所谓"自然二重性"的主张。控制行为的目的和价值的领域即启示神意的领域，领悟这个领域的器官是信仰。自然是知识的对象，从这个意义上讲来，理性便是最高的权威。这两个领域是彼此分隔的，因而便不能产生任何冲突。康德的著作可以说是这种借助于划分领域来进行协调的方法的延续。当然他不是以信仰天启为根据来区划道德权威的领域的。他代之以信仰必须以实际理性为根据的见解。但是他仍然继续旧有的划分方法，一方面是一个理智占有统治地位的领域而另一方面是一个意志要求至上的领域。他也保留着旧有的见解，把这两个领域完全分隔开来，以致其间没有任何重叠和干涉的可能。如果科学的王国和正义的王国是两不交界的，那么在它们之间便不可能发生什么争吵。的确，康德曾经想安排它们之间这种相关或不相关的情况，以致它们之间不仅是互不干涉的，而是至少要有一个善意的中立协定。

康德的体系充满了内在的困难之点，其中有不少成为争辩的对象。这些困难之点与我们的问题无关，我们无需过问。我们可以公正地说：他的体系的主要特征显然就是在认识上确定的对象和那些具有同样完备的实践道德上有保证的对象之间划分了领土。他的两部主要的著作是《纯粹理性批判》和《实践理性批判》，而这两部著作的名称就是这种解释的标记。第一部书要根据理性的先验理由来保证自然知识的基础可靠；第二部书有同样的职能，要奠定道德和宗教概念的基础。科学仅局限于时空的现象以内，而高级本体的实在世界便可为理想的和精神的价值所专有。每一领域以内都各自有其裁判全权和独立主权。

海涅（Heine）认为康德关于实践批判的题材乃是一种追悔录，是对以他的男仆为代表的群众的需要和惧怕的一种让步。这种说法虽是机智聪明的，但是却经不住批判性的检验。康德确立知识基础的论证处处表示出来需要有一个高级而不为理智可能接近的境界。按照康德自己的理解看来，这两个境界既互相排斥而又相互需要，这毫无勉强之处。反之，把这两方面的因素严丝合缝地镶嵌在一起的这种简洁的办法在他看来倒是使人信服地证明了有一个完整体系的必要。纵使这种镶嵌切合是他自己的理智巧制出来的结果，他对于这个事实都是丝毫没有怀疑的。

反之，他以为他对先验哲学的许多最麻烦的问题都一劳永逸地处理妥当了。在科学方面他曾超出于怀疑论的范围之外，为牛顿的科学提供了一个最后的哲学辩解。他把空间与时间当作是使人们可能有知觉的必需形式。这种见解证明了把数学运用于自然现象是合理的。科学必须领悟所感知的对象，而领悟所感知的对象必须要有思想的范畴。这种思想的范畴便为牛顿的原子论和一致法则论所需要的永恒实体和齐一的顺序关系（因果关系）奠定了基础。心灵有一种倾向，要想超出经验的限度，想出许多无条件的和自足的整体，如宇宙、灵魂和上帝之类的"理念"。这种倾向也得到了解释。虽然这些"理念"在认识上的正确性是被否定了的，但是它们仍然可以被认为是指导探究与解释的、具有调节作用的理想。尤其当这些关于超现象和超经验实在的思想替我们留下了一个空白的时候，带有义务命令和自由选择准则的实践理性却能够为我们弥补了这个空白。因此，按照希伯来和基督教传统看来正义是至上的这种看法不是由于天启而是由于纯理性的手段加以证明了。在道德上要求有一个最后而无可怀疑的义务权威，这就使人有权，也有必要要求在实践上确定实有一种超经验、不能从认识上得到证实的对象。确定性的寻求得到了满足；在现象领域内有认识上的确定性，而在道德权威的领域内则有实践上的确定性。

这样略述康德体系中这些明显的论点使我们忽视了一些曾经引人注意过的

论点——如他对空间与时间的观点的"主观性";先验的和经验的东西的对比以及《实践理性批判》一书中似乎勉强地提出对上帝与不朽的信仰的方式。但是和他最后的目标在于妥善地协调理智信仰上的确定性和道德信仰上的确定性比较起来,这些问题便都是次要的了。在实践方面有一点是务必严加防范的,即不容许有任何具体的和经验的材料去影响最后的道德实在——因为这样就会使得自然科学有权去支配这种道德上的实在,而使这些实在受着机械的因果关系的控制。在认识方面,相应地要证实的一点就是把自然科学局限于一个严格的现象世界之内。因为这样,特殊的科学结论便不能侵犯到最后的信仰,即伦理宗教上的信仰领域。

因此,从它的根本结构上看来,康德的体系是特别符合于历史危机所提出的需要的。它保证科学与道德永远不能互相干犯,使两者都获得自由、福惠。康德接受了传统的信仰,认为要获得道德上的权威,就必须依赖于脱离经验的某种实有的根源,而价值是通过经验体现于具体对象与制度之中的。康德的体系,由于接受了这种传统的信仰,便具有这样一些优点,使我们能够可靠地预测只要这个传统继续保持着它的生命力,康德体系的主要因素就会仍然受人虔诚地信奉。

康德的方法当然只是许多哲学上进行调和的企图中的一种企图。在康德的方法中有一个方面可以说是继承笛卡尔的企图。笛卡尔企图在能知的心灵内部去寻求绝对确定性的所在;他一方面排除了古代人试想在外在世界上去发现这种绝对确定性的企图,另一方面又排除了中世纪人试想在外在的天体中去寻求这种绝对确定性的企图。康德寻求认知活动的结构本身中所固有的形式和范畴,这时候康德已深入于天赋观念的表层以下,而这个天赋观念的表层乃是康德的前辈们所试图寻求确定性的所在的地方。有些天赋观念是可能有认知经验的条件。有些天赋观念是可能有道德经验的条件。康德在唯心主义方面的继承人们仍然还沿着康德已经中止的道路前进——虽然康德坚持:要想超越他已经走过的路程而继续前进的门路已经被封闭了,但是他们仍然不听,继续前进。

以区分畛域来解决问题的办法在那些抱有包罗万象野心的心灵看来,是不能令人满意的；它仅能邀得那些心志较为平和些的人们的赞许。而且康德这种简单地把两个领域互相配合的本质特点便暗示出其中还有一个根本的和统一的原则。而且康德本人在他的许多著作中，特别在他的《判断力之批判》一书中颇有和缓过于严格地分隔这两个领域的情况的意思。费希特和黑格尔便在此受到了一种鼓舞，决心要完成康德仅仅仓促从事而尚无理智上的勇气明确执行的一项工作。

康德以后的唯心主义体系的主要目的是想用统一的方法来完成康德所企图用区分的方法去完成的工作。费希特和黑格尔两人方法之间的对比是值得我们注意一下的。费希特完全是按照希伯来的传统，认为道德至上。因此，他企图从道德的自我（即义务的命令所由发出的自我）方面来把认识和实践统一起来。知识中的"实然"（"is"）是从道德上的"应当如此"中演化出来的。这种努力的办法似乎不会有什么结果。它似乎是更多地表达了他的人格在伦理上的热忱而不是表达了他在领悟上的清醒。然而如果在一切行动之先理想的价值便是"实有"中确定的和至上的东西，那么费希特的方法还有一个不受非难的逻辑根据。因为如果道德上的理想就是最后的实在，那么从理想所强加的必然性和理想所提出的要求中去产生现实世界的结构和特征，便是正确的了。既然现实的东西在这许多方面都是非理想的，那么从现实去求证理想的论证便是一个很不可靠的做法了。

另一方面黑格尔则是永远轻视一个作为单纯自然的理想的。"现实的就是合理的而合理的就是现实的。"这确实从费希特的坚定的清教主义之下和缓下来。人在道德方面的任务不是按照理想来创造一个世界而是在理智上和人格的实质上去把握已经体现在现实世界的意义和价值。从历史上看来，黑格尔体系可以视为近代现世主义和实证主义在实质内容上的胜利。这个体系是一种对于此时此地的颂赞，指出了包含在现实制度与艺术中的具体意义和价值。它劝导人们去精通已经包含在此时此地的生命与世界之中的东西，而不要去猎求渺茫的理想，徒然抱怨那种理想不能见诸实现。然而从形式上看来，旧的传统仍然原封未动。虽然黑格尔不得不发明一种新的逻辑来确定意义与存在的同一性，但是他按照一种必然的和指证的逻辑发展表明了这些意义和价值乃是绝对精神的各种体现，从而证明了这些意义和价值的有效性和"绝对性"。

从现在人的胃口看来，黑格尔的体系似乎过于庞大了一些。甚至于他的后继者们也觉得关于他的逻辑方法的主张有调整的必要。然而如果认识上可以证明的实在和迫使我们崇拜和赞许的意义两者在最后的实有中综合起来，那么具体的现象，除因意外而完全毁灭者以外，都应当能够表明是"实在—理想"永恒合一的明确表现。也许没有任何思想体系比黑格尔的体系更惹斯宾诺莎的崇拜者讨厌的了；然而黑格尔本人却具有相当的理由觉得他只是把斯宾诺莎以一种形式的和数理的方法所从事的工作加以特殊化和具体化罢了。不过从我们的目的看来，重要之点在于费希特和黑格尔两人都表现了近代唯心主义的那种有生气的精神来处理一切近代哲学所遇到的这个根本问题。他们检验了认识功能的结构（主观唯心主义是检验其心理的结构；客观唯心主义是检验逻辑的结构，而通常是两方面兼而有之），以冀说明无论各个专门科学有什么详细的结论，但要具有真、美、善的理想权威，就要安全地占有脱离经验与人类行动的最后实有。

有些人曾经企图调整知识的结果和伦理宗教权威方面的要求而没有留心古典的传统。他们并没有把自然置于价值的领域之内，而把秩序颠倒过来了。他们认为物理的体系支持着和包括着所有一切具有支配行为的特性的对象。关于企图从事于这种调整工作的人们，如果是以古代为主题，我们就会列举卢克莱修而在近代人中提一下斯宾塞的体系则是适宜的。他主张普遍的进化是物理世界的最高原则，而一切自然法则都在这一原则下统一起来了。这个主张还伴随着有一个见解，认为进化的目标标志着有一个在道德上和在宗教上所信仰和所追求的理想。这个结论，正如我们在唯心主义体系中所曾发现的那样，确实是企图来调和问题中的这两个要素的。如果有人怀疑这一点，斯宾塞坚持罪恶将消逝于不断前进的进化过程中的主张就会消失这个疑团。一切罪恶都是在进化运动中过渡时期失调的结果。人类（无论个人的和集团的）对环境的完满适应，就是进化的一个极限，它意味着一切恶（物理上的过失和道德上的恶）的消灭。正义的最后胜利以及个人的善和别人的善的结合一致，也就是物理法则的实行成功。当人们反对斯宾塞体系中的这一方面或那一方面时，他们很容易忘了从根本上说他是在寻求确定性，用必然的知识上的证实来建立实在中的"善"的确定性。

这时候包罗万象的体系已经过了时了；然而如果人们有可能获得认识上的确定性并承认价值之所以是合理的，是因为价值是作为知识对象的实在所具有的一种特性，那么广包性（无论是黑格尔型的或斯宾塞型）便似乎是哲学适当的理想。而且如果有人相信科学的结论已经包括了宇宙的整个范围，那么一切道德的、社会的和政治的善都确实必然包罗在科学结论之内了。在这种情况之下，像斯宾塞所从事的这种工作便不仅是正当的，而且如果哲学不从事于这种工作它就难免不被人指责为恶劣迷信。

还有一个调整的实例有待于我们来加以说明。当代哲学中的实在论便倾向于利用孤立分隔的方法在认识的领域和价值的领域之间作一种相反的调整。在这个方法所研究的具体细节上并不同于康德的方法，因为它不是从能知的心灵出发的而是从知识的对象出发的。据他们辩论说，这些认知的对象严格地划分成为存在的和非存在的两类。物理科学研究前者；数学和逻辑则研究后者。在存在物中，有些东西，即感觉素材，乃是人类确切领会到的对象；而有些本质或潜存，因为它们是"非存在的"和"非物理的"，所以在本性上是非物质的，也是同样确切的理性认识的对象。只有最后的对象和简单的对象在反省思维中所结成的联合体才是不确定的。只要我们执着于独自保证的对象（无论是感觉的对象也好，或纯理智的对象也好），那就不致有任何不确定的情况或任何危险。

从这些实在论中的某些派别看来，内在的价值是包括在非物质的本质之中的，而这种非物质的本质是我们直接认识，确切不误的。因此，认识上确定性的这个图式是到处适用的。科学，就其自然主义的意义而言，是适用于存在物的；最后的道德学和逻辑学是适用于本质的。而哲学所研究的正是如何进行这种畛域的划分以及由于把存在与本质两者结合起来而产生的问题。

然而对哲学还有一种更加严肃的见解，正在发展着。按照这种见解来看，价值是完全和人类的感情和冲动缠绕在一起的，变化莫测，以致对于它们除了有一些变化不定的偏见和猜测而外便不可能有任何确切的知识。历史上哲学的大错就在于它容许价值以各种形式混入完善科学的神圣领域之内。哲学所关心的只是一些命题，这些命题在一切可能的世界（存在上现实的或不现实的世界）内都是真的。善与恶的命题过于依赖于像具有特殊特性的人类这种特别形式的存在物，因而在科学体系中是没有地位的。只有逻辑的和数理的命题才是具有纯普遍性的命题。这些命题就其本性而言就是超存在的和适用于一切可以想到的领域的。由于晚近期数学的发展，有一种哲学第一次有可能从存在的偶然事变中解放出来。

曾经有人反对过这种对哲学的见解，他们认为这种哲学是以任意武断地限制其题材为基础的。但是历史上有一种哲学的倾向，只把那些在认识上可以求得确定性的东西当作它的题材，我们又安知这种任意武断地限制题材的办法不是这种倾向的合乎逻辑的发展呢？价值是与人类的感情、选择和企图紧密联系着的。因而如果我们不使我们陷于上面所意味着的那种主观主义的价值论，我们便有理由主张历史上的各种哲学之所以具有那种虚伪的辩护性质，这是由于它们企图把具有道德权威的价值论和一种主张有最后实有的理论结合起来。而且只要略微熟悉一点这些哲学的人们就知道，这些哲学所要证明的价值乃是从当时流行的宗教信仰和道德条规中所吸收过来的，而不是所谓永恒价值的本身——这些哲学时常利用普遍的和内在的价值这个概念去包括一些如果不是狭隘的但至少是暂时的社会条件的典型的东西。

如果哲学只局限于研究一些与逻辑上可能的东西有关的命题，那么它就摒弃了一切专门的物理命题以及一切关于道德、艺术和宗教的问题。就其纯洁严肃而言，没有其他派别对于哲学的见解比这一派更能满足确定性的寻求了。无论我们接受或拒绝这种见解，它为我们提供了一个提出问题的明显方式。由于这样严格地限制了哲学的职能，这就清楚地引起了人们对于那种哲学职能要抱一种什么见解的问题。因为由于这样一种限制，它便把一个对人类具有巨大意义的问题仍然原封不动地保留下来了。我们任何时候所具有的关于存在的知识（即科学探究所提供的最可靠的知识）对于有关指导我们行为的目的和手段的判断与信仰有什么影响呢？在有权威地指导我们的欲望与感情，我们的计划与政策方面，知识指明了一些什么呢？如果知识没有调节作用，唯一的选择就只有依赖于习俗、外来的压力和自由的冲动。在这样的问题上，便需要某种理论来支持它。如果我们以否定自己的方式来下命令禁止把这种理论称为哲学，那么名称虽然不同，这样一个理论则仍然是需要的。

把哲学理解为一个纯理论的或理智的课题，这注定是会含糊不清的。它之所以含糊，是因为这个概念既用来包括研究者、思考者的态度，又包括所研究的题材的特性。工程师、医生、道德家所研究的都是实际的题材；即他要做什么和怎样做法。但是就个人的性向和意向而言，他们的研究是属于理智和认识性质的。他们着手要去发现一定的事物；而要发现这些事物，就必须清除个人的欲望和爱好，宁愿顺应所研究的题材本身的发展。我们就必须尽可能地清除心中的偏见，不致偏爱于某一结论而不爱另一结论，因为这样才不会使我们的观察受到歪曲，使我们的反省夹杂着一些外来的因素。

于是，如果我们不是在前提上假定哲学的题材乃是先在实有的固定特性，那么所谓哲学是一种理智上的研求这一事实无非是表明从事哲学的人们必须尊重内容一贯和证据确凿这样一些公平而不偏颇的规则。除非它根据了一个先在的假定，否则，这只是意味着在理智上的诚实。俗语说："赶肥牛的人必须是一个胖子。"只有从外表上来理解这句话的人才能辩论说：在个人态度和程序上的逻辑严肃性要求所研究的题材必须是与人类事务完全无关的。我们说哲学的对象就是真理，这是一句道德上的陈述，它适用于一切研究。它并不涉及它所要确定的是哪一种的真理，不论是纯理论性的真理，还是实践性的真理或是两者互相影响的真理。如果我们说，为了真理本身而对真理进行观照是最高的一种理想，这是对于权威性的价值所下的一个判断。把这样一个判断当作是决定哲学职能的手段，这便违背了研究应该顺应题材本身之发展的规则。

由于我们没有在称为学术上之忠实的理论兴趣与说明题材之性质的理论

兴趣之间区别清楚，我们对于理论与实践的关系问题以及哲学与理论和实践两者的关系问题也时常连带地弄得模糊不清了。这个结论是公正的。除此事实以外，我们还有理由假定人们之所以不耐烦把哲学和实践联系在一起，大多数是因为人们在习惯上总是把"实践的"和关于个人狭隘利害的事情联系在一起的。因此，当我们否认这种观点的重要意义时，我们就势必不去从理智上尊重控制我们的欲望和意向，指导我们全部行为的价值。似乎只有犬儒学派的怀疑论者才会情愿采取这样一个立场。

以上的讨论已涉猎到近代哲学问题的主题以外去了，但是如果这个讨论使我们明白了为什么人们对实践活动采取轻视的观点的根本理由，它和我们的主题是有关的。我们已经证明了轻视实践是根据两个前提：第一，知识的对象是某种形式的最后实有，而这种最后实有是先于反省的研究和脱离反省的研究而独立存在的；第二，这种先在的实有在它所具有的许多明确的特征之中有决定形成价值判断的特性，只有这种特性才能决定促使那些控制我们在理智的、社会的、道德的、宗教的、美学等一切领域内的行为的目的和意向的形成。只有在这两个前提之下，也只有当人们接受了这两个前提时，哲学就势必以认知此实有及其本质为其唯一的职能了。

我能理解，那些熟悉当代政治、道德和艺术研究的人们对于我在上面所论述的这番话也许会有些不耐烦了。他们将会质问说：有什么证据证明上述这些方面的研究也是受人们对这种最后实有的先在固定特性的重视所制约的呢？我不能否认，也不愿否认，对这个问题的大量的批评讨论，是从完全不同的立场出发的，而丝毫不顾及一切具有最后根据的哲学所由产生的标准。我承认这一点，就使得两种重要的思想表现得更清楚了。传统宗教的确认为最高的实在，上帝的本性，是一切最后权威的准绳；那些公然接受这种宗教的人们没有把这一点应用到道德、政治和艺术等领域中的具体批评和判断上来，而这只是近代哲学所陷入的这种混乱状况的一个证明。因此，那些严格坚持旧信仰的人们，即如那些受过天主教信仰训练的人们，比起那些"自由主义者们"来具有一种理智上的便利。因为自由主义者们没有一个适合于他们的企图与作为的哲学。

这种思想使我们联想到第二种思想。人们没有运用从真实实有中所产生的标准来形成具体领域中的信仰和判断，这一点证明哲学与当代生活完全隔绝开了；哲学由于它执着于古典传统的两个基本原理而势必如此。在中世纪还没有这种隔绝的情况。当时哲学和生活指导彼此是紧密联系在一起的，是两相吻合的。哲学与生活隔绝的结果对哲学讲来是不幸的；这种结果表示哲学的题材越来越多是由于哲学本身过去历史上的问题和结论所产生的；它离开哲学家所生活着的文化问题很远了。

但是这种情境还有更加不幸的一个方面。因为就运用标准与原则在最重要的事物上下判断和求结论而言，它意味着在理智上是模糊的，事实上乃至是混乱的。它意味着缺乏理智上的权威。旧的信仰全部破灭了，再没有力量去制约判断、形成计划与政策、树立工作理想和目的了。而且又没有任何其他的东西来代替它。

我所谓"权威"不是指成套的固定主张，用以机械地解决所发生的问题。这种权威是武断的而不是理智的，我所谓"权威"乃指科学探究所运用的和科学结论所采取的方法而言；是指那些用来指导批评和形成行动目的和意向的方法而言。近几百年以来我们已经经常加速度地获得了大量关于我们的生活世界的正确信仰；我们已经确切地知道了许多关于生活和人类的新颖惊人的事情。在另一方面，人们具有欲望和感情、希望和恐惧、目的和意向，而这些对于我们最重要的行动都是有影响的。它们都需要有理智上的指导。为什么近代哲学，在我们把我们对于世界的认识和我们对于我们行动的合理的指导之间统一起来的工作方面，贡献是如此的渺小呢？本章的主旨就是要说明这个原因，在于人们不肯放弃两个见解，而这两个见解乃是在理智上和实践上都和我们今天的生活条件大不相同的条件之下形成的。重复一遍，这两个见解就是（一）知识是揭露先在的存在与本质的特征的；（二）其中所发现的价值的特性为指导行为提供了具有权威性的标准。

这两个见解是由于排除实践活动，运用认识方法以寻求确定性所产生的，而实践活动乃是在实际上和具体上使存在发生变化的活动。由于大家保留着这两个传统的见解，实践活动备受着双重的轻视。人们认为实践活动只是在外表上顺从于知识而不是受它所决定的。他们并不认为实践活动是从它本身发展的过程中逐渐演化出它自己的标准和目的来的，而认为它是服从于先在的事物结构中的固有因素的。这就是近代哲学所特有的那种区分畛域的想法的根源。它接受了科学研究的结论，而并没有根据获得这些结论的方法中所包括的内容来改造我们对于心灵、认识和认识对象特征的见解。

自第一章起到此告一段落，这是本书的导论。这个导论想说明一个问题以及为什么它是一个问题的理由。前面已经说过，这个问题之产生是由于人们继续坚持千百年来所形成的并已浸润到整个西方传统之中的一些见解。只要这个问题不是产生于人们对科学与生活现实情况之反省，这个问题便是人为的。因此下一步骤的工作就是想以物理学的研究为范例来阐明人们在认知活动的实际过程和结果中是怎样改造传统的。物理学的研究是一切学术研究部门中最完善的一个部门，所以我们便以它为认知活动的典型。我们将会知道，这种物理学的研究也曾长期受过传统对于知识的见解的残余影响，这个传统把知识当作是与先在存在的特性相关联的，而目前物理学研究最后解放了它自己而且意识到了包含在它自己方法以内的一些原则。在我们已经发现如何从知识本身来说明知识的意义，即从正在进行着的认知行为来说明知识的意义的办法以后，我们便作好了准备，将会体会到有对于那些心灵和知识的旧见解加以改造的需要了。我们尤其会知道把认知和行动截然划分的办法完全破产的情况。这番讨论的结论将会是：实效性的标准和验证见于外表活动的后果之中而不在先在于认知，脱离认知而独立自在的固定实有之中。这一结论将会使我们达到最后的一个论点：即我们对于控制行为的价值的见解也有改造之必要。

承受的艺术与控制的艺术

 曾经有过一个时期，"艺术"和"科学"实际上是具有同一意义的两个名词。"文理学院"一语还是这个时期在大学组织中的遗迹。也曾经有过"工"艺和"文"艺之分。这个区分多少就是工业艺术与社会艺术之分，即涉及事物的艺术和直接涉及人事的艺术之分。例如，研究语言的文法和修辞学、文学解释和说服的艺术就比铁匠和木匠的手艺要高尚一些。工艺所涉及的仅仅是当作手段的一些事物，而文艺所涉及的则是当作目的的一些事物，是具有最后的和内在的价值的一些事物。社会的原因使得这种区别更加显著了。机械学是与工艺有关的；它在社会的等级上就比较低下些。进行工艺教学的学校便是实业学校，即向已经精通手艺秘诀的人们学徒。学徒从字面上讲就是"通过做去学"，而"做"就是机械地重复和模仿别人的动作，直至自己获得了这种技巧为止。学习文艺的人们是占有一定权威地位，执掌着社会统治的人们。这些人生活富裕，闲暇自在，从事于特别高尚而有势力的职业。而且他们的学习不是机械地重复和亲身去使用材料与工具的操作而是"理智上"的学习，是用心灵而不是用身体去学习的。

 追述这种情景不是因为它仅仅具有历史上的重要性。它所描述的大量事态都是今天还存在的。所谓"学术职业"与工商实业的区分，以及其相应地在社会地位上的不同，在教育准备上的不同，主要地涉及物质事物或涉及人事社会关系的不同，是我们所十分熟悉的，可以不追溯于过去的历史。目前情境的主要差别是由于产生了技术工业和财政经济，代替了世袭的"绅士"阶层、大地主。所以我们上面所指出的情况不仅适合于历史，而且适合于现况，这些情况对于产生和维持理论与实践、心灵与身体、目的与工具的区分仍然是有影响的。

除了这样划分高等艺术和低等艺术以外，就艺术和"科学"这两个名词的真实意义而言，在一般艺术和"科学"之间在背景上还隐藏着有区别。文艺较之工艺包括着更多的知识和理论上的研究，更多地运用"心思"。但是从文艺的最后意义讲来，文艺仍然是与艺术、与行动联系着的，不过它的实践方式比较受人尊重一些。文艺仍然局限于经验范围以内，不过这一种经验所具有的价值是在一些低下艺术中所找不到的。例如亚里士多德所创导的哲学传统就把社会艺术列入低于学术研究，低于不付诸实用（即使在社会上和道德上实用）的知识的等级。从历史上看来，这个观点继续保留下来，仅仅为了一小撮的知识分子阶层来赞美他们自己的职业，这是可以理解的。但是我们已经说过，在教会作为一种欧洲的统治力量扩充它的势力的时候，宗教已经吸收了这种哲学见解，神学已被当作是一种具有独特意义的"科学"，因为只有神学才是对于至上的最后实有的知识。而教会直接影响着人们的心灵和行为、信仰和判断，而这是任何静隐闲居的知识阶级所不能办到的。于是人们就对于决定永恒命运，支配灵魂永久苦乐的真理和圣礼加以保护和传播，而使起源于哲学的观念融会于基督教的文化之内了。

于是现实社会生活所特有的差别和不同不仅被少数哲学思想家加以理性上的裁可，而且被那种对于人类生活具有最高权威和影响的权力所承认了。因为这个原因，对于古典哲学所陈述的关于理论与实践、心灵与身体、理性与经验（始终是根据感觉与身体方面来设想的）等等二元论，加以一番考察，这不只是关于一点史实的报道了。因为尽管世俗兴趣与自然科学有了巨大的发展；实用艺术和专门职业有了扩张；以明确的物质利益为目的对现实生活尽管实行了几乎是疯狂的控制，以及根本上属于经济性质的力量尽管支配着社会的组织，目前还没有一个广泛为人们所接受的人生哲学来代替为基督教信仰所吸收和所修改过的这个传统的古典哲学。

因此，传统哲学便有三大便利之处。第一，这种传统是千百年来体现在一种占统治地位的制度之内的，而人们围绕着这种传统在想象上和情绪上便有许多的联想和祈求。人们的这许多想象上和情绪上的联想和祈求便和传统哲学联系在一起，在无意识之中继续影响着人们的心灵，虽然他们在理智上已不再同意这种传统在理智上所依赖的主旨了。第二，我们所熟悉的这种把奴役式的工艺和自由的、社会所尊重的文艺分为等级的社会条件，这种理论与实践的二元论原来所由产生的社会条件，至今仍然还持续存在着。这种社会条件的持续支持着这种传统的哲学。此外，在包含着人们最珍视的意义和善果的这个现实世界中存在着危险和挫折，这是人们所不得不承认的事实，这就使他们容易接受关于高等境界的说法，认为在这个高等境界内这些价值才是永恒安全的。

第三，也是最后，除了上述两项正面的事实以外，还有一项反面的事实。在事实上统治着现代世界的那些条件和力量还没有在理智上前后一贯地表达出来。我们常讲的，我们是生活在一种分裂状态之中的。就外表的活动和当时的享受而言，我们是疯狂地沉湎于俗事之中，而且如果我们从理智上把它们陈述出来，我们就会认为这种沉湎于俗事的方式是低下而无价值的，从而拒绝这样去做。有些原则和信条已不再在我们的生活中发生作用了，然而我们在情绪上和理论上都仍然同意这样的原则和信条。我们仍然充分保持着旧有的传统，认为那种简明陈述我们大家所最关切的事情的哲学具有褊狭的唯物主义的特征。在另一方面，我们无论在理智上或在道德上都不准备建立一种哲学，把实际支配着我们生活的兴趣和活动提升到这样一个高度的水平，使它们具有真正自由的和人本的意义。我们在名义上所主张的哲学认为理想、价值和意义都是属于另一个世界的，然而我们还不能说明这些理想，价值和意义也能够在某种可靠的程度上以一种具体的形式成为我们的生活世界，我们的实际经验世界所具有的特征。

因此，主张我们有可能说明理想、价值和意义是我们实际经验世界所具有的特征的任何真正经验主义的哲学便被认为是带有预言性的而不是叙述性的。这种哲学能够提出一些假设，而不能提出一些关于现存事实的报告。这种哲学必然是借助于论证而不是诉之于显然在易于观察范围以内的事实来证明这些假设。这种哲学是一种思辨性的哲学因为它所涉及的是"未来"。公正无私要求我们对这些想法坦率地加以说明。但是事情还有另一个方面。有些假设是脱离可观察的事实而提出的，因而是一些假想，但是也有些假设是根据现存的和可以报告出来的事实推论出来的。在这两种假设之间是有显著区别的。有些想象的思辨除了它自己在论辩上的一贯性以外是不承认有任何规律的，但也有一些思辨是以可观察的事物运动为根据的并预见到这些事物由于它自己的运动力量所达到的极限。在这两种思辨之间也是有差别的。有些假设是由任意假定的前提所提供的论证来支持的，但也有些假设是用以生动有力的事实为根据的命题含义所推论出的论证来支持的。在这两种支持的方式之间也是有差别的。

我们所选择出来用以特别检查和描述我们所提出的这个假设的事实基础是我们当前进行科学探究的一种程序，即物理科学的程序，其所研究的是完全服从于理智控制的东西。在这类物理科学中所探究的情况乃是一种可以观察得到的事实而不是一种思辨，不是一种意见和论证。我们选择这个领域的事实而不选择别的领域的事实以拟构一个关于未来可能发生的经验的假设（在这个领域中经验将为它本身提供那些我们现在还认为是在某种超验世界中才可以寻求得到的价值、意义和标准），我们的这种做法既有其理论上的理由，也有其实际上的理由。从专门哲学的观点看来，有些哲学派别把认知和行动分隔为二并把作为衡量真正真实性之标准的知识对象看成是超越于来自感情与实践的经验之上的东西，而这些哲学派别总是以知识的性质为基础和出发点的。因此，如果我们能够指出求得最健全可靠之知识的现实程序是完全不把认知和行动分隔开来的；如果我们能够指出：要获得所谓科学的知识，就要使认知和行动明显地互相发生作用，那么古典哲学传统的主要堡垒就会被打得粉碎。如果这个堡垒粉碎了，我们就没有理由把超越于人类经验及其后果以外的某些固定不变的对象和我们所生活其中的这个有时间性的和具体的世界对立起来了。

我们选择物理科学方法这个专门材料的实际上的理由是因为通过发明和技术的媒介来应用自然科学，是近代生活中所特有的，最后起着支配作用的事实。西方的文化已经日益增长地具有工业化的特征，这正是众所周知的事情了；而这种工业化的情况乃是由于产生了实验的认知方法的直接结果，这也应当是大家所熟悉的事实。这种工业化的情况在政治上、社会安排上、沟通交流上、在工作与游戏上、在决定影响、权力与威势的地位上都发生了影响变化，这都是当前具体经验的特有标志。上述旧有信仰的有效影响之所以日渐消失的最后根源也在于此。这些事实也说明了为什么那种仅仅反映和报道现存情境之主要因素，把它们当作是最后的因素而忽视了它们未来变化的哲学乃是一种令人讨厌的唯物主义的哲学。从正面的事实看来，我们的现实生活逐渐为物理科学的结果所支配；从反面的事实看来，这些结果有着重大的影响诱使着人们坚持旧传统的一些因素，在很大的程度上，阻碍着我们去建立一个合乎现有经验的哲学。由于这正反两方面的事实，我们便选择了自然科学的程序来作为我们研究的主题。

至于这个问题的直接实际效果，即那个由于物理知识的结论与方法所产生的工业社会所具有的潜在意义，我们以后将很少有时间和机会去加以讨论。但是我们可以指出，在原则上这个问题的意义就在于：智慧的结果，不再是超越于实践之上，脱离于实践之外而是以一些有影响的方式体现于现实的活动与经验之中的。不管我们怎样贬斥"应用科学"，在原则上这就是"应用科学"的意义。而且我想现在很少有人会故意宣称把知识与悟性体现于具体的生活经验之中不是一件好事。在原则上贬斥知识的应用，这件事情本身就只表达了一种旧的传统思想，认为知识内在地优越于实践，理性内在地优越于经验。

在我们把知识应用于生活时有一个真正的和极其严重的问题。但这是一个实际的问题而不是一个理论问题。这就是有关于社会的经济组织和立法组织的问题，由于这种经济组织和立法组织的结果，控制活动的知识便为少数人所垄断，为他们用来为私人与阶级的利益服务而不是为一般的和共享的利益服务。这个问题涉及可能去转变社会条件中的经济财政基础。对于这个问题，时间和篇幅都不容我加以讨论。但是社会的财政经济方面和工业化是完全不同的，和技术在当前生活中的后果是完全不同的。把这两件事情等同起来，只能产生混乱。我们还必须注意，这个问题本身和理论与实践之关系问题和知识及其在行动中之应用问题是毫不相关的。这个实际的和社会的问题是如何按照人们所进行的工作、所担负的活动以及共同自由参与在这些结果中的情况，来比较公平合理地分配悟能和认识因素的问题。

在着手研究科学方法在形成认识论和心灵论中的意义以前，我们将讨论几个带一般性的论点。这些问题归根到底都是由于人们对于两种不同的经验有不同的看法：一种经验是当艺术主要地尚是常规性的；技巧是仅仅通过练习与实践而获得的时候所形成的，即所谓经验性的经验（experience as empirical），而另一种经验则是当艺术已经变成了实验性的时候所形成的，即所谓实验性的经验。"经验"过去曾一度指对各种各样行动的记忆所积累的结果而言，这些行动不受洞察的控制而这些纯积累下来的记忆是能实际用来应付当前的情境的。原始的知觉以及对这些知觉结果在当前行动中的应用两者都是偶然之事——即它们都不是受我们对其中的因果关系、手段与后果关系的理解所决定的。在这种意义之下这些经验是非理性的、非科学的。典型的事例就是一个桥梁建筑者仅仅以他过去所进行的工作和所发生的结果为根据而不参照张力与应力的知识，或不知其中所包括的一般的物理关系来建造一座桥梁；或如医术仅仅依赖于过去偶然有效的药方而不是依赖为什么这个药方灵验而别的药方不灵验的道理。结果，人们具有了一定程度的技巧，但它是照例常规方法的结果，是"尝试与错误"的结果，简言之，它是"经验的"。

人们在这样的条件下所形成的轻视经验的见解乃是对实际条件的一个忠实的报道；哲学家们认为经验内在地低下于理性科学，这也是有真实道理的。但是他们所附加的东西却是另外一回事了。它陈述说，经验之所以是低下的，那是因为它是和身体、和感觉、和物质的东西、和变迁不定的东西内在联系着，而与常住确定的东西是对立的。现在经验本身在某种形式之下已经变成实验性的了，它已是受人们对条件及其后果的理解所指导的了。然而不幸哲学家们解释经验的缺陷的理论都仍然延续着，成为古典的东西了。因此，在传统的关于经验的理论和由于认识到经验的实验性质后所产生的理论之间便产生了一道裂痕。关于这种裂痕有两点尤其重要。

现在仍然还流行着的这种传统理论认为，作为认识的一种手段的知觉和观察在它们所提供的材料方面还存在内在的缺陷。按照这种旧见解的看法，这种材料天生就是特殊的、偶然的、变化的，因而它们对于知识丝毫没有贡献；它所能产生的只是意见、单纯的信仰。但是在近代科学中，在感觉方面只有一些实际上的缺陷，例如视觉具有一定的限度，而这些缺陷必须通过各种仪器设备，如利用透镜等，来加以纠正和补充。每一次观察上的缺点便促使我们去发明某种新的工具来矫正这个缺点或刺激我们去设计一些间接的办法如数理上的运算来克服感觉上的局限性。这种变化对于我们关于思维及其与认知之关系的见解也发生了相应的变化。早些时候人们认为高级知识必然是由于纯粹的思维所产生的；思维是纯粹的，因为它是脱离经验而分隔存在的，而经验之中又包括感觉。现在我们认为，思维虽然是关于自然存在的知识所不可缺少的，但是单独它本身不能提供那种知识。我们现在把这视为理所当然的了。观察是提供给我们研究的确切材料和验证理论研究所达到的结论这两方面所不能缺少的。并不是一切经验都限制了真正科学的可能性，反之，一些特定的经验乃是科学所不可缺少的。

　　这种变化在客观方面也有相应的情况。依照旧的理论看来，感觉和经验都是真正科学的障碍，因为感觉与经验都和自然变化联系着的。它们的固有的和不可避免的材料就是可变化的和变化着的事物。知识就其完全的和有效的意义而言，只有对于固定不变的东西才是可能的；只有关于这种固定不变的事物的知识才帮助我们寻求到了确定性。变化的事物只能产生推测和意见，而实际上它们就是危险的根源。在一个科学研究者看来，这种认为自然科学应该放弃事物的变化，放弃事情的进程的看法简直是不可理解的。他在认识中、在理解中所注意的显然就是事物所发生的变化；事物的变化使他发生了许多问题而且当这些变化互相联系起来时便解决了问题。常数和相对不变数出现了，但是它们只是变化之间的关系而不是高级实有领域的组成部分。在对象方面我们这样改变了我们的看法，因而我们对于"经验"的结构和内容也有了不同的看法。我们不再认为在经验和某种高级的东西（理性思维）之间有什么固定不变的差别；我们只认为在两种不同的经验之间是有差别的：一种经验所涉及的是一些未加控制的变化而另一种经验所涉及的则是一种在指导和控制之下的变化。而这种差别，虽然从根本上看来是重要的，但并不是一种固定不变的分隔。第一类的变化即将通过认识其间的关系，在这种认识的指导之下采取行动，转为被置于控制之下的变化。

在旧的思想体系中，作为科学看待的知识显然地和绝对地意味着脱离变化，转向不变。在新的实验科学中我们是从正相反的方式获得知识的，即凭借有意地设置一种确切而特定的变化进程来获得知识。物理学研究的唯一方法就是有意引进一种变化以窥测它产生了什么其他的变化；这些变化之间的相互关系，经过一系列的测量运算，便构成了明确的和合意的知识对象。对于变化有两种程度不同的控制，它们虽然在实际上是不相同的但在原则上是相同的。例如，在天文学方面，我们不能使遥远的天体发生什么新的变异。但是我们能够有意识地改变观察它们的条件，而这在原则上和逻辑上的程序是一回事情。由于我们使用了一些特别的工具，如使用了透镜和棱镜，由于我们使用了望远镜、分光器和干涉仪等，我们就改变了所观察到的素材。我们从十分不同的空间点上和连续的时间上去从事观察。于是我们就观察到相互联系着的变化了。物理和化学的材料比较靠近在手边而且能为我们所直接操纵，因此，我们便在这些材料中引进新的变化，影响所研究的事物。我们运用仪器和触媒（Reagents）在所研究的事物中产生变化。产生、记录和测量变化的物理工具的发明和建造愈进步，科学的探究便愈有进展。

而且科学的方法和技术中所追求的方法在逻辑原则上是没有什么差别的。只有实际上的差别；在进行操作的规模上有差别；通过隔离运行的条件来进行控制的程度比较少些；特别在有调节地控制自然存在与自然能力的变化的目的上有差别；更以其大规模地控制变化的进程的主要动机在于物质上的舒适或金钱上的收益而有所差别。但是在商业、交通、运输以及光、热、电的应用方面的近代工业技术乃是近代应用科学的结果。此地所谓"应用"就是在实验室中那种有意地引进和管理变化的办法也被推荐到工厂、铁路和电力厂中去了。

由于十六和十七世纪开始的科学革命，人们改变了认知事物的方法。伴随而来的是人类对于自然事物及其相互作用的态度也发生了一种革命。这是一件中心的和突出的事实。我们在前面已经说过，这种转变一反关于知行关系的传统思想。科学由于采用了各种工具和各种有指导的实践行为而前进了，而从此所获得的知识便成为发展艺术的手段，使自然进一步现实地和潜能地为人类的目的和价值服务。虽然在现代文明中已经发生了这样的变化，但是在古代反映一种完全不同的情境时所形成的那些关于心灵及其认知器官的见解，以及它们把实践视为低于理智的看法仍被保留下来而至今不变。这是一件令人十分惊奇的事情。

旧的见解在思想家的心灵上到底已经产生了多大的影响，哲学思想习惯到底有多大的惰性势力，我们只要略一涉猎关于认识论的书籍和哲学杂志中所发表的有关认识论问题讨论的文章，就最容易下一个判断了。我们固然也可以发现一些讨论反映实际认知程序，即反映科学探究实践的逻辑方法的文章。但是当时逻辑通常仅被视为一种方法论，和认识论很少发生关系（或竟毫无关系）。人们是根据他们对于心灵以及心为认识器官的见解来讨论认识论的；人们认为不去观察人们从事于成功的探究时的实际程序就可以适当地形成这些关于心灵及其器官的见解。前一些时候，这一类讨论的主要问题在于如何构成一个"意识"论，来说明认知，或者把意识当作是一件意义自明的事实，或者认为意识较之科学研究的客观的和公开的程序具有更加明确的内容并更为人们所能观察。这种类型的讨论目前还在继续进行着；从现在的见解看来，这种讨论成了唯一的认识论，它是讨论认识论的根本问题的自然而不可避免的途径！千言万语无非要保持传统的观念。于是如果我们不记住这种实际实验方法的重要意义在于它和过去这种情况是显然不同的一种结果，我们就难以领会我们讨论（即使是粗浅地讨论）这种实验方法的重要性了。

虽然实验探究的特点是人们所熟悉的，但是却很少被人用来陈述一个认识论和心灵与自然的关系论，因而把人所熟知的事实再加以明显的陈述，便是可以原谅的了。这种实验探究表现出三个突出的特征。第一个特征是一个明显的特征，即一切实验都包括有外表的行动，明确地改变环境或改变我们与环境的关系。第二，实验并不是一种杂乱无章的活动，而是在观念指导之下的活动，而这些观念要符合于引起积极探究活动的问题所需要的条件。第三个特征是最后的一个特征，它使得前两个特点具有完全的意义。这个特点就是在指导下的活动所得到的结果构成了一个新的经验情境而这些情境中对象之间彼此产生了不同的关系，并且在指导下从事活动的后果形成了具有被认知的特性的对象。

在日常行事的程序中，也可以见到这种为认知而从事实验活动的粗糙原型。当我们试想弄明白一个模糊不清的对象的性质时，我们便做出各种的动作，希望和它建立一个新的关系，从而使我们明白那些足以帮助我们去了解这个对象的各种性质。我们把它翻来覆去，送到比较光亮的地方去，摇晃它，用拳头敲打、推动和压抑它等等。当我们使这个对象发生这些变化以前经验到这个对象时，它是使我们困惑不解的；而采取这些动作的用意就在于促使它发生变化，产生一些先所未曾感知的性质并改变知觉的条件，以淘汰那些阻碍着我们或引导我们误入迷途的特性。

虽然这样的一些实验性的活动以及操纵事物以探测其未来变化的实验活动，是我们日常关于周围事物的非科学的知识的来源，虽然它构成了我们大量的"常识"，但是这种程序方式的局限性是十分显明的，用不着再有所阐述。近代知识史上重要的事情就是利用工具、器械和仪器以加强这些主动的动作，希望揭示原来并不显明的关系，并在外表行动方面，发展精密的技术以产生更大幅度的变化（如系统地改变条件以便在所研究的事物中产生一系列相应的变化）。在这些操作的手续中还应该包括那些把所观察的现象永久记录下来的操作活动和借以把各种变化联系起来的那些确切测量的工具。

这些事情是大家十分熟悉的，因而人们容易忽视了它们对于认识论的全部重要意义。所以还需要把这一种关于自然存在的知识和那种在实验方法产生以前所获得的知识加以一番比较。这种关于自然存在的知识依赖于行动，依赖于一种物理的和外表的行动，这当然是一个显著的差别。所谓科学的那种古代科学认为理性是认知的器官；如果我们把理性从属于身体借助于物质的工具对物质事物所进行的活动，那么这种古代科学就会认为那是一种对理性的背叛行为。我们似乎承认了物质是优越于理性的，而从古代科学的立脚点讲来，承认这一点就不可能有知识。

随着这样一个根本的变化，我们对于直接感知的材料所采取的态度也起了变化。曾有过这样一个精心培植起来的见解，认为古代科学与近代科学的差别在于前者不尊重知觉而仅仅依赖于思辨。这种见解是完全违背事实的。事实上，希腊人对于自然对象是敏感的而且是敏锐的观察家。毛病并不在于一开始时他们就用理论解释来代替知觉的材料，而在于他们把知觉的材料当作"如是"（"as is"）的东西，未曾企图在对它进行思考和解释以前彻底地对它加以一番改造。因为他们未曾在观察以外再借助人工的仪器和手段有意地改变所观察的这些材料，希腊人的步伐跨得太远了。

说他们不重视感觉上所观察的材料，只是相对于他们重视这种材料的形式而言。因为这种材料必被置于为理性思维所提供的逻辑形式之下。由于这种材料不纯粹是逻辑的，或者说它是未能完全满足理性形式的各种要求的，所以它所产生的知识，便比那种探索永恒实有的纯粹数学、逻辑学和形而上学的知识具有较少的科学性。但是在科学扩展的范围以内，它处理感知的材料，正像这种材料直接呈现于一个敏锐的观察家面前一样。结果，希腊自然科学的材料较之当代科学的结果更为接近于"常识"的材料。我们不必有什么专门知识的准备，只要有像欧几里得几何学这样一点知识，就可以阅读希腊科学的遗著，但是如果我们没有专门教育的准备，我们便不能理解大多数的近代物理学的研究报告。古代所倡导的原子论之所以没有多大的进展的原因之一就是因为它不符合于日常观察的结果。因为这种原子的性质丰富而且是按照其性质的特征进行分类，而不是按照其数量与空间的差别进行分类的。因而古代的原子论是纯思辨性的和"演绎"性的。

如果有人认为这些话意味着说在古代科学中感觉产生知识而近代科学则排斥感觉材料，他们便误解这些话了；这种看法是违背事实的。但是古代科学是从感觉材料的表面来接受这种感觉材料的内容的，然而它是运用逻辑的定义、分类和三段论式的包含法，按照这种感觉材料的本来面目，把它组织起来的。当时人们或者是没有工具和器械来改变这些通常观察到的对象，把它们分拆成为它们的要素，予以新的形式和安排，或者说，他们并没有运用他们当时所具有的工具和器械来从事这些工作。因此，就内容而言，就题材而言，希腊科学的结论（在十七世纪科学革命以前仍然还保留着的）较之当前科学思想的对象更加接近于日常经验的对象。这并不是说，希腊人比近代科学家更加尊重感官知觉的功能，而只是说，从现在的实践来看，希腊人是过于重视直接的、未经分析的感知的材料的。

他们也知道，从认识的观点看来这种感觉材料是有缺陷的。但是他们认为他们可以用纯逻辑的或"理性的"方法来纠正这些错误和弥补它们的缺点。他们认为思维可以取用通常知觉所供给的材料，排除其变幻不测的性质，最后得到一种固定不变的形式，使各个特殊的事物由于这种形式而具有它们的特征；把这种形式界说为有关的特殊事物的实质或真的实在，然后把一群所感知的对象归为一类，认为这个类是永恒的而作为类之特殊事例的个别事物则是幻灭的。所以这种把通常知觉转变成为科学知识的过程不需要使感知的内容发生任何现实的、外表的和观察得到的变化。近代科学利用仪器使得直接知觉的材料发生了变化，不过它并没有脱离观察材料的本身而只是脱离了事物原来"自然地"被观察到的时候所具有的那种性质特征（qualitative characteristics）。

因此，我们可以公正地说，在希腊对于自然现象的描述与解释中的"范畴"是属于美感性的；因为美感一类的知觉是注意事物之直接性质特征的。它们所赖以在观察材料上赋予科学形式的逻辑因素是和谐、均匀、量度或对称：它们便构成了"逻各斯"（"logos"），使得人们可以在理性的议论中报道现象。这些特性是强加在现象上面的，但人们却以为它们是从现象中所抽绎出来的。借助于这些特性，人们才可能认知自然对象。因此，希腊人并不是把思维用来当作是改变既有的观察对象的手段，以求得这些对象的产生条件和结果，而是把一些不是在它们可变化的发生中所能找到的一些固定不变的特性强加在这些对象之上。强加在这些对象上的这些固定特性的实质就是在形式与模型上的和谐。手艺人、建筑师、雕刻匠、运动家、诗人等曾经把原始的材料改变成为具有对称和均匀特性的完整形式；当他们完成这项工作时，他们并没有像近代工厂中做法那样，事先加以分解还原。希腊的思想家们对于整个自然界也曾做过同样的工作。不过他们所运用的不是物质的手艺工具，而只是依赖于思维。他们借用了希腊艺术所提供给他们的形式，但是他们把这种形式从它的物质应用中抽象了出来。他们的目的在于从所观察的自然界中构成一个艺术的整体，以供心灵鉴赏。因此，在科学看来，自然是一个秩序完整的宇宙。它是一个完整的组织体，但不是从许多因素所组合起来的。这就是说，它是一个具有定性的完整体，像一篇剧本、一个雕像或一座庙宇一样，具有贯通齐一的定性；它不是由许多性质相同的单元按照不同的式样从外表上堆集起来的一个集合体。图案设计当时乃是固定的事物内在特有的形式与模型，而不是由一个从事设计的心灵首先所形成的一个东西然后从外面强加到事物上面的。

柏格森在他的《创化论》（Creative Evolution）一书中申述说，按照希腊人的想法，作为最真知识之对象的实在是在变化过程达到最紧要关头的一刹那间才觉察到的。他说，柏拉图的"理念"和亚里士多德的"形式"与特殊事物的关系可以比作雅典神殿柱顶腰线上的马和活马临时的运动的关系。说明马的特性的本质运动已经在静止地位与形式永恒的这一刹那间概括起来了。领略、掌握那一明显确切的形式，从而去占有和享受这种形式，就是认知。

柏格森的这种见地具体说明了希腊科学认为知识对象所具有的这种本质上属于艺术特性的概念。希腊科学的具体细节证明了这种概念。据我所知，若要了解希腊科学，最重要的莫过于从亚里士多德对于数量的论述入手。亚里士多德认为数量是偶然变化的，它可以在事物的相当范围以内（这个范围是由一种内在的本质和量度，即"逻各斯"所划定的）发生变化而不致影响其本性。笛卡尔则把数量界说为物质的本质。当我们想到这一点时，我们就感觉到已经发生一场学术上的革命了。这是一种观点上的激变；它不仅产生了更多、更精确陈述的知识，而且这种变化已经捐弃了对象的艺术特性。如果我们把关系在近代科学中的地位和亚里士多德对于关系的性质的说明作一对比，我们就知道亚里士多德的所谓关系乃是多少、大小等等的区别。因为按照亚里士多德论述的观点看来，关系和数量一样，是与对象的本质或本性无关的，所以也不是最后解释科学知识的因素。这个见解完全适合于美感的观点，它所考虑的只是内在圆满无缺的东西。

毕达哥拉斯—柏拉图主义推崇数和几何学。这似乎和上述论点是矛盾的。但是这是证明常理的一个例外。因为在这个思想体系中几何学和数乃是按照人们直接观察的自然现象来整理这些自然现象的一些手段。满足美感法则的原则即是量度、对称和分配的原则。数和几何学就是这种量度、对称和分配的原则。科学差不多等待了有二千年之久，数学才变成了一种分析的工具，通过方程式和其他函数把一个整体分解成为许多组成部分，以便于再把它们重新组织起来。

在逍遥学派的科学（Peripatetic Science）中类或种占有中心的地位。这一点也足以证明希腊科学所具有的定性特征。关于这一点我想略而不述了。事例太明显了。对于运动也曾经有过一种纯性质上的论述，成为促成伽利略革命的线索。谈一谈这个问题会是有益的。"运动"这个名词包括各种各样在性质上的变化，诸如温暖的东西变冷，由胎儿生长为成年之类。当时人们并没有把它当作是一种简单的移动，即指在同一性质的空间中地位的改变。当我们论及一种音乐的运动或政治运动时，我们比较接近于古代科学中这个观念的意义：即有一系列的变化，倾向于一个圆满或完善的定性整体和实现一个目的。

运动并不是无限地继续下去的，它有耗费完尽的时候；它内在地有一种倾向，使它自己停止下来，变成静止的状态。问题不在于有什么外在的力量使箭趋于相对静止的状态，而在于有什么力量，例如气流等，保持着箭的运动并阻止箭加速地达到它自然的目标——静止。运动的停止或者就是精力耗费完尽，一种筋疲力尽的状态，或者它标志着是一种内在实有或本质的最高顶峰。天上的星球，正因为它们是在天上，宛若神灵，所以永不疲竭，所以运行不息。如果静止是指满足的状态而言，那么静止就不是指那种死静不动的状态，而是指一种圆满的，因而是不在变化的运动。只有思维才完全具有这种完善的自我活动；但是天体恒常的旋转是最接近于思维这种周流不变的活动在物理上体现了；它无所发明，无所学习，无所影响，只是永恒地自我旋转不已。

与这种认为运动只在性质上发生变化的看法相适应的是关于位置（或许多

位置）的讨论。有些东西是轻浮的，它们从地面升起，属于上层空间；有些东西是沉重的，只有在重浊而比较寒冷的地面上才能找到它们的目标和归宿，所以有一种向地面上下坠的运动。这些中间地带既不适于上升的运动，也不适于下降的运动，而只有一种前后摇摆的运动，如风所特有的运动和肉眼可见的行星运行。冷而重者向下运动，轻浮质材如火光等则向上运动。天空的星辰最接近于神灵，最没有不规则性和潜能性，遵循着不偏不倚的环行道路运行不已。这是自然界中最接近于思维之永恒自我活动的了；它既超越于自然，又是自然的最高峰或"目的因"。

这样详细的陈述无非是企图说明古代科学所具有的这种完全定性的特征。这里和价值的观念没有冲突，因为属于科学对象的性质本身就是价值；它们就是我们所享有和所珍视的东西。自然是一个定性的整体。整个自然界中有一个从低等价值的形式上升到高等价值的形式的阶梯。实际上由伽利略所倡导的科学革命显然放弃了这种把性质当作是科学对象本身所固有的特性的看法。由于放弃了这种看法，便在实有的科学特性和具有道德权威的特性之间产生了冲突而需要调和。所以如果我们要领会新天文学和新物理学对于人类信仰所发生的影响，我们就必须把它和旧有的自然科学对比一下。按照旧自然科学的看法，科学知识的对象所具有的性质和艺术作品的性质是一样的；它们的特性和美，以及和一切可赞赏的东西是完全相同的。

伽利略的工作并不是一种演进而是一场革命。它所表现的变革是从定性到定量或量度；从多异到同一；从内在形式到关系；从美感和谐到数理公式；从静观鉴赏到积极操纵与控制；从静止到变化；从永恒对象到时间顺序。两重领域的思想体系在道德和宗教事务方面被保留下来了；但是在自然科学方面则已消逝了。高级领域曾经一度是真正科学的对象，而它现在所包括的对象乃是和因与人类发生关系而为人类命运提供了规范和目的的价值联系着的。低级的变化领域曾经一度为意见与实践所占领，现在则变成了自然科学唯一的对象了。这个为意见所占领的领域已经不再是客观实有的一个真正的，即使低下些的部分了。它完全是由于人类的无知和错误所产生的结果。这个由新科学所产生的哲学便代替了旧的形而上学。但是（这个"但是"是具有根本重要性的）尽管有了这个变革，旧有把知识当作是与先在实在相关联的想法和把道德规则当作是产生于这个实在的特性的想法却仍然为人们所保持着。

科学的和哲学的变化，即使在实验探究创始以后，也不是立即发生的。我们以后可以看到，事实上哲学是一边前进着，一边保守地从事着迁就和调和并被用来解释新科学的，因此，一直到我们这一代，科学才摆脱了旧自然观的某些基本观点。然而，在伽利略从他的两个最著名的实验中所得的结论里面就开始酝酿着有一些科学革命了。一个实验是从比萨斜塔（Tower of Pisa）上坠落物体。这个实验打破了旧日认为轻重有内在性质上的差别的那种区分法，并因而极大地动摇了科学从性质差别上进行解释的这些原则。因此它就在无形当中推翻了那种用性质差别去叙述和解释自然现象的办法。因为这个实验指出了，一切物体的内在运动是和一个共同的性质相同的特性相联系着的，而这个特性是可以用物体对于运动的阻力和从运动中静止下来的阻力来加以测量的。这个特性就是惯性，后来牛顿认为这种惯性和质量是等同的东西，因而质量或惯性就变成物质在科学上的定义或固定系数了，完全不管它们在干湿、冷热等等性质上的分化了。后来这些干湿、冷热的差别便是以质量与运动，而不是以根本的解释原理去加以解释的了。

单就这个实验来看，这种结果好像只是一次震动，至多只是一次骚动。这是可以理解的。然而当我们把这个实验和他的那个把圆球滚下光滑倾斜平面的实验（而他的钟摆实验乃是这个实验的一个变种）联系起来看，而在这个实验中他可以尽量地观察到自由坠落的物体时，我们便知这不只是一次震动或骚动。他的目的是要决定所测量到的物体坠落的时间和所测量到的它的所经过的空间之间的关系。观察的结果证实了他过去所提出的一个假设，那就是说，所通过的空间和所经历的时间的平方是成正比例的。如果我们忘掉这个结论是在逍遥学派科学的背景上设计出来的，那么这个结论便似乎只是从数学上去决定加速度而且在我们把这个结论同关于质量的概念联系起来看时，这个结论便又似乎是对于力（force）提出了一个新颖而正确的定义。这个结果是十分重要的。但是如果我们把这个结果离开了古典的自然观来看，它就似乎是和今天物理学上之重要发现属于同一类型的。由于它是和逍遥学派科学的基本观念相反的，它产生了科学上的革命。传统思想认为一切运动中的物体由于它们内在地有一种倾向去实现一种天然的本性，自然地会静止下来的。伽利略的结论却给予这个传统思想一个致命的打击。伽利略的机敏思想利用他的这些结果指出：如果用一个在水平的平面上运动着的物体，使它不受等速度独立力量的牵制，去代替一个在倾斜平面上的物体，它一经发动之后就会继续无限止地运动着——这个见解后来是在牛顿的第一运动定律中陈述出来的。

这个革命为我们根据性质相同的空间、时间、质量和运动来描述和解释自然现象，开辟了门径。我们的讨论不在于论述历史的发展，所以对于一些细节便省略了。但是对于从而所产生的一些带一般性的后果却必须有一个概略的陈述。伽利略的结论首先并没有影响传统认为静者恒静的这个见解。但是他的逻辑和进一步运用他的方法的结果表明：当一个笨重的物体静止下来时，其运动便转移到它本身的微粒以及转移到阻止该物体运动的另一物体的微粒上去了。因此，我们便可以把热进行机械的处理了；结果机械运动、热、光和电便可以互相转换而能量并不消失。于是牛顿追随于哥白尼和惠更斯（Huygens）之后表明：天体的运动跟地面的物体一样也同样遵循力学上质量与加速度的定律。地面现象上所发现的法则也适用于天体和运动。认为在不同空间部分的现象之间有种类上的差别的这种见解已经被废弃了。一切所谓科学的东西都变成了用数学名词所陈述的机械特性：数理陈述的重要意义在于它使得我们有可能把各种不同的现象在互相转换之中完全等同起来或成为性质相同的东西。

如果我们主张认知的目的在于把握实在而认识对象与实在对象乃是同义语的两个名词，那么我们就只可能有一个结论。用晚近一位作家的话来说，即"牛顿的天文学所揭示的整个天空领域乃是一片漆黑无限的虚空，其中死静的物质在许多无知无觉的力量的冲动之下运动着，终而至于毁灭了千百年来的诗梦。"①

① 巴里（Barry）：《心灵之科学习惯》（*The Scientific Habit of Mind*），1927年纽约版，第249页。我从这本书里所获得的教益不止在于这一特殊的引语。

不过这个结论只有在符合于原有前提的条件之下才是有效的。而且只要我们把这个定性的世界当作是知识的对象而不是认知以外的某种其他方式的经验的对象，而且只要我们把认知当作是经验的标准或经验唯一有效的方式，那么用牛顿科学代替希腊科学（这种希腊科学只是在理性上对这个为我们从性质上去享受的直接经验世界所作的一种安排），就意味着我们完全废弃掉了那些使得这个世界成为受人喜乐的、钦佩和尊重的世界的特性。然而我们还可能有另一种解释。有一种哲学主张，我们是按照离开认知活动的真实事物去经验事物的，而认识乃是一种经验事物的方式，用以辅助非认知性的经验去控制对象。这样一种哲学便将会达到另外的一种结论。

不过在这一点上深入讨论这个问题将会预先使我们涉及我们以后所要讨论的内容。因此，我们在这里只限于评述一个问题：新的实验方法对于这种通常经验的定性对象确切地产生了什么影响？请忘掉希腊哲学的结论，忘掉一切关于认识和关于实在的理论。请留意这个简单而直接的事实：在这里，自然界有一些有声有色、芬芳扑鼻、美丽可爱、引人注意的事物，我们欣赏它们；也有些丑陋不堪、令人作呕的事物，我们由于它们而感到痛苦。确切地说，物理科学对于它们到底发生了什么影响？

如果我们同意暂时放弃哲学上和形而上学上的成见思想，而尽量以一种最简单朴素的方式来对待这个问题，我想我们的答案，用专门名词来说，便是以素材（data）去代替对象（object）。（这并不是说这个结果完全是实验方法的结果；我们自始即知，这个结果是十分复杂的；我的意思只是说，只要我们剥去了事物的性质，其第一个结果便是属于这一类性质的。）希腊科学所研究的是对象，意即通常经验中的星辰、岩石、树木、雨水、冷热天气等等。这是十分明显的。如果我们说实验的第一个结果是把这些事物从对象的地位归结到素材的地位，这句话的意思也许就不这样明白了。[1]素材是指还需要进一步解释的题材；是一些还需要加以思考的东西。对象是最后的东西；它们是完备的、已

---

① 关于这个从对象到素材的转变，请看《创造的智慧》（*Creative Intelligence*）一书中米德（G. H. Mead）的论文，1917年纽约版。

完成的；思考它们只是对它们加以界说、分类、进行逻辑上的安排，进行三段论式的推论等等。但是素材是指"运用的材料"；它们是征兆、证据、标志、某些尚未达到的事物的线索；它们是中间的而不是最后的；是手段而不是终极的事物。

如果运用比较不专门的方式，我们可以把这件事情陈述如下：过去人们曾经把题材当作是满足知识需要的东西，当作是构成结果的材料，而现在却把它变成了产生问题的东西。热和冷、湿和干、轻和重，已不是用来解释现象的自明之事，而成为需要加以探讨的东西了；它们成了"效果"而不是原因原理；它们提出了问题而不是提供了答案。地球、星体以及天空以太之间的差别已不再是最后的原则，用来解释和划分事物，而成为需要解释和需要原理去加以概括了。希腊和中世纪的科学形成了一种按照人们所欣赏和所感受的那样去接受事物的艺术。近代实验科学则是一种控制事物的艺术。

一种态度是接受日常所知觉、所利用和所欣赏的对象，把它们当作是终极的，当作是自然过程的顶点，而另一种态度是把它们当作是思考探索的起点。这两种态度之间显著的差别是一种远超过了科学技术性以外的差别。它标志着一种在整个生活精神方面的革命；一种在我们对于存在中所发现的一切事物的整个态度方面的革命。如果我们把我们四周存在的事物，我们所触到、看到、听到和尝到的事物都当作是一些疑问，必须对它们求得答案（询求答案的方法是有意地引进变化，一直把它们重新形成另一种完全不同的东西），那么存在着的自然就不再是为我们所如是地去接受、服从、忍受或欣赏的东西了。它现在已经成为需要我们去加以改革，需要我们把它置于我们有意的控制之下的了。它现在已经成为一种材料，对于这种材料我们要采取行动，把它转变成为一些新的对象，更好地满足我们的需要。任何特殊时候所存在的自然界都是对人类的一个挑战而不是一个完满的东西；它为我们提供了可能的起点和机会，而不是终极的结束。

简单说来，这个变化是从把认知当作是对于作为神圣艺术作品的自然的特性所进行的一种美感上的享受转变成为把认知当作是一种世俗的控制手段——

当作是一种方法，有意地引进变化，以改变事情进程的方向。在一定时间上存在的自然并不是一件已经完成的艺术作品而是一种需要艺术去进行加工的材料。因此，上面所论及的那种对于变化所已经改变了的态度较之作为一种专门学问的新科学具有更为广泛的意义。当我们把变化间的相互关系当作是知识的目标时，发现这种相互关系，因而实现我们的目的，就等于我们掌握了一种控制工具。当我们遇到一种变化并当我们以测量上的精密性知道了这种变化和另一变化的联系时，我们便具有了一种有力的手段，可以产生或避免那另一变化。美感的态度必然倾向于已有的东西；倾向于已经完成的、完备的东西。控制的态度便注意未来，注意生产。

还有一种说法表达同一个论点。这种说法认为：当我们把一定的对象归结成为我们尚需加以认知或研究的素材时，我们便使得人类从屈服于过去的这种景况之下解放出来了。科学的态度是一种对于变化发生兴趣而不是对于隔绝的和完备的固定物发生兴趣的态度；这种态度必然对于问题是十分敏感的；每一个新的问题就是进一步引起实验探究的一个机会，就是产生有指导的变化的一个机会。一个科学家最感觉到遗憾的就是他达到了一个不能再产生问题的情景。这种状态会是科学的灭亡而不是科学生命的完善。为了懂得已经产生的这种差别，我们只要把这种态度和流行于道德和政治中的那种态度作一对比就够了，而且我们可以体会到后者的发展仍然是多么有限。因为在较高级的实践事务方面，我们仍然生活在变化和疑难的恐惧之中。就像过去的人们（对待自然现象那样），我们宁愿接受和忍受或欣赏现前所发生的事物以及我们在这个领域内所占有的东西，至少从概念上把它们加以整理，因而使它具有理性的形式。

在实验的方法兴起以前，变化简直就是一种不可避免的祸患；这个现象存在的世界，即这个变化的世界，虽然和不变化的东西比较起来是一个低下的领域，但总是存在在那儿；人们在实际上势必要按照它发生的那个样子来接受它。聪敏的人若能得天独厚，就会尽可能地不和这些变化的事物发生关系，离开它们，转向理性的领域。受自然支配的定性形式和完备目的是不受人类所控制的。当人们在欣赏它们的时候它们就是可喜的；但是从人类的目的看来，自然就是命运而命运是与艺术相反的。偶然发生的善，是受人欢迎的。然而只有当人类认知变化过程之间的关系，从而管理着这些变化过程时，他才能够使得善安全存在。很多的人都哀叹这种废弃明确目的的固定趋向的情况，似乎是破坏了自然的灵性，但是事实上，这是引申出新的目的并使得这些目的有通过有意的活动而得到实现之可能的先决条件。如果对象不是自然的固定目标，并没有内在既定的形式，那么这些对象就会获得新的性质；成为为新的目的服务的手段。从前有人认为，自然运行的本身具有一种内在的倾向，去达到某些固定的目的。在人们认为自然对象并不具有这种固定目的以前，自然就不可能变成为了满足人类的欲望和目的而可以塑造的材料。

以上这些方面的思想都是包含在上述运用实验分析把对象归结为素材的那种已经改变了的态度之中的：科学的目的不在于界说常住不变的对象，而在于发现变化之间的恒常关系。它所注意的是事情变化过程的结构而不是最后的目的因。知识所涉及的既是当前的事变而不是最后的事因，所以知识是要探索我们的生活世界，我们所经验的世界，而不是企图通过理智逃避到一个高级的境界之中去。实验知识是一种行动的方式，而且像一切行动一样，是发生在一定的时间、一定的空间和在一定的条件之下，与一定的问题联系着的。

有人认为科学的发现乃是揭露最后实有、一般存在所固有的特性。这种见解是旧形而上学的一种残余。有人认为科学的结论是要把性质和价值在自然中排除出去，这是在科学结论的解释中强行注入了一种不相干的哲学。这样便产生了近代哲学的一个主要问题：科学对于我们所珍视、爱好而在指导我们的行为时具有权威的东西有什么关系。有人认为数理机械的科学乃是为自然实在的固有特性进行界说的科学而且在处理这种科学的结果时人们也同样强行注入了这种不相干的哲学，因而有人对自然主义发生了反感并把哲学的任务看成是证明一个超自然的境界，说它不服从于一切自然对象所具有的条件。放弃知识之所以为知识是因为它揭露了和界说了固定先在实有的特性的这种见解；用科学探究的实际程序中所实际发生的事情去解释认知的目标和验证，那么上述假设中的需要和问题便消失无遗了。

因为科学探究总是从我们日常生活中所经验的环境中的事物出发的；总是从我们所看见、所玩弄、所享受和所忍受的事物出发的。这是一个通常定性的世界。但是实验探究并不认为这个世界的性质和价值（目的和形式）为知识提供了对象，使它们从属于一定的逻辑安排，反之，它认为它们为我们的思考提出了挑战。它们是问题的材料，而不是答案的材料。它是要被认知的东西，而不是知识的对象。认知活动的第一步就是确定所需要解决的问题。进行这一步时就要把一些现有的和明显的性质加以改变。这些性质是效果；它们是要被理解的东西，而且它们是从它们的产生过程中被理解的。于是科学的目的在于寻求"动力因"（"efficient cause"）而不是寻求"目的因"（"final cause"）；在于寻求事物的外在关系而不是寻求固有的形式。但是这种寻求并不意味着去寻求一个与所经验的非实在的现象相对立的实有。它意味着去寻求实有的性质与价值所赖以发生以及我们所借以调节其发生的那些关系。把我们直接地和从性质上所经验到的存在物称为现象，这不是说，这些现象具有一种形而上学的地位。它只是要指明这些存在物产生了一个问题，即如何去确定这些存在物所赖以发生的相互作用的关系。

知识没有必要去关心我们从它的具体性质上所直接经验到的存在。直接经验活动本身会留心这件事情。科学所关心的是这些所经验到事物的发生情况。所以依照科学的目的看来，这些所经验到的事物就是一些发生的事情。科学的目的在于发现它们发生的条件和后果。而且只有当我们改变这些现有的性质，把关系显露出来时，我们才能发现事情发生的条件和后果。我们以后就会知道，这些关系便构成了科学本身所特有的对象。在这里我们只想强调指出：排除经验存在的性质只是发现关系的一个必要的中间步骤，而且指出：当我们做到这一点时，科学的对象便成为我们控制经验事物的手段，而这些经验事物具有更丰富和更稳定的价值和性质。

只有当我们仍然保留着旧的认识论和形而上学时，我们才认为科学只是告诉我们：在真实状态下的自然只是在运动中的许多质量互相作用的一种情况，其中没有声音、颜色或任何享受和利用的性质。实际上科学要告诉我们：我们可以利用我们所喜爱的任何自然对象所赖以发生的关系来对付这些对象，或者说，我们可以把这些自然对象当作一件发生发展的事情；科学还要告诉我们：由于我们这样对待自然对象，我们就可以跑到直接经验对象所呈现给我们的直接性质的背后去，以控制这些性质的发生，而不再等待着我们所不能控制的条件的发生。我们把所经验的对象归结为关系形式而这些关系形式在性质特征上是中立的；这是我们可以控制变化进程，以产生具有我们所想望的性质的对象的先决条件。

例如，当我们把水当作只是我们所直接经验到的东西看待时，我们只能把它作很少的直接用处，如饮用和洗涤之用等。除了烧开它以外，我们就很少再有办法有意地改变它的特性。然而如果我们不把水当作是闪耀发光和潺潺有声的对象，带着各种各样取悦于耳目、适合于嗜好的性质，而把它当作是某种用氢二氧一（H_2O）符号化了的东西，这里面完全没有上述的那些性质，那么我们就能够把它置于各种其他方式的控制之下，使之适合于各种其他的用处。同样，如果我们不再从我们在直接经验中所经验到的汽和冰的各种性质上的差别中去看待汽和冰，而把它们看作是许多性质相同的分子，以所测量到的一定速度，通过特定的距离运动着，那么在过去被看成终极物而成为有效控制之障碍物的各种性质便不再存在了。这里指出了一种对待它们时不管它们性质上的差别，所采取的单一行动的方式。这种行动的方式可以推广到其他的物体上，在原则上可以推广到一切物体上，而不管它们在固体、液体和气体上有任何性质上的差别，只要它们是用一种相同的数学公式陈述出来的。因而便有可能产生了膨胀与收缩、冷藏与蒸发以及爆炸力的生产与管制等等方式。从实践的角度来看，物体变成了一种可以在各种方式之下加以利用的能量的集合体，而这些方式包括有一切种类的取代、变压、化合和析出。但是直接可感知的经验对象仍然是一个具有同样性质的对象，可以为我们所享受，可以为我们所利用，它总是跟它的过去一样。作为科学对象的水，作为氢二氧一（H_2O）的水，以及一切其他有关的科学命题并不在与我们实际所看见和所利用的实有的水争夺地盘。它只是由于实验上的操作而具有了一种附加的工具性，这种工具性增加了我们对于日常经验的实有事物的控制和利用。

我知道，我用这种方法来处理近代哲学的重大问题，许多人会认为这是一种对待重大问题的傲慢性情的表现；如果这里有什么解决办法的话（而许多思想家也许会感觉到任何一种解决的办法实际上就等于取消了这个问题），这种解决的办法也太简单、太容易了，不能令人满意。但是如果这番论述能使大家对于阻碍他们接受所建设的这种解答的传统信仰，重新加以考虑，我也就满足了。这些传统的成见认为，知识作为一种接近实在的方式，比起其他经验方式来，有着比较独特的特殊地位，而且这种传统的成见也认为知识因此便优越于实践活动。这两种看法是同一时期形成的，在这个时期内人们认为人们只有完全借助于心灵的理性力量才能影响认知。完全依赖实验方法的科学探究的发展已经证明了这种立场是一种严重的错误。既然现在已经证明了这些哲学见解所根据的信仰是错误的，那么现在不是修正这些哲学见解的时候了吗？当前我们辩论的实质可以概述如下：如果我们按照实验的模型来构成我们的认识论，我们就会发现认识是一种操作日常经验事物的方式，因而我们便能够用这些日常经验事物之间彼此的交互作用，而不用这些事物直接呈现的性质来构成我们对于这些事物的观念，而且我们也会发现，因而我们对于这些事物的控制，我们按照我们的意愿来改变它们和指导其变化的能力，便无限地扩大了。认知本身是实践动作的一种方式而且是使得其他自然间的交互作用从属于我们指导之下的唯一交互作用的方式。以我们目前对于实验方法所已经探索到的发展进程而论，这就是实验方法的重要意义。

在这一部分讨论开始时我就曾说明，我们研究科学的认知活动并不是为研究而研究，而是为提出一个不过于专门而又能更加广泛自由应用的假设提供材料。最后的结果是实际经验在其具体的内容和运动中为我们提供理想、意义和价值创造了可能性，过去大多数的人们由于在他们实际生活的经验中缺乏这种理想、意义和价值并对它们缺乏确定感，便诉之于某些超经验的实在来作为他们工作的动力；人们因为缺乏这种理想、意义和价值以及对它们有一种不确定感，所以还继续保持着那种已经与近代生活基调不合调的传统的哲学宗教见解。科学的认知活动所提供的模式表示至少在这个领域内，如果经验已经变成真正实验性质的了，它就可能产生各种调节它自己的观念和标准。不仅如此，而且关于自然的知识只有靠这种转变才可能有可靠和稳步的进展。这个结论还可以使我们预卜在比较广泛的、比较人本的和自由的领域内也有达到类似的这种转变的可能，使得关于经验的哲学成为经验主义的哲学，既不谬悖于现实经验，又不被迫放弃人心最珍视的价值。

观念在工作中

在一切哲学问题中，关于观念（ideas）的性质与价值问题恐怕是最能吸引那些有学识修养的人的了。人们认为"唯心主义"一词具有着赞扬的意味，这便是人们尊重思想及其权力的一种赞辞。人们认为唯物主义具有一种讨厌的性质，这便是由于唯物主义压低了思想的价值，把思想当作是一种幻想，或者最多是一个偶然的副产品；唯物主义不容许观念具有创造性或调节性的效果。从某种意义讲来，人类本身之所以显然高贵，就是因为有观念、有思想。严肃的人们总是想望有一个使得经验可以产生观念、产生意义而这些观念又可以转过来支配行为的世界。撇开观念以及观念的效果，人便无以异于野兽了。

不过，在观念的性质及其权力的问题上，哲学家们曾经分成一些互相对立的派别，这已经是一个旧故事了。极右派的哲学家们在唯心主义的旗帜之下断言思想是宇宙的创造者而理性观念构成宇宙的结构。不过这种组织工作是思想在一种超验的本源工作中一劳永逸地完成的。我们逐日生活于其中的经验世界是粗鲁冷酷的，是思想所创造的实在世界的假象，因而完全是非理想的。因此这种在哲学上尊重观念的方式是带有补偿性的而不是必不可少的。这种方式并不关心于使我们所经验到的这个自然环境和社会环境变成一个更加理想的境地，一个具有为思想所产生的意义的特征的境地。于是有些哲学家们想把一劳永逸地构成实在的这种思想，改换为继续运用特殊动作使得我们此时此地所经验到的这个经验世界能够更加具有融贯而光明意义的思维。

在另一个极端的学派便是感觉经验主义者，他们主张那种认为在任何活动方式中的思想是一切事物之根源的说法是虚妄的。它宣称我们必须直接接触事物，才能产生知识。观念是有血有肉的印象的惨白精灵；观念是我们与实在直接交往所得的东西的影像、微弱的反映、即将逝去的回响，这种直接交往是只有在感觉中发生的。

这两个学派不管怎样极端相反，它们却有一个共同依据的前提。按照这两个哲学体系看来，反省思想，即包含有推论与判断的思维，并不是创造一切事物的根源。反省须有先在的实在为之验证，而这种先在的实在是在某种非反省的直接经验中被揭示出来的。这种反省的思想是否有效，这要看我们是否可能把它和这种先在的直接知识内容等同起来，从而核查了它的结论。这两个学派的争论只在于它们对于这种事先直接知识的性质和器官的意见不同。这两个学派都认为反省，即包含有推论的思想，是有再生性的（re-productive）；它的结果只有当它们和不经过任何推理即能认知的东西加以比较时才能得到"证明"。依照传统的经验主义看来，这个验证只有见诸感觉印象。依照客观的唯心主义看来，只有当反省的探究把过去被结构性的思想所构成的产物加以重新产生时，这种反省的探究才是有效的。人类思维的目标在于去接近绝对理性早经设定的实在。实在论者也同样坚持这个基本前提。实在论立论的本质是认为当反省探究终于领悟到既存的事物时，这种反省探究便是有效的。当思维改变了先在的实在时，它便陷于错误；事实上，其错误即在于心灵是创造事物的根源。

这个问题与前一章所作的对于实验认知的分析有关。这些学派虽然在许多方面是互相反对的，但是这些哲学派别的共同前提都是回过头来采用了为希腊思想所创导，深刻感染了整个西方传统的那种把知识和独立实在关联起来的看法。当我们概述实验思维的特征时，我们曾经说过实验思维的第二个特点就是利用观念去指导实验，就是说，实验不是杂乱无章、没有目的的动作，而总是既包括有暗中摸索和相对盲目的行动，又包括有一种有意的预见和意向的因素，以决定尝试某一操作而不尝试另一操作。因此，在本章内我们将说明这种实验方法对于有关观念的理论的涵义。我们不妨暂时假定我们对于观念所知道的一切都是来自这些观念在科学的反省探究中所表现的方式。那么我们对于观念的性质和功能将形成怎样的一种见解呢？

也许突然一点，我们在开始时即将根据物理科学晚近的结论来陈述一下关于概念的性质。然后，我们将把这种关于观念的见解和体现在牛顿的自然哲学与科学中的见解作一比较，并说明我们之所以被迫放弃牛顿哲学的理由。最后我们把所得到的结果和体现在传统哲学中的那种主张（即在现在久已无人相信的牛顿的自然哲学中所发现的相同的那种主张）再来作一比较。

现在科学对于这个问题的立场可以陈述如下："要发现一个对象的长度，我们就必须进行一定的物理操作。当测量长度的操作手续已经确定了的时候，长度的概念便也被确定了；这就是说，长度的概念只包括这一套决定长度的操作手续。总之，所谓概念我们是指一套操作手续而言；概念和相应的一套操作手续是具有同一意义的。"[①]艾丁顿（Eddington）在他的基福德讲演（Gifford Lectures）中也曾重复过同一种见解。他的陈述如下："物理学家的词汇中包括有许多的字眼，如长度、角度、速度、力、位能、电流等，我们总称之为'物理量'。现在我们认识到：我们应该按照我们实际遇见它们时认识它们的方式来界说这些名词，而不应该按照我们为它们所预定的形而上学上的含意去界说它们。在旧的教科书里面，'质量'被界说为'物质的量'；但是当我们实际决定质量时，我们所运用的实验方法是和这个界说毫不相干的。"[②]由于我们对于思维的意义与内容以及我们对于我们所赖以了解自然事情的观念的有效性和正

---

① 布立吉曼（Bridgman）：《近代物理之逻辑》（*The Logic of ModernPhysics*），1927年纽约版，第5页。重点是原书上有的。

②《物理世界的性质》（*The Nature of Physical World*）1928年伦敦和纽约版，第255页。这段引语意味着说，我们是借助于决定概念的实验操作手续去认识概念的；这就是说，这些操作手续是界说和验证我们用来陈述自然事变的意义的有效性的。当艾丁顿论及爱因斯坦时他说他的理论坚持每一个物理数量都应该用进行测量和运算的手续的结果来加以界说。当艾丁顿这样说的时候他更明确地表明了这个意思。皮耳士在他的《如何弄清楚我们的观念》（*How to Make Our Ideas Clear*）一文中也预示了这一原理。该文已被收入柯亨（Cohen）所编：《机会、爱与逻辑》（*Chance，Love and Logic*）一书中，在纽约出版于1923年。皮耳士说：一个对象的观念所具有的唯一意义包括我们以一种特殊的方式作用于这个对象时所产生的后果。这个原理是詹姆士实用主义中的一个因素。这个见解也近似概念即"工具"的理论，按照这个理论来说，概念是当我们对存在采取行动时在理智上所运用的工具。把这个"外延抽象法"当作是界说事物的一种方式的原则也具有同样的重要性。实用主义的见解虽然在它的逻辑含义上是与布立吉曼的见解相同的，但是由于实用主义见解的模糊不清，我宁愿采取布立吉曼的所谓"具有操作性的思维"（"Operational Thinking"）。

确性采取了这样一种观点，那就使得在整个思想史上都未曾有过的一种真正的实验经验主义成为可能的了。"实验的经验主义"一词听起来好像有些重复。事实上就应该是重复的，因为这个形容词和这个名词具有同一含义，因而利用这两个名词便一无所得。但是从历史上看来，情况却并不如此。因为从历史上看来，经验哲学是利用感觉或感觉素材这类名词所形成的。据说，感觉或感觉素材便是构成观念的材料，而且它们与这些观念是否相符便是验证观念的标准。感觉性质是证明观念时观念所必须符合的先在模型。[①]这些主张总是引起许多批评的。但是这些批评所采用的形式总是去藐视"经验"在认识中或在道德中所具有的为根本重要观念提供根源和进行验证的能力。这些批评曾经利用感觉经验主义的弱点来加强观念是由于脱离一切经验的理性所形成的这个见解；支持在哲学体系的语汇中的所谓"先验的"（a prior）理性主义。

从我们根据观念的操作性来替观念下定义和找验证的观点看来，观念是具有经验根源和经验身份的。就"行动"一词字面上和存在上的意义而论，观念就是所实行的行动，就是去做一些事情，而不是去接受从外面强加在我们身上的感觉。感觉性质是重要的。但是只有当它们是有意地进行某种行动的后果时它们在理智上才是有意义的。例如，我们在一条特殊的光带中的一个特殊的地位上所看见的一种颜色，在化学和光学物理中具有着巨大学理上的重要性。但是作为一种为我们所看见的东西，作为一种赤裸裸的感觉性质，它在一个乡下人和一个科学家看来，完全是一样的；在这两种情况之下，它都只是直接感觉刺激的结果；它只是眼睛偶然所看到的另一种颜色。如果有人认为把这种颜色和其他性质相同的感觉性质联系在一起，就能够弥补或补充这种颜色在认识上的价值，那么这就不啻认为放进一堆的沙子到眼睛里去就能够免除一粒沙子在眼中所引起的刺痛。如果有人认为为了使这种性质具有认识上的意义，我们必须诉之于一种独立的思想所具有的一种综合性的活动，那么这就不啻认为我们能够在我们头脑里通过思维把一堆砖瓦变成一所房屋。在头脑内部所进行的思

---

① 整个穆勒的经验逻辑，公开地和一贯地都是致力于指明：我们必须把一切命题归结为只包括直接感觉所与的材料的那种命题，从而去证明一切包括反省和观念的命题都是真的。

维能够预先构成一所建筑的设计。设计是思想的结果。但是如果我们要把一些零散的砖土建筑成为一所房屋，或者要把一种孤立的感觉性质转变成为认识自然的有意义的线索，尚有待于我们以这种设计为工具，在它的指导之下采取实际的操作行动。

我们通过视觉所经验到的感觉性质之所以在认识方面有其地位和功能，并不（如感觉经验主义所主张的）由于这些感觉性质是孤立自存和自有的，或由于它们是强迫引起我们注意的，而是因为它们是我们有意地从事于一定明确的操作的后果。这些感觉性质只有当它们和这些操作的意向或观念联系在一起时才能揭露事实或验证理论。理性主义学派坚持感觉性质只有当它们被观念所联系起来的时候才能对知识有意义；从这一点上看来，理性主义学派是正确的。但是他们认为这些有联系作用的观念是脱离经验，深居于理智之中的；在这一点上，他们是错误的。联系是通过操作进行的，而操作是界说观念的。操作和感觉性质一样都是属于经验范围以内的事情。

所以当我们说我们已经第一次有可能来建立一个关于观念的经验主义，而这个经验主义既免除了感觉主义又免除了先验的理性主义所强加在它身上的负担时，这不能算是夸大其词。我敢大胆地说，这种成就是思想史上三四个突出的功绩之一。因为它使我们得到解放，毋庸追溯到既有的东西，追溯到为过去的所谓直接的知识所获得的东西，去验证观念的价值。用所从事的操作去界说观念的性质和用这些操作所产生的后果去检验这些观念的有效性，就是在具体的经验范围以内来建立起了联系。同时，由于我们的思维再不必仅用先在的存在去检验思维的结论，于是思维便显然有了创造的可能性。

约翰·洛克总是经验主义学派的中心人物。他非常彻底地奠定了经验逻辑的基础，通过是否有可能把信仰的内容分解成为原来由感觉所接受的简单观念来检验每一关于自然存在的信仰的有效性。如果我们想要知道"坚固性"或其他任何观念是什么，用他自己的话来说，我们就要"诉诸感觉"。但他是建筑在他同时代著名的牛顿所奠定的基础上来发展他自己的这个关于自然知识（在这里洛克是把数理观念和道德观念除外的）的来源与验证的理论的。笛卡尔有一个时期是牛顿在争夺科学世界的优越地位方面的大对手。牛顿深信笛卡尔所代表的关于科学的理性主义的哲学是不正确的。然而牛顿自己对于数理的运用以及他的关于引力的概念（和一些其他的物理概念）使他遭受到人们的责备，说他是经院学派"神秘本质"的复辟。因此，他就十分强调他的前提、方法和结论都彻底是经验性质的；因为他是诉诸感觉并以他在感觉中所发现的东西来作为他原始的关于自然的科学观念的来源和证明。我们以后将会看到，根据我们对于经验一词所具有的实验的意义来讲，牛顿的一些假定事实上远不是经验的，但是牛顿却把它引入了自然科学的哲学基础，并从而运用到整个关于自然的哲学理论中去，直到今天我们才对这些假定发生疑问。

牛顿所说的名言中最为人所共知的莫过于这句话："我并不捏造假设"。这只是用一句反面的话来断言他的假设完全是依赖于为感觉所保证的题材的——如我们适才所说过的，这又回过来意味着说，科学的观念无论在它们的来源上和在它们的证明上都是要追溯到过去所已有的感知。我们将首先考察一下牛顿的程序对于所谓自然科学之基础的影响，然后研究在我们一经承认了对科学概念以从操作方面——从关系方面——所下的定义代替抽象的和感觉的定义以后，这便如何破坏了这些基础。

虽然牛顿是和笛卡尔一样自由地运用数理，而且在启发力量方面更甚于笛卡尔，但是他自己的方法却自有其特点，而不同于笛卡尔的方法，因为牛顿坚持他的数学运算所适应的对象不是思想的产物，就其在科学中所表示的特性而言，是在感觉中所给予的。这就是说，他并没有宣称他能够从感觉上观察到作为他的体系基础的最后粒子或原子，但是他却宣称他假定它们的存在是具有感觉上的基础的，尤其是他坚持说，他的科学理论所赋予这些粒子的这一切特性都是从直接的感知中派生出来的而且也是可以在直接的感知中证明的。用他自己的话来说，"凡不是从现象中所派生出来的一切东西都要被称为假设，而假设……在实验哲学中是没有地位的。"与这个反面的陈述相适应的正面的一句话是说："物体的性质，如果是在程度上既不容许加强又不容许减弱，而且发现又是实验范围内的一切物体都具有的性质，便可假定是一切物体所具有的普遍性质。"

牛顿认为他只是把直接知觉中所揭露出来的那些经验对象的性质推广到物理科学最后固有的对象上去。这种看法在如下的这几段话中便更加明确了："我们全靠我们的感觉来认知物体的广袤，除此以外，别无他法，而我们的感觉也并不是达到一切物体的广袤的。但是因为我们在一切可感知的物体中都知觉到有广袤，所以我们就把它当作也是普遍存在于一切其他物体中的。我们从经验中得知许多的物体是坚硬的；而且因为整体的坚硬性来自部分的坚硬性，所以我们可以公正地推论说，这些未经分裂的粒子的坚硬性不仅是我们所感觉到的物体所具有的，而且是一切其他的物体所具有的。一切物体都是不可入的，这一点我们不是从理性中得来而是从感觉中得来的……一切物体都可以移动，都有持续其动静的能力（我们称为惯性力量），这一点也只是从我们所见到的物体中观察得来的类似特性推论而知的。"或者如牛顿申述他的"原理"一样，概括一句话说："我认为它们不是神秘的性质，而是自然的一般法则……它们的真理通过现象呈现在我们面前。"这些有关的原理就是质量、重力、坚硬性、不可入性、广袤、运动、惯性等等。

他的论证的要点就是说，非感知的物体，即数学推理所适应的最后粒子只具有那些为我们的经验所发现，属于一切可感知的经验的物体所具有的特性，除此以外，没有其他特性。最后物理实在的静止性质（空间的广袤、容量）和动力特性（抵抗力、运动持续力）和所感知的事物的共同性质是性质相同的。颜色、声音、热、香等等都被排除了，因为它们忽隐忽现，可增可减——都不是普遍呈现的。容量、质量、惯性、运动和可移动性都是一些普遍的性质。如果有人反对说，既然最后粒子不是我们所观察到的东西，它的存在就是带有假设性的，我们将怎样答复呢？纵使所有赋予粒子的特性都是在感觉上已经证实的，可是具有这种特性的粒子却是观察不到的，那么他的经验主义又会变成一个什么样子呢？很难说，牛顿曾经显明地讨论过这个问题。既然可感觉到的物体可以加以分裂而仍不失其为构成其"原理"的那些特性，我们就有权假定还有一些不能再分而类同的最后粒子，是存在的。这在他看来似乎实际上是不言而喻的。虽然依照逻辑的一贯性他不能承认这个论证，但是由于事实上他发现他能根据这个假设来"解释"实际所发生的各种事情，这就足以使他证实这些粒子的存在了。也许在下一段的引文中，和他在其他地方一样，他最接近于明显地解决这个论点了。他说，如果一切的粒子，一切的物体，都是可以破坏的，那么它们就会逐渐磨灭。然后他接着说，在那种情况之下，"依赖于这些粒子的事物的性质就会发生变化"，并且又说，"所以自然是可以永久持续下去的，具体事物的变化只是这些永久的粒子各式各样的分离，重新组合和运动罢了"。"所以自然是可以永久持续下去的！"这是陈述支配牛顿学说动机最坦率的一句话了。若要自然不至于支离破碎或回复到混沌状态，就需要有一定的保证。如果在一切变化的背后没有一种永恒不变的东西，我们又怎样获得事物的统一呢？没有这种固定而不可分解的统一体，就不可能有最后的确定性。一切事物都处于被分解的危险之中。决定牛顿关于原子的这个根本假定的性质的不是什么实验上的证据而正是这些形而上学上的恐惧心理。这种恐惧心理所提供的前提便被牛顿认为是科学的并且是可能产生科学的基础。"一切变化都不过是永久粒子的各种各样的分离和重新组合。"这一句话是以一种公开科学的方式来重述人类希望有某种固定的东西来作为绝对确定性的保证和对象的那种陈旧的愿望。没有这种固定性，就不可能有知识。如果我们要去认知各种的变化，我们就要把它们当作是永恒同一的事物之间在空间上所发生的中立性的接近和分离。因此，为了要建立存在上与知识上的确定性，"上帝在创世之初就用固体的、质量的、坚硬的，不可入的粒子构成了物质"。

当科学在实验的道路上前进的时候，不免迟早会分辨明白，一切概念，一切学理上的描述都必须用实际的或想象的操作来加以陈述，这在逻辑上是不可避免的。我们不可能理解怎样能够通过实验的操作达到一种最后不可变化的实体；这些实体交互作用而又不在它们本身发生变化。所以这些实体是没有经验的根据的；没有实验的根据的；它们纯粹是论辩上的发明。它们甚至在运用牛顿的数学方法时也不是必要的。如果废弃他的物理粒子，而代以几何学上的点，在他的《原理》一书中他大部分的分析工作都会继续保持不变。牛顿认为自然的永久性是由于假定有许多孤立不变的实体的缘故；既然这个见解显然是

傅统先全集

402

辩证性质的，那么牛顿之捐弃实验方法而采纳一种显然辩证性质的见解以代替之，这又能有什么理由呢？无疑这个理由的一部分就是说他的这个体系行得通或者说似乎还行得通。不用发挥或承认这种证明的方式，我们总是可以用物理研究中的许多惊人的结果来对付那种以理论为根据的反对意见的。

但是还有一个更加根本的理由，就是人们（包括物理研究者们）的心内，仍然保持着旧有的见解，认为实在为了要成为固体和坚实的东西就必须包含有哲学中所谓实体这种固定不变的事物。只有当我们能够把变化归结为某些原来不变的事物的重新组合时我们才能认知变化。因为只有原来不变的事物才能是确定性的对象（因为变化的本身就是不确定的）而且只有确定而正确的东西才是知识。因此，这种通俗的形而上学，先由希腊人予以理性上的陈述，传入西方世界的学术传统，开始支配着人们对于实验认知的程序与结论的解释。

在牛顿哲学中关于非实验性因素的起源的假设由于他自己利用了关于实体和本质特性等观念的形而上学而得到了确证。牛顿采用了德谟克利特学派关于实体的见解而没有采用亚里士多德学派关于实体的见解。这件事实从科学上来讲当然是十分重要的。但是从哲学上讲来，这却并不重要，而比较重要的是他不听从经验题材的引导，反而遵循所谓辩证推理的必然性，无疑问地认为在一切存在的基础上必须有一种内在不变的确定事物，而且认为这种不变的实体由于它们证明了具有固定的确定性，所以是一切真正知识的对象。

由于他接受了关于实体的这种旧的主张，他也接受了关于本质的主张。如果固定不变的事物是存在的，那么它们就必然具有一定固有不变的特性。变化是偶然的和外在的；变化发生于实体之间，因而对于它们的内在性质是没有影响的。如果变化影响了实体的性质，那么实体就不是什么实体了；它们就会发生变化而烂掉。所以不管牛顿的科学原来是怎样沿着实验和数理的道路出发的，它仍然保留有这样一种见解，认为原子的特点是它具有永久的特性或性质，即具有本质。实体就是"固体的、坚硬的、有质量的、不可入的、可以移动的粒子。"它们的本质就是这些固定不变的固体性、坚硬性、质量、运动和惯性。

因此，不管希腊科学的对象和数理与实验是怎样不相干的，牛顿仍然似乎保留了这些对象所具有的一部分的性质。如果我们研究一下哲学的注解和讨论（主要地以洛克对牛顿的结果的解释为根据），我们就会发现在许多讨论中把所谓"第二性质"，如颜色、声音、香味、滋味等从"实在"中排除掉了。但是据我所能发现的，对于在"第一性质"名义下的其他可感觉的性质被保留下来，用以界说科学的对象这一事实则只字未提。但是这种保留却是祸害的根源。事实上，科学凭借它的操作论的概念把在量向上不同于对象的任何直接性质的事物当作是它的思想对象。这并不是抛弃某些直接的感觉性质的问题，而是公平对待一切性质的问题。牛顿不可能明白这个事实，因为他坚持坚实固定不变的实体的存在是科学的根据。既然有这种实体，它们就势必要具有某些固有的特性。

所以牛顿慷慨地赋予了这些实体以他坚持以为直接来自感觉经验的那些特性。不妨考察一下这对于以后思想的后果。我们抛弃掉某些过去被认为是自然事物本质的性质而保留另一些性质，这丝毫也没有促进实际的科学工作，但是这却不可避免地在通常知觉、利用和享受的事物和依照传统看来作为唯一最后"真实"对象的科学对象之间建立了一道不可逾越的鸿沟，把两者对立起来了。这种对立变成了近代哲学的根本问题，这一段故事已毋庸赘述。这种对立也产生了一个关于认识的主体与客体的关系的"认识论上"的问题，而这个问题却不是探究所借以获得理解的方法的逻辑问题。因为性质既已被驱逐于科学对象之外，却又"在心灵之内"找到了避难之所；这些性质成为心理和精神性质的了，于是便产生了这样一个问题：为这些因素所组成的心灵，和科学对象（按照理论上的界说它们是自然的实在事物）毫无共同之处，怎能超出它自己的范围而认知与它自己相对立的东西。在另外一个地方，这个结果还会引起一个极其重要的问题。这个问题由贝克莱发端，历经近代思想几次三番的讨论，但仍争辩不休。这个主题就是说，既然"第二性质"不可避免地是心理的；既然"第一性质"又是不能与第二性质脱离的，那么第一性质也必然是心理的。但是这些论点中的第一点，即科学对象和经验对象都要争取被承认是一种自然存在的问题早已得到处理了，而后面一个问题则又与我们并不直接相干。

我们此地所关心的是牛顿所假定的：我们必须把感知所直接经验到的某些性质引入物理对象的概念与界说中去，而这些性质呈现于感觉经验之中一事即足以保证或"证明"这些观念是有效的。但是我们对于这种最后的、质量的、坚硬的、不可入的、不可分割的，因而不可变化的粒子却并没有直接的经验——因为它们的永恒持续性除了被某一同样永恒的心灵所认知以外，显然不是任何经验所能感知得到的。所以这些性质必是被思维到的，必是被推知的。就它们本身而论，它们是独自存在着的。但从我们看来，它们仅仅作为思想的对象而存在的。所以作为一种观念，这些性质必须要有证明和理由，而直接知觉的第一性质则并不需有这种证明和理由，因为按照这一派的主张，第一性质是自证自明的。

关于理性主义与（感觉论的）经验主义相互对立的这种旧传统的结论现在仍然是根深蒂固的，因而我们还要提出这样一个问题：即关于物理科学对象的特性除了根据普遍所见一切感知对象的特性加以推论外，我们已能或还能用其他的方法来加以证实吗？除了我们准备依赖于先验的理性概念，认为这些概念就具有充足的权威外，我们还有其他的道路可走吗？

在这一点上，有些近代人承认我们所借以思维科学对象的概念既非来自感觉，也非来自先验概念。承认这一点，是具有逻辑上和哲学上的力量的。我们在前一章已经说过，感觉性质是一种要被认知的东西；它们是引起认知活动的一种刺激，因为它们引起了研究的问题。我们的科学知识是有关于这些感觉性质的东西，是解决它们所提出的问题的。探究是随着反省、思维进行的，但是这种思维决不是旧日传统所理解的那种封闭在"心"内的思维。实验探究或思维指一种指导下的活动而言，从事一些活动以改变我们观察对象和直接享有对象的条件，把它们重新加以安排。所感知的事物（原来只是单纯地激起或刺激）暗示着我们怎样去应付它们，怎样去处理它们。虽然只是在近几百年来我们才看见操作的抉择和真正知识中全部控制的思维及其后果的事情是紧密联系在一起的，但是在整个人类的历史上这些操作都是不断地改进着，精益求精。

因此，中心的问题是：决定我们选择操作的因素是什么？在这里只有一个答案：即这要看所处理的问题的性质——这一答案把目前所讨论的关于实验的这一方面和前一章所讨论的有关实验的这一方面联系起来了。我们已经知道，实验分析的第一个效果就是把直接所经验到的对象归结为素材。这样一种分解是必要的，因为这些对象在它们的第一种经验方式之下是困惑的、晦暗的、零散的；它们还不能以某种方式来满足一种需要。素材规定了问题的性质；如果有了一定的素材，就是引起一种如何从事操作的思想；如果按照这种思想去实行，就会产生一个新的情境，在这个情境中便解除了原来引起探究的那种困难或疑问。如果我们远溯科学历史，我们就会发现有一个时期，在这个时期内人们应付困难情境的动作是一些结构型的有机反应以及一些习得的习惯。目前的探究在实验室中所运用的最精密的技术就是这些简单的原始操作的推广和改进。这种技术的发展大部分依靠于人们利用物理的工具，而当探究发展到一定程度的时候人们就会有目的地去发明这种工具。从原则上讲来，适当的操作在科学领域内创造的历史和工业中它们的演化过程并无二致。为了完成一定的目的，就需要进行一定的工作；人们尝试过各种不同的操作设计和操作方法。成功与失败的经验逐渐改进了所使用的手段，人们发现了更加经济有效的动作方法——发现了更加容易、更加适合、更加明确地达到合意的结果的操作。每前进一步，随着就造成了更加精良的用具。一种用具的发现又时常暗示着一些在发明这些用具时所未曾想到的操作，因而又进一步改善了操作。因此，我们就可以用操作来界说观念，而决定这种操作的并不是什么先验的验证或规则。这些操作本身就是在实际探究进程中通过实验发展出来的。这些操作是从人类的自然动作中创造出来的，也是在做的进程中验证和改进的。

对于这个问题在形式上所能作的答案就是这样了。引起动作需要的条件使我们产生了问题，而我们由于成功地解决问题所获得的后果便成为我们借以把原来"自然"进行的操作转变成为科学实验艺术的操作的基础。从内容上讲来，我们还能够给予一个具体详尽得多的答案。关于这个答案，我们可以到科学史上去寻找，因为在科学史中记载着如何明确地发现了各种操作，把一些晦暗困惑的经验情境转变成为一些明晰、坚决的情境。深入到这种材料，将使我们详细阐述在精密发展了的反省或探究部门中所实际运用的各种概念的特征。

这样的一种讨论是与我们的目的无关的，但是所有这一类的科学操作都有一个共同的特征，这是我们所必须注意的。它们都是揭示关系的。有一个简单的例子，就是用一个对象齐头地比量着另一个对象，如此操作许多次数，从而界说了长度。如果把这一类的操作在其本身尚需为特定的操作所规定的条件之下重复着，它就不仅固定了两个事物彼此间的关系，称之为它们的长度，而且也界说了长度这个一般的概念。如果再把这个概念和其他的一些操作，如那些界说质量和时间的操作等，关联起来，我们就具有了用以建立物体之间的多种关系的各种工具。因此，界说空间、时间和运动的测量单位的各种概念便成为我们理智上的工具，我们可以运用这种工具把一切性质不同的事物放在同一个系统之下互相加以比较。在原来粗糙的事物经验之上又加上了另一种经验，这种经验是我们的思维艺术的产物；它的重要题材是关系而不是性质。这些关系和那些性质上不同而又不可分解的原来自然经验的对象是同样为我们所经验到的。

性质是一个什么样子，就表现什么样子，静态地互相分隔着。而且这些性质，当听任其本身而不加控制时，则很少作这样的变化，以致可以显示出它们的发生所依赖的那些交互作用或关系。从来没有人看见过具有水的特性的事物是怎样产生的，也没有人看见过电光一闪的发生状态。在感觉的知觉中性质不是过于静止就是过于突然了，因而不能显示出性质所以发生的特定关系。有意地变换条件，才使我们觉察到这些联系。由于我们思考这些联系，我们才懂得或真正认识这些事物。虽然如此，发挥科学方法的充分作用还是十分缓慢的。在长时间内人们认为应该用事先存在的特性而不应该用关系来下定义。物理学中的空间、时间和运动被当作是"实有"的内在特性而不当作是抽象的关系。事实上，探究有两个方面，是相随相应的。在探究的一个方面，我们除了定性对象的发生状态以外忽视了它们其他的一切东西，只把这些性质当作是标志着某一特殊有关的事故的记号：即把对象当作是事情（events）。在探究的另一方面，我们的目的是把这些事情相互关联起来。关于空间、时间和运动的科学概念构成了这些事情相互关系的一个概括的体系。因此，这些科学概念便双重地依赖于实验艺术的操作：一则依赖于把定性对象当作事情处理的操作；二则依赖于把这些互相制约的事情联系起来的操作。

不过，在这些陈述中我们已经预示了科学思想的实际发展。这个发展经过了很久才认识到它自己的重要性。一直到我们今天为止我们仍然是根据旧的信仰来解释科学概念，认为如果概念是有效的，它们就必须符合于在我们所研究的对象中事先固有的特性。有些特性牛顿认为是实体所固有的，是实体的本质，彼此之间并无关联；这些特性的确很快就被我们看出来乃是一些关系。这些把特性变换为关系的情况首先发生于坚硬性和不可入性，可以归结为质量。惯性力是衡量质量的尺度。在审慎的思想家们看来，"力"是衡量加速度的尺度，这也是一个关系的名称，而不是一个事物所借以强迫另一事物发生变化的一种孤立事物的固有特性。虽然如此，一直到爱因斯坦宣布其狭义相对论为止，人们仍然把质量、时间和空间当作是最后固定的和独立的实体所具有的固有特性。

关于产生这种变化的条件，我们将留待以后再讨论。我们此地只关心一件事实：即尽管这种变化颠覆了牛顿关于科学与自然的哲学的基础，这种变化从逻辑的观点看来只不过是清楚地承认科学方法全部发展中的主要原理。这样说并不是轻视质量随着速度而变异这个发现以及迈克尔逊和莫勒（Michelson-Morley）关于光速实验结果的科学重要性。为了要使人承认科学概念是具有操作的或关系的特征的，无疑地这些发现都是必要的。然而从逻辑上讲来，把空间、时间和运动以及其各种函数表现为数学方程式，转换成为相互等量的定式（这不是性质本身所能办得到的）的方法就指明了我们过去一直总是把特性当作关系处理的。但是过去人们的想象习惯于按照庞大的质量和比较缓慢的速度的格式所构成的观念。要使他们的想象从这种习得的习惯势力解放出来，就需要观察高速度的变化（例如光之经过远大的距离）和无限小距离中所发生的细微变化。质量随着速度而变异这个发现就使我们不能再假定质量是一些互相孤立的事物所具有的界说性特征——但是如果我们要把质量当作是固定的或不变的东西，那么这种孤立的情况便是唯一的条件了。

在科学理论的实际内容中所造成的差别当然是巨大的。但是这仍不如在科学知识的逻辑中或哲学中所造成的差别那样巨大。既然我们已经废弃了具有固定孤立而互不作用的特性的、不可变化的实体，我们也就势必要废弃用赋予固定对象以固定特征的办法来达到确定性的这种见解。因为我们不仅并没有发现过这类的对象是存在的，而且实验方法本身的性质（即用相互作用的操作来下定义）也意味着说这一类的事物是不可能认知的。因此，确定性的寻求就变成了控制方法的寻求了，而所谓控制的方法就是参照变化的条件所产生的后果来调节这种变化的条件。

理论上的确定性和实际上确定性合而为一了，和安全、和相信使用工具的操作的可靠性合而为一了。"实在的"事物可以按照你的高兴而瞬息即变或永远持续；它们是一些特殊的差别，好像在电光一闪和山脉亘久之间的差别一样。无论如何，从人类的认识方面看来，它们是"事情"而不是实体。认识所关心的是这些事情或变化之间的相互关系，实际上，这就是说，所谓山脉这一事情应该放在一个包含有许多事情的体系中去看待。如果我们发现了这类相互之间的关系，我们就有可能去控制事物。科学对象就是关于这类相互之间的关系的陈述；这种科学对象就是我们控制事物的工具。科学对象是我们对于实在所进行的思维的对象，而不是实在实体固有特性的揭露。这些科学对象特别是我们从某一特殊观点对于实在所进行的思想：我们是最高度概括地把自然界当作是一个相互联系的变化体系。

由此尚可得出几个重要的结论。检验观念有效性的办法起了剧烈的变化。在牛顿的思想体系中，和在古典传统中一样，这种检验是存在于一些彼此孤立、固定不变的最后实在对象所具有的特性之中。从实验探究方面看来，思想对象的有效性依赖于界说这种思想对象的操作所产生的后果。例如，颜色是用若干数字去理解的。我们愈能借助于这种数字来预测未来的事情，愈能控制有色物体间的交互作用，把它们当作是发生变化的标志，这些概念便愈有效。这些数字就标志着正在进行中的变化的强度和方向。与概念的有效性有关的问题就只是询问这些数字是不是可靠的记号。当我们说热是一种运动的形式时，这并不是说，我们从性质上所经验到的热和冷都是"不实在的"，而是说，我们能够把这种定性经验当作是一件可以用运动速度单位（包括方位单位和时间单位）来测量的事情，从而我们能够把这件事情和其他同样量定的事情或变化联系起来。当我们检验任何特殊理智上的概念、测量或计算的有效性时，这种检验都是从功能上着眼的，可以用来构成各种交互作用，从而可以使我们在控制对所观察的对象的实际经验中获得结果。

与此事实相反，在牛顿的哲学中测量之所以重要，据说是因为这种测量要揭露属于某一物体的某一种孤立的和固有的特性究竟有多少。从哲学上讲来，这种观点的结果便把对象的"实在性"归结成为只是这一类数理和机械特性了——所以便在哲学上产生了在实在的物理对象和经验对象以及其所具的性质与直接享有、利用的价值之间的关系"问题"。艾丁顿先生曾经说过："我们整个物理学的知识都是以度量为根据的"，又说："每当我们用物理数量来陈述一个物体的特性时，我们只是以各种度量衡的指针来反应它们的存在，而别无其他。"[1]我们不禁想起了他用图表说明一头象滑下山坡时那种情况的物理公式。象的质量就是天平秤上指针所指到的数字；山坡的斜度就是分度规上向分度所作的垂直线所表示的数字；象的躯体就是双脚规所顺次表示的一系列的数字；颜色是光度计所表示的数字；滑下的延续时间是时钟上所表示的一系列的数字等等。

科学对象包括着一连串对两个定性对象之间的关系的度量，而它本身却并不是定性的；我们不可能把这种科学对象误认为是一种新的"实在的"对象，和通常的对象对立起来。这似乎十分明白，毋庸赘述了。但是我们总不愿意废弃传统的见解而且也像哲学家们一样，不愿废弃那些久经注意的空洞问题，甚至像艾丁顿先生这样的人也感觉需要为这些科学上的量度重新披上为"心灵"所神秘引入的各种性质的外衣！监狱里的犯人往往有一个号数；他们是从所指定的号数而"被认知的"。至今为止尚无一人认为，这些号数就是实在的犯人；认为，有一种具有双重实在性的对象：一面是号数而另一面是血肉的人；认为，实在的这两个方面是可以调和的。不错，这些借助于测量所赋予科学思想对象的数字，并不像犯人的号码一样是任意给予的，但是从哲学原则上讲

---

①《物理世界的性质》，第152、257页。

来，这是没有差别的。

艾丁顿先生在讨论思想对象的量度特性时，曾经偶然地提到：如果人们通过运用合适的方法的测量而认识到一个具体事物的各种可能的反应，那么这种认识"就会完全决定它对它环境的关系。"事物所保持的关系决不是与事物本身相敌对的。从正面讲来，如果从科学上进行界说，物理的对象并不是一个具有双重性的实在对象，而是对于某一定性对象所保持的一套变化和其他事物的变化之间的关系所作的一种尽量用数字标明的陈述——这种关系从理想上讲来应该是和在任何情况之下都可以与之发生交互作用的一切事物之间的关系。

既然物理探究所认知的就是这些相互关系，那么我们可以公平地结论说，这些相互关系也就是物理探究所意图去认知的。这个意思可以跟法律的条文相比拟的。法律条文认为：一个明白事理的人对于他所做的事情在合理的范围内所可能产生的后果就是他所要有意去达到的事情。我们再回过头来谈谈经常一再重复的一句话：为近代哲学造成了许多麻烦的这个问题——即在科学物理对象的实在和日常经验中具有丰富性质的对象之间如何进行调和的问题——乃是人为虚构的。为了要想领会：作为主动操作之一种方式的科学知识和在存在中维护价值的行动方式在潜能上是联合在一起的，我们就需要废弃以知识为对事物内在本性的掌握和以知识为经验到事物的实有的唯一途径的这种传统的见解。

因为如果一种变化和其他一些变化是明确地互相关联的，那么我们就能运用这一种变化来表明其他变化的发生。当我们看见一件事情正在发生的时候，我们就能立即推测它所依赖的是什么和所需要加强什么或减弱什么来使这一事物更加可靠地显现出来或消逝掉。对象本身就是我们所经验到的那个样子，是坚硬的、沉重的、甜的、响亮的、可爱的或可憎的等等。但是当我们觉得它是"在那儿"的时候，这些特征就是结果而不是原因了。它们本身不能用来作为一种手段，而且当我们把它们当作目的时，我们又不知如何去获得它们。因为如果把这些特征当作单纯的性质，那么我们就不能在它们和其他事物之间确定有什么恒常明确的关系。如果我们愿意把这些特征不当作是固定的特性而当作是一些所要获得的事物，我们就一定可以把它们视为是一些有所依赖的事情。

如果我们希望能够断定这些特征是怎样可以获得的，我们就一定要把它们当作是一些变化，把它们和其他在我们邻近力量以内的变化联系起来，通过中间一系列有联系的变化，一直到后来达到我们能够用自己的行动着手进行的事情。如有一个了解整个情境的人着手要设计一些控制定性价值经验的办法，他所计划的进程和实验科学所遵循的进程就会是一样的；在这一进程中知识的结果和实际物理知识的结果一样，总是和所要进行的行动关联着的。

    控制的先决条件就是要我们能够通过各种变化间明确的或已经测量到的互相关系把这些变化互相联系起来，以其中之一作为其他变化的记号或证据。它本身并不提供直接的控制；晴雨表上指针所示的数字是有雨将临的记号；但这却不能使我们阻止下雨。但是这能使我们改变我们和下雨的关系：耕耘园地、带伞出门、指示海上的航道等等。这个示数使我们能采取一些准备行动，以减少价值的不安全性。纵然这还不能使我们管制将要发生的事情，但它总可以使我们注意到某些方面，有助于稳定我们的目的和结果。在另一些情况之下，如在艺术本身方面，我们不仅改变我们自己的态度为将要发生的事情作好准备，而且我们还能够改变所发生的事情本身。这样利用一种变化或可感知的发生事故，作为其他变化的记号和作为使我们自己作好准备的手段的情况并不是在近代科学发展以后才有的。有人类本身，就有这种情况，它是一切智慧的核心。但是这种判断的精度和广度则有赖于使用近代物理学所使用的方法，而只有这种判断具有了精度和广度时才能有力地指导事情的进程和获得可靠的价值。

    如我们刚才所提示的，控制的范围有赖于我们发现互相关联的一连串的变化的能力，因而我们可以把每一联锁着的一对变化导致另外的一对变化，一直到最后导向一对能为我们自己的行动所引起的变化。最后的这个条件特别是由科学思想的对象来实现的。物理科学不管经验对象性质杂异的情况，使这些对象都变成一个广泛的性质相同的体系中所包含的一些组成部分，因此，我们便可以把这些对象互相转换。在一个广泛的范围以内的各种事物虽然在直接经验中是互相歧义的，如声与色、热与光、摩擦与电气，但是它们作为科学的题材却是性质相同的。这种在广泛的事物范围内题材性质相同的情况便是我们在近代技术中能够广泛而自由地控制事情的根源。常识能够零零星星地把一些事物联系起来，当作是记号和孤立一对一对的事物。但是常识不可能把这些事物都联系起来，以致我们能从其中的任何一物推知其中任何其他之物。用空间、时间和运动的关系来陈述科学的对象，这种对象便具有同一性质，而这种性质相同的情况便显然是使我们可能在无限广泛和有伸缩性的范围以内进行各种转换的办法。一件事情所具有的意义可以转变成为其他事情所具有的意义。用在各种变化之间有着共同量度的互相关系来陈述对象的观念，这就使我们可以广泛地和平坦地从自然界的一部分转换到自然界的任何其他部分中去。我们至少能够在理想上从自然界的任何地方所发现的意义或关系转换为任何其他的地方所期望具有的意义。

我们只须把这种靠测量出来的交互作用来思考和判断对象的办法跟分成种属阶梯的古典体系作一比较，就知道收获很大。固定种类的本质一方面就是排斥阶梯不同的那些东西，另一方面就是包容属于一类之内的东西。各阶梯之间并无通路，只有一个标志，上写："不许通行"。实验方法开始争取解放的工作，使得对象从旧日的习俗中摆脱出来，把它们归结成为许多素材，由这些素材构成了探究的问题；由于进行操作的后果我们可以精确地用度量数字陈述各种变化之间的相互关系，从而通过这种操作来理解和界说对象。这样便更加改善了这种解放工作。

我们在科学中已经把对象和整个自然界分解成为在计算中完全用数量陈述出来的事实，例如红是这一种数量的变化而绿是另一种数量的变化。但是如果我们不领会这种分解办法的意义，我们就会觉得这样分解是使人迷惑不解的。其实，它是宣称这是思考事物的有效途径；它是构成事物的观念，陈述其意义的有效方式。这个程序在原则上并无异于陈述某一物品价值几元几角的程序。后一陈述并不是说，这个物品在字义上讲来或在"实质"上讲来，就是几元几角；它只是说，为了交换的目的，这就是思考这个物品，判断这个物品的一种方法。它还有许多其他的意义而这许多其他的意义通常具有更大的内在的重要性。但是就买卖而言，一件物品就是它的价值所在，就是看它能卖多少钱，而规定它的价钱就是表示它与其他所交换的事物的关系。用金钱这种抽象的交换度量的东西来表达物品的价值，而不用谷、薯或其他特别的交换物品来表达物品的价值，其方便之处在于后一种方法有局限性而前一种方法比较广泛一些。随着人们发现了可能从概念到概念最大限量的自由运转的方法，用以测量可感觉的对象（或形成这些对象的观念）的单位系统便愈加发展了。

　　用测定的数量来陈述像由一种有意为之的艺术或技术所建立起来的那种经验对象的观念，这并不是说，我们必须这样去思考它们，或这就是思考它们唯一有效的方法。它是说，为了概括地、无限广泛地达到使观念之间能够互相转换的这个目的，这是思考它们的一种方法。这一陈述和其他任何关于工具的陈述是一样的，例如说，如此这般是同时送出几个电报最好的方法。只要它实际上具有最好的这种工具作用，这句话就是正确的。我们一定要证明它比任何其他办法的效用更好一些；它是在一个不断修正和不断改进的过程之中的。因为除了能够达到普遍地和广泛地使概念与概念之间互相转换这个目的以外，这不是说，这个"科学的"方法是思考一件事情的最好方法。我们愈从事于一种动作，最后达到一个个体化了的、独特的经验对象，我们就愈少用这种完全数量的名词去思考有关的这些事物。医生在实践中就不会像生理学家在实验室里那样用一般的和抽象的名词来思考事物；工程师在制造场里也不像物理学家在实验室里那样不讲求特殊的运用。有许多的方法从事物彼此的关系中去思考事物；这些方法，和概念一样，都是工具。一种工具的价值，当视其用来做什么工作而定。一个刻度细密的测微计对于成功地从事于某一操作是必不可少的，但在另一需要的动作中却会成为一个障碍；而一只表的弹簧对于促进一个椅垫的弹力是没有用处的。

　　然而人们却曾作茧自缚，认为科学思考对象的方法揭露了事物内在的实在性而一切其他的思想事物的方法，感知和欣赏它们的方法都具有虚假欺骗性。这件事情既可笑又可恼。其所以荒唐可笑的理由是因为这些科学概念，也和其他的工具一样，是在人类追求实现一定的旨趣而亲手造成的——它可以最大限量地把每一思想对象转换成为任何每一其他的思想对象。这是一个了不起的理想；人类在设计各种方法以实现这种旨趣时所表现出来的天才更是不可思议的。但是我们不能用这种思想方法去违背或替代直接所感知和所享有的对象，正如动力织布机虽比旧式手工织布机是更有效的织布工具，但是我们却不能用它来替代布和夺取布的地位。有人感觉到苦恼，因为科学概念的对象和直接经验的事物没有同样的用处和同样的价值。这种人和那种因为不能穿上织布机而感觉到悲观失望的人实际上是同样可笑的。

这种情境之所以可恼的理由是因为人类难以抛弃已成习惯的信仰。观念或一般思维是以观念所导致的动作后果，即对事物所作的新的安排，为其验证的。这就确切地证明了由观察观念在实验认知中所占有的地位和所发生的作用而演化出来的观念的价值。但是传统却以观念是否符合于某些事先存在的事物状态为其验证。这种从先在的到事后的，从回顾的到前瞻的，从前因的到后果的在观点和标准上的转变是很难完成的。所以当物理科学把对象和世界描写成为如此如彼的时候，人们就认为这就是对既存实在本身的描述。既然当科学向我们陈述对象时说这些对象并没有任何价值特征，于是人们便假定说实在也没有这类的特征。

上一章我们已经知道了，当实验方法把对象归结为素材时剥夺了经验事物的性质，但是我们也知道了，从整个操作（实验方法是其中的一部分）的观点看来，这样剥夺去经验事物的性质，乃是我们控制事物，使我们可以赋予经验对象以其他我们所想要它们具有的性质的必要条件。同样，思想，我们的概念和观念，都是我们所要进行的或已经完成的操作的标志。结果，这些概念和观念的价值是由这些操作的结果所决定的。如果在这些概念和观念指导之下的操作达到了我们所要求的结果，它们便是正确的。思想的权威在于它在指导我们的操作过程中把我们引导到怎样的后果。思想的任务不是去符合或再现对象已有的特征，而是去判定这些对象通过有指导的操作以后可能达到的后果。从最简单的事例到最精密的事例都遵循着同一个原则。当我们判断说，这个对象是甜的，即说我们有了关于这个对象的"甜味"的观念或意义而未曾实际上经验到甜味时，我们是在预测：当我们去尝它的时候（即把它从属于一种特定的操作时）它将会产生一定的后果。同样，当我们用关于空间、时间和运动的数学公式去思考这个世界时，我们不是在描绘独立的和固定的宇宙本质。它是在描述一些可经验的对象，把它当作是据以从事操作的材料。

这个结论对于知行关系的意义就不言自明了。作为世上既存事物在观念中再现的知识可以像一张照片那样使我们满意，但如此而已。如果观念的价值是以独立存在于观念之外的东西来加以判断的（纵使能有这样的检验而这种检验看来是不可能的），那么形成这样一种观念，既不是在自然界以内的功能，也不能对这个自然界有任何影响。作为从事操作的计划的观念乃是改变世界面貌的行动中的一些组成因素。唯心主义哲学家们认为观念具有很大的重要性和力量，这一点是不错的。但是由于他们把观念的功能和观念的验证同行动孤立开来了，他们并不懂得观念还有一种建设性的职能。当哲学接受了科学的教训，认为观念不是现有事物或既存事物的陈述而是对于将要从事什么行动的陈述的时候，就会立即产生一种真正的唯心主义，一种与科学相容的唯心主义。因为这时候人类就会知道，除非把观念变成行动，以某种方式或多或少整理和改造我们所生活的这个世界，否则，从理智上讲来（那就是说，除了观念提供美感上赏玩，当然是一种真正的价值以外），观念是没有什么价值的。把思想与观念跟它们的运用分隔开来而夸大思想与观念的作用（再一次除了从美感上看来以外）是拒绝去听从像具有实验性质这样最可靠的知识的教导；是拒绝接受一种真正负责任的唯心主义。由于世界上思虑不周的行为太多了，因而去赞扬思维高于行动，这不啻去维护一个目的狭隘而无久计的行动世界。追求观念并坚持观念是指导操作的手段，是实践艺术中的因素，这就是共同创造一个思想源流清澈而川流不息的世界。我们又回到我们的总问题上来了。当我们在经验本身范围以内举出科学经验的实例时，我们发现实验性的经验并不是意味着可以缺少远大的观念与目的。实验性的经验处处都依赖于观念与目的。不过实验性的经验是在实验程序中产生观念与目的的而且是通过实验操作本身去验证它们的。到此为止我们便有了一种预兆，预示着有这样一种人类经验的可能，在这种人类经验中，从这种经验的一切方面表现出来，我们会珍视观念和意义而且不断地产生它们和利用它们。不过这些观念和意义乃是与经验进程本身结合在一起的，而不是从一个外在的实在根源中输入的。

观念的游戏

前一章我们已经讨论了关于物理概念的问题，而在这个问题的讨论中还没有完全解决关于观念的性质、职能和验证的问题。数学观念是物理研究中不可缺少的工具，而且如果不说明怎样可以把数学概念运用于自然存在，我们对于物理研究方法的解释就是不完全的。数学观念一直被视为纯粹概念的典型，是并不掺杂有经验材料的纯思想的典型。在历来的哲学家们看来，数学在物理的分析和陈述中所起的作用好像就证明了在物理存在物以内就呈现有一种恒常不变的理性因素，因而物理存在就不完全是物理的；概念所具有的这种作用曾经阻碍了经验主义者想以经验为根据来说明科学的企图。

数学对哲学的重要意义不限于物理世界的这个似乎超物理的方面，不限于认识物理世界时的一种超经验的因素。表达纯粹思想的数学概念也似乎开辟了一条到达本质境界的通道，而这个本质境界是独立于物理的或心理的存在物以外的——是一个理想而永恒对象的自在境界，成为最高知识（即最可靠知识）的对象。前面曾经说过，欧几里得几何学无疑的是用来发展一种形式理性逻辑的模型；它也是导致柏拉图创立一个超感觉和超物理的理想对象世界的学说的显著因素。而且还有一些人断言证明一切反省思考的有效性都有赖于一种不夹杂一点外来的推论因素而直接为人们所认知的理性真理。这些人的主要依靠就是这种数学程序。因为据说数学就是建筑在第一性的真理或公理的基础上的，而这种真理或公理是自明之理，只需理性就能认识它们的实在。演绎曾经用来令人信服地证明有一个在逻辑上彼此联系的纯本质的境界，即一个彼此内在联系的共相（universals）的境界。同样在数学演绎中这些自明之理，这些公理和定义的功能便成为区分直觉推理和间接推理的根据。

所以我们就须要参照着数学观念来发展我们以操作后果来界说概念的这个理论。我们既要为了这个理论本身来参照这些数学观念，也要从这个理论对于作为理性主义逻辑基础的哲学问题和对于作为主张有本质、有共相或不变体的形而上学基础的哲学问题所发生的影响来参照这些数学观念。我们将从物理的意义来开始谈一谈数学概念，然后谈一谈这些数学概念脱离了存在应用以后的发展经过。虽然笛卡尔是以广表来界说自然存在的，但是古典传统认为在心灵器官中只有感觉和想象才涉及物理存在，这就使他感觉到势必要提出理由来证明自然现象能够从纯粹的数学推理上而无须诉之于实验方法，来加以科学的陈述。他对上帝存在的证明就被用来作为理由来证明我们也可以这样把数学概念应用于物理学。在斯宾诺莎看来，物理存在和观念是两相契合的，这一点不必用上帝来加以证实，因为这种契合就是上帝。对这种契合加以修改，使思想具有一种先验性以把存在包括在自身之内，这就成为后康德派唯心主义体系的主旨了。

牛顿与其说是一位哲学专家，勿宁说是一位科学家。他曾经提出过一些他认为科学程序所必须而又已为科学结论所证实的假设。休谟的怀疑论（不过在这以前，就论及牛顿关于数学空间和时间的形而上学而言，贝克莱也曾这样倡说过）是导致康德把空间和时间当作是一切知觉经验的先验形式的主要因素。这是尽人皆知的事情了。康德深信他的主张颠扑不破的理由之一就是因为他认为这个主张是受牛顿的物理学所支持的，而且也是为那个物理学奠定坚实的基础所必需的。

不过从我们的特殊目的看来，值得我们重视的事实，是牛顿在论及空间、时间和运动（包括在普遍的自然物理学中所涉及的一切事物的概念之中）的主张时坦率地抛弃了他在论及最后固定实体的特性时所公开利用的那种经验方法。同时，他认为物理的东西和数学的东西乃是固定形式的常住实有所具有的两组特性相互补充的概念。除了他承认原子具有质量、惯性和广表以外，他还假定存在着有空的非物质的空间和时间，而这些实体（按即这些原子——译者）便生存于此，运动于此，而且因而具有它们本身的存在。这两种实有的特性既然是互相结合在一起的，因而从经验上所观察到的现象的特性和那些理性的和数学的特性也就结合起来了——这种结合既完备而又密切，使得牛顿的体系既坚实，又博大，使人感觉到他的体系就其主要的架构而言，是自然科学唯一无二的体系了。

照牛顿看来，从空间、时间和运动"对感觉的关系"来界说空间、时间和运动，是"一种庸俗的偏见"。跟任何同时代的物理学家一样，他知道，在感知形式之下的空间、时间和运动现象总是相对于一个观察者而言的。为了避免物体的空时运动可观察的特征是相对的这种情况，牛顿假定了有一种固定的、内含物体的空的空间，同时也假定了有一种同样流动的，本身空的，而其中能发生变化的时间的存在。根据这个假定，他又认为原子具有它们本身所固有的可以测量的运动，而是与任何观察者脱离联系的。因此，绝对的空间、时间和运动便构成了一个常住不变的架构，在此架构中发生着一切特殊的现象。

牛顿的根本的形而上学认为实有一种固定的实体，而这些实体具有它们自己内在的质量、广袤和惯性等等不可变化的（或本质的）特性。而这种形而上学也要求假定有这一类理性的绝对体。要保证最后坚实而有质量的粒子是没有任何内在变化而持续存在着的；要保证一切变化都只是这些粒子外在的"分离与联合"，其唯一的根据就是要有一种空洞而固定的东西存在，在这种空洞而固定的东西以内发生着各种变化。没有这种居间的媒介，则彼此之间的交互作用就等于是原子中的内在变化了。有了空间，变化才会是外在的，与最后物理实体无关的。既然变化是和原子彼此的关系毫无直接关系的，则变化之间的时间顺序也就不是和原子本身有任何联系的了。所以就必须有一种均匀永流不息的外在变化（其实是毫无变化），而且只有参照着这种外在的变化，原子才有前后与同时的固定位置。所观察到的运动如果是相对于一个观察者的，与整个物理体系分裂的，其速度和加速度就会与绝对的地位和时日脱节，因而运动必然也是绝对的。

因此，牛顿虽然公开承认经验主义，却获得了具有严密演绎必然性的理性主义体系的好处。不变的时间、空间和运动供给现象以一些可以进行数学推理的特性，而这种数学推理是可以揭示内在特性的。物体的位置可以当作是许多几何点的聚集而物体运动的时间特性则可以当作是一些单纯的瞬点。在科学研究中，一切所观察的事物都要在数学上符合由空时数理所规定的特殊规格。这个体系继续得到科学家们至少是皮克威克式（Pickwickian）的默许，一直到今天，一直到爱因斯坦对于事故同时间性的测定提出了反对的意见为止。

测定两件同时发生于同一观察区域的事情，当然没有什么困难。牛顿由于假定了绝对时间的存在，认为对两件同时在同一区域发生的事情所作的测量对于不发生在同一观察领域以内的事情也是具有明确意义的。爱因斯坦看出这个假定是牛顿全部体系的唯一致命伤处。他要求用实验方法来测定同时性——没有这种实验方法就不能确定事情彼此相关的时间。他并不是根据单纯一般性的原则而是因为由于有关光速的问题，才提出这个要求来的。因为光学上当时存在的状态发生了分歧，根据当时公认的思想体系不能得到解决。参照观察光向和测定光速的地位所观察到的光的常数并不符合于力学的根本原理；并不符合于它所设定的：具有等速直移运动的坐标体系是各自有其参照架构的这个准则的。爱因斯坦既未维护旧的学说，也未否认迈克尔逊-莫勒实验的观察结果的有效性，他质问实验结果要求在概念上要有什么改变。他看出，以同时性这个概念为中心，来测量时间关系，这是症结之所在。

所以他说："我们要求有这样一个关于同时性的界说，这个界说提供给我们一个方法，以便物理学家在特殊的事例中能够用实验来决定两件事情是不是同时发生的"。[①]他建议过一个办法，把不能包括在同一个观察区域内的两条闪光，反射到一面置于这两个光源中间的镜子上。如果这两条闪光是包括在同一个观察动作之内的，那么它们便是同时的。在平常的人看来，这个建议似乎是没有什么害处的。但是如果把它联系起来看，它意味着人们要用一种操作的后果来测定事情的时间关系，而这个操作的结果构成了一个单个的观察现象领

_____

① 爱因斯坦：《相对论》（*Relativity*），1926年纽约版，第26页。

域。如果把它和有关光速的常数联系起来看，它意味着说，两个不同时间发生的事情，按照放在两个光源点上，完全同时走动的两只表来判断，乃是同时发生的。从科学内容上讲来，这等于推翻了牛顿的绝对体；它是狭义相对论的来源。它意味着说，局部的或个别的时间和物理学中一般的共同时间是不同的：简单地说，它意味着说，物理的时间是指事情之间的关系而不是指对象所固有的一种特性而言。

值得我们注意的是：就自然科学而论，这种想把对象当作是独立存在于为人们所观察到的实验操作后果以外的东西而用指定给这些对象一些特性的办法来构成这些对象的科学概念的企图已经走到了绝路。除了皮耳士的实用主义哲学以外，从前所有各派的哲学无不认为观念的价值或有效性决定于事先存在的特性，并以此为形成概念的正当的途径，所以这个建议在逻辑上和哲学上所引起的变化比较它在自然科学内容中所产生的非常发展的结果尤为具有深远的意义。不管光的发现将有怎样的发展，甚或爱因斯坦的相对论的详细内容将失去人们的信仰，但是关于科学观念的起源、本性和验证的理论却已经发生了一个永不后退的真正革命。我们这样说法，想来不算是太过分了罢。

在关于数学物理概念的性质这个特别主题方面，其有关的结论是明显的。因为爱因斯坦的这个结论既然不承认绝对的空间、时间和运动是物理的存在物，于是它就排斥了物理学中所陈述的空间、时间和运动就是固有的特性的说法。取而代之的是把它们当作是对事情关系的表示的见解。空间、时间和运动既然是这一类的关系，具有一般性，它们就有可能把对象（这些对象应看作是在一般连锁与转换体系中的事情）联系起来。空间、时间和运动是把同一观察者或许多观察者在不同的时间和空间上所作的观察互相联系的手段，因而一件事情可以转换成为另外一件事情。简而言之，空间、时间和运动所做的事情正是一切思维和一切思想对象所必须做的事情：它们通过适当的操作把个别观察和个别经验的不连续的情况联合起来，成为彼此连续的东西。它们的有效性就是它们在执行其功能时的效能；它们是由结果而不是由它与事先存在的特性的符合性来验证的。

我们可以把这个结论引申到一般的逻辑形式。推论之是否有效，依赖于一定的形式上的条件。这一事实曾被用来最后证明有一个不变实有的领域。但是当我们用有关数学概念的结论来对比一下的时候，我们就知道逻辑形式乃是一些陈述，人们发明它们来作为彼此最便利的、最广泛和最稳妥地转换各种推论的手段。从根本上讲来，当特别事例彼此孤立分隔时，就没有当我们运用推论时那样充分地满足需要。

我们可以用一个事例的对比来说明这个以概念为操作的概念和传统正统的概念的不同。[①]一个游历家新到一个国家，发现有许多物品如地毡、篮子和长矛等等被利用来达到各种不同的目的。他为这些物品上的设计的美丽、雅致和整齐所吸引，对它们采取了一种纯美术的态度，断言说：这些物品只是偶然地加以利用的。他甚至于会认为它们用来作为工具是贬低了它们的内在品质，是对功利上的需要和便利所作的一种让步。一个"硬心肠"的观察家会深信人们是有意地利用这些物品的，而且是为了那个目的才制造它们的。的确，他也会承认必须先有适合于制造成为这些用品的原料。但是他不会因而相信这些事物是原来如此而不是制成的物品；他更不会认为这些物品是原来的"实在"而原始的材料却只是一些模仿或不合适的现象样品。当他追溯到这些工具的发展历史并发现它们接近于原料的形式，看到它们在经济上和效能上逐渐改善的情况时，他就会断言：这个改善的过程是和用以达到一定目的的过程两相联系着的；是继续加以改变以弥补过去操作和结果的缺陷的。在另一方面，他的"软心肠"的朋友却又会推论说：继续向前发展就表明有一个原始的和超验的模型，一个安置在天堂上的原型，人们在经验上逐渐地在接近它。

有人也许辩论说，虽然设计的发展是一个有时间性的过程，但是这种设计完全决定于整齐、和谐和均匀的模型，而后者都是独立潜存的，而且可以辩论说，历史的运动只是零零星星地向永恒的模型接近。他还可以发展成为一个理

---

① "关于概念的概念"一词即用来暗示这种解释可以用来解释它的本身——这就是说，我所提出的这个概念的概念也是指明一种所追求的方法的。一个人可以牵马到水边去，但不能强迫它饮水。如果一个人不能执行或不想要去执行一个所指定的操作，他就当然不能领会这个操作的意义。

论，主张在关系之间具有一种形式上的融贯性，而特殊的对象除了是这种关系的表现以外和这种关系是毫无关系的。他的"硬心肠"的朋友可以反驳说，任何用以达到一定目的的对象必有它本身明确的结构，要求彼此联系着的各个部分具有内在的一致性；他还可以说，人造的机器就是一些典型的例子；虽然我们除了利用事先存在的条件和关系以外是不能造出这些机器来的，但是这些机器和用具的功能是否适当，则要看这些机器和用具对事先事物的安排能否更好地满足有关的需要。如果他是一个倾向于玄想的人，他也许就会怀疑我们所具有的关于内在整齐与和谐的理想本身是否就是在经常重新处置事物，使其成为达到后果的一种手段的压力之下所形成的。如果他的心肠是不太硬的，他也许情愿承认，在要求成为有效工具的直接压力之下进行了一定程度的内部调整和组织之后，人们会对内在和谐本身有所欣赏；并且会承认，对形式关系的研究可以启示许多的方法，改进内部设计本身而无需涉及任何其他特殊的用处。

除了比喻以外，美术品、制造美术品的兴趣以及欣赏美术品的存在便足以证明：存在着有这样一种对象，它们既完全是"实在"的，而又是人造的；制造这种对象必须遵循或注意先在的条件，而这种对象本身却又是对先在存在所加以重新处置的结果；偶然呈现出来的事物暗示着它们尚未完全实现的目的和享受；这些暗示愈具有了观念的形式，愈指出了为了达到所想望的事后的重新安排所要实行的操作，这些暗示便愈明确。这些对象一经存在之后便具有了它们自己的特征和关系而且它们便暗示着如何进一步创造美术品的标准和目的，而无须再诉之于原有的"自然"对象；它们就似乎变成了一个具有独特目的和管理原则的领域。同样，如果一种艺术的内部发展过于孤立分隔了，这个"领域"的对象就变得过于形式化、定型化和"学院气"，因而便重新需要注意到原有的"自然"对象，以便开创一个新的有意义的运动。

有一种想法认为：数学对象只能构成一个独立的本质的领域；或者只能是某种事先存在的物理结构（即所谓的空间与时间）中所固有的关系；或者只是心理的，"精神的"事物，除此而外，另无其他出路。这种想法是没有事实根据的。这种认为另无其他出路可走的假定只是传统认为思想与观念乃是纯粹心理的动作，存在于心灵以内的这种见解的残余。有意的操作所产生的结果在客观上是实在的，而且如果它们符合于它们之所以被有意构成的条件，它们便是有效的。但是在这些成品的生产中人类的交互作用是一个有贡献的因素，而且它们的价值即在于人类去利用它们。

不过以上的讨论还没有直接触及"纯"数学，即数学观念本身的问题。牛顿的数学公开承认是研究虽非物质的但为物理的存在的数学，是研究存在的绝对空间、时间和运动的数学。然而，数学家们则时常认为他们所特有的概念从任何意义上讲来都是非存在的。后来发展的整个倾向（这个发展倾向以我们当前的目的而论是无需加以详细说明的，不过其中n维空间的学说却是一个典型）就是把纯数学和纯逻辑等同起来了。所以有些哲学家采用了纯数学中的那些实有（entities），因而恢复了柏拉图关于与所有一切存在完全无关的本质领域的见解。

当我们把从操作和实验经验方面理解概念性质的主张应用到"纯"数学对象上时，这种学说是否就崩溃了呢？这个答案的关键在于显然采取行动（或在想象中采取行动）的操作和从符号上去执行的操作之间的差别。当我们在外表上采取行动时，就产生了后果；即使我们并不喜欢这些后果，然而这些后果却已然存在在那儿。我们为我们行动的后果所纠缠苦恼；我们得忍受我们行动的后果。我们将提出一个问题，这个问题看来似乎是可笑的，但却是一个基本的问题。我们如何可能有一个预见中的结局（an end in view）而事实上却还没有结束，在存在上还没有结果？和这个问题的答案联系着的是如何有意地管理事情发生的整个问题。因为除非我们能够有一些预见中的结局而在具体事实上却又还没有经验到它们，否则，我们就不可能管理行动。这个问题还可以换一个方式来问：我们怎样能够不采取行动，不做任何事情而仍有动作？

如果人们在已经发现了怎样去解决这个问题以前就能根据这种用词上的矛盾去思考这个问题，他们就会认为这个问题是一个不可能解决的问题因而不去解决它。人类怎样如此预先设想出一个活动的后果，用来指导动作以获得或避免那个结果呢？解决的办法原来是作为一种副产品偶然获得的，然后才有意地被人们运用着。人们自然要假定解答是由于社会生活通过沟通而产生的：例如喊叫曾经一度在无意中有用地指导着活动，以后便明显地采用此法。但是不管来源何在，当有了符号的时候便发现了解答的办法。我们借助于符号，无论是姿态、文字或更精巧的构造，我们便不动作而动作了。这就是说，我们在借助于符号而进行实验，而这样实验的结果本身也仅仅是一种符号，所以我们便不为实际的或存在的后果所累。如果一个人放一把火或侮辱一个仇人，则效果立见，无法挽回。但是如果他私自用符号来把这种动作演习一遍，他便可以预见和体会这种动作的结果。然后他就可以根据所预见而尚未成为事实的东西来外在地采取行动或不采取行动。符号的发现或发明无疑地是人类历史上最伟大的一件事情了。没有符号就不可能有理智上的进步；有了符号，除了天生笨人以外就可以在理智上发展无限。

有很久人们只是在一些特别的事情上无疑地利用过符号来指导活动；他们偶然地和为了某种十分直接的目的运用过符号。而且当初所使用的符号并未曾按照它们所行使的职能来加以检验或抉择过。它们是从手头方便的东西中偶然拣来的。它们带来了各种不相干的联想，以致阻碍了它们有效地完成它们的特殊工作。这些符号既未曾加以精减以完成一个单纯的功能，又不具有一种特征，足以适应各种不同的情境——它们既不明确，又不包容。如果人们不发明正确的符号，他们就不会有有效力的界说和概括。通俗思想之所以是散漫而狭隘的，其原因就在于此；通俗文字的含义模糊游移阻碍了思想的进步。因此，进一步采取了第二个步骤，设计了专门的符号，避免了由文字所带来的一些不相干的联想，因为这种文字是为了社会的目的而不是为了学术的目的而发展出来的，而这种文字的意义是借助于它们直接当前的背景联系而使人们明白的。由于这样避免了一些由于偶然联想所增添的东西，笨拙模糊的思想工具便变成了锋利明确的用具。而尤其重要的是：符号已不是适应于当地直接的情境，而是离开了直接外表的用处而组成的了；这些符号本身是彼此参照的。我们只要略一涉猎数学上的符号，我们就可以看出：这些数学符号所指示的操作不同于操作本身；这种操作是符号上的而不是实际的操作。专门符号的发明便标志着

425

思维已经有了可能从常识的水平前进到科学的水平。

希腊人发明几何学的过程大概是从历史上最能说明这种过渡情况的。在希腊发明几何学以前，计算与测量是为着"实际的"目的而采用的，这就是说，它们的用处是直接限于切近的情境的。它们是限于特殊目的的。然而当这种计算与测量一经发明并以明确的符号表达出来时，它们便形成了一种可以独立研究的题材。在它们身上可以从事新的操作。对它们本身可以从事游戏，这样说并没有什么不尊重的意思，我们可以从美术的观点去对待它们而不是从直接有用的经济技术观点去对待它们。其主导的兴趣在美术方面的希腊人便做到了这一步。关于希腊人发明几何学的情况，据说它的动因就是"要在从美术上应用对称图形的指导之下如何进行设计的艺术。研究这些图形，从实验中构成砖瓦图案、装饰镶边、传统雕刻、嵌模等等使得早期的希腊人不仅谙习各种各样整齐的几何图形，而且具有把这些图形加以结构、组合和分解的技术。后期的希腊人则不像他们的祖先，尽弃其祖先所为，而侧重于理智方面。"当他们在尝试与错误中已经发现了图形的许多互相关联的特性时，他们又进一步把这些特性联系起来，并把它们和一些新的特性联系起来。他们进行这个工作的方式"就是把一切臆断、一切偶然的经验如实际绘图和测量中的错误，以及除了那些绝对本质的观念以外的一切观念，逐渐从他们对于图形的思想中排除出去。因此，他们的科学就变成一种纯观念的科学了。"①

一般的人都认识到在理智上从具体过渡到抽象的重要性。但是人们时常误解这种过渡。他们经常认为这种过渡就是简单地通过一种有鉴别性的注意把某一种性质或关系从当前已经感觉到的整个对象中或从记忆所呈现出来的对象中选择出来。事实上，这标志着一种在次度上的变化。事物愈成为我们所直接利用的手段或愈成为我们所直接占有和享受的目的，它们在我们看来便愈为具体。当数学观念完全用来建造谷仓或测量土地、买卖货物或帮助舵手驾驶航船时，这种数学观念便是"具体的"。当它们不对于存在的事物作特殊的应用和

① 巴里（Barry）：《科学的思想习惯》（*The Scientific Habit of Thought*），1927年纽约版，第212-213页。

利用时，它们就变成抽象的了。当一些运用符号的操作完全用来促进和指导其他也具有符号性的操作时，也发生这种情况。为了便于测量一块土地而去测量一个三角形的面积，这是一回事情，这是一件具体的事情；而只是为了测量其他为一定的符号所指示的面积而去测量这个三角形的面积，这是另一回事，这是一件抽象的事情。后一种类型的操作使我们构成一个概念的体系，把这些概念以概念的资格互相关联起来，因此为形式逻辑铺平了道路。

从特别的和直接的情境中加以利用的情境下抽象出来，同时也就形成了一种关于观念或意义的科学，而思想的目标是把这些观念或意义彼此关联起来而不是把它们和事物彼此关联起来。然而这个过程有一个谬误的解释。人们很容易把不作任何特定的用处当作就是没有任何应用；当专家们只从事于改善工具而不关心这些工具的用处，只专心注意到改善工具的操作过程以致其结果超出了任何现有用处的可能性以外的时候，似乎这些专家们就在辩论说，他们所涉及的乃是一个与工具和利用无关的独立的领域。在学术界的专家们特别容易陷于这种谬误。这种谬误在产生先验的理性主义中起着作用。它是在思想史上一再发生的那种崇拜共相的态度的根源。通过符号把观念当作事物那样处理（因为观念是思想的对象）并就一切错杂迷离的关系来追索这些观念之间的互相关系的人们很容易把这些对象当作是与事物、与存在丝毫无关的。

其实，这种区别只是实际所从事的操作和可能的（仅仅是可能的）操作本身之间的一种区别。把反省转向对各种可能的操作彼此的逻辑关系加以发展，就会开拓许多机会提示出不会直接提示出来的操作。但是它的根源和后来的意义却在于涉及具体情境的动作。至于起源于外表操作的这种情况，这是没有疑义的。在工作和游戏中见到有记筹和记分的操作。如果没有这种动作以及它们所特有的符号，工作和游戏也不会有复杂的发展。这些动作是数字和一切数字发展的来源。在许多的艺术中公开地利用着这种为计算筹码所特有的计算操作来进行测量。木工和石工，如果没有即使是粗糙的估计大小轻重的办法，就会得不到多大的发展。如果我们把发生在这些事例中的情况概括起来，我们就会发现：使得一种作为手段、作为资源的事物去适应于另一种作为目的的事物，是必不可少的需要了。

计算与测量的发生就是要使得这种适应既经济，又有效。计算与测量的结果开始时是用刻痕、画线、结绳等物理的手段表达出来的；后来便用图表了。我们容易看到实际需要使得手段适应于目的的情境至少有三种类型。材料的派定和分配；储备材料以应来日之需；以盈余的事物交换不足的事物。在处理这些情境的操作中就已经隐含有许多基本的数学概念，如等于、系列、总和与单位，同位与换质等等，不过只有当人们从符号上把这些操作彼此参照起来进行时，这些概念才变得明显了和概括了。

经验主义之所以不能解释数学观念，是因为它不能把这些数学观念和所从事的动作联系起来。就其感觉主义的特征而言，传统的经验主义是在感觉印象中，或至多是在从事先存在于物理事物中的特性中所抽象出来的东西去寻溯这些数学观念的根源的。实验经验主义便没有休谟和穆勒在解释数学真理的起源时所遭到的那种困难。实验经验主义认为经验，即人类实际的经验，就是采取动作、从事操作，就是切割、区分、分隔、扩大、堆垒、接合、聚集与混合、积累与分派；总之，就是选择和调整事物，使之成为达到后果的手段。只因为一心从事于知识工作乃使得思想家们处于一种特别的麻醉状态，乃至把经验和感觉受纳等同起来了，而一个小孩子只需用五分钟的观察就会发现这种感觉只是在造成事物中从事运动性的活动的刺激和记录。

要想把数学发展成为一种科学；要想促进观念逻辑的成长，即要想促进操作本身的蕴含关系的成长，就需要有这样一班人，他们为了操作本身，把操作当作一种操作而不是把它当作达到特定的某些特殊用处的手段而注意这些操作。当我们把操作跟具体应用割裂开来，而为它们设计一套符号时（如在希腊人的美感兴趣的影响之下所发生的情况那样），其余的事情就自然跟着发生了。物理的工具如直线尺、圆规和记数器还继续保留着，物理的图表也继续保留下来了。但是这些物理的图表只是一些"图形"了，只是一些在柏拉图式的解释之下的影像。这些图表所象征的操作才能使得它们具有理智上的力量，而直尺和圆规只是把一系列为符号所代表的操作彼此联系起来的一些工具。图表等等是特殊的和变化的，但操作在它们的理智力量上即在它们与其他操作的关系上却是前后一致的和普遍的。

当这种不管实际行动，运用可能性的操作进行思维的方法一经取得时，除了为人类的才资限制以外，是发展无限的。一般讲来，这种发展是沿着两条路线前进的。一方面，为了执行物理研究的任务，需要有特别的理智上的工具，而这种需要导致人们去发明新的操作和符号体系。笛卡尔的解析几何和莱布尼兹与牛顿的微积分都是有关这种情况的事例。这一类的发展已经创造了一套明确的题材，从历史上讲来，这一套题材和例如纺织机的历史后果一样，是具有经验性质的。这一套的材料需要就其本身来加以检验。它要求我们审慎地检查它本身内容以内所发现的各种关系。肤浅操作的征兆被排除了；含糊的地方加以查明和分析了；混杂的操作被分解为一些明确的组成部分了；并且引入了一些联系性的操作来弥补缺陷和解释不了的空白。总之，发展了一些关于如何把操作互相密切联系起来的规则，而旧有的材料也就相应地被修改和扩充了。

这个工作也不仅仅是从分析上去进行修改的。例如由于我们查出欧几里得关于平行线的公理在逻辑上是不严密的，因而暗示给我们一些前所未曾想到的操作，开辟了一些新的领域——如超几何学（hyper-geometries）。而且由于我们有可能把各种现存的几何学的部门结合起来，作为一些包容更为广泛的操作的一些特殊事例（这是可以用同一事例来说明的）我们就会创造一个具有更为高度普遍性的几何学。

我的目的不在追溯数学的历史。我只想要指出：在我们一经发现了为符号所表示并仅仅借助于符号而进行的关于具有可能性的操作的观念以后，就开辟了道路，使我们能够从事于日益明确和广泛的操作。任何一些符号的操作都暗示着一些可以进一步从事的操作。专门的符号就是由于在思想上抱有这样一个目的而构成的。这种符号不同于意义不明的名词与观点，因为这种符号有三个特点。选出这些符号，是为了要毫不含糊地指明一种而且仅仅一种交互作用的方式。这些符号和其他操作的符号连接起来，构成了一个体系，可以尽可能节省精力地使得这些符号互相转换。而且目的在于使得这些转换尽可能地向着任何方向进行。一、例如"水"暗示给我们可以采取无数的动作；看、尝、饮、洗，而并不特定地指出其中之一。它也只是模糊地标志出它与其他无色液体的不同。二、同时，"水"是有限制的，它并没有把这种液体和固体与气体的形式结合起来，它更没有指出如何把水的产生和其他含有氧和氢两种成分的事物结合起来的操作。"水"是一个孤立的概念而不是一个可以转换的概念。三、在化学上用 H_2O（氢二氧一）这个符号所代表的概念不仅符合了"水"所未曾符合的这两个要求，而且氧和氢又转过来系统地和化学元素以及元素间的特殊结合的整个体系联系起来了。比方说，一个人从这些元素以及由 H_2O 所界说的关系出发，就可以徜徉这个错综复杂而变化多端的整个现象领域之内。因此，科学的概念使我们离开在直接知觉和用处中所发现的最后性质，把我们导致一种生产这类性质的方式而它完成这个任务的方法是把这种生产方式和许多其他"有效的"原因条件最经济和最有效地联系起来。

　　数学上的概念，借助于操作的符号而不管实际的行动，促使抽象工作前进了一步；我们只要把从物理上附着在 H（氢）上的2和纯粹的"2"这个数字作一比较，就够了。纯粹的"2"这个数字是指明一种操作关系，它可以应用到一切对象但又尚未实际上应用到某一特定的对象上去。而且当然它和其他一切数字是具有明确的关系的而且通过一系列的连锁和连续的数量也是明确关联着的。数字是不问一切性质上的差别的，这是人们都熟悉的事实。这样不顾一切性质上的差别的情况乃是人们把可能的操作从行动的实际中抽象出来，创制出符号来对付这种可能的操作的后果。如果时间和知识允许的话，我们能够指出，当我们不把数字当作是存在事物的本质或特性而把它们视为进行潜在操作的标记时，伴随着数字的逻辑所发现的困难和悖论就会消失无遗。数学上的空间并不是不同于所谓物理空间和经验空间的另一种空间而只是赋予一类操作的一个名称，这类操作在理想上或在形式上可能用以处理具有空间性质的事物：它并不是"实有"的一种形态，而只是一种思考事物的方式，通过这种思考的方式，可以使这些事物之间的联系从经验上的固定状态中解放出来并有可能求得它们彼此含义之间的关系。

如果我们能注意到"可能的"操作一词中所包含的一个含混模糊之处，我们就可以分清物理概念和数学概念的区别。"可能的"操作一词的基本意义是指实际上，在存在上可能。任何观念本身都是指我们可以从事的一种操作而言，而不是指一种实际存在中的事物。例如说，糖的甜味这个观念就是表示采取尝试这种可能的操作的一些后果；它不是一种直接经验到的性质。数学上的观念乃是指另一种具有第二性意义的可能的操作而言，此即前面所说的各符号操作间相互关系的可能性。这种可能性的意义是指操作本身之间的一种复合的可能性（com-possibility）而不是指相对于存在而言的行动上的可能性。它是以非彼此不相容为验证的。如果我们用一致性来作为检验的标准，它还很难表达全部的意义。因为一致性很容易被解释为此一意义与另一些已有的意义符合一致，因而具有一定的局限性。"非彼此不相容"是指明：一切的发展都是受欢迎的，只要这些发展彼此并不冲突，或者说，只要对于一种操作的重述避免了实际的冲突。它是一个自由解放的准则而不是一个局限束缚的准则。这个准则可以与自然淘汰相比较，后者是一种消极排除的原则而不是一种积极地控制发展的原则。

因此，数学与形式逻辑乃是学术事业上高度专门的部分，其作业原则非常类似美术作品的作业原则。它们最突出的特点是自由与严格相结合——它们在新的操作和观念的发展方面是自由的，而在形式上复合可能性方面是严格的。这两种性质的结合，也是伟大艺术作品的特征，使得这种题材具有巨大的魔力吸引着一些人们的心灵。但是认为这些特征使得数学对象脱离了与存在的任何联系的这种信仰都不是一种科学发现而只是表达了一种宗教的情调。①

重要的差别在于这是两种不同类型的（物质的和符号的）可能性之间的差别。当这种区别凝固成为两种不同等级的实有（存在和本质）的武断教条时，

---

① "人们长久继续地和不常间断地研究绝对不变的存在体的这种情况在人们心灵上产生了一种强有力的麻醉影响……这种研究把这个世界和经验的其余部分分隔开来，而构成一个实有的整体；这个世界是一个不在变化和显然具有永恒秩序的世界，是冷静的理智所必不拒绝的唯一绝对体。因此便产生了一种信念，认为在这种经验中人们最后已经发现了永恒和最后的真理，而这种信念最后影响着人们整个清醒的思想。"巴里：《科学的思想习惯》，第182-183页。

便产生了一种见解，认为有两种类型的逻辑和两种不同的真理标准，一种是形式上，一种是物质上的，而前者是较高级的和比较根本的。其实，形式上的发展只是物质思维上的一个专门化的分支。它最后起源于人们所做的动作，而且以互相一致为根据，利用符号，使得有扩充这种动作的可能。结果，形式逻辑就是完全从事于符号操作的一种分析；从它的内包的意义而不是从它的外在的意义讲来，它就是符号逻辑。除非从神秘的观点来看，否则，这种对数学观念和（形式）逻辑观念的解释并不是轻视它们。前面我们已经注意到过，符号是使我们避免陷入存在的唯一途径。由于自由的数学符号所使我们获得的解放时常帮助我们最后回到从事存在性的操作，而这种操作具有一种非如此不能得到的广度和深度。科学史上充满了说明的事例，证明数学观念虽无物理上的应用，但有时也暗示出不少新的存在关系。

把符号操作所满足的条件和传统所赋予本质（共相、不变量等）的属性相比较，便可以检验前此所倡导的关于本质的学说。这些属性是理想性、普遍性、常住性、形式性以及使演绎成为可能的蕴含关系的潜存性。这些属性和那些用互相有复合可能性的操作来界说的思想对象所具有的特征之间有着一一对应的关系。

一架机器是用它所满足的功能来标志它的结构的，因而我们可以从指出一架机器的特征来研究这种对应的关系。显然，我们不能用感觉而只能用思考机器各部分互相牵掣的关系以及整个机器的作业情况（它所产生的结果）的办法来了解机器的这种结构。在感觉方面，一个人在机器面前只是为许多噪音和形体所淹没。当我们从操作的关系上并又从它所完成的工作的关系上来判断这些形体时这些所感知的对象便开始明晰了和有条理了。我们可以孤立地看见许多运动，而且我们也可以孤立地知觉结果，它所产生的成品。只有当我们把这些运动和这些结果彼此联系起来思考的时候我们才认识了这架机器。在这种思想中，我们把运动和部分都判断成为手段；它们在理智上是关系到某些其他的东西的；把某一个东西当作是手段，就是从一种关系中去领会一个对象。从相互的关系上讲来，物理的效果断定都是一些后果——都是与某些事物有关系的。

因此，我们便可以公平地把手段与后果之间的关系称之为理想的（ideal），意即具有观念性的（ideational）。

操作本身，即有联系性的交互作用，乃是齐一的。在物理上和在感觉上，一架机器通过摩擦，暴露在空气之下而起着变化，同时产品的性质也在变化着。过程是局部的和有时间性的，特殊的。但是手段和后果的关系作为一种操作在这些变化中却是始终如一的。它是一个共相。一架机器不断地制造出一连串的钢珠，如滚珠轴承。这些钢珠都是极相类似的，因为它们都是类似过程的产品。但是这些钢珠并不绝对一样。每一过程都是个别的而并不是和其他过程完全相同的。但是设计这架机器时所要求它具有的功能却并不是随着这些变化而变化的：一种操作乃是一种关系，而不是一种过程。一种操作决定着许多各不相同的过程和产品；但是作为一架电话机或一架切割机，却是一个自我同一的共相，而不管表现这种功能的特殊对象有多少。

因此，关系是不变化的。关系是永恒的，这不是说它是历万世而永垂不朽的，也不是说它像亚里士多德的"类"和牛顿的"实体"一样是万古长青的，而只是说，作为在思想中所掌握的一种关系的操作是脱离它所具体表现的事例而独立的，不过这种操作的意义只有在有可能实现这些事例时才能为我们所发现。

我们把一架机器说成是在作为手段的事物和作为后果的事物之间的一种关系；这种关系在另一种意义之下也被我们称为是理想的。它是用以估计存在过程之价值的标准。一架具体机器的用处在退化或在改进，以及一种发明是否有价值，当视其完成一种功能时的效能而定。如果一位工程师愈能较为适当地在抽象中领会这种功能上的关系，他就愈能更好地检查出这架现存的机器的缺点并设法加以改进。因此，对于这种功能关系的思想便具有一种模型的作用；相对于特殊的机器而言，这种思想具有着一种范型的作用。

所以把对象当作是一个理想的思想就规定了一种特有的内在结构或形式。这种形式上的结构只能为现存的事物逐渐所接近。人们可以设想一架具有百分之百的效能的蒸汽机，但是这个理想在实际上是难于接近的。或者说，人们可以像赫尔姆荷兹（Helmholtz）一样，设想一种毫无现存人类肉眼缺点的、理想的光学仪器。手段与目的在理想上的关系是当作一种形式上的可能性而存在的，而这种可能性是受一种从未想到过的，更不必说在事实上已经实现过的事例的性质所决定的。它是作为一种可能性而潜存着的，而且作为一种可能性，从它在形式上的结构讲来，它是必要的。这就是说，在一架具有百分之百效能的机器的观念中所必须满足的条件乃是受这种事例的必然性所规定的；这种条件并不随着我们理解这些条件时所发生的缺点而变化着。所以我们可以把本质当作是独立于我们对它们的思维之外和在逻辑上先在于我们对它们的思想以前而实有的东西。然而在此一事实中却丝毫没有我们时常所联想到的那种神秘的或超验的特色。这个事实意味着说：如果一个人要想达到一个特定的结果，他就必须符合于一些条件，而这些条件乃是获得这个结果的手段；如果一个人要想以最高限度的效能来达到这个结果，他就必须符合于与这个意向有着必然关系的条件。

形式上的关系标志着一种结构上的必然性；这种形式上的关系是符合于用来作为手段以达到一个目的的条件的。这种结构的必然性就说明了促使演绎成为可能的蕴含关系。一个人走进一所工厂，譬喻说这所工厂正在制造大量标准相同的皮鞋，这套完成这个目的的操作被划分成为许多过程，每一过程与前一过程相配合，直到最后所达到的一个过程为止。在这里虽然每一架机器和每一过程在物理上是分开的，但是却又都是互相配合的。他不会认为这一事实有何神奇奥妙之处。因为他知道，它们是设计好，把作业加以"合理化"以求达到这一目的的。

认知的动作也是非常复杂的。经验表明，认知动作，若经分析为许多明确的过程，互相关联起来，也可以获得最好的效果。名词和命题乃是关于控制这些过程的可能操作的符号化，而人们是这样设计这些名词和命题的，能以最高限度的确切性、伸缩性和丰富性从一个名词和命题导致另一名词和命题。换言之，这些名词和命题是参照着蕴含关系的功能来构成的。演绎法或辩证法就是发展这一类蕴含关系的操作；这种操作可以是新奇的或意外的，正如一种用具在新的条件之下往往会产生意外的结果一样。我们有权利奇怪，我们用以设计符号的这种具有建设性的力量竟有如此深远而丰富的蕴含关系。但是当我们把这种惊奇作为根据把思想的对象加以实体化，变成一个超验实有的领域时，我们便走入迷途了。

我们还要明显地注意到：一切一般性的概念（观念、理论、思想）都是假设性的，否则我们在这一方面的讨论便是不完备的。构成假设的本领就是人类所借以从他四周和在物理上与感觉上影响着他的存在物的沦陷中解放出来的手段。它是抽象的积极一面。但是假设是有条件的；它们是必须用它们所界说和指导的操作所产生的后果来加以检验的。当我们把假设的观念用来暗示和指导具体过程时，我们发现了这种假设所具有的价值，而且我们也知道这种操作在近代科学史上已经有了广泛的扩充，这两件事情标志着人类在理智上的控制力有了巨大的解放和相应的增加。但是它们的最后价值并不是受它们内在的精密性和连贯性所决定的，而是受它们对感知上所经验到的存在物所产生的后果所决定的。科学的概念并不是对独立先在的实在的揭示。它们是一个假设体系；这个假设体系是人们在具有确切验证的条件之下所形成的；人们借助于这个假设的体系可以在理智上和在实际上更加自由地、更加可靠地和更加有意义地和自然界沟通起来。

以上我们主要地是根据"理性主义的"传统对于概念的解释来进行讨论的，所以这种讨论是片面的。我们侧重这一方面的理由十分明显，毋庸申述。但是在我们离开这个题目以前，我们还应该注意到：传统的经验主义也曾误解了概念或一般观念的重要意义。传统的经验主义曾经坚决地反对过概念具有先验性的主张；它把概念和实际世界的经验联系起来了。但是比它所反对的理性主义还要更加明显一些，经验主义把一般观念的根源、内容，衡量其有效性的标准都和先在的存在物联系在一起了。按照经验主义的看法，概念的形成是由于把已经感知的对象彼此加以比较，然后排除其不同的因素，保持其共同的因素。因此，概念仅仅是已经感知的对象中相同因素的记录而已；概念只是一种方便之计，把分散在具体经验中各色各样的事物加以汇合而已。但是必须用它们是否和特殊的先在经验的内容相符合这一点来证明这些概念；它们的价值和功能本质上是属于回顾性质的。这种观念是死板的，不能在新的情境中发挥调节作用。这种观念是"经验的"，即反科学的，——这就是说，这种观念仅是一些多少由于偶然条件所获得的结果的概述而已。

下一章我们将专门明显地讨论历史上的经验主义和理性主义关于认识的性质的哲学。在转入这个主题之前我想将本章讨论中所得到的一些比较重要的结果作一概括的总结。首先，观念、思想所具有的主动的和富于创造性的特性是很明显的。唯心主义的哲学体系的动机是有道理的。但是思想的具有建设性的职能却是在经验方面的——即在实验方面的。"思想"不是某种脱离自然的、所谓理智或理性的东西所具有的特性。它是有指导的外表行动的一种方式。观念是一些有预示性的计划和设计，它们的结果将使得事先存在的条件得到具体的改造。观念不是相应于实有之先验的最后特性的心灵先天所具有的特性；它们也不是笼统地和一劳永逸地赋加在感觉上的一种先在于经验而使得经验成为可能的先验范畴。观念的主动力量是实在的，但是观念和唯心主义必须在具体经验的情境中才具有操作上的力量；观念和唯心主义的价值是要用对它们进行操作后所产生的特定后果来加以验证的。唯心主义是具有实验性质的，而不是在抽象上是理性的；唯心主义是和经验的需要关联着的，而它所关心是如何设计一些操作来改造经验对象的实际内容。

其次，观念和唯心主义本身并不是最后的结论而只是一些假设。因为它们是和我们所从事的操作联系在一起的，所以它们是受这种操作的后果而不是受存在于它们之先的事物所验证的。先在的经验为引起观念提供条件，是思想所必须加以说明，加以考虑的。先在的经验既为我们达成意愿造成障碍，又为我们达成意愿提供所必需的资源。只要那些已经为我们所利用着的概念与概念系统等一经显示出它们的弱点、缺陷和正面价值时，我们就经常形成着新的和改造着旧的概念与概念系统，意图与计划。它们是没有预先注定的途径可循的。在观念的有意指导之下的人类经验便不断地使它自己的标准和尺度演进着而且借助于这种观念所构成的每一次新的经验又为新的观念和理想造成了新的机会。

　　第三，行动处于观念的核心。当我们把认知活动的实验实践当作是哲学上关于心灵及其器官的主张的一种模式时，便避免了长期以来理论与实践分隔的现象。它揭示出认知本身就是一种行动；它是不断前进的和稳妥可靠地使自然存在具有明白意义的唯一的行动。因为由于界说思想的操作在经验对象上所产生的结果，这些经验对象便把它们和那些为思维所揭示出来的其他事物的关系吸收进去，当作是它自己所含蓄的意义的一部分。世界上没有本身固定不变的感觉对象或知觉对象。经验的进程是思维影响下所产生的结果，而这种经验的进程中我们所知觉、所利用和所享有的对象也把思维的结果当作是它们自己的意义；于是它们的意义便愈来愈丰富。这一点便构成了实验唯心主义哲学的最后意义。观念指导着操作，而在操作所产生的结果中观念不再是抽象的、单纯的观念，而成为规定感觉对象的东西了。可感知的经验是盲目的、晦暗的、零散的、意义贫乏的，而感觉的对象则是满足、酬答和供养智慧的对象，而从前者过渡到后者则需要经过具有实验性质和操作性质的观念。

　　我们的结论是依据于我们对于自然科学的实验探究的内容所作的分析。当然，有关于人类所特有的条件和目的的更为广泛范围的人类经验，按照其当前存在的情况看来，和考察自然科学时所产生的结果还并不是一致的。我们所达到的这个结论的真正哲学力量（不同于一种专门性质的力量）就正在这种不一致之处。最严格的经验类型已经获得了惊人数量的作业观念，用以控制对象，这一事实表明在比较广泛的经验形式中我们也有获得这种结果的可能，不过目前尚未达到罢了。就消极方面而言，这个结果表明我们需要彻底修改我们在实验探究兴起以前所形成的关于心灵和思想以及其对自然事物之联系的那些观念。这是当代哲学所应该担负的批评工作。就积极方面而言，科学中的成就结果激起了哲学去考虑把这种具有操作性的智慧方法推广到其他领域去指导生活的可能性。

理智权威的所在

最后知识的来源与验证到底是理性与概念，还是知觉与感觉，这是思想史上持久不决的一个争论。这个争论既从知识对象的性质方面影响哲学，也从获得这种知识对象的心理机能方面影响哲学。从对象方面看，有人着重理性，主张共相高于殊相；有人着重知觉，则主张殊相高于共相。从心灵方面看，有一派强调概念的综合作用。另一派则坚持在感觉中当对象记录下它们自己的作用时心灵并没有加以干涉。这种反对的情况扩充到行为与社会的问题方面。一方面有人强调有运用理性的标准进行控制的必要；另一方面则有人坚持欲望具有一种动力的性质而这些欲望的满足又具有亲切的个人特征，因而反对纯粹思想的这种冷酷无情的状况。在政治方面，也有这样的分歧：有人拥护秩序与组织，觉得只有理性才会给予安全，而有人则爱好自由、革新和进步，以个人的要求和欲望作为哲学的基础。

这两派的论战极其剧烈，持久不息。结果，哲学家们乃竭尽全力，争论不已，而他们指导实际事务的方法大多数是在于他们支持一方面而反对另一方。这种情境在我们的探究中又产生了另一个问题：这个实验的认识论对于这个争论的敌对双方有着什么影响？第一，知识的对象是事后形成的；这就是说，它是有指导的实验操作所产生的后果而不是充足存在于认知以前的东西。第二，由于这种变化的结果，可感觉的因素和理性的因素不再争夺等级的高低。它们是相互联系，相互协作，使得知识成为可能。把这两个分隔开来，就是表示把它们都同与行动的有机联系中分隔开来。当人们把理论和实践对立起来时人们便有理由来争论应该是感觉还是理性占据理论的首席。有指导的活动要求观念超越于过去知觉的结果以外，因为它要适应于未来，尚未经验到的情境。但是这种有指导的活动，无论从起源上和从后果上讲来，所涉及的事物都只能是我们所直接知觉和享有的东西。

在这一方面有争论的主张有三个主要的派别：即感觉经验主义、理性主义以及把以上两派所分隔开来的因素调和起来的康德主义。康德的主张从外表上看来貌似我们适才所陈述的这一种主张；它坚持：要有知识，就必需要有知觉和观念这两个方面。因此，我们从讨论康德主义入手，比较方便一些。康德有一句名言：没有概念的知觉是盲目的而没有知觉的概念是空洞的。这句话暗示出康德主义和实验主义认识论的相似之处。然而康德的主张和对实验认知的分析所获得的结果是根本不同的。其根本不同之处即在于：后者认为感觉和思想的差别产生于反省探究的过程以内，而这两者是借助于在外表上采取行动的操作而结合起来的。照康德的思想体系说来，这两者原来就是彼此独立存在的，而它们是一劳永逸地在神秘的心灵深处经过一种隐蔽的手续联系起来的。就这两者不同的根源而言，感觉材料是得自外来的印象；而具有联系性的概念则是在悟性以内所提供的。就这两者的联系而言，综合作用并非有意地和借助于有控制的研究艺术而发生的；这种综合作用是自发的和一劳永逸的。

从实验主义的观点看来，认知的艺术一方面要求要有选择适当的感觉素材的技能，而另一方面要求要有具有联系性的原理或概念的理论。认知的艺术需要有一种发达的和经常改善的技术既来决定观察的素材，又来决定有助于探究在任何特殊事例中达到一定结论的观念。但是根据康德的观点看来，这两者之间的区别和联系虽然对于所谓认知来讲是必要的，但是对于任何特殊的认知活动的有效性却是没有丝毫关系的。感觉和悟性的综合见于最确切的科学发现的事例之中，也见于幻想和谬误之中。从实验主义观点看来，认知之所以有优劣不同，实由于所施行的控制不同，这是整个问题的核心。照康德的思想体系看来，把思想范畴赐给感觉材料，是与认知之分为真伪毫不相干的。

这些区别可以概述如下：（1）在实验性的认知中，总是有某些经验题材事先存在着的；这种经验题材起源于自然原因，但是它的发生并不是在控制之下的，所以它是不确定的和有问题的。原来的经验对象是由于有机体与环境之间自然发生的交互作用所产生的，而这些经验对象本身既不是感觉的，也不是概念的，更不是这两方面的混合。这些经验对象就是我们通常未经验证的经验中的定性材料。（2）人们是为了使得探究过程能够顺利地达到一个有确切验证的结论，使之能为人们所接受，才有意地划分感觉的素材和具有解释性的观念这种区别。（3）所以这个区别的每一方面都不是绝对的和固定的，而是偶然的和尝试性的。当我们发现了观察的素材为我们提供了较好的证据时，以及当科学的发展为我们提出了更有指导作用的假设时，我们对于这个区别的各个方面都是可以加以修改的。（4）所以选作素材之用的材料和选作调节原理之用的材料经常地互相制约，在这一方面的进步便相应地引起了另一方面的改进。这两方面互相协作，把原来的经验材料重新加以整理，构成一个新的对象，使它具有被理解或被认知的特性。

这些陈述是形式的，但其意义却并不奥妙难懂。任何科学研究都说明了这些陈述的重要意义。天文学家、化学家、植物学家都是从粗糙的、未经分析的经验材料着手的，都是从我们所生活、遭受、动作和享有的这个"常识"世界着手的；都是从熟悉的日月星辰、从酸盐金属、从树木苔苗着手的。然后把研究的过程划分成为两类不同的操作。一种操作是进行审慎分析的观察，以确切地决定我们所无可置疑地看到、触到和听到的东西。这种操作要发现问题的确实素材以及理论解释所必须依赖的证据。另一种操作是探求过去的知识，获得观念，用以解释这些所观察到的材料，提示首创新的实验。由于这些新的实验，我们便获得更多的素材，而这些素材所提供的更多的证据又暗示新的观念和更多的实验，一直到解决了问题为止。研究者从未笼统地或全面地划分成为知觉的材料和概念的材料两种。在探究的每一阶段上他都审慎地鉴别他所观察到的东西和所谓理论与观念的东西，利用后者作为指导进一步进行观察的手段而又以观察的结果来检验所运用的观念与理论是否适合应用。最后，原有的材料重新组织成为一种融会确切的形式，成为科学体系中的一个统一的部分。

例如，一位医生应诊于某一病人。他的原始的经验材料就摆在他的面前；

他不必加以无用的想象，去幻想他的病人是由范畴所组织起来的一堆感觉素材。这个经验对象提出了探究的问题。他进行一系列临床的手续：测听、轻叩、记录脉搏、温度和呼吸等等。这些手续便构成了症状，为他解释病源提供了证据。在哲学家或逻辑家看来，这些症状就是原对象能以在感觉中、在观察中所呈现出来的部分。这种结果并不是所观察或能观察到的全部而只是在经验到的全体中判定那些与推断疾病性质有关的方面或部分而已。这种观察的本身是没有什么意义的；它们只有在医生所掌握的系统的医学知识的解释之下才是有意义的。他要诉之于他所储备的知识来提示出一种足以帮助他判定疾病性质以及正确诊治的观念。在分析派的哲学家看来，这种用来把分散的感觉素材组合成为一种融会整体的具有解释性的材料本身却不是直接在感觉中呈现出来的。所以他称之为观念的或概念的。

感觉素材是指导如何选择观念的标志；观念一经提示出来以后便会引起新的观察；这两者结合起来便决定着他的最后判断或诊断以及诊断的程序。于是在医术的临床材料上又增添了一些新的材料，从而可以使得以后对于症状的观察更为精密详尽；提示新观察的材料更为扩大了。这个在观察和概念或一般观念之间的协作过程是没有止境的。在任何情况之下，素材都不是原有对象的全部内容；这些素材只是为了用作证据和标志而选择出来的材料。在任何情况之下，一般的观念、原理、法则、概念都并不决定着结论——虽然在某种情况之下有些人搜集一些零星的观念材料而不去查明它们的意义，而在另一种情况之下又有一些没有技术的工作者容许一些预存的观念去控制他的抉择而不只把它当作为一个假设。

这个事例好像十分简单，以致有人认为我们忽视了产生纠纷和争论的条件。但是早在实验的认知产生之前就已经在哲学中形成和建立了许多关于心灵，关于感知，关于理性、理智、概念与知觉的理论，而这是这些纠纷和争论的根源。要想摆脱由此所产生的旧习惯，全心全力注意于实际的探究，这是困难的。虽然看来我们用医生或其他从事于具体研究工作的人来反对《纯粹理性批判》这样的精心结构以及无数评注它的书籍似乎有点冒昧，但是我们所描述的这种情况却是以促进科学实际进展的这种实验实践的全部重要性为背景的。

我们可以比较明确地断言：康德的学说是错误的，因为他把感觉和概念之间真正和必然的区别从它们在实际探究中的地位和功能中抽象了出来。康德的学说把这种区别概括成为一些固定的和笼统的区别，忽视了这种区别在获得那些经过验证，保证安全的信仰时所具有的特殊作用。结果便产生了这种人为的错综复杂的情况和不可解答的疑难问题。

试举感觉素材所具有的这种零散和孤立的特征为例。如果把这种感觉素材从它们与某一特殊探究的联系中孤立开来，它们无疑地就会是零散和孤立的。所以当我们把它们概括成为一个笼统的特征时，我们就会主张感觉素材是具有各自分开的"原子性"的。这种主张是感觉主义、某种形式的新实在论以及康德主义所共同的。事实上，嗅、味、声、压、色等等都不是孤立分隔的；它们是被各种的交互作用和互相联系结合在一起的，而在这些交互作用和互相联系中也包括具有这种经验的这个人的习惯反应。有些联系是有机的，从主体的机体结构中产生的。另一些联系是由于教育和文化习俗而潜移默化于习惯之中的。但是这些习惯的联系却是一些障碍而不是一些补益。其中有一些是不相干的和错误的。无论如何，它们不能提供线索，提供在进行中的特殊探究过程所需要的证据。结果，感觉性质便和它们通常的联系被人为地分隔开来了，因而探究者对于这些感觉性质便随便采取了新的看法或把它们当作是一个新对象的组成部分。

既然探究的需要本身表明现存的情境提出了问题，那么在建立新的联系之前我们是不理解这种情境的。所以感觉素材零散孤立的特征并非表示这些感觉素材本身所固有的东西而只是标志着探究进展中一个必然的但是过渡的阶段。由于人们把感觉素材从它们在促进认知目的中的地位和职能中孤立开来了，于是他们便把它们当作是一种孤立的、原子的存在。如果我们注意一下认知的实际活动，我们就清楚只有感觉素材能够提供具有证据性的题材；而对那种不呈现于感觉的东西的观念则只是解释证据而不能构成证据。然而整个科学史表明，直接和原来所观察到的材料并不供给良好的证据材料；我们知道，古代科学认为我们能够根据所观察的对象进行推论而无须人为地事先进行分解的假定本质上是错误的。所以我们需要有一种独特的实验操作，把对象的某些性质分离开来；这些性质便形成了按照"感觉素材"一词的专门意义所理解的所谓感觉素材。

因而，传统的经验主义坚持，无论概念系统是多么精密，内在地多么融贯，概念或思想材料本身不能提供任何关于存在的知识，这是正确的。我们不能从思想中派生出存在来——对不起唯心主义。暗示观念时必需有观察的材料；验证观念时也同样必需有观察的材料。从存在上讲来，感官是我们获得观察材料的器官。但是我们在前面已经注意过，只有当这种材料与产生这种材料的操作联系起来的时候，它对于认知的目的才有意义和效用。单纯物理上的交互作用（无论是外在事物的交互作用还是有机体的交互作用），产生观察，形成探究的材料；这只是有问题的材料。只有有意地进行的并注意地把它们和它们的结果联系起来的这些操作才使得观察的材料具有一种积极的理智上的价值，而只有思想才能满足这个条件：观念即对于这种联系的知觉。甚至于非科学的经验，只要它具有意义，既不是单纯的动作，也不是单纯的忍受而是承认在所为之事和所忍受的动作后果之间的联系。

在经验主义的后期历史中，经验主义有一种倾向，把感觉的后果当作就是"心理的"或精神的状态或过程，这是把科学对象（在这些科学的对象中是找不到这些感觉性质的）当作是唯一的实在对象的逻辑结论。当代的实在论者坚持说感觉素材是外在的而不是心理的，但是这也没有补救这个逻辑上的错误。实在论者也同样把感觉素材和有意地提供这些素材的操作以及这些操作的目的和功能孤立分隔开来了。所以实在论就必然要诉之现在所谓"本质"（essence）来补充逻辑的对象。尤其重要的是这个学派对于如何控制实际探究的进程一无说明。因为它没有看到，感觉素材和理性悟解的对象之间的区别只是发生于反省研究以内为了便于调节研究程序所作的一种区别。

如果一开始不把这些有关的性质称为"素材"或"所与"（"given"），而称为"被采取的"（"taken"），整个的认识论可能会完全不同。我们并不是说，素材并不是存在的，并不是最后所给予的性质——它们是非认知经验中所占有的整个题材。但是作为素材，它们是从刺激认知的这个整个原来的题材中所选择出来的；它们是为了一个目的而被鉴别出来的：这个目的即为明确问题提供标志或证据，从而为解决这个问题提供线索。

如果我们再回到病人和医生研究病情的这个事例，我们就明白了，一个病人的呈现乃是"所与"的东西，而这种"所与"是复杂的，具有各种不同的性质。康德提出而为传统学说所共同的一个假设是认为：一切经验都内在地是认知性质的；只有这个假设才导致：知觉病人就是认知了病人的学说。其实，这个原来的知觉只提供了认知活动的问题；它是所要被人去认知的东西，而不是认识的对象。在认知中首先要做的事情是要从一堆呈现出来的性质中选择出那些不同于其他的性质而可以说明问题的性质的东西。因为它们是有意选择出来的，是被专门的特别操作所鉴别出来的，它们便成为素材了；我们把它们称为是可以感觉的只是因为感觉器官在产生它们时所起的作用。然后我们可以把对它们的陈述公式化，使它们成为原始存在命题（primitive existential propositions）的题材。但纵然如此，也没有所谓一般的命题（propositions in general）这样一类的东西。每一探究都产生它自己原始的存在命题，虽然研究揭示出来，它们都是以与运用感觉器官相联系的性质为对象的。而且这些原始的命题之所以是原始的，这只是从逻辑的意义而言，而不是说它们在经验上是原始的；它们只是假设性质的，是有条件的。这句话并不意味着说这些命题的存在是假设性质的；知觉，只要是正确进行的，就证明了它们的存在。但是它们在探究中的地位是试验性质的。许多，也许大多数在物理推论中的错误都是起源于我们把手上问题中不是素材的东西当作素材了；这些东西无疑是存在的，但是它们却并不是所需求的证据。在某些方面，感觉性质的存在愈确切无疑，其推论的意义就愈不确定；性质在知觉中鲜明夺目，这一事实本身就产生了一种不恰当的影响，使人们在思想中把性质明白呈现于知觉这一事实当作是具有证据价值的。阅读侦探小说的人都知道，有一种普通的设计，使侦探者被现有"线索"过于显著的特征所迷惑，而真正的线索则往往晦暗不明，有待寻索。于是感觉素材在推论探究中是具有条件性的，即它们必须用它们所产生的后果来加以验证的。当这些感觉素材所激起的操作能解决有关的问题时，这些感觉素材便是良好的线索或证据。

关于理性主义的概念论，我们在前几章已经提出了许多批评，殆无赘述之必要。这种概念论坚持着一个正面的真理：在存在和知识中必然有相互联系性，必然有许多关系；这种概念论并且注意到这些关系和思想的联系。因为虽然在经验事物的材料中总是会发现某种联系的，但是既然所经验到的这些事物还是成问题的而不是为我们所明确认知的，那么这就意味着，在它们现有的情况之下重要的关系还没有呈现出来。如果探究者的反应不是盲目的摸索，如果这些反应真是实验性的，他就要预先来设定这些关系。这种关系必然是为人们所思想到的；它们是在概念上，而不是在感觉上呈现出来的。这种关系代表着人们操作后所可能产生的后果，而可能的东西和可理解的东西就是一回事情。感觉主义忽视了感觉性质在探究中的功能作用和假设地位，同样，理性主义把概念在指导探究去解决特殊问题中的作用变成了一种固定的和独立存在的东西。

批评这些历史上的认识论的目的并不只是表示不相信它们。其目的在于使人们注意到它们错误的根源。只要人们认为知识的职能就是去掌握存在于探究操作及其后果之先，独立于探究操作及其后果之外的存在物，他们就不可避免地要犯这两种错误中的一种或对这两种错误兼而有之。或者是把属于有效探究操作的逻辑特性当作是属于事先存在物的东西，否则就是把这个认知的世界归结成为一堆支离破碎，孤立绝缘的原子式的因素，康德的"杂多"；否则就是设计一些"唯心主义型的"或"实在论型的"机构体系把前两者合并起来。

在另一方面，我们认为知识的目的是前瞻的和会产生事后结果的；知识是推论性的或反省性的操作重新处理事先存在的事物的结果，这时候分别称为感觉的题材和概念的题材便是相互补充的，以有效地把探究导致一个合理的结论。

除了前面讨论中纠缠于这些陈腐的题目以外，我们还有别的方法来讨论这个根本问题。实际上，传统的学说把一切反省的知识或推论的知识当作是一种

"解释"，而所谓解释就是把好像新的对象或问题的要素和过去已知的东西，和据说是最后直接地和直觉地认知而不用推论得来的东西等同起来从而弄清这个对象或问题。从传统的学说看来，"推论的"知识（反省也包括在内）应以直接认知的东西来验证其是否有效。它不能用它本身来证明它，也不能在达到它所产生的结果的过程中去检验它。这些传统的学说都设定说：推论的结果和不加推论而认知的事物或明显地或隐晦地是等同的。证明就是把这种同一性明显化而已。

关于如何把推论的结果和不加推论而认知的事物等同起来的方式，有着各种不同的和对立的学说。有一种学说主张这种等同的手续就是把既有的殊相统摄于既有的共相之中；有一种学说主张这是一种分类性质的界说；有一种学说主张这是柏拉图式的回忆，在这种回忆中把知觉材料和先验形式等同起来从而去认知这种知觉材料；有一种学说主张这是康德先验图式的一个事例；有一种学说主张这是把当前的感觉同化于再现过去感觉的影像。这些学说之间彼此不大相同，而不可调和。但是它们都有一个共同的前提。他们都认为如果要证明反省推论的结论，就必须使这些反省推论的结论可以归结为已知的事物。它们之间的争论都只是同室操戈，无关宏旨。这些学说都认为要真正认知反省的结论就必须把反省的结果和原来直接认知的对象等同起来，而它们之间的分歧只在于它们对于这种原来直接认知的对象的特性各有不同的看法。它们都认为：不管推论的结果是什么，如果要获得有效的知识，就必须把这个结果归结为某些已经为人们所直接认知的事物。因此，它们都认为在推论的知识中所发现的知识要素都只是一种重述而已。①

上述这种想法认为，必须把推论的结果和某种其他的事物等同起来，才

① 穆勒的逻辑是感觉主义经验论的古典逻辑，但是他要求证明归纳法的"规则"跟亚里士多德要求证明三段论式推理的那些规则一样地严格。这些规则的本质就是在证明中必须把推论的结果和感觉中所呈现的特殊事物等同起来，正像亚里士多德所主张的，在证明中必须把推论的结果统摄于既有独立的共相之中一样。我们曾经注意到，欧几里得几何学假定公理是自明的真理，而这种欧几里得几何学曾经影响了亚里士多德。目前数学家们承认不能证明和不能界说的东西是运算的起点，而它们本身却既无所谓意义又无所谓"真理"。

能证明这种推论的结果是有效的。实验程序的重要意义就在于它断然废弃了这样的想法。上述的各种学说有一个共同的前提，即它们都假定有一种原始式样的直接知识（即一种不包括有反省的知识）。而根据实验科学的实践看来，我们所认识的只是反省探究的结论。如果我们把上述各种学说的共同前提和实验科学的实践作一个比较，我们就能发现在它们之间有三点突出的差别。第一个差别是：这些传统的学说把所有一切的反省知识都当作是一种对于早期更为确定的知识形式的再认识。第二个差别是：在这些传统的学说中没有真正发现或新奇创造的地位。第三个差别是：这些传统的学说武断地假定有所谓直接的认知，反对由于反省后所认知的对象是需要经过实验验证的。

我们且就最后的一点谈起。如果有人说：包括推论的知识结论必须从属于当前直接的知识，而且必须用这种当前直接的知识来加以证明和证实，这时候我们就立即发现对于这种直接确知的东西到底是什么的问题，则众说纷纭，莫衷一是。这种众说纷纭，矛盾百出的情况使我们有理由怀疑，并没有这样一种如大家所断定的所谓自明的"知识"。而且这种怀疑是具有健全的理论根据的。假定有一个人"解释"月蚀说它是由于天龙想吃月亮。在这个人看来，吞吃月亮的龙和月亮的阴暗比较起来，是较为明确的事实。在我们看来，是否有这样一种能够吞吃月亮的动物，是可怀疑的事情。有人会反对说：用这样一件荒唐可笑的事情来作为事例是不公平的：龙并不是任何哲学家所断定为直接确定而没有推论的知识这种东西。但是这个事例却还是能够说明问题的。

人们用把所认知的事物和某种其他的事物等同起来的办法来"解释"所认知的这个事物。那么再用什么来证明这个其他的事物呢？如果人们也还需要把它和另一些别的事物等同起来，然后加以证明，那么这样追溯将永无止境。我们为了避免这样回复无已，不如干脆断定某一对象或真理是凭感觉直觉、凭理性直觉，作为意识直接发生作用，或某种其他方式所直接认知的。但是这样一种程序除了是边沁的所谓"自以为然"（"ipse dixitism"）的本质以外又是什么呢？这种程序除了是任意的武断以外，又是什么呢？谁来保卫着这些保卫者呢？只有把知识置于一个圆融的结论之中的学说才能避免这种困境。这种学说承认一切的素材和前提都是具有假设性质的，而且它认为：只有可以经过重复操作手续而产生相同结果的结论才是正确的。前项并不需要不断地追溯到更早的前项，才能获得证实；如果这些前项发挥了我们所需要它们发挥的作用：如果这些前项所导致的可观察的结果满足了手头问题所要求的条件，这些前项便是好的和正确的。

当我们谈到真发现或新知识时，这一点的重要意义尤为显明。就传统的学说而言，在推论和反省探究中不可能有真发现或新知识。按照这些传统学说的说法，只有当我们把貌似新颖的东西同化于过去所直接认知的东西时，我们才有知识。因此，事物的独特个别或不再重复的特性是不可能为人们所认知的。凡不能被视为另一事物之事例的东西就处于知识范围之外。个别化的特征都是一些不可知的不尽根数。

按照这个学说的说法，反省探究可以发现规律的新事例，旧真理的新样本、旧类属的新成分，但总不能发现真正新的知识对象。就经验主义而言，研究一下洛克的例子是有益的。在他的《人类理解论》一书中，洛克不断地努力把一切反省的信仰和观念都归结为一些不凭推论而确实认知的原始的"简单观念"，从而去验证这些反省的信仰和观念——在这一点上，许多新实在论还是属于洛克学派的。

如果我们看一看科学的进程，我们就会发觉一个完全不同的故事。重要的科学结论显然是不愿意和过去所认知的东西等同起来的。这些科学结论非但不把它们自己同化于过去所已知的东西从而去证明它们，反之，它们有时还修正人们认为他们所已经知道的东西。晚近物理科学的危机便是一个确切的例子。经过实验发现光速并不因顺逆地动的方向而有所增减，而这一点是根据过去的知识所完全不能解释的。但是科学家们却接受他们实验操作的后果，构成一种被认知的对象，而并不感觉到势必把这些结果和所谓以前所已知的东西等同起来，从而对它们加以证明。科学程序中的推论探究乃是一种探险，在这种探险中结论破坏了预有的期望，毁弃了原来认为事实的东西。同化这些新的事实，把它们变得十分熟悉，这还需要一段时间。把新的东西同化于已经熟悉的东西，这无疑是我们熟悉新的东西而可以随意处理它的先决条件。但是旧学说却把这种新旧同化的个人的和心理的状态当作是对知识本身的一种验证了。

第三点，即把认识当作是再认识，只是以另一种方式，呈现出同一困难。在它所呈现出来的困难中体现出有一个独特之点。我们安于一种情境，在心理上发生有熟悉之感，这与知识是不相同的，而这种学说却把这种熟悉感的心理特征和知识混为一谈，认为由于反省而来的知识即是把某些东西和已知或已有的东西等同起来。当有时而且似乎偶然地发生实验性的认知时；当发现被认为是神赐或特别的灵感时：即当人们被习俗所控制而在变化面前感到不安，对未知事物感到恐惧时，便产生了这样的见解。当希腊人成功地把自然现象和理性观念等同起来时；当希腊人由于他们的美感兴趣使他们习惯于这样一个和谐和整齐的世界而喜欢这种等同起来的情况时，上述那种见解便被合理化而成为一个理论了。他们把这个结果称为科学，不过，事实上，这种关于自然的错误信仰竟贻误欧洲长达二千年之久。

如我们在另一个地方所看到的，牛顿式的科学实际上只是用另一套等同的对象（数理对象）去替代以前所运用的那些对象罢了。牛顿式的科学建立了许多永恒的实体，许多具有内在数学特性的粒子或原子，把它们当作是最后的实在，并且认为当反省思考把现象转变成为这些特性的时候它便产生了知识。因此，牛顿式的科学完美无缺地保留了这种旧的学说，认为认知即指一种等同的过程而言。经过了两百多年，实验的方法才强使我们明白：科学的进步依赖于我们怎样选择操作而不依赖于所谓先在确定的和固定的，以及一切具体现象都可归结到它们的那种对象性质。对于知识所抱有的这种见解仍然还统治着社会和道德方面的思想。如果我们明白了：在这些领域内，和在物理学的领域内一样，我们能够认识我们所有意创造的一切；如果我们明白了：我们进行一切工作只需要依赖于操作方法的决定和依赖于对验证它们的后果所进行的观察，于是在社会和道德方面的知识的进步也会是有把握的和经常的。

以上所述并不意味着，过去的知识对于获得新知识来说并不是十分重要的。我们只是不承认这种过去的知识必然是直接的或直觉的而且不承认这种过去的知识是衡量由推论的手续所获得的结论的尺度和标准。推论的探究是连续不断的；一步跟着一步，利用着、检验着和扩充着过去所已经获得的结论。说得更翔实些，过去知识的结论是进行新的探究的工具，而不是决定它们的有效性的准绳。过去知识对象为新的情境提供了有用的假设；它们是暗示进行新操作的源泉；它们指导着探究活动。但是这些过去的知识对象之所以参与在反省认知之中并不是由于在逻辑的意义上它们提供了前提。第一流的哲学家们仍然还坚持着这种古典逻辑的传统，把实际上在指导新的观察时起调节作用和具有工具作用的观点称为前提。

当我们审度一切新的情境时，我们经常参照到已经认知的东西。除非我们有理由怀疑推定的知识并不真正是知识，否则，我们就把它当作纯粹是一种成果。除非我们有理由怀疑所知对象的有效性，否则，我们就不必浪费时间和精力去重复那种把对象变成所认知的对象时所进行的操作。每一个成年人，无论他是不是科学家，在他的头脑里都有一大堆借助于早期的操作所认知的事物。当一个人遇到了一个新问题时，他便习惯地参照既经认知的事物，作为他处理这个问题的出发点。在我们没有怀疑它们以前，这些对象都是稳妥的；这个现有的情境固然是可疑的，但是这些对象却是稳妥的。所以我们把这些对象视为理所当然之事。如果后来我们对它们发生了怀疑，我们就要依赖于某些其他已经认知的事物。而我们所依赖的这些对象本身又是借助于过去推论探究和验证的手续而被认知的，而它们之所以具有参照对象的“直接性”，乃是因为它们已经成为一种可靠的反省结果。这一点是我们最容易忽视掉的（而在我们执着于固定事物以寻求确定性时尤为如此）。我们也容易忽视我们参照这些对象时，是把它们当作一些工具对待的，它们本身并不是固定不变的。这种情形类似我们在处理新情境时运用一些以前所制造的工具一样，只有当我们证明它们已有缺点时我们才会去发明新的工具，而这种新工具的发明再促使我们去重复那些原来制造这些工具的操作手续。

这种采取和利用过去已知对象的动作在实际上是有道理的；正如我们吃水果而不问它是怎样长成的一样。但是许多的认识论却把这种回过头来利用由于往日的操作所认知的事物的情况当作是说明知识本身性质的典型。这些理论把人们回想到过去已知事物的这种情况当作是一切认识活动的唯一模型。当我们现在在追溯中所觉察的事物正处于被人们认知的过程中时，这个被认知的事物并不是某种既经"给予"的东西，而是对探究所可能发生的事情的前瞻。新的探究瞻望着客观的和最后的对象，而当我们在进行这种新的探究时，这种在我们追溯中所觉察的事物是具有认识作用的。取出或指向过去已知的事物并不算是知识，等于在工具箱里拿出凿子不能算是制造这个工具一样。有些认识论把产生所知对象的操作手续当作纯粹是在精神上或在心理上，而不是外表地对先在题材进行重新安排（因而结果形成了某种形式的唯心主义），但是这不能成为我们否认一切所知对象都具有一种居间特征的理由。

因此我们从另一条道路上被导致同一结论，即认为这些传统的认识论的基本错误在于它们把解决问题的整个探究过程中的某些方面孤立开来，并把它当作固定的东西看待。有时把感觉素材拿来这样办；有时把概念拿来这样办；有时把过去所认知的对象拿来这样办。这些传统的认识论在操作活动的系列中执着于某一片断而把这一片断的东西孤立起来，当作是整个认识论的基础。

反省的认识当然也包括有等同作用在内。但是同一性本身也必须从操作方面来加以说明。因为决定同一性和等同作用的操作方式不同，所以同一性和等同作用也就有各种不同的意义。有人把一个对象等同于类的一分子，如植物是从属于某一物种的；这是分类学上的同一性。古典的定义说便把这种同一性当作是唯一有效的逻辑定义。还有一些具有历史性的等同办法，即有关于个体本身的同一。他们是通过一系列连续的时间变迁来说明一个个体的同一性的，而前一种分类学上的同一性乃是纯然静止的。这种同一性乃是由于把时间连续性引入原来没有联系的事物之中的这种手续而获得的；于是便产生了发生学上的定义。因为个体的同一性是由于不断地吸收和同化外在的材料而组成的——如一个人、一个民族或一个社会运动的生长。这种同一性要求有把原先存在的东西重新安排和组织起来的操作。通过推论的操作手续进行等同的办法就是属于这一类型的。这种等同的办法并不是把新对象或新情境归结成为一些既已认知的事物项目。传统的认识论竟把这样的等同办法当作是静止的和分类似的等同。

所以这些旧理论对于包含在推论认识结论中的鉴别和分化作用这些新颖的因素，便无法加以说明。从认识上讲来，它们只能把这种新的因素仅仅当作是不尽根数。反之，通过时间成长过程加以等同的办法就是进行分化；新的、原来外在的材料被同化了；否则，便没有生长，没有发展。一切反省的探究都是从一个有问题的情境出发的，而且这种情境不能用它本身来解决它自己的问题。只有把这个情境本身所没有的材料引入这个情境之后，这个发生问题的情境才转化而成为一个解决了问题的情境。想象中的观测，和已经认知事物的比较，这是第一步。不过这还不算是产生了完满的知识；只有在采取了某些外表的实验动作，在存在上发生了同化作用和组织作用以后，才算是产生了完满的知识。单纯在"心理上"的修正仍然只是保留在思维状态，还不是知识。通过对事先存在的事物的重新安排的操作手续来加以等同的办法乃是一种递加的鉴别过程；只有这种等同的办法才真正是综合性的，它既包括有类同也包括有差别。

客观唯心主义者们创立了"具体的共相"（"Concrete universal"）说，坚持在知识的对象中同一性和差异性是结合在一起的。但是他们忽视了在时间上不断重新改造的这个方面以及其与外在存在发生交互作用的必要性。

由实验去决定所知的对象，这一点还有进一步的含义，即有关于实验在证实假设方面的职能。人们时常认为实验的价值只在于实验肯定、破斥或修改了假设。从探究者个人兴趣的立场看来，这样的解释时常是适当的。探究者的兴趣在于理论方面，他仅就后来所揭露的事实状态对他所持理论的影响如何来对待这些事实。在他看来，当时实验操作结果在认识上的价值在于这些结果能够验证他的假设所提出的主张。然而即使如此，也只有因为实验实际上把一个有问题的情境转化成为一个问题得到解决的情境，我们的假设才能得到证实或遭到驳斥。在这一发展过程中我们看到了具有新特点的新对象。与研究者的个人兴趣不同，就认识的客观进程而言，这个结果是十分重要的；而假设的证实，如果和这个结果比较起来，则是次要的和附带的了。建立了一种新的经验对象，这是一个基本的事实。凡能考察整个科学知识体系的人决不会认为科学知识的价值只是在于它证实了许多的假设。总的讲来，整个科学题材体系的意义显然在于它使我们更深入地、更广泛地和更丰富地了解了通常经验对象的意义。

达到这样的后果，是反省探究过程唯一可理解的目标。它也标志着：假设在它们的进程中不断地增长了他们的确实性。但是对工具采取行动的最后目标并不只是要去改善工具，而在于工具所完成的结果，它们所产生的产品。一个人根据一定的观点进行工作，成功地发明了一件东西，这时候他的观点便被证实了。但是证实并不是他发明的目的，也不构成它所创造的价值。同样，医生在诊断的时候是根据一定的假设进行工作的。只有极端道地的专家才把一个成功的结果当作仅仅是一种对于理论的证实。既然假设本身只是探究的一种工具，那么对假设的证实便不能构成探究的全部意义。

有些假设后来被推翻了，但是这些假设对于我们发现新的事实却往往是有用处的，因而推动了知识前进。一个拙劣的工具总比完全没有工具好些。一度受人持信的假设，以后在某些重要方面就不会造成错误，这是值得怀疑的。有人甚至怀疑：当前有用的许多极有价值而不可缺少的假设对象是否实际存在的；例如电子的存在到现在还是一个争论的问题。在许多事例中，如在旧的原子论中一样，我们现在可以清楚看到，这些理论的价值是与它们的题材内容是不是实际存在的这一点无关；的确题材是否实际存在，这与理论的价值无关，而且甚至有害。我们前面已经说过，当人们废弃了所知对象具有事先存在的固有特性这种想法而把概念当作是进行操作的说明时人们就超过了牛顿的体系而向前更进了一步。

人们过去通常为了要保持某些独断的教条而对科学的进展抱着一种轻视的态度。以上的这些讨论对于这种轻视的态度具有着实际的重要性。有人指出：科学家们经常不断地改变他们的理论，把他们曾经推崇过的理论加以推翻，然后替以新的理论，继而又把这些新的理论推翻。因而他们质问：我们为什么要信赖自行悔改不定的科学而不信任人们继续信仰不变的那些旧的教条。其实，这些人并没有看到这种不稳定性只是影响着我们所运用的理智工具（即概念），而我们曾经坦白承认过，概念是具有假设性的。而具体的知识体系以及为一些不再受支持的概念所构成的确定的控制力量则始终是有增无减的。谁也不能因为镰刀被割禾机所革废，用拖拉机代替了马拉收割机而梦想去反对机械发明的演化。这明明是改良工具，用以获取更好的后果。

适才所论述的指摘科学的批评仅仅是跟以上所述的某种哲学解释有关的。如果科学的概念是愈能揭示实有或存在的先在特性，才愈为有效（如牛顿体系所主张的那样），那么不断地改变科学概念，就会造成科学上很大的麻烦。若其中任何一个概念自认为有效的，那么它就会遭受到后来人们的不相信。如果概念是一些指导实验观察操作的工具；如果知识特性是寓于结论之中的，那就不会有上述的这种情况。果实还是保留着的，而这种果实乃是知识不断地进步。按照传统的看法，理论是与先在的实在有关的，实践是与后果的产生有关的，而理论与实践是两相分隔的。如果我们打破了理论和实践的传统界线，我们就不致使我们的理论的结果受到无端的指摘。

同时这又一劳永逸地摧毁了笼统的怀疑论和不可知论哲学所依赖的根据。只要我们把心或意识当作是认识器官（无论是感觉器官或理性器官或两者兼有在再现或把握先在实在时发生作用），而构成各种的认识论，这种概括的怀疑哲学就会继续存在。现象主义（phenomenalism）主张印象和观念是介乎能知者与所知的事物之间的东西。只要人们认为只有当感觉与观念把某些先在的事物报告于心灵时感觉与观念才算具有实效的时候，上述那种现象主义才会得到充分的支持。人们可以反对现象主义，因为素材、观念、本质等都是认知的手段而不是认知的对象。但是只要人们把这些素材、观念、本质仅仅当作是心理上的手段而不是经过外在的动作实际重新安排先在事物的手段，上述那种反责便具有十分武断的意味；它将是一种虔信的主张而不是从经验上得到证实的结论。

当发生相反的论据时，就会怀疑到某些所谓知识的特殊项目。知识不能自己担保它没有错误，因为一切的知识都是特殊探究行动的结果。不可知论关于某些特殊事务如果由于缺乏适当的证据而自认无知，这不仅极其切合实情，而且也是在理智上的诚实。但是这种怀疑论和不可知论都是特殊的，依赖于特殊情况的，而不是笼统的；它们并不一般地斥责认识器官不足以尽其认知的职能。有些理论认为能知的主体，即心灵或意识，有一种揭示实在的固有才能，而这种才能是脱离有机体与其四周环境的外在交互作用而发生作用的。这样的一些理论很容易招惹一般的哲学怀疑。

如果我们把"心理的"状态和动作并不当作是直接的认识器官；这些"心理的"状态和动作是经过它们所引起的和所指导的外在行动而成为认识器官的，那么情形就会完全不同了。因为这些动作的后果构成了所谓认知的对象；而这些后果则是公开的。我们只能对于那种用以把一个有问题的情境转变成为一个安定的或已经解决问题的情境的操作手续是否适当发生怀疑。而这种怀疑并不是无能为力的和起麻痹作用的，反之，它使我们有改善探究之具体方法的机会。

我们再一次地提出这个问题：实验认知的这种模式所具有的本质要素是不是也可能移用于人类日常经验中去。有人说，关于调节行动的目的和价值所作的判断，关于在重大事物上指导行为的信条，总的讲来，是依赖于传统、教条的，是由所谓权威所强加上的。这一点是无须置辩的。由此所提出的人生目的和人生策略是否具有价值，这也很使人们怀疑，这一点也是同样显明的；至于到底能否有可能建立任何具有调节作用的目的和标准的问题，人们便时常会从怀疑论走到完全的不可知论了。人们认为在这类事务方面经验的进程本来就是混乱的。但是科学的探究证明：我们可能进行智慧的实验探究，这种智慧的实验探究将会扩大观念的范围和调节检验可靠的后果。这一点较之科学探究的任何特别结论尤为难能可贵。我们再一次地申述，我们说一般地讲来我们可能推广和移用实验的方法，这与其说是一件既定的事实，还勿宁说是一个假设。但是像其他的假设一样，这个假设还要经过行动的试验而人类未来的历史都是和这种试验维系着的。

智慧的自然化

　　所有研究哲学的人们都知道，认识论曾经被导致许多表面看来似乎是绝路的境地。在题材方面有四种类型，都互相争称是真实知识的对象，而这些争论都需要加以处理或以某种方式加以调和。在一极端上是直接的感觉素材，据说这是直接的，因而在认识存在的过程中是最确定的对象：这是关于自然的知识的原始材料。在另一极端是数理的和逻辑的对象。在它们中间便是物理科学的对象，这是一种精密的反省探究技术的产物。然后便是日常经验的对象，它们是我们所生活其中的这个世界的具体事物；而且从我们实际事务，从我们的享受和遭遇的观点看来，它们就构成了我们的生活世界。从常识上看来，这些具体事物如果不是最真实的认识对象，也是最重要的认识对象了。这些类型的对象互相争称具有统治整个知识领域的权利，因而造成了种种的问题，而晚近的哲学便是在不断地努力去解决这些问题。从某一种观点上看来，每一派的要求都似乎是至高无上的。

　　然而这个问题远不单纯是一个专门的技术问题。我们曾经反复地注意到：物理的对象（即物理学所导致的对象），宣称它们构成了世界的真实本性，这就把我们所喜欢和选择的价值对象置于一种极端不利的地位了。数学家有时从"科学"一词十足的意义来怀疑物理学是否能配称为科学；心理学家也可能同物理学家和数学家发生争执；而专心致力于物理探究的人们又怀疑那些研究人类事物的人们（历史学家和研究社会生活的人们）所提出的要求。生物学科介乎这两者之间并且形成了一个联结两端的环节。但是如果生物学科采纳了不同于严格物理学的原则和范畴的那些原则和范畴，人们又往往不承认它是科学。

实际的结果便产生了这样一种信仰：认为科学只存在于离开人类重要事务最远的事物之中，因而当我们研究社会道德问题时我们就必然要放弃那种以真正知识为指导的希望，否则我们就只有牺牲一切显然具有人类特性的东西来换取科学的头衔和权威。

从实验认知的观点看来，所有这些争论以及与其有关的问题都产生于一个根源。如果读者们是追随着我们以上所进行的讨论的，那么他们听了这句话后是不会感觉到惊异的。争论之所以产生，是由于它们都假定：真实有效的知识对象乃是一种存在于认知活动之先，独立于认知活动之外的东西。争论之所以产生，是由于它们主张：知识即对实在的把握或观望而不稍改变其先在的状态——这种主张是分隔知识和实际活动的根源。如果我们知道了，认知不是一种外在旁观者的动作而是参与在自然和社会情景之内的一分子的动作，那么真正的知识对象便是在指导之下的行动所产生的后果了。当我们采取了这种观点时，即使我们只把它当作是一种假设，则我们上述的困惑与烦难便都会烟消云散。因为根据这个观点看来，为了要产生不同的后果，就要有不同种类的，具有特效的探究操作的手续，因而便有各种不同的对象。

只要一种操作的结果是良好的，即只要它满足了促进探究的条件，那么这一种操作的结果就会和其他操作的结果一样，成为一个良好的和真正的知识对象。因为如果后果是知识的对象，那么原型先在的实在便不是探究的结论所必须符合的模型了。我们甚至于可以进一步说，当我们采用不同的操作去解决由先在经验情境所引起的问题时能够得到多少结论，我们便有多少种类有效的知识。因为解决不同问题时所采用的操作手续是从不重复的并且也不会得出完全相同的后果的。然而，就逻辑理论而言，我们是可以把操作归结为若干种类或类型的。至于这些种类是否有效，这就要看我们的原理对它将有怎样的影响。这是我们所直接关心的问题。

如果我们还没有决定明确问题和提供线索或证据的素材，则问题就不能得到解决，这一点前已言及，现在只是旧话重提而已。从这一点上讲来，当我们获得了可靠的感觉素材时，我们便是真正地认知了。在解决物理问题时，要想系统地推进探究，我们就必须确定那些量度特性，以找出变化之间的互相关系，使我们有可能进行预测。这便构成了物理科学的对象，而且如果我们的操作是恰当的，则这些对象便是真正为我们所认知的了。我们运用符号发展了我们的操作，把可能的一些操作彼此联系了起来；这种操作的结果便产生了数理和逻辑方面的形式对象。只要它们是适当操作的后果，它们也就是真正地为我们所认知的了。最后，当这些操作或这些操作之间的某种结合被用来解决问题而这些问题又是在日常所感知和所享有的对象的联系中所产生时，只要这些日常所感知和所享有的对象乃是这些操作所产生的后果，这些对象本身也是真正地为我们所认知的。每当我们实地去认知时，我们便有知识；换言之，每当我们的探究所导致的结论解决了促使我们从事探究的问题时，我们便有知识。这个明白的道理是整个问题的终点——不过有一个条件，即我们必须按照实验的方法所提出的模式来构成我们的认识论。

不过，这些结论并不是陈词滥调；当然它们也不是无足轻重的。操作所涉及的条件愈复杂，它们所产生的后果就愈为丰富圆满。结果，由此所产生的知识虽不更为确实，但总是较为重要的。物理知识占优势的地方在于它以比较明确而专门的操作来处理较为狭隘和较为孤立的少数情况。在对于这些情况的知识和对于最复杂的人事的知识之间是没有什么原则上的差别的，但在实践上是有决定性的差别的。作为一种特定的物理知识的对象，就是把经验世界的根本关系和其他关系明确区别开来的这种操作所产生的对象；就是以一种被区别出来的特征来处理这些根本关系的操作所产生的对象。这样的收获是巨大的。但是由此所认知的对象却不能说是最后的。如果我们把这些所知的对象用来作为探究生命和社会现象的要素，这些对象便成为一种工具了；它们已经不是包括一切的了而成为用来理解比较复杂现象的方法的一部分了。

从这个观点看来，我们常识世界的对象（这个常识世界即指我们生活其中的这个世界，我们爱憎、成败、选择、竞争、享乐于其中的这个世界而言）具有双重身份。当这些对象是在从事于有效的和受指导的探究操作以前的时候，它们就不是知识的对象；我们只是按照它们自然发生的样子来经验它们的。它们因而提出了要求探究的问题，提出了各种不同范围的问题。但是它们却有这样一个特点，即我们首先成功地加以处理的是那些范围最狭小的事物，是那些纯物理的事物。但是当我们利用这种有限的认识形式把那种常识世界的对象变成了操作的结果从而转变成为更为丰富和更为复杂的社会道德事件时，这些常识世界的对象也是知识的对象。虽然这些对象并不是更为真实的，但它们较之其他类型的知识对象则是更加丰富和更加重要的对象。

科学的特殊结果总是要回溯到日常生活的自然环境和社会环境并对它加以改变的。这一事实本身并不足以使自然与社会环境成为所认知的对象。一个典型的例子就是物理科学对于工场中工人的影响；在一天的几小时之内工人只是机器的一种附属品。物理科学固然已经在改变社会条件方面发生了影响。但是在理智的悟解方面却还没有相应的重大增长。物理知识的应用只是为了有限的后果而在专门技术方面进行的。但是当我们把物理知识的操作当作代表着一种人类的利益去转变人类所特有的价值时，那些参与于这些后果之中的人们对于通常所知觉、所利用和所享受的事物所具有的知识则较之在实验室的科学家所具有的知识尤为真实、丰富和深入。如果我们不以平常的专门方式来界说科学，而把它当作是运用有效地处理当前问题的方法时所获得的知识，那么医生、工程师、艺术家、技术工人都能说他们具有科学的认知。

这些话是和哲学的传统相反的。这些话之所以是和哲学传统相反的，只是由于一个理由。这些话认为所知的对象乃是由于受指导的操作的后果而存在的而不是因为思想或观察是符合于事先存在的事物的。我们可以把这些在指导之下的操作称为智慧（intelligence），其理由将在后面加以陈述。运用了智慧一词，我们就可以说：任何自命为知识对象的对象是否有价值，这要看我们运用智慧去达到这个对象的情况如何。当我们这样说时，我们要记住：智慧即指我们实际用以改变环境的操作而言（其中也包括有运用直接的和符号化的观念所进行的一切指导）。

这句话听起来也许有点奇怪。但这不过是说：任何认识上的结论的价值都依赖于达到此结论时所运用的方法，因而方法之改进、智慧之完善，乃成为具有最高价值的事情了。如果当一位科学研究者谈论到他的工作时（当他按照他的习惯用传统的概念来谈论时），我们是根据他所做的而不是根据他所说的去判断他的工作，我想我们就会不难接受这样一个见解：科学研究者是根据达到事物的方法来决定当前所呈现的事物是否具有认识上的意义的。这种主张的意义是简明的。不过，当我们把它和当前统治着思想界的这些学说对比一下时，它的意义就变得很复杂了。因为所有这些学说都认为有一种独立存在于探究操作以外的实在，它是衡量一件事物是否被认知的标准和尺度。因而我们适才所提出来的这种主张就不啻是一次大革命，改变了许多我们以前所最珍惜的信念。传统的学说主张心灵是从物理的和社会的事物世界以外去观察或把握对象的东西，而我们则主张心灵是一个参与者，与其他事物交互发生作用，而当这种交互作用是在一种明确的方式之中被控制着的时候，心灵便认知了这些事物。这是一个本质的区别。

至今为止我们的讨论是以实验认知的一般模式为依据的。我们肯定说，当我们按照这个模式来构成我们的关于认识的理论和关于所认知对象的理论时，这种结论就是不可避免的。但是这个论点之所以如此重要，我们应当感谢晚近物理科学的一个明确的结论，因为它给了我们的结论以有力的支持。因为这个结果具有关键性的决定意义。这就是在专门领域内所共知的海森堡的不定原理（Heisenberg's principle of indeterminancy）。牛顿的宇宙体系的根本哲学与所谓准合法度的原理（the principle of canonic conjugates）有着密切的联系。机械论的自然哲学的这个根本原理就是说：我们有可能确切地决定（虽然不是在实际的实践上，但是在原则上）任何物体的地位和速度。当任何一个粒子发生变化，成为运动时，如果我们认知了这一点，我们就可能把它所将发生的情况从数理上（即准确地）测算出来。人们于是认为：这些法则（或表示粒子和物体在不同条件下之关系的物理方程式）乃是一个"具有支配力量的"自然架格而一切具体的现象都必须符合于这个自然架格。如果在一个特殊的事例中我们知道了容量和动量，我们就能借助于固定的法则来预测事情后来的进程。

与此有关的哲学则假定这些地位和速度是独立于我们的认知，我们的实验与观察之外存在于自然之中的，因而当我们确切地肯定这些地位和速度时我们便具有了科学知识。未来和过去都是属于同一完全确立和固定不移的体系之中的。正确进行的观察只是按照其本质特点业已固定下的对象的法则把这种固定的变化状态记录下来罢了。拉普拉斯（Laplace）曾有过一句名言：如果我们（用机械的名词）知道了任何时候的宇宙状态，我们就能预测——或推演出——整个的未来。这一句话表达了上述立场的含义。这就是海森堡的原理所已经推翻的哲学，而海森堡的原理之所以称为不定原理，其故也在于此。

　　不错，对牛顿体系的批评是根据这个体系中在逻辑上的缺点进行的。这个体系首先假定：任何粒子的地位和速度都可以在其他粒子之外孤立绝缘地加以决定的。然而它又假定：所有这一切粒子都完善地和继续地发生着交互作用。从逻辑上讲来，这两个假定是相互抵触的。但是由于其中所包含的原理产生了满意的结果，于是人们的这种反对便被搁置一旁或被忽视了。事实上，粒子既是交互作用着的，我们就不能正确地测量出任何物体的速度和地位。海森堡的原理就是迫使我们承认这一事实，着重指出了观察者的交互作用在决定实际发生的情形时所发生的作用。

　　导致这个结论的科学素材和数理推理是十分专门的。但幸而这一点并不与我们相干。这个问题的逻辑并不复杂。他指出：如果我们从测量上确定了速度，那么在测定地位方面便有一定范围的不确定性，反之亦然。如果我们测定了一方面，我们便只能在特定的概率限度内说明另一方面。不定的因素与观察方面上的缺点无关而是事物所固有的。我们所观察到的粒子并没有固定的地位或速度，因为它在交互作用时随时都在变化着：在这种情况下特别是在和观察的动作发生交互作用时，或者严格点说，和使观察成为可能的条件发生交互作用时，它总是在变化着的；造成这种差别的不是观察的"心理"方面。既然我们可以任意固定地位或速度而把不定的因素另外搁置一边，那么这就说明地位和速度都是属于概念性质的了。这就是说，它们是我们用来处理先有存在的理性工具而不是那种存在的固定特性。把一个粒子孤立开来加以测量，这实质上是一种用来控制以后知觉经验的设计。

从专门技术上讲来，海森堡的原理和晚近在观察光的现象时所作的测量是联系着的。就观察的条件在其中所发生的作用而言，这个原理是简单的。我想我们大家都应该承认：当我们用触觉去感知一个对象时这种感触就会使所感触的事物发生一点变化。虽然在我们接触一些大的物体时这种变化是并不重要的，但是如果我们接触一个微小的物体和一个高速度运动着的物体，我们就要考虑到这种变化了。有人也许认为，我们可以计算由此所产生的这种变动，从而正确地决定所触及的这个事物的地位和动量。但是这个结果是在理论上如此，尚有待于其他观察来加以证明。而后来的这种观察所发生的影响又是不能抹杀的。我们之所以未能把这个结论概括起来，大抵由于两件事实。一直到晚近为止，物理学所处理的主要是一些容量较大而速度较低的物体。我们把对于这些物体的经验移用于一些具有任何速度的、微小的粒子；而这些微小的粒子又被当作是一些在固定不变的瞬间上的数学点。第二个原因是在视觉中我们和所看见的事物所发生的交互作用不如在触觉中那样明显。

　　但是当我们处理到高速度运动着的微小物体时，情境就改变了。而且我们显然就不能观察和测量一个连续的场，乃至一条光的流。我们所能观察到的光仅仅是一个个别的对象、一个小点、一个小球或一个弹丸。例如说，如果我们要看见一个电子，这至少要有这样一个弹丸呈现出来，而促使这个弹丸呈现出来的动作就在一定程度上改变了我们所观察到的对象；而在观察中所发生的这一改变或轻微的动摇是不能用它测量出来的。布立吉曼（Bridgman）说过："一只猫也许在对一个国王望着，但是其中如果有任何光线穿过的话，就至少要有一个光的弹丸穿射过去；如果其中不发出相当于单个弹丸的最小量的机械斥力，这只猫就不能观察到这个国王。"①

　　在平常的人乍看起来，这个发现的全面的意义似乎并不很大。在科学思想的内容中，这个发现只是在陈述公式方面产生了一些微小的变化，对于一切宏观的物体并没有发生多大的作用。不过，这个发现对于科学所根据的哲学和逻

---

　　① 见布立吉曼：《科学新见地》（*The New Vision of Science*）一文，载《*Harper*》杂志，1929年3月号。

辑所产生的变化却是很大的。相对于牛顿体系的形而上学而言，这简直就是一次革命。在这里我们把所认知的东西当作是一个结果，在产生这个结果的过程中观察的动作起着必然的作用。我们把认知活动当作是参与在最后所产生的被认知的过程之中的。而且以存在物为固定不变，因而是可以真正用严密的数学加以描述和推测的东西的这种形而上学也崩溃了。就哲学理论而言，认知已经成为了一种在特别指导之下的活动而不是和实践孤立分隔的东西。借心中确切地占有不变实在的办法来寻求确切性已经转变为借主动地控制变化着的事物进程的办法来寻求安全了。在操作中的智慧（即方法）已成为最值得我们去争取的东西了。

因此，不定原理就成为排除旧日旁观者式的认识论的最后一步了。这个原理在科学程序本身以内承认认知就是世界上不断发生的一种交互作用。认知标志着无指导的变化转化成为一种指向于一定结论的变化了。这样就给哲学只留下了两条选择的道路。或是知识达不到它自己原有的目的，或者认为知识的目的就是有目的地运用操作所产生的后果（不过这些操作的后果要能满足人们之所以要从事于这些操作的条件）。如果我们坚持传统的见解，认为被认知的事物乃是事先存在于认知动作之前而与认知动作两相脱离的一些事物，那么根据我们所发现的事实，即现存认知中所必需的观察动作已经改变了既存的事物这一事实，已足证明认知动作已经使得原有事物走了样，达不到认识事先存在事物的目的了。如果认知乃是一种动作的形式，像其他动作的式样一样是要用它后来所产生的结果来加以判断的，那么我们就不会被迫来接受这个悲剧性的结论。从根本上讲来，问题就在于哲学是否愿意放弃旧有的关于心灵及其认识器官的理论，而这种理论是在认知的实践尚在其萌芽时期所产生的。

如果我们承认在这个不定原理中所包含的这种哲学上的改变，其结果我们便要明确地改变我们对于自然法则的见解。个别观察到的事例成了衡量知识的尺度。法则乃是我们在理智上用以构成个别对象，决定其意义的工具。这种改变便推翻了自从牛顿体系具有了充分势力以后一直统治着思想界的一种理论。按照后者这个理论的说法，科学的目的在于确定法则；个别事例只是法则的一些例证而已。因为我们早已知道，牛顿哲学是和希腊的形而上学纠缠在一起的，而按照后者的说法，不变的东西才是真正实在的而只有当我们的思想把握住了存在中事先固定不变的东西时这种思想才是恰当的。

在内容或题材方面，牛顿的哲学已经产生了一种具有革命性的变化。原来人们把不变化的实在当作是包括着有许多形式和种类的东西。按照牛顿的科学，这种实在包括着许多固定的时间和空间关系，而这种时空关系是由我们对固定的最后实体（即原子的质量）进行确切的计算而表明出来的。后来发现了质量是随着速度而变化的，而这个发现就预示着会产生新的结果。过去在物理学的知识中假想着一种最后永恒的系数，而这一系数与方位或运动毫无关系，而一切交互作用则是都要用这一系数来加以描述的。一切所谓"法则"乃是对实有的这些最后的和固定的齐一性所作的陈述。上述的发现排除了这种物理知识。有人也许认为把法则说成"控制着"变化而把变化说成"服从于"法则，这只是一种譬喻，但是当人们把法则说成是对自然存在最后不变特性的陈述，而把一切所观察到的个别事例只当作是法则中所陈述出来的真实世界所具有的先在特性的例证时，这种见解却丝毫没有比喻的意义。不定原理促使科学产生了转变，而这种转变开始于人们发现了：永恒的质量系数的假设是虚妄的——用历史上的名词判断起来，这种假设是把不变的东西当作是真正的知识对象这个见解的残余。

根据新的学说说来，法则乃是预测可观察事变概率的公式。这些法则所表明的乃是许多关系，这些关系十分稳定，足以在特定的概率限度以内（不是错误的概率而是实际发生事变的概率的限度以内）来预测个别情境（因为每一观察到的现象都是个别的）的发生。法则本身是属于概念性质的，如事实所指明的，地位或速度都是可以随意固定的。说它们是属于概念性质的，这并不是说它们是"心理的"和任意的。这是说，这些法则是想到的而不是观察到的关系。构成法则的这些概念所具有的内容却不是任意的，因为这种内容是受存在着的交互作用所决定的。但是决定这些概念却并不等于说这些概念必须符合于不变实体的固定特性。任何一种工具，从一支自来水笔到一架自动收割机、一辆火车头或一架飞机，如果要在存在中有效地进行操作，就不能不估计到存在着的东西。但所谓"估计到"或注意到却完全不同于实际上符合于既有的东西。它是要把以前所存在的东西适合于我们去完成某一个目的。

知识中最后的目的就是观察新的现象，即通过知觉去实际经验一个对象。因此这种在假想中认为控制现象的不变法则现在便成了与具体存在物发生有效交往的途径，成了我们调节我们和具体存在物之间的关系的一种方式。这些法则在"纯"科学中的用处和在艺术中的用处之间没有原则上的差别。我们还可以回复到过去已经谈论过的那个关于医生的事例。医生在诊断一个病例时所涉及的乃是个别的事例。他依靠着一些手头所备有的关于生理学等方面的一般原理。如果没有储备着这些概念方面的材料，他是不能进行工作的。但是他并不企图把这个病例归结成为某一些生理学和病理学法则的确切例证，或根本否认其特有的个性。勿宁说，他是在利用这些一般性的陈述，帮助指导他去观察这个特殊的事例，以便发现这个事例好像什么。这些一般性的陈述乃是一些理智上的工具。

如果我们承认法则乃是我们观察一件事情时计算其概率的手段，那么这就意味着说从根本的逻辑上讲来，在这两类事例之间是没有任何差别的。知识最后的和充实的实在性是包含在个别事例之中的，而不是包含在那种不用来说明个别事例之意义的一般法则之中的。因此，经验的或观察的认识论走着它自己的道路，十分不同于传统的经验主义所想象的道路。

有一句老话说，人类的进步是迂回曲折的。人们根据事物中固定不变的特性以及其可以用数学确切加以陈述的本性，认为法则具有普遍控制的权力，这样一个见地是一个雄伟的见地。这个见地一劳永逸地代替了以玄妙神秘的东西统治着一切，经常干预着一切的世界观。它建立了一个以规律性和齐一性代替杂乱无章的状态的理想。它给予了人们以启示和指导，使在只经验到杂乱无章的地方去寻求齐一性和恒常性。这个理想从无生物界扩展而适用于生物界以至于社会事业。它是科学家信念中伟大的信条，这种说法不算过分。从这个观点看来，不定原理就好像是理智上的一种灾难。当它势必要放弃有所谓描述事物先在固定特性的确切不变的法则的主张时，它就似乎否认了世界根本上是可以理解的。从旧的立场看来，如果在宇宙间没有固定的法则使我们有可能进行确切的预测，那么这个宇宙就是一个受混乱所统治的世界了。

这种感觉从心理学上讲来是很自然的。但是这种感觉起源于理智习惯对我们的束缚。被废弃了的这种传统的见解事实上在我们的想象中仍然保持着，认为世界就应该是那样的；我们感觉到不安，因为事实和我们心目中的图画不符。其实，站远一点看来，这种变化并不是那么使人心意扰乱的。凡过去所认知的一切事实仍然是被我们所认知的，而且认识得比过去更为正确一些。这种旧的学说实际上并不是科学的分支而是一种主张不变的即真实的形而上学的分支和一种主张认识的方法是理性概念而不是观察的认识论的分支。牛顿比较有效地把一种根本的"理性主义"偷偷地运进了科学界，因为他是以经验观察的名义这样做的。

而且，这个认为有一个普遍而确切的法则控制着世界的伟大而富于启示性的理想，正好像一切超越于实际的和可能的经验范围以外的概括一样，是要付出代价的：即为了一般而牺牲了个别；为了有关联的东西而牺牲了具体的东西。斯宾诺莎有过一句十分笼统的断言："观念的秩序和联系即事物的秩序和联系"。近来的人们虽不像斯宾诺莎那样公开地，但实际上却把这句话当作是确定自然界是否可以理解的准绳。而且这样一个以固定的秩序和联系为其本质特征的宇宙就不容许有独特的个体存在，就不容许有新奇和真正的变化成长。用詹姆士的话来说，这是一个浑然一块的宇宙。我们可以说，说这个世界是一个彻底机械的世界，只是随着人们所说的这是一个固定封闭的世界的说法而来的偶然产物。

大家或许都听到儿童说过，他们奇怪为什么海洋河流总是这样便利地靠近着大的城市。现在假定大家在心目中都习惯地认为城市也像河流一样是自然的产物。然后假定突然有人说城市是人工制造出来的，是人们把城市靠近河流的旁边以便于人们更好地进行工商业活动和更好地为满足人们的目的和需要服务。我们可以想象，这个发现将会引起人们的震动。它会使人感到烦扰的，因为它看来很不自然；至少哪些东西是自然的，哪些东西是不自然的，我们通常是从心理方面去衡量的；所谓自然的东西就是我们所已经习惯的东西。但是新的观念一经熟悉之后也就会成为"自然的"了。如果人们过去总是把城市和河流的联系视为受自然所固定的天然联系，而不视为人类艺术的产物，则一经发现相反的情况后就更有可能使我们经验到这是一次解放。这会导致人们更为丰富地利用自然条件所提供的便利。当人们明白了城市之所以靠近河流是因为人们可以利用这些河流时，人们便更可以层出不穷地去利用这些自然条件了。

这个比拟在我看来似乎是十分密切的。从传统见解的立场看来，自然界本身就是非理性的。但是非理性的程度是根据它与理性的先验定义相冲突的情况来衡量的。如果我们完全否认自然界应当符合于一定的定义的说法，那么自然界本身便既不是理性的，也不是非理性的。如果我们不在认识活动中利用自然，自然的存在是和理性丝毫不相干的，好像河流一样，它们本身既不要靠近城市，也不反对靠近城市。自然是可以理解的和可以领悟的。我们可以借助于操作活动，把自然变成认识的对象，从属于人类的目的，正好像河流提供了条件，可以用来促进人类的活动和满足人类的需要。

我们沿着天然的河道经营商业，这意味着交互作用是在自然以内发生的，通过这种交互作用，使自然条件发生了变化——如建筑船坞和港口，建造仓库和工厂，制造汽轮以及发明许多交互作用的新方式，同样，认知和知识也是如此。认知的器官、工具和操作都在自然之内，而不在自然之外。所以认知的器官、工具和操作乃是对过去既存的东西所产生的变化：知识的对象乃是一种构成的、实际存在上所产生的对象。传统的说法认为知识愈是不加变化地把握或观望事先存在，自身完备的事物则愈为完善。上述主张对于这种传统的说法的震动是巨大的。但是就我们在认知中的实际成就而言，这实际上只是使我们觉察到我们自己过去所常做的事情：它清除掉一切牵强附会的东西，集中注意到在获得知识时实际发生效用的中介物，删除了一些徒劳无功的事情，使我们更有可能去控制实际的认知活动。它把人类、把有思维的人类置于自然界以内了。

有一种主张认为自然本身是有理性的。这种主张所付的代价是很高的。这种主张意味着说，人的理性是一个外在的旁观者，他观望着一个自身既已十分完备的理性。这种主张使得人的理性丧失了主动的和有创造性的职能；人的理性的任务只是摹写，只是从符号上再呈现，只是观望一个既有的理性结构。如果那些已经具有了所需要的数学才能的人们能够把这个结构用数学公式誊写出来，他们会感到这是莫大的愉快。但是它是无所作为的；它没有使自然界发生变化。实际上，这只是把人的思想当作是一种固定自足的模式在认识上再现而已。这种主张既是传统上把知行分隔开来的结果，也是维护这种传统的一个因素。它把实践中的做和行贬置于一个次要的和比较非理性的境界之中去了。

观乎这种主张在十八和十九世纪对于人事和社会事务中也有"自然法"的理论所产生的影响，可知这种主张也有麻醉人类行为的结果。当时认为这些自然法是内在固定的；而关于社会现象与社会关系的科学即是对这些自然法的发现。这些自然法一经发现之后，人类就只能顺从于这些法则；这些法则统治着人类的行为，正像物理的法则控制着物理现象一样。这些法则是经济事务中唯一的行为标准；经济学的法则是一切政治行动的"自然"法则；其他的所谓法则都是人为的；与自然本身具有规范性的这种规则对照起来，它们只是一些人造的计策。

放任政策是逻辑的结论。因为有组织的社会要企图控制经济事务的进程，使它们为人类所设想的目的去服务，这是一种十分有害的干涉。

这种主张显然是认为现象必须遵守普遍法则的这种见解的后果而后者又是牛顿哲学的遗传。但是如果从事于认知的人就是自然景象中的参与者，就是产生所知事物的一个因素，那么人是参与社会事务的一个因素这一事实不足以妨碍我们去认识社会事务。反之，人要得到真正的理解，就必须以有指导的参与方法为先决条件。人类是为了达到一定的目的而参与其中，这并不是干涉，而是认识的一种手段。

因此，如果我们说新的科学发展把理性（reason）调换为智慧（intelligence），这不仅是一种文学上的变换。当我们这样说的时候，"理性"一词在古典的哲学传统中是具有专门意义的，即希腊人的所谓"理"（"nous"）和经院学派的所谓"理智"（"intellectus"）。按照这种专门的意义讲来，"理性"一词既指超经验的、内在不变的自然秩序，也指掌握这个普遍秩序的心灵器官而言。从这两方面讲来，相对于变迁的事物而言，理性就是最后固定的标准——就是物理现象所必须服从的法则、人类行为所应该服从的模式。因为按照这个字眼的传统意义讲来，标志着理性的特征是必然性、普遍性，它优越于变化，统治着变化的发生和对变化的理解。

在另一方面，智慧是和"判断"联系着的；那就是说，智慧有关于我们选择和安排达到后果的手段和有关于我们对于目的的抉择。一个人之所以是有智慧的，并不是因为他有理性，可以掌握一些关于固定原理的根本而不可证明的真理并根据这些真理演绎出它们所控制的特殊事物，而是因为他能够估计情境的可能性并能根据这种估计来采取行动。从这个名词的广义讲来，智慧是实际的，而理性是理论的。每当智慧活动着的时候，我们总是根据某些事物能够成为提示其他事物的记号的情况来判断这些事物的。如果科学的知识使我们能够比较正确地估计事物作为记号的价值，那么我们宁愿以在实际判断中的所获得的结果去易换在理论确定性方面所受到的损失。因为如果我们能够把判断一些事情当作是预示另一些事情的征兆，我们便能够在任何情况之下准备着我们所预期的事情的到来。在某种情况之下，我们还可以先下手预行促使某一事情的发生；即当我们宁愿某一事情发生而不愿另一事情发生时，我们便可以有意地安排一些变化而这些变化是我们根据我们最好的知识认识到与我们所追求的结果相联系着的。

虽然我们已经丧失了在理论上具有确切知识和从事确切预测的可能性，但是发生于自然以内的认知活动却有可能帮助我们去指导变化，因而这就使我们得到补偿而有余了。这个结论使得智慧在自然以内有了立足之点而且在自然以内发生着它的作用，而这是"理性"所没有的。凡行动于自然之外而仅是自然的旁观者从定义上讲来，根本就不是自然变化的参与者。所以，在指导这些变化中他是没有份的。随着也可能发生行动，但是这种行动是外在附着于认知的而不是认知中所固有的一个因素。它既然是一个机械的附加物，这种行动便低于认知了。而且行动一定是机械地产生于知识的，否则，就必有一种"意志"

活动插入其中以产生行动。无论如何，这种行动既是外在的，它对于智慧或知识是无所助益的。它只能在慎重地操纵条件时增进个人的机警性。

不错，当我们认知时，我们可以从事于实验活动。但是照古典的逻辑看来，这样从事的结果并不是重新组织先在的条件而只是改变了我们自己主观的或心理的态度。正如人们到雅典旅行时参观神殿，对于建筑并没有任何影响，同样实验中的动作并未参与于所知对象的构成之中。它只改变了我们自己的个人态度和姿势，使我们对于那些一直在那儿的东西看得更清楚些。这是由于我们的领会能力有弱点而在实际上所作的让步。这种想法从总的讲来是和传统上知识分子阶层轻视实践活动的情况联系着的。其实，它也把智慧贬低到软弱无能的地位了。智慧的运用竟成了利用闲暇从事消遣的事情。既然认为智慧和采取行动的力量比较之下是软弱无能的但又说它具有崇高的价值，这种主张大半是一种补偿行为。

现在我们明白了知识必须有观察而观察是深入于自然界所知对象之中的，于是知与行的这种区别便消逝了。因为我们明白了这一点，所以我们才有可能和必要来建立一种理论把知行紧密地联系起来。所以如我们前已申述过的，这就使我们养成一种习惯在自然中运用智慧。智慧是自然本身不断交互作用的一部分。无论如何，交互作用总是在进行着的并且产生着变化。离开了智慧，这些变化就是不在指导之下的。这些变化只是效应而不是后果，因为产生后果意味着我们要审慎地运用手段。当有一种交互作用干预进来，指导着变化的进程时自然交互作用的情景便具有了一种新的性质和度。这种附加的交互作用就是智慧。人的智慧活动并不是什么外在地附加在自然之上的东西；它就是自然，这时自然为了更丰富地产生事件而实现着它自己的潜能。在自然以外的理性意味着固定和限制，而在自然以内的智慧则意味着解放和扩展。

这种变化并不意味着自然是不可理解的。这只是说我们已经明白了如何真正去懂得"可理解的"一词的意义。"可理解的"一词是表达一种可能性而不是表达一种现实性。自然是可能被理解的。但是我们实现这种可能性时不是通过一个外在地对自然加以思考的心灵，而是通过一种在自然以内所进行的操作；

这种操作使得自然产生了许多新的关系而这些新的关系又是在产生新的个别对象的过程中所概括出来的。自然具有可理解的条理的程度要看借我们自己外部的操作去实现包括在自然中的潜能的程度而定。从传统的内在理性转变成为人类行动所实现的可理解性，这便在人类的肩上增加了责任。我们愈献身于智慧的理想，自然的实际条理就愈能投合于我们的心意。

以上这些结论和本章开始时所提出的问题有着直接的联系。如果我们从一个实在的立场去界说知识，认为思想的结论必须符合于这个实在，好像摄影毕肖其原物一样，那么到底哪些主题是可以进行科学研究的，就会发生争执。如果我们用智慧的性质来衡量知识而这种智慧又是对任何所经验的题材中所呈现出来的问题所进行的处理，那么这就会在另一个不同的方面发生争执了。经常发生争执的问题是我们是否有可能发展一种方法足以应付这些问题。物理知识的结论的确为我们树立了一个从事知识的榜样。但是这种说法之所以是真实的，这只是因为这些物理知识的结论发展了一种有效的方法，而不是因为它们的物理题材更为真实一些。一切经验材料都同样是真实的；这就是说，都是存在的；每一种材料都有权要求根据它自己特殊的特点和它自己特有的问题来加以处理。用哲学的术语来说，每一类型的题材都有权按照它所提出的问题和解答这些问题时所必须进行的操作来具有它自己所特有的范畴。

因此，各种不同类型的知识之间的差别变成所研究题材所涉的条件的宽度和广度方面的差别了。当我们想到天文学在理解远距离现象时所获得的成功时，我们将不禁叹赏不止。但是我们也应该要想到多少东西在探究和在结论中被删除掉了。我们对于地面上人类事务的知识在与我们对于许多许多光年远的物体的某些知识比较之下，便显得是不确切和无组织的了。但是天文学对于这些天体方面的大量事物都是不加探究的。天文学的结果之所以是比较完善的，这与天文学严格限制它所研究的问题的情况有关。天文学的事例，和人类事务的知识比较起来，是属于物理科学一个类型的。人类事务知识的本质在于我们不能从事于有选择性的抽象，而这种抽象是物理知识之所以获得成功的秘诀。如果我们也在社会的和道德的课题上同样把问题简单化，我们就会排除了人类所独有的因素——归结成为物理的条件和现象。

实验室所获得的结果和为了商业目的进行制造过程中所获得的结果是有差别的。这一事实可以作为说明这一原理的事例。其中所包含的材料和关系也许是一样的。但是在实验室的条件之下，我们把一些因素置于在工厂里所不可能做到的控制之下并把它们孤立起来加以研究，而这样严格的孤立情况又不能使我们达到廉价大量生产的目的。然而科学研究的成果却转变了工业上的生产。科学研究建议了许多可能的新的操作手续而实验室的结果指明了如何去避免无用的操作手续并且使得我们所必须加以注意的条件明显化了。人为的简单化或抽象是使我们能够处理复杂事务的必要的先决条件；在这些复杂的事务中有许多的变化因素而严格的孤立又破坏了题材的特性。这一句话表述了物理对象和社会道德对象之间所存在的重要区别。这种区别是在操作方法上的区别而不是在实在类别上的区别。

换言之，所谓"物理的"的意义与置于题材前的其他形容词的意义不同之处显然在于从一个完整的复杂体中所抽象出来的条件和关系的有限范围不同。同一原理也适用于数学的对象。利用符号，指示各种可能的操作手续，可以使我们获得较大程度的确切性和理智上的组织性。这里并没有轻视抽象的意思。抽象只是一切理智的实践中所含有的寻求经济效能的一个事例——首先是处理那些能以有效掌握的事物，然后利用这些结果来继续应付那些更为复杂的事物。当我们把抽象的结果置于这些结果所由选择出来的整个情境中而指出它的地位时，于是便有人起而反对，而且是强烈地反对。一切的专门化使人产生了一种熟悉感，而这种熟悉感又会使人产生幻想。专门的抽象过程所涉及的材料已经具有了心理上的独立性和完备性而这种心理上的独立性和完备性又转化（实体化）而成为客观的独立性和自足性了。

而且采用抽象的简单化，还有一种明确的社会理由。个人彼此之间的交往需要找出一个共同的基础。正因为个人总是个人，在个人的经验之中有许多独特的东西，它本身是不能互相沟通的，因而这就成为和别人发生关系的障碍物了。为了互相沟通起见，便有必要进行分解。否则，个人的因素便成为互相同意和彼此了解的障碍了。循着这条思想线索推论下去，便可明白，可以互相理会的概念范围愈是广阔，则一切个别特征愈从思想的对象中排斥出去。如果我们所达到的一种陈述在一切可能变异的个别条件之下，对一切可能的经验者和观察者都是适用的，那么我们所达到的这种陈述也就离开任何具体经验都是最远的了。从这个意义讲来，数学与物理中的抽象便代表着一切可经验到的事物的公分母了。就这种抽象物本身而言，它们好像是一堆残渣。当人们把它们当成是对实在本身的完备陈述时，这些抽象物便变成了一些虚幻的强迫观念。但实际上却总是跟随着引起了一种相反的运动。人们利用这些概括的成就来丰富个别经验的意义并在概率的限度内逐渐增加了人类控制这些个别经验的力量。

就是从这个意义上我们说一切反省知识本身都是具有工具性的。开始和结尾都是日常经验的事物。但是离开了知识，我们通常经验的事物便是支离破碎、偶变无常、茫无目标、险阻百出的。按照我们前面所用的字句讲来，它们便是有问题的、具有障碍性的而对于思想是有激发性的。由于我们暂时忽视其具体和定性的内容，由于我们从事于抽象和概括，我们才确定了这些经验事物所赖以发生的基本关系。我们把这些事物当作是事情，即当作是在一个关系系统中所发生的变化，而忽视了它们的个别性质。然而这些性质仍然是存在着的、仍然是我们所经验到的，不过它们本身并不是知识的对象。但是当我们从抽象的思想回复到事物的经验时，我们已经增加了事物的意义，增加了我们调节我们与事物关系的力量。

反省的知识是进行调节的唯一手段。它作为工具用的价值是独特的。结果，这些从事于迷人的反省思想的哲学家们便把知识和它的结果分隔开来了。他们忽视了知识来源和知识功能的全部联系而把反省知识当作是和一切有效的经验范围是相等的。因此便有人主张：一切有价值的经验都是内在地具有认识性质的；认为对另外一些方式的经验对象的验证并不是根据于一时一地的要求，而是把它们普遍地归结成为所知的对象。这种认为知识普遍存在的假设是主知主义的大谬误。它是轻视日常定性经验，如实践经验、美感经验和道德经验等等的根源。它是那种把一切不能归结为知识对象特性的经验对象都称为主观的和现象的主张的最后根源。

如果我们明白了反省知识的对象是具有工具性和抽象性的，我们就可以不至于贬视我们通过爱情、欲望、希望、恐惧、意欲所经验到的事物以及个人所特有的特性。这一种方式的经验和另一种方式的经验是同样真实的。但是如果我们不运用产生知识的智慧，我们情绪生活和实际生活中的实在就只有零星而不连贯的意义而且是听任我们所不能控制的力量的摆布的。我们要么接受它们，要么逃避它们，此外，我们别无选择。当我们经验到由对象的互相关系和交相作用所构成的那一方面时，我们便有可能有新的方法来对付它们，从而最后产生了一种新的经验对象，这种新的经验对象并不是比以前的对象更为真实些，而是比它们更有意义，更少外力的阻碍和压迫。

因此，由于我们认识了智慧乃是在这个世界之内发生作用的一种方法，我们便确定了物理知识与他种认知的关系。物理知识所涉及的那些关系具有最广泛的范围。物理知识为其他比较专门形式的认知提供了一种可靠的基础：——这并不是说，这些比较专门形式的认知必须归结到物理知识所最后达到的对象，而只是说，物理知识提供了理智的出发点，提示了所要从事的操作。没有一种探究能独占知识这个光荣的称号。工程师、艺术家、历史家以及事业家，当他们所运用的方法能够解决他们所研究的题材中所发生的问题时，便获得了知识。建筑在实验性探究这种模型上的哲学便排除了一切笼统的怀疑论，因而它也消除了科学观念的一切可厌的垄断权。凭着它们的产物，我们就可以认知它们。

划出一定的结论（无论是数学上或物理学上的结论），说只有这种结论才真正是科学，这是一件历史上的偶然事件。人们之所以这样做，这原来是由于人类想望确定和安宁，而实际上又因为人类没有管理与指导自然条件的艺术而得不到这种确定和安宁。当近代物理学的探究开始时，它是不为人们所欢迎的，甚至是不为人们所允许进行的。实际上人们势必要把它当作是一种具有排他性和神秘性的事业。而且当它前进的时候，它又要求愈来愈多的专门技术上准备。一方面要防御社会的攻击，另一方面要颂扬一种专门的职业，这两种动机结合起来，于是一切用来颂赞"真理"的话都被用来称扬物理科学了。

因此，"科学"（意即物理知识）就变成了一块圣地。产生了一种宗教的气氛，以至一种崇拜偶像的气氛。"科学"被划分开了；人们认为科学的发现和实在具有一种特权的关系。事实上，画家和物理学家一样懂得颜色；诗人和气象学家一样懂得星辰云雨；政治家、教育家和戏剧家也和职业的心理学家一样真正地懂得人性；农人也和植物学家与矿物学家一样，真正地懂得土壤和植物。因为知识的准绳在于用来获得后果的方法而不在于对实在的性质具有形而上学的概念。不过各方面的思想家们终究还是要依赖于数学家和物理学的研究者们来改善在他们各个行业中所运用的工具。

如果按照操作论替概念所下的定义，"知识"就有许多的意义。用来解决问题情境的不同操作有多少，就有多少关于知识的概念。当我们断言反省知识本身是具有工具性的时候，我们并不是说还有一种直接所与的、先验的、非反省的知识形式。我们的意思只是说，我们可以直接占有和享有来自反省知识的对象经验中所具有的意义。至于辩论说是反省方法的结论本身应该被称为知识，还是能以直接被知觉和被应用的、后来增添了意义的那些对象才应该被称为知识，这是徒劳无益的。把适当方法的反省结论称为科学，这倒是符合于我们的习惯用语的。但是这样理解之下的科学并不是最后的东西。最后的东西是对直接经验的事物的欣赏与应用。当这些事物的内容和形式成为科学的结果时，它们就被认知了。但是它们也不只是科学。这些事物是从丰富明确的个别形式所概括出来的关系和连续中所经验到的自然对象。

方法至上

　　不确定性本来是一件实事。它意味着说，当前经验的结果是不确定的；这些经验本来就是障碍重重，未来充满危险的。克服这些障碍的行动又没有成功的把握，因而这些行动本身也是有危险的。情境内在地具有着烦难的和不确定的性质，因为这种情境的后果悬而未决；它们走向厄运，也走向好运。人类的自然倾向就是立即采取行动；悬而不决是不能忍耐的；渴望立即行动起来。当他们行动而没有控制外在条件的手段时他们所采取的行动方式是原型的仪式和祭祀。智慧表明直接行动已经变成了间接行动。这种行动仍是外表的，不过已着手于考察条件，从事一些试验性和准备性的行动。这种行动已不是冒昧"从事"，而是集中力量以查找困难与原委，预计随后所要采取的一些尚未成熟的明确反应。思维曾为人们适当地称为延宕的行动。但并非一切行动都是延宕的；只有事临终局的行动，乃至即将产生不可挽回的后果的行动，才须延宕。所谓延宕的行动就是现在正在进行着探索的行动。

　　行动这样改变了性质之后所产生的最初和最明显的结果就是这个怀疑的或有问题的情境变成了一个问题。原来整个的情境都弥漫着那种危险的特征，而它现在变成了一个探究的对象；困难的所在明确了，所以也便于人们设计应付这个情境的方法和手段了。只有当人们在专门的探究领域中成了熟手之后，心灵才立即从问题出发着手活动；即使如此，在一些新的事例中，也总是对情境先有一个摸索时期，而这种情境充满着混乱，而不是提出清晰的问题以备研究的。

　　人们曾对心灵和思维下过很多的定义。我只知道一个定义，触及问题的核心：——即对有怀疑的事物本身进行反应。无生物并不把事物当作有问题的东西来反应。我们能根据确定存在的状态来描述无生物对其他事物的行为。在一定的条件之下它或者有反应或者没有反应。它的反应只是产生了一堆新的条件，在这种新的条件之下它继续反应着，而不顾这些反应的结果的性质。例如，对一块石头而言，它与其他事物交互作用的结果如何，石头对它是漠然无关的。其便利之处即在于它对它的反应漠然无关，即使石头本身因此粉碎，也不相干。至于有生命的有机体的情况则截然不同了，这一点是毋庸置辩的。有生命的意思即指有一连串继续不断的动作，其中前面的动作为后面的动作的产生准备了条件。当然，在无生物中也有一连串的因果关系。但是就有生物而言，这一串连锁具有一种特别累积的延续性，否则它就会死亡。

当有机物的结构更加复杂因而联系到更加复杂的环境时，有机物便需要有一种特殊的动作来创造各种条件以利于以后采取持续生命过程的动作。这一点既是更加困难了，又是更加必要的了。有时在一个关键性的地方，一个行动的正误就意味着生死。环境条件愈来愈矛盾紊乱：它们为了生命的利益，要求采取何种行动，也愈不确定。因此，行为就势必要更加犹豫审慎，更加需要瞻望和准备了。当反应把疑难当作疑难反应的时候，这些反应便具有了心理的性质。如果这些反应具有了一种有指导性的倾向，把动荡而有问题的东西转变成为安全而获得解答的东西，这些反应非但是心理的，而且是理智的（intellectual）了。于是相对地讲来，行动就更加具有工具性而更少具有完满性或终结性了；即使对于这些具有终结性的行动，我们也要问一问此后它会产生一些什么结果。

这种对于"心理"的看法把各种不同方式的反应（情绪的、意志的和理智的反应）统一起来了。通常我们说，这些活动是没有什么根本差别的——它们只是一种共同的心灵活动所具有的各个不同的方面。但是我只知道一种办法，才使得这种说法成为有效的：即把它们当作都是对不确定的东西所作的各种不同方式的反应。反应行为的情绪方面是它的直接性质。当我们遇到一种动荡不定的情况时，便有一种情绪上的动荡，扰乱着生存的常道。现状将产生什么结果，还不确定；这种不确定性便制约着情绪。恐惧与希望、喜悦与忧愁、厌恶与欲望等扰乱的情况都是一种分裂了的反应所具有的各种性质。其中包括有一种对现况会变成什么样子的关心。这里所谓"关心"有两种完全不同的意义：一种意义是指焦急、担心和忧虑；另一种意义是指对我们所关心的潜能所表示的珍惜关怀。这两种意义表明对于未来不定的现状所作的反应行为所具有的两个不同的极端。而只有在有些事物自始至终还不是完全确定不移的情况之下，才有得意和沮丧的情绪。这种情绪可以在胜败最后的一刹那间发生，但这一刹那乃是以前事物的进程经过久悬未决而最后得到胜利或失败的一刹那。如果我们所爱的"实有"是圆满自足的，因而我们对它的关切对它是毫无影响的，那么对这种"实有"的爱与我们关心于我们自己灵魂命运的爱（如经院学派所看到的）相比较，就不可同日而语了。如果恨只是一种单纯敌对状态而没有任何不确定的因素在内，那么这种恨就不是一种情绪而只是一种从事于无情毁灭的精力。厌恶之所以是一种感情的状态，是因为有一种讨厌的对象或人物阻碍着我们去达到某一目的而造成了一种不确定的情况。

心理生活的意志方面，大家都知道，是与情绪方面联系着的。唯一的差别在于：情绪方面是对于动荡不定的事物的反应的横切面和直接方面，而意志方面则是把不定的、模糊的条件向着合意的和有利的后果转变的反应倾向；在许多可能性之中只实现其一而不顾其余。情绪有时是以压倒的优势处于直接状态之下，有时又在集中精力去对付结果未定的情境，所以情绪有时对于果决的意志是一种障碍，有时又对它成为一种助益。只有在事物存亡攸关的条件之下或在行动的方向将产生新的情境以满足需要的情况之下，想望、意向、计划、选择才有意义。

心理活动的理智方面就是间接方式的反应，它的目的在于确定困难的性质和形成对付困难的观念——因而操作是可以向着有意寻求的结果的方向进行着的。任你选择一点偶然的经验为例，如看颜色、读书、听人谈话、使用仪器、学习功课等等，我们要按照人们是否有意地努力对付不确定的情况以求得解决，来决定这些经验是否具有理智的、认识的性质。任何事物之所以被称为知识或被认知的对象，都是因为它标志着有一个要解答的问题，要处理的困难，要澄清的混乱，要融贯化的矛盾，要控制的烦难。如果不涉及这样一种居间的因素，所谓知识就只是一种直接而坚定的行动，或只是一种占有性的享受。同样，思维就是在有意地指导下从有问题的情境向安全可靠的情境实际过渡的过程。并没有一种分隔的，独自具有思维功能的"心灵"；对思维的这种看法的结果势必要假定有一种超自然的神秘力量干预着自然以内的事情。思维乃是在促使有问题的情境过渡到安全清晰情境时所采取的一系列的反应行为中的一种方式；这种行为方式是可以在客观上观察得到的。

　　信仰之所以有各种具体的病态，信仰之所以遭到破坏和歪曲，信仰之所以不及或过分，这是由于我们没有注意和坚持这样一个原则：即知识是内在不定的或怀疑的情境得到完全的解决。最普通的谬误是认为：既然疑难状态是随着不安定的感觉而来的，于是当安全感代替了这种不安感的时候，便产生了知识。于是思维不再是改变客观情境的一种努力而成为改变感觉或"意识"的各种设计。人们倾向于作过早的判断、急于下结论、特别喜欢简单化、利用证据去迁就欲望、把熟悉的东西当作清晰的东西等等，而这一些都是人们把确定感和一个确定的情境混为一谈了。思维急于求得安定，就不免会勉强加快步伐。通常的人不喜欢伴随疑难而来的不安，于是他就不惜采取任何手段来终止这种不安状态。人们总是利用正当的或不正当的手段来设法避免不确定的状态。人们由于长期处于遭受危险的情况之下，于是便滋长了一种强烈的对安全的爱好。如果把爱好安全转变成为一种不受骚扰和不动摇的欲望，这一方面就导致武断、根据权威来承受信仰、偏执与狂热，另一方面则导致不负责任的依赖心和怠惰。

　　这就是平常的思维和严谨的思维两者互相不同之处。通常的人对于疑难不决的情况是不耐烦的；急于要排除这种情况。一个受过训练的人则喜欢有问题的东西，珍赏它，一直到发觉一个经过考验证明的解决办法为止。有问题的东西便变成了一种主动的疑问，一种寻求；这时已不再是确定感的一种想望，代之而起的是寻求一种对象，人们可以利用这种对象使晦暗不定的东西发展而成为稳定清晰的东西。科学的态度几乎可以说就是欣赏可疑情境的一种态度；科学方法从一方面讲来就是把怀疑转变成为明确探究的操作，以有效地利用这种怀疑的一种技术。不注意问题本身而爱好思考的人是没有的；不"爱好思考"

而在理智上有所施展的人也是没有的。当一个人注意到问题的时候，这就意味着，单纯机体上的好奇心（那种多管闲事的不稳定的性向）转变而成为一种真正理智上的好奇心，使人不至于急于下结论，诱导他主动地去寻求新的事实和新的观念。只采取怀疑的态度而没有这种探求活动的怀疑论便和独断论一样只是一种个人情绪上的放纵。然而只有当人们关心到特定的问题情境时，他们才能获得比较安定可靠的东西；说确定性的寻求是具有普遍性的，是可以适应于一切事物的，这只是一种别有用心的歪曲。一个问题处理好了，另一个问题又产生了，思维是一直活跃着的。

我们已经分析了从动荡不定的情境转变而成为陈述问题与解决问题的情况并从而建立了一种关于心灵及其器官的学说。当我们把这种学说和其他学说作一比较时，便知这种学说突出的特点在于它只运用那些公开的、可观察的和可证实的因素。一般讲来，当我们论及心理的器官和认知的过程时，人们总是谈论着感觉、意象、意识以及其各种不同的状态等等，似乎这些东西是可以就它们本身，在它们本身范围以内加以说明的。人们把这些心理的器官同解决问题情境的操作孤立开来，使这些器官具有独立的意义，然后再利用这样心理的器官来说明认知活动的实际操作。因此，我们是用晦暗不明的东西来"解释"那些比较明白而可以观察得到的东西；我们由于旧的传统习惯而看不到它们的晦暗性了。

我们毋庸赘述上面讨论的结果了。我们认为探究是一套用来处理或解决问题情境的操作。上面所讨论的一切结果都是和这学说联系着的。凡受我们批评过的学说都是以一种与我们的看法不同的假设为根据的；它们认为：在认知中心理状态和心理动作的特性是可以孤立地确定的——是可以脱离解决模糊不定的情境的外表动作，单独描述的。我们以实验探究为模式所建立的关于认知器官和认知过程的学说有一个根本的优点：我们只运用那些客观的、可以检验的和可以报道的东西。如果有人反对说，这种检验本身也包括有心灵及其器官在内，我们的答复是：我们所提倡的这个学说是自足的。我们唯一的假设是：必有所作为而这种作为有一定的后果。我们是用星辰、酸素和消化组织的行为来界说或构成关于星辰、酸素和消化组织的观念的；同样，我们是用这种作为及其后果来界说心灵及其器官的。如果有人辩论说，人们不知道这种有指导的操作的结果是不是真正的知识，我们的答复是：这种反对的意见事先假定了人们对于知识应该是怎么一回事已经有了一种先入之见，所以它能利用这种先入之见来作为判断特殊结论的准绳。我们的学说却没有这样一种假设。我们只是断言说：某些操作产生了某种结果，在这种结果中原来模糊不定的对象现在变得清晰稳定了。改变名称，那随你的便；无论你是拒绝把一组的结论称为知识而把另一组的结论称为错误，或是颠倒过来，这些结果却仍然是照样在那儿。这些结果表现出已经解决和澄清的情境和混杂晦暗的情境并不相同。虽然你用另外一个名称去叫玫瑰，玫瑰嗅起来仍然是香的；我们所提倡的这个学说的主旨在于指出所实行的操作以及这些操作所产生的后果。

还有一点差别，即传统的关于心灵和心的认识器官的理论断绝了心灵及其器官和自然界的连续性。从这个字面的本意来讲，心灵及其器官是超自然的或在自然以外的。于是就不可避免地产生了心身问题，在观察与思维中为什么要涉及身体结构的问题。当我们对于机体结构知道得还不多的时候，我们之所以轻视知觉，就是因为我们不可避免地要注意到知觉和眼耳手等机体器官是联系着的而思维则可以被视为纯精神的动作。但是现在我们明白了，正和知觉与感觉器官互相关联一样，思维活动和脑是关联着的，而且无论从结构上讲或从功能上讲，眼耳和中枢器官之间都是分隔不开的。结果，我们不可能把感觉当作是半物理性质的而把思维当作是纯心理的而所谓纯心理的就是非物质的。然而我们至今却仍然还保留着我们获得上述知识以前所构成的关于心理的学说。结果，既然这种学说把知和行分隔开来了，于是认知还要依赖于机体器官，就变成一个神秘之谜——变成一个"问题"了。

但是如果认知就是一种动作的方式，那么正像其他方式的动作一样，它也正当地需要有机体上的工具了。心身关系这个形而上学的问题乃变成了如何把动作分化成为严格属于生理上的动作和由于具有受指导的性质和独特后果而被称为心理的动作的问题，而这个问题是可以通过观察事实而得到解决的。

传统的学说或者是把心灵当作是从外面闯入机体结构的自然发展之中的，否则，为了保持自然的连续性就势必要否认心理行为具有任何独特的特点，至于主张机体反应由于它们对付不确定的情境而具有心理性质的学说则既承认心灵与自然的连续性，也承认其差别性。在原则上，虽然不能在细目上，这种学说是可以对心理与理智过程的发展作出发生学上的说明的。既不是突然从单纯有机的东西跳跃到理智的东西的，也不是完全把理智的东西同化为有机的原始方式的。

　　从客观方面讲来，我们所提出的见解和传统的学说也有很大的差别，这个差别在于我们的见解承认不确定的情况是具有客观性的：不确定的情况是某些自然存在的真实特性。至少希腊思想承认自然存在中有偶然事变的情况，不过它以此来贬低自然存在的地位，说自然存在的地位低于必然的"实有"。大部分在牛顿的自然哲学影响之下的近代思想则倾向于把一切存在物都当作是完全确定的东西。近代思想既把性质和目的从自然界中排除出去了，也不承认自然界本身是不完备的。结果，心理的东西和物理自然的东西严格划分开了；因为心理的东西显然具有怀疑和不定的特征。心灵已被置于自然之外；当心灵认知自然时心灵和自然有什么关系，便成为不能解决之谜；据说，不确定的东西完全是主观的。怀疑与确定的对比，乃成为主观与客观互相区分、互相反对的主要标志之一了。

　　按照这种学说讲来，是我们在怀疑、困惑、模糊、不定，而对象则是完全、确切、固定的。但事实上，我们为了解决疑难，"下定决心"，就势必在某种方式之下（在想象中或在外表的实验中）来改变经验到有不确定性的情境。上述那种想法就难以和这个事实融洽一致了。而且，科学的程序是不容有争论的。如果疑难不定的情况完全是在心灵之内的事情（不管心指的是什么），那么纯粹的心理过程就可以排除掉这种疑难不定的情况了。但是实验的程序表明，要排除掉疑难不定的情况，就必须实际上改变外在的情境。是情境，通过思想指导之下的操作，从有问题的状态转变到确定的状态；从内部不连续的情况转变到首尾一贯的和有组织的情况。

　　如果我们用排除改变环境的动作的办法来界说"心理"一词，单纯心理的东西在实际上就不能解决疑难，澄清混乱现象。至多，只能产生一种安定感——这是逃避现实世界，培养幻想所获得的最好结果。物理学方面的研究因为发明和利用了物理的工具而有进步。如果我们说怀疑与确定都是主观的，那么这种观念就和上述的事实是矛盾的了。当情境实际上有不满足时我们所做的事情和我们在理智上发生怀疑时所发生的事情是完全吻合的。如果一个人发现他自己已处于一种烦难的情境，他只有两条道路可走。他或者是避免烦难或坚持斯多噶学派的忍耐，以改变他自己；否则，他只能着手采取行动，以改变不满意的条件。只有当后一条道路行不通的时候，人们才走前一条道路。

在一定程度下改变个人的态度，无论如何，也是智慧的一部分，因为烦难的产生，没有或少有不是以欲望或厌恶等个人因素为其一部分的原因的。但是认为这种原因只能用纯粹直接的手段，运用"意志"或"思维"来加以改变的这种观念是荒谬的。只有当间接地改变了一个人和他的环境的实际关系时，才能改变一个人的欲望和意向本身。这种改变意味着采取明确的动作。人们在有效地采取这种动作时要构成许多工艺上的装置和机构的情况和科学研究时要发展各种工具以如意地改变外在条件的情况是两相符合的。

人们之所以把有问题东西贬黜为"主观的"东西，这是由于人们习惯于把人类、经验和自然界孤立开来的结果。十分奇怪，近代科学竟会和传统的神学联合起来继续保持这种孤立的情况。如果我们把自然科学对付世界时所用的物理学上的名词当作就是构成这个世界的东西，那么我们所经验到的性质以及人生中所特有的东西就当然是属于自然界以外的东西了。既然在这些性质中有些性质是使得人生具有目的和价值的特性，那么就无怪乎有许多思想家不满意于把这些性质当作纯粹是主观的了；也无怪乎他们在传统的宗教信仰中和在古典哲学传统的某些因素中找到了一些方法，能够利用这些特性来证明这个高于自然界的实在，而这种实在具有自然存在所没有的目的和价值。撇开了产生近代唯心主义的条件，我们就不能理解近代唯心主义。从根本上讲来，这些条件就是旧形而上学的积极结果和近代科学的消极结论二者的融合——所谓"消极的"，是因为它保留了早年旧有的关于心灵和认识功能的见解而把科学当作是揭示一个先在的自然界的事情。

有机体是自然界的一部分；有机体和自然界的交互作用确是一种加成的现象。符号也是一件在自然中发生的事情。随着符号的发展，这种交互作用便倾向于预计的后果，这时候，这种交互作用便具有智慧的性质，从而产生了知识。当有问题的情境获得了解决的时候，这种有问题的情境便具有了由思维操作所说明的一切关系所具有的意义。原来事物是偶然地产生一定的经验结果，现在却变成了求得一定后果的手段；在这些后果中就包含着有有意产生这些后果的原因中所发现的一切意义。反对人类经验具有自然实在性的假想的理由已经不存在了。由于有机体和环境实际交互作用，情境便具有问题的特性，也具有解答了问题的特性。人们之所以不把这些性质当作是自然界所特有的，这是因为人们武断地不承认某种交互作用的方式是具有存在性的，而又把另一些交互作用的方式具有存在性视为理所当然之事。

我们知道，情境是动荡而危险的，因为如果要维持生命的活动，就要有当前动作对于未来动作所发生的那种影响。只有当我们所执行的动作使得环境有利于后来的有机动作时，生命过程才得延续下去。把这一事实从形式上概括起来，就得到如下的陈述：有问题的和不安定的情境之所以发生，是由于分散的或个别的和连续的或关联的东西所特有的一种结合。一切所知觉的对象都是个别的。它们本身是一些完备自足的整体。任何直接所经验的东西都是具有独特性质的；各自有它安排题材的中心点而这个中心点是永不确切再现的。虽然这样的情境彼此相差很小或彼此难以严格划分，但是其内容安排的格局是从不两次完全相同的。

如果在这种个别的经验情境中所包含的交互作用完全是最后的和圆满的，那么就不会有所谓有问题的情境了。这种情境既然是个体的和完全自足的，别无其他，那么这种情境就会是分散的，意即完全孤立分隔的。例如，晦暗是一种最后的性质，它和一切其他的性质一样——例如我们欣赏晨昏的微光一样，但是当我们想要看点什么而这种微光使我们看不见的时候它便成为一种麻烦的东西了。一切情境都具有一种模糊不清的状态，由比较明显的中心点逐渐变成隐约不清的状态；模糊不清是一种附加的性质而不是什么讨厌的东西，除非它妨碍着我们去达到一个后来的对象。

在有些情境中闭关自守的、分散的、个别的特征是占主导地位的。这些情境构成了美感经验的题材；而当经验是最后的而不再寻求其他的经验的时候，这种经验就总是具有美感性质的。当这种完全的性质突出的时候，这种经验便被称为美感的。艺术的目的就在于构成这种经验的对象；而且在某种条件之下，我们所欣赏的这种对象十分完备，以致使这种经验具有一种强烈的性质，竟可公平地称之为宗教经验。和平与和谐充满着全宇宙，集中于一个具有特殊中心和模式的情境之中。只要经验是在这种最后的特征支配之下，经验便具有这种宗教性质；因而，神秘的经验只是在经验的节奏中重复着的那种经验性质特别强烈化罢了。

然而，交互作用总不是孤立分隔的。没有一种经验情境能够永远把它的这种最后特征保持不变，因为构成这个情境的互相关系就是一些交互作用的状态，而它们本身也是变化不定的。交互作用使得我们所经验的东西发生变化。我们要想直接维持所经验的这种圆满状态或者要想确切地重复这种圆满状态，这是我们产生不真实的情操和虚伪的根源。在生命连续进行的过程中对象离开了它们的最后特征而成为后来经验的条件。当我们愈使因果特征成为具有工具性和准备性的时候，我们便愈能控制这种变化。

换言之，一切经验对象都有双重的身份。它们是个别的、圆满的，无论是为人们所享有或为人们所忍受。它们也是包括在交互作用和变化的连续过程之中的，因而是后来经验的原因和潜在的手段。因为经验对象具有这样两重的功能，它们才变成了有问题的东西。从眼前讲来和直接讲来，这些经验对象就只是它们本身而已；但是当它们过渡到后来的经验而成为后来经验的可能性时，它们就是不确定的了。这两方面都分别有所反应：一部分的有机活动指向于这些经验对象本身而一部分的有机活动把这些经验对象当作是过渡到其他经验对象的手段。当我们反应它们时，我们既把它们当作是最后的东西，又把它们当作是一种准备的手段，而这两种反应是并不调和的。

由于经验对象具有这种双重特征，它们才具有有问题的特征。事物直接所呈现给我们的情况和我们把它们当作一种记号和手段所具有的潜在价值有时是不相符合的，这时候我们就会感到困惑不解；有时我们一方面在欣赏某一当前的事物，而同时在另一方面又要改变当前的现状为未来的事情作好准备，这时候我们就会有一种分裂之感。像这样的一些时机，我们每一个人都是不难回忆到的。如果我们抽象地加以陈述，这就意味着，一个对象在它直接个别而独特的情况之下所具有的特性和当它和其他对象关联着或连续着的时候所具有的特性，这两者之间是不可调和的。只有当我们采取行动暂时改造当前的情况，构成一个新的对象而这个新对象既具有个别性而又在一个系列中具有连续的内在融贯性时，我们才能免除这种不可调和性。

以上的讨论曾经陈述了我们进行这个改造（即解决一个有问题的情境）时正在活动着的主要因素：采取动作，带分析性地把粗糙的整个情境归结成为确定的素材——即归结成为确定问题性质的定性；构成观念或假设，以指导进一步揭示新材料的操作；演绎和运算，把新旧题材组织起来；进行操作，决定最后产生一个新的、完整的、具有附加意义的情境，从而检验或证明以前所已经运用过的观念。

我不想重复这个陈述，只想再提出其中所包含的一点来略加申述。用普通名词所指称的标准化了的参考对象是我们所最熟悉的了。它们与固有名词的区别在于：它们不是单一的或个别的，不是存在的东西。然而，"这种桌子"（"the table"）和"这张桌子"（"this table"）相对而言，既比较熟悉一些，又似乎更加实在一些。"这一张桌子"是时时都在变化着的。它在和其他的事物交互作用着，也和我交互作用着，而我和前次在这一张桌子上写字的我又不完全是一个人。"这一张桌子"是由许多"这一张桌子"所构成的一个变化无穷的系列。

但是从求得后果的手段方面讲来，这些变化，除了极端的事例以外，都是不足介意，无足轻重的。这种桌子显然就是作为求得某一单纯目的的手段的一系列的"这一张桌子"中所具有的恒常性。知识完全是和这套恒常的、标准的和通常的特性与关系相联系着的——而美感知觉是和"这一张桌子"的个别性联系着而不管它的利用价值的。反应愈不成熟和愈未成形，如詹姆士所说的那样，"这一张桌子"就愈为混杂而纷乱。在形成了习惯之后，动作便成了定型，成为恒常的一连串的趋向于一个预见的共同目的的动作；"这种桌子"便不管个别的变化而具有了一种单一的用处。按照形成一种对象的那个长久的目的和单一的利用方式，人们把一堆的特性突出出来，以区别于"这一张桌子"这一独特经验。这种对象乃是一种抽象，但这并不是一种坏的抽象，除非我们把这种抽象实体化了。这种抽象是指所选出的一些事物关系而言，而这些事物关系的活动方式在实际的重要限度以内是恒常不变的。而且，这种抽象出来的对象乃是个别经验之中的一个后果，它不仅对这些个别经验而言是具有工具性的，而且它自己也是直接存在的。这种抽象对象标志着我们在用一种单一集中的方式来排列和组织反应，使原来模糊的东西明确化并获得重要意义。如果我们没有为了某些持久的目的而不断地和经常地利用事物的习惯，直接的美感知觉本身将既无丰富的意义，也无清晰的意义。

　　科学的或物理学的对象乃是同一种手续的扩大。"这种桌子"并不是某一张桌子，而是在特定速度和加速度运动之中的一群分子，它等于是按照这种对象所服务的目的从个体中所解放出来的一种概括。"桌子"意味着一连串明确的但有限制的用处；当我们用科学的物理术语来陈述它时，我们是在一个比较广泛的环境之中，在摆脱了任何特定用处的情况之下，在超脱了它对任何特殊个别经验的关系的情况之下，去思考它的。产生"这种桌子"这个观念的抽象是合适的，同样物理科学中的抽象也是合适的，因为其中包含着有标准的关系或交互作用。它甚至于更加有用些，或具有更加广泛的工具性。因为这种抽象和无数虽不确定但有可能的圆满个别的观察和欣赏是联系着的。它好像仆人一样的侍候着我们，可能一时闲着无事，但随时准备着被唤来担任特别任务。这个标准化了的常数乃是一系列的操作手续的结果，表达着具体事体中无数可能的关系。当我们把这个常数当作是自然的实在，我们便把我们用来达到某一目的的工具实体化而变成一种完备而孤立自足的实体。于是这些在个别情境中所呈现出来的丰富性质便只好当作是真实对象在心灵中所神秘产生的一些主观印象，或意识所具有的神秘的创造功能所创造出来的结果了。

这个结论对于经验对象的定性价值所具有的意义是十分明白的。事物与有机体交互作用的结果使得知觉的对象有声有色。这种交互作用的结果也产生了一些性质，使得这种对象成为可恨的或可爱的东西。所有这一切直接所知觉和所享有的性质都是自然交互作用所产生的结果。这些性质乃是个别化的终结，它们使得变化之间的关系具有了静止的性质。我们在心理学的分析中称为情感的和情绪的性质（这种性质桑塔亚那先生喜欢称为第三性质），像颜色、声音、压力，所知觉的大小和远近一样，也都是这种自然作用的结果。但是它们所具有的这种圆满的性质使我们不能利用这些性质所限定的事物来作为标志其他事物的记号。从理智上讲来，"第三性"较之"第二性"更加起着这种阻碍作用。我们不能利用这些性质来作为准备动作；当我们把这些性质当作是记号和手段时，它们便有害于我们的思想和发现。当我们还没有经验到这一类第三性质的时候，这些第三性质是作为所要达到的目的在思想之中所设计出来的，而且由于它们这样依赖于思想，人们觉得它们特别是属于心理方面的。但只有当我们只承认这种具有工具性的对象（物理的对象）才是所谓"实在的东西"时，常人所想到的第三性质便不再是哲学家的所谓第三性了；在常人看来，第三性质也是自然对象所具有的真实性质。这个见解形成了唯一完备的和道道地地的实在论。

因此，在直接知觉和利用的桌子和物理学上的桌子（仍用刚才所讨论的这个有利的事例）这两者之间所存在的问题便是莫须有的了。我们所知觉和所利用的桌子才是唯一的桌子，因为只有它才既具有形式的个别性（没有这种个别性，事物便不能存在或被知觉）而又包括有围绕一个中心点的交互作用或互相关联的连续体。有人认为在一位诗人的知觉中所经验的对象和一位物理学家所描绘的同一对象之间是各不相同的。如果我们利用这个例子来说明问题，也许会对我们更有助益。例如有一条流水，一阵风吹过水面而在阳光中反射出来。作为一个科学的对象，我们将有如下的报道："各种波长的以太波，在不同的角度上，从空气和水之间被扰乱的交错面上，反射到我们的眼睛，并由于光电作用而引起了适当的刺激，沿着视觉神经传导到脑中枢。"即使在这一句话中也仍然还包括有通常的个别经验对象：水、空气、脑和神经等。结果，还必须对这个对象进行进一步的归结；当我们对它进一步进行归结时，这个对象就只包括有某些物理常数之间的数学函数而在通常的知觉中便没有和它相应的东西了。①

在这一点上还值得把物理对象的度量特征再申述一下。明确的度量特性是通过一系列的操作而获得的，而这些度量特性所表达的乃是这种操作的统计常数；这些度量特性并不是单一动作的结果。所以我们不能把物理对象当作是一个单一的或个别的存在事物。度量上的定义大部分也是由间接测量、由演算得来的。换言之，物理对象的概念在相当大的程度上是比较和转换等复杂操作的结果。因而，物理的对象一方面并不是所比较的事物中的任何一个事物，同时另一方面它又使得许多在性质上独特而个别的事物成为一个包罗万象的、性质相同或没有定性的体系中的一些成员。因此，这就使得我们更加有可能来控制个体化了的对象的发生。同时，这些个体化了的对象又增添了更多的意义，因为在这些个体化了的对象之中包括有它与其他事物互相关系的连续体系。是物理学程序本身，而不是任何形而上学或认识论的理论，揭示了：物理的对象不可能是个别的存在对象。因而把物理对象和具体经验中的个别定性的对象对立起来，是荒谬的。

当今有一派流行的哲学，认为知识对象本身就是实在的经验题材。这使我们感到最好把这个讨论再推进一步。物理科学把通常经验的事物置于可以详细说明的操作的处理之下。其结果便成为用数字所陈述出来的思想对象而有关的数字又可以把方程式和其他数学函数包括在一些复杂的体系之内。在这种物理对象之中我们除了用这些数字所表达出来的关系以外，什么都不问了。我们可以断言，没有一个物理学家在工作时会否认通常粗糙经验事物的实在性。物理学家并不注

① 这个例子借自艾丁顿：《物理世界的性质》一书，见原书第316-319页。这表明把知识当作揭示实在的旧传统又得到了支持，艾丁顿想不出办法把这种物理的解说和诗人的解说统一起来，因而他只有假想科学的陈述是描述实在本身，而心灵的创造活动则在这个骨架之上赋以直接经验中的对象所特有的各种性质。

489

意通常经验事物所具有的性质，除非把这些性质当作是实行操作和推论关系的记号。但是即使在他把这些性质当作是操作和推论的记号时，他也势必要承认它们是完全实在的，否则，在逻辑上，他就要否认他操作推论的结论的实在性。他是把他所运用的工具（包括他自己的感觉运动器官和测量工具在内）当作是实在的。如果物理学家否认通常非认识性质的知觉经验中所具有的这些事物是实在的，那么他用这些事物所达到的结论也将同样是不可信的。而且，用以说明度量对象的数字本身就是视察所知觉事物中的交互作用或相互联系时所得到的结果。如果我们一方面肯定这些关系的实在性而同时另一方面又否认这些关系所联系的事物的实在性，这将是十分荒谬可笑的。如果后者是"主观的"，那么前者将会怎样呢？最后，证实还是要有赖于观察的。用概念把真正的实在性弄得很模糊，然后又要使实在性的概念去论及这种弄模糊了的实在性，这真是怪事。从常识上讲来，这些说明似乎完全是多余的。但是既然常识也可能会支持我们这种具有批评性的说明所反对的主张，常识就首先要询问它自己是否主张知识即先在实在的揭露。如果常识也相信这个主张，那么科学把经验对象贬入非实在性、或主观性或现象的深渊中去，便是逻辑上应有的结果了。

　　我们的讨论既是以前所提出论点的复述，也是一个概要。当我们是按照实验探究所提供的模型来理解认知活动而不是根据认知有如此广阔前途之前所构成的观念基础来理解认知活动的时候，我们就在思想上得到了解放。这是以上的讨论的重要意义之所在。因为按照认知活动的实践所提供的模型来理解认知，知识乃是通过操作把一个有问题的情境改变成为一个解决了问题的情境的结果。它所进行的程序是公开的，它是交互作用着的自然界的一部分和参与者。但是经验情境是在两种不同的方式中产生的，因而也有两种不同类型的经验情境。有一类是在最少限度的控制之下和少有预见、准备和意愿的情况之下产生的。另一类部分地是由于事先采取了智慧行动而发生的。这两类的经验情境都是我们所占有的；它们都是经过了一个遭遇过程的；它们为我们所享有或为我们所忍受。第一类的经验情境是没有被认知的；它们是没有被理解的；它们是命运或神意所支配的。第二类的经验情境，当我们经验到它们时，是具有意义的，而这种意义是我们以明确的连续性去代替经验到的不连续性或去代替由于孤立所产生的片面性时进行操作的丰富结果。梦、疯癫和幻想都是自然的产物，和世界上一切其他的事物是同样"实在的"。构成思维的所谓有意识的调节动作也是自然的发展而这种调节动作所产生的经验事物也是自然的发展。不过，这些经验事物是对无目的的情况之下经验到的对象所提出的问题所作的解答；所以这些经验情境具有第一类经验所没有的那种可靠性和丰富的意义。正如亚里士多德和经院学派所说，没有一件事物的发生是没有结局的——是没有终结的效果的。凡经验对象，从某种意义上讲来，都是这样一种收尾，一种圆满的结局：无论疑难的和安全的、微不足道的和十分重要的、真实的和错误的、混乱的和有条理的经验对象无不如此。只有当结局是智慧操作的终结时它们才具有值得颂扬的意义。我们总是经验到个别对象的，但只有当所经验的个别事物是智慧动作的结果时这些个别对象本身才具有内在的条理和丰富的性质。

自然的条件和过程既产生不确定性和危险性而自然也提供安全和保证不受危害的手段，这两者是同样真实的。自然的特征就是动荡和稳定两者经常的混合。这种混合使存在变得更加深刻丰富。如果存在是完全必然的或完全偶然的，那么人生之中就不会有喜剧，也不会有悲剧，也无须有求生的意志。道德与政治、工艺与美术、宗教与作为探究和发明的科学等等，它们的根源和重要意义就在于自然界中决定的和不决定的、稳定的和混乱的东西统一起来了。如果没有这种统一的情况，就没有所谓"终结"这一回事，既没有圆满的顶峰，也没有我们所谓目的的"预见性的终结"。只有浑然一体的一个宇宙，或者是完全终了而不容许有任何变化或者一切事情的进展都是事先预定了的。不冒失败的危险，就没有满意的情况；没有可能成功的希望，也就无所谓失败。

任何哲学，如果当它寻求确定性时忽视了自然进行过程中这种不确定状态的实在性，就否定了确定性之所由产生的条件。如果有人企图把一切疑难的东西都包括在理论上牢固掌握的确定事物范围之内，这种企图便犯了虚伪和脱漏的毛病并将因此而具有内在矛盾的烙印。凡这一类的哲学都将在某种程度上把它的题材分裂成为真实的和表面的、主体和客体、物理的和心理的，理想的和现实的两个方面，而这两个方面是各不相干的；除非在一种神秘的方式之下它们才发生关系，而这种神秘的方式却产生了一种不可解答的问题。

行动是解决问题情境的手段。这完全是科学方法的结果。这个结论并没有任何怪诞之处。交互作用是自然存在的普遍特性。"行动"一词是用来说明一种交互作用的方式的名称，这是从有机体的立场出发而命名的。当交互作用能够使生命过程所遵循的未来条件确定下来时，这种交互作用便是一个"动作"。如果我们承认认知是发生于自然界以内的事情，那么认知乃是一种具有存在性质的外表动作，这便成为不争自明之理了。只有当从事于认知的人是在自然界以外并从某一外在的中心点去观看自然的时候，他才能不承认：认知是一种改变先在事物的动作；才能不承认：认知的价值在于这样改变先在事物后所产生的后果。就人类来说，如果我们把思维当作是身体以外的一种"理性"所发生的作用，而这种"理性"，借助于纯逻辑的操作，便求得了真理，那么我们对于认知就会不可避免地采取旁观者的学说。现在我们已经具有了实验程序的模型而且已经明白了有机动作在一切心理过程中的作用，这时候上述那种旁观者式的认识论便是一种具有时代性错误的东西了。

前面我们的讨论大部分集中在分析知识。然而我们的主题却是知识和行动的关系；关于知识的结论，其最后的重要性在于它怎样促进我们改变了我们对于行动的看法。过去我们在理论和实践之间所作的区别实际上乃是两种行动之间的区别：一种是盲目的行动而另一种是明智的行动。智慧是有所指向的行动所具有的一种性质而有所指向的行动乃是一种成就而不是一种本来的禀赋。人类进步的历史就是从无知无识的动作（如无生物的交互作用）转变成为知其所为的行动的过程，即从在外在条件控制之下的行动转变成为在有意指导之下的行动——这种行动已经洞察到它们所将发生的后果。而原来盲目的行动之所以能够具有智慧的性质，其唯一途径就是教导、见闻、知识。

这个结论对于我们明确目的和机械作用在自然界中的重要意义是具有决定性的。在理想上或在执行中把知识当作是揭示先在实在的主张，在自然科学结果的影响之下，势必把目的贬斥为纯主观的东西；贬斥为一些意识状态。于是这便产生了一个不能解决的问题：为什么目的能在世界中发生效验。现在我们知道，智慧的行动就是有目的的行动；如果这种有目的的行为是在自然界中所发生的，是在有机的和社会的交互作用的复杂但可详述的条件之下发生的，那么目的和智慧一样也是属于自然以内的事情；它是一个具有客观地位和客观有效性的"范畴"。目的之所以具有这样的地位，直接是由于人类艺术在自然景象中所处的地位和所进行的操作；因为人类特有的行为只能用目的来加以解释和理解的。目的是真正所谓历史的主要范畴，无论在历史的演进中或在书面的记载中都是如此，因为人类所特有的行为总是具有意向的。

间接讲来，目的是用来描述大自然本身的一个合适而必要的观念。因为人是和自然连续着的。只要自然的发展是以达到人类智慧的艺术为顶峰的，自然本身就是具有历史的；就是倾向于某些后果的运动。当我们为了研究的便利起见，把自然界分裂成为许多不相联系的碎块，然后把自然界的某些部分关联起来而和其他一些部分分隔开来的时候，我们就不能够应用目的这个概念了。理智的研究方法本身就排斥了目的这个概念在外。在科学中充满了这一类的抽象。例如，水是氢和氧在一定比例中的结合。这一句话只是陈述一般的所谓"水"而不是陈述某一特殊部分的水，后者所由发生的条件不只是有氢和氧的存在。任何一部分个体化了的水都是事物无穷变化和无限扩展的进程中的一个方面。然而，从种属上说来，"水"相对于它的有关组成部分而言俨然就是一个完全的宇宙。每一个变化都有它自己个别化了的历史，但当我们陈述许多变化中所具有的稳定的关系时，我们是利用这种陈述来做控制事物的工具的。如果我们把这种情况用来作为一种模型，构成一种普遍的关于自然的理论，其结果只是把一种控制工具变成了一种世界观，按照这样的世界观，世界便既没有历史，也没有目的了。

如果我们把概括出来的事实当作是个别的事情，认为它们本身就是完备自足的，这就会使我们把宇宙描绘成为许多完全相似的发生事故了。只有重复，没有发展了；只有机械的生产，没有一个向着统一的后果发展的具有积累性质的运动。我们从我们的逻辑口袋里拿出我们原来放进去的东西，然而把我们所拿出来的这些东西当作是对实际世界的真实描述。事物都丧失了它们的个别性，而成为一个普遍法则的许多"事例"了。然而，当我们从事情的联系中去观看事情时（哲学的职务确应这样做），我们就看到自然是具有历史这种特征的，有些自然历史还以人类的生存乃至以人类的智慧活动为终结。这个结果（即复杂的交互作用逐渐积累统一所得到的后果）本身便使得以前那些过程具有了有目的的意义。一切要看我们把自然的进程看成是支离破碎的片段呢，还是对事情的进程作一个相当长期的观察，以揭示许多过程趋向于一个单一结果的统一倾向。[①]

一架机器就是机械作用的一个显明的事例。它也同样是所谓具有目的、功用、功能的东西的一个显明的事例。自然是具有机械作用的。这种机械作用构成了物理科学对象的内容，因为它执行着知识所具有的工具职能。如果在自然发生的事件中的交互作用和相互联系不是十分相似，十分经常，十分一致，因而我们可能从它们作出推论和预见，那么就不存在有控制和目的了。既然变化之间的恒常关系就是科学思想的题材，这种题材就是事情的机械作用。我们从近代研究的结果中明白：这些恒常的东西，大而至于法则，小而至于事实，都是具有统计性质的。它们是通过一系列的操作从大量所观察到的频率中平均出来的结果。保险公司的统计员从某一年龄的人的死亡率所得到的"法则"不足以说明被计算在内的任何一个人的生命的长短，同样，上述那种恒常的东西也不是对任何个别事物的确切结构与行为的描述。自然所具有的这种恒常的机械作用足以使我们有可能进行演算、推论和预见。但是只有当某一派哲学把一些孤立的结果，把一些为了某一目的而取得的结果具体化了，把一种工具的功能当作了是一种实体的时候，这一派哲学才断定自然本身就是一种机械作用，而且只是一种机械作用。

很久以来就有人承认有些物理法则是统计性质的而不是对个体本身行为的记录。海森堡的不定原理和质量随速度而变化的发明乃表明了一切物理法则都

---

① 诺贝尔（Edmund Noble）：《目的的宇宙》（*Purposive Universe*），1926年纽约版。就我所知，该书最好地陈述了本节简单概述的内容。

是属于统计性质的这样一个概括的结论。我们知道，这些法则是对一可观察的事情的概率所作的一些预测。麦克斯威尔（Maxwell）曾经作过一个有条件的预测，如果把这个预测推论到它的极点，它就明显地具有这些物理法则所具有的特点，这一点值得我们引录全文："原子与虚空的理论使我们更加重视积分整数和明确比例的主张；但是当我们把力学原理应用于大量原子的运动时，我们就感觉到我们的能力有限，而势必放弃我们对于个别原子的确切历史加以表述的企图而满足于估计出有相当数目可以看见的一群原子的平均数。我们可以把这种处理原子群的方法称为统计法，而且就我们知识的当前状况而言，这是我们研究真实物体特性唯一有效的方法，但是采用这种方法就要放弃严格的力学原理，采取概率论的数学方法。对于这种方法人们还知道得很少，而且还没有用惯；但应用这种方法将会产生重要的结果，这是可能的。如果科学史果然改变了；如果我们最惯用的方法就是必须用此种方式所表达出来的方法，我们便未尝不可以把偶然性的存在当作自明之理而把哲学上的必然性的主张当作是一种纯粹的诡辩。"[1]在麦克斯威尔看来由于"我们能力有限"而加以重视的特点却是自然事情本身的特性。对于个体加以机械确切的科学研究是不可能的。一个个别就是一个有独特个性的历史。但是当我们不把它当作是定性的东西而当作是从一系列的操作中所产生的统计常数时，我们就认识了个别的组成部分。

这件事实对于我们采取自由行动有显明的影响。用数学的术语来讲，偶然性虽不是自由的充分条件，但是它的必要条件。在一个世界中，如果它的组成部分都是完全紧密无隙的，那就没有自由的余地。偶然性虽然使有自由行动的余地，但未充实这块空地。只有当我们在知识中把不确定的因素同所认识的稳定的因素（关系）结合起来，从而使我们有可能进行预见并为可能达到的后果作好了有意的准备时，自由才是一种现实。当我们动作时我们愈知道我们在做些什么，我们就愈自由。如果我们把自由和"自由意志"等同起来了，我们就把偶然性放错了地方了。意志的偶然性是指我们用不确定的方式去处理不确定

---

① 麦克斯威尔：《科学论文集》，第2集，第253页。关于这段引文我还要感谢哈特雄博士（Dr. Charles Hartshorne）。

性；这就要诉之于机会来下决定了。"意志"的任务却是要果断，就是要在思想的指导之下解决不确定情境的不确定性。当环境迫使我们采取一定的行动而对于如何动作我们还没有智慧的线索来指导动作时我们的选择便是摇摆不定的而且是极端任意武断的。

"自由意志"的主张是要想逃避那种主张客观实有常住不变的理论所产生的后果的大胆尝试。既然那种武断的理论已经消逝了，这种大胆的尝试也就不必要了。偏爱的活动表明个体有独特的个性。这种偏爱的活动本身事实上是有差别性的。偏爱的活动在洞察的指导之下就变成了真正的选择。在知识所揭示的世界中偏爱并不是一种幻觉，也不是不发生影响的东西；由于我们掌握了这种知识，我们便占有了一种工具，用来使偏爱变成了一种理智的或有意的因素，通过审慎而有准备的行动来创造未来。认识特殊条件和关系，有助于我们的行动，而这种行动又有助于产生增添了意义和条理等性质的情境。能够采取这种行动，就是自由。

以上我们是以物理学的探究当作说明认知的性质的典型。选择这个典型是有道理的，因为物理知识的操作手续十分完善而它所设计的这一套符号系统也是十分完美的。但是如果我们把这一点当作是说：科学是唯一有效的知识，那么我们就会把它误解了。科学是一种强化了的认知形式，用来突出任何认知所具有的本质特征。而且它是我们所占有的用来发展其他形式的知识的最有力的工具。我们愈能够有意地把疑难的情境转变成为解决了问题的情境，我们对于任何题材就愈加有所认识。物理知识的优点在于它具有专门的特征，全心全意努力达到一个单一的目的。物理知识中的态度，物理知识的方法到现在都还没有超出它自己的范围。流行于道德、政治和宗教方面的信仰所具有的特点就是害怕变化，觉得只有接受固定的标准，因为它们涉及一些先在的固定实在而认为这些标准是最后的，从而才能够建立秩序和具有节制作用的权威。在物理探究范围以外，我们便逃避问题；我们不喜欢暴露严重的疑难，把它搞深搞透。我们喜欢接受现有的东西，糊里糊涂地混过去。所以我们的社会和道德"科学"大多数是把原样的事实置于大体构成的概念体系之中。我们在社会和人生的问题方面的逻辑大部分仍然是定义和分类，正像十七世纪以前的自然科学所遵循的逻辑一样。在我们主要关心的事物方面我们仍然还得向实验探究学习。

从社会上讲来，我们是生活在一种分裂混乱的情况之下的，因为我们最可靠的知识是从有指导的实践中得来的，而这种方法仍然还只限于远离人类的事物或只在工业方面才与人类发生关系。在其他方面足以深刻影响我们而为我们极熟悉的实践则不是受智慧的操作所控制而是受传统、私欲和偶然的条件所控制的。物理科学最重要的方面，即有关于它的方法方面，还没有应用到社会实践中去，而它的专门结果则被具有特权地位者用来为他们私人的目的或阶级的目的服务。在此种情形所产生的后果中教育的情况或许最为明显了。因为教育是使人们普遍从事于智慧行动的重要手段，所以它是有条理地改造社会的关键。但是在教育过程中所采取的主要方法仍然是传授既定的结论而不是发展智慧。一方面专心训练专门的和机械的技巧而另一方面又设法储备大量的抽象知识，这在有力量看到这种景象的人看来，最完善地说明了历史上知识与行动分离、理论与实践分离的重要意义。只要知识与实践继续这样分隔着，这种目标分裂和精力分散的情况（而教育是一个典型的事例）就会持续下去。如果我们要把一切分裂的目的和信仰的冲突统一起来，其有效的条件就是首先要承认智慧行动是人类在一切领域内唯一最后的方法。

所以我们不是宣称：在物理科学与日常经验事物之间的关系方面并没有哲学问题。我们只是说，在近代哲学上占主要地位的问题是一个人为的问题，因为这种问题还继续假定着在早期历史中所形成而现在已不再适合于物理探究情况的前提。然而，在我们澄清了这个不真实的问题的基础之后，这就迫使哲学去考虑一个产生于当代生活条件之中的迫切实际问题。自然科学的方法和结论要求我们对于当前有权威的目的和价值的信仰应该作一些怎样的修正和删除？自然科学对于自然力的控制指出我们怎样可能改变当前在人类习俗和结社中的信仰和实践的内容？传统的问题是人为的和徒劳的，而这些问题却是真正的和必要的。

善的构成

在讨论开始时我们就知道了，确定性的寻求是由于不安全而引起的。每一经验都产生有后果，而这些后果是使我们对于当前事物发生兴趣的根源。由于人类缺乏调节的艺术，于是安全的寻求流为一些不相干的实践方式；思维被用来发现预兆而不是用来预示将来会发生什么事情的记号。逐渐便分化成为两个境界，一个较高的境界是由一些具有在一切重要事务上决定人类命运的力量所构成的。宗教所关心的就是这个境界。另一个境界是由一些平常的事物所构成的；在这个境界中人类依赖着他自己的技术和实事求是的洞察。哲学继承了这个分裂的见解。在这时候，希腊的许多艺术已经发展到了一种超乎刻板工作的状态；暗示出在所处理的材料之中具有量度、条理和齐整性，而这又暗示出有一种根本的合理性。由于数学的兴起，乃产生了一种追求纯理性知识的理想，认为这种知识本身是确实可靠而有价值的，而且也产生了一种能以用来在科学范围内领悟变化现象中的合理性的手段。在知识界看来，过去宗教所给予的那种支持力和安慰，那种确定性的保证，今后只有在理智方面证明了理想境界中的对象是真实的这种情况之下才能找到。

随着基督教的扩张，伦理宗教的特点逐渐支配着纯理性的特点。调节人类意志的性向和意向的权威标准竟和为满足追求必然而普遍真理的要求而规定的标准混为一谈了。而且，最后实在的权威在地面上有了教会做它的代表；原来从本性上讲来是超理智的东西现在却可以通过启示来加以认识，而教会则是启示的解释者和保卫者。这个体系继续了有几百年之久。当这个体系延续着的时候，它在西方世界保持了信仰和行为的统一。在一切管理生活的细节中都表现出思想与实践的统一性；这样执行的效力并不是依靠思想。它是用一切社会制度中最强有力和最有权威的社会制度来加以保证的。

然而，宗教体系的这个貌似坚实的基础却为近代科学的结论所破坏了。在这些近代科学结论本身中，尤其在这些科学结论所引起的新兴趣和新活动中，这些科学结论使人在此时此地他所关心的事情和他对于最后实在的信仰之间发生了裂痕，而这种对于最后实在的信仰决定着他的最后的和永久的命运，这种信仰在以前也控制着他的现世生活。在人类对目前生活世界的信仰和他对支配着他的行为的价值与目的的信仰之间如何恢复统一和合作的问题是近代生活中最深刻的一个问题了。凡不是和人生隔绝开来的哲学都要研究这个问题。

我们之所以注意到科学在其实验程序中已经废弃了知行分隔的做法这一事实，原来从理论方面讲来是在一个狭隘、专门和技术的部门以内的事情，现在则已经使我们有这种可能和预见在较为广大的人类集体经验的领域中寻求所需要的统一性。人们要求哲学成为关于实践的理论，它所运用的观念十分明确，能够在实验活动中发生作用，从而可以使实际经验统一起来。哲学的中心问题是：由自然科学所产生的关于事物本性的信仰和我们关于价值的信仰之间存在着什么关系（在这里所谓价值一词是指一切被认为在指导行为中具有正当权威的东西）。应该研究这个问题的哲学首先就注意到：关于价值的信仰今天所处的地位和关于自然的信仰在科学革命以前所处的地位十分相似。人们或者是不相信经验能够发展它自己的具有调节作用的标准而诉之于哲学家们的所谓永恒的价值以保证人们的信仰和行动得到调节；或者只是欣赏所实际经验到的东西而不管产生这些东西时所利用的方法或所从事的操作。理性主义的方法和经验主义的方法截然分开对人类具有最后和最深远的意义，因为人类对于善恶的思想和行动都是与此联系着的。

从专门哲学反映这种情境的情况看来，关于价值的理论也分为两类。在一方面，在一切生活领域内凡具体被经验的善恶都被认为是一种低级实有的特征——在本质上就是低下的。正因为善恶乃人类经验之事，所以我们就一定要参照由最后实在所产生的标准和理想来衡量它们的价值。这些人类经验之事之所以有缺点和偏差也是由这个标准与理想的衡量得来的；我们必须采取由于忠实于最高实在而产生的行为方法来纠正和控制它们。这种哲学上的陈述之所以具有现实性和力量，是因为它表达了宗教制度影响下所产生的一般人类所具有的信仰。理性的概念曾经一度强行从外面附加于所观察到的和暂时性的现象之上，同样，永恒的价值也被强加于所经验到的诸善之上。在这两种情况之下都是一样，认为不如此就会产生混乱而没有条理。哲学家们认为这些永恒的价值是通过理性而被认知的；一般大众则认为它们是神明启示的。

虽然如此，随着世俗兴趣的不断扩张，暂时性的价值大量增加了；它们愈来愈多地引人注意和愈来愈多地耗费人们的精力。对于超验价值的感觉逐渐衰退了；这种感觉已不再渗透在人生一切事物之中了，而愈来愈局限于特殊的时间和特殊的动作之内了。教会所宣称的它代表神圣意旨和感召人类的权威已经缩小了。不管人们在口头上公开说些什么，但是当他们遇到了实际的罪恶时他们总是倾向于利用自然的和经验的方法去补救它们。但就形式上的信仰而言，他们仍然保持着旧的学说，认为日常经验的诸善和标准本来就是错乱而无价值可言的。人们在口头公开承认的和他们的行动却是两回事情，这一点和近代思想的混乱冲突状态是密切联系着的。

这并不是说，人们就从来未曾企图用比较符合于日常生活实践的概念去代替具有永久而超验价值的权威的旧说。反之，譬如，功利主义的理论就曾经有过很大的力量。在当代哲学派别中，除了新实在论这一派以外，就只有唯心主义学派，重视实在这一概念，而把它当作就是最后的道德价值和宗教价值。但是这个学派也是最关心保存"精神生活"的一个学派。经验主义派的理论仍然认为：思想和判断所涉及的价值乃是独立于思想和判断之外而为我们所经验到的。在这种理论看来，情绪上的满足占有感觉在传统的经验主义中所占有的地位。价值是为喜爱和享受所构成的：被人享受就等于说是具有价值。既然科学不把价值当作是它研究的对象，这种经验主义的理论便竭尽一切可能地强调说价值是具有纯主观特征的。一个关于欲望与爱好的心理学的理论就被认为包括了全部价值论的基础了；在这个心理学的理论中，直接的情感和直接的感觉是两相对应的。

　　当这个经验主义的理论把价值论跟欲望与满足的具体经验联系起来时，我并不反对这个理论。据我所知，只有主张有这种联系的见解才是使我们能够避免理性主义遥远无际和教会超验价值论炫耀夺目的情况唯一的途径。我们所反对的是：这个理论把价值降为事先享受的对象，而不顾及这些对象之所由产生的方法；有些享受因为没有受到智慧操作的调节而是偶然的，而经验主义的理论则把这种偶然的享受当作就是价值本身。操作性的思维需要被用来说明价值判断，正像最后用它来理解物理对象一样。要适应当前情境的状况，就要求在善恶观念的领域内有一种实验的经验主义。

　　当人们把直接未加控制的经验材料当作是有问题的东西时，便产生了科学革命；它提供了材料以备用反省操作把它转变成为被认知的对象。被经验的对象和被认知的对象之间的差别乃是时间上的差别：即前者是在采取实验变异与重新安排的动作以前所占有或所给予的经验材料，而后者则是继续这种动作之后，由这种动作所产生的经验题材。过去认为感觉的动作或思想的动作在直接知识中为思想提供了有效标准的说法，现在已经没有人相信了。操作所产生的后果成为重要的东西了。这几乎是不可避免地提示给我们说，我们不能把任何享受的东西都当作价值，以避免超验绝对主义的缺点，而必须用作为智慧行动后果的享受来界说价值。如果没有思想夹入其间，享受就不是价值而只是有问题的善；只有当这种享受以一种改变了的形式从智慧行为中重新产生的时候，它们才变成了价值。当代经验主义价值论的根本缺点在于：它只是把社会上所流行的，把实际所经验到的享受当作就是价值本身的这种习惯加以陈述和合理化而已。它完全规避了如何调节这种享受的问题。这个结果也同样涉及如何有指导地去改造经济、政治和宗教制度的问题。

　　我们说，如果我们不顾及我们所直接感知的事物性质，我们就能形成关于对象的有效概念，而这些概念又能用来产生关于这些对象的更可靠和更重要的经验，这句话似乎有点自相矛盾。但是这种方法的结果却揭示了当作事变看待的知觉对象所依赖的联系和其间的交互作用。形式上的类比告诉我们：我们对于我们所爱好和所享受的事物的直接和原来的经验只是所要达到的价值的可能性；当我们发现了这种享受的出现所依赖的关系时，这种享受就变成了一种价值。这种从因果关系上和从操作上所下的定义只是给人们一个关于价值的概念而不是给人们以一种价值本身。但是如果我们在行动中利用这种概念的话，我们就能得到具有可靠而重要价值的对象。

我们可以指出：在所享受的东西和可享受的东西、所想望的东西和可想望的东西、使人满意的东西和可以令人满意的东西之间是有差别的；指出这一点可以为上面从形式上所进行的陈述充实具体的内容。当我们说：某些东西为人们所享受时，这是在陈述一件事实，陈述某种已经存在着的东西；这不是在判断那件事实的价值。这样一个命题和陈述某种东西是甜的或酸的，是红的或黑的这样一个命题是没有什么差别的。它是对的或是不对的，事情就到此为止了。但是当我们把一个对象称为是一种价值，那就是说，它满足了或实现了一定的条件。在满足一定条件时所具有的功能和地位是不同于单纯的存在物的。某一东西是为人们所想望的，这一事实只产生了这个东西使人们可以去想望它的这个问题；这一事实却不去解决这个问题。只有儿童在他还没有成熟的时候才以为他可以用"我要哇，我要哇，我要哇"这样重复的叫嚷来解决可想望到的问题。

在当前经验主义价值论中我们所反对的并不是它把价值与想望、享受联系起来了，而是它没有把完全不同种类的享受区别开来。有许多常用的词句，清楚地承认有两类享受的差别。例如"满足的"（"satisfying"）和"可满足的"（"satisfactory"）是不同的。当我们说某种东西满足了某种要求时，我们是把它作为一件孤立最后的事实报道的。当我们说某种东西可以满足某种要求时，我们是在它和其他事物的联系和交互作用中说明它的。一件东西讨人喜欢或使人适意，这件事实对判断提出了一个问题。我们将怎样衡量满足的程度？满足是一种价值还是不是一种价值呢？它是我们所赞赏和珍视的东西，所享受的东西吗？不仅严厉的道德家，而且日常的经验也告诉我们：在一件事物中去求得满足可以算是一种警告，招呼我们去注意它的后果。当我们宣称说某一事物是可以满足要求的时候，这就是说它符合了某些特别的条件。事实上，这就是一个判断，说这个事物"将起作用"（"will do"）。其中包含有一种预测；它设想到一个未来，在这个未来中，这个事物将继续有用；它将起作用。它也断言这个事物将主动地产生某种后果；它将起作用。说它已满足了要求，这是一个关于事实的命题的内容；说它可以满足要求，这是一个判断、一种估价、一种鉴定。它指明所采取的一种态度，力争持续下来，保持安全的态度。

除了上述例子之外，在日常言语中还有许多其他承认这种差别的例子，这是值得我们注意的。有的字尾有表示"可以的"（"able"）、有表示"值得的"（"worthy"）、有表示"充足的"（"ful"），这些都是与此有关的事例。所注意的与可注意的、值得注意的；所留意的与可留意的；考虑过的与可考虑的；所惊奇的和足以惊奇的；讨人喜欢的和可喜的；所爱的与可爱的；受责备的与可责备的、应该责备的；所反对的与可反对的；受尊重的与可尊重的；所耻的与可耻的；受尊敬的与可尊敬的；受赞许的与可赞许的、值得嘉奖的等等。多举一些这一类的字眼并不足以增加这种差别的力量。但是这帮助我们表达了这种差别的根本特点的意义；帮助我们说明了对既存事实的报道和下一个判断，指明产生一件事实的重要性和需要，这两者之间的差别；或者，如果这个差别是既存事实，那么这就帮助我们保持着这一差别。指明产生一件事实的重要性和必要性的判断乃是一种真正的实践判断；只有这一种判断才是与指导行动有关的。我们是否只把这一类判断才称之为"价值"（这在我看来是正当的），这是一件小事；但是我们必须承认这种差别，因为这是理解在价值与指导行动之间有何关系的关键，这是一件重要的事体。

以价值观念为指导的因素既适用于一切其他的地方，也适用于科学方面。因为在一切的科学事业中都经常有一连串的估价：如"值得把这些事实当作证据或素材；最好试一下这个实验；最好进行一下那种观察；最好接受这样一个假设；最好进行这种演算"等等。

"嗜好"（"taste"）一词也许和任意的爱恶联系得太密切了，以致不能表达价值判断的性质。如果我们用这个字眼来说明一种既有修养而又主动的欣赏状态，那么我们就可以说：无论价值是在理智方面的、美感方面的或道德方面的，只要在有价值的地方，主要的问题就是如何形成嗜好。比较直接的判断（我们称为机悟或直觉）并不是在反省探究之先就有的，而是富于思想的经验所积累的产物。专精于某一种嗜好，这既是经常运用思考的结果，也是经常运用思考的报酬。如果"争论"意味着包含有反省探究的讨论，那么我们对于我们的嗜好不但不是没有争论的，嗜好却正是值得争论的东西。就嗜好一词最好的意义而言，嗜好乃是累积的经验结果，使我们可以明智地去欣赏喜好和享有的真实价值。只有在一个人所判断为可享有和可想望的事物中才能完全把他自己揭示出来。运用这种判断是在用冲动、机会、盲目的习惯和自我的利益去统治着一个人的信仰以外唯一的一条出路。到底什么是我们在美感上可以赞赏的；什么是在理智上可以接受的；什么是在道德上可以赞许的，我们应该构成一种有修养的和在运用上效果好的判断或嗜好。这是经验琐事为人类所提出的最崇高的任务。

　　如果我们思考到人们所爱好或曾经爱好过的东西所由产生的条件和所产生的后果的话，我们对于这些所爱好的事物所作的命题，在我们进行价值判断的时候，是具有工具价值的。这些命题本身是不作任何主张的；它们并不要求人们后来采取什么态度和动作；它们并不自称具有任何指导性的权威。如果一个人爱好某一事物，他就爱好它，这一点是没有任何争论的，虽然说出我们所爱好的到底是什么却并不像通常所设想的那样容易。在另一方面，对于我们所要想望的或所要享受的东西所下的判断却要求未来采取行动；它不仅具有事实上的性质，而且也具有法理上的性质。经常的经验指明：爱好和享受是有各种不同的类型的，而且有许多的这类爱好和享受是为反省判断所申斥的。通过自我解说和"合理化"的途径，享受使我们倾向于肯定所享受的事物就是一种价值。对于这种有效性的肯定增添了这件事实的权威性。因而我们就断定这个对象有存在的权利而且有权利要求我们采取行动来促进它的存在。

　　我们还可以把关于价值的理论的地位和实验探究兴起以前人类关于自然对象的观念的理论作进一步的类比。感觉主义关于思维的根源与标准的理论在一种反动的方式之下激起了超验主义关于先验观念的理论。因为感觉主义完全不能说明所观察的对象中客观的联系、条理和整齐。同样，任何把被爱好这一单纯的事实和被爱好的对象所具有的价值等同起来的学说就不能在需要指导的时候对行为进行指导，因而使人们自动地断言说：在实有中永远存在有价值而这种价值乃是一切判断的标准和一切行动所应达到的目的。如果我们不接受关于思维的操作性的理论，我们就要在两种理论之间摇摆不定：一种理论，为了要保持价值判断的客观性，便把这种价值判断和经验与自然分隔开了；而另一种理论，为了保留价值判断的具体的和人生的意义，又把这种价值判断归结成单纯是对我们自己的感情的陈述。

甚至最坚决拥护那种把享受和价值等同起来的看法的人也不会贸然断言：因为我们曾经一度喜欢过某一种东西，我们就会继续地喜欢它；他们不得不承认：有些嗜好是要经过培养的。从逻辑上讲来，并没有理由引人培养这个观念；喜欢就是喜欢，而一切都是一样的好。如果享受就是价值，价值判断就不能调节喜爱所采取的形式；它不能调节它自己的条件。想望、意向以及行动便得不到指导了，而调节它们形成的问题却是现实生活中最主要的问题了。总而言之，价值固然是内在地和爱好联系着的，但是它不是跟一切爱好联系着的，而它所联系的喜爱乃是在检验过所爱好的对象所依赖的关系之后曾经为判断所许可的爱好。凡偶然的喜爱是自然发生的一种爱好，人们既不知它是怎样产生的，也不知它将产生什么结果。在这种偶然的爱好和因为人们判断它是值得人们所具有而加以追求的爱好之间的差别正是偶然的享受和有价值因而要求人们采取一定的态度与行为的享受之间的差别。

采取另一种出路的理性主义派的理论为了想提供指导而诉之于永恒不变的模式，但是无论如何这派理论也未曾提供这种指导。科学家无法把某种建议的理论中的盖然真理和绝对真理与常住实有的标准加以比较，从而来决定这种建议理论中的盖然真理。他必须依赖于在一定的条件所进行的一定的操作——必须依赖于方法。虽然我们能够懂得一位建筑师是根据他对于实际条件和需要的知识来构成一个理想的，但是我们不能想象在建筑一座房屋时一位建筑师能从一个笼统的理想中得到一些什么助益。有人认为在先在的实有中就有一种十全十美的理想，但是这种理想也不能指导一位画家去创作一幅特殊的艺术作品。我们认为实际上有我们所要寻求的善和所要尽的义务，——这二者都是具体的事情，而道德中所谓绝对的完善只是把这种看法加以概括地具体化罢了。在这一方面的缺点并不只是消极的。我深信只要我们考察一下历史，便会知道：这些一般性的和远离实际的价值体系只要它能为社会上所已有的制度和教条服务，便会实际上具有足够的和接近具体情境的内容，以指导我们的行动。具体性是具有了，但是那些腐朽的和需要批评的某些流行的标准却被维护着而不让人们去加以探究。

当价值理论不能在理智上帮助我们去构成足以指导行为的有关价值的观念与信仰时，人们就一定会另谋别法来弥补这个缺陷。如果人们缺乏智慧的方法，偏见、直接环境的压力和人的利益与阶级的利益、传统风俗、具有偶然历史根源的制度却并不缺乏而且它们将取智慧之地位而代之。因此，这便导致我们的一个主要命题：价值判断就是关于经验对象的条件与结果的判断；就是对于我们的想望、情感和享受的形成应该起着调节作用的判断。因为凡决定我们的想望、情感和享受的形成的东西就决定着我们的个人行为和社会行为的主要进程。

至于到底什么是有价值的，我们应该考虑存在于我们所喜爱和所享有的东西中的联系，从而形成我们的判断。对于这句话，如果有人听来觉得有点奇怪的话，答案是不难求得的。当我们还未曾进行这样的探究时，享受（如果我们愿意用这个名词的话，我们也可以把它称为价值）是偶然发生的；这种享受是"自然"所赋予的，而不是由于艺术构造成功的。和在定性存在状态之下的自然对象一样，这种享受至多只能为了在理性领域内求得精进提供材料而已。我们所感觉到的理智对象离开这些对象的实际情况很远，同样，一种良善的感觉或优美的感觉离开事实上的善也是很远的。如果我们一方面承认：只有当我们极其审慎地选择和安排有指导的操作时我们才能获得关于自然对象的真理，而在另一方面却认为：价值是真正能够为单纯爱好这一事实来决定的，这似乎会使我们处于一种不足为信的地位。生活中一切困惑的境况归根到底都是由于我们真正难以形成关于情境的价值的判断；归根到底都是诸善之间的冲突。只有独断主义者才把严重的道德冲突当作是某种显然是坏的东西和公认是好的东西之间所发生的冲突而且认为只有在这两者之间进行选择的人的意志中才有一种不确定的状态。大多数重要的冲突都是在现在使人满意或已经使人满意的事物之间的冲突，而不是善与恶之间的冲突。而且有人认为我们能够一劳永逸地一般地制造一张价值等级表，一种目录表，按照价值的上升或下降来排列各种价值。这无非是掩饰我们无法具体构成智慧判断的无能罢了。否则，就是想利用一种好听的名词来尊重习惯的好坏和成见。

除了对偶然发生的满足状态进行界说、归类和系统化以外，还有一条出路就是借助于这些满足状态所由发生的关系来对它们进行判断。如果我们知道爱好、想望和享受等动作之所由产生的条件，我们就能知道这种动作的后果。所想望的和可想望的、所赞赏的和可赞赏的，这两者之间的差别正在这一点上发生效验了。试看"那个东西已经被吃了"这个命题和"那个东西是可吃的"这个判断之间的差别。前一句话除了所陈述的内容以外，并不包括有关于任何关系的知识；然而只有当我们认识到此物与别物的交互作用，足以使我们能够预见有机体吸收此物后将发生什么效果时，我们才能判断说此物是可吃的。

如果有人假定事物能够在不与其他事物联系之下被人认知，这就把认知和单纯占有知觉中或感觉中的对象等同起来了，因此，也就失去了分辨所知对象的特点的关键。把某种直接呈现的性质看成是呈现此一性质的全部事物，是无用的，乃至是愚蠢的。当性质是热的、流动的或沉重的等性质时，它不足以构成事物的整体；当性质是令人喜爱的或为人所享有的等性质时，它也不是事物的整体。这些性质也是某些条件所产生的效果，是具有因果联系的过程的结尾。它们是人们所要研究的东西；它们引起人们对它们的探究和判断。我们愈能确定更多的联系和交互作用，我们对于这个所研究的对象便愈有所认知。思维即对于这些联系的寻求。由于我们采取有指导的操作后所经验到的热和我们偶然经验到而不知其怎样产生的热是有着十分不同的意义的。关于享受，也是如此。当我们洞察关系从而指导着行为时所产生的这种享受便由于经验它们的方法而具有意义和效用。这种享受是不会令人后悔的：它们没有引起苦的回味。即使在直接的享受之中也有一种效用之感、权威之感，加强了这种享受。切望去保存有价值的对象和单纯地想望去保存这种享受的感觉是截然不同的。

所以，以上所述并不意味着，价值是脱离我们实际所享受为好的东西而独立存在的。发现一个事物是可享受的，这是一种所谓"增添的"享受（"a plus enjoyment"）。我们知道，以科学对象为知觉对象的敌对物或代替者，是愚蠢的，因为前者是介乎不定情境和已定的情境、在较大控制条件之下所经验的情境之间的东西。同样，对于一个经验对象的价值所下的判断可以帮助我们去欣赏现实的对象。但是认为一切偶然使人满意的对象，跟一切其他对象一样，都同样是价值的说法和认为一切知觉对象，跟一切其他对象一样，都是具有同样的认识力量的说法是十分类似的。没有知觉，就没有知识；但是只有当所知觉的对象是联系着的操作所产生的后果时它们才为人所认知。没有满足，就没有价值，但是把一种满足转变成为一种价值，却还需要满足一定的条件。

这样一个时候将会来临，这时候我们会觉得奇怪：我们在这个时代会这样努力用尽一切可用的方法来形成关于物理事物的观念，来形成关于那些与人生远不相关的事物的观念，而对于涉及我们最深刻利害关系的对象所具有的性质，却满足于一些偶然的信仰；当我们考虑到构成自然对象的观念时我们是小心谨慎的，但是在我们构成关于价值的观念时我们却是武断的，否则就是受直接的条件所驱使的。有一种流行的看法（这种看法如果不是明显提出的，却是可以推论出来的），认为：对于价值，我们已经知道得很清楚了，所缺少的乃是按照它们价值的秩序来培养这些价值的意志。事实上，我们最欠缺的并不是对已知的善采取行动的意志，而是去认知什么是善的这种意志。

我们有可能在某种程度之下调节有价值的享受的发生，这并不是一个梦想。例如，在工业中的工艺和艺术（在一定的限度内）可以用来说明实现这种可能性。人们想望要有超过于自然界本身所提供给他们的热度、光亮以及运输和交通的速度。人们不是靠喧嚷着享受这些东西和鼓吹着它们的可想望性而是靠研究体现它们的条件来获得这些东西的。人们始而获得了关于关系的知识，继而有能力去产生这种关系，而最后得到享受便是理所当然的事情了。不过，还有一句老话，享受这些事物，认为是善，并不保证这些事物只会带来善的后果。据说柏拉图曾经指出过：尽管医生知道医道和演说家知道劝说，但是这个人是否应该被医治或是否应该按照演说家的意见加以说服，这还没有最后知道。这里便发生了传统所谓比较低级艺术价值和真正人本艺术的比较高级价值之间的区别了。

关于比较低级艺术的价值，人们并不假定说：没有明确的操作性的知识，就能占有和享受它们。关于这种比较低级艺术的价值程度，是可以根据我们努力控制它们发生的条件的程度来加以衡量的。关于比较高级的人本艺术，人们却假定说，它们的存在是任何诚实的人所不能怀疑的；在启示或良心中，在别人的教诲或直接的感觉中，它们都是清晰无疑的。人们并不是以我们为这些价值而采取的行动来作为衡量事物对我们的价值程度的标准，反之，他们认为困难在于劝说人们根据已知为善的标准去采取行动。他们认为：关于条件和后果的知识丝毫与关于重大价值的判断无关，虽然在试想谨慎地去实现这种价值时它是不无用处的。结果，公认为次要的和带技术性的价值是在适当的控制之下存在着的，而那些所谓至高无上的价值却是服从于冲动、习俗和武断权威的摆布的。

这种在较高级类型的价值和较低级类型的价值之间的区别本身还是一件尚待查究的事情。为什么要在物理的与物质的善和理想的与"精神的"善之间严格地区分开来？这个问题从根本上涉及物质和理想整个的二元论。把一件东西说成是"物质"或"物质的"，实际上并没有贬斥它的意思。如果我们正确地应用这种说法，它只是指明：有关的事物乃是某些其他事物存在的一个条件或手段。而且，贬斥有效验的手段实际上就是轻视誉为理想的和精神的那些东西。因为如果我们能够把"理想的"和"精神的"这些名词真正应用到具体方面的话，这些名词是指合意地符合了一些条件，珍惜地具备了一些手段的东西而言。如果我们把物质的善和理想的善严格地加以区分，那么这就使得理想的善丧失了它对人类行为有效的支持，而把应该视为手段的东西视为目的本身了。因为既然人类没有相当的健康和财产就根本不能生活下去，那么除非把健康和财产这一类的东西也当作是所谓至高无上的善的一些组成部分，否则我们将会把它们当作是一些孤立的价值和目的了。

决定人类经验发生的那些关系，尤其当我们把社会联系也考虑在内时，较之决定所谓物理事件的那些关系要广泛得多和复杂得多；决定物理事件的关系是我们经过选择采取一定操作所产生的结果。因为这个理由，我们知道如星辰之类遥远的对象比我们知道我们自己的身心这一类的事物更为清楚些。我们忘了关于星辰我们有无数事物是不知道的；勿宁说，我们所谓星辰的东西本身乃是有意地和被迫地从许多实际存在所具有的特点中加以删减的结果。如果把我们关于星辰的知识应用于人事方面而且把我们全部关于星辰的知识都拿出来，我们所具有的知识并不算很多，也不算很重要。因此，关于人类和社会的真正知识就不免要远远落后于物理的知识了。

但是我们不能根据这种差别来把这两种知识截然划分开来，也不能用来说明为什么我们很少利用实验方法来构成关于人类在其特有的社会关系中的利害关系的观念和信仰。对于这种划分，宗教和哲学要负一定的责任。它们把一个在范围较狭的关系和范围较广、较为丰满的关系之间的区别转变成为两类性质不同的区别了：把一类称为物质的而把另一类称为心理的和道德的。它们毫无理由地自己担负起这样一个使命，广泛宣传这种区分是必要的而且在潜移默化中使人轻视物质的东西，认为它在本性上和在价值上都是低劣的。在形式哲学中逐渐消失了那种专门的和固定的内容，但是这种哲学却以一种浅薄而具有生命力的形式深入于那些不知其底细的人们的心目之中。当这种广泛散播的和可以说是气体式的发散物在普通人的内心中重新凝结起来的时候，它们就形成了一堆坚实的和难以改变的成见。

如果我们采纳了实验的理论，不仅把它当作是一种单纯的理论而且把它当作是我们每一个人所具有的一种习惯态度，那么我们在我们个人的和社会的行为艺术方面实际上会受到一些什么影响呢？即使给我们足够的时间，我们也不可能十分详细地答复这个问题，犹如人们不能预告他们采用实验法会在知识方面产生什么后果一样。实验法的本义就是一切要通过试验。但是关于这种影响的一般线索，我们是可以在时间允许的限度内加以概述的。

原来人们根据是否符合于先在对象的情况来构成他们关于价值的观念和判断，而我们现在要在对事物所产生的后果的认识的指导之下来构成可享受的对象；这个变化是从回顾过去变为瞻望未来的一个转变。我从来不认为：无论个人的和社会的过去经验是不重要的。因为如果没有过去的经验，我们既不能构成关于享受对象的条件的观念，也不能估计到我们尊重它们和爱好它们时所产生的后果。但过去经验的重要意义就在于使我们有理智的工具去判断这些事情。过去的经验是一种工具而不是最后的事物。对我们所爱好和所享受的东西加以反省，是必要的。但是只有当这种享受能够回过头来对它们自己加以控制的时候；只有当我们在我们回忆它们的过程中尽可能地对于我们之所以爱好这类事物的原因和我们爱好它之后所产生的后果构成最好的判断时，我们才能从反省中得知这些事物的价值。

我们并不是要抛弃过去所经验到的享受以及对它们的回忆，而我们只是要抛弃这样一种想法，认为过去所经验到的享受是进一步应该享受什么的裁决者。现在人们的确找到了过去的这个裁决者，不过，对于在过去到底什么是有权威的东西这一点，则有各种不同的解释。从名义上讲来，最有影响的一种见解无疑地就是那种认为我们曾经一度有过神灵启示或认为我们曾经一度生活过一种完美生活的想法。依靠先例、依靠过去，特别在法律上所创造的制度、依靠由于未经检验的习俗所传递给我们的道德规范、依靠未经批判过的传统等等都是其他形式的依赖权威。这丝毫也并不暗示说，我们能够脱离习俗和既有的制度。脱节之后无疑地就会产生混乱的结果。但是这样的脱节并没有什么危险。人类在政体和教育方面过于保守了，以致这种危险的想法不会成为现实。真正的危险在于：新产生的条件的力量会外在地和机械地产生分裂的现象——这才是一个永远存在的危险。坚持旧标准使足以应付新条件的保守主义增加了而不是减轻了这种危险。现在所需要的是要用智慧去检验历代继承下来的制度和习俗实际上所产生的后果，以便用智慧去考虑：为了产生不同后果人们应该采取怎样的方法来有意地改变过去由制度与习俗所产生的后果。

这就是把实验法从专门的物理经验领域转移到比较广泛的人生领域来的重要意义了。当我们形成关于不与人生直接相关的事物的信仰时我们信赖实验法。结果，在道德的、政治的和经济的事务中我们却不信赖这种方法。在美术方面，已经有了许多变化的痕迹。这种变化常是人类其他的态度方面将有变化的征兆和预兆。但是一般地讲来，在社会事务中，在所谓具有永久的和最后的价值的事业中，主动地采用实验法的观念在大多数人看来就是要废弃一切标准和具有调节作用的权威。但是从原则上讲来，实验法并不意味着杂乱无章的盲动；它意味着用观念和知识去指导行动。这个争论的问题是一个实际的问题。是不是已经存在着有这种观念和知识，容许我们在社会利益和社会事务方面有效地利用实验法呢？

如果我们废弃了熟悉的和传统上珍视的价值，不把它们当作是我们具有指导作用的标准，调节作用又将从何而来呢？绝大部分来自自然科学的发现。因为分隔知行的结果之一就是不让科学知识去指导行为——只有在贬斥为低级的工艺领域内是例外。当然，人类自由价值的对象所依赖的条件十分复杂，这是一个巨大的障碍，而且如果我们说我们已经具有了足够的科学知识，足以使我们十分广泛地调节我们的价值判断，这句话也过于乐观了一点。但是我们有许多知识还未曾试图去加以利用，而且如果我们不试图比较系统地去利用这些知识，我们就不会知道从道德和人事利用的观点上看来，我们的科学还有哪些重要的漏洞。

因为道德家们通常在自然科学领域和道德行为之间划上了一道鸿沟。但是有一种道德，它是依赖后果来构成其价值判断的；这种道德必须最紧密地依靠科学结论。因为科学就是使我们联系前因与后果的那种关于变化关系的知识。人们在习惯上认为自然科学的题材没有形成道德标准与理想的作用，因而道德家们时常便把道德局限于一个狭隘的范围以内，把善恶的行为同有关的健康与力量、事业与教育以及一切与情欲相联系的事务等比较广泛的行为范围都分隔开来了。同一态度把科学局限于一个专门范围以内，不过它是在一个相反的方向而已。例如在战争和商业方面，这种态度便是无意识地鼓励人们只在能有利于个人利益和阶级利益的范围以内才利用科学知识。

把实验的习惯应用于一切实践的事务中去，还产生了另一个巨大的差别，即铲除了通常称为主观主义，最好称为自我主义的根源。主观的态度，比从标明为主观主义的哲学那里所推论到的，还要流传得广泛一些。这种主观的态度也蔓延到实在论的哲学之中，而且有时比在其他哲学派别中还更厉害些，不过那种尊崇和享受最后价值的哲学家们看不出这一点罢了。因为在主张事先的存在是衡量思想与知识的标准的学说看来，对于实在的东西，我们的思想是不能变动丝毫的。于是我们的思想便只能影响于我们自己对于实在的态度。

这样经常地强调改变我们自己而不注意改变我们在其中生活的这个世界，在我看来，就是"主观主义"中值得我们反对的东西的实质。即使柏拉图的实在论也犯这个毛病；它宣道式地坚持教人观照本质境界在内心所产生的变化，而轻视行动，把它当作是短暂的和低下的——只是由于有机存在的必要而作出的让步。凡以改变心灵的办法来代替改变自然和社会对象从而改变实际所经验到的善的办法的理论则更是逃避存在——这种缩入自我的情况就是主观唯我论的核心。典型的例子也许就是宗教中的来世，而宗教所关心的主要的是如何拯救个人的灵魂。可是在审美主义中和蛰居在象牙之塔的情况中也可以找到来世。

这丝毫也不意味着说，改变个人的态度，改变"主体"的性向并不重要。反之，在任何改变环境条件的企图中都包括有这一类的改变。但是把改变自我当作是一个目的来加以培养和珍视和把改变自我当作一个手段，通过行动来改变客观条件，这两者是截然不同的。中世纪亚里士多德学派认为在观照中享有最后实有就能得到一种最高的快乐；这个信念对于有些人很有吸引力，为他们树立了一个理想；它显示出一种细致的享受。当有些人在创造一个较好的日常经验世界的过程中努力失败而感觉到失望的时候这一种主张是投合他们的心意的。撇开神学的意义不谈，当社会条件十分困难，实际努力似乎无望时，这种主张肯定会复生的。但是近代思想所显然具有的主观主义，如果和古代的思想比较一下，或是旧主张在新条件之下的发展或只是在专门方面还具有点重要意义而已。中世纪对于这个主张的翻版至少还有一个伟大的社会制度在积极地支持着它，人们可以借助于这种社会制度达到一种心境，为他们最后享受永恒的实有作好准备。那时这种主张还具有一定的坚度和深度而这是近代理论所没有的，近代思想仅从情绪的或玄想的程序上，或以任何不需要改变客观存在，不需要在经验上更可靠地获得价值对象的办法来达到这个结果。

关于把现在在科学实践中所体现出来的原理，移用于价值领域内所会造成的革命，我们还不能详细陈述；企图这样做，便是与我们行而后知和行有后果而后得知的根本观念相违背的。但是这个革命确会把我们的注意和精力从主观方面转移到客观方面来。人们会把自己当作是活动者而不是目的；当我们在经验中享受到转变着的活动的果实时我们才能见到目的。近代思想的主观性表现在：人们已经发现了在产生对象的性质与价值时，个人的有机的和习得的反应所起的造因作用；就这一点而论，这表示我们已经有可能具有决定性地前进一步。它使我们掌握了某些控制经验对象发生的条件，从而为我们提供了一种起调节作用的工具。但是如果有人彻底否认：我们所经验到的、所知觉到的和所享受到的事物在任何方式之下都是有赖于它与人类自我的交互作用的，这种否认是容易引起人们的抱怨的。在决定我们所知觉和所享受的事物时个人的和主观的反应是具有一定的作用的；否认这一点的那些理论的错误或者在于过分夸大了这一组织因素的作用，把它说成是唯一的条件了（如主观唯心主义）——或者在于把它当作是最后的东西而不是把它和知识一起当作是指导进一步行动的工具。

由于把实验法从物理学移用于人事方面所产生的第三个重要的变化是有关于标准、原则、规范的重要性的问题。随着这种转移，我们就会把标准、原则、规范以及关于善的一切信条、信念等等当作是假设。它们不再是固定不变的东西；我们会把它们当作是理智的工具，有待施行后的后果来加以验证和肯定（甚至于改变）。它们再不装作是一些最后的东西了——那是独断主义的终极根源。使人惊奇而纳闷的是人类徒然花费了如许的精力（以血肉和精神为武器）为宗教、道德和政治的信条的真理而战斗，而不肯花费一些精力，努力实行这些信条从而验证它们。过去有人认为信仰和判断可以是内在的真理和权威

（所谓内在是指独立于它用作指导原则时所产生的结果），而且随着这种想法而来的便是不容异端和狂热盲信。把标准、原则、规范等当作假设的这种变化就会破除这种不容异端和狂热盲信的情况。这种转变不仅意味着，人们应该负责实行他公认他所信仰的东西；这还是一种旧的说法。它还要求更进一步。任何信仰本身都是试验性质的，都是假设性质的；我们不仅要实行信仰，而且要参照它所具有的指导行动的作用来构成信仰。因此，信仰不是我们偶然从世界上拾起来，然后严格遵守的一件最后的东西。当我们认识到信仰是一种工具，仅仅是一种工具，一种具有指导作用的工具时，我们将来在构成信仰时的精心谨慎，当不亚于今日工艺领域中制造精密工具时的精心谨慎。人们已不再以由于忠诚而接受和肯定某种信仰与"原理"而自豪，反将以之为可耻，正如不讲证据，徒以尊重牛顿或赫尔姆荷兹等人而赞同某一种理论，一样可耻。

如果一个人停下来，考虑一下这件事情，人们竟会以忠于"法则"、原则、标准、理想为一种固有的美德，用以说明正义，这不是有些奇怪吗？这些"法则"、原则、标准、理想似乎在依靠人们对它们的固执坚持的依附性来补救其中所隐藏着的某种软弱之感。一个道德的法则，也像一个物理学上的法则一样，并不是无论如何都必须贸然加以信誓和固执的；它是在特殊条件呈现出来时应该采取何种反应的一个公式。它的正确性和恰当性是靠实行它以后的结果来加以验证的。它是否有权威，最后要看我们所必须对付的情境是不是不可避免的，而不是依赖于它自己的内在本性（正如一个工具为人们所重视的程度是以它所提供的需要的程度为转移的）。科学上曾有一度认为：为了避免杂乱无章，唯一的出路就是执着于一些经验对象以外的标准。但是当人们抛弃了这种看法的时候知识就渐次增进，并且人们在运用着在具体动作与对象中所发现的线索和验证。以后果为验证较之以固定的一般规则为验证，更要严正些。而且以后果为验证使我们获得了经常的发展，因为当我们试行新的动作时，我们便经验到了新的结果，至于把理想和模式当作是常住不变的东西，其本身就否认了有发展和改进的可能性。

在社会和人文科目方面采用实验的思维方法的结果会引起各种不同的变

化，把这些变化概括起来说，也许就是把方法和手段提高到前人单独给予目的<u>的那个重要地位</u>上去了。人们曾经把手段当作是卑下的，而把有用的东西当作是下贱的。人们是把手段当作是一些不好的关系而保留下来的而不是内在地欢迎它们的。"理想"一词的真意，当在手段和目的的分离中得之。"理想"是遥远的和高不可攀的；它们太高贵和太华美了；如果实现它们，就会使它们受到玷污。它们的作用就是模模糊糊地引起"愿望"而非激励和指导人们，努力在实际存在中去加以实现。"理想"是在一种不明确的方式之下翱翔于实际景象之外；它们是曾经一度具有意义的，和曾经统治过人生一切细节的，是神圣实在界中正在消逝着的幽灵。

因为漠视手段而使斗志麻痹的程度，是不可能正确估计的。从逻辑上讲来，不考虑手段就表示是不严肃地对待目的，这是自明之理。这就似乎是说，一个人公开声称他要专心致志于绘画，但是他却轻视画布、刷子和颜料；一个人公开声称他喜爱音乐，但是他有一个条件，就是不要有发音器或其他乐器发出声音来。一个技艺好的工人是以他爱惜工具，热心于改善技术而闻名的。赞扬艺术的目的而牺牲其手段，可以认为是完全不诚实，甚至是病态的表现。脱离了手段的目的乃是一种在感情上的放纵，或者如果真有这种情况，也是偶然之事。"理想"之所以不能在行动中发生实效，显然就是因为目的和手段应予并重而未予以并重。

公开提出理想而不同等地关心实现理想的工具和技术，这在形式上讲来，是自相矛盾的；这一点比较容易指出，但是这种把目的和手段分开的信仰如何渗入人生，产生腐蚀毒害的结果的具体方式，则很不容易体会得到。目的与手段的分开，乃是传统上理论与实践的分离在现实生活中表达它自己的一种形式。这也说明了为什么在维护人类的幸福方面，艺术是比较无能的。情感上的留恋和主观的赞颂代替了行动。因为没有工具和具有工具作用的动作，就没有艺术。但是这也解释了为什么在我们的实际行为中那种在名义上被视为低下的、物质的和卑贱的事情却使我们感到兴趣和注意而花费了我们如许的精力。人们在表示忠诚地尊敬过"理想"之后，便觉得轻松了，于是便专心致力于比较直接而迫切的事务了。

人们一般地注意物质上的舒适、安逸、财富和由于竞争而得来的成功因而平常受到谴责，因为他们应该注意目的但他们却去注意手段了，或者说，因为他们把实际上只应当作手段的东西当作目的看待了。许多人批评了经济利益和行动在目前生活中所占的地位，抱怨说，人们让低下的目的篡夺了高尚的理想价值的地位。然而麻烦的最后根源却在于：一些道德和精神的"领袖们"传布说：人们可以离开"物质的"手段（把物质和手段当作是同义语）来培养理想的目的。他们谴责人们不该把思想和精力用于手段而应该用于目的，但是我们却应该谴责他们。因为他们并没有教导他们的追随者们把物质的和经济的活动实在地当作是手段。他们不愿意根据唯一能使价值实现的实际条件和操作去构成他们关于价值的概念。

实际的需要是迫切的；在一般大众看来，实际需要是带有强制性的。而且，一般地讲来，人们是来行动的而不是来讲理论的。理想的目的既然是十分遥远而又与需要注意的直接迫切的条件很少有联系，那么人们为理想的目的作了一些口头上的宣传之后，便自然而然地去从事于那些直接迫切的事情去了。如果在手头上的一只鸟的价值抵得过在邻树上的两只鸟，那么在手头上的一桩现实的事情的价值便抵得过许多遥远而不可看见和不可接近的理想。人们举起了理想的旗帜，然后却向着具体条件所提示和所嘉奖的方向前进。

有意的虚伪和欺骗是很少的。但是如果认为动作和情操在人性的构造中就是内在地结合在一起的，这种说法也没有事实证明。统一是努力达成的结果。态度和反应的分裂、兴趣的分化，是很容易习得的。这种习得的分裂深入人心，正因为这是在无意之间习得的，是从习惯上适应于条件的。脱离了具体行动和造作的理论是空洞无用的；而脱离了理论的实践也只是直接抓住了当时条件所允许的机会和享受而没有理论（知识和观念）的指导。理论与实践的关系不只是一个理论问题；它是一个理论问题，但也是人生中最实际的问题。因为这个问题要考察智慧是怎样指导行动的而行动又怎样可以由于不断洞察意义而获得的后果；所谓洞察意义就是清晰地了解有价值的价值和在经验对象中保证获得价值的手段。一般地构成理想，在情操上去赞扬它们，是容易的；但是人们却没有负起专心思考和审慎行动的责任。有闲阶级以及那些喜欢抽象谈理的人们（对于这些人看来这是一种愉快的沉溺），大多数都爱好培育散播许多理想和目标而这许多理想和目标都是和实现它们的条件脱离的。然后另有一些在社会上有权有势的人们以体现者和保卫者自居，保护着教会和国家中的理想目的。由于他们是这些最高目的的保卫者，他们便获得了一种特权和权威，掩饰着他们为了最粗鲁和最狭隘的物质目的所采取的行动。

工业生活的现况就似乎是手段与目的两相脱离的一个好例。亚里士多德曾经主张把经济学和理想的目的（不论是道德的或是有组织的社会生活的理想目的）分隔开来。他说，某些事物是个人或社会的有价值的生活所应有的条件但不是它的构成部分。人类的经济生活是要满足需要的；它是属于这种性质的。人们有需要而需要是必须满足的。但是需要只是幸福生活的先决条件而不是它的内在因素。大多数哲学家们是没有像他这样坦白的，也许也没有像他这样合乎逻辑。但是总而言之，他们都认为经济学是比道德学或政治学低一等的。然而人类的男女老少实际所过的生活、他们所遭遇到的机会、他们所能享受到的价值、他们的教育、他们在一切艺术和科学事物中所分享到的东西等主要的是受经济条件所决定的。所以一个忽视经济条件的道德体系只能是一个遥远空洞的道德体系。

由于人们没有把工业生活当作是实现社会和文化价值的手段，工业生活也就相应地变成禽兽生活了。无怪乎在经济生活被排斥于高级价值的境界以外之后，便有人采取报复的手段，宣称经济生活是社会上唯一的实在而且主张一切制度与行为均受物质所决定，从而否认了道德和政治具有任何因果调节的作用。

有人对经济学家们说，他们的题材纯是属于物质方面的，这时候他们自然想道：他们只有完全不涉及人类特有的价值，才能是"科学的"。于是他们把物质的需要、满足需要的努力，甚至于在工业活动中高度发展了的、受科学所调节的技术凑合起来，形成了一个完备而封闭的领域。如果有人在这个领域内也论及社会目的和价值，那是通过外在附加的办法引入的，主要的是带劝告性质的。有人说，经济生活决定着人类获得具体价值的条件；这种说法我们可以承认，也可以不承认。我们承认也好，不承认也好，但是那种把经济生活当作是用来获得人类所共有和共享的重要价值的手段的说法却还感到是陌生的和无用的。在许多人看来，不把道德上的目的和经济生活的工作机器联系起来，就不能使道德上的目的发生力量的这种说法还好像是玷辱了道德上的价值和义务的清白似的。

以上我们仅仅略示了一下分隔理论和实践在社会和道德方面所产生的影响。这种影响很多，也很广泛，因此，如果对它们作一番适当的研究，就要涉及道德学、经济学和政治学的全部领域。如果说，这些影响事实上都是人们离开行动，专门从思想上和知识上去寻求确定性的直接后果，这种说法是不公允的。因为，我们知道，这种确定性的寻求本身就是现实情况的反映结果。但是我们可以正确地断言说：在宗教与哲学中这样寻求确定性的结果却强化了原来产生这种寻求的条件。而且，在生命危险之中运用智慧行动以外的其他方法，只靠感情和思想的方法去寻求安全和慰藉，这是当人们缺乏现实的控制手段，艺术还没有发达的时候才开始的。因此，这在历史上是有相当的理由的，但是在今天这种理由就不存在了。现在第一个值得我们思考的问题（从其广度和深度而言都配称为是一个哲学问题）就是如何有助于把一切以知行分隔为基础的信仰加以改造；如何发展一个符合于现有知识和现有控制自然事物的各种设施的操作论的体系。

我们曾经不止一次看到近代哲学曾经聚精会神地企图解决一个问题，即如何使得在指导人生中具有权威的信仰与价值和自然科学中的结论相适应。真正而强烈的争论之点并不在于大多数的哲学家们究竟注意这两方面的哪一方面。这个争论之点既不在于如何调和物理的和理想的或精神的境界、也不在于如何调和理论的理性和实践的理性的"范畴"。这个争论之点在于它们把执行的手段和理想的兴趣孤立分开了，而这种孤立分开的情况又是在把理论和实践分开的影响之下所产生的。因此，从性质上讲来，这就使得物质的和精神的东西两者分开了。所以这个问题的答案只能在行动中去寻找，因为在行动中，物质的与经济的生活现象与支配情意之忠诚的目的是并行不悖的，而且在行动中目的和理想是根据现实经验情境的可能性来构成的。虽然我们不能单独在"思想"中去寻找答案，但是具有操作性质的思维却可以促进我们去解答这个问题，因为这种具有操作性质的思维是按照我们所可能采取的行动来构成和界说观念的而且是把科学的结论当作工具来利用的。詹姆士曾经说过：向前看而不向后看，看这个世界和人生将会变成一个什么样子而不看它已经变成了一个什么样子，这是"权威宝座"的更迭。当詹姆士这样说的时候，他是适度的。

在早些时候的讨论中，我们曾经偶然地谈道：当代经验主义派的价值哲学把价值和实际所享受的事物等同起来而不顾及这些价值所依赖的条件，其严重的缺点在于它对我们当前社会经验的情况进行陈述并从而加以推崇。在以上的各章之中，我们也许把我们主要的注意力放在各派哲学理论的方法和陈述上去了。但是这些陈述只是在形式上是专门性的。从它们的根源、内容和重要性方面而言，这些陈述乃是具体人类经验的某些情况或某些方面的反映。把理论与实践分隔的这种理论有其实际的根源和重大的实际后果，同样，把价值和人们实际所享受的东西等同起来而不问其如何享受和享受什么的经验主义的理论也是从形式上对目前社会情境的一个方面而且是一个不惬意的方面所进行的陈述。

我们虽然在我们的讨论中较多地注意了另一个派别的哲学理论，这派哲学理论主张具有调节性和权威性的标准是在超验的价值中寻得的，但是我们却并未忽视这一事实：实际上大多数人大部分的活动都是用来争取实际情况所允许的这种享受的。事实上，他们的精力和他们的享受都是在控制之下的，不过它们是受外在条件所控制的而不是受智慧的判断和行动所控制的。如果哲学对于人们的思想和动作真有什么影响的话，那么流行最广的经验主义的理论把价值和兴趣对象等同起来，从而来为上述那种状况进行辩护，这不能不说是一件严重的事情。从来放在我们面前，有待于我们理智择定的价值理论，只有两种：一种把我们送入一个永恒不变的价值领域；一种使我们获得实际的享受。在这种情况之下，对于那种把价值和作为在智慧指导下的活动果实的诸善等同起来的实验的经验主义加以陈述，即使是理论上的陈述，也是具有实践意义的。

哥白尼式的革命

　　康德自称他在哲学中进行了一次哥白尼式的革命，因为他是从认知的主体去对待世界以及对待我们对于这个世界的认识的。在许多的批评者看来，这种使所知的世界依赖于能知的心灵组织的努力似乎是回复到十足的托勒密体系（an ultra-Ptolemaic）。但是根据康德对哥白尼的理解看来，哥白尼曾经从所知觉的天体运动与能知觉的主体的关系中去解释这些所知觉的天体运动从而说明了一些天文学上的现象而不是把这些所知觉的运动当作是被知觉的事物本身所固有的。从我们的感知上看来太阳是围绕着地球旋转的，这种现象之所以产生是由于人类观察的条件而不是由于太阳本身的运动。康德不顾这样改变了的观点会产生什么后果，决定把这一方面当作是哥白尼方法的特征。他认为他可以推广哥白尼方法的这一方面并把有关的事实归结为认知中人类主体的组织，借以扫清许许多多哲学方面的困难。

　　结果是托勒密式的而不是哥白尼式的，这并不足以为奇。事实上，康德的所谓革命不过是使得早已隐藏在古典传统思想中的东西明显化罢了。用文字表达出来，这种古典的思想断言说：知识是受宇宙的客观组织所决定的。但是只有在它首先假定了宇宙本身是按照理性的模型而组织成功的这种主张之后才这样断言的。哲学家们首先构成了一个理性的自然体系，然而借用其中的一些特点来指明他们对于自然的认识的特点。事实上，康德乃是唤起人们来注意这种借用的情况，而且他坚持这种借用的材料之所以可信不是由于神灵而是由于人类的理性。他的"革命"是从神权走向人权的过渡，除了这一点以外，他只是明白地承认哲学家们在他以前从古典哲学一脉相承之下所无意地主张过的东西。因为这种传统思想的根本假设是：理智和自然结构是内在地相符的，——斯宾诺莎曾经明确地陈述过这个原理。在康德的时代，这种理性主义中所隐藏的困难便已经十分明显了。康德想要维持这个根本的观念而把理智的中心转放在认知主体的人的身上，从而来补救这个根本观念所隐藏着的困难。这种举动在某些人的心目中所引起的激动是由于这种转变而不是由于他们对于自然组织中理性的功能有什么怀疑。

　　康德也曾偶然论及伽利略的实验方法，用以说明思想如何在实际上起着指导作用，因而对象之所以被认知，实由于它符合于一个先在的概念，即符合于先在概念所详细规定的东西。实验性质的认识方法是正好和这种情况相反的；我们若把这两种情况加以对比，便可以弄清楚康德论及伽利略实验法的情况了。不错，实验过程乃是根据一种指导观念进行的。但是在决定所知对象时观念所起的作用和康德理论中所赋予观念的功能是大有差别的，正像哥白尼体系和托勒密体系之间的差别一样。因为在实验中的观念是试验性质的，是有条件的，而不是具有严密的决定性的。它对于所要采取的行动是具有控制作用的，而操作的后果却又决定着这个指导观念的价值；指导观念并不固定对象的性质。

　　而且，在实验中一切事情都是光明磊落的和公开进行的。每一步骤都是外表的，都是可以观察得到的。总是事先有一种特定的事物状态；有一种特定的运用物理工具和符号工具的操作而这种操作是公开地陈列着和报道着的。当我们结论说：关于对象的某一判断是有效的时候，我们达到这一结论的整个过程都是外表的。任何人都可以一步一步地重复这个过程。因此，任何人都能自己判断关于这个对象所得到的结论是否算是正确的知识；其中是否还有什么漏洞和歪曲的地方。而且整个的过程和其他存在的过程是同时并进着的。其中有一个时间顺序，正如任何艺术中所具有的时间顺序那样明确，例如由棉花原料纺织成为棉布的过程是由梳棉、纺纱以至于织布机上的操作所组成。一系列可以公开观察，可以公开报道的明确操作使得科学的认知不同于在内心过程中所进行的认知，后者只能是由内省得到的或由假定的前提加以辩证法的推论得到的。

　　因此，康德以思想去决定对象的想法和实验中以思想去决定对象的情况不仅不相符合而且是相反对的。康德的知觉和概念的形式都不是假设性质的，或有条件的。它们是一致地和成功地工作着；它们不需要用后果去对它们加以区别性的验证。康德设定这些概念形式的理由是为了保证获得普遍性和必然性，而不是为了获得假设性和盖然性。在康德的机构中没有任何外表的、可以观察得到的和有时间性或历史性的东西。这个机构是在幕后进行工作的。只有结果是观察得到的而且只有一个严密辩证推理的过程使他可以断言有他那一套形式和范畴的存在。这些形式和范畴都是不能够观察得到的东西，正如近代科学发展所必须事先拒绝的那些神秘的形式和本质是我们所不能观察得到的一样。

这番申述并非专对康德而言的。因为我们已经说过了，他只是对于旧的关于心灵的理论以及关于认知中心灵活动的旧见解作了一番新的解释，而没有提出一个崭新的理论来。但是既然碰巧他是"哥白尼式的革命"一词的首倡者，那么他的哲学便成了一个适宜的出发点，从而去考虑如何真正地把关于心灵、理性、概念和心理过程的传统观念颠倒过来。我们在以前各讲当中已经涉及了这个革命的各个方面。我们已经知道了，在科学探究的实际事业中已经怎样废弃了知与行、理论与实践之间的对立状况，人们怎样借助于动作来进行认知。我们已经知道了，靠纯心理的方法在认识上去寻求绝对的确定性的办法业已被废弃了，代之而起的是靠主动调节条件的方法来寻求具有高度概率的安全性。我们已经考虑过了一些明确的步骤，用以调节变化，获得安全而不是从不可变化的东西中去求得绝对的确定性。我们已经注意到，这样转变的结果也把判断的标准从依据前件转变为依据后果，从无生气地依赖于过去转变为有意识地创造未来。

如果这样颠倒过来的变化，从其意义的深度和广度而言，还不能与哥白尼的革命相比拟，我就不知道我们将在什么地方再会找到这样一种变化或这种变化究竟会是一个什么样子。旧的中心是心灵，它是用一套本身完善的力量去进行认知的，而且它也只是作用于一种本身同样完善的事先存在的外在材料上的。新的中心是自然进程中所发生的变化不定的交互作用，而这个自然进程并不是固定的和完善的而是可以通过有意操作的中介导致各种不同的新的结果的。正如地球或太阳并不是一个普遍而必然的参考系的绝对中心一样，自我或世界，灵魂或自然（即当作孤立而本身完善的东西理解的自然）都不是这个中心。在交互作用着的许多部分之间有一个运动着的整体；每当努力向着某一个特殊的方向改变这些交互作用着的各个部分时，就会有一个中心浮现出来。

这种颠倒过来的转变有许多的方面，而这些方面都是互相联系着的。我们不能说某一方面比别一方面更重要些。但是有一种变化特别突出。心灵不再是从外边静观世界和在自足观照的快乐中得到至上满足的旁观者。心灵是自然以内，成为自然本身前进过程中的一个部分了。心灵之所以是心灵，是因为变化已经是在指导的方式之下发生的而且还产生了一种从疑难混乱转为清晰、解决和安定这样指向一个明确方向的运动。从外边旁观式的认知到前进不息的世界活剧中的积极参加者是一个历史的转变，这个历史转变我们业已追溯过它的沿革。

就哲学方面而言，这样从影响知者而不影响世界的认知转变为使世界发生有指导的变化的认知所引起的第一个直接的效果，就是完全废弃了所谓主知主义的错误。这种错误在于它认为知识是衡量实在的尺度，它是普遍存在的。关于在实验性认知有任何重要进展之前所形成的哲学，我们可以说，它们明确地区分了两个世界：在一个世界中人类思考着和认知着而在另一个世界中人类生活着和行动着。就人类的需要以及需要所产生的动作而言，人曾是世界的一部分，无论他情愿或不情愿，他总是和这个世界同呼吸，共命运的；他冒着世界荣枯之险，受着不规则的和不可预见的变化的支配。他在这个世界中对这个世界采取动作，因而过着其尘世的生活，有时遭到失败，有时又得到成功。他也受着世界的影响，有时被导致预料之外的光荣，有时又因为失去其恩宠而受到压抑。

人类既不能对抗这个他所生活其中的世界，便想出某种方法来和整个宇宙寻求妥协。从宗教的起源看来，宗教就是这种寻求妥协的表现。后来，有少数安闲富有，得免于世界磨难的人们发现了思考与探究的乐趣。他们乃断定说：他们以及他们的身体和与身体相联系着的心理过程都是生活在这个世界之内的，而有理性的思想却可以把人们超越于这个世界之上。当人们与自然的险恶作斗争、受到自然的蹂躏、夺取自然资源以求生存的时候，他们是自然的一部分。但是在认识方面，真正的知识是理性的；它的对象是具有普遍性和常住性的；人们是不受这个变幻不定的世界所威胁的。人们便超出了这个人欲横流，必需劳作的境界。人们既超出了这个感觉和时限的世界，便与神灵（即清静完善的心灵）发生了理性的感通。人们成了最后实在境界的真正参与者。由于他们有了知识，人们便超出于机会和变化的世界之外，而优游于完善不变实有的境界之内了。

哲学家们和科学家们离开和超出行动的生活而对认知的生活加以赞颂，而这种赞颂若无外在的援助，能够影响平常人至如何程度，现在还说不上来。但是外援却来临了。基督教会的神学家们用适应于他们的宗教目的的方式，采纳了这种看法。完善而最后的实在是上帝；认知上帝便是永恒的快乐。人所生活和行动于其中的世界乃是一个折磨人类、试探人类，为他获得较高的命运求验证和作准备的世界。这些传统哲学的要素便借助于故事、仪式等千千万万的方式并以引起情绪与想象的符号渗入了平常人的心目之中。

如果有人认为以上所说已完全说明了把认知及其对象从实践行动及其对象中提升出来的全部情况，这种看法是片面的。最有力的原因，还是因为行动世界里有困苦、残酷和悲惨的挫折。如果行动世界里没有残忍和失败的情况，就不会有在较高的知识境界中去寻求庇护的动机。我们容易和比较"自然地"从困苦、残酷和悲惨的挫折等罪恶联想到我们行动于其中的世界是一个有变化的领域。变化，这样一般的事实，被人们绝对化了而且被认为是我们直接生活于其中的这个世界所有一切的烦恼和缺陷的根源。至其极，善良和优美在一个变化的世界中也是不安定的；只有在一个固定不变的本质领域中善才能是安全可靠的。当人们断言罪恶的根源在于变化领域的内在缺陷时，人类的愚昧无能和麻木不仁便不负产生这些罪恶的责任了。所剩下的唯一的一条路就只有改变我们自己的态度和性向，使我们的灵魂从这个可以消逝的世界转向永恒实有的境界。从这一观点看来，宗教所言和伟大的传统哲学所言显然是同一个意思。

这还不是全部的故事。十分奇怪，提升知识，使之超乎行动之上，还有确定的在实际方面的理由。每当人们实际上获得了知识的时候，随着他们有了控制的能力而具有了一定程度的安全。把价值作为衡量实在性的尺度，是一种自然的倾向。既然知识是一种经验方式，它使我们掌握了控制我们以别种方式和经验对象打交道的关键，知识便具有了一种中心地位。如果有人说：一件事物即离开知识而被经验到的东西，这种说法并没有使我们得到任何实践上的指示。如果一个人得了伤寒病，他就得了伤寒病；他无须去寻索或打听它。但是要去认识伤寒病，就要去加以寻索——从思想上或从理智上看来，这个伤寒病就是我们所认知它的那个样子。因为当人们认知它的时候，那些具有它时的各种现象（直接的经验）就有了条理；我们至少有了所谓悟性这样一种控制力；而且由于我们有了悟性，我们也就有了比较主动控制的可能性。其他的经验既然也各自有它们自己的表现，我们也就没有必要去追问它们是什么东西了。只有当一个存在物的性质发生了疑问而我们又必须去追问它时，我们对于实在的观念才有意识地呈现出来。所以只有我们关于存在的思想才是和认知关联着的了。至于其他经验事物的方式十分明显地存在着，因而我们就没有把存在和这些经验方式联系在一起加以思考了。

总之，不管怎样解释，那种把认识当作是衡量其他经验方式中所发现的实在的尺度的看法，乃是哲学中传布最广的一个前提。这种把实在和被认知等同起来的情况在唯心主义的理论中得到了明白的陈述。如果我们回想一下草木在春风中摆动以及水波在阳光下闪烁的景致，我们就会想道：在科学家对于这些事物的思想中他们把在知觉和直接享受中有意义的性质都删除了，仅剩下用数学公式加以说明的某些物理常数了。于是通过有贡献的思维或意识动作，用心灵把科学所提出的这个可怕的骷髅，重新装饰起来，不是很自然的吗？于是除非我们能够指出：数学关系本身也是一种逻辑的思维结构，否则，能知的心便被视为全部架构的组织创造者了。实在论派的理论反对把能知的心当作所知事物之根源的这种主张。但是他们主张实在和被知的东西是局部相等的；不过他们是从对象方面而不是从主观方面来看这个等式的。知识是把握或观看实在"本身"，而情绪和情感则是对付那种由有感情和有欲望的主体所提供的外来因素所感染了的实在。在认识论方面，唯心主义者和实在论者同样都假定：在所经验到的事物中只有知识才是和实在关联着的。

　　一个哥白尼式的变革的意义就在于：我们并不需要把知识当作是唯一能够把握实在的东西。我们所经验到的这个世界就是一个实在的世界。但是我们所经验到的这个世界在它的原始状态上并不是我们所认知的世界，并不是我们所理解的世界，而且从理智上讲来，并不是融贯而可靠的。认知活动包含有许多的操作手续，而这些操作手续使所经验的对象具有了形式，从而使我们可以有把握地经验到事物前进时所依赖的各种关系。认知标志着：实在已经有了一番过渡性的改变和重新安排。认知是具有媒介性和工具性的；它是处于对存在的一种比较偶然的经验和一种比较确定的经验之间的。认知者是在存在世界以内的；他的有实验性质的认知活动标志着：一种存在和另一种存在正在交互作用着。不过，这种交互作用和其他存在的交互作用之间有一个重要的差别。这种差别不是在自然以内，作为自然之一部分的东西和另一些发生于自然以外的东西之间的差别，而是在一种受控制的变化进程和不受控制的变化进程之间的差别。在知识中，原因变成了手段而效果变成了后果，因而事物有了意义。所认知的对象是经过有意的重新安排和重新处理过的事前的对象，也是以它所产生的改造的效果来验证其价值的事后的对象。认知的对象是经过实验思维之火所锻炼出来的，正如精炼的金属是从矿物原料中所提炼出来的一样。它是同一个对象，不过是起了变化的同一个对象，正如一个人在他的脾气经过了一番磨炼之后，既是同一个人，也是不同的一个人了。

　　于是知识并没有包括世界的全部。知识的范围和所经验到的存在的范围并不是等同的，而这一事实既不能说是知识的缺陷，也不能说是知识的失败。这只是表明知识严格地从事于它自己的职务——把紊乱不定的情境转变成为更加在控制之下和更加有意义的情境。并不是所有一切的存在都要求被人类所认知，当然也不要得到思维的允许才能存在。但是当有些存在被经验到的时候，这些存在便要求思维在它们的进程中去指导它们，使它们成为有条理的和美好的东西，从而引起人们的崇拜、赞许和欣赏。知识为达到这样新的安排而提供了唯一的手段。经验世界的各个部分一经重新安排以后，便具有了更明朗和更整饬的意义而它们的意义可以久经时间的蚀啮而变得更加可靠。认识的问题就是发明如何从事于这种重新安排的方法的问题。这个问题是永无止境，永远向前的；一个有问题的情境解决了，另一个有问题的情境又起而代之了。经常的收获并不是接近于一个具有普遍性的解决，而只是渐次改进了方法和丰富了所经验的对象。

　　人作为一个自然的生物，是和质量和分子一样动作着的；他和动物一样地生活着，有饮食、斗争、恐惧和繁殖。当他生活着的时候，在他的行动中有些行动产生了理解而有些事物发生了意义，因为这些东西成为互相间的记号了；成为期望和回想的手段、对于未来的准备和对于已经过去的东西的赞美了。活动具有了理想的性质。引力和斥力变成了对于优美东西的爱好和对于丑恶东西的憎恶。这种活动寻求着和创造着一个人们可以在里面安全生活的世界。希望与恐惧、欲望与厌恶和认知与思维一样，都是对事物的真正反应。我们的感情，通过理解加以启发以后，便和认知一样是我们真正深入了解自然意义的器官，而且还会更加充实些和更加亲切些。这种和事物深刻而丰富的沟通只能是思想以及思想所获得的知识所产生的结果；实现自然的潜在意义的艺术还要求有超然和抽象这样一种中间的和过渡的状态。认知所具有的这样一种比较冷酷而不亲切的交互作用，把我们的感情和享受所迷恋的那种性质和价值暂时搁置不论。但是如果我们要想把欲望和好尚都变成稳妥的、有条理的、可靠的、具有意义的事情，知识便是我们的希望与恐惧、爱与憎的不可缺少的中介。

　　赞颂知识，认为知识是通往实在唯一的途径，这种想法既未立即受到摧折，也未一劳永逸地受到排除。但是它难以无限制地被保留下去。智慧思想的习惯传播愈广，则依靠避免智慧的检查而享有权力的那种既定利益和社会制度愈不足以为敌；简言之，智慧思想的习惯愈成为理所当然之事，就似乎愈没有必要给予知识以那种唯一垄断的地位了。知识将因其成果而受人重视，而不因知识当它还是一种新兴事业时为人们所赋予的那种特性而受人重视。物以稀为贵的这个平常的道理与我们唯独尊重知识的这件事情有着密切的联系。不明智的欲望和冲动太多了；墨守成规的行动太多了；为别人武断的权力所专横独断的事情太多了；总之，未经知识所启示的事情太多了，因而，无怪乎人们在思想中把行动和知识彼此分隔开了；无怪乎人们把知识当作是唯一能够对付实在的存在的东西了。知识在社会生活中什么时候才会自然化，这一点我不知道。但是当知识已经为人们所习惯的时候，我们就会把知识在研究自然与社会事物中的工具作用而不是它的垄断地位视为理所当然之事而无须我上面所提出的那些论证了。不过在目前，实验方法的发展还只是预示着这样一个哥白尼式革命有成功的可能性。

无论什么时候，任何人只要一谈到知识（尤其是科学）跟我们的道德的、艺术的和宗教的兴趣的关系，便会遭遇到两个危险。一方面是努力利用科学知识去证明道德与宗教的信仰；或者在它们流行的某些特别形式中这样做，或者在人们觉得具有启发性与安慰性的某种模模糊糊的方式中这样做。另一方面，哲学家们降低知识的重要性和必要性，使道德和宗教的教义得有不可争辩的权势。先入为主的思想会使人们从以上两种意义中的一种意义来解释我们的主张。如果如此，我们便可以声明说，我们从未有一句话是轻视科学的；我们所批评的乃是一种关于心灵的哲学与习惯，人们曾经根据这样的哲学和习惯从一些错误的理由上去珍视知识。这样消极的陈述还没有说明我们全部的立场。知识是具有工具性的。但是我们全书讨论的主旨却在于颂扬器具、工具、手段使这些东西和目的与后果具有同等的价值，因为没有工具和手段，目的与后果就是偶然性的、杂乱的和不稳定的。因为所知的对象乃是知识的对象，所以把它称为是一种手段，不是轻视这些对象而是欣赏它们。

只要人继续是一个人，情感、欲望、意向和选择就总是有的；所以只要人继续是一个人，就总是要有关于价值的观念、判断和信仰的。如果有人企图一般地去证明价值的存在，这是最笨不过的事了；价值总是继续存在着的。凡是不可避免的东西，就无须去证明其存在。但是我们本性的这些表现却需要人们的指导，而只有通过知识人们才有可能进行指导。当我们本性的这些表现受到了知识的影响时，这些表现本身（在它们的有指导的活动中）便构成了作用着的智慧。因此，就某些特殊的价值信仰、某些特殊的道德与宗教的观念与信念而言，我们主张的要点就在于指明：这些信仰、观念与信念都需要用我们手头最好的知识去加以验证和修正。本书讨论的精神决不是为了替它们保留一个孤立的地位，使它们不受新知识的影响，不管这种影响是多么分散的。

被认知的对象和具有价值的对象之间的关系乃是现实与可能之间的关系。所谓"现实"包括着既有的条件；所谓"可能"是指一种现在尚不存在但可因现实条件的应用而使其存在的目的或后果。因此，"可能"就其对任何既有的情境而言，乃是寻求这个情境的一种理想；从操作论的定义（即用行动去说明思维）的立场出发，理想和可能是意义相同的两个观念。观念（idea）与理想（ideal）不独有某些字母相同（指英文字而言——译者），而且还有共同的内容。一个观念，就其理智的内容而言，就是设想某些存在的东西将会变成一个什么样子。当我站在火的面前，我就说这火是多烫；这是用一个命题来报道一个已经为我所感觉到的性质。当我在远处看见某一事物而没有感知的接触时，我判断说它一定是烫的；"烫"在这里是表达一个后果，即我在推论说：如果我走近它的旁边，我就会经验到烫这样一个后果；它表明一种实际在经验中存在的东西所具有的一种可能性。这个事例是一件小事，但是它却表明了任何宾词（不管是性质或关系）表达一个观念而不是表达一个所感知的特征时的情况。这并不是一种所谓感觉和另一种所谓影像的心理状态之间的差别。这是一种为我们所已经经验到的东西和可能为我们所经验到的东西之间的差别。如果我们都同意把"理想"一词中的赞美意味撇开不要，而把它当作是现实的反面，那么观念所指的可能性即为存在的理想方面。

现实和理想之间有无联系的问题乃是哲学上形而上学方面的中心问题，正像存在和观念之间的关系乃是哲学上认识论方面的中心问题一样。这两方面问题的汇合处就是现实和可能的关系问题。这两方面问题之所以产生，是因为我们要用智慧去调节行为而有采取行动之必要。陈述一个真正的观念或理想，就是主张我们可以改变现有的状况，使它获得一种具有特殊特性的形式。这一句话，就其涉及一个观念，涉及认识方面而言，使我们回想到上面我们把观念当作是指示操作及其后果的东西的那种说法。在这里我们所关心的是它对"理想"所发生的影响。

在现实与理想的关系这一根本问题上，古典哲学总是企图证明：理想已是而且永远是实在所具有的一种性质。寻求认识上的绝对确定性乃进而成为寻求与最后实有合而为一的一种理想。人们既未能信赖世界，又未能信赖他们自己来实现作为自然之可能性的价值和性质。拙劣无能的感觉和规避责任的欲念两相结合，使人们渴望有一种理想的或理性的东西，把它当作是我们事前就占有了现实，并把它当作是我们遇到困难时我们可以在情绪上依赖的东西。

有人认为：现实和理想事先本来就是等同的，但这个假定产生了许多至今尚未解决的问题。这个假定是产生罪恶问题的根源。这种罪恶不仅是从道德的意义而言，而且也指缺陷与错乱、不定与错误以及一切乖离完善的情况而言。如果这个宇宙本身就是一个理想的宇宙，那么我们所经验到的这个宇宙又为什么会有这么许多完全不理想的东西呢？为了要想解答这个问题，人们总是迫不得已地谈到有背离完善实有的情况：——谈到有某种堕落的情况，而本体界与现象界的区别、实在与表现的区别就是由于这种堕落。这种主张有许多的解释。最简单而不一定最为哲学家们所赞赏的一个说法就是"人类的堕落"这个观念，按纽门主教的说法，这种堕落意味着万物是在天地开辟之初的灾难中所创成的。我并不想讨论这些说法，评论其长短是非。我只想指明：在唯心主义名义下的各派哲学，都想要运用各种方法从宇宙论、本体论或认识论各方面来证明实在与理想是同一的，同时又引入一些有限制性的说明，解释为什么两者最后又不是一回事。

把世界理想化，有三种方法。有一种理想化的方法是通过纯理智的和逻辑的过程进行的，在这个过程中人们企图单用推论来证明这个世界具有满足我们最高愿望的特性。人们还有一种情绪上强烈欣赏的刹那，这时候，由于自我与周围世界互相愉快地结合在一起而对于存在有一种美感与和谐的经验，直接满足了我们想望的一切。然后还有一种理想化的方法是通过思想指导下的行动进行的，譬如在美术作品中以及一切贯串着爱的关怀的人类关系中所表现出来的那样。第一种方法是各派哲学所采用的。第二种方法，当那一刹那延续的时候，是最为引人注意的。它树立了一种标准，帮助我们去衡量我们关于可能性的那些观念，而这种可能性是通过智慧的努力才实现的。但是它的对象却依赖于未来的运气，因而是靠不住的。第三种方法就是审慎寻求价值安全的方法，这种价值是我们在怡然自得时自然享受到的。

在幸运的时候人们会完全地和确切地享受到对象，这一事实证明自然是可以产生那种被我们当作理想的对象的。因此，自然为体现理想提供了可能的材料。如果我可以用一句老话来说，那么自然是可以理想化的。自然是可以通过操作来加以改善的。这个过程并不是被动的。自然为人们提供了手段和材料，使我们判断为具有最高性质的价值可以在存在中具体体现出来，不过，这并非总是自然如此的，而是由于人们探索自然所引起的反应。人类是否运用自然所供应的材料以及他为了什么目的而运用它，这些都要依靠人类的选择。

我们的理想主义并不满足于运用辩证的方法来证明：实有是完善的和常住不变的；是某种高尚力量所具有的特性或者是一种本质。人类这样在情绪上所得到的满足和鼓励并不足以代替为了指导我们的行动而设计出来的理想。在愉快的一刹那间虽然我们得到了我们所崇拜、赞许和尊重的对象，但是真、美、善形容这个世界的可靠性和范围则要看我们自己由于爱好和想望那样一个世界而从事活动的方式如何而定的。我们所喜爱、所赞赏、所尊重的事物，唯心主义哲学家们视为最高实有特征的事物，都是真正的自然因素。但是如果没有基于了解条件的审慎行动来进行帮助和支持，这些事物便都是暂时的和不稳定的，而且享受这些事物的人数是少量而有限制的。

有些哲学派别曾经试图证明现实和理想在最后实有中是固定统一的。有些宗教信仰便是深受这种哲学所影响的。这些宗教信仰的兴趣在于劝人去过着一种忠于所谓善的东西的生活，而宗教的这种兴趣是和一种关于历史起源的信念联系着的。宗教也被牵涉在研究实体的形而上学之中，注定接受了某种开天辟地的说法。宗教也曾被认为是一种说明自然世界结构的学说而与科学敌对起来，从而参加了一场与科学的战斗，并终于为科学所战败。宗教也在天文学、地质学、生物学方面作过一些主张；也在人类学、文学批评和历史方面作过一些主张。随着科学在这些领域方面的进展，结果宗教乃发觉它自己陷入一系列的冲突、调和、适应和溃退之中了。

把宗教态度当作是人们对存在的可能性的一种感觉并把宗教态度当作是献身于实现这种可能性的事业的一种态度，而不是接受当前既定的现实，这样便使得宗教逐渐从这些不必要的学术上的纠纷中摆脱出来。但是宗教诚信者们很少注意到：宗教之所以一再与科学发现发生冲突的理由不在于某一特殊的教条而在于它和有些哲学体系联合在一起，主张：优越而值得我们献身的东西是不是实在的和有多大的力量，这要看我们能否证明它是事先存在的，因而如果我们不能像证明日月星辰是存在的那样，证明完善的理想是存在的，那么这种完善的理想便不能对我们提出任何要求。

如果没有这样一个根本的假设，科学与宗教之间就不能有任何冲突。当我们说这句话的时候人们便企图把科学结论和特别的宗教主张调和起来，而在这样的企图流传开来以后，不幸有人会认为他们可以提出一个万灵的调和药方。但是这决不是我说这句话的意思。这句话的意思是说，宗教态度对于任何事实方面的信仰（无论是物理方面的、社会方面的或形而上学方面的信仰）都应该不作任何主张。宗教态度应把这一类的事情留给其他领域的研究者们去研究。宗教态度也不要用一些关于价值的固定信仰去代替上述那些关于事实方面的信仰，而只相信现实的可能性以及实现这种可能性的努力才是有价值的。实际存在方面的发现会改变人类对于目的、意向和善的信仰内容。但是这种发现不会，也不能改变这一事实：即我们可以把我们的感情和忠诚指向寓于所发现的现实中的可能性。致力于创造未来而不再死抓住关于过去的命题不放，作孤注一掷的这样一种力行的理想主义便成为不可战胜的了。当我们申说美丽的东西是值得赞赏和珍爱的时候，这种申说并不依靠我们能够证明那些对于过去艺术史的陈述。正义是值得尊重的，这并不依靠我们能够证明有一个正义的实有事先存在着。

如果宗教和这种理想主义结合在一起，这种宗教将具有何种形式，或者说，如果宗教不再在衰弱危难之际去寻求确定性（而这是一直决定着宗教的历史的和制度的生活的），这对宗教将会产生什么后果，这是不可能确切而完备地表白出来的。但是这种变化的精神中的某些特点是可以指出的。一个重大的变化就是使宗教摆脱了那种防守辩解的立场，而这种立场是宗教信仰为了要去辩护它们关于历史和物理自然的主张而在实际上所不得不采取的；因为宗教，由于纠缠在这些问题之中，而势必遇到经常与科学发生冲突的危险。由于辩护这个迟早必须废弃的立场，人们花费了不少精力，而现在这种精力将会被解放出来，用来进行积极的活动，以求实现现实生活中所潜在的可能性。更重要的变化是人们将会从一切在不同于现在生活条件的条件下所构成的教条中解放出来而倾向于把知识的结果用于建设方面。

如果科学对于实践行动所给予的刺激和支持不再限于工商业以及仅仅所谓"世俗"的事务中，那么科学所将产生的那种改善的状况是不可能估计的。只要科学进展的实际重要性仍然还限于这些活动，那么在宗教所表示的价值和日常生活所关心的迫切事务之间的二元论将会继续保持下去。这一道鸿沟将会继续不断地扩大而这样扩大的结果，从过去的历史看来，不至于牺牲凡人俗事所占领的领土。反之，理想的兴趣将会被迫后退到一个越来越有限制的阵地之内。

主张本质的境界乃是一个独立潜存的实有境界的这一派哲学也强调说，这是一个包括有许多可能性的境界；它提出这个境界，以备作为宗教景仰的真正对象。但是从定义上讲来，这些可能性都是抽象的和渺茫的。它们和我们所具体经验到的自然对象和社会对象是没有任何关系或交往的。这不免会使我们得到这样一个印象：关于这样一个境界的见解不过只是把现实存在自有其可能性的这一事实用一种笼统的方式加以实体化罢了。但是无论如何，献身于这样一种渺茫而不可摸触的可能性只是保留着宗教传统中的"来世"而已，不过这个"来世"又不是被认为存在的一个世界。这种来世之想乃是一个避难之所而不是一个资源之地。只有当我们取消了本质和存在之间的分离情况的时候；只有当我们把本质当作是要在具体经验对象中借行动来体现的可能性的时候，这种来世之想才能在指导生活的关系中发生效力。想用绕圈子的办法去求得具体经验对象，将是一无所得的。

如果宗教信仰是和自然和生活的可能性联系着的，那么当宗教信仰在专心追求理想的时候就会表现出它对现实的虔诚。它不会因为现实中有缺点和艰苦而发牢骚。它会重视和尊重实现可能性的手段和具体体现理想的事物（如果理想要有所体现的话）。愿望和努力本身并不是目的；愿望和努力本身分隔开来也没有价值，而只有把它们当作重新改组存在物以求获得公认的意义的手段时它们才有价值。自然和社会本身以内就包含有理想可能性的设计以及实现这些可能性的操作手续。人们可以不像斯宾诺莎的所谓理智之爱那样把自然界崇拜为神灵。但是自然界（包括人类在内）虽有缺点和不完满之处，但是可以成为理想、可能性以及为了理想、可能性而产生的愿望的源泉和一切既得善良的最后的寄托之所，从而可以激起人们真心诚意的虔诚。

我并不想涉及宗教心理学的领域，即不想涉及宗教经验中所包含的个人态度。但是我们没有人能够否认，例如施莱尔马赫（Schleier macher）所坚持的那种依赖感已十分接近这个问题的核心了。这种依赖感由于不同的文化状态的关系，有着许多不同的形式。这种依赖感曾经表现为一种卑怯的恐惧；也曾经表现在极端残忍的行动以冀取悦于我们所依靠的神力之中；也曾经在那些自以为特别接近神权而具有代表这种神权采取行动的权威的人们身上表现为激烈狂热的一种不容异端的态度。这种依赖感也曾经表现在高贵的谦逊和不可压抑的热忱之中。历史表明这种依赖感并没有一条预定的表现它自己的道路。

理想的善就是有待实现的存在的可能性，而我们的宗教态度就是和接受这种理想的善联系着的。关于这种宗教态度，我们有一句话是可以有把握说的。我们的努力至多是瞻望着未来而永远不会达到确定性的。概率的教导既适用于科学的实验操作，也适用于一切的活动形式，而且情况甚至于更为悲惨一些。前面我们已经谈过不少关于控制和调节的话，但是控制和调节绝不意味着结果是确定的，虽然除非我们在生活的各方面去试用实验的方法，否则，我们就不会知道这种控制和调节将会给我们多大的安全。在其他实践活动的形式方面，较之在认知方面，我们的未知范围还更加广阔些，因为这些其他的实践活动更为深入未来，其意义更为重大而更加不可控制。哥白尼式的革命是寻求安全和变化的而不是寻求与固定物相联系的确定性的，因而它就更加激起人们的依赖感。

而且这种宗教态度也会改变它的主要性质。在道德传统中最深远的一种传统就是认为道德上的罪恶（不同于可以挽回的错误）起源于骄傲而骄傲就是孤僻。这种骄傲的态度有许多不同的形式。有些人自命为具有最完满的依赖感；在这些人之中，有时显著地在这些人之中，有这种骄傲的态度。热诚虔信的骄傲是最危险的一种骄傲形式。还有学者相轻的骄傲，也有以财产和权势而骄傲的。还有一些人自以为懂得了上帝明显表达的意志，这也是一种骄傲，这种骄傲是最富于排他性的了。这种骄傲心便产生了一种排他性的团体而这种团体又由于它与一种自命为具有精神垄断权的制度发生联系而得到了发展和维持。凡是有这种骄傲心的人们便自以为是神灵的特别代表，而且在神灵的名义之下成为统治别人的权威。

这种骄傲的结果乃使得教会在历史上孤立于其他社会制度之外。这种孤立分隔的情况，好像否认一切的交互作用和互相依赖的情况一样，把那些自命为与理想和精神具有特别联系的人们的权力仅限于一些特别的方面。由于其他的人类结合方式都被贬低到了一个低下的地位和作用，这就使得人类的这些结合的团体不担负起它们自己应负的责任来。这就是自然与精神分隔从而把现实和可能两相孤立的二元论的许多结果中最严重的一个后果了。如果我们承认人的意图和努力都不是最后的，而是顺从着未定未来不确定状态的，于是养成了这种依赖感，而这种依赖感使人们普遍地和共同地要有所依赖。这样人们就不会再有那种根据人生活动来区别人的骄傲精神和孤僻态度的那种最腐败的形式了。如果人们感觉到他们都要共同参与在存在的这种不可避免的不确定状态之中，这就会使他们具有一种同命运，共努力的感觉。人们是不会爱他们的敌人的，除非他们之间不再是敌对的了。现实和理想的对立，精神和自然之间的对立，是一切敌对中最深刻和最有害的敌对状态的根源。

以上所述，既好像忽视了那些深入人心的传统的力量，又好像忽视了体现这种传统的既定制度的力量。然而，我所要指出的，只是有一种变化的可能性。这并不妨碍我们去认识到实现这种变化的实际困难。在这些困难中有一个方面是适合于在这里来讨论一下的。我们最好研究一下：这些困难对于哲学未来的任务将发生什么影响。有一派哲学要用理性的方法去证明，理想是固定的和事先确定的，并把知识与高级的活动同一切形式的实践活动严格区分开来，而这种哲学便继续地阻碍着我们去实现我们所指出的那种可能性。要缩小哲学理论的实际效果或要夸大它们的实际效果，都是很容易的。直接地讲来，哲学理论的实际效果并不是很大的。但是如果我们把哲学理论当作是人类已有的习惯和态度在理智上的陈述和辩护，那么它的影响便是巨大的。习惯的惰性是很大的，而且当这种惰性被一种具体体现在制度中的哲学加以强化的时候，这种惰性就会大到成为维持当前各种权威之间以及从属关系之间所产生的那种混乱和冲突状态的一个因素。

于是最后谈一谈哲学，是适时的了。好像宗教一样，哲学曾经和自然科学发生过冲突，至少从十七世纪以后，哲学就逐渐和自然科学分道扬镳了。它们分裂的主要原因是哲学担负起了认知实在的功能。这样便使得哲学成为科学的竞争者而不是补充者了。这就迫使哲学要求获得一种比自然科学更为根本的知识。因此，哲学（至少在其比较有系统的形式之下）就感觉得有责任来修改科学结论，证明科学所言非其真意，甚或证明这些科学结论只能应用于现象世界而不能应用哲学所指向的最后实在。唯心主义哲学企图从考察知识的条件方面来证明只有心灵才是唯一的实体。唯心主义哲学实际上是说，既然物质本身就是心理的，那么如果物理知识只承认物质，那又有什么关系呢？唯心主义一经证明了理想总是真实的以后，便推卸了它企图去解释现实的任务（这个任务如果是低贱些但却有用些的），借这种解释便可以使价值的范围变得更为广泛和更为可靠一些。

在科学本身，一般的观念、假设是必要的。它们有着必不可少的用处。观念、假设启发人的新的观点；习惯使我们闭塞，使我们看不清现实状况和未来的变化，而观念、假设却使我们从习惯的束缚中解放出来。观念、假设指导着我们的操作，揭示新的真理和新的可能性。它们使我们不受直接环境和狭隘范围的限制。当我们不发挥我们的想象力或在想象中不敢利用观念、假设的时候，我们的知识也就发生动摇了。科学每一巨大的进步无不由于新的大胆想象而来。有些概念经过了实验的考验并已经获得成功，因而，被我们视为当然之理而加以运用。这些运用有效的概念在从前却是一种思辨的假设。

假设的广度和深度是没有限制的。有些假设的范围是狭隘而专门的，但有些假设却和经验一样的广泛。哲学总是认为它本身是具有普遍性的。如果哲学把这种普遍性和构成有指导作用的假设联系在一起，而不笼统地装作认识了普遍的实有，哲学对于普遍性的这个要求是可以完满做到的。当假设是由实际的需要所提出，由既得的知识所防护，并由这些假设所引起的操作所产生的后果所验证时，这种假设就是有结果的，这是不在话下的。否则，想象便化为幻想，成为空中楼阁了。

现代生活的特征就是在语言、信仰和意向方面的混乱，因而最迫切需要的乃是比较广泛而概括的观念，用来指导人生。现在人类关于存在的实际结构和过程的知识已经发达到一个阶段使要想利用知识的哲学获得了指导和支持。在哲学解除了它保护实在、价值和理想的责任之后，它是会找到一个新的生命的。就科学去说明科学的意义，亦即就现实的知识去说明科学的意义，这可以留给科学去做了。就科学广泛地为人类所利用的这一点来说明科学的意义；就科学在为可靠价值的可能性服务的这一点来说明科学的意义，这还是一片荒地，亟待开发。废弃对绝对而永恒的实在与价值的寻求看来似乎是一种牺牲。但是废弃这一寻求乃是从事于更富于生命力的事业的先决条件。当哲学寻求以社会生活为基础，为大家所共享的价值时它只会有好心善意者的帮助而不会有对手的。

在这种情况之下，哲学和科学便不是反对的了。哲学乃是科学结论和社会以及个人行动方式之间的联络官，筹划和努力实现一切可以达到的可能性。哲学也跟宗教一样，既然要在实现中去鼓舞培植理想可能性的感觉，那么它就要不断地为科学可能的发现所校正。每一新的发现总是为人类提供了一个新的机会。这样一种哲学在它的面前就会有一个广阔的批评天地。但是哲学的这种批评的心灵却须排除偏见、私利、习俗以及来自反乎人类目的的制度的权威对人类所施行的统治。人类的想象力是具有创造性的，因为它能指出现实知识所揭露出来的新的可能性和设计在人类日常经验中实现这些可能性的方法。上述哲学的这个消极功能只是人类想象力的这种创造性工作的反面工作而已。

哲学时常抱着有这样一个理想，想把知识完全统一起来。但是知识，就其本性而言，是分析性的和鉴别性的。不过知识已经达到了广大的综合性，达到了笼统的概括。但是这种综合、概括启发了新的研究问题，开辟了新的探究领域；过渡到比较详尽的和各种各样的知识。在知识的进步中所包含有多方面的发现，启发了新的观点和方法。这个事实就驳斥了那种认为可以在理智的基础上完全把知识综合起来的想法。专门知识单纯的增进永远不会创造出一个构成理智整体的奇迹。不过，把科学的专门结果统一起来的需要是仍然存在的，而哲学在满足这个需要方面应该作出它自己的贡献。

然而，这种需要不是科学内在所固有的而是实践上的和人本的；科学只要能够层出不穷地发现新的问题和有着新的发现，就心满意足了。在广泛的社会领域中人类的行动需要指导，而这就真正要求把科学的结论统一起来。当科学结论对于指导人生的意义被揭示出来时，这些科学结论便被组织起来了。而科学探究丰富多彩的结果之所以是无组织的、散漫的和杂乱的原因，也就在这一点上了。天文学家、生物学家、化学家在他自己的领域以内，至少在一段时间内，可以得到一些系统的整体。但是当我们涉及这些专门的结论对于指导社会生活的意义时，我们便跳出了专门的圈子，感觉得有些困惑了。显然是由于我们有这样一个缺陷，而不是由于别的什么原因，传统和武断的权威才有力量。人类过去从来没有过这样一堆五花八门的知识，而且对于他的知识的意义、他的知识所将引起的行动和后果，在过去也从来没有像今天这样困惑不定过。

如果我们对于知识对理想以及一般价值的信仰所发生的意义会有任何同意的看法的话，那么我们的生活便会有着统一性的特征而不会有着在各种冲突着的目标和标准之间的矛盾和精神涣散的特征。在广大和自由的社会领域内，实践行动的需要会使得我们的专门知识统一起来；而专门知识又会使得控制行为的价值判断确实可靠。如果我们已经取得了这种同意，这就表示近代生活业已达到了成熟的地步，可以了解它本身在理智运动中的重要意义了。近代生活便会在它自己的兴趣和活动中发现一些指导它自己事务的有权威的方法，而这种有权威的指导是人们在彷徨于腐朽的传统之中时和在依赖于偶然冲动的支配时所找不到的。

这种情境说明了当代哲学的重要职责。这个重要的职责就是要寻找和揭露障碍的所在；要批判阻塞通道的心理习惯；要专心思考合乎现代生活的各种需要；要就科学结论对于人生各方面的目的和价值的信仰所发生的后果，来解释科学的这些结论。要想发展一个思想体系，能以担当起这个职责，不是一件容易的事情；只能慢慢地，依靠大家同心协力，才能做到这一点。我在本书内，曾经试图概略地指出我们所要完成的这个任务的性质并且提出手头完成这个任务的某些资源。

附录：傅统先学术年谱

1910年

农历正月初三，出生于湖南省常德县（今常德市），原籍云南省澄江县，回族。[①]

1922年

6月，毕业于湖南省立第二师范学校附属小学。[②]

1924年

6月，肄业于湖南省立第二中学。[③]

1925年

6月，毕业于湖南常德峻德中学。[④]

8月，考入上海民立中学。[⑤]为了节省费用，借居于上海西门小桃园街清真寺内，因而受回教影响很深。早晚均做礼拜，听讲教义。夜间随阿訇学习阿拉伯经文。这时常读回教学者刘介廉所著《天方典礼》与《天方性理》两书，深受其影响。从这两书中得知回教所信仰的真宰是无形象、无方所、无所不在、无所不能的。于是种下了泛神论的种子。

1926年

8月，转入上海圣约翰大学附属高中（1927年，因时局关系，圣约翰大学

---

① 资料来源：《傅统先自述》，山东师范大学档案馆。
② 资料来源：《傅统先自述》，山东师范大学档案馆。
③ 资料来源：《傅统先自述》，山东师范大学档案馆。
④ 资料来源：《傅统先自述》，山东师范大学档案馆。
⑤ 资料来源：《傅统先自述》，山东师范大学档案馆。

及附中均停课，约十个月，在这一段时间内，曾考入上海美孚行做学徒。到1928年夏，圣约翰大学复学，回校继续学习）。①

1928年

春，与蒋尚庄订婚。

9月，高中毕业后直接升入圣约翰大学，主修哲学，辅修教育学；②发表《佛学概略》（《约翰声》第41卷）。

1929年

6月，同回族青年陆昌洪等一起创办了以"宣扬宗教，发扬教义，注重青年道德的培养，唤起教友团结精神"为宗旨的伊斯兰文化社团——上海回教青年研究社（1929—1933），由哈德成、达浦生、哈少夫为研究社指导员。主编社刊《回教青年》（月刊，1932年停刊，共出版12期）。③

1930年

5月，连续发表短篇小说《服从？》（《月华》第2卷第14、15期）。

10—11月，发表《现代回教的觉悟》（《回教青年月报》第8—9期）。

11月，发表《驳唐大圆居士"上帝造万物为不通"之谬论》（《月华》第2卷第32、33期）。

1931年

任圣约翰大学校刊《约翰年刊》英文部编辑，④圣约翰大学学报《约翰声》中文版主任，英文版编辑。⑤

发表《驳无神论》，翻译*Selection of Plato*的导论部分《柏拉图的哲学》（《约翰声》第42卷）；发表《春至人间花弄色》（《约翰年刊》第17期）。

5—11月，连续发表长文《追求中的真宰》（《月华》第3卷第13、18、23、24、27、28、29、30、31期），说明真宰是在整个世界的一切事物中，在

① 资料来源：《傅统先自述》，山东师范大学档案馆。
② 资料来源：《傅统先自述》，山东师范大学档案馆。
③ 资料来源：王伏平，《傅统先及其〈中国回教史〉》。
④ 资料来源：相关聘书。
⑤ 资料来源：《傅统先自述》，《约翰声》1931年编委名单。

全部自然发展的过程中体现出来的。

1932年

发表《关于易经的考据研究》（《约翰声》英文版）。

8月，从上海圣约翰大学毕业。

9月，因患病在家疗养，长达三年之久。

1933年

同鲁忠翔、王义等回民青年，共同创办上海穆斯林刊物《改造》，以宣传伊斯兰文化。[1]

1月，翻译《逻辑的实证哲学》（《哲学评论》第4卷第3—4期）。

5月，出版《知识论纲要》（作家书屋）。

1934年

同鲁忠翔、马天英、王义等回族青年知识分子发起组织伊斯兰文化学术团体——中国回教文化协会，任常务理事，并编辑出版"中国回教文化丛书"，举办回民职业补习学校，任教务主任。同时在上海伊斯兰师范学校授课。[2]

3月，发表《读欧阳竟无之〈以俗说真之佛法谈〉》（《改造》第1期）。

10月，发表《辩证法唯物论批判》（载于张东荪著《唯物辩证法论战》，民友书局）；发表《知识论上之观念论》（《哲学评论》第5卷第4期）。

11月，连续发表《新物理学中之宇宙观》（《光华大学半月刊》第3卷第3、4、5期）。

1935年

1935年9月—1937年8月，任上海暨南大学附设实验学校教员兼副主任。[3]

3—4月，发表《生机哲学在生物学上之基础》（《光华大学半月刊》第3卷第6、7、8期）

4月，向中国哲学会第一届年会提交的论文《科学的唯心论》，由张东荪

---

① 资料来源：王伏平，《傅统先及其〈中国回教史〉》。

② 资料来源：王伏平，《傅统先及其〈中国回教史〉》。

③ 资料来源：《傅统先自述》，山东师范大学档案馆。

代读。①论文摘要《科学的唯心论》刊载于《宇宙（香港）》（1935年，第2卷第1期）。

9月，发表《答新实在论者》（广州版《民国日报》副刊《哲学周刊》）。

10月，发表《名著介绍—考夫卡著格式塔心理学原理》（《教育杂志》第25卷第10期）；翻译《小学美术教学要点》（《儿童教育》第7卷第1期）。

1936年

2月，翻译《小学算术的目标》（与圣之合译）、《实验主义与新心理学之关系》、《学校在社会组织中之地位》、《个别讨论与班次讲授之比较》、《训练明日之教师》（《儿童教育》第7卷第2期）；翻译《唯心哲学》第八章《辩证法与绝对》，（《文哲月刊》第1卷第5期）。

3月，出版《现代哲学之科学基础》（商务印书馆）；发表《怎样读哲学书？》（《华年》第5卷第8期）。

4月，翻译《学习之电化基础》（《教育杂志》第26卷第4期）；论文摘要《科学的唯心论》刊载于（《哲学评论》第7卷第1期）。

5月，发表《认识是多元还是一元？》（载于詹文浒编《张东荪的多元认识论及其批评》，世界书局）。

6月，翻译《现代学校教导儿童的主要原则》、《学习的电化论》、《学校中的心理卫生》（《教育杂志》第7卷第4期）。

7月，发表《认识之组织》（《哲学评论》第7卷第2期）。

1937年

任《儿童教育》编辑，②译著《格式心理学原理》（考夫卡原著），由商务印书馆出版，列为"大学丛书"。

1937年9月—1939年8月，任上海暨南大学附属中学教员。③

---

① 资料来源：《宇宙（香港）》，1935年第2卷第1期。
② 资料来源：《儿童教育》，1937年3月—4月编委成员。
③ 资料来源：山东师范大学档案馆。

1月24—27日，出席中国哲学会第三届年会，①时任中国哲学会上海分会干事，并宣读论文《宇宙之组织》。论文摘要《宇宙之组织》刊载于《哲学评论》（第7卷第3期），全文发表在《东方杂志》（第34卷第12期），并被《政训月报》（第34期）转载。

1月，发表《新著介绍—近代心理学之演进》（《教育杂志》第27卷第1期）。

3月，译著《自然与生命》（怀特海原著），由商务印书馆出版，编入王云五主编《万有文库》第二集；与董任坚合译《儿童发育测验：自出生至六岁》（《儿童教育》第7卷第10期）；发表《书报介绍—中国心理学报》，翻译《前进教育的将来》、《现代小学教育的几个问题》、《一种不用成绩报告单的报告方法》（《儿童教育》第8卷第1期）。

4月，发表《书评—勒文的方位心理学与动的人格论》（《儿童教育》第8卷第2期）。

6月，发表《新书介绍—儿童心理学》（《现代教育评论》第1卷第3期）。

1938年

1938年9月—1939年8月，兼上海江西中学英语教员。

1938年9月—1943年8月，兼上海正风学院（后改诚明文学院）教授。②

1939年

1939—1942年，任上海圣约翰大学大学讲师；1942—1945年，任上海圣约翰大学大学副教授；1945—1948年，任上海圣约翰大学大学教授。③

1939年2月—1941年1月，兼上海大夏大学讲师。

1939年2月—1941年8月，兼上海光华大学讲师。④

① 资料来源：《哲学评论》1937年第7卷第3期。
② 资料来源：山东师范大学档案馆。
③ 资料来源：房建昌，《简论回族著名学者傅统先先生》。
④ 资料来源：山东师范大学档案馆。

加入中国心理学会；发表《现代思想的转变》（《正风》）。

7月，译著《心理学》（波林、兰费德、卫尔德原著），由商务印书馆出版。

9月，讲义《逻辑纲要》，由大夏大学、光华大学等出版。

10月，发表《青年的思想问题》（《美商青年》第1卷第1期）；发表《思想往何处去？》（《美商青年》第1卷第2期）。

12月，发表《辩证法与唯物论是可以综合的吗？》（《文哲》第1卷第9期）。

1940年

1940年9月—1948年8月，兼任东吴大学法学院教员。[①]

1月，发表《人类的智慧从何处而来？》（《知识与趣味》第2卷第1期）；翻译《如是我闻的中国人》（《知识与趣味》第2卷第8期）；出版《中国回教史》（商务印书馆），列入中国文化丛书；沈恩孚、蒋维乔等人，根据傅先生的演讲"儒释道耶回五教合一"印制出版《儒释道耶回五教基本一致性》。

3月，发表《科学与现代世界：介绍几本关于新科学理论的书（西书介绍）》（《西书精华》第1期）。

5月，发表《大学生与哲学》（《教育杂志》第30卷第5期）。

6月，翻译《人类行为心理》（《西书精华》第2期）。

9月，入圣约翰大学研究生院在职进修教育哲学硕士；翻译《哲学家的休闲》（《西书精华》第3期）。

12月，发表《从联络家庭说到专家教育》（《小学教师》第2卷第8期）；发表《现代思想方法（西书介绍）》（《西书精华》第4期）。

1941年

暑假，担任上海小学教师训练班的"世界教育思潮"讲座教师。[②]

---

① 资料来源：《傅统先自述》，山东师范大学档案馆。
② 资料来源：《傅统先自述》，山东师范大学档案馆。

译著《唯心哲学》（亨黎原著），由中华书局出版。

1941年8月—1942年1月，兼任无锡国学专修学校（上海）教授。[1]

1月，翻译《论诗与哲学》（《西洋文学》第5期）。

3月，发表《文化之衰落与复兴（西书介绍）》（《西书精华》第5期）。

4月，翻译《哲学的诗人》，发表在（《西洋文学》第8期。

6月，发表《哲学入门》（《西书精华》第6期）；《全体性的哲学与教育》（《学林》第8期）；翻译《精神之领域》（《西洋文学》第10期）。

1942年

6月，获文学硕士学位，毕业论文题为《从实在论的角度重述唯心主义》。[2]

1943年

2—6月，兼私立成文商学院教员，执教《外国文》《伦理学》。

1943年9月—1945年8月，兼上海华东联合大学教育学院心理学讲师。[3]

时为圣约翰大学教育系主任，带领圣约翰大学学生创办中南中学、圣约翰大学附属实验学校。[4]

加入上海市小学教师联合进修会。[5]

1944年

1月，以笔名舥斋发表《世界文化之分歧与会流》（《学术界》第1卷第6期）。

6月，出版《哲学概论工作手册》（世界书局）。

1945年

1月，出版《哲学与人生》（世界书局），被选为大学国文教本。[6]

---

① 资料来源：相关聘书。
② 资料来源：《傅统先自述》，山东师范大学档案馆。
③ 资料来源：《傅统先自述》，山东师范大学档案馆。
④ 资料来源：《教育学报》，1947年第1期。
⑤ 资料来源：《申报》，1947年12月23日。
⑥ 资料来源：《申报》，1945年1月31日。

9月，同刘大杰、陈选善等创办《平论》，任《平论》主编；[1]时任《申报》副刊《出版界》主编；[2]发表《中国文化的出路》（《平论》第1期）。

10月，发表《谈接收学校》（《平论》第2期）；发表《上海青年的再教育》（《平论》第3期）。

11月，发表《知识与生活》（《知识（上海1945）》第3期）；《中国人的自然观》（《平论》第5期）。

12月，发表《小学教师可以做的几件事》（《教师生活》第2期）；发表《对于国是应表示明确的态度》（《平论》第7期）。

1946年

组织发起成立上海市大学教授联合会，任理事，学术研究委员会委员，召集人[3]。

当选为上海市临时参议员；[4]上海市长宁区市参议员；[5]任立法委员。[6]

1946—1948年，参加中国回教协会上海分会，任理事。[7]

1946年2—6月，兼私立之江文理学院教授。[8]

1月，发表《思想与实践》（《真理与自由》第1期）；发表《教育与文化的演进》（《教育与文化（上海）》第1期）；发表《中国人的社会观》（《人之初月刊》第2期）；发表《中国文化运动的新路线》（《平论》第8期）；发表《读罗家伦的新人生观》（《前线日报》21日）。

2—3月，连续发表《与冯友兰先生论中国哲学之精神》（《平论》第10、11、12期）。

3月，发表《评张东荪著知识与文化》（《申报》2日）。

---

① 资料来源：《平论》，1945年第1期。
② 资料来源：《傅统先自述》，山东师范大学档案馆。
③ 资料来源：《申报》，1946年3月4、13日。
④ 资料来源：《申报》，1946年3月7日。
⑤ 资料来源：《申报》，1946年5月20日。
⑥ 资料来源：《申报》，1946年9月10日。
⑦ 资料来源：《傅统先自述》，山东师范大学档案馆。
⑧ 资料来源：相关聘书。

傅统先全集

548

4月，发表《教育政治与哲学》（《教育与文化（上海）》第3期）。

6月，发表《论社会组织》（《申报》8、9日）；发表《思想与社会》（《申报》13日）；发表《是与非》（《申报》15日）；发表《如何培植民主的思想》（《教育与文化（上海）》第4—5期）。

7月，发表《理论的斗争》（《申报》3日）；发表《评张东荪著思想与社会》（《申报》11日）；发表《传统思想的错误》（《群光周报》第2期）。

8月，发表《生与死》（《启示》第1期）。

10月，发表《怎样研究哲学？》（《读书通讯》第118期）。

11月，发表《读书的方法》（《申报》28日）。

12月，发表《写作的道德》（《申报》12日）；发表《出版与捐税》（《申报》26日）。

1947年

任中国教育学会上海分会筹备委员，并出席中国教育学会上海分会成立大会；①

出版《教育哲学讲话》（世界书局）。

1947年2—8月，兼南京建国法商学院讲师，执教《哲学》。②

1月，发表《学习的御道》（《申报》16日）。

2月，发表《我对于现用教科书一般的批评》（《活教育》第4卷第2期）。

4月，发表《与梁漱溟先生谈中国民族之前途》（《申报》17日）。

5月，发表《以教育救中国》（《观察》第2卷第12期）。

6月，发表《如何使教育适应社会需要》（《教育学报》第1期）。

7月，发表《中国文化之新精神》（《革新（南京）》第2卷第18期）。

10月，发表《东西文化之会流》（《申报》30日）。

12月，发表《编者的希望》（《申报》4日）；发表《文化的故事》

---

① 资料来源：《教育学报》，1947年第1期。
② 资料来源：《傅统先自述》，山东师范大学档案馆。

（《申报》11日）。

1948年

5月，出版《美学纲要》（中华书局）。

6月，发表《基督教与民主主义》（《申报》3日）。

8月，赴哥伦比亚大学师范学院攻读哲学博士，第一年在师范学院研究教育哲学并旁听教育心理学方面的课程。第二年进研究生院，专攻哲学，师从兰德尔（Randall）学习思辨哲学，师从艾德曼（Irwin Edman）学习美学，师从内格尔（Nagel）学习逻辑学。师从劳普（Robert Bruce Raup），专攻教育哲学。

1949年

7月，再次获文学硕士学位，美国哥伦比亚大学师范学院授予。

1950年

7月，获哲学博士学位，毕业论文题为《形成道德判断的方法论——基于国际比较的视野》。[①]

8月，在塘沽港回国。[②]

1950年8月—1951年2月，在上海等候学习、工作。

1951年

2—8月，任上海新中国学院心理学教授。

1951年9月—1952年1月，苏州华东人民革命大学政治研究院学员。

1952年

2月，任山东师范学院教育系教授，先后任教育系副主任、主任，直至晚年。期间，担任教育学和心理学课程，创建教育实习制度。为了改革教育，帮助中小学教师提高教育质量，曾为济南市中小学教师业务学习班讲授教育学，为济南军区部队文化教员讲授教育学和心理学，为空军学校教授逻辑学。也曾为山东省党政领导同志开办逻辑学讲座，并为党校干部训练班上过逻辑学课。

[①] 资料来源：《傅统先自述》，山东师范大学档案馆。
[②] 资料来源：《傅统先自述》，山东师范大学档案馆。

12月，发表《热烈投入教学改革的学习 积极为教学改革准备条件》（《山东师范学院校刊》20日）。

1953年

1月，发表《加强学习、搞好教学以迎接一九五三年》（《山东师范学院校刊》6日）。

3月，发表《说不出的恩情（悼念斯大林）》（《教与学》20日）。

10月，发表《人民教师的光荣任务》（《教与学》14日）。

12月，发表《通过公开教学和评议会我的课堂讲授得到了初步的改进》（《山东师院》1日）。

1954年

参加中国心理学会济南分会筹备委员会，1960年改为山东心理学会，任理事。

1954—1963年，兼中国人民政治协商会议山东委员会委员。[①]

1月，发表《我组助教进修的途径和问题》（《山东师院》13日）。

2月，发表《吸取过去经验为本学期教学工作做好准备—二月十五日在教学会议上的发言》（《山东师院》23日）。

8月，出版《教学方法讲话》（山东人民出版社）。

11月，发表《几个主要的教学原则在巴普洛夫学说上的根据》（《山东师院》）。

12月，出版《儿童品德教育讲话》（山东人民出版社）。

1955年

5月，发表《批判为美帝国主义服务的杜威反动教育思想》（《山东师院》）。

6月，发表《做一个人民教师是光荣而愉快的》（《山东师院》）。

---

① 资料来源：《傅统先自述》，山东师范大学档案馆。

7月，发表《认清杜威教育学说的反动本质，肃清它的残余影响》（《光明日报》11日）。

10月，发表《关于制定教研组工作计划的几点体会》（《山东师院》20日）。

12月，发表《教育实习中应注意的几个问题》《怎样阅读参考书》（《山东师院》10日）；《进一步思想改造，赶上客观发展，迎接一九五六年》（《山东师院》31日）。

1956年

3月，发表《做好全面规划，以实际行动回答党对我们的关怀》（《山东师院》7日）。

7月，发表《对百家争鸣的一点看法》（《山东师院》10日）。

9月，发表《谈谈在教学中贯彻百家争鸣的几个问题》（《山东师院》28日）。

12月，出版《谈谈怎样教育子女》（山东人民出版社）。

1957年

2月，出版《反动的实用主义教育思想批判》（湖北人民出版社）。

12月，发表《对于格式塔心理学的初步批判》（《山东师范学院学报（人文科学）》第2卷第1期）。

1959年

11月，发表《红专学校中生产劳动、科学技术研究和教学过程的统一性》（载于中国科学院山东分院教育研究所编《创办红专学校的经验》，山东人民出版社）。

1960年

1月，译著《经验与自然》（杜威原著），由商务印书馆出版。

1962年

10月，发表《试论通过教学形成学生世界观基础》（《大众日报》13

日）。

12月，译著《现代哲学倾向》（培里原著），由商务印书馆出版。

1964年

10月，译著《自由与文化》（杜威原著），由商务印书馆出版。

1965年

译著《确定性的寻求：关于知行关系的研究》（杜威原著），由上海人民出版社出版。

2月，译著《人的问题》（杜威原著），由上海人民出版社出版。

9月，翻译《当代心理学理论》第一章《操作主义与逻辑实证主义》（《国外社会科学文摘》第9期）。

1975年

回上海疗养，担任《外国教育资料》外文校对工作。①

1979年

当选为中国教育学会常务理事兼《教育研究》编委，山东省教育学会名誉主席②；再次当选为政协山东省委员会常务委员③。

翻译《发生认识论》（皮亚杰原著），（《教育研究》第2、3、5期，1980年第1期）。

1月，翻译《学院和大学课程》第七章《美国研究生教育的发展和倾向》（载于《外国教育丛书》编辑组编《高等学校的科学研究和研究生教育》，人民教育出版社）。

5月，发表《高等教育对于社会发展的贡献：介绍联合国教科文组织一九七八年于巴黎召开的一次座谈会》，翻译《苏丹的高等学校和社区发展》（《外国教育资料》第8卷第2期）。

---

① 资料来源：《傅统先自述》，山东师范大学档案馆。
② 资料来源：《傅统先自述》，山东师范大学档案馆。
③ 资料来源：《傅统先自述》，山东师范大学档案馆。

6月，译著《世界电化教育概况：利用教育技术进行科学教育的新动向》（联合国教科文组织出版部原编），由上海教育出版社出版。

9月，与华东师范大学张文郁教授联合招收培养教育学原理专业硕士研究生陆有铨（傅先生为第一导师）。

1980年

当选为中国国民党革命委员会常务委员；①

1月，发表《美国改造主义的教育思想》（《教育研究》第2期）。

3月，发表《试论皮亚杰的发生认识论》（《教育研究》第1卷第4期），并被《复印报刊资料（心理学）》1980第9期转载。

6月，翻译《儿童的语言与思维》（皮亚杰原著），由文化教育出版社出版。

11月24—28日，应联合国教科文组织邀请出席巴黎举行的"关于生产劳动与普通教育相结合问题"的专家会议。回国后，《外国教育资料》编辑部约请傅先生撰写《普通教育与生产劳动的关系（介绍联合国教科文组织召开的一次有关的专家会议）》（《外国教育资料》1981年第10卷第3期），同时选译南斯拉夫、印度两位专家在会上的发言。

1981年

4月，发表《关于生产劳动与普通教育相结合的问题》（《山东教育》第4期），并被《复印报刊资料（教育学）》1981年第5期转载。

3月，翻译《中小学中劳动在技术与社会方面的统一性》（《外国教育资料》第3期）。

4月，发表《按照学习心理，改进教学方法》（《课程.教材.教法》第3期）；发表《柯尔伯格的道德教育学说》（《外国教育资料》第10卷第4期）。

5月，发表《教育心理学的一个新学派》（《外国心理学》第1期）；发表

---

① 资料来源：山东省地方史志编纂委员会编《山东省志第十卷民主党派工商联志》，山东人民出版社，1999年。

《关于改进教育与教学的若干问题》（《教育研究》第5期）。

7月，发表《谈谈生产劳动与普通教育相结合的几个问题》（《教育研究》第2卷第7期）。

11月，翻译《教育科学与儿童心理学》（皮亚杰原著），由文化教育出版社出版。

1982年

5月，发表《我的思想发展过程》（载于北京图书馆《文献》丛刊编辑部、吉林省图书馆学会会刊编辑部编《中国当代社会科学家 第1辑》，书目文献出版社）。

6月，发表《当前世界各国对于教育与生产劳动相结合的实施与研究概况》（《外国教育资料》第11卷第6期）。

8月，译著《儿童的心理发展》（皮亚杰原著），由山东教育出版社出版。

9月，与华东师范大学张文郁教授联合招收培养教育学原理专业硕士研究生魏贤超（傅先生为第一导师）、张晓鹏（傅先生为第二导师）。

10月，翻译《明日教育的结构基础》（皮亚杰原著）（《教育研究》第10期），并被《复印报刊资料（教育学）》1982第11期转载。

11月，发表《试论皮亚杰的结构主义》（《华东师范大学学报（哲学社会科学版）》第6期），并被《复印报刊资料（外国哲学与哲学史）》1983年第1期转载。

1984年

9月，与陆有铨合译《儿童的道德判断》（皮亚杰原著），由山东教育出版社出版；在山东师范大学教育系，独立招收教育基本理论专业硕士研究生：戚万学、李立绪和高旭平。

1985年

3月2日，在上海逝世；9日，追悼会在上海华龙宾馆举行。

7月，翻译《终身教育与秘鲁的教育改革》，载于上海第二教育学院、上海市成人教育研究院编《外国成人教育理论》，由上海市成人教育研究院出版。

12月，与陆有铨合译的《学习的条件》（加涅原著），由人民教育出版社出版。

1986年

6月，与张文郁合著的《教育哲学》，由山东教育出版社出版。